INTERNATIONAL WELLNESS SILVER CITY

国际健康银发城
——记北京温都水城"金手杖"

总编 黄福水
主编 田玉堂

乐养
文养
信养
休养
疗养
护养
医养
宁养

黄福水董事长在哈佛演讲
——"村官实现造城梦想:让村民过上幸福健康的生活!"

北京温都水城夜景

北京温都水城博物馆——清朝康熙行宫暨平西王府

北京温都水城国际酒店

北京温都水城——"金手杖"国际养老公寓

北京温都水城"金手杖"老年公寓康复室

北京温都水城"金手杖"的三甲医院——北京安贞心康医院

北京温都水城总部——宏福大厦

北京温都水城 Hi 水城暨养生馆

北京温都水城生态餐厅

北京温都水城湖湾酒店

北京温都水城会议中心——大爱全力助阵《梦想合唱团》

《国际健康银发城》编委会名单

顾　　　问：冯晓丽　聂梅生　张广瑞　魏小安　张　越　宋　瑞　闫崇年
　　　　　　王　敏　武　伟　聂建鑫（澳大利亚）　韦罗（匈牙利）
总　　　编：黄福水
主　　　编：田玉堂
副　主　编：刘　辉　郝玉增　宋国京　滕希彬　刘媛君　高贤良
编　　　委：黄福水　鲍荣静　刘　洋　杨　凯　杨路亮　田玉堂　刘　辉
　　　　　　郝玉增　郭晏平　聂建鑫　宋国京　杨雅雯　高贤良　邹丽丽
　　　　　　毛　坪　董亚楠　韦罗（匈牙利）　刘媛君　张　涛　滕希彬
　　　　　　李　雪　陶淑琳　翟　宁　郭超荣　王宝国　李志炜（美国）
　　　　　　李　阳　葛晓晨　杨敬东　李晓东　周桂录　宋　强　田玉珍
　　　　　　郝光星　田兰宁　鲍振川　赵越凡　宋凌寒　田晓东　刘晓旭
　　　　　　毕淑琴　刘贵海　郑淑玲　范　宁　郝　明　霍　萍　梁卫东
　　　　　　罗志雄　梁丽芳　王志阁　李乃华　郑永昌　籍伟林　郑淑珍
　　　　　　金　睿　傅建军　孟祥煜　卢　玲　李美英　曹　敏　张才斐
　　　　　　金　笑　范潮峰
策　　　划：黄福水　鲍荣静　刘　洋　杨　凯　杨路亮　田玉堂　刘　辉
　　　　　　郝玉增　郭晏平
编　　　审：黄福水　郝玉增　田玉堂　刘　辉　杨　凯　郭晏平　聂建鑫
　　　　　　毛　坪　董雅楠
总　　　纂：田玉堂　郝玉增　刘媛君　李　雪　毛　坪　朱树堂　董雅楠
第　一　篇：田玉堂　聂建鑫　李志炜（美国）　田晓东　刘晓旭
　　　　　　韦罗（匈牙利）　田兰宁　鲍振川　赵越凡　宋凌寒　郑淑玲
　　　　　　瑞迪安·休斯　约翰·候登　杨添福　洪　立　沈玉洁　宋　强
　　　　　　樊建平　安　莉　田玉萍　卢　玲　李美英　曹　敏　金　笑
　　　　　　范潮峰　张才斐
第　二　篇：田玉堂　刘　辉　郝玉增　郭晏平　聂建鑫　高贤良　宋国京
　　　　　　杨雅雯　邹丽丽　郑淑珍　韦罗（匈牙利）　闫崇年　陶淑琳
　　　　　　滕希彬　翟　宁　郭超荣　杨敬东　王宝国　李　阳
　　　　　　李志炜（美国）　裴海泓　葛晓晨　李晓东　周桂录　梁卫东
　　　　　　罗志雄　田兰宁　鲍振川　赵越凡　田晓东　刘晓旭　毕淑琴

　　　　　　　刘贵海　郝　明　霍　萍　田玉珍　郝光星　梁丽芳　王志阁
　　　　　　　李乃华　范　宁　宋　强　周燕珉　李佳婧　金　睿　郑永昌
　　　　　　　籍伟林　傅建军　李　欣
翻　　　译：田晓东　刘晓旭　李志炜（美国）　宋凌寒　韦罗（匈牙利）
　　　　　　　葛晓晨（葡萄牙）　王友茹（德国）　王末晶（丹麦）
摄　　　影：刘　辉　刘毅军　刘　鹏　李　欣
封　　　面：殷丽云　田玉堂　朱树堂　李　欣
美　　　编：朱树堂
责 任 编 辑：罗　云
行政秘书组：范　宁　海　宁　孙秋霞　孔燕妮　马　杰　杜　玲　王　静
　　　　　　　张　健　李海涛　王海燕　王　磊　刘　娟　高　颖　赵　婷
　　　　　　　乔　明　李　波　王晓洁　李明明　王　佳　沈　斌　秦　伟
　　　　　　　李小青　王丽娟　张建芳　胡晓丽　黄好哲　刘震宇　冯艳琳
　　　　　　　任雪梅　方庆兴　张春玲　白红伟　陈　军　初同帅　田国彬
　　　　　　　刘　燕　黄玲玲　谭丽丽　吴　军　李晓东　张　敏　马　燕
　　　　　　　李　平

前言一

创新造城　幸福村民

尊敬的赛奇教授，朋友们：大家好！

非常高兴，也非常荣幸，应赛奇教授的邀请，在课堂上和大家一起交流。借此机会，对各位给予我们郑各庄的热情关心和关注表示诚挚的感谢。

二十几年前，也就是1990年，我带领村里几十个壮劳力在北京亚运村做工程时，一位规划专家问我："你们农民总是在为城里人建设城市，能不能为自己造城呢？"我的回答是："能！一定能！"

二十多年后的今天，我们果然造出了一座城。这座城的规划者、设计者、建设者和拥有者就是我们郑各庄的农民。

近几年，国内一些专家认为郑各庄农民城市化，是中国农村改革开放衍生出来的一个现象。

其实，我们农民造城的理由很直接，想法也很简单，就是要通过自己的努力，创造快乐、幸福的生活。郑各庄的发展过程，就是"创新求变"的过程。

第一，摆脱贫困是"创新求变"的动力

30年前，郑各庄农民完全依赖于耕作农地营生，因为收入低下，没有能力治理村庄，人居环境很糟糕。因为穷，当地人都习惯地在郑各庄称谓的前面加上一个"穷"字。

中国人讲"穷则思变"。1986年，十几个青年农民自发地走到一起，用借来的5万块钱做铺垫，搞起了土方工程队，凭着浑身使不完的力气，在市场上打拼。几年后成立了施工公司，一部分农民加入到我们这个公司，从种地转到新的产业。

到1996年，我们把施工公司做大了，造出了一个企业集团。但是由于产业单一，不久便遇到了企业间的"三角债"。我们作为施工企业，只有别人欠我们的钱，我们不欠别人的债，因此我们的资金链断了，我们一度陷入危机。为了渡过这个难关，我们想出了两个办法：

第一个办法是启动旧村改造。让债务方用建筑材料或劳务方式来折抵欠我们的工程款。这样一来，我们公司跳出了资金拖欠的困境，债务方也轻松了，农民

的居住条件也得到了改善。

第二个办法是发展现代制造业和科技产业,从单一产业转向多元化的产业,增强了抗风险能力,也培育了新的增长点。

郑各庄从 1998 年旧村改造开始,进入了一个高速发展期。十几年来,我们按照持续发展和市场需要,在巩固发展建筑、建材产业的同时,陆续发展了科技产业、旅游休闲产业、养老产业、教育及文化创意产业,还有物业管理和国际贸易等等,完成了郑各庄从农业村向工业村、再向服务村的转型。

第二,诚信包容是"创新求变"的基础

我们一直注重"诚信"和"包容"四个字:对村民的诚信,使我们获得了内聚力;对外来投资者、就业者、居住者的包容,使我们获得了外聚力。内聚力和外聚力是郑各庄广泛获得发展资源的基础,也是持续发展的内在活力。

1992 年,公司为了提高施工能力,打算添置几台工程设备,可公司一时又拿不出这笔资金,于是便试着发动村民集资入股。出乎意料地,5 天内,就收到了一百四十多万元的资金,这些资金大多是村民从亲友手里借来的。

在公司产权制度改革中,创业者放弃了公司为他们配股的优厚待遇,同所有股东一道用现金入股,这是内聚力。

凭着我们的诚信和包容,引进了一大批高素质的专业人才,投身公司的经营管理和村庄建设。

由于我们的诚信和包容,解决了村庄资产封闭性与企业发展开放性之间的矛盾,营造了"亲商、富商、安商"的投资环境,汇聚了几十家合作企业和 4 所国内著名的高等院校,我们还把产业发展到其他省份乃至国外,这是外聚力。

这种朴实而真切的内力和外力紧紧地凝聚在一起,形成了巨大的合力,让我们实现了今天的愿望,成就了明天的希望。

第三,科学规划是"创新求变"的前提

为了避免盲目开发、无序建设,我们早在 20 世纪 90 年代中期就做了一个完整的村庄建设规划,并以每个五年期的经济社会发展规划来跟进。这些年来,我们一直按照这个规划的内容和五年发展目标埋头苦干。

我们完成了旧村改造和土地整理,实现了水、电、气、热,以及文化、教育、商业服务、休闲娱乐、节能减排等各项设施的基本配套,产业支撑体系也在不断加强,农民的收入和保障逐年提高,实现了郑各庄从农村社区向城镇化社区的转型。

过去,我们时常为一千多名村民的营生犯愁;现在,我们承载着五万人的追求与梦想。

如果没有一个科学的发展规划和明确的发展目标,就不会有村庄的土地集约利用,也不会有农民的宽居乐业,更不会有郑各庄的工业化和城市化。

第四，提高农民素质是"创新求变"的关键

市场竞争的实质是知识竞争和人才竞争。我们最初进入市场，不但没有一点办公司的经验，并且受制于知识贫乏，为此吃了不少苦头，甚至受人挤兑、被人欺骗、遭遇竞争对手算计。

为了让农民挺起胸脯，不再被别人看不起，从1993年起，我们把提高农民素质作为一项长期任务，并推出了两大举措：

一是建立了从娃娃抓起的育人机制。施行从幼儿园到大学毕业的全程教育补贴制度，学生从幼儿园到大学期间的学费和书本费全部由村里报销，一来鼓励农民子弟发奋读书，二来家长不再为子女的教育投资担忧。

二是给那些错过接受高等教育机会的大龄农民补课。由公司出资与高等院校合作，开办经济管理、财会、计算机应用等成人大学课堂班，或送出去参加各类专业培训，让农民不断接受新知识、新理念，掌握新技术，跟上时代发展的步伐，实现农民向市民的转变。

通过近20年的努力，60岁以下成年人普遍接受了不同类型的高等教育，劳动年龄人口平均受教育年限由不足7年提高到11年半。很多人走上了中高层管理岗位或成为专业技术骨干，展示了新时代的中国农民风貌，为村庄建设提供了人才支撑和智力支持。

第五，公平的制度是"创新求变"的保证

农民的利益没小事，任何一件小事若处理得不公平或者不妥当，都会引发农民的不满情绪，甚至给社会带来不安定的因素。为此，我们把村庄看作是一个小社会，借鉴管理社会公共事务的方式来管理村庄事务，维护好、实现好、发展好村民的利益。

十几年前，我们依法制定了《村民自治章程》，明确了村民的行为规范、集体资产及村政事务管理办法、民主管理制度、村民的权益保障和福利标准等等，既体现公平、公正、透明，又有监督机制。村民遇到疑难问题，在章程里即可找到答案，从而消除了村民的疑虑。

大伙儿的心气儿顺了，凝聚力自然提高了，关心、支持、参与村庄建设的积极性高涨，保证了郑各庄村各项事业健康有序地发展。

从1998年到2011年的13年间，村庄的居住人口从1300人增加到5万人；村级资产从3600万元增加到55亿元；经营收入从3500万元增加到35亿元；农民人均收入从3100元提高到45500元；农民人均福利从109元增加到7500元；农民人均住房面积从23平方米提高到70平方米。郑各庄农民的成就感、自豪感和幸福感油然而生！

最后我要说的是，我们不但有能力造城，而且有能力经营好、管理好城市。过去我们时常为一千多名村民的生计犯愁，现在我们有了承载五万产业工

人、学生、居民的工作、学习、生活保障能力。

一是支撑体系。我们有一个持续发展的产业链，有配套的基础设施和公共服务设施，还有垃圾分类站、污水处理厂以及中水再利用和雨水回收系统，为城市的运行提供了支撑。

二是保障体系。我们的一个专业的物业公司，承担整体社区的秩序维护、安全保卫、资源管理、能源保障、基础设施维护以及绿化、亮化、美化、净化等全面的保障工作。

三是精神文明氛围。有社区文化站，组织开展丰富多彩的文化、体育、健身、娱乐活动，以满足人们的精神文化需求，构建文明和谐的氛围。

今后几年，我们将继续坚持兴企、强村、富裕农民的发展战略，特别是在寻找差异化竞争方面做文章，在提高城市化水平上做文章，在提升经济运行质量上做文章。力争经济总量以20%的幅度增长。到2015年，总资产达到100亿元；实现总收入100亿元，可支配财力8亿元，农民人均纯收入突破65000元，把郑各庄村建设成为北京乃至中国北方农村中最有代表性的生活居住、投资创业、休闲度假、教育培训、养生养老的复合型的社区，以及民生幸福指数最高的村庄。

我们深知，要实现这个目标，不但要积极应对行业市场竞争的严峻挑战，还要克服因巨额资产尚未形成入市资本，外部融资能力不能满足产业发展需要的困难。但是，目前我村具备的产业基础以及产业间的互动和"村企合一"、"企校合作"、"强强联手"的运行机制，将汇集成发展的强劲动力，所以我们对实现这个目标充满了信心。

我的汇报就到这里，敬请大家给予指正。同时，欢迎大家到我们郑各庄实地考察调研，为我们的发展出谋划策。

谢谢！

黄福水

2012年4月24日 11：40—13：10

美国哈佛大学托尼·赛奇教授课堂

前言二

中国温泉银发产业的可持续发展

一、中国温泉银发产业的概况和问题
二、中国温泉银发产业今后发展的十三大趋势
三、中国温泉银发产业的可持续发展

*　　　　　*　　　　　*　　　　　*

一、中国温泉银发产业的概况和问题

（一）中国温泉银发产业可持续发展的概念

（1）温泉地热属于再生能源，在合理开发、科学利用的情况下，温泉水是能够再生、取之不尽、用之不竭的一种可持续发展的洁净的能源资源。

（2）中国温泉的开发与利用不仅要满足当代人的需求，而且要保护温泉资源，为后代人利用与发展奠定良好的基础。

（3）中国温泉资源的开发要科学、协调发展，不仅要满足开发商、客人的需求，而且在经济上和文化上要有益于使当地人民的富裕起来，并有益于提高当地人的素质。开发商有义务保护当地的历史文化遗产并尽可能地将其用在温泉文化的建设上。

（二）中国温泉产业涉足的范畴

温泉产业涉足的范畴：矿业；旅游，温泉景区，温泉度假村（酒店），Spa（洗浴），休闲会所；地产（住宅、公寓）；老年公寓，养老院，银发（村、社区）城；疗养院；医院；教育；历史、文化、艺术；农业；林业；养殖业；金融业……

（三）中国温泉银发产业的概况

（1）中国温泉银发产业蓬勃发展、积极性高、规模宏大、全民行动。

（2）中国温泉银发产业品质参差不齐：具有国际水准、优秀的（软硬件）占20%，质量一般的（软硬件）占50%，质量差的占30%。

（四）中国温泉银发产业所面临的问题

（1）由于规划设计落后，滥开发现象严重，缺乏科学性，造成经营困难。

（2）资金不足的状况多有存在。投资商在开发和保护温泉资源方面，在引

进国外高科技技术设备方面，缺乏内在的积极性，内部投入不够，品位不够，造成相当一部分企业在经营上处于亏损状态。

（3）缺少民族品牌。开发商盲目开发，设计理念老化、陈旧，没有好的设计品位，造成软硬件不到位，让客人感受不到温泉带来的欢愉。

（4）专业人才缺乏。温泉银发度假城（村、区）专业人才极其缺乏，保健养生指导师、温泉理疗师、医师、护理师、心理健康指导师、景观设计师、营养师等专业人才极其缺乏，培训跟不上，想拥有自己特色的产品和服务就无从谈起了。

（5）存在劳资矛盾现象。极少数温泉银发度假城（村）劳资矛盾大，不按国家规定给员工上保险，员工得不到生活和工作上的基本保障，工作没有积极性，没有笑容，不会带给客人满意的服务，造成恶性循环。

（6）所有权和经营权混淆。有的业主缺乏经营管理经验却直接掌管经营管理，职业经理人只是配角，但在责任上则是主角，有责无权，发挥不了应有的作用。

（7）温泉的理疗功能份额偏低。发达国家温泉理疗功能份额在70%~100%，而中国不足20%。

（8）2013年中国温泉产业全行业亏损，平时客源严重不足，节假日拥挤不堪。

（9）温泉企业缺乏科学的法律规范。至今在全国范围内，中国温泉还没有立法（仅一些发达地区立了法规），缺乏政府及专业机构在法规及专业上的指导。

* * * *

二、中国温泉银发产业今后发展的十三大趋势

（一）中国各级政府鼓励开发温泉银发项目的主旨——民生化

各级政府在十二五规划期间，为了解决民生问题，要制定各种政策鼓励企业开发温泉银发产业。因为温泉大多在边远地区，所以开发温泉产业就有利于解决农民的就业问题、收入问题、文化素质问题、养老问题、环境问题、旅游问题、有机农业问题等。

（二）温泉银发项目的养生理疗功能要主流化

保健养生文化，是当代最新、最高层次的温泉文化，也是最具包容性的温泉文化，是随着人民群众对健康的理解和重视而产生的。它已经不再是少数人奢侈的生活方式，而是一种大众化的活动。

发达国家的温泉主要用于理疗保健养生，而中国温泉功能大部分还处于娱乐、戏水、沐浴、休闲阶段。为了解决中国人民的健康问题，节约大量医疗费用，中国温泉银发项目的养生、理疗功能要主流化。

（三）温泉银发项目的消费要大众化

随着中国经济的大发展，人民生活水平的不断提高，民众健康意识不断增

强，中产阶级比例不断加大，温泉消费也逐渐大众化。

（四）**温泉银发项目的产品要多样化**

温泉银发度假城（村、区）设计出的产品要能留住养老度假的客人至少7天到30天以上。要适应养老度假市场的要求，温泉银发村产品就要多样化。

（五）**温泉银发项目的质量要精品化**

温泉银发项目为了在激烈的竞争中立于不败之地，为了生存和发展的需要，在软硬件上要不断地吸纳国内外的先进经验来完善自己，走精品化战略。

（六）**温泉的项目要银发化**

1. 中国养老问题的严重性促进温泉项目要银发化

据预测，2050全世界老年人口将达到20.2亿，其中中国老年人口将达到4.8亿，几乎占全球老年人口的四分之一，是世界上老年人口最多的国家。2014－2050年间，中国老年人口的消费潜力将从4万亿元左右增长到106万亿元左右，占GDP的比例将从8％左右增长到33％左右，是全球老龄产业市场潜力最大的国家。

2. 温泉项目银发化是必然趋势

温泉项目银发化不仅能替政府和社会分忧，解决百姓的养老问题，同时解决了老年人与子女团聚的问题，还能解决平时客源不足问题，从而大幅度增加温泉企业的收入，使一部分企业扭亏为盈。温泉项目的银发化促成了温泉产业的朝阳化。

（七）**温泉银发项目的服务要追求个性化**

作为消费者来说，既然到了温泉银发度假城（村、区），从养生这个层面，个性化的追求就更加突出，所以我们也需要研究如何应对客人的个性化需求，提供个性化产品，提供个性化的服务，比如瘦身套餐、理疗套餐、康复套餐、养老套餐、聚亲套餐、洗三套餐、会议套餐、蜜月套餐、公关套餐、睿智套餐、美容套餐、心理减压套餐等等。

（八）**温泉银发项目的市场要层次化**

温泉市场的层次化就是要有高、中、低端的市场层次，以适应不同消费层次客人的要求。

（九）**温泉银发项目的发展要国际化**

温泉银发项目国际化有两层含义，一是温泉银发项目的软硬件要达到国际化标准；二是温泉银发项目的客源结构要国际化。

（十）**以温泉银发项目为主体的各种产业兼蓄化**

温泉银发产业涉足地矿产业、旅游度假产业、房地产产业、金融产业、科技产业、教育产业、中西医理疗产业、历史文化产业、农业、林业、养殖业等。

因此，温泉银发产业发展潜能巨大，与此同时，要求温泉银发产业的大发展必须和其他产业兼蓄并进。

（十一）**融合温泉及社会各种资源，助老人晚年更加幸福**

21世纪，随着社会的发展与进步，一方面，现代老人晚年迫切需要融入社会，迫切需要享受现代社会科技、文化、物质进步的成果，并且发挥余热，坚决抛弃孤独、悲惨式的晚年生活；另一方面，温泉及社会各种资源，如温泉度假村、医护、康复、健身、休闲、娱乐、生态园林、景区、老年大学、图书馆、互联网、志愿者中心、捐助基金等可用闲置的资源、设施为老人提供服务，物尽其用，助老人晚年更加幸福，并且减轻了子女及政府的压力，从而解放生产力，进一步促进社会繁荣，造福后代。

（十二）温泉银发产业要走向专业化、集团化、连锁化、品牌化

温泉银发产业市场的竞争是产品的竞争，是品牌的竞争，是人才的竞争，最根本的是企业内部机制的竞争。

温泉银发企业在解决企业内部机制竞争的基础上要有大的发展，必走专业化、集团化、连锁化、品牌化的道路。

（十三）中国温泉银发产业未来要走向"新四化"

从1978年算起的话，中国现在进入到改革第四个时期。到2014年10月份召开了十八届四中全会，中国政府重新提出来要搞改革，在六十大领域里面进行改革。从36年来的中国经济改革历史来看，2014年是第四个改革周期的开始之年。

巨变将从2014年开始，所谓的新四化是指：第一，所有商业都将智能化；第二，一切品牌都将人格化；第三，一切消费都将娱乐化；第四条，一切流行都将城乡一体化。

三、中国温泉银发产业的可持续发展

（一）中国要特别重视温泉银发项目的规划设计，要舍得花钱，要吸纳发达国家的先进设计理念和理疗设施

吸纳发达国家经验的具体措施：

（1）中国温泉银发度假城（村、区）开发商在规划设计决策方面要具有三个意识："精品与精致意识"、"科学规划与设计意识"、"知名品牌与本土文化特色意识"。

（2）温泉银发度假城（村、区）要设计出"异国风情、田园牧歌、世外桃源、人间仙境"的美景。

（3）中国温泉银发度假城（村、区）在规划设计上要引进发达国家先进的理疗技术和设施、设备，以适应温泉养生功能的需要。

（二）中国温泉银发度假城（村、区）要特别重视养生、理疗作为主体功能的开发

1. 温泉地创造健康的八个因素

（1）沐浴温泉（含泥疗）；

（2）有机食品，营养配餐；

（3）有氧运动（泡温泉、做瑜伽、打网球、打羽毛球、爬山、游泳、打太

极拳、散步等);

(4) 优美的环境(负氧离子、森林、温泉、海洋、山地、美景等)——增强α脑波,有镇痛、放松、增加免疫功能;

(5) 良好的心理(放松、自然疗法、天籁、心理咨询);

(6) 中西理疗(针灸、Spa、按摩、推拿等);

(7) 温泉地文化(旅游观光、温泉养生博物馆、少数民族文化、历史文化遗产等);

(8) 把温泉带回家:在温泉地可设中草药植物园,可就地取材(如温泉矿物质),一方面具有观赏价值,另一方面生产出具有本土特色的药膳、美容、减肥、保健、药浴之产品,让客人可把温泉带回家。

2. 中西医疗法与温泉(养生)自然理疗相结合

中西医疗法与温泉(养生)自然理疗的发展趋势:

(1) 综合疗法,即为了人类的健康,中西医疗法与温泉(自然)理疗相结合;

(2) 应有保险公司的加入;

(3) 节约医疗费用,更趋于大众化。

(三) 中国温泉银发度假城(村、区)在经营上要特别重视健康心态理疗功能的开发

健康的心理状态指的是:心理健康,对社会生活的适应及反应能力强。不良心理是健康的大敌。不同的情绪,比如愤怒、惊恐、多虑、忧愁均可使人体抵抗力下降,从而极易发生感染性疾病、癌症或其他疾病。据有关方面不完全统计,目前心理障碍症者约占患病人数的20%,并逐年增加。心理健康有利于延年益寿。快乐情绪、健康心态是人体健康的活化剂。

温泉能让人放松心情、忘记烦恼,从而达到心理健康的理想状态。

随着社会的发展,人们的工作、生活的压力加大,得抑郁症的人群逐渐增多,通过泡温泉、看美景、放松、天籁、Spa、心理咨询,可缓解当代人的心理压力。故中国温泉银发度假城(村、区)要高度重视心理健康功能的开发,以弥补空白。

"精神理疗"由六个环节组成:发泄、放松、冥想、天籁音乐疗法、笑吧和心理咨询。

(四) 中国温泉银发度假城(村、区)的开发要特别重视美学文化的应用

爱美、求美、创造美是人的天性!这是现代人健康生活方式必不可少的一种追求!

温泉银发度假城(村、区)完美的服务产品,首要一点,就是要注重美景文化的运用。自然美是一种风景,也是一种境界。温泉由于它独特的温泉功效,讲究的就是自然:青山叠嶂、温泉汩汩,客人置身温泉世界时,外面的世界已经与他无关。形象美是景观美的核心和基础。景观形象美可以概括为"雄、奇、

险、秀、幽、奥、旷、野"等八个形象特征,其中"幽"是与露天温泉泡池紧密相关的一个景观特点。所谓幽,即隐蔽、深暗、沉静、神秘。幽美景观常是封闭或未封闭的地形环境与高大乔木遮天蔽日的寂静空间。林木葱郁,小径通幽,处处幽深,处处清静,幽中藏奇,幽中见秀。沐浴在露天温泉中,最惬意的事情莫过于一边泡在露天温泉中一边欣赏无边的美景了。环境美学方面,我们可以通过自然的色彩、动感、听觉以及人文文化的相互糅合来打动人,从而产生美感。自然美使客人更具舒适感,从而增进客人的心理健康。

(五) 中国温泉银发度假城(村、区)的开发与经营要纳入全民健康产业——Wellness 领域

全民健康产业要求全民不断强化健康意识,长期保持健康的生活方式,养成良好的生活习惯,做好定期健康体检,运用科学的温泉养生、理疗来保健,大量节约医疗费用,创造和谐社会。

有专家测算,疾病预防花 1 元钱,医疗费用能省下 100 元钱,因此观念要转变,预防保健要放在第一位,才能换来真正的健康人生。温泉养生就有很好的预防保健作用,因此中国温泉银发度假城(村、区)的开发要纳入全民健康产业领域。

温泉保健养生文化也是一种节约文化、和谐文化。

国家有关部门,如卫生部、温泉主管部门(矿业、旅游、温泉协会等)、金融部门、环保部门以及地方政府应将温泉的开发与经营纳入全民健康产业——Wellness 领域,并制定有力政策和措施,扶植并支持温泉的开发与经营,鼓励全民积极参与温泉养生,从而大量降低医疗费用,造就全民健康、幸福、和谐之福祉。

乌埃勒尼斯(Wellness)概念亦可称为一种健康和谐的度假活动,它是一种不断增进的以健康(具有幸福感)为宗旨的,具有多种功能和多项服务的高级养生活动。它是一种时尚健康和谐的生活方式。

(六) 中国温泉银发产业要重视"温泉精神"的开发与应用——温泉精神——"四个关爱"

● 关爱是中国温泉银发产业和"温泉精神"的文化核心。

● 温泉是大自然对人类的恩赐,我们在温泉泡汤时,可以洗去疾病、洗去疲惫、洗去烦恼,取而代之的是我们健康的身体、健康的行为、健康的心理,以及对新的一天、新的生活的渴望。沐浴温泉会使人们深深体验到 21 世纪的温泉精神就是"四个关爱":关爱健康、关爱自己、关爱别人、关爱未来。温泉精神呼吁人们去沐浴温泉,要关爱健康,既要关爱自己的健康,也要关爱别人的健康,更要关爱人类未来的健康事业的可持续发展。

● 关爱健康,是人类追求的根本目标,关爱自己是人类发展的基石,关爱别人是人类共同发展的职责和人类崇高的美德,关爱未来是人类共同的伟大理想。

● 温泉精神的"四个关爱"是一种温泉哲学,它的实质是人类共同创造健

康的社会、关爱的社会、和谐的社会。

(七) 中国温泉银发产业要重视专业人才的开发与培训

1. 中国温泉银发产业专业人才现状

中国温泉银发产业专业人才极其缺乏，保健养生指导师、温泉理疗师、护理师、心理健康指导师、景观设计师、营养师等专业人才极其缺乏，培训跟不上，想拥有自己特色的产品和服务就无从谈起了，因此中国温泉银发产业要重视专业人才的开发与培训。

2. 如何获取温泉银发专业人才

(1) 温泉银发企业从社会上猎取人才；

(2) 温泉银发企业大力培训在职人才；

(3) 知名的温泉银发度假区建立自己的学院，例如建立中国旅游温泉银发管理学院，培养中专（操作层）、大专（督导层）、大本（管理层）、硕士、博士（决策、策划、开发及科学研究）等人才，以适应温泉银发产业科学开发、经营发展的需要。

(八) 中国温泉银发产业要重视自己民族品牌的创立

没有自己的民族品牌，开发商盲目开发，设计理念老化、陈旧，没有好的设计品位，会造成各温泉度假村软硬件不到位，粗制滥造，让客人感受不到温泉带来的欢愉。中国温泉产业要重视设计、创立自己的民族品牌，要在吸纳发达国家先进经验的基础上，创立中国的民族品牌。

(九) 中国温泉银发度假城（村、区）要解决经营管理机制问题

(1) 企业的所有权和经营管理权要分开。企业所有者要建立职业经理人等专业化的队伍，让他们有职有权，在解决企业亏损方面充分发挥作用，使企业的经营走上科学可持续发展的道路。

(2) 建立和谐团队，股东与员工不是雇佣关系，是合作共赢关系。温泉度假村（区）要做到待遇（物质与精神）吸引人，事业凝聚人，感情留住人。企业要坚决按照《劳动法》办事。待遇对于每个人来讲是生存的基础，没有基础，谈不上发展。事业凝聚人的含义是事业融合发展，能量聚合，财富整合，做到可持续发展。尊重员工，民主管理，使员工成为工作岗位上的真正主人。

(十) 中国温泉银发度假城（村、区）开发要与国际合作，吸纳发达国家的经验

(1) 借鉴国际经验。中国温泉银发度假城（村、区）的开发与利用要借鉴国际经验。政府要鼓励开发商发展公益事业，在开发的同时要建立社区公共温泉沐浴区，为当地社区居民免费提供服务，从而让更多的人享受到温泉所带来的健康生活方式。

(2) 加强国际合作。中国温泉银发度假城（村、区）出现的时间还不长，基本上还未进入国际化，要进一步发展，创造自己的品牌，就必须加强国际合作，以促进中国温泉开发和经营管理与国际接轨。

（3）利用外汇储备促进发展。中国温泉银发度假城（村、区）要利用当前中国有大量外汇储备、可动用大量外汇的契机，大力引进温泉银发产业开发建设所需要的人才、软件（规划、设计、技术）和硬件（设施、设备），促进中国温泉银发产业超速、超前发展，尽早赶上和超过世界发达国家先进水平。

中国法律要强制规定砍掉锅炉，采纳节能技术，如水源热泵等先进技术，达到节能减排的目的。可以借鉴美国西部、匈牙利、德国、法国低热开发利用的经验。因为一次性投入大，政府要给予相应优惠政策，使开发商尝到甜头。

（十一）中国各级政府要给予温泉银发产业开发各项优惠政策

（1）国家政策要扶持。对国内外温泉银发项目开发商要给予政策支持。国家应该加大投入，做好前期勘探规划，要给予政策支持。如国际上通用的政策措施：投资补贴、税收优惠、低息贷款和信贷担保、建立风险投资基金、实施污染者付费制度等，以此鼓励开发地热能源。

（2）在国家贷款、地价、税收方面给开发商优惠政策的同时，开发商必须采纳世界先进的设计、技术、设施、设备和管理，节能降耗，增加企业收益。一部分温泉场所要对低收入的人群免费开放。

（十二）中国人大要设温泉法，以保护温泉银发项目资源的良性开发与可持续发展，开发与保护并重

当前，应高度重视对温泉银发项目的保护开发、科学利用和有效管理。

（1）把地热资源的开发和利用尽快纳入法律轨道，以保证温泉产业的可持续发展。

（2）进一步明确温泉银发项目管理的主管部门，理顺管理体制，以做好相关管理和服务工作。

（3）加大地质勘察投入，做好地热资源的论证工作，编制相关规划，将温泉银发经济纳入国家的能源资源和旅游等发展规划中，以正确引导温泉产业的发展和资源的综合开发利用。

（4）在温泉银发项目的规划和建设上应因地制宜，使产品、市场、服务、管理与文化融会贯通，形成独特个性，打造民族品牌。

（5）温泉银发项目开发应淘汰旧的技术和设备，降低能耗，增加企业收益。

（十五）中国温泉银发产业要建立幸福健康养老主模式——复合型、全程型、时尚型（WELLNESS Σ & HOME）

中国养老问题的严重性促进温泉项目要银发化；中国梦促进社会大发展，必然促进中国温泉银发产业要建立幸福健康养老主模式——复合型、全程型、时尚型（WELLNESSΣ & HOME）。

国际健康银发城，是以国际健康管理等科学理论为基础，融社会（城乡）各种资源助力老人晚年幸福，并以旅游景区、温泉、酒店、度假村、健康社区、医院为载体，以创建老人（为中心）和他们的后代——中年、青少年及儿童之健康生活方式作为主要功能的设施和服务项目，以此为主题文化并具有幸福健康

复合型养老特征的载体。

创造幸福健康之家（WELLNESS ∑ & HOME），是国际健康银发城的宗旨。

创造幸福健康的生活方式（WELLNESS∑ & LIFE STYLE），是国际温泉银发城经营管理模式及其产品的基本定位。

创造幸福健康复合型养老社区，是国际健康银发城的基本特征。

创造幸福健康的"八养"（乐养＋文养＋信养＋休养＋疗养＋护养＋医养＋宁养），是国际健康银发城的主要内容。

（十六）中国开发温泉银发产业的战略要点

根据中国首部银发产业发展蓝皮书《中国老龄产业发展报告（2014）》，从未来温泉银发产业的发展走向看，中国温泉银发产业的战略着眼点主要有九个方面：

一是最大限度地创造温泉银发产业发展的有效刚性市场需求。具体措施有：保持经济增长速度，确保一次分配能够提高居民收入水平；加快收入分配改革，确保包括老年人及其子女在内的中低收入群体的收入实现倍增；改革完善养老、医疗保障制度，建立长期照护保障制度，为全体居民应对老年期可能的收入、疾病和失能风险创建制度性的费用来源；加大政府投入，为老年人特别是中低收入老年人提供救助。

二是加快出台完善重点领域的温泉银发产业政策。当前温泉银发产业政策的重点应放在融资、土地、税收、产业组织等产业要素以及老龄服务和温泉银发用品两个市场上。实施积极的财政政策，引导更多社会力量投入老龄产业，并将其纳入城镇化发展战略和规划。加快制定出台《国家老龄用品分类目录》和《国家老龄服务分类目录》，构建国家温泉银发产业标准体系和统计指标体系。

三是加速培育温泉银发产业组织。主要措施有：鼓励扶持现有金融机构进行业务转型，向温泉银发金融领域延伸，鼓励兴办一批新的温泉银发金融专业机构，引入部分外资金融机构开展温泉银发金融服务；扶持现有温泉银发用品生产销售商，鼓励传统相近制造业转型，扶持新建一批具有竞争力的温泉银发用品生产销售商；培育养医护相结合的银发服务组织，逐步推进公办养老院改革，由政府直接提供服务向政府购买服务转变，增强其医护功能，重点扶持一大批居家服务机构和住养型服务机构。

四是构建温泉银发产业融资平台。建立国家温泉银发产业发展基金，在此基础上，各地建立相应的银发产业融资平台；鼓励扶持转型的金融机构和老龄金融专业公司在开展温泉银发金融业务的同时，开展温泉银发用品和老龄服务投融资业务；鼓励公益基金向温泉银发产业拓展。

五是加快温泉银发金融创新。加强科学研究，根据中国实际情况特别是传统文化，结合未来温泉银发服务需求，针对40~59岁人口开发储蓄、证券、保险、基金、信托、房地产等新产品，重点开发综合性的、新型混业经营的银发金融产品。

六是着力开发温泉银发用品市场。规范发展老年保健品和老年医药用品，重点开发生产康复产品、护理产品、老年日用品、助行产品、老年电子产品、老年文化产品，建设银发用品物流配送网络平台。

七是打造两个温泉银发服务网络。发展温泉银发服务的根本是要建立银发服务体系，而建立温泉银发服务体系的关键是形成两个网络，一个是住养型银发服务机构网络，另一个是依托社区的居家养老服务网络。这不仅有利于行业管理，更有利于规模经济。

八是建立国家温泉银发产业核心技术研发基地。借鉴发展高新技术的经验，把发展温泉银发产业核心技术纳入科技创新战略，选择3~5个地方建立温泉银发产业核心技术创新基地或温泉银发科技创新示范园，为温泉银发产业持续发展提供强大的技术支持。

九是推动温泉银发产业转型升级。

推动温泉银发产业五个转型：

官方市场——→百姓市场；

奢华产品——→大众产品；

单一产品——→复合产品；

闲置产业——→银发产业；

温泉戏水产品——→温泉理疗产品。

温泉银发产品的转型升级是必由之路。

首先，产品的转型是从单一到复合，形成体系化。

其次，发展升级是从粗放到精品，形成层次化。

再次，产业构建，跨界融合。

最后，需要全面推动，提升品牌，促进完善。

如何推动温泉银发产业市场及产品从单一戏水到复合型？

(1) 观光旅游出人气；

(2) 养老度假出财气；

(3) 文化旅游出名气；

(4) 乡村生态旅游是基础；

(5) 商务会议旅游是主导；

(6) 特种医疗旅游做补充。

由此构成单一温泉银发市场及产品转型升级为复合型的完整体系。

* * *

作者：中国社会科学院旅游研究中心特邀研究员　田玉堂

二〇一四年十一月四日于京

序一

万花丛中的一枝新葩

随着老龄化社会的快速到来,中国已经成为世界上老年人口最多的国家,巨大的养老服务需求与专业化、多样化服务提供不足的矛盾日益突出。老年人最值得全社会的尊敬和爱戴,更需要关心和帮助。积极应对人口老龄化、为老年人提供有尊严的各类服务、不断提升老年人的生活水平和生命质量,是全社会的共同愿望。

近年来,中国政府将推进养老服务业快速发展作为重要民生工程,出台了一系列法规政策,合力推进以居家为基础、社区为依托、机构为支撑的城乡养老服务体系,并鼓励社会力量积极投身养老服务业建设,激发了社会各界投入养老服务事业的热情,中国的养老服务业迎来了蓬勃发展的春天。

在推进中国养老服务业科学发展的进程中,社会上的有智之士在自己的工作实践基础上潜心研究适合老年人各项需求的服务模式,将自己的积极探索汇集成书奉献给社会。即将出版的《国际健康银发城》一书,是养老服务业凝智聚慧的研究成果,是万花丛中的一枝新葩。

此书采撷了国际银发服务领域的理论和实践成果,以"创造幸福健康的生活方式"为宗旨,倡导"八养"服务模式,即"乐养、文养、信养、休养、疗养、护养、医养、宁养",提倡多元化的养老服务文化建设。我相信,此书的出版为全社会老年人选择健康生活方式提供了思考与选择,也将为期望在养老服务领域大展宏图的企业家们提供创新商业模式的借鉴。

养老服务业前程似锦,养老服务业大有可为。在此,我代表中国社会福利协会对主持此书编写的黄福水先生、田玉堂先生及热心改善老年福利服务的专家学者们表示崇高的敬意和衷心的感谢!希望这些智慧的结晶在不久的将来转化为优质的服务产品,使全国老年人在多样化服务中安享幸福晚年。

中国社会福利协会副会长兼秘书长

2014 年 12 月 5 日

序二

"金色年华　叶落归校"
—— "金手杖·清朋华友学子园"养老新模式的探索

我叫聂梅生,今年74岁,已经进入到需要养老的年龄段。作为一名清华学子,已经完成"为祖国健康工作50年"的任务。

一、清朋华友学子园的诞生

13年前,也就是在2001年,我们几个原来在清华大学体育代表队的队员,平常愿意聚在一起,我们几个人就商议"同窗养老"。当时选的是燕子口,位于八达岭附近,离昌平金手杖国际养生公寓很近。后来这件事就搁置了。

5年前,也就是从2009年开始,我就开始组织建筑设计公司等一批倾心于养老事业的设计单位,到美国去考察当地的养老住区。后来,我们将日本、中国台湾地区、澳大利亚、中国大陆的代表性养老项目基本考察了一遍,而且做了很多关于养老的标准(《中国绿色养老住区联合评估认定体系》,编者补充)。当时,住建部住宅产业化促进中心也较早地介入养老事业,跟我们一起做这个标准。

"养老"一定要有一个主题。很多养老机构,不管是政府办的福利性养老机构,还是社会机构办的养老机构,都在千方百计地寻求一个主题,有的是运动主题,比如高尔夫,有的是候鸟主题,比如海南等等,有的是旅游,有的是靠近医疗,它们都有一个主题。我们最后把这个主题定为"学子养老"。

在考察美国"常春藤联盟[①]"学校时发现,几乎每一个联盟学校都有一个学子园。加州理工学院的学子园坐落在洛杉矶,看完后给了我很大启发,让我感到,学子的养老是能够做成的!我们还了解到,在美国,有一家专门做学子养老系列的公司,最后上市了,而且在美国诸多养老上市公司当中,运营业绩最好的就属学子园系列。联想到我们中国众多的高校,清华、北大不说,放眼全国,高校数量十分庞大。各高校的学子们到老年时,都有"叶落归根"的情结。拿我

---

① 常春藤联盟由美国东北部八所学校组合而成:布朗大学、哥伦比亚大学、康奈尔大学、达特茅斯学院、哈佛大学、宾夕法尼亚大学、普林斯顿大学及耶鲁大学。这八所大学都是公认的一流大学,它们的历史悠久,治学严谨,教授水平高,学生质量好,因此常春藤大学又时常作为顶尖名校的代名词。

们同学来说，工作了 50 年以后，从家庭又回归到一个群体，它需要一个共同的纽带，而清朋华友和学子就是一个非常好的纽带，因此我们就确定了"清朋华友学子园"这一名称。

可以说，清朋华友学子园的筹备，准备了 5 年，落实在今天。

二、母校及众筹的运用加速了学子园的落成

清朋华友学子园在具体的实施中，得到了快速的推进。这背后与清华的推动有很大的关系。

在 2011 年"清华百年校庆"以后，学校决定成立很多行业协会，清华房地产校友会就是在此背景下成立的。成立以后，学校请我做协会首届会长，今天主持会议的张雪舟出任秘书长，他是清华材料系毕业的。到今年 11 月，我的会长任期就将到届。当初就任会长时，我与协会名誉会长叶如棠（就读于清华建筑系建五班，原建设部部长）商量好了做一件事——"我们这一任三年就做这个学子园"。我当时把话说出去了，那就要千方百计地把它做到。现在还差一个月我就到任，而学子园正好在 10 月份落成了。因此，清华房地产校友会的成立，无疑加速了学子园的建成。

刚才，有很多学友和同学去看了学子园会所，有的还没来得及去看，我觉得大家可以去看一下。在这里我要答谢很多人。这个会所应该说是一个"众筹"作品。今年是微信年，你加我我加你，实际上，"众筹"的概念就是在今年形成的。在学子园会所里，大家可以看到一面答谢墙，答谢墙上鸣谢的很多单位和个人，都在支持我们这件事。他们有的捐钱，有的捐书，有的捐概念，有的捐设计，这是一次非常成功的"众筹"。这也是一次我们清华校训当中"厚德载物"的体现，因此答谢墙旁特意写了"厚德载物"，见证大家一起来做这件事。

三、学子园落地金手杖的四大理由

清朋华友学子园为什么要落地在金手杖？主要基于以下几个原因：

其一，考虑了金手杖的现状和它未来的发展。金手杖处于一个比较成熟的板块，在温都水城这个国家四星级的旅游板块当中；而且它的交通条件也是具备的。交通是很重要的！在国外选养老住区时，美国老年住宅协会（AHSH）的执行委员会成员、法律顾问 Paul Gordon（被誉为"美国养老之父"）就跟我说，"不要满脑子都是房地产概念，这个肯定是错误的"。我原来不太理解，因为我在房地产行业工作多年，房地产讲究的是"地段，地段，还是地段"，而养老住区则与房地产的概念大相径庭，它和老人们的第一居所往往要求比较近。比如住在清华的退休老师，养老住区就得和清华比较近，起码交通要通达。

其二，周围的生活环境及居住配套成熟。如果什么都没有，只有青山绿水，那可以去住一阵，但天天在那里生活是待不住的。因为既没交通，又没超市，什

么都没有，恐怕是不行的。大家最关心的就是医疗。恰恰在今天，我们学子园的社区医院，也是这个板块的社区医院，就将坐落在金手杖一层，而且安贞心康医院也正在旁边建设，因此，金手杖的医疗条件也是具备的。

其三，一个很好的养老住区往往离不开文化教育，因为老年人除了"老有所养"以外，也得"老有所为"、"老有所学"。在养老住区的老人们，都有学习的要求，他们需要一个文化的氛围。金手杖周边不仅有中央戏剧学院，有北京邮电大学研究生部，也有北京电影学院等等，这个氛围应该说是足够了，尤其在学子园里面，我们还做了一个镜烟书院。

除了以上三点，还有什么是吸引我的？不瞒大家，我在金手杖已经住了半个月。大家可能会说，聂梅生你好像身体还可以，你在北京也有房子，你还挺忙，你干嘛跑这来住？那到底吸引我的是什么呢？我刚才说的三个理由——地段、医疗、教育，都还没有放到最重要的地方去考虑，那最重要的是什么？是"候鸟生活"，我主要看中了它"三D（地）候鸟式旅居养老模式"。

金手杖开发商在中国黑龙江五大连池建有养老项目，是同一个集团同一个品牌金手杖做的。今年夏天，我和在座的几位老人一起去住了，虽说刚开始营业，但环境非常好。在最炎热的时候去五大连池，避暑一个月没有问题。冬天可以到博鳌，金手杖博鳌项目我也去了，就在博鳌亚洲论坛永久会址旁边，一线海景，面对着滔滔大海。据说现在还有更多的候鸟地愿意加入"金手杖候鸟养老网络体系"中来。如果你在一个地方去住一月以上，那就不是旅游，也不是度假，实际上是一种居住了。这样的话，就圆了当年想去这想去那的愿望，比较便捷、比较方便地开启一个"金色年华"。

综上所述，清朋华友学子园落地金手杖的原因就是这四条。

四、学子园要做中国未来养老模式的试点

最后我想说一下，是不是意义仅在于此，就没有其他的想法了吗？我觉得不是。这两个协会（清华房地产校友会、全国工商联房地产商会）来做清朋华友学子园，它的意义何在？我觉得是开启了一扇门，走一条探索之路。探索什么？

第一，我们国家在养老产业问题上存在诸多不完善的地方。今天在座的有民政部门的，有管标准的，管设备的，管设计的，管金融、管法律的都有，我得告诉诸位养老产业整体不完善。

因为老龄化是突然之间就来到了大家面前的，我们还没有什么思想准备。上一届政府对于养老，一直都没有太清晰的思路。到 2012 年、2013 年的时候，才突然觉得中国老龄化了，北京老龄化了，不行了，将来全是老人。今天我们这个小小的学子园落成庆典现场，就坐了六七百人，有的比我年长，有的比我年少，但基本上是七老八十的，说明这个问题非常严峻。严峻是严峻，但却没有法律、金融、标准、规划设计等方面的支撑，整体环节都不配套，所以这里面需要探索。

房地产模式肯定不行。现在房价这么高了，如果说我们把养老又弄成"养老地产"，那是没有出路的！我听黄董事长（宏福集团董事长黄福水）讲，这个地方属于全体村民，都是土地入股，都是主人。但是隔一条马路，对面招拍挂的土地价格就已经超过了这边的房价，怎么住得起？这是一个问题，因此，走房地产模式，显然行不通。

第二，金融杠杆在哪儿？房地产可以有个人住房抵押贷款，可以有公积金。但是养老这一群人，年龄超过60岁，银行就不提供住房抵押贷款。很多人都跟我说，这个地方不错，但我拿不出100万元押金怎么办？就是咱们在座的很多清华的教授、我的很多同学都有这个问题：我拿不出来这一笔钱，但是我有房。这个事情怎么解决？我们要探索养老的金融模式。

现在许多民营养老机构的经营模式很不成熟，因为法律不成熟，包括保险、基金、贷款、医保接轨等等都是问题。比如说，与医保怎么接轨？很多清华教授在清华看病，通过校医院报销，他们的医保在校医院，不让随便转出去，那怎么办？如果北京都不接轨的话，别说外地了，像这些问题都需要去解决。

此外，养老机构的土地应该采取哪种模式？现在更多的意见都倾向于土地租用，不能招拍挂，绝不能走房地产那条路。如果租用土地，最后这个物业肯定是持有，比如金手杖就是宏福集团持有。今后我们找合适的项目启动REITs是可能的，因为这是一种租用土地持有型物业，这样的话就开启了金融的模式。

第三，非常重要的是要推动中国的土地改革，这届政府终于把土改提到议程上来，我非常非常高兴。

因为房地产的两次涨价，一次是在1993～2000年之间，房改以后涨了一次。第二次涨价是2003年以后，飞涨。这两次涨价的原因都是土地，第一次70年土地使用权，第二次是招拍挂，这两次都是剥夺了农民的权益，农民都没拿着什么。第一次是开发商拿了，70年土地使用权只给农民5万块钱的每亩补偿，把地给了开发商了，涨了一次价。第二次是给了地方政府招拍挂，地方政府一看开发商形成了，地方政府没有钱，地方政府又来了一次招拍挂，结果又涨得更快，最终形成了政府的土地财政。而在土改当中，这一次是非常明确的要惠及农民。

所以我觉得金手杖这个案例对土地的获取具有政策性的意义，符合四中全会以后对农村集体用地政策的大方向，惠及农民，同时降低了土地成本，就能提高我们的养老可支付性。为什么这个地方可支付？正是因为它土地的优越性，造成了这个项目的可支付性，因为它的押金是要退回的，如果我们再用以房养老的金融杠杆来支撑，应该说相对于其他项目来说，它的可支付性是比较高的。

最后，这个项目起来以后，我希望法律法规、标准规范、管理体系等能在这个项目当中逐渐地完善，起到一个试点作用。

我最后说一句话，在风险可控的前提下，我们愿意和这个项目一起成长。

谢谢大家!

清华房地产校友会会长、全联房地产商会创会会长　聂梅生

注：2014年10月18日，由清华房地产校友会、全联房地产商会与宏福集团联合主办的"清朋华友学子园落成庆典"在北京温都水城金色大厅隆重举行，此文根据聂梅生教授在庆典上的主题发言整理，是为序。

序三

漫话养老与养生、康体与幸福

人的生命是有限的,所谓"万寿无疆",充其量是一种美好的愿望,而且是个永远不可能实现的愿望,万遍高呼皆不应验,这就像人终要远离尘世、置身天堂一样。这一点大家是懂得的。然而,不管这个"有限"是多长,大凡人的生命都会经历生、老、病、死这几个阶段,这是个共性。至于每个个体,每个阶段的长短各异,呈现的方式也会千差万别。古今中外皆如此。记得我的一位老同学曾经写过一篇文章,其标题叫做《加入大多数》,大概说的就是这个过程和归宿。

生命对于人来说太有吸引力了,尽管各人生活的境遇会相去甚远,但人们都愿自己的生命更长一些、再长一些,而且在有生之年,总能保持最佳状态,能充分享受生的乐趣。也许人们对"享受"这个理念有着不同的理解和企盼,于是又出现了对"幸福"的追求,而何谓幸福,诠释起来又是纷繁复杂、仁者见仁。记得当年中央电视台关于"你幸福吗?"的街头采访,最终并没有得出大家认可的答案,倒成了大江南北流行的话柄,颇耐人寻味。这可能与人的欲望相关,因为欲望与希望大不相同。

在人类发展的过程中,科学技术发展的速度加快,人的智力潜力释放加速,社会进步的步伐加大,大家都在积极努力,以不同的方式,尽量使生活更美好,感觉更幸福,活得更长远。无论用什么标准去衡量,人类在这方面取得的成就是非常明显地,不容置疑,尽管这一成就总是与人们的追求存在着很大的差距。不过,对此人们越来越有信心,更会尽力做到生得更健康,老得更缓慢,疾病更少些,活得更长些。

人类进入了21世纪,人们对生命的认识更加深刻,对人生的过程又有了新的理解和希望。尽管人的生命时限在不断延长,而这个过程依然难以改变。只不过人们对生活的要求有了新的变化,不仅只希望长寿,而是希望身体更健康,精神更加健康,活得更加体面,保持最大限度的自尊,这对自己和对世界都更加有意义。诚然,这一要求一点也不过分。

在中国,有个古老的词语叫"养生",或源于道家,意在通过各种方法颐养生命、增强体质、预防疾病,从而达到延年益寿的目的。这一理念早已被中国的芸芸众生所接受,且随着时间的推移,形成了系统的理论、成熟的思想,探索出实现它的多种途径。整个世界也都在这样做。那些早已脱离了温饱忧患的发达国家，对此更为关注。早在20世纪中期，英语中就出现了一个比wellbeing更加深邃的新词语叫做wellness，取意为一种"心态、身体和精神的健康平衡，而这种平衡形成整体上良好状态的感觉"。可惜，至今还没有找到一个中文词语与之对应。现在，这一理念被广泛地传播开来，变成了一种社会渴望新目标，被称作是"奢侈的追求"。它也可以说成是一种对幸福感的诠释，但它远远不能用财富的拥有来衡量，也不能只靠金钱来实现。

由于同样的原因，老龄化成为整个世界所面临的一个重大问题，这一重大问题，经济发达的国家比发展中国家遇到得更早些。老龄化是一种社会进步，是值得庆幸的。当然，它对社会的影响也是多方面的，这是社会为这一进步而付出的代价。可以预见，这一问题会随着科学技术的发展变得更加突出。对于社会来说，不要简单地把它看作是一种商业机会，而更重要的是一种社会责任。无论政府还是企业，无论是进入暮年的老人、年富力强的中年人还是刚刚进入社会的青年，都要认真思考这一现象，探讨更加有效的途径来应对这一巨大而深刻的变化。于是，一个全世界、全社会共同关心养生、康体、幸福的时代即将来临，或许，这个时代早已经悄然而至了。

既然这是整个世界所面临的重大问题，是整个社会所需要应对的一个难题，那么，这个问题就需要整个世界和全人类共同努力来解决，而解决的前提则是全面正确地认识它，认识得越清楚、越准确，才会找到越好的解决方法。同时，既然人类早就注意到这个问题，而不同时期、不同的国家和不同的人群都在破解这一难题，那么认真总结前人的经验和教训，促进这些经验与教训的交流也非常重要，这样做，可以使现在和未来的努力更有效、更直接，少走弯路。这一点，在今天信息技术急速发展、新传播媒体异常活跃的时代，做起来会更加便捷而有效。

有鉴于此，有关人类养生、康体与幸福的研究应当得到政府和学术界的重视，科学理念与成功经验的传播应当得到全社会的支持，严肃认真的实践与创新更值得倡导与保护。这是时代的要求、人类的期盼、社会的责任。这一领域远远超出了经济的范畴，超出了国家的范畴，超越了民族的利益，也超越了时空的限制。

是为序，愿以此向在这一领域做出努力和贡献的人们致以崇高的敬意。

中国社会科学院旅游研究中心创始人、名誉主任

张广瑞

2014年秋于京北嘉铭园

序四

以老为尊的中国传统　以人为本的国际方式

黄福水先生总编、田玉堂先生主编的书《国际健康银发城》即将付梓，嘱我写几句话。黄福水先生开拓的"四城——皇城、水城、银城、福城"是一个伟大创举，可喜可贺！作为饭店业的第一代创业者，田总是实践出身，但是始终追求高端，始终在实践中总结。这本书也是如此，从国际着眼，从国内入手，从理论开篇，从实际落实。

"老吾老以及人之老，幼吾幼以及人之幼"，这是中华民族几千年的文化传统，尊老敬贤也是传统风尚，而为老不尊则成为很重的批评话语。在农业社会，家庭式养老是基本模式，代代传承，孝为根本，礼治也是国本。大同书的理想影响了几千年，但多数只是理想而已。现在我们已经进入工商社会，传统的方式只是一种牧歌式的回响，而且中国迅速进入了未富先老的阶段，成为世界历史上从未有过的大规模的社会现象，也是一个巨大的挑战。

我们常常认为，西方人不讲孝道，甚至推而广之，认为其不讲亲情。实则大谬，人家只是不虚伪而已。几百年的工业化过程，逐步形成了比较完善的医疗制度与养老制度，即便如此，养老仍然是经济发达国家共同的难题。从文化角度看，有规则，说清楚，亲情反而更浓。西方在此基础上培育了制度化的以人为本的社会化养老方式。其根本是研究具体需求，在各个细节体现出来，超越家庭，解决一家一户解决不了的问题，形成社会资源的整合，由此创造巨大的吸引力。

目前，中年人讲究养生，老年人忧虑养老。家庭式养老指望不上，社会性养老尚待开篇。国际健康银发城把两种巨大的社会需求融合到一起，至少是一种探索。其中，以老为尊的中国传统，以人为本的国际方式，好的组合，好的方式，将会产生好的效果。

酒店行业始终追求以人为本，这是行业标准，也是从业要求。在服务领域，酒店行业也始终处在前沿。36年以来，中国酒店行业步步提高，现在大体上可以和国际水平并驾齐驱。在这样的基础上，开拓中国的养生养老事业，是一个高起点。

这些年，我经常在休闲领域讲三段话。

第一是追求十闲，达到从容人生。年轻不休闲，老来没文化。得闲空，蓄闲心，做闲事，学闲技，交闲友，聊闲天，处闲境，读闲书，养闲趣，用闲钱。

第二是培育十养，过上品质生活。今天不养生，明天就养病。山水养生，森林养眼，宗教养心，修炼养气，文化养神，运动养性，物产养形，气候养颜，教育养成，生活养情。

第三是学会十玩，建设快乐经济。今天不会玩，明天就寂寞。适应玩的心态，研究玩的学问，建设玩的项目，开拓玩的市场，培育玩的氛围，追求玩的艺术，丰富玩的功能，创新玩的产品，创造玩的文化，谋求玩的财富。

我这三段话，只是在调研时逐步形成积累的，并没有具体构想，更没有现实体现。现在国际健康银发城项目与我不谋而合，在实践中落实体现，欣然，也希望尽快看到，感受到，体验到，享受到。

世界旅游城市联合会专家委员会主任　魏小安

目 录

第一篇 国际健康银发城的发展趋势

第一章 世界养老问题迫在眉睫 …………………………………… 3
第一节 世界养老现状 ……………………………………………… 4
第二节 世界养老问题的严重性 …………………………………… 31

第二章 老年人的社会特征 …………………………………………… 38
第一节 老年人的心理卫生 ………………………………………… 38
第二节 老年住宅的设计 …………………………………………… 41
第三节 老年人的新气象 …………………………………………… 44

第三章 建立老人长寿的健康生活方式 …………………………… 46
第一节 回顾与前瞻 ………………………………………………… 46
第二节 倡导健康生活方式的目的和意义 ………………………… 47
第三节 21 世纪的健康生活方式 ………………………………… 48
第四节 发达国家流行的健康生活方式 …………………………… 57

第四章 世界银发城的经验 …………………………………………… 59
第一节 美国老年公寓最新概况 …………………………………… 59
第二节 美国养老主模式——持续照料型退休社区日益时尚 …… 60
第三节 澳大利亚为老人提供的颐养服务——皇家澳洲颐养服务 … 63
第四节 瑞士伯尔尼·埃格霍茨里养老院 ………………………… 65
第五节 德国养老模式介绍 ………………………………………… 66
第六节 东南亚国家新兴的养老福地 ……………………………… 67
第七节 芬兰养老服务经验 ………………………………………… 69
第八节 日本太阳树老人之家 ……………………………………… 70
第九节 泰国是欧美国家滞呆症患者的疗养圣地 ………………… 73
第十节 香港颂恩护理院 …………………………………………… 75

第五章　国际健康银发城的发展趋势

第一节　国际健康银发城的发展趋势 …………………………………… 78
第二节　世界恶劣环境的影响 ……………………………………………… 86
第三节　健康危机时代产生乌埃勒尼斯（WELLNESS）度假潮流 …… 89
第四节　乌埃勒尼斯（WELLNESS）——世界养老、养生、度假、休闲、
　　　　健康产业发展趋势 …………………………………………… 95
第五节　国际银发节 ………………………………………………………… 97
第六节　中国健康银发城的发展趋势 ……………………………………… 99
第七节　中国政府对银发产业的高度重视——中国政府高度重视和
　　　　大力发展养老服务 …………………………………………… 104
第八节　中国温泉、景区、度假村、酒店、健康社区闲置功能
　　　　向国际健康银发城功能转型 ………………………………… 108

第二篇　国际健康银发城操作实务

第一章　国际健康银发城模式——WELLNESS ∑ & HOME …… 113

第一节　国际健康银发城模式——（WELLNESS ∑ & HOME）…… 113
第二节　赞国际健康银发城以"八养"为主体内容的优雅的养老模式 … 122
第三节　国际健康银发城健康体验区 …………………………………… 122

第二章　国际健康银发城案例：北京温都水城"金手杖" …………… 131

第一节　北京温都水城"金手杖"开创了第四代养老模式——幸福
　　　　健康复合型养老（WELLNESS ∑ & HOME）…………… 131
第二节　北京温都水城"金手杖"概况 ………………………………… 135
第三节　北京温都水城"金手杖"规划 ………………………………… 138
第四节　北京温都水城——"金手杖"的设施和管理 ………………… 153
第五节　北京温都水城"金手杖"入住会员访谈录 …………………… 177
第六节　清朋华友学子园落户"金手杖" ……………………………… 179
第七节　北京温都水城"金手杖"联盟 ………………………………… 185

第三章　国际健康银发城智慧型养老 …………………………………… 198

第一节　智慧型养老概述 ………………………………………………… 198
第二节　全程老人智能健康管理系统 …………………………………… 199
第三节　推行"智能养老"远程看护老人 ……………………………… 219
第四节　3D 打印技术在国际健康银发城中的应用 …………………… 221

第五节 建立慢性病互联网管理系统运行流程 …………………… 223
第六节 建立健康云系统"六位一体"的运行监管平台 …………… 224
第七节 建立非接触无束缚接触睡眠测评系统 …………………… 227
第八节 建立跌倒预警系统 ………………………………………… 227
第九节 建立医学集成电路芯片，用动态心电监测仪对老人心脏病进行预警 ……………………………………………………… 227
第十节 设立服务老人的机器人 …………………………………… 228
第十一节 高新技术给养老带来福音 ……………………………… 228
第十二节 让科技使老人生活幸福 ………………………………… 230

第五章 国际健康银发城的医护养结合与管理 ……………………… 232

第一节 国际健康银发城医护养结合与管理 ……………………… 232
第二节 国际健康银发城医疗管理 ………………………………… 237
第三节 国际健康银发城日常护理 ………………………………… 260
第四节 国际健康银发城安宁护理与关爱 ………………………… 273

第五章 国际健康银发城文化养生 …………………………………… 293

第一节 国际健康银发城文化养生 ………………………………… 293
第二节 国际健康银发城 案例：北京温都水城博物馆 …………… 295
第三节 国际健康银发城道教文化养生 …………………………… 368

第六章 国际健康银发城温泉康复理疗会馆 ………………………… 383

第一节 国际健康银发城健康管理中心 …………………………… 384
第二节 国际健康银发城温泉养生 ………………………………… 388
第三节 国际健康银发城温泉水疗中心设计 ……………………… 400
第四节 国际健康银发城温泉西式理疗 …………………………… 405
第五节 国际健康银发城中华理疗 ………………………………… 424
第六节 国际健康银发城——北京温都水城水疗 ………………… 427
第七节 国际健康银发城特色康复理疗 …………………………… 429
第八节 国际健康银发城温泉"洗三" …………………………… 431
第九节 国际健康银发城温泉康复理疗会馆布局及经济效益分析 … 437

第七章 国际健康银发城营养配餐服务中心 ………………………… 443

第一节 21世纪健康餐饮业管理模型 …………………………… 443
第二节 合理营养与平衡膳食 ……………………………………… 452
第三节 健康配餐实例——老人菜单 ……………………………… 458
第四节 国际银发城名人宴 ………………………………………… 481

第五节　国际健康银发城极致的会议设施 …………………… 500
　　第六节　国际银发城对餐饮部经营上的设计要求 …………… 501
　　第七节　国际银发城餐厅经营 ………………………………… 502

第八章　国际健康银发城休闲养生中心 ………………………………… 503

第九章　国际健康银发城健身运动中心 ………………………………… 516
　　第一节　国际健康银发城健身管理准则 ……………………… 516
　　第三节　国际健康银发城健身运动中心的运动处方制定 …… 518
　　第四节　国际健康银发城的健身中心应具备的条件 ………… 521
　　第五节　国际健康银发城内的其他运动方式 ………………… 522

第十章　国际健康银发城老年大学 ……………………………………… 528
　　第一节　老年教育发展主要模式 ……………………………… 528
　　第二节　老年教育发展的趋势 ………………………………… 529
　　第三节　国际健康银发城老年大学的功能 …………………… 530

第十一章　国际健康银发城托幼服务中心 ……………………………… 533

第十二章　国际健康银发城网络微世界 ………………………………… 539
　　第一节　国际健康银发城微营销 ……………………………… 539
　　第二节　国际健康银发城微电影 ……………………………… 541
　　第三节　国际健康银发城微视频 ……………………………… 543
　　第四节　国际健康银发城微博营销 …………………………… 545
　　第五节　国际健康银发城微信 ………………………………… 555

后记 ………………………………………………………………………… 561

参考文献 …………………………………………………………………… 563

第一篇 国际健康银发城的发展趋势

AAAA级旅游景区北京温都水城2013年开始转型银发产业

第一章 世界养老问题迫在眉睫

北京温都水城康熙的行宫作为博物馆供老人及游客浏览

人口老龄化的社会现象，已遍布全球。目前，发展中国家业已开始步入老龄化社会。按照联合国和世界卫生组织的通常标准，当整个社会60岁以上的老年人占人口总数的10%以上或65岁以上的老年人占7%以上时，即进入人口老龄化社会。据世界卫生组织发布的最新统计数据，2006年，全球60岁以上人口为6.5亿。预计到2025年，全球60岁以上人口将达12亿。到2050年，这一数字将达20亿，届时，60岁以上人口将占全球人口的约22%。21世纪是全球人口老龄化的世纪，随之而来的全球性的养老问题日趋严重。

第一节　世界养老现状

一、美国医改对老年人的影响

据李志炜硕士2014年8月18日从美国电邮的稿件：2010年颁布的美国新医改法为更多美国公民特别是65岁以上的老年人提供了良好的医疗保障。新医改法案将医疗保险全覆盖提上日程，其中的联邦医疗保险（Medicare）生效后，老年人就医将会获得更加强有力的保障。该医疗保险计划有四个组成部分：第一，负责支付住院或护理疗养院费用；第二，支付门诊、医生服务、化验室、X光检查等医疗用品费用；第三，批准私人公司提供优惠计划；第四，辅助支付医生为治疗病症而开具的处方药物费用。联邦医疗保险同时还将业务拓展至疾病预防领域，这其中甚至涵盖流感疫苗接种、戒烟咨询等领域。自此，更多人口将会在可接受的价格范围内享受到全面的健康护理。如若支付不起联邦保险的保费，投保人也会获得州政府的资助。美国新医改另一个重点计划名为医疗补助计划（Medicaid），此项医疗保险计划重点面向低收入家庭以及社会弱势群体，被保人仅需支付少量费用，便可得到医疗保险的救助。近百万的低收入老年人亦可通过医疗补助计划得到相对低廉的医疗救助，诸如专业护理、配镜、助听设备类联邦医疗保险不覆盖的服务项目，医疗补助计划将给予落实。但参与医疗补助计划的限制条件则相对较严密，针对不同人群，对受益人的收入、年龄均有相对规定。

在美国大力倡导医改法案的今天，一个名为"老年人全面医疗照顾"简称PACE的项目为健康状况较差的老年人带来了更加健全的医疗保障。它旨在帮助体弱多病而需要长期照料尤其是患慢性疾病的老年人通过社区寻求到最便捷的健康服务，以专业团队服务模式为其区域内的客户提供专属诊疗。注册的老年人可以体验到针对性很强的家庭保健医生式服务，服务者为社区内各领域医疗专家，所有的服务治疗费用都有医疗保险做依托。受益人得到全面照料的同时完全不必为医疗费用担心，只要年龄在55岁以上，居住地在服务范围区内，身体情况符合政府相关机构鉴定的标准即可加入该项目。

二、美国的养老保障体系着重关爱弱势群体

美国学者常将美国养老保障体系形象地称为"三条腿的板凳"（three legged stool）。所谓"三条腿"，"社会养老保险"是第一条腿（第一支柱），它是美国人养老的"精神支柱"或"最后防线"；"企业年金"是第二条腿（第二支柱），它是美国人养老的"物质基础"或"载重主体"；传统的以家庭为责任主体的"个人退休储蓄与投资"则是第三条腿（第三支柱），它是美国人养老不可或缺的"重要补充"。

相关文献研究表明：在美国人养老总负荷中，这三条腿所承载的负荷比例为

3∶5∶2。值得说明的是，这一数据未必准确，但它至少说明在美国人养老的三根支柱中，雇主正在承担着越来越重的社会责任和经济负担。

显而易见，三条腿的板凳比两条腿的板凳更加扎实、稳健；同时，它比四条腿的板凳有着更强的"地面"适应性和"经济性"，更易于"站稳"，对"地面"状况几乎没有任何要求。三条腿可以长短不一，且不必落在同一个水平面上。由此看来，三条腿的板凳经济而实用，以此来比喻美国社会保障体系的总体架构是形象生动而切合实际的。

1. 第一条腿：社会养老保险（联邦统筹）

在美国，社会养老保险也叫"老年、遗嘱、残疾保险（OASDI）"，它由联邦统筹，所有美国工薪者必须参加。

OASDI 是养老保险（OAI）、遗嘱保险（SI）与残疾保险（SI）的统一体。这是一个"捆绑式"的社会养老保险计划，因为它除了雇员自身的养老保险和残疾保险外，其福利还覆盖了参加 OASDI 计划的雇员的家属或遗嘱。也就是说，OASDI 计划提供的福利包括雇员本人及其家属或遗嘱的一系列连带福利，如寡妇或鳏夫保险福利、配偶保险福利、孩子保险福利、父亲或母亲保险福利、残疾福利等。

OASDI 计划直接由社会保障管理局（SSA）负责管理，它是美国社会保险计划中规模最大的计划。美国人现行的法定退休年龄为 65~67 岁（区别出生年代，不分男女），最大奖励退休年龄可延迟至 70 岁。

除社会养老保险计划外，弱势群体还可以获得以下社会救助：补充保障收入（相当于困难津贴）、食品券及家庭补助金等。

2. 第二条腿：企业年金（补充养老金）

美国企业年金既是世界上产生最早的退休计划，也是目前世界上规模最大的一类退休计划。1875 年，美国运通公司创建了世界上第一个企业年金。但直至 100 年后，美国的雇主年金才真正开始壮大起来。1974 年颁布的《雇员退休收入保障法》是美国私人退休金制度中最为重要的一部法律。该立法为美国企业年金计划的大规模发展奠定了坚实的法律基础。

尤其是 1978 年新修订的《税收法》创造性地推出了 401（K）计划后，美国企业年金计划的发展如虎添翼。目前，美国已发展成为世界上最大的一个企业年金市场。它不仅为美国国民提供了一种来自政府公共福利以外的补充福利，而且更为重要的是，作为社会保障体系的第二支柱，它为美国政府分担了相当部分的"社会保障"责任和负担，进而为美国社会保障体系的市场化改革取向奠定了十分重要的物质基础。

美国企业年金之所以能承担起美国人养老的重担，并分担了财政的巨大压力，完全归功于美国企业在世界范围内的强大竞争力以及由此而带来的巨大盈利能力。美国人的高工资与高福利是与企业的强大分不开的。

没有美国企业的强大，就没有美国政府的强大；没有美国企业的强大，就没有美国人的高工资与高福利!

3. 第三条腿：个人退休储蓄与投资

这是由美国传统的家庭自我保障逐步发展演变而来的，它被看作是美国社会安全网的第三条腿或第三支柱。

在美国，大多数的金融/财务顾问认为，人们大约需要退休前收入的70%来维持一个合适的、退休后的生活标准。如果你退休前拥有美国人的平均收入，则你的社会养老保险支付给你的退休金将仅相当于你退休前收入的大约40%。你将需要你的企业年金或储蓄与投资来补充。

美国人的个人退休储蓄与投资主要分两类：一是以退休养老为目的"退休储蓄账户"，这是一种特殊的储蓄存款，它要求你在工作期间从工薪中提取存入一种叫 IRA（个人退休账户）的专户，可延迟纳税，但该账户存款只能在你年老时方可动用；二是以家庭或个人为投资主体，向商业保险公司定期缴纳保费来购买人寿保险或养老保险，这叫保险投资。

由于美国国民收入水平高，人均 GDP 达 4 万多美元，再加上保险市场极其发达，因此，美国人购买商业保险来养老也是极流行的投资方式。

2003 年美国人养老保障支付结构表

2003 年统计	总额（亿美元）	占比（%）
退休养老总保障	114390	100.0
（1）社会养老（公共福利）	29260	25.6
州地政府	19670	(17.2)
联邦政府	9590	(8.4)
（2）企业年金（补充养老）	39610	34.6
（3）个人退休储蓄与投资	45530	39.8
退休储蓄	29790	(26.0)
私人投保	15740	(13.8)

从美国人的养老供给结构来看，企业年金和个人退休储蓄与投资占大头，二者合计占据了美国人养老支付比例的近74%，也就是说，企业和个人承担了美国人养老负担的四分之三。相反，政府承担养老的负荷只占全社会的四分之一，即25%。这就是"三条腿"的美国人养老保障体系。

由此可见，企业是美国人养老的主要支柱和坚强后盾。当然，不同的企业给予雇员的福利待遇是有较大差别的。因此，对于雇员而言，找一家好企业，就等于有了一个终身依靠——无忧愁的养老保障！

步入老龄是人类成长的自然过程。随着年龄的增长，人的独立性会受到影响，老年人开始需要依靠家人、朋友、同事，甚至陌生人的帮助，才能满足一些最基本的日常生活需求，如进餐、个人清洁、出入行走、社交活动。在这个从独立自主到依靠他人的变化过程中，保障每位老人，尤其是弱势老年群体的基本权利是一项需要政府、社会、家庭等共同协作才能完成的任务。

4. 保障弱势老年群体的基本权利

美国伊利诺伊州政府老人部的重要宗旨和功能之一，是通过一系列方针政策和措施保障老人的权益。虽然美国各州对老人权益的定义有所不同，但基本原则是：老人应该得到与社会上中青年团体同等的对待和尊重，确保他们生活在安全环境下，不受任何虐待，保持他们的自主权，使其在需要服务时能够享受高质量的服务。政府和社会要重点保护老人中的弱势群体，包括失智、失能老人，有严重精神病、慢性病和身体衰弱的老人，有语言障碍的老人，以及生活在贫困线上的老人，保证他们能够享受到同样的权利。

为了保护有特殊需要的弱势老年群体，伊利诺伊州政府老人部于2012年组建了"保护弱势老年群体委员会"，成员包括来自全州各地的从事养老服务行业的学者专家、政府官员、社会机构管理者等。委员会成立的目的，是通过探讨、策划及制定方针政策更好地帮助弱势老年群体，维护他们的基本权利，使他们能够得到高质量的服务，从而提高生活质量。委员会定期召开电话会议，并在2012年年底的伊利诺伊州养老服务年会上，专门组织了以关注弱势老年群体为主题的分论坛，邀请弱势老年群体代表及服务机构代表进行专题讲座，以加强参会人员对他们的特殊需要的了解。近三百人参加了论坛，充分体现出了大家对弱势老年群体的关注，以及寻求措施保障其权利的迫切性。

5. 为芝加哥华裔老人提供保险咨询

2013年，一项对三千多位芝加哥华裔老人进行的调查（松年计划）显示，华裔老人面临许多困难：语言障碍、交通障碍、没有足够的医疗保险、缺乏适合华裔老人的翻译服务等。其中，申请联邦医疗保险是众多华裔老人遇到的难题。

联邦医疗保险或称红蓝卡（Medicare）是65岁以上美国居民均可享受的医疗保险，但其申请过程十分复杂。联邦医疗保险内容繁杂，条条框框的规定很多，即使是美国老人，在内容的理解和保险种类的选择上都有困难，更何况有语言障碍的华裔老人。如果没有语言上的帮助，许多华裔老人无法理解或享受医疗保险，由于保险申请而发生的纠纷也屡见不鲜。为帮助华裔老人享受基本的权利，JC Lin 护理咨询公司召集4位双语志愿者为老人免费提供联邦医疗保险咨询。

"保护弱势老年群体委员会"的成员陈健女士是老人护理专家，其开设的JC Lin 护理咨询公司在芝加哥西部开展了一系列为有语言障碍的华裔老人提供的免费服务，如就医咨询、保险咨询、健康讲座、预防老人滑倒的平衡项目等，以维护他们基本的权利。

老人部医疗保险部门工作人员的主要职责是选择和培训合适的机构和个人担当老年保险咨询的志愿者。JC Lin 的4位志愿者用40小时的时间到老人部接受关于联邦保险及福利知识的培训，并接受专门考试以获得咨询人员证书。此后，他们还会定期回到老人部接受培训。获得资讯人员证书的志愿者用中英双语为社会群体及个人开展讲座，并提供咨询服务，帮助每位老人选择最适合他们的最经济的保险计划。志愿者重点为存在语言障碍的华裔老人提供服务。讲座的几百张幻灯片全部使用中英双语。幻灯片是志愿者之一、拥有博士学位的林兰珍女士用几百小时的时间精心制作的。保险咨询服务帮助许多华裔老人解决了实际问题，深受老人们欢迎。

伊利诺伊州政府老人部开展的各种项目和活动体现了美国政府对弱势老年群体的关爱，而志愿者的参与则体现出全社会对这一群体的关注。弱势老年群体具有特殊需求，保障他们的基本权利，仅有政府的介入和支持是不够的，必须依靠社会力量，通过社会中的每一个人的奉献，才能为他们提供更加有效的帮助。

三、英格兰养老服务的类型

英格兰面临人口老龄化的挑战与机遇。

1. 英格兰的社会服务类型

在英格兰，每个人都会分享社会服务。对于 65 岁的老人，每 10 人中就有 8 个需要社会服务。社会服务对于老年人的家庭、朋友及非正式照护者的生活都会产生一定的影响。

英格兰的社会服务与国民健康服务体系（NHS）提供的医疗服务具有一定的区别。为老年人提供的社会服务大致可以分为三个类型：个人照护服务（包括饮食起居照料、盥洗照护）、辅助生活服务（包括打扫房间、购物）、养老院服务（包括个人护理及食宿服务）。

英格兰各地共有一百五十多个政府部门，这些部门运用政府拨款、本地税收以及社会捐赠，为社会服务体系提供资金支持。

英格兰颁布了一项框架式法规——《公平享有社会服务细则》，其中规定了什么样的机构能够由政府支付社会服务资金。

在英格兰，社会服务是由护理质量监管委员会（Care Quality Commission，简称 CQC）进行监督管理。共有约 1.25 万个社会服务机构为 2.5 万个养老机构、社区或家庭提供服务，其中一半是当地的养老院，超过四分之一是居家照护机构，还有一小部分是提供辅助生活服务和住区服务的社区服务机构。

2. 英格兰的社会服务监管框架

英格兰的社会服务主要由 CQC 进行监管，该机构的建立将医疗健康服务（包括精神健康）与社会服务的监管结合起来。CQC 的职责是对所有的医疗健康服务与社会服务实施监管，包括 NHS、当地政府、私营企业及志愿组织提供的服务。CQC 具有以下权利与职责：

一是对提供医疗服务和社会服务的机构进行登记管理，确保它们符合规定的条件。

二是对服务机构进行监管，确保其提供的服务符合标准。

三是在服务机构提供的服务不符合标准时，对其使用强制措施，例如罚款或公开警告，如有必要，可采取力度更大的强制措施。

四是保护受《精神健康法案》所约束的群体的权利。

五是通过定期检查促进服务机构不断提高服务水平。

六是对特定类型的服务和照护方式进行检查和研究，对质量有问题的服务进行调查。

七是评估当地社会服务机构的水平。

八是收集服务接受者的意见并用于改进服务。

九是向民众公开当地护理服务的质量。

CQC为社会服务建立了一个登记管理系统，这一系统注重于结果而不是过程，并把服务接受者的看法和体验作为核心。评估社会服务机构的标准主要分为6个方面：服务接受者的信息；个性化护理、治疗与支持；安全保障；人员配置；质量管理；经营管理。

CQC通过检查服务机构是否符合规定标准来进行监管。评审员和检查员定期检查服务机构的服务水平，必要时采取强制措施。

3. 英格兰社会服务的核心原则

英格兰政府十分重视为老年人提供的社会服务，专门制定了一份白皮书，名为"关心我们的未来：改革照护与支持服务"。这份白皮书有两个核心原则：

第一，提高老年人福利与独立生活能力，旨在呼吁个人、家庭及社区为老年人提供支持与帮助。

第二，必须提供最高质量的服务，并且服务的方式要最大限度地保证老年人的权能。

这就摒弃了传统的仅仅提供服务的理念，把重点放在了老年人以及他们的需求、选择、愿望上，而不是服务机构提供的服务本身，让老人们在接受服务时能够感受到社会对他们的尊重。

4. 英格兰社会服务市场的发展

自《1990年国民健康服务与社区照护法案》实施后，英格兰的社会服务市场随之产生。政府部门需要对本地的服务需求进行评估，并任命独立的服务机构提供社会服务。与此同时，政府还要对社会服务市场进行激励和管理，包括工作人员的招聘。当现有服务的质量与数量无法满足人们对服务的需求时，社会服务市场就会失衡，如果不及时进行调整就会产生风险，甚至造成无法弥补的损失。随着人口寿命的延长，行动不便、罹患老年痴呆症等老年疾病的人数不断增加，社会服务市场受到的压力越来越大。

由于人们对于服务的期望值越来越高，为每个人量身定制的支持服务与日俱增。为提供满足每个人不同需要的个性化服务，必须对工作人员进行精心挑选和培训，并保证工作人员的数量符合工作需要。在英格兰共有五百多万名非正式护理人员，必须对他们的技能进行评估，以保证其所提供服务的质量。

政府希望通过更多的途径来收集关于护理及支持服务的信息，以制定相关标准，提高服务水平。

5. 英格兰组合护理服务以适应老年人需求

无论人们接受社会服务、医疗保健服务，还是范围更广的公众服务，他们都希望看到服务以组合的形式呈现。组合对于服务的发展十分重要。将各项服务进行组合，并在服务之内与服务之间进行协调，对于提高人们的服务体验及结果具有重要意义。

保证组合护理服务的质量是服务的关键。组合服务减少了人们为了获得需要的服务而被"踢来踢去"。这需要各服务机构之间与机构内部进行正确的设置，因此需要充分进行顶层设计，确保每项组合合理可行。

英格兰的经验显示，如果医院与社区合作，在社区设立"急救站"，就可以减少老年人每次遇到突发状况时都要被送去医院的情况。这样，每年可以为国民健康服务体系节省约20亿英镑。

由于现在许多服务都在进行重新设计及改革，政策制定者需要关注如何加强传统服务机构之间的合作，提高护理质量，这样不仅可以减少财政支出，更重要的是组合护理可以让老年人享受到更好的服务。

一个国家的社会服务体系无论如何设置，都应该把老年人的需要以及服务体验放在首位，这样才能保证为老人提供高质量、令人满意的服务。

6. "人人享有免费医疗"

NHS建立于1948年，当时二战刚刚结束，其理念源于时下流行于欧洲的凯恩斯主义，是"从摇篮到坟墓"的社会福利系统的重要组成部分。英国经济学家威廉·贝弗里奇在对德国的社会福利进行了专门的考察与研究后，提交了建构英国社会福利政策的《贝弗里奇报告》，其中的核心原则就是把社会福利作为一项社会责任确定下来，通过建立一套以国民保险制为核心的社会保障制度，使所有公民都能平等地获得包括医疗在内的社会保障。工党领导下的英国政府上台后，正式通过立法确立了这一全民免费医疗体系。

NHS成立后，2700家由私人、教会、公益组织以及地区政府运营的医院，一夜之间统归英国政府"国营"，为英国国民提供免费的医疗服务。凡是有收入的英国公民都必须按统一的标准缴纳税金和社会保险费，作为国家的福利基金。政府将筹集的税收作为医疗经费，向国立医疗机构直接拨款，为所有民众提供免费或价格极为低廉的医疗保健服务。

NHS建立后，经过十多年的不断完善和改进，在20世纪60年代和70年代进入迅猛发展阶段，医学科学得到了前所未有的突飞猛进，科学的医疗服务框架也逐渐形成，现代NHS格局基本形成。在这一体制下，人民的健康状况得到了较大提高。

NHS在创立伊始就确立了三项基本原则：满足每一个人的需求；免费提供服务；根据医疗需要而非患者的支付能力提供服务。这三项原则历经66年依然沿用至今，是英国医疗体系的重要基础。

如今,"人人享有免费医疗"已经成为英国普遍接受的社会理念,同时是社会团结和谐的黏合剂,NHS 的创立消除了困扰着许多家庭的那种没钱看病的梦魇。

7. 国家财政支持,医患关系融洽

NHS 的资金有 11% 来自国民健康保险税,81% 源自国家财政预算,其他源于医药费、商业医疗保险、利息和慈善捐赠等。每年,英国国会都会进行预算核算,将全国一定比例的 GDP 拨给 NHS。目前这一比例为 10% 左右。有了国家财政支持,就可确保 NHS 体系的医务人员费用以及硬件建设都有全额保障。

在 NHS 体系下,凡是英国公民,包括在英国合法居住的外国人,都可以享受免费的医疗服务。所有居民都可以在自己居住的社区就近到一个全科医生那里登记,登记后获得一张"国民医疗服务卡",拿着"国民医疗服务卡"就可以在英国全境享受免费医疗服务。如果不是急病,就去自己登记的全科医生那里就诊。就诊后,拿着医生开的处方可在全国任何一家药店取药。此外,NHS 体系不仅为患者提供医疗方面的支持,还给予餐饮和交通补贴。

在国家财政支持下,NHS 体系保证了英国医生的平均工资高于社会平均水平,医生把主要精力放在发展学术、提高技术上,而不必每天为了养家糊口而费心思。医生和护士根据不同的绩效考核获得工资,绩效考核的主要内容包括患者的满意度、健康状况、成本控制能力等。因此,医务人员在工作的时候考虑的都是患者的切身利益,医患关系较为融洽。伦敦奥运会开幕式中,医务工作者与患者温情融融的场面就是 NHS 体系的真实写照。

8. 高效的医疗服务

很多人担心全民免费医疗服务会导致服务效率低下,庞大的医疗支出更有可能使国家财政不堪重负。其实不然,实际上,英国医疗服务体系的效率高于法国、德国等欧洲国家,更高于美国。

从总费用的情况来看,采用国家免费医疗模式的国家,医疗费用的总量和增长速度都相对较低。世界卫生组织最近的统计数字显示,英国医疗费用占 GDP 的 9.4%,同样以通过税收筹资实行免费医疗的瑞典比例为 8.6%,而商业保险比重较大的美国和瑞士,医疗总费用占 GDP 的比例分别为 18% 和 11.3%。德国和法国这两个以社会医疗保险筹资为主的国家,医疗总费用分别占 GDP 的 11.8% 和 11.7%。

此外,英国人均医疗费用仅是美国的三分之一。其原因在于,全民免费医疗的国家,通过政府调控避免了医院出于自身利益,提供不必要的过度服务,节约了交易成本,把资源用在了最需要的地方。如果没有免费医疗,依靠个人支付和保险,这些费用也总要落在患者身上。而理论和实践证明,国家对公立医院集中支付的方式,比保险依靠事后报销的方式更容易控制成本,也更容易对医院进行监管。

就服务效率而言,英国的医疗服务体系也是名列前茅。美国一家基金公司

Commonwealth Fund 就西方国家医疗服务的质量、效率、就医率、医疗服务的公平性、人民的健康程度五大类指标进行比较调查，NHS 列总体排名第二位，在"效率"的单项排名上，位居第一，英国医疗服务的就业率也排名前列。

有不少人认为，全民免费医疗会导致"供给不足"和"排队"。其实，英国的"排队"仅针对那些可以择期手术的慢性病。对于急救，不仅不需排队，而且医院会根据病情，让最需要就诊的患者优先享受服务。这种"排队"与"付钱多者先得"相比是更加科学的资源配置方式。

在健康绩效上（按 2000 年世界卫生组织排名），英国的健康绩效高于同样以公立医院为主的法国（法国第 4，英国第 24，德国第 41，美国第 72），在健康公平性和成本控制方面也优于法国（英国公平性第 2，成本比法国低 2 个百分点）。而且在这几个指标上，英国明显高于以商业保险为主的美国。

英国 NHS 体系的成功经验证明，免费医疗符合医疗卫生规律，是得民心、可持续的。现在，越来越多的国家在向英国模式靠拢。德国总理默克尔在上任之后，把医疗改革定为首要工作任务，并以向英国 NHS 模式靠拢作为改革方向。澳大利亚前总理陆克文，在竞选中就提出加大对公立医院的投入，倡导直接由联邦政府向各州公立医院拨款。泰国前总理他信一手推动的"30 铢看百病"计划是其赢得中下层选民的重要砝码。

历经 66 年的沧桑，NHS 已步入花甲之年，但依然活力四射，虽偶有民众抱怨，并进行过多次改革，但依然是英国重要的国家财富。NHS 在伦敦奥运会上的出现并不是偶尔为之，它是英国国家形象的象征。希望这一完善的医疗服务体系给更多的国家以启示，为该国全民提供高效的社会福利服务。

四、澳大利亚为痴呆老人和家庭提供优质照护与支持

随着全球人口的老龄化，阿尔茨海默病和其他类型的痴呆，已经成为全球性的公共健康问题。痴呆导致患者逐渐丧失认知功能，严重影响生活能力，并伴有诸多行为和心理症状，是造成老年人伤残和不能自理的主要原因之一，对于患者、家庭和照护者都是极大的打击。

无论是在发达国家还是在中国，80% 以上的痴呆患者，都只能生活在家里。患者的家庭必须承担起照顾患病亲人的责任。而在养老机构，随着入住老人的高龄化，出现认知障碍和痴呆症状的老人也正在显著增加，为护理工作带来挑战。

来自美国、澳大利亚、中国香港特别行政区等发达国家和地区的统计，老年生活设施的入住者，有一半以上会出现不同程度的认知功能障碍。而在那些针对高龄老人的护理院，有痴呆症状的老年人会达到 80% 以上。上述这些数字，远远不能说明痴呆带来的负担。

一位患者，从出现早期迹象或症状，到最终走向生命的最后阶段，是一个非常漫长的过程。据统计，阿尔茨海默患者从确诊到死亡，平均生存时间是 5 到 8 年的时间，更长的有 10 年、十几年，甚至还有个别病例超过 20 年，疾病负担异

常沉重。

由于医学目前尚无法治愈或者逆转痴呆，痴呆患者和家庭的生活质量将直接取决于社会为他们提供照护和支持的能力。澳大利亚政府在此方面的做法值得借鉴。

1. 痴呆优质照护与支持

从 2000 年开始，澳大利亚阿尔茨海默协会开始在全国推动"痴呆优质照护"行动计划。2005 年，澳大利亚成为全球第一个将痴呆列入公共卫生重点的国家，并制定了 2006～2010 年第一个五年行动计划。之后，英国、法国、美国、挪威、韩国等国，都陆续将痴呆列入国家公共卫生优先计划。

"痴呆优质照护"的工作框架主要包括以下内容：

（1）提高公众对痴呆症的认知和理解，减少对痴呆患者的歧视。

（2）推行"以人为本"的照护理念，摒弃过去仅关注痴呆老人身体需求的陈旧照顾方法，理解和尊重每一个体，对身体和精神采取整体和个性化的照顾，以提高他们的生活品质。

（3）制定痴呆的阶段性框架、临床与照护支持的路径，根据患者病程的发展，提供多学科的疾病管理、照护与支持服务，以满足患者和家庭不断变化的需求。

（4）大力强化劳动力培训，加强社区卫生保健服务、照护与支持服务，以及老年生活/护理机构对痴呆患者及家庭的专业照护和支持能力。其劳动力的培训覆盖了管理者、护理人员以及工作人员，保证为痴呆患者提供持续照护和服务的质量。

（5）为家庭照护者提供及时的信息、支持、培训和教育，以及获取社会服务资源的方式。

（6）改善硬件设施和人文环境，创建"痴呆友好化社区"，为患者和家庭提供安全、舒适、具有支持性、能够鼓励他们参与社交的生活及人文环境。社区要配置相应的服务，包括居家照护、日间护理、喘息服务、咨询服务、社区卫生保健服务，以及为痴呆家庭照护者提供帮助的支持团体。加强社区照护和支持能力，以延长患者居家生活的时间，推迟或减少对费用很高的护理机构的依赖。

2. "痴呆优质照护"的教育与培训

患者和家人的生活品质，取决于全社会为他们提供服务和支持的能力，而职业素质和服务能力的提高，需要专业教育和培训。在 2012 年世界卫生组织和国际阿尔茨海默联合会共同发布的《痴呆症——一项公共卫生重点》报告中，针对家庭照护者、人力资源及劳动力的教育和培训直接被列入了行动重点。

在澳大利亚，政府在各州和地区资助建设痴呆培训中心，通过分类培训以提高对痴呆患者和家庭的照顾和支持。对专业医务人员的教育培训，包括针对痴呆患者的定期的医学评估、治疗以及适合他们病程阶段特点和个人需求的护理计划。为痴呆患者建立起日常生活规律和熟悉的环境，让他们在家庭和社区中安全地生活。

家庭照护者的培训则是让其了解疾病知识，学习照护方法，了解如何获得可能的服务资源，学会如何自我照顾，减轻长期的照护压力和负担，必要时寻求专业意见。为痴呆患者和家庭提供照护和支持服务的重点在于社区。目前，无论是发达国家还是中国，80%以上的痴呆患者还是居家生活。

这些培训中心为现有的和未来的卫生保健工作者、专业照护者和家庭照护者，提供职业技能发展的机会。这类培训包括一系列的工具——课程、研讨会、奖学金和其他支持手段。课程是持续开发的，力求把当代最先进的知识转化成实用有效的方法，以帮助痴呆患者和他们的家人。

澳大利亚政府大力推动培训的目标，是帮助现在和未来的痴呆照护劳动力提高知识和技能，并创造出具有国家凝聚力的痴呆照护方法。

五、日本的养老保障体系

人口老龄化已成为世界性问题，日本这个长寿大国也不例外。随着人口高龄化进程的加快，日本政府制订了一系列法律制度，并不断进行修改和补充，以期逐步完善社会保障体系。

日本政府早在20世纪50年代末便开始通过立法来解决养老问题。1959年，日本颁布《国民年金法》，采取国家、行业、个人共同分担的办法，强制20岁到60岁的日本人都参加国民年金体系。1963年，日本政府推出了保障老年人整体生活利益的《老人福利法》，推行社会化养老。1982年又出台了全面推广老人保健设施的《老人保健法》，使日本老人福利政策的重心开始转移到居家养老、看护的方向。这三部法律恰似三根支柱，支撑起日本的老年人福利保障体系。

为保障老年人的生活水准，日本建立了养老金保险制度。它由国民年金、厚生年金和共济年金等组成。国民年金是日本养老金制度的基础，20岁以上60岁以下、在日本拥有居住权的所有居民都必须加入。个体经营者、无业人员等每月需交付1.33万日元。企业职工和公务员则分别加入包含国民年金在内的厚生年金和共济年金，缴纳金额为收入的17.5%，由职工和雇主各负担一半。这种"全民皆年金"的强制性保险措施，使所有连续25年以上参加保险的日本人，都能在65岁后领取养老年金，使基本的生活水准得到保障。

随着老龄人口的增加，生活不能自理的老人越来越多。为解决这一问题，日本政府从2000年4月开始实行"看护保险制度"。它规定，市町村及特别区、国家、都道府县和医疗保险机构等为保险人，40岁以上的人为被保险人；被保险人为了今后得到看护服务，要缴纳一定的保险费；需要看护时，可提出申请，经看护认定审查会确认后，即可享受看护保险制度所提供的不同等级的看护服务。被保险人只需承担看护保险费用的10%，其余部分由看护保险基金负担。

六、荷兰的养老保险体系及其政策改革

荷兰人口数量为1630万人，人口规模在西欧国家中处于中等偏上，人均收

入水平却位居西欧国家前列。2005年，荷兰人口老龄化水平为14.1%，低于意大利、德国、法国。据预测，荷兰人口老龄化到2015年将超过欧洲的平均水平，到2050年老年抚养比将上升到43%，几乎两个劳动力抚养一个老人。

1. 荷兰的养老保险制度

荷兰养老保险体系由国家养老金、职业养老金和个人养老金三个支柱组成，其中，国家养老金是基础，职业养老金占主导地位，个人养老金是补充。1957年，荷兰出台了《一般养老金法》，该法规定，所有在荷兰居住50年以上的65岁以上的人都能获得统一的国家养老金。国家养老金是一个现收现付的、受益金额固定的养老保险计划，国家通过税收为每个公民提供最低收入支持。国家养老金提供的保障水平低，相当于最低工资水平的70%。它的给付按照参加保险时间的长短计算，每年按照2%的比例递增。如果从15岁到64岁都参加了这项保险，在65岁退休时可获得百分之百的国家养老金。

荷兰职业养老金制度是从20世纪60年代开始建立的，国家制定规则，由雇主与雇员签订相关协议。荷兰的工会和雇主组织都很发达，它们对职业养老金制度的形成和改革有着重要影响。一般而言，职业养老金计划缴费按照最终工资或平均工资来计算，收益按照加入时间长短来计算，每年按照工资替代率2%左右的比例增加，这样，如果集体双方达成35年的协议，工人在退休时的养老金收益收入相当于其最后工资的70%（包括国家养老金在内）。职业养老金的缴费由雇员和雇主匹配缴费，雇员缴纳的金额占三分之一或二分之一。2003年，荷兰大约有91%的劳动者加入了各种职业养老基金。而据荷兰中央银行2014年2月21日发布的报告，根据对荷兰25家大型养老基金的调查，2014年荷兰养老金缴存占工资比例多年来首次下降，从2013年的19.2%降至17.6%。其中，降幅最大的为雇主缴存部分，从2013年的12.5%降至11.2%，雇员缴存比例从6.7%降至6.4%。

个人养老金计划完全根据个人自愿决定是否加入商业保险计划。这类计划有年金保险和人寿保险等方式，它所反映的是个人与商业保险公司之间的关系，而不是雇主和员工之间的关系。荷兰政府通过制定非常详细、精确的财税政策，利用税收杠杆鼓励个人加入这项计划。

2. 荷兰的养老体制改革与养老金运行管理

为了减缓人口老龄化对养老体制的冲击，荷兰从20世纪90年代以来进行了一系列改革。1997年，荷兰对国家养老金占个人养老金收益的比例设置最高幅度，限制其进一步增长。同时，荷兰也加快了对第二支柱的改革。例如，取消20世纪80年代出台的早退休计划，将其改为灵活的职业养老金计划，让雇员在退休年龄与退休收益之间进行选择；将职业养老金缴费计算从最终工资改为平均工资，养老金调整为有条件的指数化，以及加强资金的财务约束和采取透明化管理等等。

荷兰不仅通过制定一系列法律来确保社会保障参与人的权益，而且也采取相应的政策手段来加强监督和管理。国家养老金由社会保险银行对其管理。社会保险银行的董事会和顾问委员会成员由荷兰社会事务和就业部任命,其业务接受该部下属的工作与收入监测局监督。对于各种职业养老金计划的监管,荷兰中央银行负责加强对金融市场的谨慎性监督,而金融市场管理局则对市场运作进行监管。荷兰养老与保险监管局与荷兰中央银行准备组建一个新的监管机构,对养老基金、保险公司和银行实行全面监管。

利用成熟的资本市场,荷兰将大多数养老基金投资于房地产、资产和股票市场,以获得较高的收益率,实现保值和增值。1980~1990年,荷兰的职业养老金平均投资收益为6.7%。在20世纪90年代,由于利率下降、股票价格下跌、养老金给付水平上升和高风险投资失败,导致养老基金的资产负债比从1999年的150%下降到2002年的110%。近年来,养老基金投资收益有所上升。2005年,荷兰养老基金总资产由原来的5390亿欧元增长到6350亿欧元,增值960亿欧元。其中,有近七成来自于股票市场,收益率为26%。

3. 荷兰的积极老年政策和养老计划

荷兰政府还计划通过提高退休年龄、促进老年人就业、转移养老重心以及改革卫生医疗体制等措施,来应对人口老龄化对劳动力供给、经济增长和养老体制可持续性等方面带来的冲击。荷兰官方研究机构的一份报告建议,将退休年龄提高到67岁,领取失业金的时间缩至一年半,来减少对社会保障支出的压力。到2005年,荷兰政府累计投入2100万欧元,支持鼓励老年人就业。在未来两年内,政府还计划提供200万欧元用来进行一项关于老年劳动力部门间流动的实验,探讨老年人就业的可行性和相关扶持条件。

针对人口老龄化过程中高龄老年人比重不断上升,荷兰采取积极措施来发展老年照料和老年护理事业。荷兰政府大幅度修改各项养老保险法律,推行"首先是家庭,其次是社区,最后才是保险机构"的老年人养老护理原则,逐渐形成家庭、社区、保险机构共同负责的老年人护理机制。社会保险机构把工作重点放在生活不能自理、需要救助的对象身上,为老年病人和残疾老年人提供看护服务。

七、挪威的养老保险制度及其政策改革

挪威人口数量为462万。因拥有丰富的石油、天然气等得天独厚的资源条件,挪威不仅是北欧最富裕的国家,而且也是欧洲人均收入水平最高的国家。2005年,挪威人口老龄化水平为15.0%,与丹麦相同,低于瑞典和芬兰,高于冰岛。

1. 挪威的养老保险制度

挪威最初建立养老保险制度主要是为老年人提供最低的收入支持,防止出现老年贫困问题。早在20世纪20年代初期,挪威就提出要建立一个全国的养老保险计划,但由于没有资金支持而搁浅。当时,一些经济条件较好的城市和农村地区则开始在本地区建立养老保险计划。到1936年,挪威开始建立国家养老保险

计划。

挪威国家保险计划是一种现收现付制度,它的经费来源依靠雇主缴费、雇员缴费和政府划拨。其中,雇主和雇员缴费分别占 37.7% 和 27.3%,政府拨款占 33.9%,其他渠道只有 1%。挪威法定退休年龄为 67 岁,但可以继续工作到 70 岁。

在国家保险计划中,基本养老金是第一支柱。按照规定,凡在 16~66 岁期间参加全民社会福利保险 3 年以上,并在挪威居住 20 年以上者,就可领取基本养老金。基本养老金待遇取决于当事人加入全民社会福利保险的时间长短,与退休前收入和交税多少无关。参保 40 年以上者可获得全额基本养老金,余者递减。

补充养老金制度是国家养老保险计划中的第二支柱,从 1967 年开始实施,旨在提高退休者的生活水平。这是一项与个人收入相关联的养老金计划。

2006 年,挪威引入职业养老金作为其国家保险计划的第三支柱,并通过立法加以实施,要求所有的雇员都必须加入。实际上,公共部门雇员一直拥有职业养老金计划。这项新的法案主要是把所有私营部门的雇员也纳入职业养老金计划。作为最低要求,雇主必须按雇员工资总额的 2% 缴纳养老费。

2. 挪威的养老保险体制改革

挪威的国家保险计划属于一种福利性的社会保障制度,其基本特征是实施全民保障,保障范围"从摇篮到坟墓",几乎无所不包。保障资金主要来源于国家一般性税收。这种高福利制度虽然为维持退休者的生活水平均等化提供了收入支持,但也产生了严重的经济和社会问题。特别是人口老龄化给挪威养老体系带来了较大的冲击。根据预测,从 1974 年到 2050 年,退休人口的平均存活年限从 14 年将上升到 22 年。如果不对现有的养老体制进行改革,届时国家保险计划的支出将会成倍增加。

为了减缓人口老龄化的冲击,挪威政府在 2002 年提交的一份初步报告中,提出了养老体系改革的三项目标:必须能保证国家保险计划在财政上有可持续性;必须能提高人们的劳动参与率;必须能继续为退休人员提供有保证的最低国家养老金。在具体政策上,挪威计划采取在收入和养老金之间建立明确的关联,根据预期寿命调整养老金给付水平,建立弹性而灵活的退休制度,建立与个人工资增长相匹配的养老金积累制度,建立强制性的补充养老金计划等多项措施。

八、匈牙利的经济转型与养老体制改革

匈牙利是一个经济转型国家。急进式的"休克疗法"不仅对匈牙利社会经济带来了巨大冲击,而且对人口发展产生了重大影响。在 1989 年转制之前,匈牙利总人口一直呈增长态势,但此后却呈现下降态势,从 1990 年的 1037.5 万人下降到 2006 年的 998 万人。在经济增长不振的同时,匈牙利也面临着人口老龄化问题。目前,匈牙利人口老龄化水平为 15.2%。根据预测,到 2050 年,匈牙利人口老龄化水平将达到 29.0%,相当于每三个人口中就有将近一个老年人。

在计划经济时期,匈牙利建立了惠及全民的养老保险和免费医疗保险。社会

保障支出直接纳入国家财政预算，由国家财政负担。转型初期，依然维持传统模式，但由于经济衰退、失业加剧和老年人口比例上升等问题，社会保障支出急剧膨胀。在这种情况下，匈牙利从 1996 年开始，着手对原有的社会保障体制改革，试图建立一套适应于市场经济的三支柱养老保险体系。其中，第一支柱为强制性的、由国家管理的、现收现付性的基础养老保险。雇主缴纳雇员总工资额的 20%，雇员缴纳自己工资的 8%（后将雇主缴纳的 20% 降低到 18%，将雇员的 8% 增加到 10%）。第二支柱为自愿性的、私人管理的养老基金，采取个人储蓄账户或职业年金计划两种形式。第三支柱为自愿的职业年金或个人储蓄计划，主要由商业性养老保险组成。1997 年，匈牙利国会通过立法，将第二支柱改为强制性养老金，交由私营养老基金管理公司管理，并决定从 1998 年 1 月 1 日起实施。第二支柱由个人缴费的 6% 建立完全积累的个人账户，由私有养老保险基金会进行管理并支付年金。

在管理主体上，第一支柱以财政部为主监督、审核。财政部负责做出征收目标计划，税务部门在征收个人所得税时同时征收养老保险费。养老保险局负责信息管理和支付养老金，养老金主要通过邮局发放。第二支柱由财政部和国家金融服务监管局共同负责监管。税务部门的权威性和强制手段保证了养老金的收缴率达到 90% 以上。为抵御通货膨胀和经济波动的影响，匈牙利政府承诺财政承担第一支柱全部资金缺口的补偿责任，并明确规定，社会保险管理部门一旦发生基金赤字，财政部门随时进行弥补。

九、中国的养老现状

20 世纪末，中国 60 岁以上老年人口占总人口的比例超过 10%。按照国际通行标准，中国人口年龄结构已开始进入老龄化阶段。进入 21 世纪后，中国人口老龄化速度加快，截至 2013 年年底，中国 60 岁及以上老年人口 20243 万人，占总人口的 14.9%。其中，65 岁及以上人口 13161 万人，占总人口的 9.7%。截至 2013 年年底，全国各类养老服务机构 42475 个，拥有床位 493.7 万张，比上年增长 18.9%（每千名老年人拥有养老床位 24.4 张，比上年增长 13.9%），其中社区留宿和日间照料床位 64.1 万张。年末收留抚养老年人 307.4 万人，比上年增长 5.5%。

中国作为世界上最大的发展中国家，如何在老年人口基数增大、人口老龄化加快而且发展不平衡的条件下，保障老年人的合法权益，促进老龄事业的发展，是社会发展中面临的重大问题。

中国政府历来关心和重视老龄事业。多年来，国家大力弘扬中华民族敬老养老的文化传统，采取切实有效的措施，积极探索适合中国国情的老龄事业发展模式。特别是近年来，中国政府全面贯彻落实科学发展观，积极应对人口老龄化挑战，把发展老龄事业作为经济社会统筹发展和构建社会主义和谐社会的重要内容，综合运用经济、法律和行政手段，不断推动老龄事业发展。

1. 老龄事业国家机制

"老有所养、老有所医、老有所教、老有所学、老有所为、老有所乐"是中国老龄事业的发展目标。近年来，中国政府围绕这一目标，加强老龄法律法规政策建设，制定老龄事业发展规划，健全老龄工作体制，鼓励社会广泛参与老龄事业发展，开展国际交流与合作。

自中华人民共和国成立以来，国家颁布了一系列包括老年社会保障、老年福利与服务、老年卫生、老年文化教育和体育、老年人权益保障以及老龄产业等多方面内容的法律法规和政策。近年来，全国人大及其常委会、国务院及其有关部门颁布的老龄法律、法规、规章及有关政策达两百余件，初步形成以《中华人民共和国宪法》为基础，《中华人民共和国老年人权益保障法》为主体，包括有关法律、行政法规、地方性法规、国务院部门规章、地方政府规章和有关政策在内的老龄法律法规政策体系框架。

中国政府先后颁布实施《中国老龄工作七年发展纲要（1994~2000年）》、《中国老龄事业发展"十五"计划纲要（2001~2005年）》和《中国老龄事业发展"十一五"规划》。国务院有关部门和地方各级人民政府，分别制定本部门老龄工作行动计划和本地方老龄事业发展规划。国家建立督查和评估制度，对规划的实施情况进行期中和期末检查，推动规划的落实。同时，建立老龄事业统计指标体系和老龄统计工作制度，为制定规划和完善督查评估工作提供基础数据。20世纪80代以来，先后三次进行全国范围的老年人口状况调查，为老龄事业的科学决策提供了重要依据。

国务院成立全国老龄工作委员会，统筹规划和协调指导全国的老龄工作，研究、制定老龄事业发展战略和重大政策，协调和推动有关部门实施老龄事业发展规划，指导、督促和检查各地老龄工作。全国老龄工作委员会主任由国务院副总理担任，成员单位由国家26个部门组成，委员由各成员单位一位副部长级领导担任。委员会下设办公室，负责日常工作。目前，全国已基本建立起省（自治区、直辖市）、地（市、州、盟）、县（市、区、旗）、乡镇（街道）各级老龄工作委员会及其办事机构，村（居）民委员会有专人负责老龄工作。截至2013年年底，全国共有老龄事业单位2571个，老年法律援助中心2.1万个，老年维权协调组织7.8万个，初步形成从中央到地方的工作网络。

国家通过政策和舆论引导等多种形式，积极营造发展老龄事业的社会环境，引导全社会关心、支持和参与老龄事业的发展。充分利用市场机制，引导和扶持企事业单位为老年人提供多样化的产品和服务。广泛动员社会力量，推动全国和地方性涉老社团筹措老龄事业发展基金、组织大型文体活动、开展老龄科研、发展老年教育。推动各地基层群众组织、志愿者队伍丰富老年人精神文化生活，开展各种为老服务。截至2013年年底，全国共有老年学校5.4万个、在校学习人员692万人，各类老年活动室36万个。

中国政府先后派出高级别代表团参加联合国召开的第一、第二次世界老龄大会以及有关国际性和地区性老龄会议,成功承办联合国第二次世界老龄大会亚太地区后续行动会议以及一系列国际和地区性老龄会议,参与制定并积极履行国际老龄行动计划及亚太地区老龄行动计划。积极开展老龄领域全球性及区域性的多边和双边交流与合作,加入6个国际老龄组织,与90多个国家和地区的老龄组织建立业务联系。与联合国有关组织、欧盟以及一些国家的政府和非政府组织在老龄科研、老年扶贫以及老年教育等领域开展项目合作。

2. 养老保障体系

建立与经济社会发展和人口老龄化水平相适应的养老保障制度,是中国发展老龄事业的重要任务和优先领域。近年来,中国逐步建立健全政府、社会、家庭和个人相结合的养老保障体系,努力保障老年人基本生活。

(1) 建立城镇养老保险体系。

近年来,中国政府逐步建立覆盖城镇各类企业职工、个体工商户和灵活就业人员的统一的城镇企业职工基本养老保险制度。截至2012年10月底,城乡居民社会养老保险参保人数达到4.59亿,其中1.25亿城乡老年居民领取养老金。

国家建立基本养老金正常调整机制,根据职工工资增长和物价变动情况适时调整企业退休人员基本养老金水平。建立国家机关和事业单位工作人员离退休制度,由国家财政或单位按国家规定标准支付离退休费。国家多渠道筹集基本养老保险基金,努力增加应对人口老龄化的资金储备,确保企业离退休人员基本养老金的按时足额发放。加强基本养老保险基金征缴,截至2005年年底,全国基本养老保险基金累计结余达4041亿元人民币,当年征缴收入总额达4312亿元人民币。加大财政补助力度,2005年各级财政补助基本养老保险基金651亿元人民币。建立全国社会保障基金,到2005年年底,全国社会保障基金积累资金达2010亿元人民币。

国家积极发展补充性养老保险,引导和扶持有条件的企业为职工建立企业年金,由企业和职工共同缴费,实行基金完全积累,个人账户管理。至2005年年底,全国已有2.4万家企业建立企业年金,参加职工达924万人。国家还鼓励开展个人储蓄性养老保险,多渠道加强老年人的生活保障。

(2) 探索建立农村养老保障体系。

中国老年人口近60%分布在农村。中国政府立足农村经济社会发展水平,积极发挥土地保障和家庭赡养功能,探索建立农村社会养老保障制度,努力保障广大农村老年人的基本生活。

发挥土地养老的保障作用,保护包括广大老年人在内的农民土地承包经营权。《中华人民共和国老年人权益保障法》规定,赡养人有义务耕种老年人承包的田地,照管老年人的林木和牲畜等,收益归老年人所有,以保障老年人的基本生活来源。提倡签订《家庭赡养协议》,规范赡养内容和标准,由村(居)民委员会或有关组织监督协议的履行,以保证老年人享受赡养扶助的权利。目前,中国农村普遍开展了《家庭赡养协议》签订工作,到2005年底,已签订《家庭赡养协议》1300多万份。

探索建立农村社会养老保险制度。至2005年年底，全国已有31个省（自治区、直辖市）约1900个县（市、区、旗）开展了农村社会养老保险工作，5400多万农民参保，积累保险基金约310亿元人民币，300多万参保农民领取养老金，当年支付养老保险金21.3亿元人民币。

积极发展多种形式的保障制度，把农村特殊老年群体优先纳入社会保障范围。对无劳动能力、无生活来源、无法定赡养人、扶养人，或者其法定赡养人、扶养人确无赡养、扶养能力的农村老年人，由国家实施在吃、穿、住、医、葬方面给予生活照顾和物质帮助的"五保"供养制度。目前，全国享受"五保"供养的老年人达460多万人。对执行计划生育政策的农村独生子女或两女户夫妇，在年满60周岁以后，由中央或地方财政安排专项资金，实施计划生育家庭奖励扶助制度。至2005年年底，享受该奖励扶助的人群达到135万人。中国政府重视城镇化过程中被征地农民的养老问题，确保被征地农民的基本生活和长远生计，逐步将被征地农民纳入社会保障体系。目前已有15个省（自治区、直辖市）出台了被征地农民社会保障办法，约600万人被纳入社会保障范围，筹集资金约500亿元人民币。

（3）建立贫困老年人救助制度。

中国政府把缓解和消除老年贫困纳入国家反贫困战略和老龄事业发展规划。国家建立城市居民最低生活保障制度，对人均收入低于当地最低生活保障标准的家庭按标准给予补助。2005年，包括贫困老年人在内的2233万城市贫困人口领取了最低生活保障金，基本实现应保尽保。在农村，国家实施特困户定期定量救助和临时性生活救助制度，在有条件的地区积极探索建立农村最低生活保障制度。目前已有865万农村人口被纳入农村特困户定期定量救助，985万农村人口被纳入农村最低生活保障，其中包括不符合"五保"条件的贫困老年人。国家鼓励有条件的地方建立养老基地，发放养老补贴和高龄津贴，积极改善老年人的生活。地方政府积极组织实施开发式扶贫，扶持低龄、健康、有劳动能力的贫困老年人从事种植、养殖和加工等项目，增强贫困老年人的生产自助能力。积极发挥社会力量在老年贫困救助中的作用，推动各地老年基金会等社会团体、企事业单位和个人开展慈善救助和社会互助，创造结对帮扶、认养助养、志愿服务、走访慰问等多种救助形式，普遍为贫困老年人提供多样化扶助。

3. 老年医疗保健

加强老年医疗保障和卫生服务，增进老年期健康，是提高老龄社会全民健康和生命质量的重要内容。中国政府重视加强城乡老年人的医疗保障，加大老年卫生工作力度，发展老年医疗卫生服务，努力保障老年人的基本医疗需求，增进老年人的身心健康。

（1）加强城乡老年人医疗保障。

国家建立社会统筹与个人账户相结合的城镇职工基本医疗保险制度，规定退休人员个人不缴纳基本医疗保险费，对个人账户计入金额和个人负担医疗费的比例给予适当照顾。各地普遍将老年常见病、慢性病等的大额医疗费用纳入社会统筹基金支付范围，减少退休人员个人的支付比例。至2005年年底，全国参加基本医疗保险的退休人员达3761万人。

国家积极采取多种补充性医疗保障措施，努力减轻老年人的医疗费负担。实行公务员医疗补助办法，由财政为包括退休人员在内的国家公务员提供医疗费用补助。政府推动各地建立大额医疗费用补助办法，由个人或企业缴费筹资，为患大病、重病以及长期慢性病的职工及退休人员解决超过统筹基金最高支付限额以上的医疗费用。有条件的企业建立了补充医疗保险，解决基本医疗保险待遇以外的医疗费用。中国政府积极探索建立城市社会医疗救助制度，通过财政拨款、彩票公益金和社会捐助等多种渠道筹集医疗救助基金，对困难群众就医给予补助。到2005年年底，医疗救助试点县（市、区、旗）达1119个，全年累计救助163.3万人次。

从2003年起，国家开始进行个人缴费、集体扶持和政府资助相结合的新型农村合作医疗制度试点工作。到2006年6月底，全国新型农村合作医疗试点县（市、区、旗）扩大到1399个，覆盖农业人口4.95亿，3.96亿农民参加新型农村合作医疗，试点地区老年人参加新型农村合作医疗的比例超过73%；全国共补偿参加新型合作医疗的农民2.82亿人次，补偿资金支出144.12亿元人民币。国家要求各地为70岁以上农村老年人参加新型合作医疗给予适当政策优惠，照顾老年人的特殊需求。积极建立农村医疗救助制度，采取政府拨款和社会捐助相结合筹集救助资金，资助农村"五保"老年人和困难群众参加新型农村合作医疗，对因患大病而个人医疗费负担过高、影响家庭基本生活的贫困农民给予适当补助，在一定程度上缓解了老年人的基本医疗困难。目前31个省（自治区、直辖市）全部建立了农村医疗救助制度，2005年农村实施医疗救助达1112万人次，救助资金总支出10.8亿元人民币。

中国积极开展针对老年人的专项医疗救助和康复救助活动。通过实施《国家残疾人事业发展纲要》，开展以西部地区为重点的"让老年人重见光明行动"项目等，为约600万名老年白内障患者实施复明手术，并为边远贫困地区的老年缺肢者、听力障碍者免费装配假肢、验配助听器，帮助贫困、残疾老年人恢复或补偿功能。

(2) 发展老年医疗卫生服务。

国家加强对老年医疗卫生工作的规划和领导。制定实施《老年医疗保健"八五"规划（1991~1995年）》，两次颁发加强老年卫生工作的政策性文件，把老年医疗保健工作纳入《全国健康教育与健康促进工作规划纲要（2005~2010年）》、《中国护理事业发展规划纲要（2005~2010年）》、《中国精神卫生工作规划（2002~2010年）》等一系列卫生工作发展规划。成立全国老年卫生工作领导小组和老年卫生工作专家咨询委员会，加强对全国老年卫生工作的指导协调和科学决策。

国家鼓励有条件的大中型医疗机构开设老年病专科或老年病门诊，积极为老年人提供专项服务。根据区域卫生规划，建立能够提供老年病防治、老年康复和临终关怀等服务的医疗卫生服务机构。各地医疗机构普遍为 70 岁以上老年人提供了挂号、就诊、取药、住院等方面的优先优惠服务。2006 年，国家颁布实施《国民经济和社会发展"十一五"规划纲要》，把实施爱心护理工程、加快发展面向高龄病残老年人的护理服务设施纳入规划重点。

加快建设城市社区卫生服务体系，推动各地把老年医疗保健纳入社区卫生工作重点，努力为老年人提供安全、有效、便捷、经济的卫生服务。各地积极引导基层医疗卫生机构向社区卫生服务机构转型，开展老年保健、医疗护理和康复等服务。截至 2005 年年底，全国城市已设立社区卫生服务中心（站）1.5 万多个，95% 的地级以上城市、86% 的市辖区和一批县级市开展了城市社区卫生服务。基层医疗机构根据老年人的特殊需求，提供家庭出诊、家庭护理、日间观察、临终关怀等服务。老年人的部分基本健康问题在社区得到解决。

国家针对老年人健康特点，积极开展卫生保健宣传。利用广播、电视、报刊、社区宣传栏等多种形式宣传普及老年期养生和保健常识。各级医院常年面向所在社区开办健康讲座，为慢性病患者开健康处方。国家制定健康老年人标准，开展全国健康老年人评选活动，积极推广科学、健康的生活方式。加强心脑血管病、糖尿病等慢性疾病的三级预防工作，制定高血压、糖尿病的防治指南和管理方案并逐步推广，促进老年慢性疾病的早期发现、早期诊断和早期治疗。从 1991 年起，中国政府开始把老年病防治研究工作纳入国家科技计划。目前，全国从事老年病防治研究的机构达 50 多家。

（3）推动老年群众性体育健身活动。

中国政府大力推动老年群众性体育健身活动，努力增强老年人体质，提高健康水平。至 2005 年年底，全国县以上各级行政区划、70% 的城市社区和 50% 的农村乡镇建立了老年人体育协会，加强对老年群众体育活动的组织和指导。近年来，国家实施"全民健身工程"，加强公益性体育健身场地和设施建设，为老年人开展体育健身活动提供场所。目前，全民健身工程（点）已建成 3 万多个。从 2001 年起，中国组织实施了"亿万老年人健身活动"，吸引更多老年人参加到体育健身行列中来。目前，全国参加经常性体育健身活动的老年人达 5800 多万人。

4. 为老社会服务

加快为老社会服务体系建设，是保障老年人不断增长的社会服务需求的重要举措。近年来，中国政府大力发展社区为老服务，不断改善老年人居家养老的支持环境。同时，积极推进机构养老服务，努力满足老年人多样化的为老社会服务需求，初步形成以居家养老为基础、社区服务为依托、机构养老为补充的为老社会服务体系。

国家颁布《关于在全国推进城市社区建设的意见》、《关于加强和改进社区服务工作的意见》等一系列政策文件，采取积极措施，加大投入力度，加强社区建设与服务工作，为包括广大老年人的社区居民提供多种便民利民服务，使老年人居家养老的服务环境不断改善。至2005年年底，全国城市社区服务设施达到19.5万处，综合性社区服务中心8479个。各地采取上门服务、定点服务和巡回服务等方式，为老年人提供生活照料、家政服务、紧急救援以及其他便利老年人的无偿、低偿服务项目。从2001年起，中国政府连续3年实施建设社区老年福利服务设施的"星光计划"，总投资134亿元人民币，建成"星光老年之家"3.2万个，涵盖老年人入户服务、紧急援助、日间照料、保健康复和文体娱乐等多种功能，受益老年人超过3000万。2005年，全国平均每个街道有1.32个城市老年福利机构，每9.8个社区居委会有1个城市老年福利机构。

近年来，国家加大资金投入，在城镇建立面向"三无"老人（无劳动能力，无生活来源，无法定赡养人、扶养人，或者其法定赡养人、扶养人确无赡养、扶养能力的城市老年人）的社会福利院，大力发展老年公寓、养老院和老年护理院，为不同经济状况和生活能力的老年人，特别是高龄病残人群提供机构养老服务；在农村加强敬老院建设，为"五保"老人提供集中供养场所和生活服务。各地纷纷出台相关政策，利好养老服务业。颁布《关于加快实现社会福利社会化的意见》、《关于加快发展养老服务业的意见》等政策文件，鼓励和调动社会力量，采取公建民营、民办公助、政府补贴、购买服务等多种形式，推动养老机构较快发展。2013年8月16日，国务院总理李克强主持召开的国务院常务会议，确定深化改革、加快发展养老服务业的任务措施，出台养老服务业发展的突破性政策。2014年8月，中央财政下拨服务业发展专项资金24亿元，支持在吉林、山东等8个省份开展以市场化方式发展养老服务产业试点，通过采取中央财政资金引导，地方政府、银行、企业共同出资设立基金平台，按市场化运作的方式，支持发展居家养老、集中养老、社区综合服务等多种形式、面向基层大众的养老服务产业，促进养老服务产业加速、融合发展，探索以市场化、商业化方式支持养老服务产业发展的体制机制和有效模式。2010年，全国城乡有社会福利院、敬老院、养老院、老年公寓和老年护理院等养老服务机构39546个，总床位266万张，其中农村乡镇敬老院29681个，总床位210万张。国家加强对养老服务机构的规范化管理，先后颁布了《国家级福利院评定标准》、《社会福利机构基本规范》、营利性医疗机构设置审批、养老机构设立许可等工商登记后置审批、实行先照后证、强化事中事后监管等规范性文件，努力提高机构养老服务质量、效率和水平。

国家通过学校教育、在职教育和岗位培训等形式，培养为老服务需要的管理和服务人才。国家颁布《社会工作者职业水平评价制度暂行规定》和《社会工作者职业水平考试实施办法》，鼓励和吸引专业社会工作者和高等院校社工专业毕业生到福利服务机构工作。政府发布养老护理员职业目录，颁布实施国家职业标准，加强养老服务队伍的专业化和规范化建设。至2005年年底，取得养老护理员资格的为老服务人员近2万人。发展志愿者组织，在全国范围开展志愿者为老服务"金晖行动"，组织动员广大青少年和其他社会公众加入为老服务志愿者行列，通过与养老机构和居家老年人结对帮扶等形式，为老年人提供生活照料、医疗保健、法律援助等多方面服务。截至目前，全国共有1300万人次的志愿者为280多万名老人提供了超过6.3亿小时的志愿服务，建立志愿者为老服务站6万多个。

5. 老年文化教育

发展老年文化教育是提高老年人精神文化生活水平的要求。中国重视发展老年文化教育事业，丰富老年人的精神文化生活，不断满足老年人的精神文化需求。

中国政府在大中城市逐步建立设施完备、功能齐全的综合性老年活动中心，在县（市、区、旗）建立老年文化活动中心，在乡（镇）、街道设立老年活动站（点），在基层村（社区）开设老年活动室。到2005年年底，城乡老年文体活动设施达67万多个。各级政府在原有或新建的公益性文化设施中开辟老年人活动场所，有关部门管辖的文化活动场所也积极向老年人开放。国家财政支持的图书馆、文化馆、美术馆、博物馆、科技馆等公共文化服务设施以及公园、园林、旅游景点等公共文化场所向老年人免费或优惠开放。老年人社会文化生活的条件不断改善。

国家积极提供符合老年人特点的精神文化产品。中央和省级广播电台、电视台开办老年节目或老年栏目。至2005年年底，全国共出版老年类报纸24种，期发行量280万份；老年类期刊23种，期发行量305.8万册。文艺、影视、戏剧和出版界创作了大量老年人喜闻乐见的文艺作品。各级文化部门积极组织文艺团体深入基层，创作和表演深受老年人欢迎的文艺节目。大力提倡和扶持各种有益于老年人身心健康的文化娱乐活动，国家财政每年拨专款支持举办全国老年文艺演出、中国老年合唱节等大型活动，开展国际老年文化艺术交流。各地经常组织开展形式多样、健康向上的社区老年文化活动。群艺馆、文化馆、文化站等公共文化机构加强对老年文化活动的指导，培养了大批老年业余文艺骨干，在活跃和丰富广大老年人的精神文化生活中发挥了重要作用。城乡老年群众文艺活动组织迅速发展，成为老年群众性文化活动的中坚力量。

国家重视保障老年人的受教育权利，加大投入，积极扶持，推动老年教育事业迅速发展。各级政府、有关部门和企事业单位创办了一批示范性老年大学，同时依托省、市、县各级现有群众文化设施多渠道、多层次发展老年教育，努力实现"县县有老年大学"的目标，并逐步向社区、乡镇延伸。一些地方充分运用现代传媒手段，开办面向老年人的电视和网络学校，扩大老年教育覆盖面。目前已初步形成多层次、多形式、多学制、多学科的老年教育体系。老年人通过学习达到了增长知识、丰富生活、陶冶情操、增进健康、服务社会的目的。至2005年年底，中国的老年大学（学校）已发展到2.6万多所，在校学员230多万人。

6. 老年人参与社会发展

国家重视和珍惜老年人的知识、经验和技能，尊重他们的优良品德，积极创造条件，发挥老年人的专长和作用，鼓励和支持老年人融入社会，继续参与社会发展。

《中华人民共和国老年人权益保障法》设专章保障老年人参与社会发展的权益。中国颁布的老龄事业发展计划或规划都把鼓励老年人参与社会发展作为重要内容，并为发挥离退休高级专家和专业技术人员的作用制定专项政策。在城镇，各级政府根据经济、社会和科技发展需要，引导老年人参与教育培训、技术咨询、医疗卫生、科技应用开发以及关心教育下一代等活动。在农村，鼓励低龄健康老年人从事种植、养殖和加工业。据有关统计，在老年人口中，城市曾参加社会公益活动的老年人占38.7%，继续从事有收入工作的老年人占5.2%；农村老年人从事农业劳动的占36.4%。从2003年起，国家开始组织以老年知识分子发挥科技知识和业务专长援助西部地区和本地欠发达地区为主要内容的"银龄行动"，目前已在24个省（自治区、直辖市）为受援地群众治病20多万人次，培训医务骨干和中小学教师3.8万人。在全国范围内实施"爱心助成长"志愿服务计划，以健康低龄老年人为主体组成志愿者队伍，广泛开展德育行动、宣讲行动、监察行动、护苗行动和关爱行动，帮助青少年解决学习、生活、心理等问题，目前该计划已在全国100多个城市展开。

在政府的引导和扶持下，中国老教授协会、老科技工作者协会、老年法律工作者协会等全国性老年社会团体已发展到13家，分会遍及全国各地。中国老教授协会和老科技工作者协会的个体会员数量超过65万人。各地成立了退休工程师协会、老教育工作者协会、离退休医务工作者协会等一批以老年知识分子为主体的社会团体，组织老年知识分子继续为社会经济发展做贡献。各地重视城乡基层老年群众组织建设，至2005年年底，城市社区和农村老年人协会发展到31.7万个，在组织广大老年人参与基层社区建设、社会公益活动和维护老年人自身权益等方面发挥了积极作用。

近年来，国家颁布《城市道路和建筑物无障碍设计规范》，制定《无障碍设施建设工作"十五"实施方案》以及《民用机场旅客航站区无障碍设施设备配置标准》、《铁路车站及枢纽设计规范》、《铁路旅客车站建筑设计规范》、《铁路站场客货运设备设计规范》等一系列标准规范，大中城市道路、车站、机场、商场、公交站点、住宅居住区和其他公共建筑的无障碍设施建设发展较快，老年人安居和参与社会生活的设施环境不断改善。开展了创建全国无障碍设施建设示范城（区）活动，北京、上海、天津等12个城市被确定为首批全国无障碍设施建设示范城（区）创建城市。

7. 老年人合法权益保障

国家尊重和保护老年人的合法权益，充分运用法律和道德等手段，加强老年人权益保障工作，促进老年人各项合法权益的实现。

《中华人民共和国宪法》规定："中华人民共和国公民在年老、疾病或者丧失劳动能力的情况下，有从国家和社会获得物质帮助的权利"；"成年子女有赡养扶助父母的义务"；"禁止虐待老人、妇女和儿童"。《中华人民共和国老年人权益保障法》、《中华人民共和国民法通则》、《中华人民共和国继承法》、《中华人民共和国婚姻法》、《中华人民共和国刑法》、《中华人民共和国治安管理处罚法》等基本法律，都明确了老年人的权利以及侵害老年人权利应承担的法律责任。目前，全国已有30个省（自治区、直辖市）制定实施了保护老年人合法权益的专项地方性法规。国家在社会生活中充分尊重和照顾老年人。2005年发布的《关于加强老年人优待工作的意见》，在经济供养、医疗保健、生活服务、文体休闲和维权服务等方面提出了对老年人实行优先优惠服务和照顾的要求。目前，各省（自治区、直辖市）都制定了对老年人实行优待的政策，使老年人充分享受到社会的尊重和关爱。

人民法院认真审理虐待、遗弃、伤害老年人的刑事案件，依法制裁侵犯老年人人身和财产权利的犯罪行为。对老年人因养老、医疗等纠纷提起的诉讼，予以优先立案、优先审理和优先执行。部分基层人民法院设立了专门处理涉老民事纠纷案件的"老年法庭"，建立了涉老案件陪审员制度。最高人民法院制定有关司法救助的规定，对贫困老年人的诉讼费用实行缓交、减交和免交。2005年，3万多老年人获得司法救助。公安机关依法严厉打击各种侵害老年人合法权益的违法犯罪活动，有力保护老年人的人身和财产安全。司法行政部门积极做好老年法律援助和法律服务工作。各地法律援助和法律服务机构为老年人提供优先或优惠服务。遍布城乡的基层人民调解组织在调解涉老纠纷、保护老年人权益方面发挥了重要作用。2001年至2005年，法律服务机构平均每年为老年人提供法律援助4万多次，提供代理诉讼和非诉讼法律服务40多万次，调解涉老纠纷40多万件。

各级人大常委会定期或不定期开展执法检查，推动政府有关部门依法履行职责，落实老年人的各项合法权益。2001年至2005年，全国县级以上人大常委会开展老龄法律法规的执法检查达3000余次。各级人民政协履行民主监督职能，为政府改进老年人权益保障工作建言献策。2001年至2005年，全国政协委员提出涉老提案近1000件。各级政府部门加强信访工作，畅通群众监督的渠道。老年人通过信访主张自己的权利，反映意见和建议。2005年，全国老龄工作机构共受理老年人来信来访近40万件（次）。新闻媒体围绕老年人权益保障问题开展多种形式的舆论监督。

中国政府重视老龄法律法规政策的宣传普及工作，把《中华人民共和国老年人权益保障法》纳入"五五"（2006～2010年）和"六五（2011～2015）"普法计划，开展了形式多样的宣传学习活动，强化全社会维护老年人合法权益的法律意识和老年人的自我保护意识。各级政府采取多种形式，大力弘扬中华民族敬老养老的优良传统，提高社会的敬老意识和水平。各地普遍设立老人节或敬老日，在每年中国传统节日重阳节和本地敬老节日期间，政府有关部门积极组织大型宣传教育活动和敬老活动。各地把青少年作为宣传教育的重点，将敬老教育内容纳入中小学教学课程，在青少年中开展"敬老爱老助老主题教育活动"，弘扬敬老养老的社会风尚。

中国的老龄事业取得的成就有目共睹。但是，作为有着13亿人口的发展中国家，中国的老龄事业还存在着问题和不足。例如，老龄法律法规还不够健全，侵害老年人合法权益的现象时有发生；社会保障制度尚需完善，一些城镇生活困难老年人的保障水平较低，部分农村老年人口的贫困问题还比较突出；全社会尊老敬老的社会氛围有待于进一步形成，等等。在中国，解决好老龄问题，促进老龄事业不断发展，任务十分艰巨。当前，中国老年人口正以年均约3%的速度增长，面对日益严峻的人口老龄化挑战，中国政府将积极采取更加有效的战略措施，努力推动老龄事业与经济社会协调发展，促进老年人共享经济社会发展成果。

十、发达国家与中国养老状况比较

中国已进入老龄型国家，养老形势严峻。发达国家在老龄化高峰到来前20年就开始重视养老问题，而中国对养老问题的重视与老龄化高峰却几乎同时到来。因此我们有必要从老年人的经济来源、生活上的照料、居住方式、养老文化这四个角度进行比较分析。

1. 老年人的经济来源

从19世纪80年代开始，西方各国普遍由过去传统的家庭养老逐步过渡到社会养老，现在已经完成了这项过渡，即使在农村，劳动者作为农业工人也已经纳入社会保障体系。在发达国家几乎全部老人都可以领取养老金。其养老的第一经济来源就是社会保险收入，子女为父母提供经济援助的并不多见，而且老年父母在态度上也是反对接受现金援助的。

在中国，这一点和西方社会的差异仍然是很大的。目前，中国社会保障的覆盖面窄、标准低、救助能力弱，因此，大多数老年人，尤其是农村老年人，还需要子女赡养。子女仍是老人社会经济支持网络中最重要的环节，代际资源交换仍然很普遍。国家统计局1994年的抽样调查数据显示：在中国老年人主要经济来源的排序中，57.1%的老年人主要靠子女或其他亲属提供经济帮助；25%的老年人主要靠自己的劳动收入；居第三位的是离退休金，占15.6%；主要靠社会保险、社会救济的仅占1%。也就是说，八成以上的老年人其主要的经济保障来自子女、亲属和自己。第五次全国人口普查资料显示：2000年，在全国60岁以上未在业人口中，家庭成员供养是第一位的，占65.40%；其次是退休金，占29.27%；依靠基本生活费补贴的很少，占2.38%。

2. 生活上的照料

在西方社会，家务劳动已经商品化、社会化，养老中的各种照顾和资助性服务需求已经部分地依赖社会来完成。欧美发达国家都强调社区支持，即以社区为基础提供的正式服务,特别是上门服务,以此来增强老人在家里的生活能力。如美国实施的"社会服务街区补助计划"(The Social Services Block Grant Program),即力图在各州帮助和支持老年人在家里有能力独立生活。该计划为老年人提供了较多的服务项目,主要有家政服务、家庭杂务、交通运输、供给膳食等,所有居家老人都能获得这样的服务。

目前,中国社会现实决定了对老年人的各种形式的照顾和资助性服务,绝大部分仍然是在家庭范围内完成或由家庭提供的。中国社区服务尚不发达,在老人的生活照顾支持网络中,子女依然占有重要的地位。城乡老人,特别是高龄、丧偶和生活不能自理的老人,对家庭的依赖程度更高。

3. 居住方式

在西方,老年空巢和独居是相当普遍的现象。西方人不主张父母与子女住在一起,子女18岁以后就应该独立,所以大多数夫妇健在的老人都有自己的住宅并在家里安度晚年。在欧美,无论有无配偶,只有老人构成的家庭具有较高的比例。另外,即使在西方,真正去养老机构养老的还是少数。据不完全统计,美国老人95%在家养老,荷兰则为91.4%,日本是96.9%。另据联合国亚太经社理事会和国际劳工组织亚太地区局统计表明,1996年,菲律宾居家养老的比例为83%,新加坡为94%,泰国为87%,越南为94%,印度尼西亚为84%,马来西亚为88%。

中国有尊老敬老的美德,因为经济来源和传统观念等原因,老年人为儿女操劳一生,人老了想得到家庭的关爱,享受天伦之乐,所以与孩子合住的传统的居住安排仍占主导地位,自然与孩子合住的比例较高。但随着经济发展、住房条件的改善以及人们养老观念的逐渐转变,老年家庭空巢化是一个明显的趋势,传统的合住比例在下降。

4. 养老文化

西方文化强调彼此的独立、个人的奋斗,到了老年期也是如此。人们把独立和尊严看得很重,很难接受在自己老了以后,已经不再是"独立性的存在"而成为"依附性的存在"。西方的家庭代际关系属于接力式,即上一代对下一代有抚育义务,而下一代对上一代没有赡养义务。成年子女与父母之间只有感情上的联系,不负有赡养父母的责任。子女成年后离开父母自立生活,而年老父母则由政府负责供养,所以对子女的家庭养老没有法律约束。例如,美国法律没有规定将子女供养父母的经济责任作为代际关系的支柱。老年人愿意独立居住、不与成年子女生活在一起,是欧美社会强调个人在尽量少地依赖他人帮助的情况下独立生存的价值观的体现。独立和自给自足的社会精神渗透在西方文化中,并成为衡量自身价值和他人价值的准则。

中国推崇"和文化",强调彼此的依赖和合作。中国家庭代际关系属于双向性的。父母承担了对子女的抚育义务,子女也相应地承担赡养年老父母的义务,子女赡养父母是天经地义的。在中国,对家庭养老的责任不仅是道德上所提倡的，而且在法律上也是有要求的，历朝历代都是如此。新中国成立以来，中国的《宪法》、《刑法》、《继承法》、《婚姻法》等都规定了子女有赡养老人的义务。1950年颁布的《婚姻法》规定："父母对子女有抚养的义务，子女对父母有赡养扶助的义务，双方不得虐待或遗弃。"《宪法》也明确规定："父母有抚养教育未成年子女的义务，成年子女有赡养扶助父母的义务。"1980年颁布的《刑法》规定："拒绝抚养、情节恶劣的处五年以下有期徒刑、拘役或管制。"这些规定使得家庭赡养不仅是一种伦理道德的反映，而且是每个公民必尽的义务，它具有法律的不可抗拒性。

中国的养老，目前主要还是以家庭养老为基础的。中华人民共和国成立以来，在《宪法》、《婚姻法》、《中华人民共和国老年人权益保障法》等多部法律中，都肯定了家庭养老的法律地位，其中1996年8月29日颁布的《老年法》中明确规定："老年人的养老主要依靠家庭，家庭成员应当关心和照料老年人。赡养人应当履行对老年人经济上供养、生活上照料和精神上慰藉的义务，照料老年人的特殊需要。"

中国的家庭养老模式，也引起了国际社会的关注。1982年在维也纳召开的联合国老龄问题世界大会上，大会秘书长指出："以中国为代表的亚洲方式，是全世界解决老年人问题的榜样。"所谓亚洲方式，就是专指家庭养老方式。在中国这样一个人口众多、经济尚不发达的发展中国家里，发挥家庭养老的作用，意义非常深远。而且，坚持和发展家庭养老的传统，对发展中国家解决人口老龄化问题，会有一定的影响。

从社会发展来看，家庭养老不仅体现了代际经济上的互惠互助，更重要的是体现了供养双方精神上的互相慰藉。无论商品经济发展到何种程度，无论人们的思想观念、价值取向及家庭结构发生怎样的变化，中华民族传统的伦理道德仍然是维系人们正常生活的基本准则。因为，在家庭中，由于长期共同生活而形成的融洽的亲情关系，是任何其他社会关系无法替代的。

但是，社会在进步，时代在变化，中国的养老模式也并非是一成不变的。从总体上看，中国的养老、安老，不管是农村还是城镇，70%的老年人得到了比较好的赡养。各级政府依靠和调动社会各方面的力量，采取多种养老方式，满足广大的老年人精神上的基本需求。可是，一些老年人对养老也有不满意的。对于不满意的比重说法不一，有的说22%的人不满意，有的说19%的人不满意，有的说26%的人不满意。总之，有近三分之一的老年人认为安老养老问题比较突出，对养老状况不满意。这是因为，家庭养老出现了新问题、新情况，其带有共性的问题是：家庭养老的观念、养老意识淡化；"父母在，不远游"的束缚已彻底打破；高龄老人越来越多，空巢老人越来越多，老年家庭越来越多；农村养老保障还没有完全建立起来，农村集体经济基础薄弱，拿不出较多资金来解决老年人的生活保障问题；老年人的家庭地位发生了根本变化。传统的家庭养老已经遇到了前所未有的挑战。

在城市，家庭规模日趋缩小，核心家庭、空巢家庭、老年人家庭将日益增多。《上海市家庭变动趋势分析》一文中指出，上海的家庭特点主要有：家庭总是在持续不断地增长（20 世纪 80 年代初，全市家庭总量为 314.6 万户，20 世纪 90 年代初上升为 415.3 万户，10 年增长了 100.7 万户）；家庭平均人口日趋收缩（全市家庭人口规模 1949 年为 4.91 人，到 1982 年全市家庭的平均人口已下降到 3.6 人，目前的家庭平均人口平均不到 3 人）；单身家庭、老人家庭呈迅速增长趋势（全市 439 万户家庭中有 65 岁以上老人的家庭占 26.4%，较 1990 年上升了 4.5 个百分点）。上海的例子在一定意义上反映出中国城市中带有普遍性的问题。

以上表明，随着历史的发展、社会的变化，家庭养老面临一系列新问题，传统的家庭养老已逐渐不适应人口老龄化发展的需要。从中国的经济、政治、文化传统和老年人及家庭的经济承受力来说，要保证老年人安度晚年，不论现在还是将来，走家庭养老和社会养老相结合的道路，是解决中国养老问题的一条出路。

第二节　世界养老问题的严重性

据 1999 年联合国对 191 个国家的统计和预测：进入老龄化社会的国家共 62 个，占总数的 1/3。据世界卫生组织发布的最新统计，随着人口老龄化趋势日益明显，到 2050 年，全球 60 岁以上人口比例将从 2006 年的约 11% 增至 22%。世界卫生组织是在推出一本有关改善城市老年人生活的书——《全球老年人宜居城市指南》时公布上述统计数据的。根据统计，2006 年，全球 60 岁以上人口为 6.5 亿。预计到 2025 年，全球 60 岁以上人口将达 12 亿，到 2050 年，这一数字将达 20 亿，届时约占全球人口的 22%。《老年潮》的作者彼得·彼得森指出，随着"婴儿潮"一代人逐渐步入退休年龄，在不久的将来，养活老年人的工人数量将会大幅度减少。虽然目前世界许多国家都实施了一些相应的社会计划，但几乎没有一个工业化国家已经真正为迎接老龄化社会的到来做好了准备。

一、世界主要国家和地区养老问题的严重性

1. 英国人口老龄化问题严重

英国统计局的数据显示，截至 2006 年年中，65 岁以上的人口将近 1000 万，意味着每六个人当中就有一个老年人。当局估计，到了 2031 年，英国的总人口将达到 7100 万，65 岁以上的年长者，将占总数的 22%，其中，85 岁以上的人估计会有 290 万。英国国家统计局日前公布的数据显示，截至 2008 年 8 月，英国 65 周岁以上的男性和 60 周岁以上的女性总人数为 1158 万，而 16 周岁以下的未成年人总人数则为 1152 万。英国老年人总人数首次超过未成年人，人口老龄化问题日趋严重。与此同时，死亡人数逐年下降。2007 年英国的死亡人数为 57.1 万，而 2001 年则为 59.9 万。英国《每日电讯报》分析说，医疗技术进步延长了人们的寿命，老年人的总人数还将进一步增加。

随着人口老龄化问题加重，英国有关机构要求将男性和女性的退休年龄都延长到68周岁，而且要求政府提高医疗服务质量，使老年人能够更加长久地享受健康、独立的生活。

由于退休人口持续增长，国家退休金津贴开支跟着增加，导致英国政府面临"退休金危机"。英国二战后实行的第一项国家退休金制度规定，所有雇主和雇员在纳税之外，都必须交纳国家保险基金，该基金用于支付投保人的医疗费、失业补助以及退休金。

目前英国规定，最低退休金为每周约80英镑。但许多人认为这个数额太少，无法跟上物价上涨的步伐。一个雇员福利咨询机构所作的调查显示，英国的退休金制度是全欧洲最差的。该机构的报告显示，2008年退休的英国人能获得的退休金，只相当于离休前薪金的17%，比欧盟其他国家的平均57%低了许多。

除了年长者的离休生活费问题，英国政府还得面对年长者的医疗保健问题。在英国推行的国家医疗服务体系下，年长人士能够获得免费的医疗服务。专家担心，随着人口老化，癌症、痴呆等老年疾病的照料成本将日益提高，会给国家医疗服务体系带来很大压力。

人口老化问题多，另一严厉的冲击就是，劳动市场人手短缺。为了应付劳工短缺现象，英国近年放宽移民条例，吸引更多外国人来工作。

2. 德国提高退休年龄，迎接老龄化挑战

德国联邦议院和联邦参议院2007年3月间先后通过了政府关于将退休年龄从65岁提高到67岁的相关法案。根据新法律，德国将在2012至2029年，逐步将退休年龄提高到67岁。

原来的规定是1957年制定的，一直未改，当时人们的出发点是，人口出生率将不断提高。可是现在，德国的人口统计数字有很大变化，主要是人口出生率降低，老龄化趋势加重。据德国政府公布的预测数字。到2030年，德国65岁以上的群体将增加600多万人，达到约2200万，而20至64岁的群体将减少500多万人，仅为约4500万。一个比较很能说明问题：1991年，平均4个就业者养活一个退休人员；到2030年，每两个就业者就得养活一个退休人员。这就意味着，到时候就业人员需要缴纳的退休保险金越来越多，这样才能养活越来越多的退休人员。另一个重要原因是，现在德国人的寿命大大提高，这也意味着退休者领取退休金的年限越来越长。统计表明，过去40年里，德国人领取退休金的平均时间增加了7年，达到约17年。这给退休保险公司造成的压力越来越大。

德国政府提交这部法律草案时认为，必须平均分配负担，不然，现在的年轻人到一定时候为退休人员承担的经济压力会越来越重。但是这部法律也规定了例外情况，即：如果一个人工龄达到45年，并且缴纳退休保险达45年，仍可以在65岁时退休，并且退休金金额不受影响。

政府的另一个考虑是，由于有就业能力的人员将减少，因此预计2015年至2020年德国会明显感到缺乏各类专业人员，如果适当提高退休年龄，将有助于缓解这一趋势造成的困难。

可是，现在的情况是，如何保证老年人就业。一方面，他们的身体状况一般会变差。现在，德国人的实际退休年龄平均为63岁，连65岁都达不到，如何能达到67岁？另一方面，就德国企业来说，50岁是一个"坎"，一般企业都不愿雇超过50岁的普通员工。因此，老年人受失业的影响已经很大。现在，如果退休年龄再提高两岁，专家测算必须增加120万至300万的岗位，才能满足这一需求。由此看来，矛盾可能更加尖锐。

有鉴于此，德国政府提出了一个名为"动议50+"的计划，就是针对50岁及50岁以上的群体，促进他们的就业。主要办法是：就劳方来说，鼓励失业的老年人从事工资待遇不及失业前的工作，由失业保险公司支付一定比例的补偿；就资方来说，政府给予一定的补贴，条件是公司必须提供工作岗位。德国立法机构也已经批准了这一计划。

3. 日本老龄化现象严重

日本政府内阁府整理的《2008年版老龄社会白皮书》在内阁会议上获得通过。

白皮书说，截至2007年10月1日，日本65岁以上的老龄人口较上年增加了3%，达2764万，占总人口数的21.5%。而75岁以上的超老龄人口已经达到1270万，占总人口数的9.9%。

2009年5月29日的政府内阁会议中议定了《2009年版老龄社会白皮书》的内容。据调查，截至2008年10月1日，日本的65岁以上的老年人口数较去年增加了75万人，达2822万，占总人口的22.1%。其中，75岁以上的高龄人口1322万，同比增加52万人，占总人口的10.4%，首次超过一成。

白皮书推算，随着人口的减少，到2030年，日本的劳动人口将由现在的6669万减少至5584万人，即使老龄人和女性也进入劳动力市场，2030年日本的劳动人口也要比现在减少近500万，为6180万人。

4. 法国平均寿命增长，老龄化现象显现

法国国家统计与经济研究所日前公布2006年法国人口状况调查报告，并结合2007年和2008年的一些初步统计数字，指出了法国人口发展的四大趋势，即平均寿命增加、老龄化现象显现、婴儿出生率增长以及结婚率下降。

报告指出，2006年，法国男性平均寿命达到77.2岁，女性平均寿命高达84.1岁，同比分别增长了近5个月和4个半月。与此同时，法国老年人的比例不断增加。报告显示，截至2007年1月1日，法国共有65岁以上老人1030万，占全国总人口的16.2%。尽管法国出生率连年增长，但是年轻人所占比例却在不断下降，使得法国社会明显呈现老龄化趋势。

2006年，法国共出生83.03万名婴儿，同比增长2.8%，创下1981年以来最高的出生纪录。而法国妇女的生育率也随之增长至平均每名妇女育有两个孩子，位列欧洲之首。不过，法国人的结婚率呈现下降趋势，2006年只有27.4万对新人登记结婚。

5. 西班牙力求老有所养

西班牙目前有65岁及以上人口超过753万，占全国人口比例接近17%。这一比例位居日本、意大利之后，为世界第三位。据西班牙国家统计局预测，到2050年，西班牙老龄人口比例将达到34.1%。

西班牙政府十分重视老龄人口问题，把老龄人口问题置于政府工作的重要位置。西班牙实现了老有所养，老有所医。养老是西班牙社会保障体系的支柱之一。现在，西班牙所有老人都享有养老金。养老金每年根据消费物价指数进行调整，以保证老年人的收入年年都有提高。老人看病完全免费，甚至包括住院期间的伙食费用。

随着老龄人口增加，用于老年人事业的费用日益增加。为应对这一挑战，西班牙开始实施鼓励推迟退休的政策，即在法定的退休年龄65岁之后，每延迟一年退休，养老金增加3%，退休年龄最高可延迟至70岁。推迟退休既可延缓退休金支出的增加，又可增加国家社保金的收入。另一个措施是适当扩大接收外来移民，这样可以增加加入社保体系的人数，从而扩大社保资金的来源。2005年，西班牙对外来无证移民实行合法化，一举使社保队伍增加了近60万人。

6. 2050年拉美老年人口比例将接近四分之一

据拉美和加勒比地区经委会（CEPAL）最新发布的报告，到2050年拉美和加勒比地区60岁以上老年人占总人口的比例将达23.6%，总人数将达1.8亿。2005年该地区总人口5.47亿，到2050年将达7.63亿。

1950年至2000年，拉美和加勒比地区60岁及以上人口占总人口的比例由5.5%提高到8.8%。拉美老年人口比例上升的主要原因有两个方面，一是家庭平均子女数下降，另一个原因是平均寿命延长。1955年每个家庭平均子女数为5.9个，2010年为2.4个；1955年地区人口平均寿命为51.2岁，2010年平均预期寿命为73.4岁。古巴是该地区老年人口比例最高的国家，到2100年，老年人与儿童的比例将为4∶1。

7. 中国台湾地区人口老龄化严重

中国台湾地区人口老龄化严重，高龄人口给工作年龄人口带来的负担越来越沉重。据台湾当局经济主管部门估计，台湾工作年龄人口对高龄人口扶养比，2008年9月为7.0∶1，至2026年、2056年将分别降至3.2∶1、1.4∶1。另外，预估至2017年，台湾65岁以上人口比率将达14%，正式进入"老龄化社会"。

台湾地区经济主管部门公布的报告显示：台湾65岁以上人口比例2008年为10.4%，于2017年增至14.7%后快速上升，到2056年将增至37.5%。尤其75岁以上"老老人口"，将自2008年的103万人，增至2056年的455万人，在65岁以上人口中所占比例，将由43.1%增至59.7%。

台湾地区经济主管部门人力规划处规划组组长王玲指出，台湾高龄人口增长趋势较美、英的增长情况要快得多。受其影响，台湾15岁至64岁工作年龄人口的扶养比,也将由长期以 15 岁以下人口为主的情况,转为以 65 岁以上人口为主。

8. 2033 年中国香港地区 65 岁以上人口比例将达四分之一

据 2008 年的一项预测,香港 65 岁及以上的老年人会在未来二三十年里大幅上升。现在每 8 名港人中有一位长者,25 年后,即 2033 年,大约平均每 4 人中就有一位长者。

香港特区政府劳工及福利局局长张建宗在立法会就《高龄津贴和全民退休保障制度》议案发言时说,特区政府除通过社会保障制度为长者提供经济安全网外,还推出安老服务、大幅资助公共医疗和房屋政策等。

张建宗说,在 2007 至 2008 年,特区政府为长者提供社会保障、安老服务及医护服务的总开支约 317 亿港元,约占特区政府经常性开支的 16%。

张建宗表示,特区政府还将采取多项措施,如继续在需求较大的地区增加资助长者日间护理名额,以加强照顾在日间无法得到家人看顾的体弱长者;从 2009 年 1 月 1 日正式推出一项为期 3 年的长者医疗券试验计划,为 70 岁及以上长者每人每年提供 5 张面值 50 港元的医疗券,加强对老年人的照顾和支援。

二、中国内地养老问题的严重性

中国内地自 1999 年进入老龄化社会,目前全国 60 岁以上的老年人口已达 1.43 亿,占总人口的 11%,为亚洲老年人口的一半。为准确把握 21 世纪中国人口老龄化的总体状况,2005 年,全国老龄办与南开大学人口研究所开展了《中国人口老龄化发展趋势百年预测》专题研究,结果表明,21 世纪的中国将是一个不可逆转的老龄社会。

1. 老龄化发展阶段

从 2001 年到 2100 年,中国的人口老龄化发展趋势可以划分为三个阶段。

第一阶段是 2001 年到 2020 年,是快速老龄化阶段。平均每年增加 596 万老年人口,年均增长速度达到 3.28%,大大超过总人口年均 0.66% 的增长速度,人口老龄化进程明显加快。到 2020 年,老年人口将达到 2.48 亿,老龄化水平将达到 17.17%,其中,80 岁及以上老年人口将达到 3067 万人,占老年人口的 12.37%。

第二阶段是 2021 年到 2050 年,是加速老龄化阶段。伴随着 20 世纪 60 年代到 70 年代中期的新中国成立后第二次生育高峰人群进入老年,中国老年人口数量开始加速增长,平均每年增加 620 万人。同时,由于总人口逐渐实现零增长并开始负增长,人口老龄化将进一步加速。到 2023 年,老年人口数量将增加到 2.7 亿,与 0~14 岁少儿人口数量相等。到 2050 年,老年人口总量将超过 4 亿,老龄化水平推进到 30% 以上,其中,80 岁及以上老年人口将达到 9448 万,占老年人口的 21.78%。

第三阶段是 2051 年到 2100 年,是稳定的重度老龄化阶段。2051 年,中国老年人口规模将达到峰值 4.37 亿，约为少儿人口数量的 2 倍。这一阶段，老年人口规模将稳定在 3 亿~4 亿，老龄化水平基本稳定在 31% 左右，80 岁及以上高龄老人占老年总人口的比重将保持在 25%~30%，进入一个高度老龄化的平台期。

2. 人口老龄化的突出特点

一是中国老年人口的绝对数量大。中国老龄人口绝对值为世界之冠，占世界老龄人口总数的 1/5，占亚洲的 1/2。到 2050 年，老年人口总量将超过 4 亿，比目前法、德、意、日、英五国的人口总和还要多。

二是高龄化趋势显著。随着中国经济持续发展和人民生活水平的提高，中国人均预期寿命大大延长。新中国成立初期，中国人口平均寿命不到 40 岁。2002 年，国家统计局统计，中国人口平均预期寿命已提高到 71.40 岁，比世界平均水平高 5 岁，比发展中国家和地区高 7 岁。统计资料表明，中国从 1982 年至 1990 年，80 岁以上的高龄老人年平均增长速度达到 5%，快于 60 岁及以上老年人口的增长速度，远高于世界平均 3% 和发达国家平均 2% 的水平。2000 年，世界 80 岁及 80 岁以上的老年人总数为 6000 万人，占总人口的 0.98%，而中国有 1343.4 万人，占总人数的 1.07%。预计到 2020 年，世界 80 岁及 80 岁以上的老年人总数为 11100 万人，占总人口的 1.35%，而中国有 3067 万人，占总人数的 2.15%。中国的人口老龄化已经表现出明显的高龄化趋势。

三是"未富先老"。发达国家在进入老龄化社会时，人均国民生产总值基本上在 5000 至 1 万美元，目前平均达到 2 万美元左右。而中国在进入老龄化社会时，人均国民生产总值尚不足 1000 美元，在世界上现有 70 个老年型国家中，中国排名倒数第四，与格鲁吉亚、亚美尼亚和摩尔多瓦三国为伍，是非常典型的"未富先老"国家。即使到 2020 年全面实现小康的时候，人均 GDP 也只有 2000 多美元。《参考消息》2004 年 6 月 3 日有篇文章，叫《"未富先老"敲响中国警钟》，整版报道了国际上许多专家学者对迅速到来的老龄化将给中国造成困境的忧虑，并发出"青春中国"将逝、"老龄中国"已至的警言。

四是"空巢"老人（即独居老人和仅与配偶居住在一起的老年人）迅速增加。最近我们在大中城市搞了个老年人居住情况调查，结果很令人吃惊：北京市安德里社区老年人有 55.63% 是"空巢"，沈阳市铁西区康宁社区和太原市杏花岭区锦绣园社区"空巢"老人更是分别高达 73.18% 和 71%。"三代同堂"式的传统家庭越来越少，"四二一"的人口结构（一对夫妇同时赡养四个老人，抚养一个小孩）愈加明显。随着城市化的发展和人民生活方式的变化，空巢老人的比例还将进一步增加。

五是农村养老问题严重。黑龙江省人大代表翟玉和做了个农村养老问题调查，结果发现，在受访的 10401 名调查对象中，与儿女分居的比例是 45.3%；三餐不保的占 5%，年节饮食与平日无别的达 16%；93% 的老人一年添不上一件新衣，69% 的无替换衣服；小病吃不起药的占 67%，大病住不起医院的高达 86%；人均年收入（含粮、菜）650 元；农活 85% 的自己干，家务活 97% 的自己做。

随着中国城市化进程的加快和人口的迁移流动，多达1.4亿的年轻农民涌向城市，加快了农村人口老龄化的步伐，农村出现了大量的"留守老人"，独立或只与配偶生活的老年人的比例还会上升，农村家庭的养老功能将日益弱化，很多农村老人会因此失去生活保障。

总之，随着世界经济一体化进程的发展，人口老龄化问题必将成为世界各国共同面临的一个问题。彼得·彼得森对政府和整个社会如何在未来的10年里延缓老龄社会的到来提出了六点建议：

——转型压力：增强年轻人为老年人负担的金融义务。

——生育压力：提高出生率。

——人口统计压力：向社会输入新的年轻劳动力。

——退休压力：延长老年工作者的工作时间，并为他们提供更好的再就业机会。

——自立压力：进一步提高终身自保率。

——为适应社会需求而进行退休制度的转型。

从经济层面上看，这些建议都具有一定的经济含义。

第二章　老年人的社会特征

北京温都水城康熙行宫博物馆内景

人的老龄化是一种生物过程，也是一种社会过程。老年社会群体的存在与发展，实际上是这种过程的产物。

第一节　老年人的心理卫生

人类的寿命延长，人口结构老龄化，是当代的世界性趋势。1949年以前，中国人口的平均寿命为38岁，而1982年全国人口普查时，中国人口的平均寿命已提高到68岁，一些大城市（如上海、成都等的调查报告）人口寿命已达70岁。人类的寿命延长了，说明医药卫生、预防保健事业发达，疾病减少，人民的生活水平提高了，营养和精神生活改善了。但是，老人多了，又会给老人自身和社会带来一系列问题。例如，老人体弱多病，行动和生活不方便，对老人的赡养、医疗保健和社会福利设施的负担加重等，都会给老人增添苦恼，给社会增加压力。

如何保障老人欢度晚年，提高其身心健康水平，已成为全社会关切的问题。其中，老人的保健问题又直接关系着老人晚年是否健康幸福的问题。从预防医学的角度来看，老人的心理卫生应该提高到重要的位置。

进入老年后，人的各种生理机能都进入衰退阶段，这必将引起身心一系列变化，使老年人的心理具有特殊状态；同时，老年人社会角色的改变，也必然引起其特有的心理变化。

一、衰老

衰老是人们不可避免的自然规律，它给老年人带来许多不适、烦恼和困境。

1. 形态的老化

衰老引起形态的变化必然导致老人不满意自己的形象，挫伤老年人的自尊心，并由此提示老年人已是来日无多。

2. 感觉器官功能下降

老眼昏花、听力下降、味觉迟钝，这些都会给老年人的生活和社交活动带来诸多不便。例如，由于听力下降，容易误听，误解他人谈话的意义，出现敏感、猜疑，甚或有心因性偏执观念。

3. 神经运动机能缓慢

老年人的行动以及各项操作技能变得缓慢、准确、不协调，甚至笨拙，这些都会减少老年人外出参加一些社会活动的积极性。操作性动作缓慢、迟钝，在劳动生产中，势必跟不上青壮年，老年人为此既苦恼又不服气。一些老人常采用好谈"当年勇"的心理自我防御方式，以补偿和掩饰自己能力的不足。

4. 记忆减退

老年人的记忆特点是：近事容易遗忘，而远记忆尚好，有命名性遗忘；速记、强记虽然困难，但理解性记忆、逻辑性记忆常不逊色。

5. 性格改变

老年人性格逐渐发生改变，因常不为老人自己察觉，故多否认。性格改变的特点是：由于记忆减退，故说话重复唠叨，再三叮嘱，总怕别人和自己一样忘事；抽象概括能力差，思维散漫，说话抓不住重点；学习新鲜事物的机会减少，故多根据老经验办事，固执、刻板；工作能力下降，会增加老朽感、无能感，情感脆弱和情绪不稳定。有些老人由于自我中心，常常影响人际关系，乃至夫妻感情，彼此抱怨对方脾气变怪了，对不起自己。实际上，双方的性格都因年老而改变，但又只看到对方在变，互不理解。

二、体弱多病

老年人常患有一种或多种慢性疾病，给晚年生活带来痛苦和不便。因为体弱多病，自然会想到与"死"有关的问题，并不得不做出随时迎接死亡的准备。多数老人表示并不怕死，但考虑最多的是"如何死"。一般老人都希望急病快死，最怕久病缠绵，惹人讨厌。为摆脱这种局面，他们四处求医，寻找养生保健之术，并能坚持锻炼。这对开展老年人心理卫生工作颇有帮助。

三、离、退休

离休或退休，必然带来社会角色的改变。有些老人对离、退休的思想准备不够，会出现强烈的情绪波动，出现焦虑、抑郁、孤独感和被社会抛弃感，对离、退休后的生活方式改变，出现适应不良而影响身体健康。所以，老年人离、退休后，如何保持与社会的联系，量力而行，继续发挥余热，是心理卫生和老年社会学应研究的问题。

四、生活方式的变化

由于离、退休和体弱多病，老人与社会的交往减少。看的、想的少了，必然孤陋寡闻，慢慢对外界漠不关心、反应迟钝并缺乏生活的动力。有人误以为这是"享清福"，实际上，老人的生活安排，也应遵循"生命在于运动"的原则，适当地做一点家务劳动，参加一些社会工作。有一些爱好和消遣，是老人最好的精神营养。

部分老人到了晚年才开始吸烟和饮酒，这种生活方式当然对老人的健康不利。但他们常辩解道："我对烟酒没有瘾，抽点烟、喝点酒是老年人的一种生活享受。人老了，还不会享受，那有什么意思呢！"近年来，社会上赌博成风，沉溺于赌博的老年人颇多。这不仅对老人的身心健康不利，也常是老人犯罪的基础。

五、生活事件的影响

在人的一生中，总会遭遇一些不幸的生活事件，给人招来烦恼、忧愁与痛苦。而在晚年遭遇到生活事件，对老年人的精神打击尤为沉重，不仅给其留下心灵创伤，也可诱发一些躯体疾病，如冠心病、脑血管疾病等，甚至在精神创伤的折磨下，加速老人的衰老和死亡。重大的生活事件常有以下几种：

1. 丧偶

老伴死亡，自己形影孤单，寂寞难熬，对未来丧失信心而陷入孤独、空虚、抑郁之中。有人统计，在失去配偶的人中，在一两年内相继死去的人数，是夫妇都存在者的死亡人数的7倍多。

2. 再婚

老年人再婚常有阻力，使老年人苦恼。阻力或来自社会舆论，或来自子女的阻挠。婚后，老年人也不一定都幸福愉快。原因在于有些老年人再婚的动机不正确，多从实用主义出发，如找个老伴侍候自己；对方物质条件好，可化为公用；或有利于解决自己子女的就业问题……所以，老年人再婚，既要慎重，也要有个恋爱过程，以增加彼此的了解和培养爱情，有了真正的爱情，才会为老年人的再婚带来幸福。

3. 丧子（女）

晚年丧子是人生一大恸事，这不仅基于父母和子女之间的感情，还涉及老年人日后的赡养及善后问题。

4. 家庭不和睦

除了经济原因外，还有时代差异的因素。两代人由于对社会价值观念、伦理道德观念及生活方式诸方面的看法不一致，彼此之间又缺乏了解和理解，常导致抱怨、争吵、指责，甚至发展到关系恶化、歧视和虐待老人。婆媳关系不和，则多是中国封建社会文化影响的结果。总之，老年人面临的人际关系问题，已不再是主要来自外部，而主要集中在家庭内部。家庭不和，为老年人的晚景投下了阴影，危害老人的身心健康。

5. 经济困窘

老人的退休金不够时，在通货膨胀的威胁下，就会人心惶惶，有一种对前景的不安全感。靠儿女赡养的老人，则有寄人篱下、看儿女脸色屈辱生活之感，这些都会挫伤老人的感情和自尊心。

此外，有的老年人还可能遭遇到自然灾害、财产损失、车祸、外伤或亲友死亡等意外生活事件，造成极大痛苦和不幸，冲击老人的身心健康。

第二节　老年住宅的设计

随着中国经济的发展、人们生活水平的提高，老年住宅的建造不能简单地仅仅满足老年人一般生理功能的需求，还应该研究老年人在心理、社会需求方面的某些特殊要求。只有综合考虑老年人的生理、心理和社会特征来规划和设计老年住宅，才能创造出适合老年人居住的环境，并有助于维持老年人独立生活的能力和让老年人参与更大范围的社交活动。

过去许多老年设施大都选择在远离市区的风景区，虽然那里的环境优美，但是，由于设施远离城市和人群，只能使老年人更增寂寞。一般来说，老年人在晚年，大都体力衰退、行动不便，活动的范围越来越小，许多老年人只能以家庭或社区为活动的半径，越来越脱离社会。他们到晚年最怕寂寞、无聊，怕成为对社会没用的人。老年住宅的选址若选在交通不便的郊区或风景区，则不符合老年人渴望与社会接触的心理，所以，老年公寓的选址十分重要。一般说来，老年住宅的选址和设计应考虑以下原则：

一、交通方便，无噪声干扰

老年住宅的选址和设计要考虑交通方便，没有噪声干扰，最好是选择在闹中取静的都市内或交通方便的近郊区。

二、环境优雅，设施完善

老年住宅的选址和设计必须考虑环境因素，适宜选择在环境清静优雅，公共服务设施完善、方便的区域。

三、社区内选址

老年住宅的选址和设计可考虑建在老人以往生活的社区里，使老年人生活在自己熟悉的环境之中。

四、周边地势平坦

老年住宅一般不宜建在山区或坡度较大的地区，适宜建在地势较平坦的地区。

五、设施设备方便、舒适、安全

老年住宅中的设备一定要充分考虑使老年人方便、舒适、安全。"由于社会的老龄化，为了满足老年人的需要，实有必要参照对老年人变化着的生理、心理和社会特点规划和设计宏观和微观环境，包括住房和生活安排。这种规划和设计应有利于老年人的机能能力，并考虑到这些机能能力的减退和丧失。规划和设计要考虑消除当前大部分环境中存在的那些障碍，并有利于将来创造出无障碍环境。"（《维也纳老龄问题国际行动计划》）因此，在老年住宅的出入口处、楼梯、电梯、卧室、公共场所、厕所、浴室等老年人经常活动的场所，在设计上要求有防滑设施、无门槛、无阶梯、无落差，出入处有一定的坡度。住宅的台阶要改为坡度小的通道，主门最好为自动门，厕所采用西式的坐便器，增加扶手和按铃等设备。公共设施要有紧急呼救设备，防火防烟的防火门、大字孔的电话，标志明显的通道和各种设施，在浴室、走廊和厕所内设有防跌扶手。

六、通风、采光条件良好，室内装饰要符合老年人的心理特点

老年人的卧室要求通风好、采光好。室内的装饰要符合老年人的心理，避免大红大绿色彩对比强烈，应该体现幽静典雅的特色。室内的家具避免棱角突出。室内的地面要有防滑设备，避免老年人磕碰。室内的设备可以考虑设计自动升降带床挡的床，塑料制的充气床垫，供老年人吃饭和阅读两用的可移动式的床头柜，可升降调节高低的轮椅和便盆、浴缸，在浴缸内粘贴防滑的塑料条。为了使视力差的老年人行走方便，走廊的地面画有颜色明显的标志，设计制作各种质坚量轻、方便自如、稳固安全的助行工具（如手杖、轮椅车、电瓶动力轮椅等）以及方便老年人的各种小型生活用具，如供手颤老人扣纽扣用的套扣夹，方便老人使用的粗杆笔，加木柄的餐刀和大孔眼的电话机拨字盘等。

七、社区内公共设施齐备

老年住宅所在的社区应当设计配备完善的老年服务公共设施，例如活动室、图书阅览室、舞厅、书画室、音乐室、多功能厅、医务所、会客室、手工艺室、

门球场、健身房、棋类活动室、球类活动室、游泳室、功能恢复室、餐厅、咖啡间、小卖店、理发室等。老人们生活在集体中，每天生活十分有规律，在指导教师的帮助下，参加各种活动，如编织、写作、作诗、绘画、插花、下棋、学歌舞、做木工、做泥工和其他传统手工艺。

老年住宅一定要避免仅仅为老年人提供一个住处，要充分考虑到老年人精神上的需求和社会交往的需求。随着经济的发展，老年人会更加注重精神上和社会交往上的需求。可以组织老年人参与社会活动，也可以组织有一技之长的、身体健康的老人发挥余热。

八、发挥服务设施的辐射作用，加强交流

以社区中的老年服务设施为中心，经常邀请设施周围的老年人来服务设施与老人一起活动，加强交流。组织青少年、志愿者到老年服务设施中为老人服务，充分发挥老年服务设施的辐射作用。

九、推广"照料护理式智慧型住宅"

国外地产开发商在规划和设计老年社区时注入的先进理念值得我们共同学习和借鉴。

20世纪90年代，德国推出了"照料护理式住宅"，该模式在短时间内迅速发展为德国老年住房的主要模式。

美国于20世纪70年代中期开始致力于社会养老设施的兴建和老年社区的开发，最终目的是想为老年人提供一种独居却不孤独的老年生活。

日本分别于20世纪30年代后期和20世纪70年代前期大力推进老年社区的建设，突出自助自理，通过先进技术和高电气化实现了老年人的生活自助和生活自理，满足了老年人物质生活方面的基本需求。

让老年人享受不孤独、不依赖的温饱型老年生活，是以上发达国家养老地产开发与设计的共性考虑，而我国养老地产在借鉴以上先进理念的同时，也可适当保留中国社会"子女绕膝，老有所依"的传统养老观念，以功能性的使用达到细化产品的目的。如针对家庭人口较少的老年人可采用高级养老院模式；针对家庭人口多且有子女在身旁照顾的老年人可采用住宅式公寓模式。

"让专业人士把父母照顾得好好的"，成了当今社会青壮年群体表达孝道的最佳方式。由此，开发商在制定差异化养老服务产品的基础上，应提供个性化、精细化、专业化的照料及营养顾问服务，这样可适应不同类型老年人的需求，创造出完善、有活力的生活方式和旅游方式。此外，房企还应根据老年人人口数量及需求的不同设计出不同类型的差异化产品服务，通过差异化竞争引入目的性消费，在此过程中，适当植入体验、专业护理功能，力争让广大老年群体的家庭康体休闲需求得到满足。

第三节　老年人的新气象

我们内心深处对老年人的印象被打下了工业社会生产过程的烙印：老年意味着脱离生产过程，并且和失去一定的经济价值联系在一起。人口老龄化大大增加了为老年社会保障支出的费用。即使是在农业社会，人们对待老年人的态度也不是很友善：在食物短缺的年代，即使是"养老财产"也不足以解决老年人的温饱问题，有很多的老年人被饿死，只有一部分老年人仅能得到最低生活保障。坐在靠椅上、还是家庭一部分的善良的外祖父，以及无微不至地照看外孙的外祖母只不过是含有一定文学韵味的浪漫幻想。农业社会里老年人给人们的基本印象是衣衫破烂、白发蓬乱。

单调而沉重的体力劳动使人无暇去顾及内心的成长。老年人在教育孙辈时所起的作用仅仅局限在"监督人"的角色上。在工业时代里生活的老年人扮演了新的角色，父母们不断投入到职业工作中，这就要求社会能够提供其他照看小孩的可能性，这时的教育目标开始针对老年人拥有一定的"文化技能"而制定，以使他们能够照看自己的孙辈。祖母和祖父具有一定的"社会市场价值"。

关于"养老金危机"的各种理论，并没有考虑到分配财富时起决定作用的新的参数。在工业时代，人们将老年和收入减少相提并论。几十年来，养老金游说者一直将"老年贫穷"作为他们的理论武器。然而，事实告诉我们，养老金的未来趋势正在向另外一个方向发展。在工业繁荣时期积累了大量财富的老年人被列入了议事范围，他们的收入越来越脱离仅来自养老金收入和职业收入。很多老年人通过继承巨额遗产，收入成倍增加，因为这些五六十岁的老年人从在80岁时去世的父母那里继承了遗产！

随着社会老龄化进程的加快，人口结构的变化必将带来消费结构和产业结构的变革，老年人消费无疑会成为发展国民经济的巨大的内在拉动力。

就在老年人日益变得衰老的同时，他们的行为却变得越来越年轻化。他们是高价值物品的一流消费者，他们驾驶着两门敞篷跑车，戴着雷朋太阳镜，他们和青年人一样爱好运动和旅游；而且计算机也会成为老年人的一大爱好——被称作"银色冲浪员"的60岁以上的老年上网者已经成为增长最快的互联网使用群体。也许事情的发展会和我们预计的截然不同：等待我们的并不是"老年社会"，而是一场"银色革命"。这种老年人的生活新气象具体表现在以下四个方面：

一、更高的生活质量和日益更新的健康意识

21世纪的全球老龄化，会把曾经令人类极度恐慌的人口大爆炸转变为全世界范围内的人口减少。人口压力的减轻意味着较少的环境污染、大城市里人口压力的缓解、劳动力市场上就业压力的减轻。矛盾的是，这场"银色革命"还能够促进一种新的健康意识的增强：越来越多的老年人已经清楚地意识到，他们必

须关心自己的健康、疾病预防和健康饮食。与"青年社会"里的健康看似永不枯竭相比，如今人们对烟酒和毒品的消耗已属于一种过时消费，老龄社会正转变为一个提倡健康保健和医疗服务的社会。这表示如果你想在老年时还能够维持自己的生活质量，那你必须提早采取预防措施。

二、几代人之间家庭意识的进一步增强

老年人很失望地退居二线，生活圈子也仅局限在和相同年龄群几个少有的熟人来往。老年人更多地承担起重要的教育功能。违背情理的是，高离婚率以及单亲比例（在德国已经超过 12%，某些国家已经接近 50%）的快速提高却增强了几代人之间的联系。对于双职工来说，外祖母是一个不可或缺的家庭成员，但是老年人却越来越拒绝接受这一现实！这为老年人扮演的角色增彩不少。对此老年人有话要说。今天的老年人不是非得照顾他们的孙辈，而这样会使他们年轻的时间长一些。

三、对老年人的潜力的新需求以及第三部门的繁荣

未来的老年人不再是老年大学里的"退休人员"，不再是退休后无助地坐在电视机前的老年人了。个人兴趣爱好、名誉性的职务、新形式的慈善活动，都会在这个即使是人们到了80岁还想有所作为的社会里活跃起来

整个社会将迫切急需高技能的员工。年纪大的领导人员比年纪轻的领导人员能够更好地处理复杂的实践性问题。如今一些高级猎头公司已经行动起来，将老年人和公司的文化理念有机地结合在一起。

四、一种"温和的自我实现文化"

在未来的几十年里，"银色革命"会在价值体系和文化体系中产生深层次的变革，并在社会中增强两代人之间的相互联系。如今在媒体里已经出现了这场革命的领头羊：对强壮的50岁人的赞叹、对天才们经常是在高龄时才成果频出的发现，以及一些50多岁的老人以一种自信的姿态出现在广告宣传中。所有这些现象都反映出了人们价值模式的转变。

年纪大的人会需要更多的安静，文化和沉思要比冒险和刺激更重要。但是这些价值代表着发展，老年人在21世纪的精神领域里具有重要的意义。为此，我们应该从传统的青年崇拜思想中解放出来。

老龄社会的到来有可能宣示着"启蒙时代"的来临，其时代特征是智慧和创造性相生相伴，"成熟"变成了新的社会理想。

第三章　建立老人长寿的健康生活方式

北京温都水城康熙行宫博物馆——穿越时空的长廊

第一节　回顾与前瞻

一、超越自然的生命过程：2100 年展望

大约要等到 100 年后，纳米技术才能真正使人类超越自然的生命过程。这会在社会领域里引起剧烈的震动，并在经济领域里产生一种全新的规则。可以预见，在不久的将来，真正有形、自主、可以自我复制的和"智慧"的人类机体将被制造出来，由此将产生彻底的技术革命和社会伦理变革。

会有很多2000年出生的千禧宝宝到了22世纪仍活在人世！今天，在德国生活着差不多3000位百岁老人，而1987年该国只有1000位百岁老人。到2050年，将有220万百岁老人在这个世界上生活着。今天，尤其在美国，人们越来越多地和百岁或百岁以上的老人打交道，这个百岁老人群体将在21世纪从少数群体发展成为人口的主体。

二、百岁老人人数统计

以下关于百岁老人的认识将深化我们对老年问题的了解。

撇开所有的传闻不论，事实上，没有一种可信的生活方式处方能够确保人们活到100岁。在被研究的百岁老人中，有结过婚的，也有没有结过婚的，还有营养学家和能精选品评美食的人，他们对自己一天天衰老并不感到恐惧。

很明显，女人的寿命比男人要长。但是，当男性跨越了百岁极限后，他们的身体状态和心理状态比同龄女性要稳定。

暂且不考虑所有的流言蜚语，事实上，超老人群所花费的保健费用并不比七八十岁就死去的老人花费的多。很明显，存在一种"长命波"——活到了90岁的人，直到临终前，他的健康状况相对来说都比较稳定。可以这样说：当他的健康方面出现严重问题时，他就会很快地死去。他们和疾病抗争的时期明显缩短。虽然对于百岁老人的健康状况来说，阿尔茨海默病扮演着一个不容忽视的角色，但是，在未来的几年里，人们很有可能能够更好地治疗。

因为大多数人都不太希望自己真的变老，所以在许多国家形成一种趋势：新的通信技术和新型医疗方法、保健形式，可以尽量延长每个人的寿命。

第二节　倡导健康生活方式的目的和意义

健康取决于很多因素，如遗传因素、社会因素、个人生活习惯和生活方式等。但在现代社会中，影响健康和生命质量的重要因素是生活方式。

倡导健康生活方式的根本目的是提高每一个公民的健康意识，使他们珍爱生命，获得维护与增进健康的知识和技能，提高生活质量和生命质量。

对于健康的人来说，采取健康生活方式能起到预防疾病和残疾，推迟疾病与衰老到来的作用，在有限的人生中，尽可能地延长没有病痛、健康幸福的时光，充分地享受人生、奉献社会；对于患病的人或残疾的人来说，采取健康的生活方式能帮助自己尽早康复、防止疾病或伤残的进一步恶化，保持乐观向上的心态，积极主动地与疾病和残疾做斗争，同样可以度过幸福的一生，甚至能有所作为，为社会做出较大的贡献。

健康的形成和维护不能一蹴而就，要靠逐步的积累，不会今天出去锻炼，明天身体就好了。同样，健康的损害也有一个逐步的过程，往往是在长时间的不经意中，放任自己的不健康生活方式，损害健康，甚至带来严重的后果。

许多疾病的发生往往一因多果或多因多果，选择健康的生活方式是疾病预防控制最节俭的办法，可以起到事半功倍的效果。如糖尿病、高血压等疾病有一些共同的行为危险因素，而针对每种疾病采取预防措施将增加防治工作的成本，成效也有限。因此，选择健康的生活方式也是有效、综合、经济的疾病预防控制措施。倡导健康的生活方式，要使人们形成一种理念，即为了维护健康，要从有益于健康的点滴做起，改变不健康的生活方式，建立并坚持健康的生活方式，这是迈向健康最重要的一步。

在中国，倡导健康的生活方式对于青少年具有十分重要的意义。伴随着他们的成长建立起健康的生活方式，将使他们受益终身，并将影响到国家和民族的未来。一个家庭如果没有健康的生活方式，家庭成员疾病就多，身体素质就差；一个地区、一个国家或一个民族如果长期处于不健康的生活方式之中，就会影响国民总体健康状况，加重经济负担，最终阻碍国家经济与社会的发展。

第三节　21世纪的健康生活方式

1992年5月，在加拿大维多利亚召开了国际心脏健康大会，会上发表了《维多利亚宣言》，提出了维护心脏健康的六项原则，在第二项原则中提出了四个基石，即：促进健康的饮食习惯；远离烟草的生活方式；有规律的体育运动；支持性的心理——社会环境。在中国，这四个基石的说法文字上有所发展，被演变为"四大基石"，并产生较大影响。

目前，健康生活方式一词较多地出现在各种报纸杂志上，但什么是健康生活方式，包含什么内容，尚无定论。1999年，世界卫生组织欧洲区办公室指出：健康生活方式是降低严重疾病或早亡危险，帮助你更好地享受生活以及帮助你全家的生活方式。国内有人认为：健康生活方式是人们根据自己的生活机会中可供挑选的方案所选择的与健康相关的行为的一些集合模式。2001年，中国健康教育研究所在组织开展"21世纪健康生活方式展览"的活动中，对于健康生活方式提出了六个方面的内容，经过一段时间的实践，可以认为这六个方面的内容能为群众所接受，在倡导全民健康生活方式的活动中是可行的，也是有意义的探索。这六个方面的内容是：合理安排膳食、坚持适量运动、保持心态平和、改变不良行为、自觉保护环境、学习健康知识。

一、合理安排膳食

1. 合理安排膳食的意义

人体所需的能量和各种营养物质，必须从每天所吃的食物中获得。膳食中合理的营养搭配是健康的物质基础。合理安排膳食要求一日三餐所提供的营养必须满足人体的生长、发育和各种生理、体力活动的需要。平衡膳食就是在人体的生理需要和膳食营养供给之间建立平衡的关系。

如果不能保证平衡膳食，就会对人体健康造成不良影响，甚至导致营养素缺乏症或慢性疾病。在当今快节奏的工作和生活中，人们很容易忽略合理的膳食结构。中国居民超重和肥胖、糖尿病、高血压、血脂异常等慢性非传染性疾病患病率上升迅速，与膳食结构不合理有很大关系。如城市居民畜肉类及油脂消费过多，谷类食物消费偏低：2002年城市居民每人每日油脂消费量为44克，脂肪供能比达到35%，超过世界卫生组织推荐的30%的上限；谷类食物供能比仅为47%，明显低于55%~65%的合理范围。

2. 合理安排膳食的原则

营养学家把食物分成谷类及薯类、动物性食物、豆类及其制品、蔬菜水果、动植物油、食用糖和酒类等几大类。

平衡膳食的基本原则可浓缩为6个字——平衡、多样、适量，即指膳食多样化，其中所含的营养素种类齐全、数量充足，各种营养素之间相互比例适当，膳食中所提供的热能和营养素与机体所需要的量保持平衡。中国营养学会根据营养学原则，结合中国国情制定了适合中国居民的《中国居民膳食指南》，该指南对膳食的摄取给出了指导性意见：

——食物多样，谷类为主。人类的食物是多种多样的，各种食物所含的营养成分不完全相同。除母乳外，任何一种天然食物都不能提供人体所需的全部营养。平衡膳食必须做到摄入的食物多样，提倡谷类为主，食用多种食物，以满足人体各种营养需要。

——多吃蔬菜、水果和薯类。蔬菜与水果含有丰富的维生素、矿物质和膳食纤维；薯类含有丰富的淀粉、膳食纤维，以及多种维生素和矿物质。含丰富蔬菜、水果和薯类的膳食对保持心脑血管健康、增强抗病能力、预防某些癌症，起着重要的作用。

——常吃奶类、豆类或其制品。奶类除含丰富的优质蛋白质和维生素外，含钙量较高，且利用率也很高，是天然钙质的极好来源。豆类含丰富的优质蛋白质、不饱和脂肪酸、钙及维生素B_2、烟酸等。为提高农村人口的蛋白质摄入量及防止城市居民过多消费肉类带来的不利影响，应大力提倡奶类、豆类的消费。

——经常吃适量鱼、禽、蛋、瘦肉，少吃肥肉和荤油。鱼、禽、蛋、瘦肉等动物性食物是优质蛋白质、脂溶性维生素和矿物质的良好来源。肥肉和荤油为高能量和高脂肪食物，摄入过多往往会引起肥胖，也是患某些慢性疾病的危险因素，应当少吃。

——食量与体力活动要平衡，保持适宜体重。进食量与体力活动是控制体重的两个主要因素。如果进食量过大，活动量不足，多余的能量就会在体内以脂肪的形式积存即增加体重，久而久之发展为肥胖；相反若食量不足，劳动或运动量过大，可由于能量不足而引起消瘦，造成劳动能力下降。体重过高或过低都是不健康的表现，可造成抵抗力下降，易患某些慢性疾病或传染病。

——吃清淡低盐的膳食。吃清淡膳食有利于健康，即不要太油腻，不要太咸，不要过多的动物性食物和油炸、烟熏食物。目前，中国城市居民食盐摄入量过多，其平均值是世界卫生组织建议的每人每日食盐量6克的两倍以上。流行病学调查表明，钠（食盐）的摄入量与高血压发病正相关。膳食钠的来源除食盐外还包括酱油、咸菜、味精等高钠食品及含钠的加工食品等。应从幼年开始养成吃低盐膳食的习惯。

——饮酒应限量。过量饮酒会使食欲下降，食物摄入减少，以致多种营养素缺乏，严重时还会造成酒精性肝硬化。过量饮酒会增加患各种癌症、高血压、脑卒中等的风险，并可导致事故及暴力的增加，对个人健康和社会安定都是有害的。应严禁酗酒，若饮酒可少量饮用低度酒。青少年不应饮酒。

——吃清洁卫生、未变质的食物。在选购食物时应当选择外观好，没有泥污、杂质，没有变色、变味并符合卫生标准的食物，严把病从口入关。进餐要注意卫生条件，包括进餐环境、餐具和供餐者的健康卫生状况。集体用餐要提倡分餐制，减少疾病传播的机会。

3. 合理安排膳食的方法

为使膳食指南原则便于应用，中国营养学会提出了中国居民的"平衡膳食宝塔"。

（1）平衡膳食宝塔共分五层，在一定程度上反映出各类食物在膳食中应占的比重。

谷类食物位居底层，每人每天应吃300~500克；蔬菜和水果占据第二层，蔬菜每天应吃400~500克，水果每天应吃100~200克；鱼、禽、肉、蛋等动物性食物位于第三层，每天应吃125~200克（鱼虾50克，畜、禽肉50~100克，蛋类25~50克）；奶类和豆类食物占第四层，每天应吃奶类及奶制品100克。豆类及豆制品50克；第五层塔尖是油脂类，每天应不超过25克。

宝塔没有建议食糖的摄入量。中国居民现在平均食糖的量还不多，一般情况下适量吃糖可能对健康的影响不大，但多吃糖有增加龋齿的危险，尤其是儿童、青少年不应吃太多的糖和含糖食品。

宝塔建议各类食物的摄入量一般是指食物的生重，每一类食物的重量不是指某一种具体食物的重量。

（2）应用平衡膳食宝塔时的注意事项。

——确定自己的食物需要。宝塔建议的每人每日各类食物适宜摄入量适用于一般健康成人，应用时要根据个人年龄、性别、身高、体重、劳动强度、季节等适当调整。从事轻微体力劳动的成年男子，如办公室职员，可参照中等能量膳食来安排自己的进食量；从事中等强度体力劳动者，如钳工、卡车司机和农田劳动者可参照高能量膳食进行安排；不参加劳动的老年人可参照低能量膳食来安排；女性需要的能量往往比从事同等劳动的男性低。

平衡膳食宝塔建议的各类食物摄入量是一个平均值和比例，日常生活无需每天都照着宝塔推荐量吃。例如，烧鱼比较麻烦，就不一定每天都吃50克鱼，可以改成每周吃2~3次鱼、每次150~200克。重要的是经常遵循宝塔各层各类食物的大体比例。

——同类互换，调配丰富多彩的膳食。应用平衡膳食宝塔应当把营养与美味结合起来，按照同类互换、多种多样的原则调配一日三餐。同类互换就是以粮换粮、以豆换豆、以肉换肉。例如，大米可与面粉或杂粮互换，大豆可与相当量的豆制品或杂豆类互换，瘦猪肉可与等量的鸡、鸭、牛、羊、兔肉互换，鱼可与虾、蟹等水产品互换，牛奶可与羊奶、酸奶等互换。多种多样就是选用品种、形态、颜色、口感多样的食物，变换烹调方法。

——合理分配三餐食量。中国多数地区居民习惯于一天吃三餐。三餐食物量的分配及间隔时间应与作息时间和劳动状况相匹配。一般早、晚餐各占30%，午餐占40%为宜，特殊情况可适当调整。

——因地制宜，充分利用当地资源。中国幅员辽阔，各地的饮食习惯及物产不尽相同，只有因地制宜充分利用当地资源才能有效应用平衡膳食宝塔。例如，牧区奶类资源丰富，可适当提高奶类摄取量；渔区可适当提高鱼及其他水产品摄取量；农村山区则可利用山羊奶及花生、瓜子、核桃等资源。在某些情况下，由于地域、经济或物产所限无法采用同类互换时，也可以暂用豆类替代乳类、肉类，或用蛋类替代鱼、肉，不得已也可用花生、瓜子、榛子、核桃等干坚果替代鱼、肉、奶等动物性食品。

——要养成习惯，长期坚持。膳食对健康的影响是长期的。应用平衡膳食宝塔需要自幼养成习惯，并坚持不懈，才能充分体现对健康的重大促进作用。

二、坚持适量运动

2500年前，医学之父、古希腊名医希波克拉底讲过："阳光、空气、水和运动是生命和健康的源泉。"在古希腊埃多斯山崖上刻有这样的句子："你想变得健康吗？你就跑步吧；你想变得聪明吗？你就跑步吧；你想变得美丽吗？你就跑步吧。"这说明运动对人体的益处早就被人们所认识。

近些年来，由于生活节奏的加快、工作压力的增加以及生活水平的提高，许多人减少甚至放弃了运动，这是肥胖、糖尿病、高血压、心脏病等许多慢性病发病率上升的重要原因。

运动有益健康，人人皆知。研究表明，适量运动能够促进新陈代谢，锻炼心脏、肌肉和骨骼，提高大脑的反应性，消耗体内多余脂肪，降低血液中的胆固醇含量，具有使人精神愉快等多方面的作用。近年来，关于运动与健康研究的最大突破是认识到适量运动有益于健康长寿而不是运动程度越剧烈越有益于健康。不少人认为，只有运动后大汗淋漓、腰酸腿痛才有健身效果，这是完全错误的观念，过少、过量和不适宜的运动都不利于健康。

运动分为有氧运动和无氧运动，两者有很大区别。目前提倡的有氧运动是一种较好的、适合大众的运动方式。

1. 有氧运动

有氧运动是指在运动过程中，人体经过心肺的调节，加快呼吸与心跳，以满足身体对氧气需求的增加，使人体在运动中对氧的供需呈动态平衡。有氧运动是一种以训练身体耐力为目标的运动。大众化的有氧运动有快走、慢跑、骑自行车、跳绳、扭秧歌、跳健身舞、滑冰、游泳等。

2. 无氧运动

无氧运动是指人体肌肉在没有持续氧气供给情况下的剧烈运动。典型的无氧运动有100米和200米赛跑，以及高强度使用爆发力的运动，如跳高、跳远、举重和投掷等。在从事这些运动时，尽管人体的心、肺用尽全力增加对肌肉的氧气供应，仍无法满足急剧增加的四肢肌肉运动对氧气的需求，于是大脑、肝、肾和胃肠的血管收缩，让更多的血液供应四肢肌肉。这些脏器在运动中因为血管收缩而处于缺氧状态，不利于身体健康。

3. 适量运动的原则

坚持适量运动是指运动方式和量适合个人的身体状况，并能持之以恒。

（1）运动强度。

开始运动时要低强度、短时间。用2周左右的时间观察身体反应，经过一段时间的适应后，可小幅度增加运动量，呈波浪式渐进，不要追求直线式增加运动量。运动的强度以运动时的心率达到每分钟170次减去年龄数为宜。例如一个50岁的人运动时能够使心率达到每分钟120次比较合适。运动时应该保持心率加快、身体发热的状态15分钟以上。

参加运动最重要的是有规律和持之以恒，每周至少应运动3次。一般来说，达到最佳运动效果需要数周或数月的时间。

（2）运动方式。

运动方式可多样化。个人可根据自己的年龄、身体状况和环境选择适当的运动种类。最简单的有氧运动方式是快步走，每天快步走路3公里，持续30分钟以上，这无论对中年人、老年人，还是对青年人，也无论是春夏秋冬，都比较适宜，也容易坚持。

（3）运动安全。

运动前要做好准备。年龄越大，准备活动应越充分，避免发生损伤。有健康问题的人在实施运动计划前应向医生咨询，获得医生的指导，身体感到不适时应暂停运动。野外运动时应携带必要的外用药品，以备急需。

三、保持心态平和

心态平和是心理健康的重要表现。平稳而正常的心理状态能很好地适应发展变化的社会环境。

1. 心理健康的重要性

随着社会与经济的发展以及逐步加快的生活工作节奏，各种各样的矛盾交错产生，社会、家庭、同事间、邻里间的矛盾都会让人产生各种不愉快，以致带来心理问题。如果处理不好或让人苦恼，或引发各种精神疾病。

心理健康是一种良好的心理状态。处于这种状态中的人们不仅有安全感、自我感觉良好，而且能与社会和谐相处，与周围环境融洽；具有良好的人际关系，能认识到自己存在的价值。我们每一个人都有必要学习和掌握一些心理卫生的知识，注意处理各种心理卫生问题，注意预防或及早发现可能的心理疾病，这对于个人的身心健康，乃至对整个社会的健康发展都有积极的作用。

心理健康无论是在健康人、病人，还是在医务人员中，都容易被忽视。

2. 心理健康的指标

（1）社会交往能力。

一个人如与世隔绝，与亲人断绝来往，容易出现身心障碍，甚至精神崩溃。有没有知心朋友交流思想感情，是否关心周围事物并参与社会生活，往往是一个人心理健康的重要标志。

（2）环境适应能力。

对环境的适应能力，特别是对变动着的环境能否做到良好地适应。

（3）自我控制的调节能力，特别是对自己的情绪、情感的控制和调节。

保持良好的情绪，而且积极情绪多于消极情绪，有利于身心健康。反之，如果经常愁眉苦脸、郁郁寡欢、情绪不佳，就会影响工作和学习。此外，人的焦虑、抑郁、悲伤和激怒等不良情绪会扰乱体内各种生理活动的动态平衡，是多种疾病的诱发因素。

（4）对精神刺激的耐受能力。

一个人耐受力的大小，不仅受遗传、神经系统活动特点和气质类型的影响，更重要的是受后天环境和社会化过程中形成的人格心理特征的影响，特别是受世界观、人生观、认知和评价，以及从生活实践中锻炼出来的坚强意志和信念的影响。

（5）心理受创伤后的康复能力。

一个人在人生的道路上难免遭受或大或小的打击并引起不同程度的心理创伤，问题在于是否能很快地康复，每忆及此事不再引起情绪波动，并能正确对待，不产生明显的消极影响。

（6）注意力是否集中。

注意力是否集中也是反映心理健康的一个标志，它影响着一个人对人、对事的观察力和记忆力，是意识水平高低的一个度量标准。心理健康的人在任何场合下都能集中注意力处理面临的主要问题，及时地做出判断、决策和相应的行为。

3. 保持心理健康和心态平和的方法

具有健全的心理的人热爱事业，热爱生活，有正确的世界观和人生观；有积极上进的学习、工作态度；有明确的生活目标；乐观开朗，与人为善，助人为乐；正视衰老；善于控制喜怒哀乐，使心理处于平衡状态；在大难中求得生存，在苦闷中求得解脱，在失意中求得泰然；做到对待事业有进取心，对待挫折有坚强的承受力，对待疾病既不悲观失望，又不熟视无睹。思想能跟上客观世界的变化，善于变换角色、调整心态，能够正确看待自己，正确看待他人，正确看待社会、适应社会。

保持心理健康和心态平和应该做到：

（1）知足常乐。

在生活待遇、享受、荣誉上期望不要过高，免得自寻烦恼。人的一生中总会碰到意外事件或天灾人祸，要采取积极有效的替代、转移等办法尽快度过这一时期，使其对心理、身体的损害减少到最低程度。

（2）广交朋友。

平时多与不同层次、职业、性别、年龄的人交谈。与人交往要有助人为乐的精神，从奉献中得到满足，享受乐趣。

（3）爱好广泛。

培养广泛的业余爱好，从不同角度获得快乐。

（4）与人为善。

尊重别人，善于谦让，勇于改正自己的缺点，处理好与家庭、社会成员之间的关系，从中得到温暖和欢乐。

（5）快乐求知。

注重知识更新，关心时事政治，使自己的生活与时代同步。

为保持心理健康、心态平和，要在人生的各个阶段做好心理卫生的工作，预防心理疾病的发生，这是非常重要的一项工作。

一个人终生保持心态平和，就能够幸福地度过一生。一个民族、一个社会都能处于心态平和的状态中，也就是和谐社会的实现之日。

四、改变不良行为

人的不良行为都是后天形成的，它直接或间接地危害人们的健康。在美国，因不健康生活方式和行为而导致的死亡占总死因的48.9%，在中国该比率为37.3%。受家庭、社会、环境等影响而形成的行为方式和习惯，对人体的健康会产生持续而长期的影响。在中国，死亡原因的前三种疾病是心脏病、脑血管疾病和恶性肿瘤，它们分别占全部死亡原因的26.68%、22.17%和18.74%。根据全国城乡19个监测点的调查统计，影响这三种慢性疾病死亡的因素中，生活方式和行为是主要的因素。因此，改变不良行为可以大大降低慢性疾病的发生机会，而形成一个良好的行为习惯可以提高生活质量，延长寿命。

要改变不良行为，人们应当首先意识到自己的不良行为对健康的影响，及时获得如何改正不良行为的知识，并相信这些知识，按照科学的方法和技能去尝试改变。改变不良行为的过程也是人们与自己做斗争的过程。在改变不良行为和建立正确行为的过程中还要得到社会和他人的支持与鼓励，以帮助自己坚定信念。

下面列举一些常见的不良行为以及避免或纠正的方法：

1. 吸烟

吸烟是一种严重的不健康行为，对人类健康的危害极大。吸烟不仅可引发多种疾病，而且范围广、影响深。控烟对中国当前预防与控制慢性非传染性疾病具有重要意义。

2. 过量饮酒

长期过量饮酒会损坏人体的胃、肝脏、心脏、肾脏、神经系统等重要脏器，也是引起食管癌、胃癌、肝癌的危险因素。因此，过量饮酒是一种不健康行为，应采取积极的干预措施。

3. 吸毒

毒品（海洛因、大麻、冰毒、摇头丸等）麻醉人的神经，摧毁人的意志，降低人体的抵抗力。吸毒过量还会使吸毒者中毒死亡。与他人共用注射器吸毒，不仅遭受毒品本身的危害，还会传播艾滋病和肝炎等疾病，对人类社会的危害极大。因此，所有的人都应该珍爱生命、远离毒品。

4. 性乱与不安全的性行为

卖淫嫖娼、多性伴和不安全的性行为不仅是传播性病、艾滋病、乙型肝炎的高度危险行为，也是我们的法律、社会道德所不能接受的行为。因此，有忠贞的爱情、遵守性道德、固定性伴侣、实施安全性行为是预防控制性病、艾滋病，保护健康的有效措施，也是健康生活方式的重要内容。

5. 生活与工作不规律

现代生活中有越来越多的人生活不规律，该吃饭的时候不吃饭，该睡觉的时候不睡觉，工作过度紧张，长期劳累。这种长期无规律的生活习惯会扰乱人体的生命节律，降低人体的免疫力，使疾病发生率增高，对健康极为不利。

因此应该起居定时、按时作息，保证充足的睡眠。睡前不喝茶，不喝咖啡，不饮酒，吃饭不宜过饱；保持心情平静，避免焦虑或激动，不做剧烈运动。还要注意娱乐有度，不能任意放纵自己，如不看通宵电影，不打通宵麻将，听音乐时的音量不宜过大等。

6. 不注意饮食卫生和个人卫生

不注意饮食卫生和个人卫生常常容易造成肠道传染病和一些呼吸道传染病的发生，给个人和家庭成员的健康带来危害。因此，在日常生活中，我们要养成文明卫生的生活习惯，讲究饮食卫生和个人卫生，不喝不清洁的水，不吃不清洁或腐败变质的食物，不随地吐痰和擤鼻涕，不乱倒垃圾和污水，咳嗽、打喷嚏时要掩住口鼻，饭前便后要洗手，杜绝随地便溺，聚餐时提倡使用公筷、公匙，不要滥捕滥食野生动物，毛巾、脸盆、刷牙杯等卫生用具要分开使用。在逢年过节、朋友聚会等喜庆的日子里，还要特别注意克服暴饮暴食的不良习惯。

7. 缺乏安全意识

缺乏防火安全意识和道路交通安全意识是最常见的，因此引发了许多人间悲剧。据国家安全生产监督管理局 2004 年的统计，2004 年 1～11 月期间，中国道路交通事故 469016 起，死亡 97093 人；火灾事故（不包括森林、草原）237932 起，死亡 2340 人；工矿商贸企业事故 12912 起，死亡 14596 人；发生一次死亡

30人以上特别重大事故13起,死亡827人。

从以上数据可以看出,每年因为火灾、交通事故及工矿企业事故等造成的死亡人数就高达11万多人。这些事故似乎都有一些客观原因,但潜在因素都是因为平时安全意识不够,没有及时消除存在的安全隐患,酿成最后的悲剧。

因此,在现代社会中,提高每一个公民的安全意识,获得自我保护的技能,防范意外伤害,对于个人、家庭的安全、健康和幸福都是非常重要的。我们无论在工作、劳动还是在生活中,都要增强安全意识,积极学习如何应对紧急事件的知识,按照操作规章制度及安全要求进行生产和各项活动,并注意发现和及时消除存在的安全隐患,预防意外伤害的发生。

8. 缺乏体检意识

近年来,中国大中城市各种类型的健康体检机构如雨后春笋般地涌现出来,越来越多的人有组织或自发地到医院或体检机构进行体检。但从整体上看,中国公民的体检意识不强,对体检意义的认识还不高。应当加强对公民的宣传教育,使更多的人认识到健康体检对维护健康、早预防、早发现、早治疗疾病的重要性,坚持进行定期体检,特别是35岁以上的人,定期体检可以早发现一些慢性病或某些癌症的危险因素,实现预防疾病的目的。提倡每年体检一次,如果患有慢性病如冠心病、高血压、糖尿病等,需要遵医嘱定期检查。

五、自觉保护环境

环境与人类的健康息息相关。在现代生活中,地球及人类正遭受着各种环境灾难,水污染、空气污染、土壤污染、土地荒漠化等正在威胁着人类的生存与发展。人类所患的一些疾病如某些癌症、某些慢性中毒以及对人类健康有关的其他一些长远影响都与环境污染有很大的关系。无节制地消耗资源和污染环境的生产、生活方式是造成环境恶化的根源。

一个良好的生存环境不仅有利于人的身体健康,还能够使人的心情愉悦。要通过对生存环境的改造使其更加适宜于人类的生存,如植树造林种草、绿化美化环境、治理沙漠荒地等。

每个公民都要遵守保护环境的相关法律法规,遵守社会公德,在日常生活中注意自觉养成保护环境的良好习惯,不污染环境,如不随地吐痰、不乱倒垃圾污水、不乱丢弃废旧电池、分类回收垃圾、慎用洗涤剂等。还要注意不践踏草坪,不毁坏树木,保护野生动物。保护自然环境要加强对水、土地、森林、草原、海洋、矿产等重要自然资源的管理,在开发和利用资源的同时严格保护生态环境,使人与自然和谐相处。自觉保护环境还要特别注意节约水、电、煤、煤气、天然气、纸张、汽油和木料等资源。动员全体公民努力建设一个节约型的社会,就是保护环境的最好办法。人们在保护自然环境的同时,还要注意保护居住、生活的微小环境,使室内环境有益于人的健康,营造清洁、舒适、安静的居室环境,如保持室内空气清新,整洁明亮,温度、湿度适宜等。

六、学习健康知识

党中央明确了全面建设小康社会的奋斗目标和提高全民族的思想道德素质、科学文化素质和身体健康素质的要求。提高健康素质，学习健康知识是基础。建立健康的生活方式，追求健康，就要懂得健康知识。在当今新知识层出不穷的时代，健康知识也在不断更新，只有不断学习新的健康知识，抵制迷信和各种错误信息的影响，才能使每个公民具有正确的健康信念，选择健康的生活方式。

加强卫生科学知识的普及，提高人们分辨科学与迷信、文明与愚昧、进步与落后的能力，弘扬科学精神，推动全社会自觉建立健康生活方式，提高全民健康素质，是一项非常艰巨的任务。

学习健康知识，要注意关心并积极参加社区卫生服务中心（站）开展的健康教育活动，学习和掌握常见疾病的预防保健知识，学习火灾、急救等紧急事件的应对方法，了解目前艾滋病、结核病、病毒性肝炎、禽流感等重大传染病的预防措施和控制现状，保护自己免受这些疾病的威胁。还要注意在诊疗疾病时与医生的交流沟通，了解一些疾病防治常识。如家中有糖尿病、冠心病、高血压等病人，要及时学习相关疾病的护理方法和注意事项。

学习健康知识，不能靠一两次培训或讲座完成，需要人们在日常生活、学习、工作中不断积累，要保持一种"活到老、学到老"的心态，坚持学习健康知识。对社会上出现的种种保健品和保健方法，要有清醒的头脑，不轻信，不盲从，要用自己学习的健康知识进行判断。遇到无法解决的健康问题，要及时咨询医生或医学专家，切忌"有病乱投医"，或有病找江湖医生。

每个人关注的健康问题不同，只要留心相关的健康知识，就能有所收获。保持一种积极学习的进取态度本身就是一种健康的行为。

网络时代使人们能非常容易地获得健康知识。目前各大综合网站都设立了健康栏目，需要了解和学习健康知识，点击鼠标就可以实现。但对于普通群众来讲，应注意从权威网站和相关医学机构的网站获得有关的健康信息。

学习健康知识，对于大众来说，要懂得如何从正规渠道获得准确的信息。对于政府有关部门来说，要组织专家根据循证医学的原则，筛选、编写并向大众发布科学、权威、普及知识性的信息。在健康知识的传播上不能采取放任自流的方式，必须由授权部门发布权威的信息，这样才能对整个社会产生正确的引导作用。

第四节 发达国家流行的健康生活方式

"健康是人生最大的财富"，随着这一生活理念的深入人心，许多国家流行起行行色色的健康生活方式，概括起来主要有如下 10 种：

1. 少食肉

俄罗斯眼下流行素食风。他们认为大量食用各类肉及其制品，会加重某些疾病或诱发某些疾病，因此少食肉以保持健康成为越来越多人的进食原则。

2. 晒太阳

美国纽约州的居民推崇有空即晒太阳的生活方式。他们认为经常接受阳光的适当照射，有助于身体储存大量的维生素 D，有益于牙齿与骨骼的健康。

3. 雨中行

冒着霏霏细雨逛街或散步，是现代欧美人的一种时髦。他们认为，绵绵细雨可洗涤尘埃，净化空气，增加空气中的负离子，有益肺与大脑的保健。

4. 常唱歌

美国马里兰大学的专家倡导，经常唱歌，有益健康长寿。因为唱歌有益大脑的逻辑思维，且唱歌时声带、肺部、胸肌等能得到良好锻炼。唱歌时最好选择空气新鲜的场所，有条件时应去郊外引吭高歌。

5. 饭后坐

饭后稍事休息，再去散步或做其他事情，更有利于食物的消化吸收。"饭后百步走"已成为一种健康养生的大众之举。

6. 挺起胸

现代生活节奏快，许多人"来也匆匆，去也匆匆"、"坐也匆匆，行也匆匆"，"埋头苦干"、"猫腰赶路"已司空见惯。针对这一现象，美国密苏里州大学的专家认为，抬头挺胸，不仅令人有气质、看上去年轻而精力充沛，而且抬头有助于减轻腰骨痛，挺胸会减少脊椎的负荷。

7. 静坐思

心中偷闲，静下心来，每日静坐冥思 1~2 次，每次 30 分钟左右，排除杂念，放松身心，有助于解除神经头痛、降血压。美国得克萨斯州的居民流行这样的健康方式。

8. 天伦乐

家人和睦相处，互尊互敬，互谅互让，实行"家庭中庸之道"。业余时间，夫妻共诉衷肠，爷孙共同游戏等，尽享天伦之乐，在日本等国家已颇为流行。天伦之乐是人生的一大享受，也是轻松的健康休闲方式之一。

9. 步当车

在以车代步盛行的欧美，现在许多人却反其道而行——以步当车，即能步行就步行。以步当车可以防止骨骼退化，有助于增强心肺功能，还有利于新陈代谢，有利于减肥。

10. 行善事

学习雷锋，在不少国家已成为一种风气。因为他们认为，助人为乐、帮人之困、济人之危，可以使人心情舒畅，获得一种难以名状的心理满足，这有助于强化人的免疫系统，调节身心，健康长寿。

第四章 世界银发城的经验

北京温都水城康熙年代的行宫博物馆——艺术精雕细刻

第一节 美国老年公寓最新概况

据李志伟硕士2014年8月22日从美国发过来的翻译稿件:人口老龄化越来越成为美国政府关注的话题。调查显示,到2050年,美国85岁以上人口的增速将超越65岁以上人口增速,达到1900万。可以预见,在不久的将来,会出现越来越多的独居老人,他们中的大多数为女性。这类人群通常得不到足够的健康照料,比起配偶健在的老人更需要经济上的补助以及生活上的关怀。提及美国对老年人的养老福利,必须提到遍布美国的老年公寓。此类公寓多由社区、教会经办,政府给予部分补贴。其低廉的价格、优良的环境、便捷的设施成为老年人的首选住房。根据政策，一般年龄在 62 岁以上的老人都有条件申请。老年公寓通常低于市场房价一倍甚至更多，并且为住户省去了抵押贷款、房屋维护、税务支付等后顾之忧。事实上，绝大多数 65 岁以上的老人都拥有个人房产或房主身份，然而过高的住房支出占据了这些老年人生活总支出的 35%，仅此一项消费就相当于他们交通、医疗费用的总和，个人房产无形中成为他们经济负担的源头。权衡利弊，老人公寓不失为节省开支的最佳选择。老年公寓为住户提供不同类型的家政服务乃至生活援助，更配备有基本的医疗服务设施，方便居民就医。与美国传统养老院相比，老人公寓的花销更低廉，居住环境更加舒适，还规划有足够面积的社交空间：娱乐室、图书馆、电脑房、健身房等。有些老年公寓定期开展课堂讲座，从医学、营养、烹饪学到艺术、音乐、英语，不仅有专业的指导人员，更有许多年轻热情的社会志愿者们投身于对老年人的关怀服务。

老年人对这样既不打破他们的独立生活状态，又能令他们享受贴心服务的老年公寓青睐有加。很多老年人表示，老年公寓所提供的服务完全可以满足他们的生活需求，也为他们的子女减轻了诸多负担，与此同时，他们的生活质量与幸福指数并没有下降，反而有更多的机会与同龄人交流娱乐，使得原本寂寞的生活变得丰富多彩。老年公寓的申请过程并不复杂，有美国公民或合法移民身份，有出生证及身份证证明年龄达到 62 岁以上，达到个人收入上限即可按程序申请，各项条件满足后申请人便有资格等候，有空房再入住。

第二节　美国养老主模式——持续照料型退休社区日益时尚

近几年在美国流行的持续照料型退休社区（CCRC）为老年人退休后安享晚年提供了理想的场所，向世人证明退休生活也可以过得丰富多彩。

1. 一体化复合式养老社区

CCRC，即"Continuing Care Retirement Community"的缩写，中文译作持续照料型退休社区，是源自美国教会创办的组织，现今已有一百多年的历史。CCRC 最初是为退休后的神职人员建立，后来逐渐转变为普通市民也可享受的养老模式。

20 世纪 90 年代，国际社会针对长期以来各种养老服务机构提供的项目及功能相互分割，导致老年人在健康状况和生活自理能力逐步下降的过程中不得不经常变更养老场所的状况，对 CCRC 理念进行了进一步的诠释：CCRC 是指根据老年人的身体和心理状况的变化，为老年人提供自理、介助和介护一体化的居住和护理服务的机构。

简而言之，CCRC 是一种复合式的养老社区，其服务内容涵盖了老年人生活的各个部分，兼顾衣食住行、医疗健康、心理关照、自我价值再实现和社会生活备方面的需求，力图为老年人退休后营造一种全新的生活方式。CCRC 的理念为"原居养老"，由于其涵盖内容非常全面，因此老年人在健康状况和自理能力变化时，依然可以在熟悉的环境中继续居住，并获得与身体状况相对应的医疗、护理和照料服务。

CCRC 的人性化设计受到了广泛的认可和欢迎。2009 年，美国一项学术调查显示，居住于 CCRC 的老人的余命年龄是非居住于 CCRC 的老人的 1.5 倍。

2. 景色优美，设施齐全

与传统的养老院相比，CCRC 更像是四星级的度假胜地，或者像专门为老年人设计的"校园"。CCRC 通常建设在离市中心 50~100 英里的郊区，景色宜人，交通便利。社区内绿茵遍布，空气清新，环境优美，并大量运用园林景观和水系，营造出人与自然和谐相融的环境，十分适合居住与养生。走在社区内，仿佛置身于大自然中，时刻都能感受到心灵的宁静。

CCRC 设施齐全，集居住、餐饮、娱乐为一体，提供各种生活配套设施，包括餐厅、超市、洗衣房、银行、邮局、美容美发厅、游泳池、健身房、温泉浴场、高尔夫球场、电影院及其他各种娱乐场所。在社区内入住者可以方便地满足一切生活需要。同时，社区为老人提供丰富的活动和学习机会。由于社区规模大，入住人员多，老人可以结交到许多具有共同兴趣爱好的朋友，自愿组成各种学习、活动小组，如书画、音乐、棋牌、球类、手工制作、电脑、养生等。

为方便老年人生活，CCRC 所有的个人居所和公共场所都是无障碍设计。轮椅坡道、宽敞房门、医用电梯、连廊、无处不在的扶手、安全监控和报警装置等设计，让老人体验到普通住宅所不具备的便利和安全。

此外，CCRC 建设的社区医院拥有经验丰富的专科医生以及高科技的医疗设备，为入住老人提供预防、医疗、护理和康复等多种专业、快捷、富亲情的医疗服务。

3. 三种服务形式

CCRC 主要采用居家式的自主养老方式，具备住宿、餐饮、娱乐活动等功能，能够为入住的老人提供三种服务形式：独立生活服务、辅助生活服务和护理生活服务。入住老人随着年龄的增长与生理的需要，逐渐从独立生活转为辅助生活，最后转入护理生活阶段。所有的服务内容都是由入住者根据自身条件进行自由选择的。CCRC 将为老人提供各个阶段所需的不同服务，直到他们去世。

第一，独立生活服务。接受服务的老人一般能够独立地在社区的公寓或别墅居住。CCRC 为这一部分老人提供的主要是便捷的社区服务，如餐饮、清洁、洗衣、医疗保健和紧急救护等。同时，为满足老年人精神生活的需求，社区会组织各种形式的活动，如老年大学、兴趣协会、教育讲座等，以丰富他们的日常生活。

第二，辅助生活服务。当老人在日常生活中需要他人帮助照料时，他们将接受辅助生活服务。除独立生活服务之外，辅助生活服务还包括日常生活照料，如饮食、穿衣、洗浴及医疗护理等。

第三，护理生活服务。当老人生活完全不能自理，需要他人进行长期照护时，他们将转入护理生活阶段，由社区提供的24小时专业护士进行照料和监护。通常接受护理生活服务的老人年龄在80岁以上，并居住在特殊的24小时单元或护理中心。

4. CCRC的现状

近年来，CCRC在美国如雨后春笋般不断增长。至今，美国全国共有超过2100个CCRC，总共照顾约62.5万退休老人，其增长速度比养老院和辅助生活机构的总和都要高。

齐格勒投资集团的老年生活研究主任凯瑟琳·布洛德说："随着消费者的消费意识不断增强，以及开发商对这一理念的掌握，CCRC所代表的理念日渐流行。"一些大型私营企业集团，如凯悦集团和埃里克森退休社区更斥巨资投入设施建设，令CCRC更加引人向往。

由于各种老年住区不断发展，最近CCRC房产供应已开始超过需求。对于美国的老年人来说这是个好消息，因为这意味着入住CCRC无需像以前一样，在提交入住申请后长时间排队等待。

虽然CCRC能够为老人提供一个几乎完美的颐养身心的环境，但这种心灵的宁静却来之不"宜"。

CCRC通常会收取一笔入住费用，并且每月会收取服务费。根据入住社区的奢侈程度、房子大小、入住人数以及将来包含的照护种类，CCRC的收费区别很大。

根据美国养老地产及护理行业投资中心（NIC）的调查数据，CCRC的入住费用一般从2万美元到100万美元不等，平均为25万美元。不过，这并不是购买地产的费用，而仅仅是一张进入CCRC的门票。

至于月服务费，CCRC会提供多种支付方式，在一些付款合同中，无论入住老人需要哪种照护服务，月服务费始终保持不变，平均每月为2750美元。其他的就是按单付款，比如享受独立生活服务每月可能需要支付2500美元，而接受护理生活服务需要交7000到8000美元。而在一个传统的养老院中，一个单人房间每月的费用大约为6500美元。

如果一位老人独立生活15年，每月支付2000美元，加上入住时一次性支付的费用，从入住到去世，在CCRC花费的总费用会在60万美元左右，这还不包括通货膨胀可能造成的物价上涨。

此外，老人还会有其他生活支出，如电话费、娱乐，以及医疗保险中不包含的其他项目，如看医生时的挂号费。

由于CCRC遵循"原居养老"的原则，因此，如果老人想中途离开，那么有可能只能得到入住费用很小的一部分作为补偿，有时甚至根本得不到。因此，在选择CCRC时需要进行大量的调查，综合考虑各方因素，进行谨慎选择，确保入住后能够开心地生活。

随着CCRC数量增多，宣传手段也变得五花八门，许多老人都能收到一些关于 CCRC 的花花绿绿的宣传册，但其质量却良莠不齐，价格高并不一定意味着服务质量高。

5. 了解 CCRC 的途径

（1）网站查询。

通常，每个州都会为 CCRC 颁发经营许可证，如果想查询某个 CCRC 是否为政府批准成立的养老社区，可以登录 www.snapforseniors.com 网站，点击 License Types Reference（"证件类型参考"）进行查看。此外，美国 www.medicare.gov 网站对 CCRC 进行了评级，根据服务质量、人员配置、检查报告等因素将 CCRC 评为不同星级，一般星级越高，养老社区综合质量越好。

（2）咨询他人。

询问 CCRC 入住老人也是了解社区服务水平的好方法。尝试问一问居住在里面的老人喜欢哪些、不喜欢哪些，并请教他们为何选择这个社区作为终身养老的场所。

（3）亲身体验。

百闻不如一见，百见不如一试。如果下定决心入住 CCRC，最好先在选择好的社区里进行试吃、试住。这样，房间设计是否喜欢、餐饮是否符合胃口，与其他入住者能否愉快相处，就都得到答案了。

第三节　澳大利亚为老人提供的颐养服务
——皇家澳洲颐养服务

1. 澳大利亚面临严峻的养老形势

与多数西方国家一样，澳大利亚的人口特点正经历着重大变化，主要表现在四个方面：

第一，人口老龄化加剧。据预测，在未来 40 年里，澳大利亚 85 岁以上人口将从 36.5 万增至 180 万，65 岁以上人口将从 320 万增至 750 万。

第二，澳大利亚民众的寿命更长，因此需要更持久的护理和支持。

第三，照看老年人的非正式护理人员数量逐步减少，劳动力面临短缺，养老院接待能力不足。

第四，澳大利亚民众的健康状况逐渐改善，但肥胖症和糖尿病发病率有增无减。

面对严峻的养老形势，澳大利亚的许多医疗保健机构都在积极应对，不断改进服务和护理模式，采用科技手段提高专业服务的覆盖面，以更好地面对老龄化的挑战。皇家澳洲颐养服务（RDNS）就是其中的佼佼者。

2. 历史悠久的皇家护理机构

皇家澳洲颐养服务成立于 1885 年，是澳大利亚首个家庭护理组织。当时，澳洲新城墨尔本还是一个小镇，一群护士组成的医疗小组为不断发展的社区提供居家护理和照护服务，这就是皇家澳洲颐养服务的起源。自建立以来，皇家澳洲颐养服务就致力于为年老、贫困、虚弱和病患人群提供曾经一度遥不可及的医疗保健服务。

1966年，皇家澳洲颐养服务的重要影响力得到了伊丽莎白女王二世陛下的认可，皇家澳洲颐养服务由此获得了"皇家"这个代表诚信、质量和博爱的荣誉称号。

尽管经历了繁荣与萧条、衰退与复苏、世界大战、文化变迁、政府与医疗保健服务的风云变幻，皇家澳洲颐养服务始终站在所处领域的最前沿，积极开辟新天地，满足民众需求。

3. 尽心尽力每一刻

作为澳大利亚最可信赖的医疗保健与居家照护服务机构之一，皇家澳洲颐养服务积累了一百多年的丰富经验，长期坚持护理与医疗保健相结合的模式，致力于为需要帮助的人提供居家护理与医疗保健服务，尤其注重老年人群体。

每天，成千上万的民众在家迎来皇家澳洲颐养服务护士与支持人员的上门服务，以便在自己环境最熟悉、人脉最广泛、心情最愉快的地方过上最优质的生活。

当前，全球社会普遍面临着人口老年化和慢性疾病挑战，以及健康与居住服务压力。皇家澳洲颐养服务以"关爱在您身边"为口号，尽心尽力地为客户提供服务。

4. 了解社区需求，交付满意结果

时至今日，尽管在全澳大利亚乃至国际范围内实现了持续发展，但皇家澳洲颐养服务始终以被照护人士为一切工作的重心，坚持不懈地增强他们的自尊心，改善他们的生活质量，维护他们的生活完整性，并注重帮助被照护人士与其家人保持相互之间的联系，协助被照护人士尽可能多地融入社区生活。

当前，皇家澳洲颐养服务正在研究新的服务类别，确保民众能够更独立、更体面、更自由、更有尊严地实现"原居安老"。皇家澳洲颐养服务不断扩大服务范围和覆盖区域，为澳大利亚和澳大拉西亚地区数万名民众提供护理、保健和居家照护服务。

皇家澳洲颐养服务拥有一个专业研究机构——皇家澳洲颐养服务研究所，研究所以失智症、伤口照护、用药管理为核心研究活动，其目的是更好地调查和认识这些问题，从而改善服务，实施最佳实践并分享重要知识。此外，研究所是极少数专注于居家照护与原居安老的独立研究与教育机构之一。

5. 将知识转化为实践

皇家澳洲颐养服务非常重视人才培养，重点培养具备适当技能、专长和心态的人才，以便应对当前和未来的医疗保健挑战。

皇家澳洲颐养服务教育与学习中心，是卓越的社区保健教育与临床实践中心，开设了一系列丰富课程，包括能力与在职认证课程单元。这些课程致力于满足内外部各级医护人员的需求，面向社区老年照护工作者、临床工作者、专业管理人员及居家照护工作者。

皇家澳洲颐养服务培训与学习中心有机结合了循证知识与临床技能，开设创新有效的教育与培训课程，并可根据外部机构的专业发展需求，量身定制专业课程，协助他们共同应对老年化人口的需求。

6. 新挑战，新思路

在科技日新月异的时代，皇家澳洲颐养服务不断创新，探索通过电信技术手段提供专业的医疗保健服务与信息，为患者提供更多便利。例如，通过视频会议手段，消除不必要的旅行时间，提供更多服务；通过成像技术与视频会议手段，提供更专业的医疗保健服务，支持在一线的全科医疗专业人员；通过远程监控、视频会议和"虚拟护士"模式，为慢性病患者提供新服务，帮助他们更好地控制病情；通过视频会议和支持专线，协助护理人员和家人为患者提供支持。

虽然远程卫生服务无法取代面对面的服务，以及与患者及其家人和护理人员的面对面诊疗，但皇家澳洲颐养服务正采用科技手段提供全方位的护理解决方案，确保始终能以某种方式，将服务和关爱带到每个需要的人身边。

第四节 瑞士伯尔尼·埃格霍茨里养老院

埃格霍茨里养老院始建于1978年，是一所集养老、医疗、护理、娱乐、临终关怀为一体的私人综合性养老机构。60岁以上生活能基本自理、无传染病和精神病的老人均可申请入院。该院现有162位老人，最大的102岁，最小的77岁，平均年龄86.3岁。全院共有137套房，分一室一厅、两室一厅、三室一厅和四室一厅，价格每月2800至5800瑞士法郎不等。室内家具、电器一应俱全，并配备有电子呼叫系统。其余的室内布置和装饰基本上都是老人从自己家里带来的，非常有个性，老人感觉就像住在自己家里一样。养老院还配有会客室和临时客房，随时可供来探访老人的亲人使用和居住。

养老院内设施齐全，有餐厅、咖啡馆、洗衣房、个人储物间、健身房、游泳池、医疗室、护理室、图书室、娱乐室等，还有宽敞的户外活动场地。养老院内四处鲜花盛开，绿草如茵，老人生活在充满温馨和快乐的环境中，身心健康，其乐融融。

养老院实行的是"一站式养老"，共有36名工作人员，主要是护理人员，并配有一定比例的医生和少量的绘画、音乐、心理咨询等专业工作人员，全体员工都需经过严格培训、考核。养老院定期为老人体检，并建立健康档案，根据对每个老人身体状况的评估，设计个性化身心护理方案，并提供24小时不间断医疗服务。院内备有常用药品，小病不出养老院就可治疗。养老院还经常组织诸如音乐会、歌咏会、时装表演、消夏会、艺术展等各类文化、娱乐活动，丰富老年人的日常生活，帮助他们排解孤独，提高生活质量，使他们感到自己并未被社会抛弃。

瑞士现行的养老保险制度建立在由国家、工作单位和个人共同分担、互为补充的三大支柱模式上，以其健全、完善以及覆盖面广的特点成为瑞士社会稳定的重要保障。第一支柱是国家对老人、遗属和伤残人支付的基本养老金；第二支柱是职业养老保险基金；第三支柱则是个人养老保险。一般到了法定退休年龄的退休者可从政府的基本养老保险和职业养老保险中领到相当于其退休前最后工资60%的养老金。因此，当一个老人住进养老院后，首先是从综合社保基金中支付所需费用，由综合社保基金管理机构直接将费用划拨到养老院。如不够用，则动用老人的养老金。个别的还要其子女承担一部分。

第五节　德国养老模式介绍

中国的养老产业原则是以居家养老为基础，社区养老为依托，机构养老为支撑。中国的这一原则在德国基本上已实现，居家养老和机构养老在德国是互补关系。目前，德国需护理的老人约230万人，其中150万人以居家养老为主，80万人选择机构养老；需护理老人的第一阶段以居家养老结合社区服务为主，第二阶段进入机构养老。目前在德国共有约1.2万个养老机构，市场竞争十分激烈。

与荷兰、瑞士等国家不同，德国的养老制度被誉为"世界上最慷慨的养老制度"。早在19世纪末，当时的宰相俾斯麦就设立了养老保险，在整个20世纪，先后诞生了医疗保险、失业保险、工伤保险和1995年实施的护理保险。

另外，"储存个人服务时间"的制度也是一个亮点，凡年满18岁的德国公民均可利用公休或节假日义务到养老机构提供各种无偿护理服务，服务时间可随时储存在服务者个人档案中，以备将来自己需要接受护理服务时，将这些服务时间提取出来免费享用。这项制度深受德国公众欢迎。

护理保险法的颁布使得德国的养老产业发生了很大变化，主要表现在增加了护士就业人数、护理事业日臻完善等方面。和其他经济领域一样，德国联邦政府原则上不直接介入老年住区市场的开发，但政策上的支持是积极的。

例如柏林养老院对于护理级别为2的老年人每月需收取3000欧元的费用，除去护理保险每月所付的1279欧元，老人自己必须交付剩余的1721欧元；如老人无法完全或部分交付如上所述的1721欧元，财政会根据其收入底线而做出相应补贴。

此外，德国政府对养老机构免除销售税和营业税，只收企业所得税。由于德国联邦制的特点，地方政府还可根据自己的情况另外对养老机构给予政策上或财政上的支持。如慕尼黑地方政府针对地价极高的现状，对蕾娜范集团的慕尼黑图得林老年住区给予了大幅降低土地价格和170万欧元的财政支持。

第六节　东南亚国家新兴的养老福地

随着老龄化社会的到来，人们的养老方式也逐渐发生变化，"落叶归根"似乎不再符合时代的潮流，越来越多的人开始选择异国养老，到一个全新的国度去体验退休后的生活，颐养天年。闻名世界的澳大利亚黄金海岸和美国夏威夷已经不再是养老的首选地。近几年，美国、欧洲、日本等国家的银发族兴起了到拥有沙滩阳光，并且物价低廉的东南亚养老的潮流。

行走在泰国、马来西亚、菲律宾等东南亚国家的城市街道上，如果稍加留意，就会发现路边的欧式咖啡馆和日本居酒屋有很多老人在悠闲地聊天、畅谈，他们多数来自美国、欧洲等西方国家和日本、中国等亚洲国家。东南亚为何成为银发族养老的向往之地呢？

1. 气候温和景色优美，异域风情让人神往

东南亚大部分地区位于热带，常年气温在25℃至30℃之间，最冷月和最热月的温差很小，很适合老年人居住，并且适合易患多种疾病的老年人静心疗养。对于生活在其他地区的人来说，东南亚色彩斑斓的异域风情一直以来都令人神往。金黄的沙滩、灿烂的阳光、广阔的碧海、丰富的植物资源、秀美的田园风光、纯朴的民俗文化，令东南亚成为著名的旅游胜地。东南亚各个国家都有着神奇独特的风光。在印尼巴厘岛、菲律宾巴拉望岛、马来西亚停泊岛，可以尽情享受阳光和快乐；在越南下龙湾、马来西亚基纳巴卢山、印尼布罗莫火山，可以欣赏世界自然奇观；在数不尽的河流、高原、山谷等世外桃源，可以接触到各种野生动植物……

五彩缤纷的东南亚以其独特的魅力征服了无数游客的心。试想，如果能在这样的旅游胜地安度晚年，是一桩多么具有诱惑力的美事。

2. 物美价廉，生活成本低

相对于美国、日本、欧洲国家，东南亚大多数国家的生活成本较低，这也是吸引其他国家老年人来此养老的一个重要因素。

泰国国家旅游局之前以日本老人为例算过一笔账：在日本，一名退休男性和一名退休女性每月可以分别领取15万日元（约合人民币9000元）和7万日元（约合人民币4250元）左右的养老金。如果住在东京，夫妻二人只能住在一间小房子里，去超市购物必须精打细算。但如果搬到曼谷，他们每月花3.5万泰铢（约合人民币6700元）就可以在市区租到一套两室一厅的公寓，除去每月2万泰铢（约合人民币3800元）的日常生活开销，他们每月还可剩下2万多泰铢享受生活。在泰国的清迈、帕塔亚、普吉等地，生活成本更低。同样的算法对欧美退休老人也适用，因此许多老人退休后卖掉家乡的房产，在泰国买一间高级公寓，甚至独栋豪宅，雇佣一名司机开车，再请个佣人烹饪打扫，就能够过上富足甚至"奢侈"的生活。换言之，在曼谷当"银发贵族"，平均每月花费只要5万泰铢

（约合人民币 9500 元）。

在马来西亚，租一套海景公寓每月仅需花费 1000 美元，而看一场英文电影，仅需不到 5 美元。简言之，每个月只需花 1700 美元便可以在马来西亚享受一流的生活。

除日常的生活花销外，东南亚的医疗设备和技术不仅可以与欧美同行相媲美，而且也是物美价廉。根据一家名为星球医院的医疗旅游企业提供的数据，在泰国和新加坡，医院为病人实施一次骨折治疗手术平均收费约 1.2 万美元，但在日本需要近 2 万美元。

由于在泰国、马来西亚、菲律宾等东南亚国享受生活服务和医疗服务的成本较低，越来越多的欧美人和日本人选择到东南亚国家养老。

3. 政策优惠，鼓励外籍人士定居

为鼓励更多中高端收入的外国人到东南亚消费、置业，以拉动经济增长，东南亚很多国家相继推出了一系列颇具吸引力的优惠政策。

早在 1996 年，马来西亚政府就率先启动了"银发计划"，为外国退休人士提供最长期限 10 年、允许多次入境的特殊签证，并实行减免养老金税和购车税等多项优惠措施。2002 年，该项目的申请对象扩大到 21 岁以上的外籍人士，并为这一项目起了一个动听的名字——"马来西亚，我的第二家园"。政府为赴马来西亚长期居住的外国人提供了"一站式"服务以及住房价格优惠政策。该项目获得了热烈响应，仅 2003 年申请量就达到了 1996 年至 2002 年的总和。

菲律宾也实行类似的特别居留退休签证政策，2011 年还进一步降低门槛，提高优惠。在菲律宾首都马尼拉市郊外的苏比克湾，有一处完全由日本企业家投资并经营管理的高级养老公寓，由 27 栋原美军高级军官宿舍改建而成，配有会讲日语的菲籍养老护理员。菲律宾鲁滨逊地产公司总裁说："菲律宾政府正努力将自己打造成退休生活的目的地，我们公司旨在为退休人士建造休闲别墅。只需 10 万美元，你就能在菲律宾拥有一座属于自己的'宫殿'！"

泰国政府为了吸引资产丰厚的外国退休老人，推出了"退休签证"新政策。根据该政策，符合一定条件的外国人可以在泰国申请"退休签证"。申请"退休签证"的外国人必须年满 50 岁，没有犯罪记录，而且必须有 80 万泰铢以上的银行存款，或是每月 6.5 万泰铢以上的收入。此外，为了保护本地人的"饭碗"，申请"退休签证"的外国人也不能在泰国工作。这一政策一出台，泰国就兴起了西方老人和日本老人的落户高潮。

4. 文化开放，包容各地来客

在东南亚的很多国家，英语作为其官方语言被广泛使用，这一重要因素为其他国家，尤其是欧美国家的退休人士开启了方便之门。

此外，东南亚居民的热情好客闻名世界。就像当地的气候一样，东南亚各国人民热情奔放，用开放的胸怀迎接每一位来此旅游、度假或养老的异国朋友。来此定居的人能够很快融入当地社会。《国际生活》杂志执行主编詹妮弗·史蒂文斯说，东南亚治安稳定且富有魅力，他们提供给你想要的娱乐活动，从潜泳到歌剧，应有尽有，你可以根据自己的兴趣爱好自由选择。这里还可以提供学习一门新的语言、结交新的朋友和重塑自我的机会。"或许，你将创立一家旅游公司或者开设一家餐馆，又或者写一本小说，正如我们知道的很多外籍人士一样。你也可能找到一次回馈社会的机会——在一家学校担当志愿者，或者与朋友携手共创一份新的事业。"

第七节 芬兰养老服务经验

芬兰政府主要采取了四项措施，以提高老年人的生活水平，促进养老服务业发展。

一、大力投资养老服务业，整合社会资源，共同为老年人服务

面对亟待解决的老龄化问题，芬兰政府大力投资养老服务业，以推动老年服务产业的发展。由于老年人多在家中生活，芬兰政府努力采取措施，为老年人提供更好的居家照护服务。

芬兰开发了许多优秀的居家照护服务项目，以满足越来越多的老年人的需求，使老年人足不出户也能够享受到社会服务。同时，芬兰加强对康复中心的建设，充分利用先进的科学技术，为老年人提供高质量的康复护理服务。康复中心为每位老人提供个性化服务，充分了解他们的需求，以提供更好的护理服务。通过居家照护服务项目和康复护理服务项目的开展，老人无论在家里还是在其他的地方，都能得到符合其需求的优质服务。

另外，芬兰政府整合各项资源，鼓励各类不同的社会机构相互合作，共同提供服务。例如，老年人的医院治疗护理可以与居家康复服务联系起来，形成服务信息网，通过信息化建设，及时为他们提供准确的服务。芬兰政府鼓励社会机构共同努力帮助老年人，让医疗护理服务覆盖到所有的老年人。他们认为这不仅是一项非常重要的社会举措，也会带来长期的社会效应。

二、加强养老服务信息化建设

为了提高服务质量，芬兰政府重点加强针对老年人的数据库建设，及时记录他们的医疗信息数据，包括诊断信息，并根据老年人的情况进行信息处理。现在，任何个人或机构都可以在互联网上使用此数据库。通过使用科学技术，老年人足不出户就可以享受到丰富的医疗服务和质量有保障的居家服务。芬兰政府在养老服务信息化建设方面取得了一定的成绩，但也面临着挑战，因此期待与其他国家共同交流经验心得，相互学习，把科学技术和传统服务融合起来，满足人们不同的需求。

三、通过立法保障老年人权益

芬兰面临着老龄化带来的严峻挑战,现实要求芬兰政府随时做好准备,积极应对人口结构的变化。为此,芬兰通过了一项针对老年人的新法案,立法的基本目标是确保医疗机构做好准备应对老龄人口的需求,让老年人获得更有保证、质量更高的社会福利和医疗服务。除此之外,芬兰政府希望通过立法,让老年人能有机会讲出自己的心声和需要,从而确保服务提供商保证服务质量,提供高质量的、健康的、符合标准的服务。芬兰政府认为这项立法非常重要,有利于维护社会稳定。

四、加强教育和信息传播

除了满足老年人基本的护理服务需求,芬兰养老服务业发展的另一重要方向是加强教育和信息传播,满足老年人的精神文化需求。政府为当地的社区配备了经验丰富的技术人员和工作人员,让他们能更好地满足老年人在文化、护理和康复等多方面的需求,通过开展各式各样的精神文化活动,满足老年人的精神文化需求,减少老年人的孤独感,能够让他们在"心理"上积极地面对"变老"这一问题。

第八节　日本太阳树老人之家

太阳树是吉田先生创立的,现由老人之家和幼儿园两部分组成。开创之初,太阳树由国家提供一部分资金帮助,土地是吉田先生自家所有,规划、设计、施工则由吉田先生一手负责。老人须一次性交纳入住费 150 万日元,此外,每月生活费为 5.5 万日元,这一费用标准在普通老人能负担的范围之内。

该老人之家由低层与多层建筑组成,公共部分设有食堂、护理中心、手工作业室、学习室、洗衣房、公共浴室(包括露天浴池)等等。居住部分为多层,建筑随山势高低错落。老人之家吸引了大量的志愿者,入住老人也可根据自身的能力参与该设施的管理与工作。

一、别出心裁的规划理念

创立该太阳树老人之家福利设施的初衷,是为老人创造一个宽松自由的生活环境。吉田先生认为人分为两大群体,一是追赶时间的人,二是过悠闲生活的人。前一部分人群重视的是结果,后一部分人群则是在取得结果之前的整个进程中找到乐趣,高龄者就属于这一群体。吉田先生在该设施建造之初就吸收老年人参加,不赶时间,不强求进度,以水到渠成的悠然之心,享受着创作过程的快乐。

1. "杂木林"的生活理念

"生活就像杂木林。"吉田先生说,"我把生活比喻为杂木林。所谓的杂木林就是各种树木混杂在一起而形成的森林。不管是什么样的树都可以找到自己生存的场所，每一棵树都有自己存在的价值。此外，杂木林与竹林和柏树林不同，它总是处于未完成的阶段，就像每天的生活一样。各种各样的人可以抱着各式各样的思想自由快乐地生活着，因为每个人都有属于自己的生活空间。在悠闲的生活中，每个人都能感觉到自己的价值。"

2. 创造人际交流的场所

"大家一起讨论未必能取得满意的结果，那么再从头开始，可以反复重来，没有尽头，这就是生活。要做出什么决定或者要做些什么需花费不少时间，但是这是交流所必需的。现在，地域的概念变淡，人们仿佛忘记了把自己置身于人际关系之中。合理化与简约化使人们追求到最大的利润，经营优先这样的设想、对效率高完成度的追求，其结果是只需要专家，弱小者没有了生存的空间。"

3. 强调家族亲情

太阳树老人之家欢迎老人的子女参加进来，可以参与老人之家的各种活动，参与老人之家的管理，甚至搬进老人之家与老人同住。以往的封闭式管理无疑会给老人的心理造成许多阴影，孤独、郁闷、忧郁、无助，使老人的晚年生活蒙上一层灰暗的色彩。而家人的参与对老人的身心健康起到了不可估量的作用。白天年轻人出门上班，老人由老人之家照顾，晚上一家人享受天伦之乐之余，也给老人之家带来了生气与欢乐。重视亲情，创建健康的亲情生活，有利于社会。它将东方文化传统的伦理道德融合进来，为未来新型的老人之家提供了一种模式。

4. 生涯教育

吉田先生认为："人生六十岁之前的教育是准备进入成人世界的教育，人生八十岁的教育是回归生活的教育。"高龄者一旦脱离了繁忙的上班生活，会一时找不到生活中自己的位置，无法适应新的生活环境。酗酒、无所事事、失落，生活的转折不但引发了一系列社会问题，而且也损害了老人的身心健康。太阳树老人之家在保障高龄者的基本生活水准之外，还为老人提供参与生活的场所，训练老人回归生活的能力，给予老人享受生活乐趣的机会。让老人重新感觉到自己的存在价值无疑是老人最大的精神支柱。太阳树老人之家开办的各种教育，深受老人们的欢迎。除入住老人之外，周边地区的老人们也踊跃参加。

二、独具匠心的设计

1. 环境设计

太阳树老人之家坐落在名古屋郊外的一个半山坡上的杂木林中。远远望去，高低错落的建筑随意隐藏在郁郁绿树之中。弯弯曲曲的山路，凹凸不平，看似不修边幅。当问及为何不修成柏油马路时，设计人员解释说，对于每天追赶时间生活的人来说，平坦的柏油马路，行驶通畅快捷，何其痛快。但在老人们每天的悠闲生活中，乘坐着颠簸的汽车、采摘一朵路旁盛开的野花、捕捉一只杂草中的昆虫，蕴藏着几多情趣、几多欢乐。老人之家房间的朝向设计主要考虑到视野景色的多样化，阳光、樱花、绿树、红叶各不相同，以对应入住者的不同爱好与要求。

2. 室内设计

（1）室内环境设计。

老人之家的餐厅里，参差不齐地放着各式各样的椅子，有五六种之多。细问之下，原来是设计人员的匠心所在。"乱糟糟的屋子才是居住的场所，懒洋洋的生活中有各自的角色。"考虑到房间的私密性，每套房间的入口均错开设计，入口前有一块独立的空间。每套房间的平面布局、入口设计、室内装修风格各具特色，绝不雷同。

（2）纯天然材料的应用。

老人之家为钢筋混凝土构造，主体4层，内部装修材料以木材为主。立柱为剥去树皮的原木加工而成，表面仍保留其树节疤痕与凹凸。与追求光滑平整的传统的观念相对照，装修墙面的木板，采用了长短宽窄随意而无规律的组合。扶手、楼梯、栏杆均由天然圆木制成，室内的装修木材均采用本色，朴实且洋溢着家庭般的温暖。

3. 强调与自然的融合

在山林中建造房屋，肯定会对自然造成破坏，尽最大可能保护原有生态环境、保护原有树木，是该建筑的一大亮点。建筑中穿插的各种大型树木，都是保留下来的原有树木。设计之初，设计人员就对要保留的树木逐一定位，房间的布局、开间与走向均避开树木设计。在这里，设计服从自然现状。最困难的是施工阶段，有的树木离建筑物只有1米多，有的树枝甚至伸进了建筑的走廊与屋顶中，施工机械几乎用不上劲，许多地方要手提肩扛。施工单位的工人们大力配合，细心呵护，使原有树木得以完好保存。

三、"好稻里弄"——家庭护理的新概念

"过去有许多人为街头巷尾、婆媳问题而困扰，这也不行、那也不行，生活就是在吵架、和好又相互帮忙中度过的。"吉田先生是如此形容早年街坊邻里生活的。早年街坊嘈杂而热烈的生活氛围、生机勃勃的生活气息，深深地吸引着住在冰冷的钢筋混凝土方盒子中的人们。

预定在2005年12月初在藤之丘开张的"好稻里弄"，是太阳树老人之家的二期工程，是由木制住宅组成的街区。街区以需要护理的老人为中心，街区内有小河流过，这是孩子们的游玩场所；屋外宽敞的木制平台是老人们日光浴的最好去处；鸡呀猪呀漫步觅食、农田里绿油油的稻谷、生机盎然的蔬菜，挂满果实的果树，这些农村风景的再现，是早年街坊邻里氛围的再现。

该街区三栋主楼——由居住楼与一栋公共活动楼及一座咖啡屋组成，均为木结构建筑。三栋主楼为2层建筑，有长廊连接，可收容13位老人入住。考虑

到避难方便，老人的住房均设在一层，办公、事务用房则设在二层。该设施内设有保姆护士事务所，为老人提供日常生活照料，及特别的医疗保健与护理；设有公共食堂，不仅为老人提供一日三餐，也是街坊聚会、举办各种团体活动的场所。街坊内的小厨房，供对厨艺有兴趣的入住者自由使用。咖啡屋是交流的场所，为志愿者与入住者之间的交流创造了一个气氛轻松的空间。

该街区开辟的农田，出租给入住者，由入住者根据自己的爱好自行决定种树、种花、种菜还是种草，条件是不许搁荒。

第九节　泰国是欧美国家阿尔茨海默病患者的疗养圣地

泰国之所以能够吸引西方国家的阿尔茨海默病患者，与其专业的护理机构、完善齐全的设施设备以及相对较低的护理价格密不可分。在清迈这个四面环山的美丽城市，除了 Baan Kamlangchay，另一所阿尔茨海默之家正在建设之中，这个护理院耗资 1000 万美元，预计 2014 年年底开始运营。护理院设有按摩房、美容院、餐厅、瑞士烘焙屋等，让患者有度假的感觉，每月收费 6000 美元，约等于瑞士中等阶层雇员每月的退休金。在建的还有一所小型的阿尔茨海默服务机构，位于一个退休社区里面，前身是一个四星级的度假村。作为医疗旅游和退休疗养的首选国家，泰国为巩固其领先地位，类似的项目很可能会不断出现。

葱葱郁郁的棕榈树环绕在游泳池周围，树上的风铃在风中冷冷作响，游泳池里，几个人正在玩球，一个黄色的球被抛来抛去。其中的一个人身上套着游泳圈，在泳池里笑得特别开心，她叫苏珊娜，曾经是一位油画家。

这里是泰国清迈一所专门照护阿尔茨海默病患者的机构，在游泳池里玩耍的人们是这里长住的居民——阿尔茨海默病患者。

苏珊娜的丈夫乌利齐在旁边默默地看着妻子，他要做一个决定：是把妻子留在这个离家 9000 公里的机构，还是带她回瑞士。乌利齐退休前是一位软件开发人员，这半年里他一直陪着自己 65 岁的妻子住在 Baan Kamlangchay（爱心照护之家）疗养院。在这个大社区里，每个人有自己的单独房间，配有 3 个陪护人员，采用三班制，提供全天候照护。还有人会带他们去当地的市场、寺庙和饭店。这里每月收费 3800 美元，在瑞士，这笔钱仅够支付三分之一的基本机构护理费用。乌利齐表示，虽然欧洲各国也能提供同样的护理服务，但泰国的护理价格便宜，而且更人性化。在瑞士，医生只会开一堆药，然后让患者去床上睡觉。

已经过了 6 个月了，乌利齐和他的三个孩子还未做出最后的决定，但是乌利齐更倾向于把妻子留在泰国，并且可能今后一直留在这里。"有时我会嫉妒。我的妻子不愿意握着我的手，但是她的泰国护理员牵她的手的时候，她不会反抗，而且她看起来很开心。"乌利齐说，"她一看到我就开始哭喊，也许是因为她记起了我们之前的时光，但是却无法说出来。"

实际上，在西方许多国家，越来越多的人遇到了与乌利齐一样的问题。阿尔茨海默病患者的数量在不断增加，他们的疗养费用也在上涨，而有资质的护理人员和护理机构的数量却很有限，无法满足需求。但在距离遥远的泰国或其他国家，却可以为一些记忆丧失的病人提供更加优质的护理服务，而且价格相对便宜。

Baan Kamlangchay 是由瑞士人马丁·伍迪建立的，他花了 4 年的时间，在无国界医生组织的帮助下，建成了这所开创性的阿尔茨海默病照护机构，之后他回到家乡照顾自己患阿尔茨海默病的母亲。他一直想回到泰国，因为他知道泰国具有尊老爱老的传统，所以后来他把自己的母亲带到了清迈，成为这个机构的第一位"客人"。伍迪从来不会用"病人"这个词来称呼阿尔茨海默病患者。

接下来的 10 年里，这位 52 岁的心理学家和社会工作者或买或租了 8 座两层楼的房子，现在那里住着 13 名来自瑞士和德国的阿尔茨海默病患者。房子虽然外表普通，内在设施配备却十分齐全，每座房子住两个客人，每个人有自己单独的卧室以及护理员。

通常在下午的时候，伍迪都会带着大家到一个私人公园聚会。在公园里，可以游泳、吃点心或坐在椅子上放松。他还会定期组织大家进行各种各样的户外活动，因为这些刺激可能有助于延缓病情发展。"运动是很重要的，自由活动有助于他们减少紧张情绪。我们的护理员会给客人们许多自由空间，只要不会危及自身安全。在瑞士这是不可能的。"伍迪说，"客人们虽然有话没法说出来，但他们能感受到自己是这个大家庭、这个社区的一分子，这一点非常重要。"

总部位于英国的国际阿尔茨海默病协会称，全球阿尔茨海默病患者已超过 4400 万，这一数字到 2050 年预计将达到 1.35 亿。阿尔茨海默病协会估计，仅在美国，2014 年这一疾病将花费 2030 亿美元，到 2050 年，费用将飙升至 1.2 万亿美元。"医疗旅游"已经成为一个蓬勃发展的行业，无国界患者组织称每年大约有 800 万人出国寻求治疗。

德国已有数千名阿尔茨海默病患者、老人以及其他病症的患者被送出国，去往东欧、西班牙、希腊、乌克兰和泰国。根据统计数据，瑞士的老年人医疗保健指数排名世界第一，但即使如此，瑞士的病人们也纷纷选择离开瑞士。

一些专家担心阿尔茨海默病患者很难适应国外的生活，因为这是一个新的环境，需要长期适应。但美国梅奥诊所的安吉拉·伦德医生表示，一般情况下病人在熟悉的环境里比较好，但是久而久之，即使是那些患有严重疾病的患者也能很好地适应新环境。她说，一个积极的转变与出国本身没有太大关系，因为如果那里的人员和新环境更适合患者，对他们的康复有益无害。居住在 Baan Kamlangchay 的阿尔茨海默病患者的病情一天天减轻，也充分证明了这一点。

（作者：伟业研究院养老专题组安莉）

第十节　香港颂恩护理院

一、机构简介

由颂恩医疗护理有限公司（原名"美亚工业有限公司"）资助，并为和富社会企业—联营机构的颂恩护理院（简称"颂恩"），凭坚定不移的信念及持续改善的态度，成为全港首间私营机构，成功取得社会福利署的合约安老院舍经营权。

位于蓝田的新院舍将于 2004 年 12 月正式投入服务，此亦标志着政府认同其多年来提倡的持续改善优质安老服务的概念及模式，有助于社会人士更能体会和富社会企业倡导的"社会工作企业化"及"社会工作社会化"的实践精神。颂恩一向以严谨的态度建立其专业、有爱心及使命的团队，致力于提供卓越的优质康复护理服务。颂恩将继续不断向行内行外、本地乃至海外借鉴，以为老年人提供与时并进及不断改良的优质护理服务。

二、使命宣言

（1）积极提倡并身体力行地通过创新的概念利用非公用资源，为社会提供优质及全面的安老护理服务，热切关注老年人的康复及情绪健康，竭力为入住老年人创造一个促进健康、亲切祥和和环境安全的居所，并不断做出改善。

（2）积极推动及鼓励社会人士服务社会，让施与受同享社会参与带来的成果。不断创新，积极推动，亲切祥和，施受同享。

三、服务提供

1. 医疗

每星期有医生巡院，以满足入住老年人的健康需要。

2. 护理

全日二十四小时由护士、护理人员提供护理服务。护士更为每一入院者设计个人护理计划，安排其接受不同专业的服务及专科治疗。

3. 康复

设有专业康复器材，由专业物理治疗师及职业治疗师指导，免费让入住者按需要进行复康性运动。

职业治疗师提供小组训练及特别设计治疗，以便于需要特别护理的入院者提升身体机能。职业治疗师也负责痴呆症小组，以提升入院者生活的素质，减慢其退化过程。

4. 活动

定期提供大、小类型的休闲活动，安排志愿者表演及探访，参与各类社区比赛及活动，使入院者与社会保持联系，增进身心健康，提高自我形象及尊严。

5. 辅导

由志愿者提供个人辅导，协助入院者解决心理或人际交往方面的困扰，并提供各类社会福利咨询。

四、院舍设施

该院面积 2600 多平方米，设有 102 个男、女床位，分别提供单人房、双人房、三人房。院内设有饭厅、会客室、康复治疗室、护理室、防感染控制室、多功能观察室及室内花园、儿童游乐园、水疗设施、老年学资源角、文娱厅、电脑角，并附有互联网兼视频会面及视频诊疗等设备。全院设有冷暖空调，房间外设有独立洗手间，每个床位均设有独立衣物柜及床头柜、呼唤铃及床头灯等。

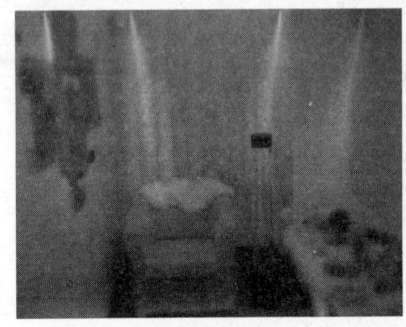
多功能观察室

会客室

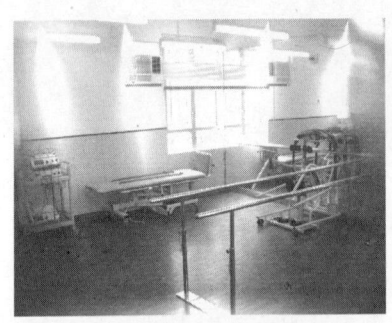
康复室

康复室

护理室

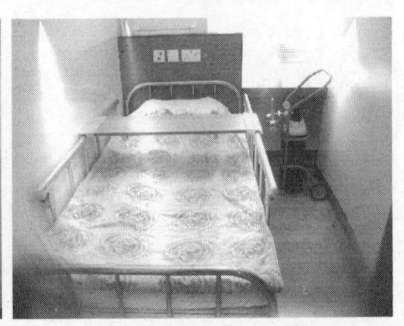
防感染控制室

室内花园

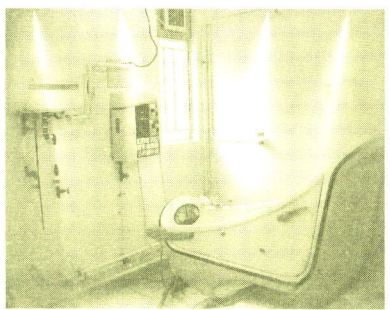
水疗设施

儿童游乐园

老年学资源角

电脑角

文娱厅

五、收费

非资助床位：

	中度护理	全护理
单人房	9700 港元/月	10800 港元/月
双人房	8600 港元/月	9700 港元/月
三人房	7500 港元/月	8600 港元/月

资助宿位：
根据社会福利署规定资助床位收费，现为 2000 港元/月。

第五章 国际健康银发城的发展趋势

北京温都水城康熙行宫博物馆——昔日皇城迎朝阳

国际健康银发城产业发展趋势——拥有复合型的、具幸福与和谐感的健康生活方式"乌埃勒尼斯"。

乌埃勒尼斯

它是一种不断增进的以具有幸福感的健康为宗旨的,具有多种功能和多项服务的高级养生活动;它是多种时尚、健康、和谐的度假活动;它是多元化、复合型的时尚、健康、和谐的生活方式。

第一节 国际健康银发城的发展趋势

一、人本型

人本型国际健康银发城就是要把"以人为本"作为建设老年公寓的根本宗旨。"以人为本"就是要以入住老人的服务需求为出发点,把老人是否满意作为检验服务工作的唯一标准。要以"传老人之声,言老人之事,解老人之忧,交老人之友,急老人之急,愁老人之愁"为服务宗旨。不但在老年公寓的硬件建设方面要按照老年人的心理特点进行设计,而且在为老人服务的软件建设方面更突出人性化,使老年人既享受到星级的服务,又感受到家庭的温馨,有一种宾至如归的感觉。

国际健康银发城"以人为本"的深刻含义：

首先，树立"以人为本"的服务理念。新时期的老年人具有不愿意再被人管束的心理特点，他们住养老公寓的目的是花钱买服务，享受高质量的生活。一切带有管束色彩的表情、语言、活动等都会使他们感到不舒服。因此，要树立正确的服务理念，要创新服务方式，以更加人性化的耐心、热心、真心去理解老人，关爱老人。

其次，满足老年人享受星级服务的需要，使他们在国际健康银发城中既感受到家庭的温馨，又获得比家庭更方便的服务。这就需要国际健康银发城引进宾馆式服务模式与管理，并加强高档次软硬件的建设速度，使老年人住在国际健康银发城有一种宾至如归的感觉。

再次，满足老人广泛的精神文化需要。国际健康银发城要充分开发利用现代化的硬件设施，组织老年人定期开展唱歌、跳舞、写书法、绘画、打棋牌、看电影、游艺、旅游等丰富多彩的精神文化活动，使老人晚年生活得更精彩，不断提高老人的满意度、幸福感。

又次，在满足老人的共性需求的同时，注重老人个性化的需求。老人在生理和安全需求满足的基础上，主要有受关爱和受尊重的需求。

最后，满足老人享受儿女亲情的需要。国际健康银发城尊老爱老的工作永远不能代替儿女的孝心。只有真正实现"以人为本"的服务，赢得老人满意，才能在养老行业的市场中站得稳、有发展。

二、定制型

定制型就是指国际健康银发城对老年人提供个性化服务，最大限度地满足老年人的不同需求，为老年人创造高品位的生活环境，让老人找到"家"的感受。

首先，国际健康银发城应创出满足老年人多元化需求的特色服务项目，满足不同层次的需求：对身体较差的老人以照顾起居生活、提供康复护理为主；对健康老人以休闲娱乐、体现家居特点为主；还要为他们提供医疗保健、心理咨询、应急服务、精神赡养服务等等。

其次，根据每个老人的不同情况，制定适合他们自身状况的个性化服务标准，例如为每个老人制定自己的营养配餐、健身方案等。国际健康银发城的工作人员应努力了解老人的个人喜好口味，并且根据老人个人的身体情况，为老人制定营养配餐方案；对老年人日常的康体健身进行专业指导，并依据个人的身体情况提供健身康体方案，对老年人在运动、休闲以及休息的时间分配和器材使用上提出合理化的建议，确保以适度适量适龄的健身运动，促进老年人的身心健康。

最后，专业护理员要了解每一位老年人的禀性和喜好，用爱心、耐心、贴心、细心、知心做好针对性双护理，即身体护理和心灵护理。

三、养生型

养生型是指国际健康银发城提供包括健身、食疗康复、垂钓、爬山、书画创作、种植等在内的诸多养生项目，为老人创造多种多元化的有益身心健康的生活方式。

也许有人认为，老年人的养生保健不外乎吃喝、锻炼两方面，其实不然。医学科学的发展赋予了老年养生保健更新、更广、更科学的内容，只有用科学的知识来养生保健，才能达到益寿延年的目的。

1. 合理膳食是基础

针对老年人的体质特点，应注意以下情况：

（1）食物宜粗细搭配。因老年人胃肠功能减弱，牙齿不好，尽量选择易消化的食物，以保证其消化吸收。

（2）营养成分宜合理，以提高机体代谢能力。充足的维生素和多种微量元素可使各种代谢酶的功能加强。特别是维生素 E、维生素 C 和胡萝卜素，有抗氧化作用，能消除有害的自由基，防止和减少细胞受损，推迟衰老。海带不仅含有大量的碘元素，还含有钙、磷、铁、蛋白质、脂肪、碳水化合物、矿物质和纤维素等人体不可缺少的营养成分。花生、芝麻、核桃是老年人补脑护脑的三大营养食品，可多食用。

（3）牛奶、大豆及其制品，可以抑制细胞脂质的氧化，抵抗人体衰老，是餐桌上必备的食品。骨头汤能缓解老年人的骨质疏松，预防筋骨挛痛和膝脊痛，防止人体老化。此外，老年人代谢机能降低，体力活动较少，以每餐八九分饱为度，七成饱为佳。

2. 有氧运动要经常

生命在于运动。每天早晨在公园、绿地，甚至大街上，或慢跑或舞剑或散步的老人，都怀着益寿延年的美好愿望，许多老寿星就在他们中间产生。

作为老年人，哪种运动最合适呢？是有氧运动。它的形式很多，如快走、慢跑、健身操、游泳、骑自行车、跳绳等。据测，在做有氧运动时，人体吸入的氧气是安静状态下的 8 倍。长期坚持有氧运动能增加体内血红蛋白的数量，提高机体抵抗力，抗衰老，增强大脑皮层的工作效率和心肺功能，增加脂肪消耗，防止动脉硬化，减少心脑血管疾病的发生。

3. 文化养生要提倡

老年人在身体许可的情况下，参加多种有益的文化养生社会活动，发展和培养一些兴趣，可以减缓大脑皮层细胞的萎缩。

许多老年人退休前因工作繁忙，几乎没有自己的兴趣，退下来后，为驱除寂寞和惆怅，急于培养一些兴趣和爱好。需要注意的是，只有健康的活动才会促人长寿，如听音乐、习书画、收藏、交友、垂钓、弹琴、养鱼种花、下棋打牌等。著名科学家约里奥·居里是一个钓鱼研究者，原澳大利亚总理弗雷泽也十分嗜好钓鱼。老年人形式多样的文化活动就是养生。

4. 心态健康是保障

老年人在精神方面存在的隐忧应引起特别的重视。心态健康和生理健康有着密切的关系，如果心态不健康，会严重影响生活质量，最终必然损害身体健康。所以要把学习心态保健知识、掌握心态保健手段、学会身心愉快地生活，作为每个老年人健康长寿、安度晚年的重要条件。

四、舒适型

舒适型是指国际健康银发城在环境布置、景观设计上给人一种舒适和享受的感觉，有利于老年人的身心健康。例如花园中优美的景色，可使老年人产生愉悦的心情，从而减少高血压等老年常见病的发生，也可在一定程度上减轻压力和痛苦；在小区花园入口处铺设水平走道，适合老年人悠闲地漫步；同时，景观设计也应考虑到季节的更替、颜色的选择等因素，从而为老年人营造一个美好的居住环境。

营造舒适型的环境可以从以下几个方面考虑：

1. 国际健康银发城的选址

清新空气和开阔视野是老年人对环境的要求，因此，国际健康银发城在选址时，比较适宜选在城市近郊景区，这样既有利于一定的规模建设，避免喧嚣，空气也相对清新，自然环境也较好，并且开发的土地成本也相对较低。

2. 景观设计

景观设计等诸多细节上，以宜人的尺度和良好的观瞻等适合老年人审美观的方式为主，多设置一些可以亲近的、进入的景观。适当的水景有助于改善社区环境、净化空气，亲水也能给人带来良好的心情。

3. 园林系统

国际健康银发城的系统规划，应基于老年人健身、娱乐、休闲、交往的需要设计活动场所；精心设计房前屋后的庭院绿地，特别是对高龄老人居住前的绿地要给予更多的关注，因为随着老年人年龄的增长，老年人的活动空间范围将会缩小，其对房前屋后绿地的需求远高于中心绿地；重视将社区内的消极空间作为老年人的积极空间；绿地中心的设置应便于老年人休闲。

五、无障碍型

无障碍型是指国际健康银发城在建筑设计和设备设施的配备上应充分考虑老年人的特征，既要方便老年人的行动，又要避免对老年人造成伤害。因此，在他们身体各项机能日益下降的情况下，为了他们能正常健康地生活，应根据具体情况和需求进行特殊设计。例如，楼与楼之间全部用风雨连廊相连，无论刮风下雨，老年人都可以方便、安全地到达各个公共空间；国际健康银发城内需要的地方都铺设防滑材料、无障碍坡道，走廊宽度远远宽于普通走廊，按超过两辆轮椅交会的宽度计算；所有的扶手全部采用圆杆，所有边角全部采用圆角设计等。

具有主要从以下几个方面考虑：

1. 规划布局

规划设计总体布局应功能分区明确（以满足功能需求为目标），空间尺度适宜，布局灵活，环境特征便于识别，以服务设施为中心，以步行道路作为交通主线。

2. 道路交通

道路宜采用人车分流，无障碍的步行道构成小区的交通骨架，尽量避免机动车的进出对老年人日常生活的干扰。路网结构宜人车分流，特别应强调老年住宅、老年公寓式住宅与老年人涉足的公共场所之间应以方便、安全、快捷的步行系统相连，步行系统两侧应设置供老年人休息、交往的座椅，步行道路的宽度与纵坡应适于老年人、残疾人及轮椅的通行要求。

3. 无障碍住宅

（1）足够的空间尺度。当家庭成员因意外受伤或生病时，会有借助于轮椅等辅助工具活动的需求。这种潜在要求同样适用于家庭成员生命周期的变化。为了使老年人坐着轮椅能够独立完成活动，要求地面没有高差，过道或者出入口等交通节点要宽一些。同时，如果可以选择使用更为方便的轮椅的话，某些人的行动范围就会大得多。原来因活动能力有限而卧床不起的人也可以在床下相对自由地生活，通过轮椅去起居室看书、看电视、会见朋友、到饭厅去吃饭，也可以方便地进出卫生间，甚至还可以亲自下厨享受烹调的乐趣。适度扩大的空间尺度也为其他家庭成员带来了生活的舒适性。

（2）考虑周详的细部功能设计。这其实是一种设计方法的改良。比如门把手，杆式把手就比球形把手具有更为广泛的适应性。同时，可以选择使用更为方便的新型住宅设备及产品。

（3）提供多种感官的人与住宅的交互系统。在视觉方面包括提供更充分的照明；在不同功能部位进行不同的材质变换处理。如台阶、入口等交通空间与使用功能空间交界处的材质变化可以引起更多的注意。在听觉方面可以考虑增加扩音装置，又比如门铃或厨房安全装置中同时提供声音和闪光视觉讯号。在触觉方面的例子包括在墙壁上的开关上加装便于感知的突出或细长的装置，如宽板开关；又如在加热器或热水器上加装水温限制感应器以防烫伤等。

六、聚亲型

聚亲型是指国际健康银发城是年轻人的第二居所，节假日全家可以去国际健康银发城探望老人，老少团聚，同时老人和孩子又可以休闲娱乐，放松身心。这种聚亲既让老人享受了一家团聚的天伦之乐，又给老人和孩子创造了一个休闲度假的机会。

七、学习型

学习型是指国际健康银发城成立老年大学，提升老年人的生活品质，真正做到老有所学、学有所用，让老年人的人生夕阳更红更美。

活到老，学到老！学习是人一生的重要主题，学习使人充满活力。只要健康允许，人就存在学习的需要。社会在不断发展，凡是在社会中生存的人都需要学习，不学习就会感觉跟不上时代。很多人工作时可能顾不上自己的一些兴趣和爱好，而是静下心来学习自己想学的知识和技能。老年人需要学习党和国家的法律法规和政策，学习怎么适应新的生活处境，学习新的知识和技能等。国际健康银发城中的老年大学可以给广大老年人营造一个健康向上的生活环境，以"增长知识、丰富生活、陶冶情操"为宗旨，为老年人提供学习知识和技能的服务，内容涉及文学、书画、音乐、舞蹈、摄影、手工、艺术和电脑等，以满足老年人求知、自尊的需求。老年人可以在这种环境中学习知识、以学会友。同时，这还可以激发老年人的各种兴趣爱好，使老年人身心愉悦，提高生活质量。

八、智能型

智能型是指国际健康银发城采用电脑技术、无线传输技术等多项现代技术手段，对老人的生活起到智能化的照顾作用。例如在老人卧室、卫生间、浴室、各种活动场所以及室外活动区域均安装有紧急呼叫系统、红外线监视器等智能化系统，以便在老人需要紧急救助的时候能够准确定位、快速行动。

目前英国科学家正在开发一种能够照顾独居老人起居和健康的"智能屋"。"智能屋"将配备全套电子芯片装置，将其植入地板和家用电器中，使老人的日常生活处于远程监控状态。如果老人走出房屋或摔倒，地面安全传感器会立即通知医护人员或老人亲属；安在冰箱和厨房的传感器会对翻倒洒出的牛奶或是炉灶上无人看管的锅发出警报；自动化"药剂师"的职责是提醒老人准时吃药；娱乐传感器则在老人进门时自动播放主人喜爱的音乐，并适时调节暖气和灯光。如果老人外出，电脑还可以通过 GPS 全球定位系统跟踪其去向。开发"智能屋"项目的"建筑研究基金会"形容"这是一座没有护士的养老院"。

九、保险商业型

保险商业型是指国际健康银发城的老人通过从 28 岁开始购买商业保险来养老，即在交纳了一定的保险费以后，就可以领取丰硕的养老金，度过幸福的晚年。

商业养老保险有五大关键词：

1. 年金保险

目前，保险市场上绝大多数商业养老产品，都是限期缴费的年金保险，即投保人按期缴付保险费到特定年限时开始领取养老金。如果年金受领者在领取年龄前死亡，保险公司或者退还所缴保险费和现金价值中较高者，或者按照规定的保额给付保险金。

年金保险和生存保险都是以被保险人在保险有效期内生存为给付条件。年金保险是生存保险的一个变种，两者之间有所区别。前者在保险期限内生存时由保险公司按照约定的期限和方式给付保险金，后者在被保险人生存至保险期满时由保险公司一次性给付保险金。

2. 领取方式

商业养老保险通常有定额、定时或一次性趸领三种方式。趸领是在约定领取时间，把所有的养老金一次性全部提走的方式。定额领取的方式和社保养老金相同，即在单位时间确定领取额度，直至将保险金全部领取完毕。社保养老金是以月为单位时间，而商业养老保险多以年为单位，如平安人寿的长青终身养老年金保险等，就采取按年给付的方式。定时，自然就是约定一个领取时间，根据养老保险金的总量确定领取的额度，例如确定要15年领取完毕养老金，那么保险公司将根据养老金总额，确定每年可以领取的具体额度。有些养老年金保险合同中有约定的时间，有些可以自由选择领取的方式，中间亦可以更改。

3. 领取时间

中国法定的退休年龄为女性55周岁，男性60周岁，社保养老金即按照这两个年龄进行领取。相比之下，商业养老保险的领取时间则灵活得多，提供了领取时间的多种选择，并且在没有开始领取之前可以更改。年金领取的起始时间通常集中在被保险人50、55、60、65周岁这四个年龄，也有更早或更晚的。

4. 保险期间

所谓保险期间，简单来说就是从保险合同生效到终止的时间跨度。在被保险人正常生存的情况下，保险期间将直接关系到养老金领取的时间长度。目前，定期和终身的养老保险产品都非常之多。

5. 保证领取

养老金是以被保险人生存为给付条件的一种保险，为避免被保险人寿命过短损失养老金的情况，不少养老险都承诺10年或者20年的保证领取期。也就是说，若被保险人如果没有领满10或20年的保证领取期，其受益人可以继续将保证年期内的余额领取完毕。

十、社会型

社会型是指国际健康银发城配备社会服务性的机构，帮助老人办理各种社会事务，如法律服务、咨询服务、保险服务、理财服务等等。

（1）法律服务。开展老人法律援助、庇护服务。老年人有许多问题需要得到法律的援助和支持，时有的家庭、财产、邻里等关系也需要有咨询、调解的地方。开展社区老人法律援助、咨询、调解、庇护等服务活动，帮助老年人解决诸如丧偶、离异后的再婚问题，无子女及亲人的赡养问题，老年人受虐待问题，家庭财产分割问题等等，维护和保障老年人权益，使其安度晚年。

（2）咨询服务。通常要求这种服务的是老人的亲属。有时老人的意见同亲戚的意见不一样，提供咨询服务的社会工作机构就是最好的帮手。这些机构解决诸如个人和家庭矛盾、退休、财政、生活安排等各种问题，从而使老人的个人权益得到最好的维护。

（3）保险服务。国际健康银发城设置保险咨询服务中心，为广大老人提供个人保险的咨询、专业保险建议、代为办理保险、协助客户理赔，在合理合法的基础上，为老人争取最大的利益。

（4）理财服务。国际健康银发城设置专门的理财机构，为国际健康银发城内的老年人提供专业的理财服务。老年人虽然收入偏低，生活支出较少，但长期积累形成的养老资金更需要理财方面的专业化服务。理财是一门学问，需要一定的专业知识，对普通老百姓而言具有一定的技术门槛，老年人更难学习掌握理财知识，因此他们更需要理财服务。

十一、福利型

福利型是指国际健康银发城的任务和目标就是照顾好每一位老人，这在一定程度上减轻了社会的负担，具有福利性事业的特点。但是国际健康银发城又不是完全的福利性事业，它遵循"福利性事业、市场化经营"的原则。

中国人口众多，经济发展不均衡，人口贫富差距悬殊，并且属于低福利水平国家，所以政府主要关注于解决社会"低保"、"五保"等处于弱势的老年人群的养老问题，而对中高收入人群的养老生活关注得较少，只有些粗放的政策，并且在现实运用过程中可操作性差。同时，由于国际健康银发城属于新兴事物，它是老年人养老和社会化投资、企业化经营的房地产开发的混合体，有关部门在政策制定和操作方面滞后，因此，一般开发商在税费减免、金融支持方面得不到相应的优惠，对于具有社会化养老性质的国际健康银发城，开发商需要完全按照市场条件解决项目立项、项目审批、资金筹措等一系列问题。因此，国际健康银发城运营需遵循市场规律，走"福利性事业、市场化经营"的道路。

为进一步鼓励社会资金进入养老产业，中国国家民政部社会福利和社会事务司制定了"民办公助"、"公办民营"的优惠政策，使民办福利机构运行成本减少，促进社会福利市场化的进程。兴办福利机构和老年公寓，虽有创业阶段利润率低、成本回收慢等弱点，但给予适当的优惠政策，再依靠企业的实力，完全可以让养老产业更好地发展。温州市出台了相关政策，采取减免税费等措施，积极倡导和支持社会力量兴办社会福利事业，极大地调动了社会各界的积极性，目前民办福利机构床位数已占城镇福利机构床位总数的80%。

十二、国际型

国际型是指随着各国步入老龄化阶段，国际健康银发城必将发展成为一个全球性的产业。国际健康银发城的产业形式在世界各地都适用，老人不分国籍和种族，都能在国际健康银发城中过上幸福的生活。国际型主要表现在以下两个方面：

（1）国际化的养老理念。养的概念，要从满足物质需求向满足精神需求方面发展；养的原则，要从经验养生到科学养生发展；养的目标，要从追求生活质量向追求生命质量转化；养的意义，要从安身立命之本向情感心理依托转变。

（2）国际化经营方式。在国内外制度不同的情况下，老龄化问题都是相同的，养老事业发展可以兼容并包、互相借鉴，但打造养老品牌永无止境，可以通过连锁经营的方式打造国际健康银发城的品牌。连锁经营有以下优势：品牌统一化，管理标准化，客户人性化，营销一体化，人员专业化，技术信息化。连锁养老机构分散经营，集中管理，有规模化优势，这种模式也有益于网络的铺开。

第二节 世界恶劣环境的影响

一、恶劣环境导致疾病

（1）空气污染物含量超标。

世界卫生组织专家迈克尔·克里斯赞罗瓦斯基表示，在全球范围内，每年由于空气污染问题死亡的人数估计达到75万，其中超过53万人来自亚洲各大城市。

专家指出，大气中一种名叫"PM10"的空气污染物的含量正呈现上升之势，PM10一旦被吸入人体，就会停留在人的肺部里。在亚洲，许多城市的PM10标准含量超过世界卫生组织的标准。亚洲发展银行的一项研究显示，亚洲城市的空气污染问题每年导致这个地区超过50万人死亡。

亚洲发展银行的专家戴亚特·斯维拉表示："和欧美一样，在亚洲，PM10与当地民众的健康问题有着紧密联系，但在亚洲，空气中PM10的含量要比欧美地区高很多。"

根据世界卫生组织的最新标准，每立方米空气中PM10的含量应该低于20微克（1微克等于百万分之一克），而亚洲很多城市空气中的PM10含量都超过70微克。

近日，20个亚洲国家的代表在印度尼西亚举行会议。与会专家表示，在部分亚洲城市，空气污染程度已经达到"严重"水平，而城市化进程和汽车的普及是导致污染加剧的主要原因。

世界卫生组织表示，把PM10含量的标准调低，有望使受污染城市每年的相关死亡人数减少15%。据报道，世界卫生组织还呼吁把空气中臭氧和二氧化硫等其他污染物的含量标准调低。

（2）汽车尾气排放问题严重。亚洲发展银行的报告指出："亚洲的城市化发展以及在人口、汽车和能源消耗方面的增长是造成空气污染问题严重的主要因素。"

亚洲发展银行的研究指出，在亚洲民众使用的交通工具中，私人机动车所占的比例仍很低，而且大部分以摩托车为主。但随着亚洲国家经济的发展，私人机动车的拥有量将会大幅度上升。以印度为例，在未来30年内，私人汽车的数字可能会出现13倍的增长，相应地，同一时期印度的二氧化碳排放量也可能会出现5.8倍的增长。

二、恶劣生活环境导致疾病

在日常生活中，环境危害健康的事情时有发生。

1. 室内环境污染

室内污染源包括存在于厨房、浴室的生物污染和有毒污染。要小心提防的有：油漆、树脂、清洗剂、厨房和浴室清洁剂、空气清新剂和建筑材料中的挥发性有机化合物；玻璃纤维绝缘体之类的人造矿物纤维、建筑垃圾和纸灰；生物污染物，包括细菌、真菌、霉菌、病毒、花粉和尘螨等。室内环境的污染源主要有以下几个方面：

（1）各种家用化学品的使用。家庭常用的日用化学品主要有清洁剂、杀虫剂、除臭剂、空气清新剂、芳香剂、各种化妆品和洗涤用品等。这些家用化学品的大量使用或多或少地会释放污染物质到居室的空气或水中，不仅影响生态环境，也会污染室内空气，危害人体健康。此外，家庭贮备用药物如果贮存不当或时间过长，不仅影响药效，对食用者产生副作用，也可能污染室内空气。

（2）室内燃料的燃烧。家庭取暖、炊事活动都要使用各种燃料，燃料燃烧的产物因燃料的种类而异，主要有 SO、CO、NO 等。中国烹饪方式以炒、炸和煎为主，而且厨房通风条件较差，所以烹饪油烟广泛存在于居民家庭及餐饮厨房内，这也是导致室内空气污染的主要原因之一。

（3）吸烟。烟草在燃烧过程中会释放出多种化学物质，有的甚至有较强的致癌作用，不仅对吸烟者本人造成不良影响，还会影响室内空气质量，影响其他家庭成员的健康，对儿童及妇女的危害尤其严重。

（4）养花和饲养宠物。居室内饲养的动物除了会产生让人不舒服的味道以外，还会产生各种动物皮屑、唾液、毛发，甚至微生物，可能造成某些传染病的传播，例如"猫过敏症"、弓形虫病。如果孕妇感染弓形虫，弓形中可能还会进入胎儿体内，造成胎儿先天畸形。狗可以传播棘状绦虫。鹦鹉及其他鸟类的衣原体可能导致鹦鹉热。动物传播最多的还是沙门氏菌。室内适当养花卉有很多益处，但是，如果花卉植物品种选择不当也会危害健康。花盆中潮湿的土壤也有利于真菌等微生物的生长。

2. 户外环境污染

空气颗粒是户外空气污染中最严重者。空气颗粒的来源多种多样，可以是天然的，也可以是人类活动产生的。人类制造的污染是最常见的，例如吸烟、烧木柴产生的烟雾、机动车排放的废气和工业生产过程中产生的污染物等。如前文所述，这些颗粒直径小于10微米，也叫做微细物，或称10微米颗粒物（PM10）。它们能被人吸入肺里并积存下来。许多研究估计，若每立方米空气中的微粒含量增加10毫克，空气污染导致的日死亡人数会增加1%。

3. 家用电器污染

现代家庭中使用的电器越来越多，电冰箱、电视机、洗衣机、收录机、电风扇、抽油烟机、电话机、手机、空调、加湿器、微波炉、电磁炉、家用电脑等数不胜数，这些电器在给人们的生活带来方便的同时，也带来了麻烦。

（1）电吹风机、洗衣机等外壳可能带有静电，人长期接触可能会出现静电综合征，表现为头痛、胸闷、咳嗽、呼吸困难、紧张、忧虑等。

（2）电视机、电脑、移动电话可能带来居室内电磁辐射。电磁辐射主要影响人的神经系统，使人出现注意力下降、易怒、记忆力下降、情绪低落等症状。

（3）各种家电的使用或多或少会给居室带来噪声污染，比如电视机、电冰箱、空调等。

（4）家电还可能带来光污染，例如电视机、电脑可能产生炫光的感觉。如果家庭放置和使用复印机或者使用紫外线灯，还会造成居室内臭氧和紫外线的污染。

此外，居室内通风不足，使释放到居室内空气中的各种污染物不能及时排出，污染物积累到一定程度会影响健康和舒适的水平。

4. 精神状态不佳对身体健康的影响

精神状态对健康的影响人是很敏感的。随着环境的变化，人的精神状态也会发生变化：有可喜之事，人们会笑、会兴奋快乐；有不如意之处，人们会伤心难过、会哭会怒。人生就是如此，喜怒哀乐、惊恐忧愁点缀着人们的生活，丰富着人们的精神世界。

愤怒的情绪可以使人具有攻击性，使人丧失理智，还严重影响人的健康。人在愤怒时，交感神经兴奋，肾上腺素分泌过多、血压升高、心跳加快。强行制怒的结果是将积蓄的能量强压在体内，可能在短时间内冲破某一堤坝，引发心血管疾病、精神疾病，从而损害身心健康。急躁的情绪可能使人敏感、心情不稳定、做事匆忙、心理压力增大。有心脑血管病症的人当中，大约70%的人属于长期处于急躁、不稳定的情绪中的人。

长期抑郁的人易患高血压、糖尿病、溃疡病、皮肤病。心情压抑的成年人中，死于中风的可能性比一般人高出50%。长期处于紧张状态的人，易患龋齿、口腔溃疡、糖尿病、心血管疾病、消化系统疾病、皮肤病、神经官能症、支气管哮喘、癌症、妇女月经失调等。

长期压抑、畏惧、苦闷的人，由于紧张状态抑制了体内免疫反应，阻止了抗体的形成，因而容易诱发癌症。

长期处于自卑、孤寂精神状态中，大脑皮质处于抑制状态，中枢神经系统处于麻木状态，体内各器官也缺乏相应的调节，内分泌系统、免疫系统不能正常发挥作用，会使人的生理发生变化，如记忆力减退、抗病能力下降、食欲不振、反应迟钝、乏力、焦虑、早衰和性功能下降。不良情绪带给人的伤害不仅仅是生理上的，它还可能对人的形象、自信心、意志力、信念造成种种不良影响。

因此，应该关心自己的精神状态、心理反应，这是爱惜自己、珍惜生活的一个重要内容。

第三节　健康危机时代产生乌埃勒尼斯度假潮流

21世纪，在欧洲一些国家中，一个新的旅游专用词语颇为流行，即"健康旅游"［乌埃勒尼斯（wellness）tourism］。这是个新概念，它不同于以往的医疗保健旅游，其最基本的区别在于参与健康旅游的人本身是健康的，他们是为了保持健康、防止疾病和促进健康而从事旅游活动，而不是因为不健康、生病要治病而离家出游。后者主要是依靠医疗、疗养机构通过治疗而消除疾病，回复康健；旅游者本身是被动的。而前者则是通过特定的休闲度假设施和活动，使自己感到更健康，气色更好看，能够缓解衰老，减少和消除压力；旅游者自己是主动的。

健康旅游成为日益增长的旅游新需求，因此，精心设计健康旅游产品满足这一需求也成为旅游业发展的新战略。这一重要发展趋势不仅会影响旅游服务机构产品设计和开发的思路，也会改变政府部门制定和调整相关政策的依据。这一新趋势还标志着旅游业的功能将发生重大的变化，旅游业要进入一个新时代。

一、health 度假潮流的产生

近年来，全球经济随着中国加大和加快工业化和城市化的步伐而强劲增长。澳大利亚、日本、韩国、泰国以及新加坡等亚太地区国家的经济均从中国高速、稳定、持续的经济增长中受益。与此同时，中国和印度是目前亚太地区经济增长的主要推动力。展望 2015 年，经济学家预计中国和印度的经济将继续以每年 GDP 增长率 7% ~8% 的速度向前推进。尽管经济在高速向前发展，生活水平在不断提高，然而这个世界并不太平：SARS 大规模爆发、禽流感到处肆虐、食品安全问题频频亮起红灯（如麦当劳、肯德基的苏丹红事件）……这一连串人类自身的安全威胁无不提醒着人们，人们正在进入一个健康安全的危机时代。

随着经济的发展和社会的不断进步，人类已经从基本的生理需求（温饱满足）转向自身的安全需求，人们对自身的健康关注和需求达到了前所未有的高度，消费者正在积极地寻求：更高层次的健身；健康的生活方式教育；营养咨询；减肥；延年益寿；治愈疾病；预防性药物；解决个人疾病问题，如精神压力和抑郁症等；整体疗法；自然疗法；东方医药疗法等。这样的需求催生了一个庞大的 health 休闲度假产业。在国际上，欧美国家是最先从传统的观光旅游向以更

加强调休息、放松，以增进身心健康为目的的 health 休闲度假旅游方式转变的。如在西班牙，休闲度假在旅游中占到了 82.7%，意大利占 56%，法国占 60%，英国占 70%，而美国休闲度假所占比重更大，达到 83%。health 休闲度假潮流正广泛兴起。

二、"乌埃勒尼斯"概念的产生和发展

30 年前，人们对"健康"的普遍看法是"身体没有患任何疾病就是健康"。然而世界卫生组织在 1970 年对"健康"的定义给人们提供了更为广阔的健康视角："健康指一个人在身体、精神以及社会交往方面的一种完全健康状态，而不是指没有任何疾病。"

乌埃勒尼斯的概念和理念最早由美国医生哈尔伯特·邓恩（Halbert Dunn）于 1959 年提出。他如此阐述人类的一种特殊健康状态：在内外环境的作用下，把人当作是一种身、心、灵的统一体，并能获得一种全面的幸福感受。他把这种个人的最大满足感称为"最高层次的乌埃勒尼斯"。

最近一段时间以来，人们则更多地把乌埃勒尼斯的元素、价值以及方式融进"health"的定义中，并从"health"引申出"乌埃勒尼斯"的定义："一个人以能够最终提升健康的生活方式来做出人生选择和从事各种各样的活动，并且这种健康的生活方式将不断地对一个人的多层次幸福感产生积极的影响。"

专家认为"乌埃勒尼斯"包括四个层次的含义：

（1）终生都在致力于生活方式的持续改变；
（2）对个人的行为负责；
（3）提高生活质量而并非只是延长寿命；
（4）在生活方式连续性上提升自己的品位。

所以从这个意义上来说，乌埃勒尼斯是比 health 更进一步和更高层次的健康理念。

现在西方对乌埃勒尼斯的定义是：通过健身运动、健康的营养和饮食、娱乐放松、冥想、心理活动/智力学习、环境敏感度以及社会交往的方式来达到身体、心灵、精神和谐的一种健康状态。

国际健康银发城把乌埃勒尼斯的定义概括为：它是一种不断增进的以具有幸福感的健康为宗旨的，具有多种功能和多项服务的高级养生活动；它是一种时尚、健康、和谐的度假活动；它是一种时尚、健康、和谐的生活方式。

三、health 度假与 wellness 度假的区别和联系

从度假的角度来看，美国康奈尔大学酒店管理学院（Cornell University's School of Hotel Administration）注册营养学家马里·塔巴克奇（Mary Tabacchi）指

出："使你自己或家人变得更健康的任何一种度假都是 health 度假。"虽然目前已很难分清 health 度假和乌埃勒尼斯度假的界限，两者已经互相融合在一起，但西方国家更看重乌埃勒尼斯度假的核心内涵：追求健康，通过度假的方式达到预防疾病，并保持、促进、增强全面健康和幸福感的目的。

尽管 health 度假与乌埃勒尼斯度假具有很多的共同点，但它们之间还是有细微的差别：health 度假是指那些与各种各样健康问题的消费者企图通过度假旅游的方式来体验各式各样的疗法，使他们尽快地康复或是改善他们的健康；乌埃勒尼斯度假则是指一般健康的消费者通过度假旅游的方式去体验各式各样的疗法和活动，来达到促进和增强健康以及保持幸福感的目的。

从旅游产品的结构形态上来说，乌埃勒尼斯旅游被当作是健康旅游（health tourism）的一个分支。根据 Kaspar 的说法，健康旅游是指"人们改变自己的位置或离开住所使用健康服务，以促进、保持以及适当地恢复身体、心理、精神的健康状态，他们所住的地方既不是他们的主要永久性居所，也不是他们长期工作的地方，而是一个专门为过夜游客提供休息和娱乐设施的地方。"对于乌埃勒尼斯旅游的定义，人们最好以从事乌埃勒尼斯服务的酒店的角度来进行整体分析。美国大峡谷牧场 health & wellness 专家及 SPA 国际健康银发城开发商梅尔·朱克曼（Mel Zuckerman）指出："乌埃勒尼斯旅游是指人们旅行或离开自己住所的主要目的是为了保持或促进自己的健康。他们一般都入住专门提供乌埃勒尼斯服务和个人保健养护服务的酒店和国际健康银发城。他们要求提供比较完整的乌埃勒尼斯服务项目，如健身/美体、健康营养/饮食、放松/冥想以及心理健康调整/教育等，使他们拥有一种比刚入住酒店或国际健康银发城时更好的体验和感受，从身体、心灵、精神上都有一种焕然一新的感觉。"

目前很难从 health 产品和乌埃勒尼斯产品的供应方来进行两者在旅游产品结构形态中的划分，因为同一个供应商都可以满足两种产品之间各种不同的要求。特别是健康治疗机构能同时向疾病治疗客人和乌埃勒尼斯客人提供相类似的服务或设备和设施以及广泛的客人保健内容。在欧美国家，特别是在瑞士，对在酒店业从事乌埃勒尼斯服务的个人或公司组织都有非常严格的乌埃勒尼斯行业资格标准，如营养、健身锻炼、放松以及美容美体等都要由获得专业资格的治疗师为客人提供乌埃勒尼斯服务。

health 度假和乌埃勒尼斯度假两者在市场和所提供服务内容上有许多的重合之处，特别是与 Spa 都有非常紧密的联系。从消费者的角度来说，观光游客在前往城市度假地旅游时，日常 Spa 是他们优先考虑的旅游因素。而休闲旅游者或公司管理层旅行者在做旅行决定时，比较关注城市度假地是否提供个人的 health & 乌埃勒尼斯服务。因此城市或城市郊区的日常 Spa 对这些消费者有很大的吸引力，同时也蕴含着无限的商机。

国际 Spa 协会（International Spa Association，ISPA）对 Spa 的分类为：

（1）会所 Spa（Club Spa）：以提供健身为主要目的的设施和设备，并提供日常使用的 Spa 专业护理服务。

（2）游轮 Spa（Cruise Ship Spa）：在游轮上提供 Spa 专业护理服务、健身、康复项目以及多样化的 Spa 食谱。

（3）城市日常 Spa（Day Spa）：专门向消费者提供日常使用的 Spa 专业护理服务，是加拿大和美国目前最受青睐的 Spa 类型。

（4）度假地 Spa（Destination Spa）：专门向客人提供关于选择和改善生活方式的服务；通过 Spa 专业护理服务、健身锻炼、培训计划（如营养和精神压力管理）来达到增进健康的目的；通过提供度假地住宿来达到融入社区生活的目的；提供 Spa 专用食谱，并且随叫随到。

（5）治疗性 Spa（Medical Spa）：一种把 Spa 服务以及各种常规治疗和补充性疗法结合在一起的，以提供综合性治疗和康复服务为主要目的的 Spa。据预测，随着越来越多的消费者正在寻求整体的治疗方法和补充疗法，这种类型的 Spa 将在未来的几年内突现出强劲的发展势头。

（6）矿泉 Spa（Mineral Springs Spa）：在度假地提供的各种专业的水疗法，如天然矿泉浴、温泉浴以及海水浴的 Spa。这种类型的 Spa 主要与欧式 Spa 产品有关。

（7）国际健康银发城/度假酒店 Spa（Resort/Hotel Spa）：在国际健康银发城/度假酒店内提供 Spa 专业护理服务、健身、康复项目以及多样化的 Spa 食谱。这种类型的 Spa 是北美第二大类型的 Spa 设施，许多传统的国际健康银发城/度假酒店因其利润可观已大量增加这种类型的 Spa。未来的消费趋势表明，国际健康银发城/度假酒店的 Spa 设施和设备将是客人前往国际健康银发城/度假酒店度假的决定性因素。

四、国际乌埃勒尼斯假日的类型

你是否有过这样的感觉：旅游度假回到家后不是充满了活力而是仍感到疲惫不堪？

你是否有过这样的感觉：渴望得到生活中更多的平静、平衡以及和谐？

度假不是为了增加人们的疲惫，而是为了寻找体现自我价值和自我生活的时间和空间。度假使人们获得更多的体验，使人们看得更远、更宽阔。

乌埃勒尼斯假日就是为了解决你的度假问题和生活问题而诞生。

乌埃勒尼斯假日是指通过度假来使人们的智力、心灵、感情、身体以及精神达到最大限度的和谐和平衡。

目前，国际上比较流行的乌埃勒尼斯假日类型主要有：

(1) 放松与回春。

该类主要注重营养、身心放松。其整体疗法包括催眠疗法、瑜伽、冥想和太极。住宿设施的选择是此种假日治疗成败的关键。

(2) 内心朝圣。

朝圣之路通往一个庄严神圣的地方,这个地方是精神和灵魂的殿堂。此类型的乌埃勒尼斯(wellness)假日包括冥想训练、精神归隐、瑜伽、宗教治疗、重新回归过去的生活、艺术疗法、自我反省和自我开发、星象阅读、自觉训练指导以及舞蹈疗法。

(3) 健身与运动。

在度假地进行各种各样的健身与运动,或组织进行体育比赛,设有专业健身和运动教练现场指导。此类型的乌埃勒尼斯假日提供:健身Spa、高尔夫球比赛或三人项比赛、健身指导、骑自行车、徒步旅行或背包旅行。

(4) 生活方式修正。

其主要目的是为了使生活获得更多的平衡,或解决生活中遇到的某些问题,使生活变得更加和谐,并与生活专家一起把失衡的生活全面恢复到平衡、和谐的状态。此类的乌埃勒尼斯假日提供:与健康教练、营养调理和评估师以及生活教练一起合作;催眠疗法;乌埃勒尼斯养护中心治疗等。

(5) 义工式旅行。

这是最近比较流行的新乌埃勒尼斯假日。度假者不但要提升自己的生活和生命质量,而且还要通过自己的服务提升别人的生活和生命质量。此类型的乌埃勒尼斯假日包括:参加海滩清扫活动;义务为弱势群体修建房屋;参加车道清洗活动或环境保护活动;到养老院或幼儿园、动物园等当义工,因为帮助别人也是一种快乐。

(6) 乌埃勒尼斯补充式疗法。

使用一种全新、替代或补充的治疗方法来使度假者治疗身体疾病。此类型的乌埃勒尼斯假日包括:针灸、脊椎指压疗法、物理疗法、夏威夷治疗法、能量疗法、中医疗法、同种疗法、预防性医疗诊断、草药治疗、反射治疗法、疼痛治疗以及直觉治疗法等。

(7) 大自然疗法。

通过在大自然中的各种各样奇妙境遇来促进度假者在精神和感情意识上的全面提升。此类型的乌埃勒尼斯假日包括:与海豚游泳、生态旅行、农业旅游、徒步旅行等。

五、乌埃勒尼斯产品和服务是酒店业最强大的收益工具

在瑞士,乌埃勒尼斯产品和服务已经成为酒店增加收益的一项重要来源,乌埃勒尼斯所产生的经济效益有时候甚至占据了整个酒店某个季节的全部收益。瑞士最近对全国 400 家乌埃勒尼斯和 Spa 酒店进行的一项代表性调查显示，乌埃勒尼斯在酒店经营中的重要性已经上升到了 40%。只有 44% 接受调查的酒店说乌埃勒尼斯对他们不重要。至少有一半的酒店设有桑拿浴、日光浴、运动健身和按摩设施和设备。1/3 的酒店设有比较完善的乌埃勒尼斯设施和设备。拥有乌埃勒尼斯设施和设备已经成为瑞士三星级到五星级酒店的标准。很多酒店把增扩乌埃勒尼斯设施和设备列入酒店的未来投资预算。

尽管目前酒店所提供的乌埃勒尼斯产品还不是很完整，缺乏文化因素的嵌入，但是一些酒店提供的乌埃勒尼斯设施和服务还是比较广泛的，如 14% 的三星级至五星级的酒店一般都提供四项乌埃勒尼斯服务：健康营养、健身锻炼、身心放松（压力管理）以及文化。

瑞士乌埃勒尼斯产业的市场规模估计锁定在大约一百万的过夜游客上，或占总人口的 3% 的乌埃勒尼斯客人，这些客人要求得到全面广泛的乌埃勒尼斯产品和服务。总体上来说，瑞士乌埃勒尼斯客人占据着 440 家酒店的 45000 张床位，这一数据占了瑞士整个酒店住宿业的 16%，显示出乌埃勒尼斯产品和服务巨大的市场需求。

就乌埃勒尼斯的供应类型上而言，一般存在四种形态：提供乌埃勒尼斯软件的酒店；提供乌埃勒尼斯硬件的酒店；非正宗乌埃勒尼斯酒店；传统的医学治疗机构。

根据瑞士酒店协会的调查，典型的乌埃勒尼斯客人平均入住天数为 8 天，其中一半的客人表示在酒店住这么长时间的主要原因就是为了娱乐和享受乌埃勒尼斯的产品和服务。

根据调查，可以把乌埃勒尼斯酒店的客人分成四种类型：
（1）有健康需求的客人；
（2）独立使用乌埃勒尼斯设施和设备的客人；
（3）需要疾病治疗和更多看护的客人；
（4）无娱乐放松要求的客人。

有健康需求的客人是人数最多的乌埃勒尼斯客人，占所有乌埃勒尼斯客人的 40%，他们对医疗保健和健康信息的完善程度以及专业水平高低要求最高，也最敏感。女性客人占了这种类型客人的 3/4 以上，平均年龄在 48 岁以上。这种类型的客人待在酒店主要是为了度假、促进健康以及恢复过去平衡的生活状态。1/4 独立使用乌埃勒尼斯设施和设备的客人对健康的养护程序、信息或专业水平没有任何需求，但对乌埃勒尼斯的设施如蒸浴房、桑拿浴以及游泳池等却表现出浓厚的兴趣。这种类型的客人主要以男性为主（占 54%），为平均年龄 48 岁左右的高学历专业人士，他们通常都是和自己的搭档一起度假。这种类型的客人一般仅在酒店住 6.5 天左右，是目前入住乌埃勒尼斯酒店时间最短的客人。

需要疾病治疗和更多看护的客人占乌埃勒尼斯客人的 1/5 左右。这种类型的客人把疾病的疗法/治愈/康复当作是他们入住酒店最主要的原因。促进和保持健康也是他们住酒店的重要原因。所以，他们对医疗水平和个人保健咨询服务有相当高的要求。60% 以上的此种类型的客人为女性、单身、平均年龄大约 53 岁，通常和朋友一起度假。她们在酒店的平均入住时间都将近 10 天以上，是酒店入住时间最长的乌埃勒尼斯客人。

乌埃勒尼斯酒店要想获得经营成功和让乌埃勒尼斯成为酒店最强大的收益工具，那么就要求酒店有非常明晰的乌埃勒尼斯市场策略：如何区分乌埃勒尼斯客人和普通客人。从市场营销策略的角度来说，它们是两种不同的概念，也就形成两种不同的目标市场客户，尽管有时候在同一家酒店他们都被当作同一种客人来对待。

另外，对于乌埃勒尼斯酒店、Spa 国际健康银发城、旅游协会、健康保险公司以及旅游和健康政策制订者来说，要对乌埃勒尼斯产业涉及的下列领域有足够多的重视：

（1）质量管理；
（2）目标市场；
（3）供需形成机制；
（4）定价；
（5）通讯和沟通；
（6）营销渠道；
（7）战略合作。

质量管理是乌埃勒尼斯产业中最重要的领域，因为只有提供高品质的乌埃勒尼斯产品和服务，才能在日益激烈的国际竞争中打败竞争对手，立稳脚跟，满足客人日益挑剔的乌埃勒尼斯服务期望值。要保证让客人享受全面的乌埃勒尼斯服务，最起码要有乌埃勒尼斯的基础设施和设备，提供相应的读物和合格的从业人员，以及乌埃勒尼斯行业最基本的设施如游泳池、桑拿浴、蒸浴房，以及提供健康营养、健身锻炼、放松冥想以及户外活动的设施和设备。同时要配备至少一名专业的乌埃勒尼斯医生、治疗师、乌埃勒尼斯培训师或运动教练来向客人提供个人的医疗保健咨询和信息。

第四节　乌埃勒尼斯——世界养老、养生、度假、休闲、健康产业发展趋势

乌埃勒尼斯产业已经被证明它不仅是西方社会正在极力追求的一种时尚、一

种新颖的生活方式，而且它还在酒店住宿业和休闲度假领域扮演着重要的角色，是酒店业强大的推进器。在过去的两年中，正当其他的休闲产业缓慢向前发展时，乌埃勒尼斯产业却以傲人的增长率和令人折服的产业规模和行业收益稳稳地坐在欧美国家，特别是美国其他重要休闲产业的头把交椅上。乌埃勒尼斯产业的发展是持续性的发展，它对环境有一种特别的亲和力，促进环境往更绿色的方向发展，是一种保护而不是破坏，完全和环境友好地融合在一起。下面是 ISPA 展望乌埃勒尼斯产业在未来的发展趋势。

一、产品趋势

业内专家表示，随着乌埃勒尼斯产业的快速发展，特别是 Spa 产品和服务技术的日渐成熟，乌埃勒尼斯将在美容化妆品行业掀起一场革命，消费者不需要做美容手术同样可以让自己更好看。东方医学和文化将对乌埃勒尼斯产生重大影响力，对天然产品的追求将超过人造产品。Spa 的衍生产品如衣服、家用 Spa 产品、Spa 浴盆以及家用按摩床和桌子将是乌埃勒尼斯产品的最新趋势。

二、消费趋势

随着市场的进一步拓展，乌埃勒尼斯不再强调以前那种"放纵"的生活方式，以迎合普通消费者的需求，它更加强调消费者的幸福感，是一种精神层面的追求。"奖赏自己努力工作的 Spa 度假"将是中低市场需求的主要推动力。

（1）消费者已经把乌埃勒尼斯当作是一种保持和促进健康的必需品。这跟以前那种放纵的 Spa 夜生活消费观念有了很大的差别。乌埃勒尼斯消费者一般都非常清楚自己在寻求什么，对乌埃勒尼斯产品和服务品质有了更高的要求。但是好的服务和好的养护治疗方案还远远不够，消费者仍然希望有一个舒缓压力的环境，加上乌埃勒尼斯的养护程序，进一步提升自己的生活幸福感。

（2）Spa 成为度假首选，与滑雪假期和高尔夫假期一样出名。

（3）"综合性乌埃勒尼斯中心"概念开始流行，并得到迅速发展。传统的 Spa 加入非传统的医学治疗，如激光治疗、针灸等，而医学治疗则提供 Spa 服务。

（4）家庭 Spa 假期将日益增多。

（5）城市日常 Spa 和城市郊区 Spa 市场潜力巨大。

（6）男性 Spa 消费者数量将逐渐增多。

（7）豪华乌埃勒尼斯度假日渐流行。

（8）政府、公司、组织以及团体的乌埃勒尼斯度假市场日渐庞大。

（9）疾病治疗假期将成为乌埃勒尼斯产业发展最快的领域。

（10）乌埃勒尼斯休闲度假将与第二居所（Second Home）全面融合。

三、投资趋势

国际大品牌积极进入乌埃勒尼斯产业，特别是酒店住宿业的著名国际品牌，如希尔顿、凯悦、万豪、丽兹-卡尔顿、四季、雅高、半岛、喜达屋等，将是乌埃勒尼斯产业的中坚力量。预计未来五年内，国际上将掀起一股乌埃勒尼斯的投资狂潮。

第五节　国际银发节

2013年10月13日，农历九月初九，正值中国传统节日——重阳节，而当年的重阳节又多了一重新的意义，"敬老、爱老"成为重阳节最鲜明的主题。自《中华人民共和国老年人权益保障法》颁布实施后，中国人迎来了第一个法定的银发节。

近30年来，随着社会老龄化的加剧，国际社会对老年人给予的关注越来越高。1990年第45届联合国大会通过决议，自1991年开始，将每年的10月1日定为国际老人节，以提高人们对于"老龄化"的认识。除了中国以外，世界上许多国家都为老年人设立了各种各样的节日，倡导对老人给予关注与尊重。这些老人节有的设在金秋季节，鼓励老人们在秋高气爽、气候怡人的季节参与各类活动，修身养性；有的与本国传统节日相结合，为之赋予新的意义。

世界各地都对老人充满关爱。

1. 美国：祖父母节

1978年，时任美国总统的吉米·卡特签署了一项法案，将每年9月美国劳动节（9月第一个星期一）后的第一个星期天定为美国的祖父母节。法案条文写明了设立祖父母节的原因：为了对祖父母表达敬意，为了给祖父母提供向孙辈表达爱意的机会，为了让孩子们意识到祖辈的力量、知识和经验……特设立此节日。在这一天，全美各地都会举办形式多样的敬老爱老活动，实际上这就是美国的银发节。

2. 加拿大：笑节

加拿大的银发节又称笑节，定在每年的6月21日，这一天是加拿大全年日照最长的一天。之所以称为笑节，是因为每逢这一天，子女送给老人的礼物并非奇珍异宝或美味佳肴，而是幽默和欢笑。在加拿大人心目中，这是送给老人最好的节日礼物。每逢笑节，书店里特意为老人摆出各种幽默书刊专柜，供老人选购；一些商店专门请来小丑进行表演；喜剧明星到养老院进行义演；电视台也会专门推出搞笑娱乐的节目。这是一个带有公益性质的节日，许多社会组织、个人都会特意选择在这一天，为老人"送笑上门"。

3. 日本：敬老节

每年的9月15日是日本传统的银发节。日本是具有尊老传统的国家，9月15日正值金秋，是日本一年之中最美好的季节，不仅秋高气爽，而且是人们一年中辛勤劳动后的收获季节。在这样的日子里为老人过节，有祝愿他们生命不息、健康长寿的吉祥之意。因此，不论在城市还是在乡村，不论是老年人还是年轻人，也不论是高层人士还是普通平民，都很重视这个节日。

这一天，全国各地都为老人举办各种庆祝活动，老人们身着节日盛装，接受儿孙及亲友的祝贺。街道、商店、影剧院装饰一新，各地区和组织召开庆祝会，家庭成员聚会庆贺，在外的子女如无法赶回家，则会发来贺电贺信，以表孝心。在银发节这一天，除例行的传统活动之外，老人们会自行组织体育、文艺、诗歌、美术、书法等项目的表演，展示老有所为、老有所乐的多彩生活。

4. 希腊：老龄日

每年的7月7日是希腊的银发节，又称"老龄日"。为庆祝节日，希腊会在著名的克里特岛举行各种活动，向老人致意、祝福。最有趣的是老人自己进行的活动，除文艺节目外，老人赛跑等体育节目最受欢迎。赛跑老人分成70岁年龄组、80岁年龄组、90岁年龄组及90岁以上年龄组，无论奔跑速度多慢，比赛从无一人中途退出，观众欢声雷动，节日气氛非常浓烈。

5. 法国：祖母节

法国将每年3月的第一个星期日定为祖母节，届时在全国250个市镇举行庆祝活动，组织孙子、孙女与祖母们相聚。在这一天，全法国已经有了孙子、孙女、外孙或外孙女的妇女们愉快地庆祝自己的节日，接受家人和社会各界的祝福。按照传统，当日，法国国内所有的博物馆都向祖母们免费开放，餐厅为她们提供各种折扣，商店为她们开设服装专场销售活动，而剧院也为这些祖母们免费演出戏剧。在祖母节前夕，法国还会举办一年一度的"超级祖母"评选活动。此外，对于很多既无亲人又无朋友的老太太，她们可以通过政府组织的活动，感受到家庭生活的乐趣。

6. 匈牙利：银发节

匈牙利的银发节定在每年的11月11日。在这一天，按民间传统习俗，老人们不会吃鸡、鸭、鹅等带翅膀的动物制作的食品，他们认为吃了这些动物肉，会使幸福长寿随之飞走。

7. 泰国：长寿日

泰国的银发节也叫长寿日，定在每年的5月5日。除了举行各种形式的敬老、爱老活动外，在这一天，还要进行一项传统活动，儿女们要采集各种象征幸福吉祥的花草，编织成美丽的花环敬献给老人，祝福老人幸福长寿。

8. 印度：长寿节

印度的银发节也叫长寿节，定在每年的4月7日。在这一天，老人们盛装打扮，参加各种庆祝活动。同时，这也是一个全家团圆的日子。不外出参加活动的老人会待在家中，等候儿女们来送贺礼和祝福，全家团聚在一起，唱歌跳舞，欢乐地度过一天。

9. 新加坡：敬老节

每年2月2日是新加坡的敬老节。在这一天，国内会以"敬老、爱老"为主题举办各种活动，感谢老年人为社会发展所贡献的智慧与力量。同时，老人可以在敬老节这一天凭身份证免费进入公园、博物馆、电影院、剧院，以及观看各种文娱、体育演出。

此外，还有些国家虽然没有专门设立银发节，但每逢盛大节日，如圣诞节、新年，都会举行一些尊老帮老的活动，表达对老人的尊重与敬意，有兼过老人节的意义。随着老年人日益增多，世界各国对老人给予越来越多的关注，老人节引起的社会响应必将更加热烈。

第六节　中国健康银发城的发展趋势

一、把需要照顾的老年人送到全程式复合型的国际健康银发城去

城镇化是中国伴随着工业化的一个必然趋势。城镇化包括两个方面，一个是大批的农村富余劳动力要进入城市就业，也就是说有一大批农业人口陆续变为城镇人口。现在已经有一大批农村富余人口进入城市了，但是根据预测，现在农村富余劳动力还有1.5亿到1.7亿，也就是说，今后一段时间还要有一大批农民进城，变成城市人口，农村一些青壮劳动力要进城。这个问题有两个方面的意义：一个方面，大批青壮年农民进城增加了收入，从而增加了他们养老的经济实力；另一方面，在农村，有些老人成为留守老人，他们的生活状况可能要成为一个问题。针对这个问题，国家要在农村逐步构建一个为老人服务的体系。首先，中国政府已经决定，要在农村建立城市社区，把城市社区包括为老年人服务在内的功能推广到农村。同时，要发展农村基层为老服务组织，像老年人协会等等，解决老年人在具体生活中的问题以及满足他们的精神生活需求。其次，随着城镇的发展，有一批农民的土地要被划拨，国家规定，因为国家划拨而失去土地的农民，完全纳入国家的社会保障制度，由国家保障他们的生活。

把需要照顾的老年人送到国际健康银发城去，应该受到肯定，因为这样做的儿女是对老人负责的。第二个原因，儿女有工作，有要抚养的孩子。当老人有病或者需要照料的时候，他不可能辞去工作专门服侍老人，所以采取把老人送到养老院的方式，接受养老院的护理也不失为一种选择，但并不是唯一选择。随着我们居家养老服务网络的健全、功能的齐全，也可以采取在家养老的方式。无论哪种形式，根据老年人的愿望，根据每个家庭的具体情况自行确定。无论采取哪种形式，都是一种养老的方式。不能说，把老人送到养老院就是道德沦丧。有些思想观念现在也应该改变。老年人本身也有这个观念："我有子女，但是子女不能伺候我，把我送到国际健康银发城去，真没面子。"有些子女也有这个顾虑，怕把老人送到养老院，亲戚、朋友、邻居有些议论。随着养老事业的发展，可能有越来越多的老年人选择到养老院去。当然，也有老年人不愿意去，如果我们居家养老的服务越来越发达，可能更多的老年人还是在家里养老。无论在哪里养老，一定要服从于老年人养老服务的需求，这是最根本的。

实际上，并不是国外的老年人都由政府承担，外国有的国家是这样，特别是在北欧高福利国家，全部由政府负担（就是由生到死），有的国家采取自己参加保险、国家投入相结合等方式。我们国家采取的是国家、社会、家庭和个人相结合的养老体制。这种体制是从中国国情出发的，我们国家还是一个发展中国家，我们整个国家的经济实力还不是很强。另外，很重要的一个方面，我们国家有很悠久的历史传统，就是子女对父母的赡养义务。在我们国家，父母对子女的义务是无限的，从孩子生，父母一直管到子女成长，甚至管到子女的后代。而反过来，子女对父母有不可推卸的赡养义务，而且这种赡养义务已经写进我们国家的宪法。所以这种养老体制，符合我们国家的国情，也符合中华民族的传统。而且我们这种养老方式，也得到了国外一些政府的青睐，有的西欧国家背负沉重的养老负担，已经不堪重负了，正在考虑调整。所以我们没必要走西方高福利国家的弯路，应从我们国家的国情出发，走适合我们中国的养老路子。当然，特别是独生子女家庭"四二一"结构成为普遍的家庭形式以后，子女完全承担养老很困难，国家正在考虑发展社会养老服务，帮助这些家庭解决在养老方面的负担。

总之，把需要照顾的老年人送到全程式复合型的国际健康银发城去，这是解放和发展生产力的需要，这是关爱老人的需要，这是解除儿女沉重负担的需要，这是世间之大爱，因此，办好全程式复合型的国际健康银发城，是中国各级政府和全民的神圣职责。

二、培养为老年人服务的专业人员已经成为当务之急

老龄化是任何国家随着经济和社会发展到一定程度，必然要出现的。各国有各自应对人口老龄化的具体方式，也并不是说只有公有制的国家才能有能力解决这个问题。我们国家是以公有制为主的国家，因此，国家采取的是"政府主导、社会参与、全民关怀"这样的一种方针，在应对人口老龄化问题上，政府的主导作用是毫无疑问的，包括立法纳入国家发展规划、增加财政投入、营造社会环境、出台优惠政策等等。同时，我们也倡导社会力量参与应对中国人口老龄化的问题。社会力量包括企业、企业家、商人，企业家也好、商人也好，他们办企业要追求利润的最大化，但是，也不完全是唯利是图。根据我们了解，已经有许多成功的企业家，他们回报社会、参与社会公益事业的积极性比较高，关键是我们要引导。当然，随着经济的发展，在税收体制上，国家也会出台一些适应社会发展的具体规定，促使企业家参与到回报社会的行列中来。

随着中国经济社会的发展，老龄事业也在发展，为老服务的机构建设的步伐正在加快，一批新的国办的、民营的养老机构开始大幅度增加。居家养老的服务网络也正在逐步健全，现在遇到的一个问题就是，对老年人服务人员队伍的培养已经成为当务之急。有些已经建立起来的养老服务机构，缺乏符合条件的护理员，现有的一些护理员又缺乏一些护理的常识和基本的技能。养老机构相对来说要好建一些，但是队伍的培养难度更大了。国家目前首先要从制度着手，有关部

委研究制定养老服务机构的等级划分标准。经过报批以后实施。这个标准包括对服务人员的资质认定、应当具备的职能以及如何进行培训。经过多方面努力，国家下一步将按照实际需要，着手培养一批具有护理技能、一些相关的其他知识等基本技能的服务人员队伍，并且逐步实行规范化管理，比如持证上岗、实行有效监督等等已经列入国家工作的重点。

解决这个问题首要的还是从思想上、制度上、法律法规上综合解决。首先要在全社会进一步弘扬中华民族的优良传统，人人都要老，家家都有老人，乌鸦还知道反哺，作为一个人，对生自己养自己的父母不尊敬，禽兽不如。所以，应当加强这方面的宣传教育，增强每个社会成员的自觉性和养老观念。在法律法规上，进一步健全维护老年人权益的可操作性强的条文，同时，做好普及法律知识的宣传，使家庭成员知道自己有哪些赡养的义务，使老年人明白自己享有哪些被赡养的权利，做到义务权利分明。同时，要坚持依法办事，对于侵害老年人合法权益的行为，依法予以惩戒。现在，国家基层的法院采取了一系列措施，特别是基层法庭，对于涉及养老的诉讼，优先立案、优先审理、优先执行。对于有困难的老年人，根据他们的情况，诉讼费分别采取减收、免收或者缓收。有的还登门去受理案件，使老年人就近方便地寻求法律保护等等。通过这样的综合治理，使得敬老、养老的风气进一步浓厚，虐待老人、侵害老人权益的行为得到了惩治。当然，老年人自身也要有一个学法、懂法的过程，更加自觉地用法律的武器维护自己的合法权益。

三、应当为老年人解决更多的实际问题

关爱老年人要从四个方面着手：一是经济保障，包括养老保障、医疗保障、经济收入、生活开支等；二是健康状况，包括身体状况、营养状况、心理卫生等；三是精神文化生活，包括文化教育、体育运动、情趣爱好、感情需求等；四是生活环境，包括居住条件、家庭环境、社会环境等。这几个方面需要统筹协调，突出重点，整体推进，才会真正有利于老年人生活质量的提高。关爱老年人，首先，政府主导是关键。政府的作用主要体现在制定规划、制定政策、培育市场、加大投入、加强管理和监督等方面，要把老龄事业纳入社会经济发展总体规划之中，加快建立和完善老龄政策体系、养老保障体系、医疗保障体系、养老服务体系，社会救助体系等。这是从根本上解决问题，是重中之重。其次，关爱老年人，社会关注不可或缺。发展老龄事业既是党和政府的重要工作，也是全民、全社会的责任。众人拾柴火焰高。社会各界要积极参与老龄事业的发展，关注、关心老龄事业，关爱、帮助广大老年人。各行各业、各部门、各单位在考虑经济发展的同时，也要把老年人的事考虑进去，共同营造全社会尊老、敬老、爱老、助老的良好社会氛围。再次，关爱老年人，家庭关爱最直接。家庭成员要在物质供养、精神慰藉、生活照料等方面尽力满足老年人的需求，让老年人随时得到家庭的温暖。维护老年人的社会尊严首要从家庭做起，家庭成员不仅要尊重

自家的老人，也要尊重社会上其他老人，也就是我们平常经常引用的孟子那句话"老吾老以及人之老"。最后，关爱老年人，老年人先要关爱自己。老年人的幸福感很大程度上取决于老年人自己。老年人要不断调适自己的心理，更多地以宽容和体谅的心态看待社会，看待家庭，看待人生。要活到老，学到老，不断学习新的知识，不断提高和丰富自己，跟上时代前进的步伐。要在身体健康状况允许的条件下，积极参与社区文化体育活动和社会公益事业，过科学、健康、文明、积极、尊严的老年生活。总之，老年人为社会发展做出了历史贡献，他们有共享社会发展成果的权利，社会有义务不断提高他们的生活水平。关爱老年人，提高老年人的生活质量，是老龄工作部门和全社会长期的奋斗目标。百善孝为先，尊老敬老爱老助老是中华民族的传统美德。每个人都会有老的一天，关爱老年人应当成为社会风气，让全社会普遍形成敬老、爱老、助老的良好社会风尚。关爱老年人也应该成为我们每个人应尽的义务、责任和习惯，自觉创造让老年人感到幸福温馨、安全舒适的生活空间。同时，关爱老年人不应当只是说说而已，更应当为老年人解决更多的实际问题，让老年人尽享亲情和社会大家庭的温暖，让他们健康长寿、生活幸福。

四、发展社会养老服务业是解决老龄化问题的重要举措

养老服务是社会服务的重要方面，大力发展与老年人特殊需求相适应的社会养老服务业，是解决人口老龄化问题的重要举措。目前中国老年群体中低龄和相对健康的老年人约占75％，他们主要选择居家养老，这是符合中国传统和现实国情的养老方式；需要长期照料护理和入住养老机构的高龄、带病、独居老人约占25％。今后一个时期，我们要加快以居家养老为基础、社区服务为依托、机构养老为补充的养老服务体系建设步伐，为老年人提供生活照料、精神慰藉、卫生保健、文化教育、体育健身和权益维护等服务。要根据不同类型老年人的实际需求，制定养老服务基础设施建设规划，采取新建、改建、扩建、重组等方式，加快社区养老服务机构和设施建设，增加数量，扩展功能，逐步建立起布合理、设施齐备、队伍严整、服务周到、管理规范的养老服务网络，为广大老年人提供优质便捷的服务。要积极探索养老服务业的体制机制创新。采取公建民营、民办公助、政府补贴、购买服务等多元化资金投入和经营运作方式兴办养老服务业，优化资源配置，提高服务质量，建立公开、平等、规范的养老服务业准入制度，鼓励社会力量以独资、合资、合作、联营、参股、特许经营等多种方式兴办养老服务业。加大国家对老年服务机构减免税政策的落实力度。对社会力量兴办医疗、生活照料和文体活动等养老服务设施的，政府要采取多种形式予以扶持，在土地征用、设施建设、市政配套等方面提供方便条件。鼓励下岗失业人员等创办家庭养老院、托老所，以创业促就业。政府兴办的示范性福利养老机构，具备条件的，可向非公有制经济转让产权或经营权。要组织或推动制定养老服务设施建设标准和养老服务业行业规范，建立资质评估认证体系，明确管理认证机构，加

强监督检查，实施定期评估，促进管理服务水平提高，保证养老服务业健康发展。

老龄事业是党和国家事业的重要组成部分，做好老龄工作，是落实科学发展观、构建和谐社会的重要措施和基本要求。老年人作为一个特殊的社会群体，一个相对弱势且迅速扩大的群体，在社会生活中的位置会越来越突出。关爱老年人，不断满足他们的物质文化需求，提高他们的生命生活质量，对于发展经济、构建社会主义和谐社会具有十分重要的意义。第一，做好老龄工作是坚持以人为本的应有之义。坚持以人为本，必须维护包括老年人在内的广大人民群众的根本利益，使经济社会发展成果惠及包括老年人在内的全体人民，促进人的全面发展。如果我们的发展忽视了亿万老年人的利益，脱离了广大老年人的愿望，就没有真正体现以人为本。第二，做好老龄工作是全面建设小康社会的客观需要。老年人既是小康社会的建设者，也是小康社会的共享者。如果没有老年人参与，就不可能真正建成小康社会；如果没有老年人同步进入，那就不可能是真正意义上的小康社会。确保老年人有保障、有尊严、有安全的生活，有利于吸纳劳动力就业，扩大国内需求，促进经济发展，有利于推进全面建设小康社会的进程。第三，做好老龄工作是构建社会主义和谐社会的重要内容。对待老年人的态度体现了一个社会的文明程度，也是一个社会是否和谐的重要标志。老年人是中华民族优秀传统文化的坚定守护者和传播者，也是维护社会和谐和政治稳定的重要力量。弘扬中华民族敬老、养老、助老的优良传统，满足老年人的各种需求，涉及千家万户，不仅有利于老年人的生活和安康，有利于家庭和睦，有利于代际关系和顺，也有利于社会和谐。第四，做好老龄工作是建设社会主义新农村的重要课题。建设社会主义新农村，是我们党为解决"三农"问题、推进社会主义现代化建设做出的一项重大战略决策。关心广大农村老人，使他们安度晚年，是建设社会主义新农村的题内应有之意。同时，发挥广大农村老年人在参与农村经济社会发展、弘扬传统道德、关心下一代、调解邻里纠纷等方面的积极作用，也有利于维护农村社会的和谐稳定，有力促进和加快推动新农村建设。总之，无论家庭和睦、代际关系和顺，还是社会和谐，都需要加强老龄工作。老龄工作直接影响着改革发展稳定大局，直接关系着社会主义现代化建设的进程。我们必须增强责任感和紧迫感，立足服务大局，心系老年群众，突出工作重点，加大创新力度，扎扎实实地做好这项工作。

在退休以后，要计划好在自己不同阶段的生活安排。首先要保持一个好的心态，不要从心态上老了。人年龄老了，心态不要变老，要始终保持乐观。年轻人有年轻人的优势，老年人有老年人的优势，老年人经历复杂，阅历丰富，他们在处理各方面问题、应付各种复杂情况方面都有着不可替代的优势。所以要发挥老年人的优势，为社会做贡献。另外，要使自己的生活规律化，要不脱离社会，切忌心理自闭，防止孤独，使自己融入社会当中，关心社会，关心他人，要注意锻炼身体。老年人最大的幸福就是有一个好的身体，健康就是最大的幸福。要注意学习,就是我们所说的"活到老、学到老"。在力所能及的情况下,参与一些社会活动,培养好下一代。健康老龄、积极老龄、幸福老龄的形成,是多方面因素作用的结果。关键是自己一定要做到自强不息。希望我们所有的老人都这样做,使自己的生活幸福,自己的家庭幸福,尽最大努力,减少给社会增加负担。

第七节 中国政府对银发产业的高度重视
——中国政府高度重视和大力发展养老服务

2013 年,国务院印发了《关于加快发展养老服务业的若干意见》(以下简称《意见》),对加快发展养老服务业做出了系统安排和全面部署。这是中国养老服务业发展史上的一个重要里程碑,是指导当前及今后一个时期我国养老服务业发展的纲领性文件。深入学习贯彻《意见》,加快发展养老服务业,具有深刻的时代背景和重大的现实意义。

首先,学习贯彻《意见》,加快发展养老服务业,是积极应对人口老龄化、满足老年群体需求、保障和改善民生的迫切需要。我国人口老龄化发展十分迅速,态势十分严峻。截至 2012 年年底,我国 60 岁及以上老年人口已达 1.94 亿,占总人口的 14.3%,2013 年突破了 2 亿,预计在 2025 年突破 3 亿,2034 年突破 4 亿,解决广大老年人的养老服务问题成为保障和改善民生的关键问题。《意见》提出,到 2020 年,生活照料、医疗护理、精神慰藉、紧急救援等养老服务覆盖所有居家老年人,社区服务设施覆盖所有城市社区、90% 以上的乡镇和 60% 以上的农村社区,社会养老服务床位数达到每千名老年人 35 至 40 张。学习贯彻好《意见》,把文件精神落到实处,我们才能更加积极地应对人口老龄化,满足老年人多样化、多层次的养老服务需求。

其次,学习贯彻《意见》,加快发展养老服务业,是拉动内需、扩大就业、推动经济转型升级的重大举措。养老服务业既是为老年人服务的夕阳事业,也是蓬勃发展的朝阳产业,蕴藏着巨大的消费需求,是调结构、惠民生、促升级的重要力量。《意见》提出,到 2020 年,养老服务业增加值在服务业中的比重显著提升,生活照料和护理服务提供约 1000 万个就业岗位,涌现一批带动力强的龙头企业和大批富有创新活力的中小企业,形成一批养老服务产业集群。学习贯彻好《意见》,加快发展养老服务业,会进一步扩大内需,增加就业,推动形成新的经济增长点。

最后,学习贯彻《意见》,加快发展养老服务业,是深化思想认识、更新发展理念、推动养老服务业科学发展的必然要求。党的十八大明确指出,要积极应对人口老龄化,大力发展老龄服务事业和产业。《意见》贯彻党的十八大这一重要精神,兼顾养老服务的事业属性和养老服务的产业属性,既对建立健全社会养老服务体系、拓展养老服务内容提出了要求,也对开发老年产品用品、培育养老产业集群提出了要求。学习贯彻好《意见》,有利于进一步更新思想理念,深化对养老服务的认识，推动养老服务领域各项工作又好又快地发展。

全面理解和把握《意见》的精神实质和主要内容，有以下要点：

一是全面领会和把握《意见》提出的指导思想，确保养老服务业发展的正确方向。

《意见》提出，要从国情出发，把不断满足老年人日益增长的养老服务需求作为出发点和落脚点，充分发挥政府作用，通过简政放权，激发社会活力，不断创新体制机制，健全养老服务体系，满足多样化养老服务需求，努力使养老服务业成为积极应对人口老龄化、保障和改善民生的重要举措，成为扩大内需、增加就业、促进服务业发展、推动经济转型升级的重要力量。这明确了我国养老服务业发展的基本定位、依靠的力量、主要路径和最终目标，为我们加快发展养老服务业提供了思想和行动指南。

二是全面领会和把握《意见》提出的四项工作原则，确保养老服务业又好又快发展。

《意见》提出，要坚持"深化体制改革、坚持保障基本、注重统筹发展、完善市场机制"四项工作原则。政府要在着力保障特殊困难老年人的养老服务需求的基础上，加快职能转变，加大政策扶持，激发各类服务主体活力，统筹居家和机构、城市和农村、养老与相关领域的互动发展，逐步使社会力量成为发展养老服务业的主角。这明确了政府与市场、政府与社会的定位与分工，明确了适应我国国情的养老服务业发展总体布局。这既是对以往经验的科学总结，也为今后加强和改进工作提供了必须遵循的方法和路径。

三是全面领会和把握《意见》提出的发展目标，确保养老服务业各项任务如期完成。

《意见》提出，要健全服务体系，扩大产业规模，优化发展环境，到2020年，全面建成以居家为基础、社区为依托、机构为支撑，功能完善、规模适度、覆盖城乡的养老服务体系，养老服务产品更加丰富，市场机制不断完善，养老服务业持续健康发展。这为加快养老服务业发展描绘了前景目标和宏伟蓝图，既立足当前，又着眼长远，经过努力是完全可以实现的。

四是全面领会和把握《意见》提出的主要任务，确保养老服务业全面发展。

《意见》提出，要统筹发展城市养老服务设施、完善居家养老服务网络、加强养老机构建设、发展农村养老服务、繁荣养老服务消费市场、积极推进医疗卫生与养老服务相结合。这六项任务立足于我国养老服务业的基本构成，针对薄弱环节明确了养老服务业的发展重点。深刻理解这六项任务，抓好任务的贯彻落实，才能切实发展好我国养老服务业。

五是全面领会和把握《意见》提出的政策措施，确保用足用活用好各项政策。

《意见》提出，要完善投融资政策，完善土地供应政策，完善税费优惠政策，完善补贴支持政策，完善人才培养和就业政策，鼓励公益慈善组织支持养老服务，并规定了规划保障和医养结合政策。这些政策措施力度大，含金量高，指导性强，对养老服务业发展中的一些重点和难点问题提出了解决措施。有的还提出了量化指标，为加快发展养老服务业提供了有力保障。

加快发展养老服务业的大政方针已经确定，关键是抓好贯彻执行。在这个过程中，民政部要发挥行业主管和牵头作用，把贯彻落实《意见》作为当前和今后一个时期的一件大事和重点任务，放在突出位置，精心组织实施。

一是抓好《意见》的学习宣传。

把学习《意见》列入重要议事日程，研究制定具体学习计划，采取研讨班、座谈会等多种方式学习；各级领导干部要以身作则，起好带头作用；从事养老服务工作的基层干部和一线工作者要自觉学习，吃透精神，掌握政策，把《意见》精神落实到各项实践中。要针对不同对象，积极运用新闻媒体、专题讲座、课堂教学、讨论座谈、开辟专栏等宣传资源和形式，向政府部门、基层干部群众、社会大众进行宣传，努力使《意见》家喻户晓、深入人心。

二是抓好《意见》的贯彻实施。

为了抓好《意见》的贯彻实施，国务院在印发文件的同时，也将"重点任务分工"作为附件一并印发。其中，民政牵头的工作任务重、时间紧，有不少任务都是创新课题，社会关注度高、协调任务重、涉及难点多、攻坚难度大，要如期拿出有质量的措施很不容易。民政部要迎难而上，攻坚克难，按照职责分工协作，尽快将重点任务分工落实到各司局、处室、个人，按照时间进度要求推进各项工作，力争在国务院各部门中做得更多些、更好些、更及时些。

三是抓好督促检查工作。

要定期交流工作进展情况，分析解决养老服务业发展中存在的问题。对做得好的先进地区或单位要表扬鼓励；对工作落后的地区或单位，要帮助查找原因，推动整改工作。2014年5至6月，民政部派出由部领导带领的督查组，对民政系统的贯彻执行情况进行督查。随后，在《意见》下发一年之际，国务院派出督查组进行督查。

当前，民政部门主管的养老服务工作正在发生深刻变化：在服务人群上，已经由过去主要服务"三无"、"五保"人员，拓展到了包括"三无"、"五保"人员在内的全社会老年人；在行业管理上，已经由过去仅仅管理非营利性养老机构，拓展到了全部养老机构，将各类性质的机构统一纳入行政许可范围；在体系布局上，已经由过去仅注重发展养老服务事业，拓展到了养老服务事业和产业并举的养老服务业；在水平要求上，已经由过去简单的、传统的、偏重物质保障，向综合性、专业化、现代化、物质保障与精神满足并重的方向发展。我们必须切实增强历史责任感，主动迎接挑战，主动适应新形势、新情况、新变化，不断增强在新的历史条件下推动养老服务业加快发展的本领和能力。

一是要善于学习。

做好养老服务工作，必须要有新的知识结构、宽广的视野，必须加强学习，强化调查研究。既要了解养老服务事业的知识，还要了解养老服务产业的知识；既要了解养老服务业，还要了解整个服务业；既要了解本地区本部门的状况，还要了解全国乃至世界的趋势。这样才能掌握工作的主动权。要学习党和国家在发展养老服务业方面的政策以及业务知识。提高宏观思维、政策创制和产业管理能力，在工作实践中增长才干。要善于用系统思维、统筹方法，在人口老龄化与经济社会转型升级互动中找准养老服务业发展新的着力点、平衡点。要不断解放思想、开拓创新，善于从基层的生力实践中找到破解难题的真经实招。

二是要善于协调。

发展养老服务业是一项涉及面广、政策性强的工作，必须加强协调配合，凝聚各方力量。我们要加强工作机构和队伍建设，提高素质，积极履行业务指导、行业规范、监督管理等职责，积极主动地做好各项工作。要定期研究养老服务业发展中的重大问题，及时采取措施，集结力量解决问题。要加强与有关部门的沟通协调，加紧研究制定相关配套政策，特别是规划保障、土地供应、投融资、税费减免等政策。要大力推进标准化、信息化和人才队伍建设，注重提升养老服务业发展的基础保障和支撑能力。

三是要善于创新。

现在形势发展很快，对于养老服务业发展中的新情况、新问题的认识和解决，必须有新的思维方式、新的工作方式和新的领导方式。要破除就养老服务业论养老服务业的思维定式，注意从经济社会发展的全局着眼，坚持围绕中心、服务大局，使养老服务业与经济社会发展有机结合、相互促进。

2013年的重阳节是新修订的《中华人民共和国老年人权益保障法》（以下简称《老年人权益保障法》）颁布实施后的第一个法定老年节。重阳节是我国敬老尊老文化的重要体现。重阳节早在战国时期就已经形成，到唐代被正式定为民间的节日，此后历朝历代沿袭。2012年12月28日，新修订的《老年人权益保障法》明确规定，每年农历九月初九为老年节。

近年来，民政部门大力加强养老服务体系建设，以宣传为先导，促进传统养老观念向新的养老服务观念逐步转变，做出了积极努力，也得到了社会各方面的积极响应。今后，民政部门将调动各方面力量，增强全社会人口老龄化的意识，形成全社会共同关心、参与和支持养老服务业发展的浓厚氛围，为尊老敬老营造良好的环境：

一是通过广泛宣传，引导全社会积极参与养老服务业建设，使老年人在生活上得到更好的照料，精神上得到更好的慰藉。在全社会的关爱下，为老年人提供优质服务，使全国老年人快乐健康地生活，提高生活质量。

二是普及有关老年人权益保护的法律法规，报道中央和地方加强养老服务体系建设的重大举措和突出成果，宣传先进典型和成功经验，在全社会倡导敬老养老道德风尚，维护老年人的合法权益，提高老年人的生命尊严。

三是大力弘扬中华民族传统美德，将传统的孝道思想与时代精神相结合，广泛培育和树立新时代敬老先进典型,探索研究一些制度性措施,巩固家庭养老的作用,引导全社会形成尊老、敬老、助老的社会风尚,促进社会和谐发展。

第八节　中国温泉、景区、度假村、酒店、健康社区闲置功能向国际健康银发城功能转型

以互联网、再生能源等产业大发展为代表的世界第三次工业革命的宗旨就是让人类活得安全、健康、快乐、舒适、长寿。

北京温都水城"金手杖"俯视图

2014年中国景区、温泉度假村产业形势与问题:

一方面,中国目前景区、温泉、度假村同质化严重,大部分企业亏损严重,功能不符市场需求;

另一方面,针对中国百姓养老、养生、康复、理疗、健康管理的机构和设施

严重匮乏，满足不了百姓的需求。

一、中国旅游研究院院长戴逸分析 2014 年中国旅游趋势

2014 年，注定是中国旅游变革的重要之年。政策环境和需求的变化倒逼旅游业传统业态转型。而这一切源于消费结构变迁与产业供给结构调整的不同步。

随着中央反腐败、倡节约的新政效应对消费终端的作用显化，政务旅行和商务旅游消费特别是原本就不正常的高端消费开始微缩，国民旅游休闲的消费倒是持续高速增长。问题出在结构上，老百姓的消费更多指向"有没有"，而不是"好不好"。从统计数据来看，人均每次出游消费刚刚突破 800 元人民币，就是人均每次超过 1000 美元的出境旅游消费，大部分还是购物消费。大基数、稳增长、低消费，仍然是当前旅游市场的基本面，而之前以高星级酒店、高等级景区、高尔夫球场、旅游综合体等"三高一综"为代表的非理性投资，一时半会儿还难以适应新的市场结构的变迁，导致旅游经济的微观层面呈"几家欢乐多家愁"局面。

2014 年以来，国民经济运行平稳增长，居民收入和社会商品零售稳步增长，市场信心正在增强。根据对城镇居民的调查数据，消费者对旅游的关注度和旅游意愿均保持在近年来的较高水平，最新一个季度的城镇居民出游意愿为 85.4。自驾车旅游、都市休闲、农庄体验、温泉、水疗、候鸟式养老旅游、一地深度游等新型旅游方式和消费热点不断涌现。与此同时，旅游领域中的热点问题也越来越受到社会关注，从门票价格、旅游购物、文明出游、小汽车免费，到放假安排，都成了社会热点话题。对两个关于旅游经济基本面的判断，关键词都是"常态"。

第一个判断是随着散客化、自助游和智慧旅游时代的到来，游客越来越多地进入目的地公共场所，参与到老百姓的常态生活中，城市和乡村开始成为外来游客与本地居民共享的生活空间。也就是说，旅游发展面对的是一个更加开放的环境而不是传统的封闭体系。在国民旅游时代，我们需要调整的不仅仅是开发与管理的方式，更重要的是重设旅游发展的理念与结构。现在不是常说互联网思维吗？不是工具革新，而是系统革命。以年轻人为主的游客群体和从业人员都是互联网环境下长大的一代，不与他们在一起，不以他们的思维方式去思考问题，政府，特别是旅游行政主管部门可能就会失去对旅游发展的战略领导力。

第二个判断是经过三十多年的市场培育，无论消费能力是高还是低，游客已经普遍具有了权利意识和品质要求，游客"一边享受，一边抱怨"将是政府必须面对的常态评价。随着游客维权意识的增强，他们比以往更愿意通过各种渠道尤其是网络平台进行理性投诉和情绪表达。根据相关部门对非官方投诉的监测，2013 年旅游投诉数量共计 4476 件，比上年增加 934 件。游客对城市旅游综合环境也更为敏感，对公共服务和商业服务的要求也越来越高。

二、推动向温泉银发产业转型升级

推动向温泉银发产业市场五个转型：

（1）官方市场——→百姓市场；

（2）奢华产品——→大众产品；

（3）单一功能产品——→复合功能产品；

（4）闲置功能——→银发功能；

（5）温泉戏水主题产品——→理疗康复主题产品。

温泉银发产品的转型升级是必由之路：

首先，产品的转型是从单一到复合，形成体系化。

其次，发展升级是从粗放到精品，形成层次化。

再次，产业构建，跨界融合。

最后，全面推动，提升品牌，促进完善。

如何推动温泉银发产业市场及产品从单一戏水到复合型？

（1）观光旅游出人气；

（2）养老度假出财气；

（3）文化旅游出名气；

（4）乡村生态旅游是基础；

（5）商务会议旅游是主导；

（6）特种医疗旅游做补充。

由此构成单一温泉市场及产品转型升级为温泉银发产业复合型的完整体系。

北京温都水城水空间

第二篇 国际健康银发城操作实务

北京温都水城 4A 景区向第四代养老模式进军
——国际健康银发城模式 WELLNESS ∑ & HOME

第一章　国际健康银发城模式
——WELLNESS ∑ & HOME

北京温都水城"金手杖"养生公寓楼顶种植花园

第一节　国际健康银发城模式
——WELLNESS ∑ & HOME

北京温都水城"金手杖"外景

老人入住养老公寓的动机有哪些？

动机总结为如下四点：

1. 获得及时的护理和医疗援助

　　获得及时的护理和医疗援助是老人入住养老设施的首要动机。随着子女异地就学、异地工作现象的普遍化，城市和农村的空巢老人越来越多。许多空巢老人随着年龄的增长，感到独立生活较为吃力或生活部分不能自理时，会产生入住养老设施的想法，以便能获得及时的护理，并在突发疾病时得到医疗援助。另外，在与子女分开居住的老年夫妇中，一方去世、另一方失去生活上的照应时，也会促使老人产生"老伴儿不在了，一个人没意思，不如去养老公寓"的想法。

2. 减轻子女等家庭成员的照顾负担

从调研结果来看，减轻家庭的照顾负担是老人入住养老公寓第二大原因。独生子女政策的长期实施使"4－2－1"家庭结构增多，加重了70后、80后子女肩上的担子，他们既要努力工作养育自己的子女，还要独自承担起照顾双亲的重担。这在老人身体尚为健康时子女或许还可承担，一旦老人身体出现严重疾病而需要长期居家照料时，子女往往要承受巨大的压力。是否要放弃工作来照顾父母？究竟由谁来照顾父母？这成为许多家庭都要面临的问题。为了减轻子女的养老负担，许多身体衰弱或不能自理的老人会选择入住养老公寓，以社会服务代替家庭照顾，减轻子女的生活压力。

3. 享受晚年生活

调研中，有相当一部分健康老人表示，入住养老公寓是一种开展新生活、享受生活的体验。一方面，养老公寓常常位于城市近郊，风景好、空气清新，比家中居住环境更舒适。另一方面，许多老人表示养老公寓提供的家政服务、餐饮服务可以大大减轻自己的家务劳动负担，忙碌了一辈子终于可以轻松自在地享受晚年生活。特别是50后、60后一代，他们的消费观念较传统的老人有所转变，会更加注重追求生活品质，愿意到条件较好的养老公寓享受老年生活。

4. 摆脱孤单

摆脱孤单也是许多老人选择入住养老设施的原因，尤其是空巢老人和失去老伴的老人，更需要和他人的交流。调研中，一些老人表示，和其他老人毗邻而居可以促进自己与他人的交流，甚至能帮助自己获得生活的信心。同时，许多老人也希望可以和过去的老同学、老朋友、老同事居住在同一个养老公寓，这样既有共同话题可以交流，又能互相有个照应，共度晚年。

然而，在调研过程中，我们也了解到一些因素的存在使得老人对入住养老公寓有所担忧。比如，一些观念较为传统的老人害怕入住公寓后，会给人一种自己被子女遗弃的印象。还有部分老人担心养老公寓生活环境缺少活力，日常生活单调，活动受限制。也有一些老人会担心与其他老人的人际关系不好处理，害怕或是不愿意与失能失智老人做邻居。此外，服务不周、饭菜不合口味等原因导致情绪不好也是许多老人考虑入住养老公寓前所担心的问题。

总结下来，在家得不到照顾、减轻家庭照顾负担、享受生活和摆脱孤单是老人选择入住养老公寓的几大主要原因。而认为入住养老公寓就是被子女遗弃的观念、害怕生活环境缺乏活力、人际关系处理难、服务水平不佳则会使老人对入住养老公寓产生疑虑。因此，养老公寓如果能在护理、医疗条件与硬件设施上满足老人的需求，并营造起一个温馨有爱、充满活力的环境，就会对希望入住养老公寓的老人有较强的吸引力。

(参考《中国房地产报》，作者：周燕珉，李佳婧)

一、相关定义

国际健康管理：是以现代国际健康理念和中华医学"治未病"思想为指导，运用生命科学、免疫学、基因学、管理科学等相关学科的理论、技术和方法，对个体或群体健康状况及影响健康的危险因素进行全面连续的检测、评估和干预，以促进人类过上具有幸福感的健康生活方式为目标的新型"第四医学（自我保健）"的服务过程。

国际健康银发城模式——WELLNESS ∑ &HOME，是以国际健康管理（wellness）等科学理论为基础，融社会各种资源助老人晚年幸福，以旅游景区、温泉、酒店、度假村、健康社区、医院为载体，以创建老人（为中心）和他们的后代（中年、青少年及儿童）的健康生活方式（八养）作为主要功能的设施和服务项目，以及以此为主题文化的载体。它的特征是创造幸福健康复合型、全程型、时尚型养老模式，故统称为国际健康银发城模式——WELLNESS ∑&HOME。

创造幸福健康之家（WELLNESS ∑ & HOME），是国际健康银发城的宗旨。

创造幸福健康的生活方式（WELLNESS ∑ & LIFE STYLE），是国际健康银发城经营管理模式及其产品的基本定位。

创造幸福健康复合型养老（特征∑，WELLNESS ∑），是国际健康银发城的基本特征。

综上所述，国际健康银发城模式——WELLNESS ∑&HOME 简称为：融社会各种资源，以"八养"为主体内容的幸福健康复合型、全程型、时尚型养老模式。

二、国际健康银发城的基本特征

创造幸福健康复合型〔（特征∑）=【WELLNESS ∑】〕养老。
WELLNESS ∑ = 乐养 + 文养 + 信养 + 休养 + 疗养 + 护养 + 医养 + 宁养
= 全程式养老 = 幸福健康复合型 + 全程型 + 时尚型养老。

（1）健康管理师支持：
- 乐养（身心健康老人）；
- 文养（健康、亚健康老人）；
- 信养［信仰］（健康、亚健康老人、慢病老人、病重需半护理或全护理老人、需临终关怀老人）；
- 休养（亚健康、慢病老人）。

（2）老人医院医生、护士支持：
- 疗养（慢病老人）；
- 护养（病重需半护理或全护理老人）；
- 医养（病重需半护理或全护理老人）；
- 宁养（需临终关怀老人）。

W∑ =全程养老：医、护、养结合；融社会各种资源助老人晚年幸福；老人有全方位的幸福感。其具体包括：

- 家庭氛围养老：聚亲、亲子、庆生、洗三、聚友；
- 健康生活方式（处方管理）；
- 温泉养生；
- 文化养生；
- 生态养生；
- 有机养生；
- 智慧养生；
- 候鸟式度假养老；
- 参加老年大学；
- 参与社会活动；
- 有尊严；
- 发挥余热；
- 有地位。

国际健康银发城的基本特征：

- 政府的保障与社会的支持、帮助、资助；
- 政治、法律、安全、保险、经济、医疗的保障；
- 享受社会与科技进步成果；
- 参与社会活动，接受捐助及志愿者的帮助，发挥技能；
- 有尊严地、阳光地、慈祥地、安宁地返回圣地——大自然，并受到家属、亲朋好友的颂扬和铭记。

八养定义

序号	名称	定义
1	乐养	即娱乐养生，通过娱乐（歌、舞、剧目、健身、影视、小品、相声、瑜伽、旅游……）形式，使人们忘掉烦恼、忘掉忧愁、放松身心，增加∝脑波，增加免疫力，增加自愈能力，从而达到保健养生的目的，使人们健康长寿。属自我保健，为"第四医学"范畴
2	文养	即通过知识文化（书、琴、字、画、诗词、博览历史、科技、媒体、大学、艺术……）陶冶人的情操，抗衰老，抗老年痴呆，从而使人们达到健康长寿的目的。属第二医学（预防医学）、自我保健，为"第四医学"范畴
3	信养	即信念养生，指人们对某种宗教理论、学说、主义（共产主义、佛教、道教、儒家、基督教、伊斯兰教……）的信服和尊崇，并把它奉为自己的行为准则和活动指南。在很大程度上，信养就是促使人们增加免疫力、促使自愈力潜能的充分发挥，增加信心，减少痛苦，快乐面对。属第一医学（临床医学）、第二医学（预防医学）、第三医学（康复医学）、自我保健，为"第四医学"范畴

续表

序号	名称	定义
4	休养	休闲养生，是通过人们的休闲活动（体育、宠物、棋类、生态植物园、手工工艺、烹饪、刺绣、聊天、茶饮、回顾、恋爱、音乐、温泉 Spa、钓鱼、聚会、节日、亲子、游戏、老年大学、朝圣、募捐、学雷锋、志愿者、乐活族……），颐养天年，以获得现实生活中个人的心理满足、精神愉悦、身体健康为目标的生命活动。属第二医学（预防医学）、第三医学（康复医学）范畴
5	疗养	即在景区理疗养生：1. 服务对象：为慢性病患者，老年病患者，伤病或手术后恢复期患者及健康人。2. 工作目的：是使健康人消除疲劳、增强体质，使慢性病治愈或有不同程度好转，急性病或术后患者促进康复。3. 矫治手段：疗养包括自然理化因子及人工物理因子、体训、营养、药物。属第二医学（预防医学）、第三医学（康复医学）范畴
6	护养	指对老年人予以护理（辅助护理、半护理、全护理）的养生养老方式，遵循医护养老机构健康管理、理疗、康复处方的安排；促进康复，追求幸福健康的晚年。属第一医学（临床医学）范畴
7	医养	指对慢性病、重症老人遵循医护养老机构健康管理及理疗、医疗、康复处方安排，促进治愈、好转、康复，减轻病痛，追求幸福晚年。属第一医学（临床医学）范畴
8	宁养	即指对老年人的临终关怀，让老人在安宁、舒适、温馨、尊严和神圣的气氛中度过余生，自然回归，追求晚年宁福。属第一医学（临床医学）范畴

老年自治能力与颐养类型

老年人的五种自治能力		颐养类型	
活动能力	行动有力 行动自立 行动不便 行动受限 卧床	乐养	属身心健康乐活族，活动能力强，有精神生活追求，经济能力强的老年人；积极参加健康管理，拥有健康时尚的生活方式；积极参加社会活动；积极参加休闲、健身、娱乐活动和候鸟式旅游；积极从事自己喜好的专业，发挥余热继续工作，以此追求幸福健康的晚年
意识能力	精神自主 思维正常 意识清楚 意识模糊 意识不清	文养	适合健康、亚健康、慢性病老人；以书、画、乐、舞、影视、历史、民俗、古玩、文博等形式调养身心，追求幸福健康的晚年
		信养 [信仰]	适合健康、亚健康老人、慢性病老人、病重需半护理或全护理老人、需临终关怀老人
病情程度	健康 疾病代偿 慢性病控制 因病卧床 因病住院救治	休养	适合亚健康、慢性病老人；参加养老机构健康管理及医疗活动安排；追求幸福健康的晚年
		疗养	适合慢性病老人；需持续理疗、康复；遵循养老机构健康管理及理疗、康复处方安排，以求尽快康复，追求幸福健康的晚年
自主程度	决定自主 决定协商 决定受限	护养	适合病重，需生活和医疗半护理、全护理老人；遵循医护养老机构健康管理及康复处方安排，以求尽快康复，追求幸福健康的晚年
		医养	适合慢性病、重症老人；遵循医护养老机构健康管理及理疗、康复处方安排，以求尽快康复，追求幸福健康的晚年
经济能力	经济自由 经济刚好满足需要 经济不济 经济受限 经济待助	宁养	适合重症晚期、慢病濒逝或衰弱的老人；需医护养老机构安排宁养或临终关怀病房，尽最大可能减少老人及家属痛苦，让老人在安宁、温馨、尊严和神圣的气氛中度过余生，自然回归，追求晚年宁福

八养分布表

篇	章	乐养	文养	信养【信仰】	休养	疗养	护养	医养	宁养
第二篇	第一章	✓	✓	✓	✓	✓	✓	✓	✓
	第二章	✓	✓	✓	✓	✓	✓	✓	✓
	第三章	✓	✓	✓	✓	✓	✓		✓
	第四章	✓	✓	✓	✓	✓	✓	✓	
	第五章	✓	✓	✓	✓	✓	✓	✓	
	第六章	✓	✓	✓	✓	✓	✓	✓	
	第七章	✓	✓	✓	✓	✓	✓	✓	✓
	第八章	✓	✓	✓	✓	✓	✓	✓	✓
	第九章	✓	✓	✓	✓	✓	✓	✓	
	第十章	✓	✓	✓	✓	✓	✓	✓	
	第十一章	✓	✓	✓	✓	✓	✓		
	第十二章	✓	✓	✓	✓	✓	✓	✓	

三、国际健康银发城设计经营的科学理论基础

1. wellness 理论；
2. 国际健康管理；
3. 中华医学；
4. 营养免疫学；
5. 健康肠道学；
6. 预防医学；
7. 生命科学；
8. 护理学；
9. 老年学；
10. 心理学；
11. 旅游饭店学；
12. 休闲学；
13. 温泉学；
14. 健身学；
15. 美学；
16. 生态学；
17. 园林学；
18. 中华文化学；

19. 博物馆学；
20. 法学…；
……

四、21世纪国际健康银发城经营模式（国际主流趋势）——WELLNESS ∑ &HOME（简称 W∑ & H）

国际健康银发城的基本特征	国际健康银发城的宗旨	国际健康银发城的设计经营科学理论基础：
幸福健康复合型养老 = W∑，即 WELLNESS ∑ WELLNESS ∑ = 乐养 + 休养 + 信养 + 文养 + 疗养 + 护养 + 医养 + 宁养 *健康管理师支持→ 乐养（身心健康老人） + 文养（身心健康、亚健康老人） + 信养［信仰］（身心健康、亚健康老人、慢病、病重需半护理或全护理类老人、重症晚期，需临终关怀老人） + 休养（亚健康、慢病老人）； *老人医院医生、护士支持→ 疗养（适合慢病老人，需康复老人） + 护养（病重需半护理或全护理老人） + 医养（病重需半护理或全护理类老人） + 宁养（重症晚期，需临终关怀老人） W∑ = 全程养老： · 医、护、养结合； · 融社会各种资源助老人晚年幸福； · 老人获有全方位的幸福感。 具体包括： · 家庭氛围养老：聚亲、亲子、庆生； · 洗三、聚友； · 健康生活方式（处方管理）； · 温泉养生； · 文化养生； · 生态养生； · 有机养生； · 智慧养生； · 候鸟式度假养老； · 参加老年大学； · 参与社会活动； · 有尊严； · 发挥余热； · 有地位。	创造复合型幸福健康之家 即：W∑ & H Wellness ∑ & Home	1. wellness 理论 2. 国际健康管理 3. 中华医学 4. 营养免疫学 5. 健康肠道学 6. 预防医学 7. 生命科学 8. 护理学 9. 老年学 10. 心理学 11. 旅游饭店学 12. 休闲学 13. 温泉学 14. 健身学 15. 美学 16. 生态学 17. 园林学 18. 中华文化学 19. 博物馆学 20. 法学 ……

续表

国际健康银发城的基本特征 ·政府的保障与社会的支持、帮助、资助； ·政治、法律、安全、保险、经济、医疗的保障； ·享受社会与科技进步成果； ·参与社会活动、接受捐助及志愿者的帮助、发挥技能； ·有尊严地、阳光地、慈祥地、安宁地返回圣地——大自然，并受到家属、亲朋好友的颂扬和铭记		

五、国际健康银发城品牌和经营管理操作模式

品牌：W & H

经营管理模式：WH·GRECM

W：Wellness，具有幸福感的健康生活方式，并以此为宗旨的多种功能、多种设施的综合体。

H：Home，老人之家、客人之家、员工之家。

G：Green，生态绿色环保，可持续发展；Golden，金色为主色调，阳光，正能量，金手杖品牌。

R：Relax，生态放松的环境、项目及设施。

E：Easy，便捷、快捷、无障碍。

C：Club，老人养生、养老、联谊、休闲、度假、康复俱乐部。

M：Museum，博物馆，历史、文化、艺术、民俗、养生博物馆。

设计宗旨：要创新、有特色、追求卓越、以老人为本。

十型：创新型、现代型（时尚型）、文化型、国际型、科技型、智慧型、健康型、生态型（节约、环保型）、度假型、无障碍型。

总之，国际健康银发城使客人享有无限的浪漫：

生态农场、生态温泉、生态园林、生态庄园式公寓、酒店，客人享受田园式健康生活方式，园林幽静，望田观水；果蔬滴翠，波光涟漪；负氧离子，远离喧嚣；游离烦恼，彻底放松；世外桃源，长寿庄园；创造健康，实现梦想。

国际健康银发城市场定位：

（1）以百姓养老为中心，以家庭团聚为主体，以中年、青少年及儿童洗三、养生、休闲、度假、康复、疗养、会议、商务、祝寿、婚礼、亲子、聚会、娱乐、文体活动等为重点的国际健康银发城市场（客源、产品）定位。

（2）会议联盟，国内外专家，外企，跨国公司，大型国有企业，集团；国内外候鸟式养老、旅游、养生、康复团队（国外：韩、日、俄、欧美、新加坡、东南亚；港、澳、台；国内24省市）；散客；会员；长住等。

六、国际健康银发城组织架构图

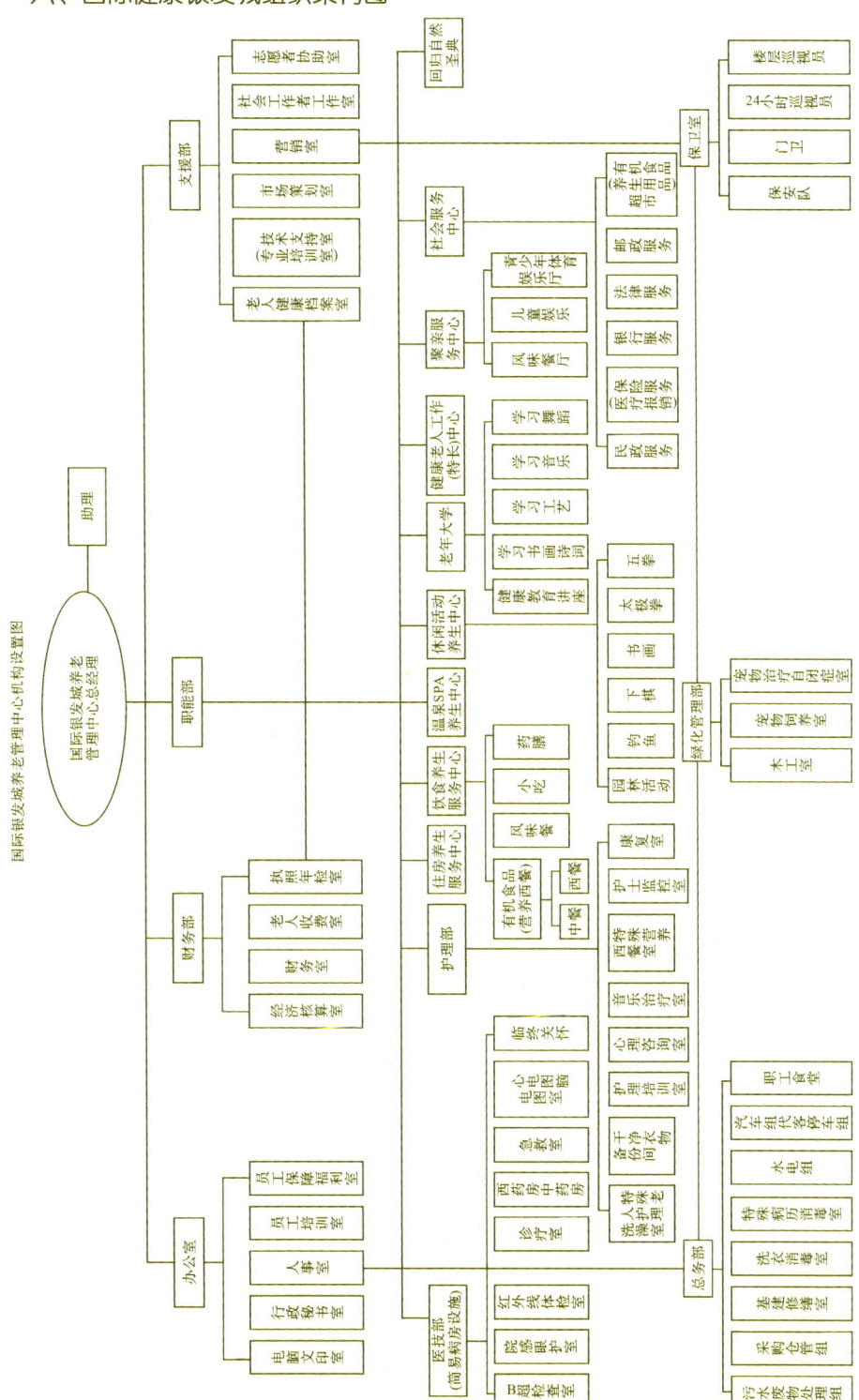

第二节 赞国际健康银发城以"八养"为主体内容的优雅的养老模式

21世纪世界老人的优雅生活,《国际健康银发城》一书首创以"八养"即"乐养、文养、信养、休养、疗养、护养、医养、宁养"高度概而括之,它涵盖第一、二、三、四医学范畴。全面!精辟!科学!智慧!闲适!可贺!

"八养",是世界老人应有的生活哲学。近代哲人在研究了孔子、老子、庄子等的世界哲文之后,形成了一套以智慧、幽默、休闲、享受为要义的养老生活哲学之梦想;这里一半是道家,一半是儒家之哲理。世界老人最崇高的理想,就是成为一个既加盟现代社会,又能保持原有快乐本性的人,他们是最优越的梦想者。他们晚年能力有限,却要助力现代社会的正能量;他们钢琴会弹,却不十分高明,只弹给知已的朋友听,最大的用途却是用做自己的消遣;古董倒也收藏一些,可是只够排满屋里的博物架;书也读,却不深钻;学识渊博,却不成家;诗词文章也写,却只会在自己的微信朋友圈中欣赏……

世界老人除日常生活必需的安排以外,必须还有健身、游戏与享乐,生活才觉得有意义。漫步、下棋、歌舞、赏花、钓鱼、小吃、茶饮、书画、上网、闲聊、旅游、亲子、洗三、聚会、温泉、Spa 等都是生活必需的,这就是世界老人的优雅生活。进入21世纪,世界已进入一个飞速发展的商业社会,世界老人也进入了"休闲时代";在一个惜时如金的社会,世界老人需要的却是慢生活。

世界老人需要的优雅生活,首先是简约,追求的是一种健康的生活态度,而非奢华的生活方式。其次是休闲,休闲是一种优雅、从容和梦想。最后是智慧,世界老人的优雅生活是一种智慧活法,既能晓得世界之大,能晓得百姓之难,又有自知之明,有预料之先,更有不为苦而悲、自强自立、助人为乐之胸怀。

世界老人需要的优雅生活是"闲爱古韵净爱憎";是"洗墨鱼吞砚,烹茶鹤避烟";是"笑看风轻云淡,闲听花静鸟喧";是"春见百花秋结果,夏吹凉风冬飘雪"。

五千年读史不外功名利禄,三万日悟道终归牧歌田园。

世界老人太多需要一种温馨、大爱、艺术、诗意、余热中的优雅的田园牧歌式生活方式!

赞"八养"为主体内容的 WELLNESS Σ & HOME 养老模式!

第三节 国际健康银发城健康体验区

国际健康银发城要形成集"预防——检测——理疗——康复——旅游——度假——养老——研发——会展"于一体的健康养生产业链。

医疗体系建设是中部新城发展必需的组成部分,而健康、医疗、保健养生与

国际健康银发城养生会馆健身浴

旅游的深度结合，按照城市规划，是社会经济发展的大势所趋，其投资环境越来越好，蕴含有巨大的投资机会，同时医疗服务的完善也是吸引人口驻留的要素之一。

一、发展背景与前景

1. 十二五期间，国家实行医疗改革，并做了很多对医疗卫生，以及生态社会的阐述，这种大的背景下，中国的医疗养生养老行业的投资环境肯定是越来越好。

2. 中国医疗市场是世界最大的潜在医疗市场，疾病、保健医疗、美容医疗等支出的费用，估计每年要超过万亿元人民币。

3. 民营医院目前只占不到3%，随着国家医改的不断深入，鼓励民营投资医院的制度不断出台，投资建设医院即将迎来快速发展的时机。

4. 中国的中高端群体、先富裕起来的人群对医疗养生养老相对高品质服务需求的爆发，是一个大的市场机会。

5. 医疗旅游已成为国际旅游业的重要组成部分，全球每年医疗旅游市场规模有1000亿美元，且增速惊人，2004年该产业全球产值为400亿美元，2006年则增长600亿美元，2012年该产业全球产值达到1000亿美元。

6. 建设保健康复场所和相应专科医院是旅游和健康相结合的最佳模式，代表医疗产品体系发展的新方向，是人们物质生活水平提高后对医疗产品提出的新要求。

二、发展方向及目标定位

医疗体系发展方向主要有四个方面：一是满足常住人口和旅游人口的基本型医疗服务；二是与旅游深度结合，打造健康旅游、医疗旅游体系；三是服务养生养老功能，建设具康复保健功能的医疗养生养老医护养体系；四是鼓励建外资和民营医院，引进世界先进的技术、设备和先进的经营管理经验。

医疗体系不仅是支撑科技园发展建设的重要组成部分，更应形成特色产业，打造特色品牌，把健康、养生养老、医疗与旅游的结合牌做大做强。

首先满足现阶段驻留人口和旅游人口的基本医疗需求，并积极策划健康旅游、医疗旅游的体验式旅游，并重点启动养生养老服务医护养体系的建设。

要集中打造集健康干预、医疗服务、养生养老康复、医疗旅游、教育研发和商务配套为一体的现代医学产业集群，形成集"预防——检测——医疗——康复——养生——养老——旅游——度假——研发——会展"于一体的养生银发产业链。

三、健康旅游、医疗旅游体系建设

此部分是与旅游的深度结合，把医疗体系渗透到每个旅游环节中，同时让旅游活动成为特色医疗的载体，包括各类养生体验、养老体验、疗养保健、专科服务、高端医疗、整形美容、健康体检等。

（1）健康旅游是医养资源的整合，它将延伸旅游的深度。健康旅游应作为一个优势产业发展，打响品牌，同时也将促进养生养老产业转型升级。

背景分析：

①国内的健康养生旅游方兴未艾。

据不完全统计，北京、上海、江苏无锡、辽宁大连、浙江杭州、安徽黄山、福建武夷山、吉林长白山、湖北武当山、江西庐山、云南文山、河北保定、孟村、河南嵩山、温县、山东青岛、济南、湖南岳阳、长沙、湘潭、株洲等上百个旅游热点城市和热点景区，都陆续推出了保健旅游、候鸟式养老旅游等项目。

②健康服务产业以神速递增，收益可观。

健康服务业已经成长为一个增长最快的新兴产业。全球医疗健康旅游每年以20%~30%的速度递增，所带来的消费是普通旅游消费的两倍以上，给目的地带来十分可观的收入。

适合中国开发的健康旅游产品主要包括：依托温泉资源，开发温泉养生游系列；依托生态环境，开发富氧健康游系列；依托旅游资源，开发保健疗养游系列；依托文化资源，开发中医养生游系列；依托地域特色，开发野菜、素斋、药膳、滋补类饮食养生游系列。

（2）医疗旅游主要将医疗与旅游相互融合，将医疗行为融入一个轻松的旅游过程，打造一个绝佳的医疗康复环境，是相对中高端的一种特色的、精致而专业的医疗，拥有巨大的发展前景。

背景分析：

医疗旅游已成为国际旅游业的重要组成部分，全球每年医疗旅游市场规模有1000亿美元，全世界每年有600万人到本国以外的地方寻求医疗保健服务。医疗旅游给这些国家带来了丰厚的收入，也带动了国家专业化的酒店、餐饮、交通、法律服务等相关产业的发展。亚洲目前已经成为全球最大的医疗旅游市场。泰国、印度、新加坡、马来西亚，特别是南亚五国成为重要的医疗旅游目的地。

世界卫生组织曾预测，到2020年时，医疗健康相关服务业将可能成为全球最大产业，观光休闲旅游相关服务业则次于此产业，两者相结合占世界GDP的22%。随着国内经济发展，国人对医疗旅游的需求也在与日俱增。据不完全统计，我国每年到韩国、日本、美国等国家接受美容、抗衰老、亚健康、体检等医疗服务的消费超过50亿美元。

这方面的医疗需求呈现多层次化，经济宽裕人群的需求相对较高，因此，政府应从这块市场退出，施行政策、价格放开，吸引民间资金，使供需关系发挥更大的市场作用。同时应该把医疗旅游上升为一个产业来发展对待。

适合我们开发的医疗旅游产业主要包括：养生养老银发产业、医疗康复产业、妇幼保健产业、健康体验产业、整容整形产业。

四、康复保健医疗养生体系建设

背景分析：

中国已进入老龄化社会，我们是世界老年人口最多、老龄化情况最特殊的国家。从2000年开始，我国人口老龄化年均增长率高达3.2%，是总人口增长速度的5倍。预计2020年老年人口将达到2.4亿人，占总人口的17.1%。预计2050年老年人口将达4.1亿，占总人口的25.8%。

而目前养老保险远不足以支撑养老支出，"4个老人、2个子女及1到2个第三代"情况下无法由子女提供养老，且住房政策规定最多只有70年产权，等到需养老时，房屋净值所剩不多，银行存款利率不及通货膨胀，由此可见养老问题将会越来越困难，未来10年内将可能面临井喷局面。

据推算，2015年我国老年人护理服务和生活照料的潜在市场规模将超过4500亿元，养老服务就业岗位潜在需求将超过500万个，市场需求量巨大。

我们的机遇：

1. 国家正在探索解决中国养老的新模式，而鉴于中国国情，建立统一规模化的养老基地，是解决养老问题的重要途径，也是未来投资的重要领域。

2. 国务院办公厅印发的《社会养老服务体系建设规划（2011—2015年）》明确指出，鼓励民间资本投资建设专业化的服务设施，开展社会养老服务，给予相应的建设补贴或运营补贴，支持其发展。

3. 生物科技园特有的区位优势、土地优势和旅游资源优势，为国家探索实施新的养老模式提供了丰厚的土壤，为广大社会力量投资养老事业提供了广阔的施展空间。

而养老体制存在的一个重要问题就是医疗保障体制不健全，而养生养老基地的建设也需要一套完整、高效、特色的康复保健医疗体系作为支撑，同时也是养生养老基地建设的核心竞争力。

因此为养生养老基地发展建设打造完善的康复保健医疗养生体系，是我们发展的必然。

国际健康银发城经营的是一种使人类建立起"健康、长寿、时尚、快乐、幸福的生活方式"（WELLNESS ∑ & HOME）的生态健康管理产业。

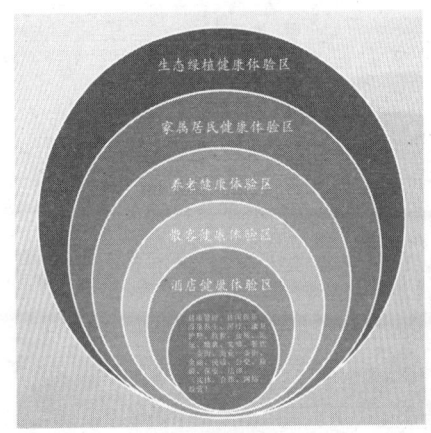
国际健康银发城
生态健康管理产业布局图示

欧洲国际健康银发城
生态温泉健康体验区

国际健康银发城：

它富于养生之美景，快乐时尚之生活，是幸福之家、快乐之家、健康之家、长寿之家；

它氧您一生，氧您乐活，氧您长寿；

它是田园牧歌、世外桃源、鲜氧天堂、天籁景象的长寿庄园，是四季赏花、四季泡汤、四季乐活、四季养生的好地方。

它的功能项目，概括为（一）、（二）、（三）、（四）、（六）、（八）、（百）。

（一）

一店：五星级生态度假酒店；

一泉：生态温泉会馆；

一场：生态有机农场；

一村：生态银发养生公寓（具有养生、美景、负氧离子、老人护理、颐养天年等功能的公寓、客房、别墅）；

一馆（庙会）：博物馆（历史、文化、宗教、养生、艺术、民俗）；

一基地：儿童及青少年拓展训练基地；

一观览线：科技养生精品生产观览线。

（二）

二种文化融合，即中西文化精华之结合。

（三）

三院：国际护理学院；国际旅游学院；国际安康医院（三甲）。

(四)

四园：生态植物园；生态果木园；生态垂钓园；生态智力游戏园（丹麦）。

(六)

六个中心：健康管理中心；国际旅游中心；国际志愿者组织中心；国际购物中心；国际绿色通道中心；行政管理中心。

(百)

百景：

国际健康银发城的最高层次是文化。国际健康银发城整体是座博物馆，通过设计一百个景观在庄园的各处，使客人通过欣赏历史、文化、艺术、民俗、健康养生等知识，精神上获得正能量的极大提高，精神美使客人增强免疫力，从而达到养生目的。

国际健康银发城艺术设计特点：

(1) 回归自然；

(2) 自由式设计；

(3) 建筑小品的运用；

(4) 植物材料的运用；

(5) 理水方式独特。

总之，国际健康银发城，使您享有无限的浪漫。

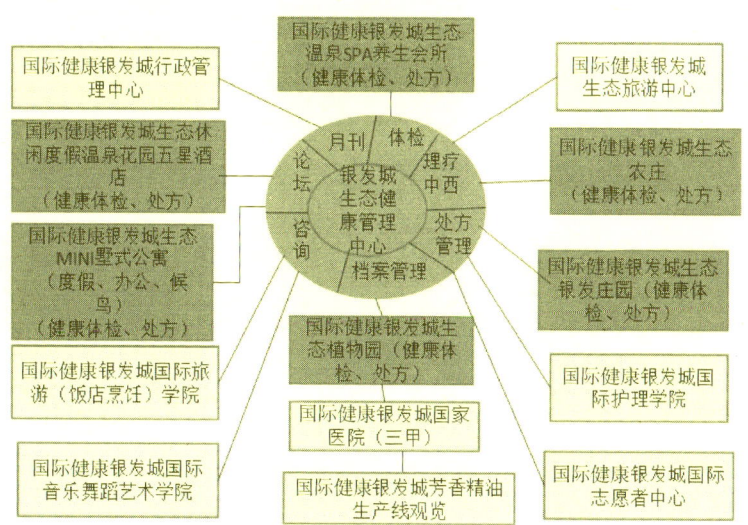

国际健康银发城生态健康产业平面图

生态农场、生态温泉、生态园林、生态庄园使酒店及庄园客人享受田园式健康生活方式：园林幽静，望田观水；果蔬滴翠，波光涟漪；负氧离子，远离喧嚣；游离烦恼，彻底放松；世外桃源，长寿庄园；创造健康，实现梦想！

（一）国际健康银发城生态健康管理中心。

国际健康银发城健康管理中心（综合部门），依据 wellness 理念设计的功能：

1. 体检（亚健康及未病）；
2. 中西康复理疗；
3. 处方管理（健康生活方式）；
4. 健康档案管理；
5. 网路健康资讯；
6. 国际健康银发城健康国际论坛；

国际银发城生态健康管理产业

口号：创造健康，奉献幸福

宗旨：生态天籁，回归自然；美好放松，舒适养生；永续发展，实现梦想。

```
客户群                                      ┌─ 体检
度假                                        ├─ 中西康复理疗
休闲      ┌─ 国际健康银发城生态              ├─ 处方管理（吃喝玩乐、
旅游      │   健康管理中心                  │   健康生活方式）
商务交际   │                                ├─ 健康档案管理
康复   客户群  功能设置                      ├─ 网络健康咨询
养生      │                                 ├─ 健康国际管理
会议      ├─ 国际健康银发城温泉   ┬─ 温泉 Spa（室内外）
婚礼      │   SPA 会所           ├─ 温泉休闲康复泡池  └─ 国际健康银发城健康月刊
娶亲      │                      ├─ 儿童温泉戏水
庆生      │                      ├─ 营养自助餐
洗三      │                      ├─ 球类运动（网球、乒乓球、篮球）
          │                      ├─ 健身运动（瑜伽、冥想、形体训练）
          │                      └─ 国际健康银发城会员活动
同上   客户群                     ┌─ 住宿养生
常住      │                       ├─ 餐饮养生
          │                       ├─ 庆典（婚典）
          │    功能设置            ├─ 会议养生（论坛）
          └─ 国际健康银发城休        ├─ 生态植物园：有氧运动、负氧离子理疗
              闲度假温泉庄园国       ├─ 音乐理疗（天籁之声……）
              际大酒店              ├─ 各种养生处方体验、各种健康理疗管理、绿椅理疗
                                   ├─ 度假、休闲、康复、养老（候鸟式）套餐
                                   ├─ 国际健康银发城会员
                                   ├─ 旅游
                                   ├─ 国际健康银发城博物馆（历史、文化、艺术、养生、聚会）
                                   ├─ 钓鱼
                                   └─ 智力游戏乐园（丹麦）

                  功能设置
```

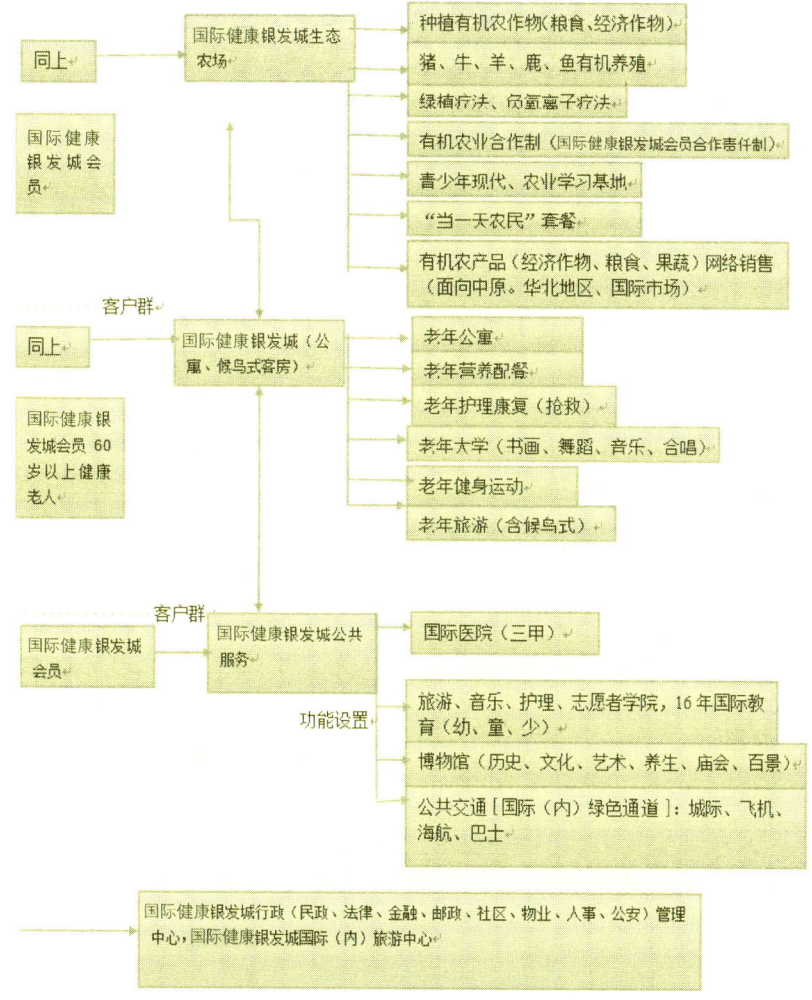

国际健康银发城生态健康管理体验区平面分配图

7. 国际健康银发城健康月刊。

其余生态健康管理执行功能分别在各下属单位。

（二）国际健康银发城生态休闲度假温泉花园国际大酒店（五星）。

（三）国际健康银发城生态养生公寓。

（四）国际健康银发城生态温泉斯帕会馆。

（五）国际健康银发城生态植物园。

（六）国际健康银发城生态智力游戏园（丹麦）。

（七）国际健康银发城生态儿童及青少年拓展中心。

（八）国际健康银发城生态垂钓园。

（九）国际健康银发城生态农场。

（十）国际健康银发城生态银发养生公寓。

（十一）国际健康银发城生态旅游中心。
（十二）国际健康银发城行政管理中心。
（十三）国际健康银发城国际护理老年学院。
（十四）国际健康银发城国际旅游学院。
（十五）国际健康银发城国际志愿者中心。
（十六）国际健康银发城国际医院（三甲）。
（十七）国际健康银发城国际戏剧·音乐·舞蹈·艺术·电影学院。
（十八）国际健康银发城科技养生产品生产线观览。

合作单位：

国际健康银发城运动疗法体验区：（一）、（二）、（三）、（四）、（五）、（六）、（七）、（八）、（九）、（十）；

国际健康银发城美容、减肥疗法体验区：（一）、（二）、（四）、（五）、（六）、（七）、（八）、（九）、（十）、（十六）；

国际健康银发城营养饮食疗法体验区：（一）、（二）、（三）、（四）、（十）；

国际健康银发城健康爱情疗法体验区：（一）、（二）、（三）、（四）、（十）、（十六）；

国际健康银发城健康情绪管理体验区：（一）、（二）、（三）、（四）、（五）、（六）、（七）、（八）、（十）、（十一）、（十六）；

国际健康银发城老年人健康护理体验区：（一）、（二）、（三）、（四）、（五）、（六）、（十）、（十一）、（十六）；

国际健康银发城压力管理体验区：（一）、（二）、（四）、（五）、（六）、（七）、（八）、（十）、（十一）、（十六）；

国际健康银发城时间及人生管理体验区：（一）、（二）、（四）、（五）、（六）、（七）、（十一）、（十五）；

国际健康银发城中西康复理疗体验区：（一）、（二）、（三）、（四）、（五）、（六）、（七）、（十）、（十一）、（十五）、（十六）。

国际健康银发城负氧离子疗法体验区：（一）、（二）、（三）、（四）、（五）、（六）、（七）、（八）、（九）、（十）、（十六）；

国际健康银发城绿植疗法体验区：（四）、（五）、（六）、（七）、（八）、（九）、（十）；

国际健康银发城温泉斯帕疗法体验区：（一）、（三）、（二）、（四）、（五）、（十）；

国际健康银发城芳香疗法体验区（一）、（二）、（三）、（四）、（五）、（十）；

国际健康银发城音乐治疗法体验区（一）、（二）、（三）、（四）、（五）、（六）、（八）、（十）、（十六）；

国际健康银发城阅读治疗法体验区：（一）、（二）、（三）、（四）、（五）、（十）。

第二章　国际健康银发城案例：北京温都水城"金手杖"

北京温都水城全景图

第一节　北京温都水城"金手杖"开创了第四代养老模式——幸福健康复合型养老（WELLNESS ∑ & HOME）

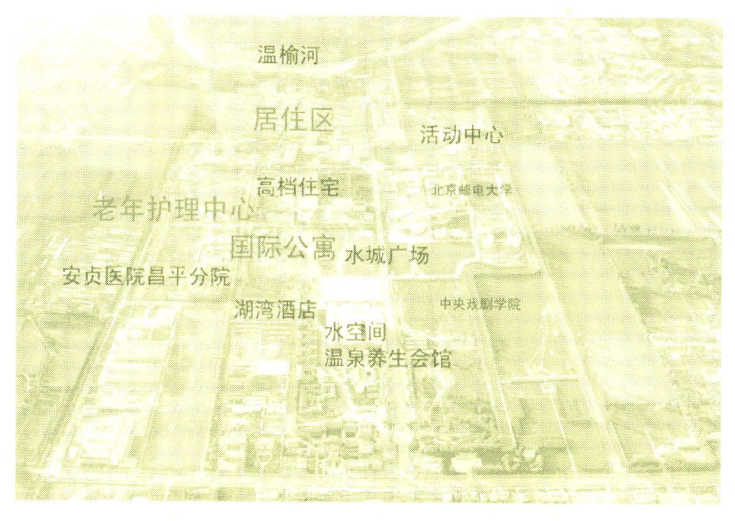

北京温都水城"金手杖"景区示意图

北京温都水城"金手杖"

一、北京温都水城"金手杖"的最大经验和特点——对社会资源进行有效的整合和利用

2013年10月13日,宏福集团筹建五年的水城金手杖国际养生公寓隆重开业。启动仪式后,宏福集团董事长黄福水就养生公寓的几个热门话题答记者问。

北京宏福集团兼温都水城董事长黄福水在接受记者采访时说:"解决养老问题需要的是一种社会资源的整合利用"。

记者:黄董事长,对于最近炒得很热的"以房养老"问题,您怎么看?

黄福水:"以房养老"涉及金融机构、保险机构、行政管理多个领域,需要系统、细致的设计,短时间内不可能实行。再加上要改变房屋所有权,这不符合我国家庭的传统观念,不容易被老年人普遍接受。

记者:温都水城金手杖国际养生公寓在解决养老资金难题方面,有没有一些创新策略?

黄福水:"以房养老"的确给了我们一些启发,并且我们已经有了这样的案例。老人在北京市有闲置房产,可将闲置房产委托给水城"金手杖"经营,通过专业的评估鉴定机构估价,来置换水城"金手杖"的相应公寓类型,免会员费及相应服务费,享受养生公寓的所有贴心服务,在不改变房屋产权、所有权的情况下,解决养老资金难题,真正做到"以房养老"。

记者:那您这是以自己的实力解决了社会问题啊。

黄福水:水城金手杖国际养生公寓从筹备建设到今天正式启动,历经了5年之久,而水城金手杖国际养生公寓今天能达到这种全方位的服务水平,更是花费了十余载的时间。

为什么这么说呢?我常说办养老服务机构,不是光靠企业有多少钱,有多大实力就能办好,是需要创办者切身为老年人的生活花心思的。老年人最关心的是什么?健康问题、医疗问题,而我们这里就引进了安贞联合医院,并与距离这里最近的华一医院、北七家卫生院形成紧密的合作关系,为老人的医疗健康提供最快捷、最安全的绿色通道。说到日常生活照抚问题，温都水城经营四家星级酒店共有2500间客房，对于老年人日常生活的酒店化管理我们近水楼台。而这一切就不单单是这5年的成果，而是日积月累的结果。所以说真正解决养老问题需要的是资源整合，一种社会资源的整合利用。

记者：您觉得除了便捷的医疗条件和优质的酒店管理外，水城金手杖国际养生公寓最吸引人的地方是什么？

黄福水：在水城金手杖国际养生公寓的定位阶段，我们考察了京郊大量养老机构的经营状况，分析他们成功与失败的经验，很多自然环境非常优美的度假型养老机构其实最终并不被老年人所接受。究其原因是因为他们让老年人脱离了"人气"。因此，老年人也许在入住初期感到很新鲜，而家人一走，时间一长，寂寞孤独的感觉就来了。而我们背靠宏福大社区，有巨大的人气、丰富的社团活动、便捷的生活服务网点和快速公交线路，不会让老人有脱离社会的孤独感。

二、四代养老模式

百善孝为先，孝文化在中国历史的长河中具有浓墨重彩的一笔。我们都熟知十三经是中国古代最重要的典籍，《孝经》就是其中的一部，可见其重要性。而对于孝而言，很重要的一方面就是父母的养老问题。这个问题也是在与时俱进，不断发展的。截至目前，有四代养老模式。

第一代养老模式：

居家养老，弊端是老人分散居住在原有房屋中，很难享受到高品质的社会化服务，有病难医，自己的微薄收入雇不起护理人员，只能增加子女的负担。

第二代养老模式：

机构养老——敬老院，弊端是老年人集体居住，统一管理，缺乏家庭生活氛围，环境差，各类配套设施难以满足老年人对现代生活品质的要求。

第三代养老模式：

度假区养老，环境、配套设施等比前两代有大幅改进，但依然难以满足老年人对家庭生活氛围、高品质社会服务以及娱乐社交等精神层面的需求，同时无法做到与医疗的无缝对接。

第四代养老模式：

国际健康银发城——北京温都水城金手杖养老模式：复合型社区养老——融城乡社会资源助老人晚年幸福，开创了第四代养老模式，既吸纳了前三代养老模式的优点，使老人既生活在高品质的居住环境里，又能获得家庭般的温馨享受，并加入现代社会，受益于先进的社会化服务，充分满足老人的休闲、娱乐和社交需求。第四代养老模式：WELLNESS Σ & HOME = 幸福健康复合型（特征Σ）= 乐养 + 文养 + 休养 + 疗养 + 护养 + 医养 + 宁养 = 全程式养老 = 幸福健康复合型养老。

北京温都水城金手杖的养老设施规划：根据老年人的年龄段和生活特性分为居

住区养老、生活护理养老、医疗护理养老三部分。配套医院、酒店、健康娱乐设施等形成有别于传统养老模式,有一整套完善养老系统的第四代养老社区。

总之,老吾老以及人之老,幼吾幼以及人之幼,北京温都水城金手杖的工作人员,以对待自己老人的态度,对待这里的每一位老人,为其量身定制护理方式,既有家的温馨,又有医院式护理,既有健康的体质,又有舒畅的心情,第四代养老模式——北京温都水城金手杖国际养老公寓已经成为历史所趋,也是老年人最好的养老方式。

三、国际健康银发城——北京温都水城"金手杖"十大健康宣言

幸福,不是长生不老,不是大鱼大肉,幸福是每一个微笑,是我们到了晚年依然能够健康享受人生。为提高幸福感,成为幸福健康乐活一族,争做百岁乐活世纪老人,北京温都水城"金手杖"订立老人必须遵守的十大健康宣言:

(一)保持阳光心态,以乐观之心看待生活;

(二)养成定期运动的习惯,慢动作,塑造形体美;

(三)保证睡眠时间,不熬夜;

(四)戒烟限酒,适量喝点红葡萄酒,坚持喝酸奶;

(五)与大自然和谐相处,充分享受温泉、阳光和负氧离子;

(六)食用有机食品,均衡饮食,适度饮食,不吃高盐、高油、高糖食品;

(七)饮用足量无污染的水;

(八)杜绝药物带来的毒副作用;

(九)关爱健康、关爱自己、关爱别人、关爱未来、关爱健康事业的可持续发展;

(十)珍爱环境,养成低碳的生活方式,减少消耗、减少垃圾、减少污染,尽量骑自行车或乘坐公共运输工具,支持禁烟,向亲朋好友宣传环保政策。

"与其救疗于有疾之后,不若摄养于无疾之先。"国际健康银发城——北京温都水城"金手杖"一切以老人为本,使老人有幸福感地健康,提供最贴心的保障。

北京温都水城"金手杖"会员的健康生活方式

北京温都水城"金手杖"开创的第四代养老模式：
"幸福健康复合型养老（WELLNESS ∑ & HOME）"示意图

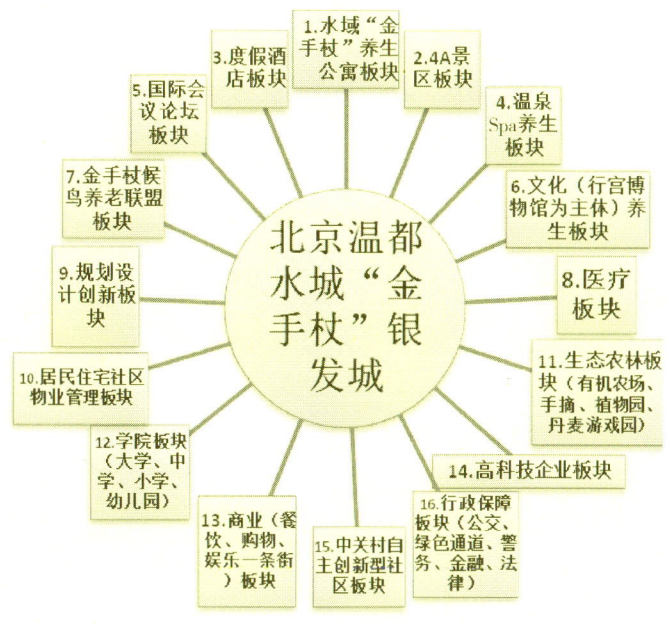

北京温都水城"金手杖"由十六大卫星板块（资源及环境）给力老人健康与幸福

第二节 北京温都水城"金手杖"概况

一、北京温都水城"金手杖"概况

北京温都水城"金手杖"，坐落于昌平区北七家镇郑各庄村温都水城旅游度假区，北倚北京母亲河——温榆河，由澳大利亚SDG设计集团设计，北京宏福集

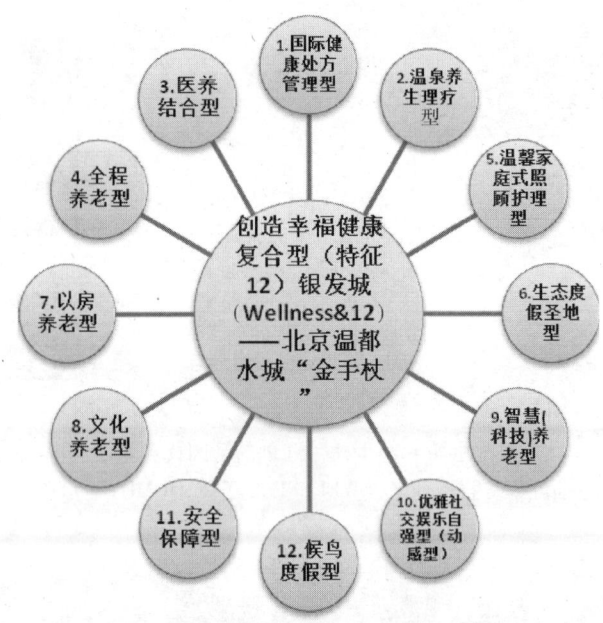

创造幸福健康复合型（特征12）银发城（Wellness & 12）
——北京温都水城"金手杖"

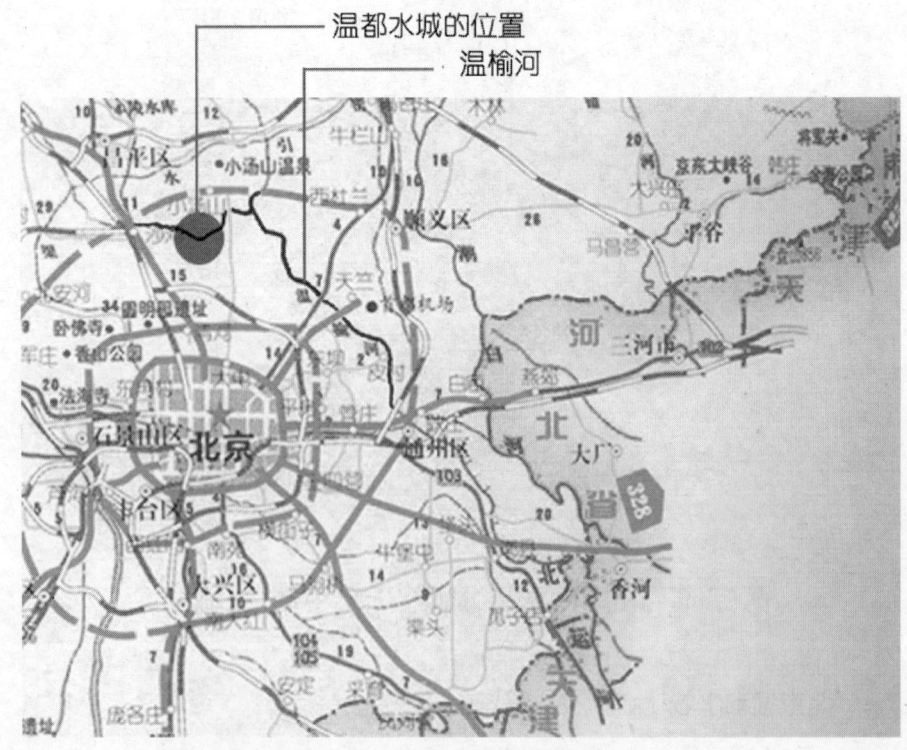

北京温都水城相对北京市中心的地理位置（故宫正北约20公里）

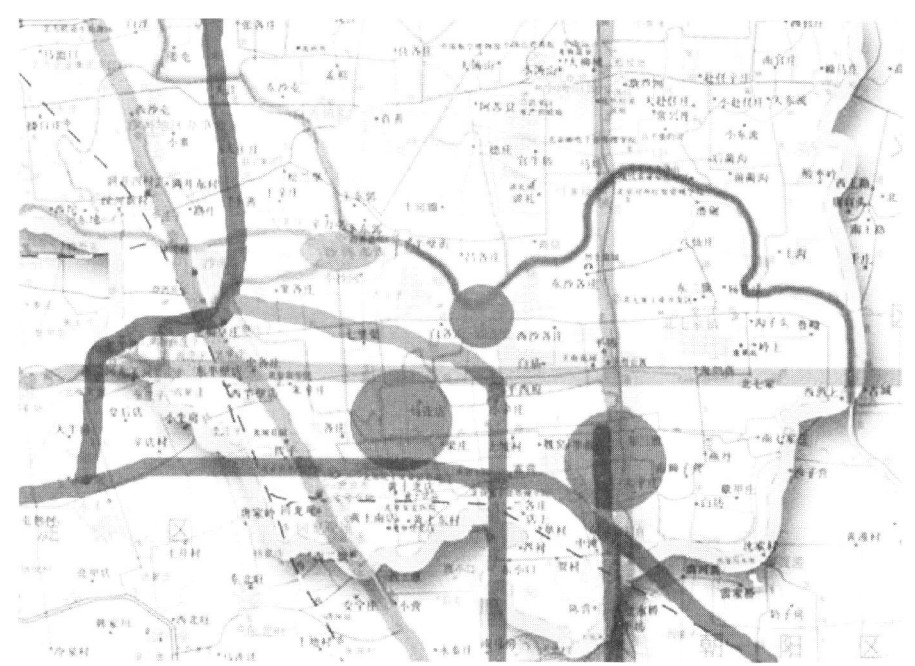

北京温都水城交通状况及周边规划

团独家投资开发兴建。它具有设计理念超前、构思巧妙和整体配套功能齐全的三大特点。

温都水城景区物华天宝、景自天成。蜿蜒七公里长的人工水系四通八达，环绕着万亩水城大社区。

温都水城的地热资源丰富，现已开发 6 口温泉井，井深 3000 米左右，出水温度高达 79℃，日可供水量上万立方，各种有益人体健康的矿物质和微量元素非常丰富。

几年来，先后投资 30 多亿元，打造了集高档商务会议、温泉健康养生、休闲度假于一体的大型旅游休闲场所。建有水城国际酒店、宏福大厦酒店、湖湾酒店、湖湾酒店西区、水空间、温泉养生会馆、室外温泉区、会议中心、能量馆、汉风唐韵生态餐厅、水城文化广场、红楼岛商务区、高尔夫练习场等服务设施，恢复了康熙行宫、行宫四合院以及温榆河御码头。建筑总面积 60 余平方米。具有同时满足 5000 人住宿、10000 人会议、10000 人休闲娱乐的保障能力。集采摘、垂钓、观光于一体的生态农业观光园正在建设当中。

北京奥运会期间，共接待美国、德国、意大利等二十几个国家 11000 人次的国际宾客，5 个国家的奥运代表团把温都水城作为赛场外的训练基地。

温都水城注重以文化树品牌，先后成功举办了两届北京国际旅游文化节，承办了全球亚裔小姐总决赛、中韩模特总决赛、红楼梦中人选秀、龙的传人、旅游小姐皇后大赛、梦想合唱团、音乐现场等极具影响力的大型文化活动。2008 年 8 月 7 日上午，郑各庄村作为全国唯一奥运火炬全程进村传递的村庄，34 名火炬手高擎奥运祥云火炬在贯穿全村1800米的"宏福大道"上进行了接力传递，郑各庄村党支部书记黄福水是此条传递路线的第二棒火炬手，来自首都各条战线的上万名代表见证了这一神圣时刻。同年9月，温都水城承办了第八届全国村长论坛活动，全国30个省市自治区的800多名优秀村官代表和200多位领导、专家在北京温都水城共议农村改革发展大计，并对郑各庄村主动城市化模式进行了深入研讨。各项活动的轰动效应，使北京温都水城的知名度享誉全国、名扬世界，并带来了良好的经济效益和社会效益。

二、北京温都水城金手杖溯源

随着中国人口老龄化趋势的日益凸显，为推进社会养老事业的发展，经郑各庄村"两委"研究、村民代表讨论，北京温都水城旅游饭店管理有限公司决定将水城旅游资源同在建中的三级甲等北京安贞心康医院的医疗资源相结合，共同开发建设温都水城金手杖国际老年公寓项目，将一次性投入转化为长期收益。

此项目位于温都水城湖湾酒店北侧，占地3.6公顷，建筑面积14万平方米，项目总投资6亿元，拥有不同户型的房间1500套，可持续满足3000人的养老需求，带动1500余人就业。

第三节 北京温都水城"金手杖"规划

一、北京温都水城"金手杖"（郑各庄村）的发展目标

北京温都水城"金手杖"要创造中国温泉旅游度假区的知名养老主题品牌。北京温都水城"金手杖"通过与中国的三亚、青岛、平遥、五大连池等100个国内外旅游名城合作，一方面拓展北京温都水城"金手杖"的国际联盟旅游品牌，另一方面通过拓展候鸟式的旅游养老，不断完善自己养老的和谐家园，在全国建立具有示范意义的老年设施配置与管理模式，拓展出北京温都水城"金手杖"新的国际经济发展蓝图。

二、整体规划及新理念

新一轮的郑各庄村规划方案将村域用地整体规划为两大板块，即住宅板块和公共服务板块，后者又进一步详细规划为旅游休闲板块、教育板块、科技板块。在整体规划中，公共服务板块位于整个用地的前半部，既能满足郑各庄村自身的需求，也方便满足南边来自市区和周边的需求。村住宅板块规划在后半区，紧邻温榆河南岸，环境优美，适合居住。公共服务板块的用地性质划分综合考虑了社区自身发展的需要，工作、生活、教育、卫生、娱乐环环相扣，相互支撑，形成完整的产业配套，不仅在规划布局上可持续性强，也为经济的可持续发展创造了良好的平台。

在满足宏福社区居民的基础上，面向周边社区乃至全市的 60 岁以上各年龄段的老人。

1. 养老规划——郑各庄村村民——后半生的美好家园

根据老年人的年龄段和生活特性分为居住区养老、生活护理养老、医疗护理养老三部分。配套医院、酒店、健康娱乐设施等形成有别于传统养老模式的、有一整套完善养老系统的第四代养老社区。

北京温都水城"金手杖"设施配置：各层配置生活护理人员（班长、楼长、院长），独立就餐区、室内外活动区、健康设施（康复室、健身房、放映厅、音乐室、书画室、茶室、游戏室、活动室、记忆小镇、泳池、温泉室、图书室、上网室、托老所、幼儿园、球类室、棋牌室、药店、超市等）、急救中心等，房间床头设有呼叫系统和红外线人体移动反应安全系统，室内设有简易厨房，无障碍连廊通道贯通整个温都水城。

居住区养老

针对人群：60 岁以上的老人。

设施配置：社区除了以上配套设施外，还设有社区医疗卫生站、家政物业服务、水城广场大型综合购物中心、户外交流活动空间以及便捷的公共交通。

生活护理养老——水城国际养生公寓

北京温都水城"金手杖"针对人群：70 岁以上的需要家政、生活护理服务的以及鳏寡孤独老人。

养老居住类型

养老有三种居住类型：

一是定居型，除过年过节或单位组织活动外，平时都住在这里，一年要住 8 个月至 10 个月，这种类型超过 60%；

二是候鸟型，每年冬夏季去住 3 个月至 4 个月，这种类型超过 30%；

三是疗养型，主要是大病初愈后到这里疗养康复。

地上建筑面积：98900 平方米；

地下建筑面积：37080 平方米；

其中人防面积：17300 平方米；

一期建筑面积：55340 平方米；

二期建筑面积：80640 平方米；

总户数：1499 户（共 94 层）；

户型一（甲）：共 468 户，50 平方米；

户型一（乙）：共 467 户，47 平方米；

户型二：共 188 户，60 平方米；

户型三：共 376 户，80 平方米；

普通护理楼四栋；

中度护理楼一栋。

北京温都水城"金手杖"鸟瞰图

2. 5H+3E 模式

5H+3E 模式既吸纳了前三代养老模式的优点,使老人既生活在高品质的居住环境里,又能获得家庭般的温馨享受,并加入现代社会,受益于先进的社会化服务,充分满足老人的休闲、娱乐和社交需求。

5H+3E 模式是第四代养老模式,即 WELLNESS Σ & HOME = 幸福健康复合型(特征Σ)= 乐养+文养+休养+疗养+护养+医养+宁养 = 全程式养老 = 幸福健康复合型养老,是全方位养老新理念。

据介绍,北京温都水城"金手杖"具体模式 5H+3E 模式为:

5H 即 Hospital(医院)、Hotel(酒店)、Home(家)、Hot spring(温泉)和 Health(健康);

3E 即 Environment(环境)、Entertainment(娱乐)和 Economy(经济)。

具体而言,所谓 5H 即:

H = Hospital,联合国内心脑血管领域专家型医院——安贞医院,建立安贞心康医院。距离居所仅 200 米,有空中绿色就诊通道,2 至 5 分钟电瓶车无障碍护送直达,给老年人周到、完善、及时的医疗服务。

H = Hotel,酒店医护式管理,建立健康档案,24 小时专业人员监护;医疗信

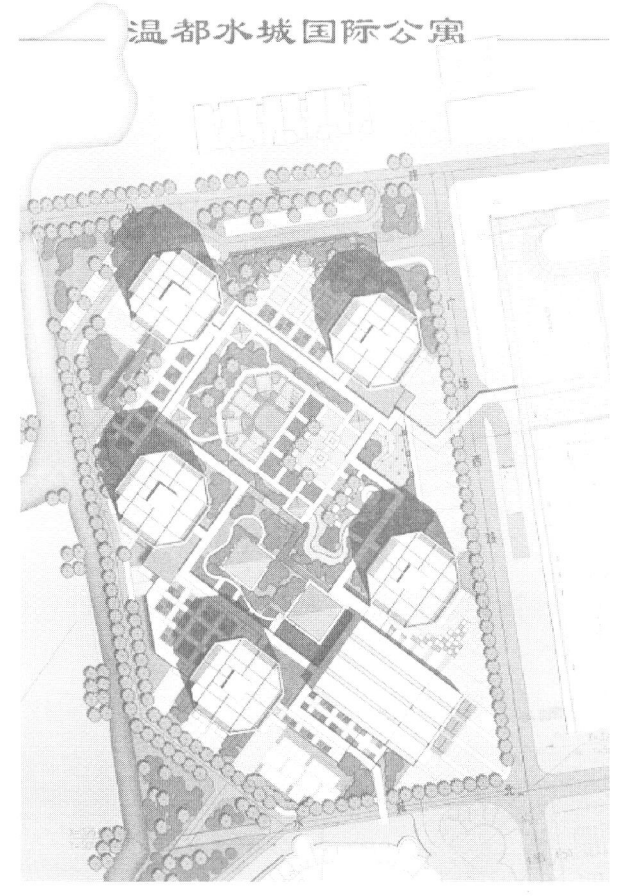

总平面图技术经济指标：总建筑面积 135980 平方米

息化服务；安全检测系统、紧急报警系统、红外监控系统、个性化居家管理系统，智能生活相伴，坚实您的健康保障，完美您的智慧人生。

H = Home，像家一样，为老人打造温馨、舒适的个性化居家感受；空中连廊将医院、酒店及周边商业娱乐广场连接起来，全形态生活圈的无障碍并通，使得出行安全、方便、快捷。

H = Hot spring，丰沛的温泉，"偏硅酸温泉群落"是"金手杖"得天独厚的养生瑰宝，让老年人足不出户享受温泉理疗的养生功效。

H = Health，随时随地的康体娱乐活动，室内高尔夫、桌球、乒乓球、健身房、舞蹈教室，还有棋牌室、书画室、图书馆、音乐室、电影播放厅、露天剧场等一应俱全。

所谓 3E 即：

E = Environment 环境，地处北京的中轴线上，国家 4A 景区，环城水包围，背靠成熟的社区服务，是不可多得的养生所在。此外，中央戏剧学院、北京电影学院、北京邮电大学等国内知名高校环抱，拥有浓厚的人文情怀。

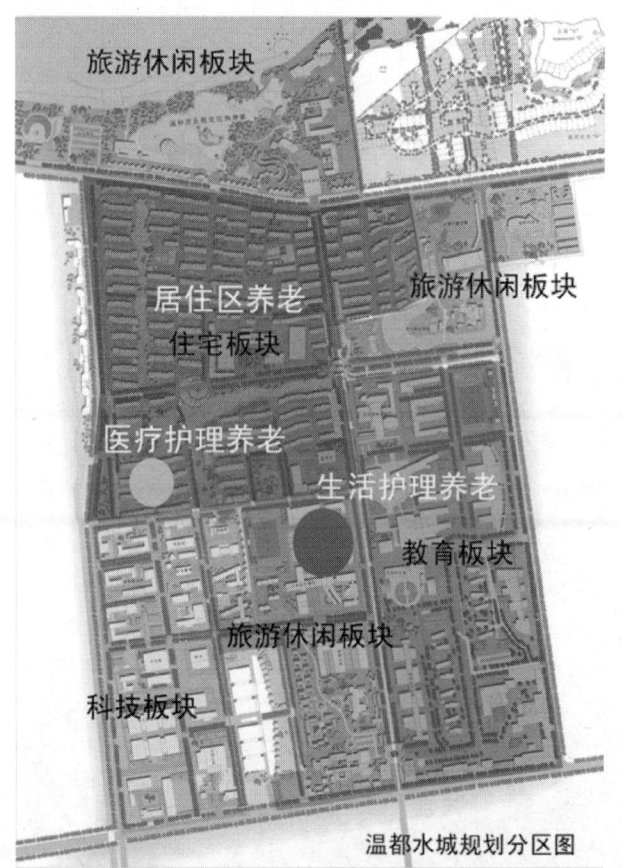

北京温都水城"金手杖"养老规划图

北京温都水城"金手杖"

E = Entertainment 娱乐，娱乐元素时尚新鲜。温都水城与优势媒体合作，不定期地举办大型文艺活动，各种国内外大型赛事频繁亮相，京城首个屋顶滑雪场也横空出世，誉冠京城。

联合国内心脑血管领域专家型医院
——北京安贞心康医院（2016年正式开业），与北京温都水城"金手杖"近在咫尺

本项目不仅拥有自己的娱乐活动下沉广场，而且用地东侧紧邻整个水城的核心建筑——水城广场，室内室外都有演艺活动场所。1万多平方米的主题购物超市，1层主要是名品店、温都水城展厅以及配套设施，2~5层则是多功能主题区，有高端画廊、展厅、拍卖厅，有5个专业院线电影厅，还有儿童娱乐世界、梦幻世界以及不同主题内容的由多个演出、演示空间串联起来的商业区域；室内设计5层高的共享空间，冬天是冰场，夏天是水池，同时还是展示舞台。配合墙面上的大屏幕，它的程序安排将使整个主题广场充满活力。

本项目周边环境优美，不仅有环城水系可将住户带至水城各个角落，更有北京城的母亲河——温榆河流经项目北侧，可河畔漫步，远眺北山。

E = Economy，独创智慧养老新模式，引领以养老带投资的新风尚。老年人可以北京市闲置房产，通过权威机构评估，享受养老公寓的所有贴心服务。创新"以房养老"模式，在不改变房屋产权、所有权的情况下，解决老人养老的资金难题，真正做到"以房养老"。

3. "智慧型养老"六大会员模式

多元化、分层次、全形态养老网络，六大模式，全面满足不同家庭的养老需求。

长期会员模式

30年会员　除了拥有自身无限期养老服务外，还可拥有老年公寓会员的继承、转让、退会、委托经营在内的市场流转增益。坐享一代投入、三代收益的增值保障。在会员期满退会后会费将全额返还给会员。

15年会员　除了拥有自身无限期养老服务外，期满前还可以拥有直系亲属续住的资格。

短期会员模式

短期租赁会员　建立随时入住、随时退租的年租方式，满足不同家庭照顾老人的不同需求。

老年"日托式"会员　想与老人乐享更多欢乐时光，白天又忙于工作无暇照顾老人，老年"日托式"是最好的选择。

小憩会员　假日小憩服务，满足假日儿女出行，老人行动不便，无人照顾的普遍需求。

体验会员　耳闻不如亲见，亲见不如体验，为了让老年朋友及家人更好地了解北京温都水城国际养生公寓，特推出为期3天的体验模式，让您实地参观，亲验"水城金手杖"的各项特色温馨服务。

"候鸟式"养生

一个中心、两个基本点：以生命为中心，健康、快乐为基本点。生命的境界是健康，健康的境界是快乐。

空中花园、养生温泉、楼台高竣、庭院清幽、动静相宜、怡然自得。

北京温都水城、黑龙江五大连池、海南博鳌山钦湾，三城联动打造高端养生模式，享受候鸟择怡而栖的浪漫，品味美好生活，体验夕阳红起来的无限精彩与快乐。

4. 运营管理模式

社区化、系统化、复合化的全方位一站式服务。

·除了老年住户自身消费外，子女探视、周末团员、交流培训等都是开发方向。

·采取俱乐部会员形式或一次性销售。物业管理为独立运营单位，护理员经过严格的酒店管理培训、医护知识系统培训以及家庭式保姆培训，对园区有相当的了解，成为新的独特的管理团队，为项目的运营提供强有力的保障。

3+N与8+2+2候鸟式养老

·北京、五大连池、博鳌，中国的最南、最北和中央三地候鸟式养老与医护型养老的结合。

·五大连池两个月（7、8月）、博鳌两个月（12、1月）、北京8个月全年分时段的季节性养老。

5. 技术经济指标

项目规划总建筑面积135980平方米，地上建筑面积98900平方米，地下建筑面积37080平方米，其中人防面积17300平方米，一期建筑面积55340平方米，二期建筑面积80640平方米；总户数1499户（共94层），户型一（甲）共468户，50平方米，户型一（乙）共467户，47平方米，户型二共188户，60平方米，户型三共376户，80平方米；普通护理楼四栋，中度护理楼一栋。

设计原则：在充分利用土地和周边配套设施的前提下，努力营造使用高效、

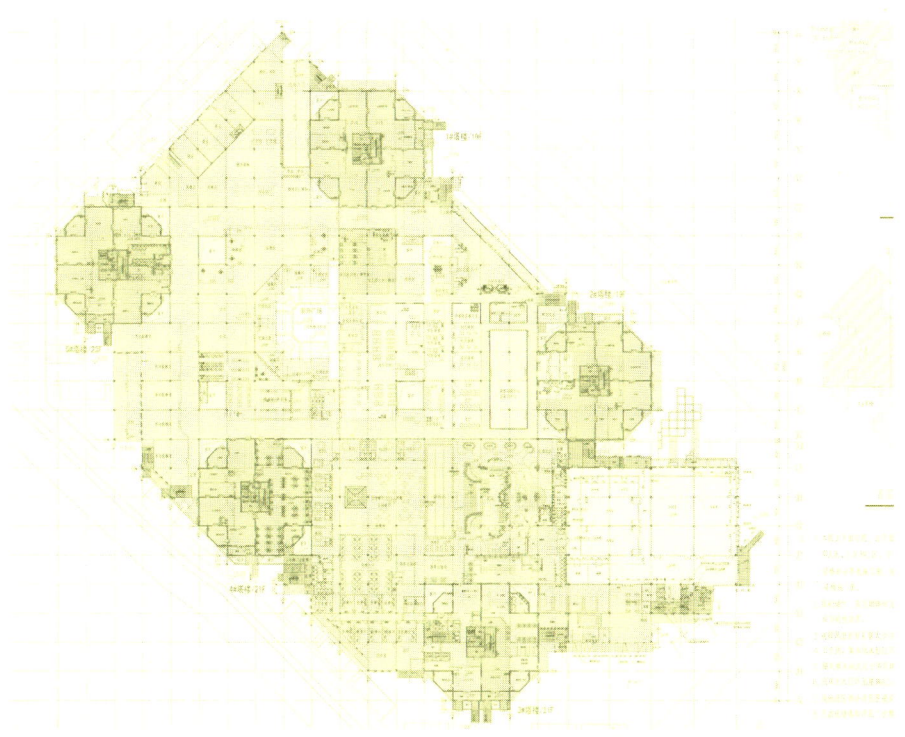

北京温都水城"金手杖"技术经济指标

绿色、人性化的养老宜居场所。

6. 设计特色

——规划中的"五塔组合"在最大限度提高土地利用率的前提下,通过塔楼的 45 度平面扭转,不仅使每个居室都有开阔的视野、良好的通风,同时使整个楼体几乎没有阳光的死角,做到户户有阳光。

——360°裙房将塔楼连成一体。通过裙房内完善的配套设施、屋顶花园、露台、绿色共享空间、屋顶休闲运动、水疗、酒店式居室等的非传统老年居住方式,营造适合老年心理的全新老年居住形式。

——空中连廊将项目与医院、酒店以及东侧的商业娱乐广场连接起来,独立安静,无障碍地为老年人提供交通方面的便利。地下一层车库与东侧水城广场地下车库相通。地下二层人防不仅满足自身需求,还满足了四个酒店的人防面积需求。

——无障碍设计与老年配套设施。地下一层残疾人停车位、首层残疾人坡道入口以及公共残疾人卫生间,一层设置的社区托老中心(服务人员随时提供全方位的服务),可进入轮椅和担架床的电梯,1200 厘米宽的入户门、900 厘米宽的卫生间门、卫生间扶手、公共区走廊扶手 300 厘米高,不锈钢防撞踢脚板,入口、电梯口以及楼梯踏步的起始和结束部分设盲道铺装,无明火的灶台,安装自动门的老年营养餐厅和老年活动视听室,专门配备的轮椅、担架、吊床以及与家

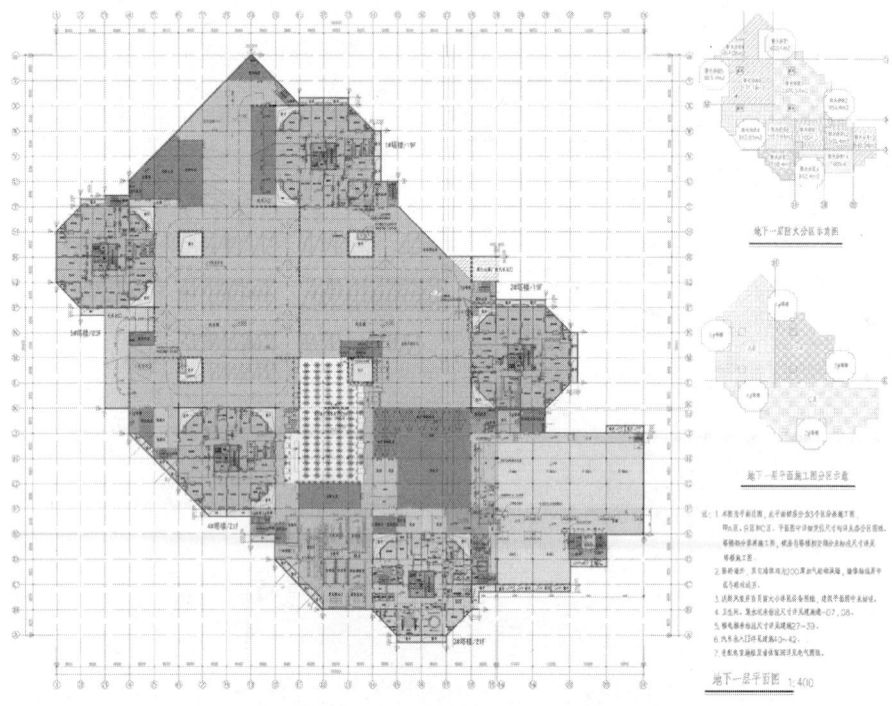

北京温都水城"金手杖"设计特色

北京温都水城"金手杖"空中连廊

具配套的转移垫等,高级护理区的专用洗浴设施,公共区的监控、可视对讲和提示系统,RFID定位系统。

——酒店式客房、水疗、食疗、氧疗。

——VIP星级服务(为有额外偿付能力、需要更高舒适条件的各个阶层的国

北京温都水城"金手杖"温泉浴室,酒店式客房水疗

北京温都水城"金手杖"养老公寓温泉沐浴池

内外租户,提供不同星级标准的消费环境和套餐式服务。舒适程度虽有高低,但水准没有差别。

——会员俱乐部(健康咨询、私人医疗顾问、VIP服务通道、水城会员卡可提供的疗养与商务)。

——VIP温泉按摩浴缸、隐蔽式水箱、顶部楼板减噪垫层、会客空间和康复室等。

——二楼以下及裙楼区设大型文化、娱乐、体育、保健等各类活动室,有老年保健理疗中心、球类馆(乒乓球、羽毛球、台球等)、练功房(舞蹈队)、练歌厅(合唱团)、书画厅、摄影厅以及室外多功能下沉广场(报告、演出、集会)等集体活动场所。

——精心打造二层屋顶花园,设户外健身器材区、晨练场地、花圃、花池、老幼游戏区、绿化带等,尤其是围绕周边设计出一条环形人行步道(鹅卵石地面),供老人早、晚步行健身,配以不同的景观,成为吸引人的亮点。预设遮阳棚装置,供天热时使用,并设计部分绿地,调节气候。

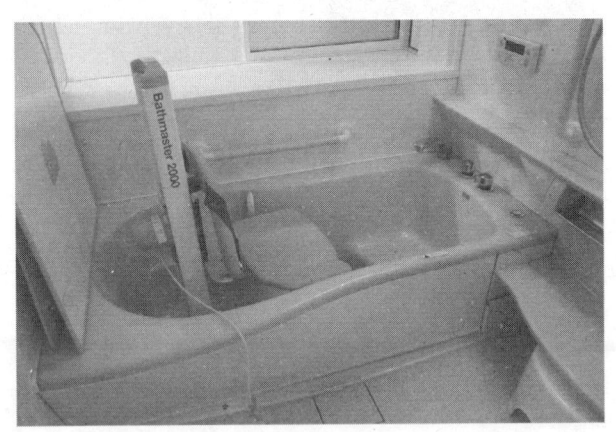

北京温都水城"金手杖"托老中心的专业浴缸

——提供免费的温泉、淋浴、桑拿、干蒸等养生设施与高端温泉会所(包括按摩、理疗),满足不同要求。

一层设计了亲子幼儿园,可接收老人的第三代,作为老年公寓的"关怀下一代"实验区,有利于老人和孩子的情感交流与心理健康,也会很受老人欢迎。

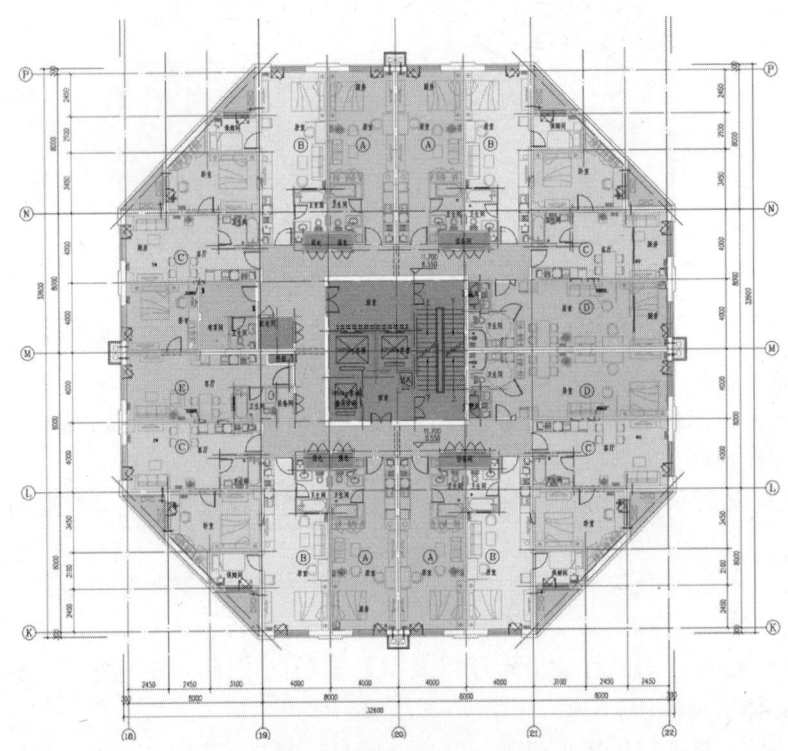

北京温都水城"金手杖"养老公寓房型图

7. 医疗护理养老——水城老年护理中心

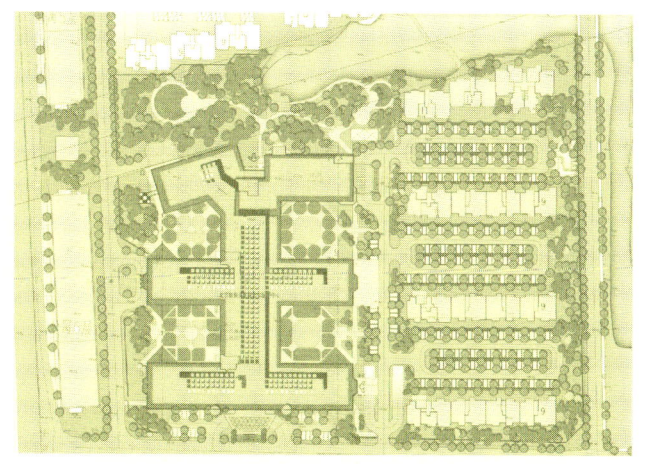

北京温都水城"金手杖"老年护理中心平面图之一

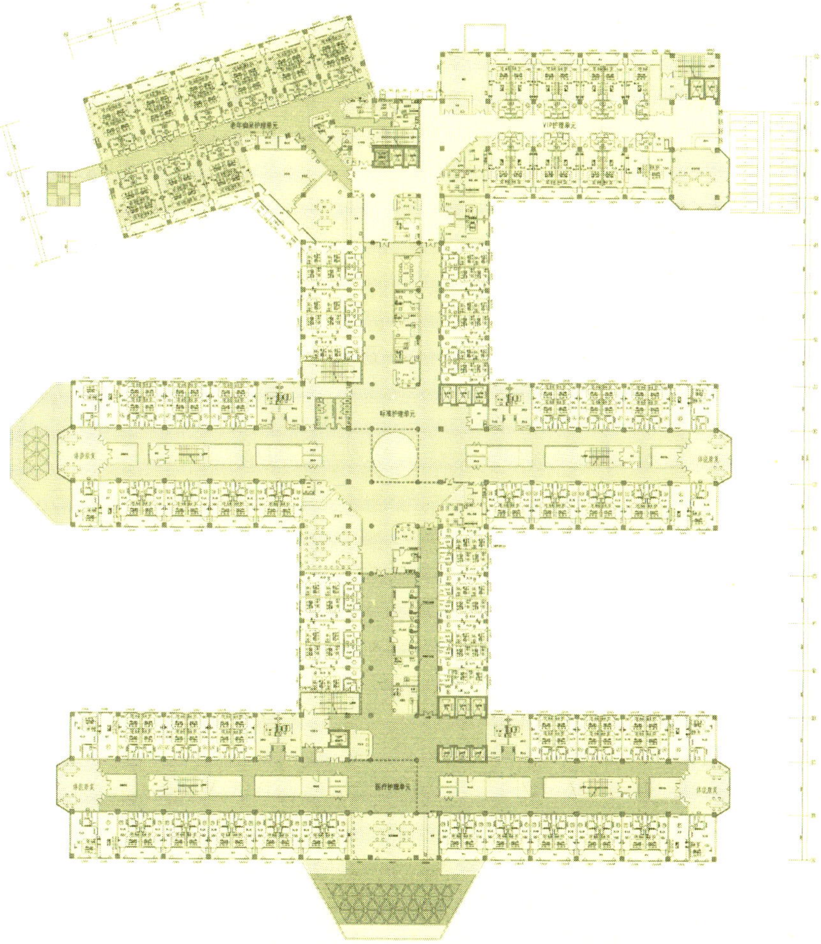

北京温都水城"金手杖"老年护理中心平面图之二

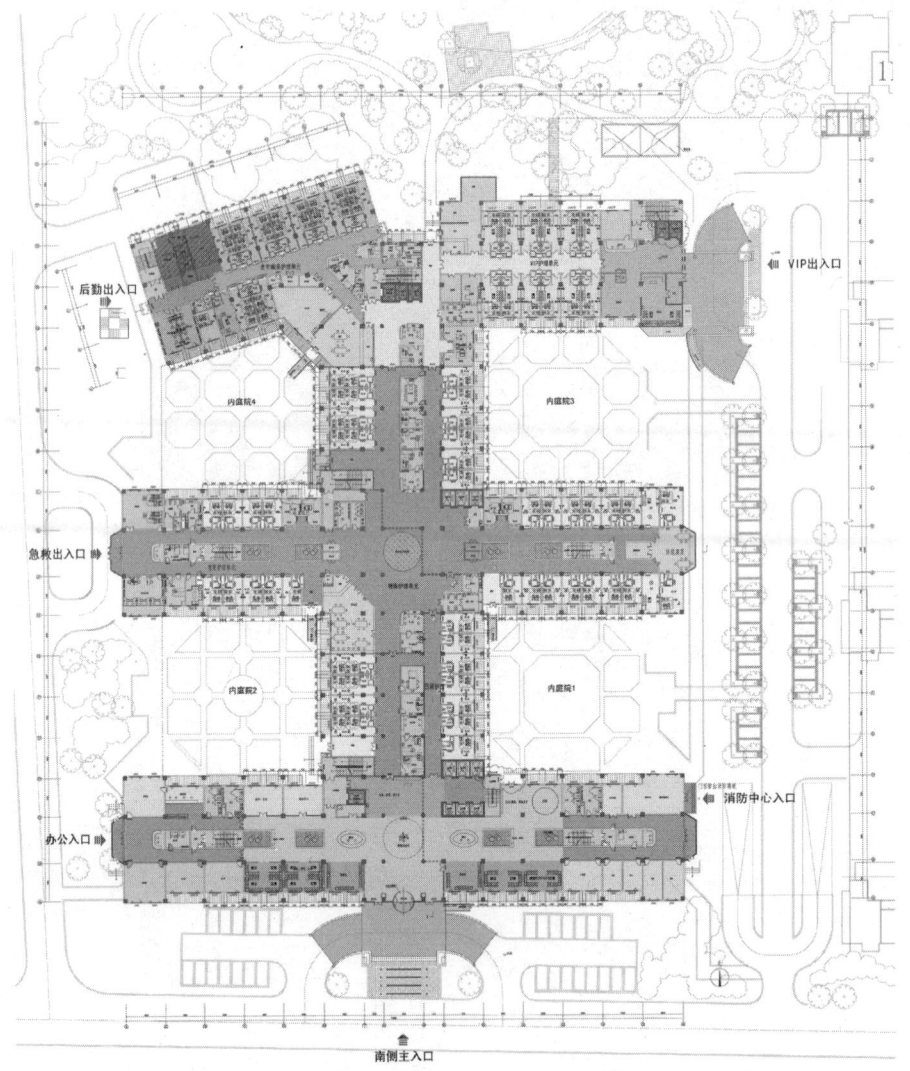

北京温都水城"金手杖"老年护理中心平面之二
（各层分区；特殊单元：老年失忆、特护、VIP 等；吊挂系统）

针对人群：紧邻医院，主要针对非自理型以及患有各种老年疾病的老年群体。

标准层设施配置：各单元配置医护人员，独立就餐区、活动区、消毒清洗、助浴间等，床头设有医疗气体。

首层配有接待、展示、保险咨询、重症护理、后勤办公管理等。

地下室配有设备机房、员工休息和活动室、餐厅、培训用房以及药库、器材库、营养厨房、车库和 VIP 俱乐部、康复理疗中心等。

技术经济指标：总建筑面积 113000 平方米，地上建筑面积 101000 平方米，地下建筑面积 12000 平方米。

北京温都水城"金手杖"标准公寓室内效果

总间数1060间,共1600床(9~12层);

户型一(标准双人间):共673间;户型四(家庭式套间):共66间。

老年失忆单元:共155间。

VIP单元:共166间,其中户型二(标准单人间)共108间,户型三(套间)共58间。

卧室床头数据板(电视、网络)与电话,可实现楼内甚至区域内信息共享与预定
(呼叫、订餐、订杂志、订服务等)

电话医疗—Holter 系统

8. 远程系统

——设置完善的安全防范系统：火灾自动报警及消防联动系统（FAS），公共广播（背景音乐）及应急广播系统，视频监控系统，通道（门禁、可视对讲）管理系统，巡更系统，停车场管理系统。

——建立专用信息管理系统：网络视频系统，医护对讲系统，电子公告牌、触摸屏信息系统。

——建立通讯与网络系统（CAS），打造信息高速网络平台：综合布线系统，计算机网络系统（综合医疗信息管理系统与远程传送，联络家庭病房与家庭医生）。

——有线电视及卫星电视接收系统（私有和公共区）。

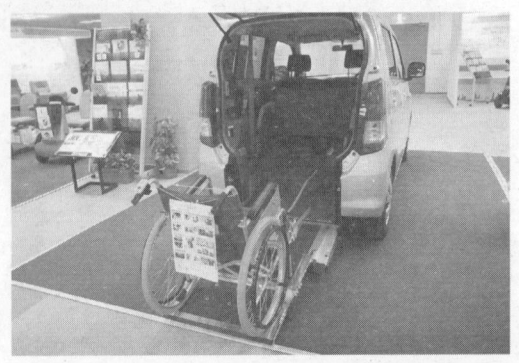

北京温都水城"金手杖"各种相关的老年人配套设备设施

9. 健康咨询

营养配餐符合老年人养生的烹调方式，体现三少（油、盐、糖）、三多（蒸、煮、炖）。老年特色营养餐厅与现在酒店的餐饮方式完全不同。订餐、送餐服务对老年人有很大吸引力。

定期对俱乐部成员进行体检：针对不同护理程度有专业医生进行日检、周检、月检、季检、年检，并建立详细的用户健康档案。（有相对固定的私人医生。）

每户床头、卫生间均设呼叫系统，与护理中心相连，并与医院急救服务系统联通。

高度护理区可在每层设相应的护理站和治疗室。

10. 生态节能与智能系统

设有卫生间节水系统、智能感应与控制系统。

北京温都水城"金手杖"在建筑物节能方面采取了如下技术：太阳能光电与光热（为室内照明提供电力，为生活热水提供热源）、呼吸窗、垂直传光筒、遮阳板块、水处理循环及分级净化系统、地源热泵系统等。

第四节 北京温都水城——"金手杖"的设施和管理

北京温都水城——"金手杖"开启"智慧养老"新纪元。

老有所养，老有所乐，老有所为是耄耋老人幸福晚年的标志。然而，居家养老，难度空巢；机构养老，貌合神离；度假区养老，望梅止渴……位于北京温都水城的"金手杖"应时代而更新，以老年人的需要作为丈量一切服务的唯一标准，创新推出"智慧养老"新方式，以优美的自然环境、便利的社区条件、完善的医疗保障、高档的公寓服务、一流的社交平台、候鸟式三地养生以及"养老增益"的新思路让您的幸福晚年无忧！

1. 舒适、个性化的居家感受——老人从这里步入幸福晚年

北京温都水城"金手杖"外景

依托北京的母亲河——温榆河的灵气，凭借古都龙脉——郑家庄皇城的厚重，温都水城国际老年公寓几乎占据了皇城脚下的最佳自然资源。就在这碧水环绕、廊弦竹韵之中，5栋呈五塔式的公寓楼亭亭玉立，这可容纳1500户居住的高档公寓，凭借塔楼的45度平面扭转，使每个居室都有开阔的视野、良好的通风，整个楼体几乎没有背阴的死角，真正做到户户有阳光、处处有温暖。智能化服务系统、远程监控系统、精确分类系统和医疗信息预约系统等先进科技的全面覆盖，更为入住老人创造安心、舒适的个性化居家感受。

2. 酒店医护式安全保障

北京温都水城"金手杖"就诊绿色通道

北京温都水城"金手杖"——安全设施之无障碍通道

保证居住环境安全无打扰、就医及时高效是老年群体幸福感和安全感的重要保证。水城金手杖国际养生公寓实行酒店式管理，内部护理员都经过严格的酒店管理培训、家庭式保姆培训以及医护知识系统培训，为老人的医疗及日常生活服务提供了便利与保障。更将国家三级甲等医院引入社区，建立联动式医疗服务、医疗监控和医疗救助，通过绿色就诊通道、紧急呼叫体系提供快速安全的就医途径，创建了5分钟，乃至2分钟的安全时间带，营造24小时的安全防护系统。

3. 得天独厚的养生天地

北京温都水城"金手杖"——温泉池

丰沛的温泉资源是水城金手杖的得天独厚的自然瑰宝。入户温泉、养生会馆、多功能健身中心以及专题、专项的养生课堂，联袂打造出一个悠然自得的养生所在，面向老年群体普及养生知识、提供定制式养生食谱，旨在提高老年人的养生意识。"候鸟式"养老理念，连接黑龙江黑河五大连池、海南博鳌山钦湾复制的温都水城连锁公寓三城联动，让居住在北京温都水城国际老年公寓的朋友可以呼朋唤友，享受"候鸟式"择怡而栖的浪漫，营造365天全天候的好心情。

4. 接地气的晚年生活

北京温都水城"金手杖"——舞蹈形体室

与诸多养生会所把更多关注放在老人衣食住行上不同，水城金手杖国际养生公寓更加注重老年人的心理需求，精心安排丰富的老年活动，组建秧歌队、合唱团、艺术团，并可根据入住老人需求，组织其他丰富多彩的文化活动。依托相邻的宏福苑大社区和周边浓郁的学府氛围，为老年人创造诸多二次就业岗位，提供了为社区贡献力量、开启生命的第二个春天的机会。

5. 智慧养老——老人享福，后辈受益

北京温都水城"金手杖"——儿童发展会所

"但存方寸地,留与子孙耕",受传统思想影响,很多为儿女辛劳一辈子的老人,到晚年仍舍不得在养老上花费过多的资金,更怕给儿女造成负担。这样的担忧,是桎梏老年人轻松养老的核心问题。水城金手杖国际养生公寓低投资高回报的增值型会员制度,破解了困扰老年人的养老难题,在解决自身养老问题的基础上为后代留存升值增益空间。乐享无忧晚年的同时,还不会为子女添负担,这使得很多老人放弃空巢,获取更为优质的养老服务。

依照当前北京养老问题的实际情况,"金手杖"设计长期、短期两种会员、四种服务项目以满足不同家庭照顾老人的不同需求。

长期会员模式

北京温都水城"金手杖"——样板间

一次性缴纳会费成为金手杖 30 年会员，便可拥有 30 年除自身无限期养老服务外，还包括老年公寓的继承、转让、委托经营在内的市场流转资格以及会员退会后会费返还给会员，坐享一代投入、三代受益的增值保障，期间产生的市场流转增益归会员所有。

短期会员模式

北京温都水城"金手杖"——样板间

短期会员模式提供短期租赁和"托老所"服务。短期租赁建立随交租金、随时入住、随时退租的机动方式，5 年、15 年会员租赁模式为会员提供了多种选择，灵活性较强。而假日"托老所"服务，就满足了假日儿女出行，老人行动不便，无人照料的普遍需求。

6. 试水"以房养老"

如果老人在北京市有闲置房产，亦可将闲置房产委托给水城"金手杖"经营，以此来置换水城"金手杖"的相应公寓类型，免会员费及相应服务费，享受养生公寓的所有贴心服务，以此来解决老人养老的资金难题。在不改变房屋产权、所有权的情况下，真正做到"以房养老"。

北京温都水城"金手杖"——室内

北京温都水城"金手杖"——无障碍洗手间

水城"金手杖"服务于年满60岁的老年朋友,根据房型不同,入住门槛稍有不同,而享受的服务项目与高质量的晚年生活绝对均等。在此,您可以享受到集居家养老、机构养老、度假养老、医护式养老为一体的360°全面服务,让您乐享晚年、幸福无忧。携"金手杖",享自在人生。

7. 足不出户享受各种休闲娱乐

为了让会员在冬日里足不出户就能保持活力,拥有好心情,水城"金手杖"依据老年朋友的活动强度和兴趣爱好建了包括康乐室、健身室、图书室、放映室、书画室在内的一系列休闲娱乐场馆,娱乐活动丰富多彩。会员朋友们在这里以歌会友、以舞联谊、挥毫泼墨、一展绝技;两万多册图书,任会员挑选借阅;放映厅每周放映不同题材的影视,还可由会员点播喜爱的红色电影、地方戏曲;邀请资深营养师不定期地举办养生大讲堂,讲授养生常识;每月组织集体生日会及各种节日的庆祝活动,带给会员如家般的欢乐与温馨。

北京温都水城"金手杖"——图书馆

北京温都水城"金手杖"——图书馆电子阅览室

北京温都水城"金手杖"——会员在画室练习书法

北京温都水城"金手杖"——棋牌设施

8. "医疗金三角"坚实会员健康保障

北京温都水城"金手杖"——就诊时通往北京安贞心康医院的绿色通道电瓶车

北京温都水城"金手杖"——SOS紧急呼叫系统

北京温都水城"金手杖"——烟感系统

北京温都水城"金手杖"——红外线人体活动监测仪

冬季是老年常见病的多发期,为了更好地解决老年朋友的"养"与"医"问题,水城金手杖国际养生公寓早在筹建初期就与国内心脑血管领域专家型医院——安贞心康医院建立合作关系,在距离公寓不足千米处建设三甲联合医院。在会员出现健康问题时,可经公寓二层的绿色就诊通道2至5分钟电瓶车无障碍护送直达,配套专家咨询,医疗信息化服务全面到位。当下,公寓又先后与距养生公寓最近的华一医院和在金手杖老年公寓内设立的宏福苑社区医院建立对接关系,在本区域内形成"医疗金三角",为入住会员提供更为坚实的医疗安全保障。

公寓内部为每一位入住老人建立健康档案,进行生活自理能力评估,实时监测健康状况。专业护理人员针对慢性疾病向会员进行日常预警提示。屋内SOS安全呼叫系统、红外监控系统以及专业的医护服务人员保证了日常生活中老人的居住安全和疾病预警防护。

9."金手杖"365天为子女尽孝

北京温都水城"金手杖"——总经理为老人举办生日宴

新修订的《老年人权益保障法》已于2013年7月1日正式实施。至此,"常回家看看"正式写入法律,不常看望老人将属违法。

新法规定,家庭成员应当关心老年人的精神需求,不得忽视、冷落老年人。与老年人分开居住的家庭成员,应当经常看望或者问候老年人。赡养人应当履行对老年人经济上供养、生活上照料和精神上慰藉的义务,照顾老年人的特殊需要。

该法一经颁布,引起了社会的强大反响,对于条例的可操作性提出了很大质疑,子女们也发出了"想回家而不可得"的现实困难。因此,一处可以为老年人提供安全、便利、舒适的宜居环境,丰富多彩的文化娱乐活动以及接地气、聚人气的生活氛围的全形态服务养生基地,成为值得子女将父母托付的理想之地和老年人幸福晚年的最佳选择。

北京温都水城金手杖创新推出"智慧型养老"理念,以老年人的需求作为丈量一切服务的标准，提供以酒店医护式服务、生活照料服务、社区活动服务、安全应急保障服务、后勤保障服务为基础的全方位服务照料老年人的起居生活，有效对抗可能遇到的疾病风险，丰富您的精神文化生活，带给您快乐幸福的生活感受，犹如子女全年守候在身边。

10. 酒店医护式服务

北京温都水城"金手杖"——餐厅

"金手杖"全面实行酒店医护式服务，对每一位入住养生公寓的会员都将建立一套属于自己的健康档案，由此对您的健康状况进行评估，得出适合您的护理等级。公寓内部护理人员都经过严格的酒店管理培训、家庭式保姆培训以及医护知识系统培训，为老人的医疗及日常生活服务提供了便利与保障。酒店智能化访客服务系统、远程监控系统、精确分类系统和医疗信息预约系统等先进科技的全面覆盖，医生每日的健康巡视、日行健康检查等项目为入住老人创造安心、舒适的居住环境。保证居住环境安全无打扰、就医及时高效，极大地提高老年群体的幸福感和安全感。

11. 生活照料服务

北京温都水城"金手杖"——餐厅的营养配餐

根据会员的个人情况，服务人员将每日或每周清洁室内卫生，倾倒垃圾，代洗衣物，更换床上用品，保持室内干净整洁。公寓营养师将根据会员的身体特点提出饮食指导，如有必要，可以为会员私人定制养生膳食以及特色治疗饮食，让您健康每一餐。针对会员的日常生活事务，服务人员会协助您去银行、通信网点、超市等服务网点办理银行业务、邮政业务，书籍、杂志、报刊订阅业务，并提供超市代购等服务。

12. 社区活动服务

与诸多养生会所把更多关注放在老人衣食住行上不同，水城金手杖更加注重老年人的心理需求。背靠温都水城4A级景区优美的宜居环境，宏福苑大社区的强大人气以及周边浓郁的学府氛围，会员可以参与丰富的老年活动，参加秧歌队、合唱团、艺术团，并可根据入住老人需求，组织其他丰富多彩的文化活动。这里为老年人创造了"老有所为"的二次就业机会，老年朋友可以通过选择自己擅长的工作，在自己生活的社区内贡献力量，获得收入，找到自己的位置，开创第二个生命的春天。

北京温都水城 金手杖——顶层花园

13. 安全应急保障服务

北京温都水城"金手杖"就诊绿色通道

水城"金手杖"将安全防护作为服务中的重中之重,首先是医护应急保障服务,将国家三级甲等医院引入社区,建立联动式医疗服务、医疗监控和医疗救助，通过绿色就诊通道、紧急呼叫体系，提供快速安全的就医途径，创建了5分钟，乃至2分钟的安全时间带，营造24小时的安全防护系统。其次是生活安全应急保证。制定常见意外、突发性事件应急预案，定期检查安全措施落实情况，配备床头、卫生间呼叫对讲系统、红外感应系统，无处不在的安全标识、安全扶手，24小时人员值班，杜绝消防安全隐患。

14. 公共设施保障服务

北京温都水城"金手杖"——康复室

北京温都水城"金手杖"——健身房

北京温都水城"金手杖"——模拟高尔夫健身

北京温都水城"金手杖"——图书馆

北京温都水城"金手杖"——电子阅览室

为让会员能随时随地地进行康体娱乐活动,养生公寓内桌球、乒乓球、室内高尔夫、健身房、舞蹈教室、棋牌室、书画室、音乐室、电影播放厅等公共娱乐项目全面免费向会员开放。当公共设施设备、居室正常损坏时,服务人员将及时负责维修。绿化工程服务人员将全面维护空中花园绿化景观的美化工程,并向会员提供绿植认养、私家苗圃等特色服务。

15. 北京温都水城"金手杖"——你想要的都在身边

北京温都水城"金手杖"是由北京宏福集团历时8年,潜心研究国内外最前沿的60岁以上人群养生生态,集合国际最新鲜的养生理念,针对中国人生活习惯和文化习惯,推出的面向中老年的高端专业养生会所。

它位于温榆河南岸的温都水城。这里曾作为康熙帝的行宫,专供皇家休闲养生,历史上曾建有著名的专供皇家祭祀用的长寿庙宇——南济庙。现今是全国知名的国家4A景区生态度假旅游胜地之一。

北京温都水城"金手杖"在未来2年内完成总建筑15万平方米,房间1500

套的连锁品牌规模。居住硬件和服务软件水平达到五星级酒店标准。根据居住条件和服务配套档次的不同，设有多种不同收费标准。入住的人士除了能享受24小时的专业医护以及知名保险公司为其量身定制的保险套餐，还有健身保健、书画棋牌、娱乐联欢、绿色采摘、名木冠名和自耕代耕等各种情趣生活供选择。另外设立严格的准入标准，通过体检、经济和文化素质评估等将入住客人限位在高起点。

地理位置

北京温都水城"金手杖"位于北京中轴线向北20公里处，北枕温榆河源头，南邻亚奥商圈，西接中关硅谷，东濒京都空港，东临立汤路，西达八达岭高速，七北路、定泗路在此交汇。

周边环境

北京温都水城"金手杖"一改以往其他养生居所安居一隅的选址原则，充分体会60岁以上人群要求融合、要求交流的生活欲望，将会所选择在发育完善、设施齐全的高档社区环境中。周边有丰富的各类资源，完全能够满足全方位的养生居住要求。

自然资源

温榆河，京城最大的湿地、天然氧吧。

北京温都水城秀水公园

旅游资源：国家4A级旅游景区——温都水城，不但毕集五大品牌酒店、大型水上娱乐设施和水空间，浪漫温泉养生会馆。

教育资源

紧邻中央戏剧学院、北京邮电大学、北京电影学院，未来极有可能发育配套的老年大学，营造良好的高知社区。

科技板块

以科技园区为依托，密集的高科技企业辐射，让科技进步无所不在。

住宅板块：成熟、完备的住宅小区，与社会生活须臾不分离。

北京温都水城水空间内景

北京温都水城湖湾酒店

北京温都水城宏福大厦

北京温都水城国际酒店内景

北京温都水城国际酒店外景

特色服务

特色医疗，近在咫尺。

地西侧200米为安贞心康医院（800床），与项目通过连廊达到无缝连接，不仅为项目潜在客户提供了强大的心理和今后实际运营上的支持，也为今后品牌连锁经营打下坚实的基础。

北京温都水城"金手杖"将提供最便捷的医疗咨询服务。定期开展医疗咨询日（例如每周一、三、五，设专家日），专家进驻本社区，为居民朋友答疑解惑。

与安贞心康医院对接，实现十分钟之内迅速就医的便捷条件。同时，公寓内设健康咨询台，24小时服务，遇特殊情况，公寓将负责紧急联系医院就医。

提供电话医疗系统，居住者通过电话可以实现日常医疗检查，最快速度解决健康疑问等。

特色养生

北京温都水城"金手杖"立足于老年人的现实生活，全力以赴打造符合老年人休闲养生的新方式。例如引进老年养生概念,将养生文化与温都水城特有的水文化相结合,开创水城老年养生全新领域,将传统的汤泡文化、现代的中医理疗以及国外的瑜伽文化结合起来。

老年大学

北京温都水城"金手杖",开创内地养老助教的全新模式,将汇聚来自日本、欧美和国内教育界文化界的知识老人,最大化地整合高端人力资源。知识型老人的充分聚合,将显示出非凡的建设性力量。一方面,北京温都水城"金手杖"为来自全球各地的老年人提供不可复制的软硬件条件,在此居住养老;另一方面,北京温都水城"金手杖"倡导老年人在身体条件允许的情况下,加入养老助教这个可以发挥余热的平台,在此工作传道。这种模式为知识老人与求知的社会人员建立一个通畅的渠道,让知识老人在休闲养老的同时,将自己多年的经验以及积累的知识以低偿或无偿的形式传授给社会其他群体,同时也给自己带来了清新而充实的生活。

美好生活

北京温都水城"金手杖"还将建设高配置的文化娱乐环境。退休生活,很大程度上是更自我、更私人的生活。在为家庭、为子女、为父母奔波操劳大半辈子之后,更多的人选择真正按照自己的喜好,过属于自己的生活,通过发展自己来享受生活。在这一方面,水城北京温都水城"金手杖"可谓关怀备至。在入会之初,北京温都水城"金手杖"将会对您的兴趣爱好、特长、专业做个性化的分类,将按照您所排列的先后顺序,推荐您参加合适的老年社团或会所。同时,老年公寓将在楼体裙房中配套大量综合大型娱乐康体设备,个别楼层还将配备专属小圈子的游艺空间,例如画室、琴房、麻将室、瑜伽室、摄影棚等。

异地置换

北京温都水城"金手杖"超前之处在于,提出了很多全新的运营模式。其绝大多数在国内都尚属首次,例如连锁经营。连锁经营目前在国内各行业内均十分常见,但应用于会员制国家老年公寓,却又有其不同凡响的神奇特性。

建成后的北京温都水城"金手杖",计划在国内外建立100个连锁网点,采取定期和不定期相结合的方式开展置换服务,使双方的老人可以有机会进行异地旅游、疗养,并免费享受住宿、饮食、娱乐、观光等方面的服务。除了自有网点,下一步还可能与其他高端老年俱乐部进行交互式合作,让老年朋友在公寓式的链式系统中,就可以很轻松地走遍中国,甚至走向世界。

裙房功能

为进一步满足老年人对于晚年生活的全面需要,北京温都水城"金手杖"准备了一系列的配套设施供老年朋友使用,为老年朋友提供便利,包括可容纳100张床位的社区中心医院;包含中餐、西餐、自助餐厅的餐饮中心;容咖啡厅和图书室于一身的休闲茶座;囊括诸多名师名家的老年大学;可以供老人休闲娱乐的棋牌室、屋顶门球场、室内游泳馆、各类球馆;另有美容美发室、中型便民超市、大型停车场等等。

除此之外，北京温都水城"金手杖"的入住宾客还享受更多的超值优惠和大社区环境服务。老年人可特价享受温都水城内部包括四大品牌酒店、Hi水空间、温泉养生会馆、各种健身场馆、量贩式KTV在内的多种休闲娱乐设施。

四、北京温都水城"金手杖"在中国国际养老博览会大放光彩

由中华人民共和国民政部、全国老龄委办公室和北京市人民政府联合主办的第三届中国国际养老服务业博览会，在国家会议中心如期举办，本次博览会有来自二十多个国家和地区的养老服务企业参展，为中国养老产业提供了国际性交流合作机会，给国内养老产业的提高和改进提供了依据。作为参展商之一的水城金手杖国际养老公寓，开展当天就吸引了众多观展人的目光，并以其优质的项目属性成为本次博览会的一大亮点。

首先，简约大方的展台设计，使白色与米白协调呼应，再以暖黄色灯光点缀，使展位看起来整洁明亮。同时，展台内的家具摆放，还原了项目室内原貌，让参观者实地感受金手杖温馨舒适的居住环境。以活力老人为元素的画面装饰，则与北京温都水城"金手杖"的生活气息相得益彰。

北京温都水城"金手杖"参加2014年中国国际养老博览会

另外，在展台的功能分区上，北京温都水城"金手杖"进行了细致的考量，分别设置了宾客接待区、沙画表演及互动区、中西医义诊区、项目体验区和LED项目展示区，整体设计动静结合，功能方面各具特色。尤其在表演区，沙画大师的演绎如行云般自由流畅，让观看者赞不绝口，现场互动时，更是吸引了大批观众驻足体验。中西医义诊区是所有展位中所独有的设计，现场请到了中医养生专家及安贞医院的西医专家坐诊，为有需要的老人提供了医学帮助，展现北京温都水城"金手杖"对老人的细致关怀。

循环播放的视频宣传片，将项目特色和养老模式一一呈现在大屏幕中。绝佳的地理位置、优美的自然环境、完善的配套设施、丰富的娱乐生活，使北京温都水城"金手杖"在众多展商中脱颖而出，引来很多参观者，一时间领取资料的人

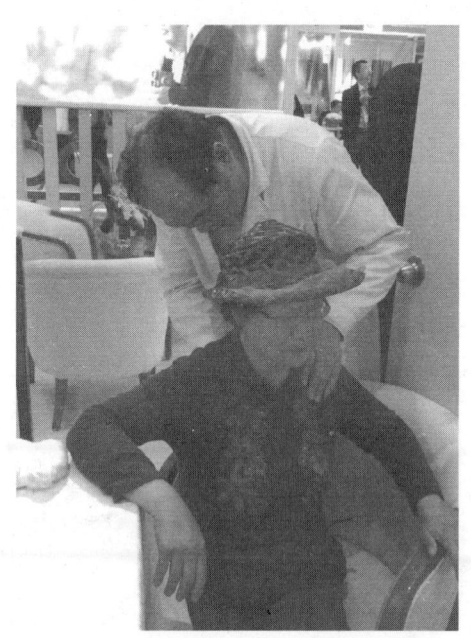

北京温都水城"金手杖"中医理疗室为会员做理疗

就排成了长队。并且现场咨询者也络绎不绝,很多人对北京、三亚、五大连池的"候鸟养老"模式表现出极大的兴趣。对此,北京温都水城"金手杖"的销售人员进行了亲切接待和耐心讲解。

北京温都水城"金手杖"参加2014年中国国际养老博览会

本次博览会,全面展示了国内外养老服务领域的先进理念、服务管理技术、经验以及优质产品,是理念创新、产品创新、规模盛大的展会。"金手杖"一直在养老产业中深刻挖掘、认真学习、积极改善,为真正成为以居家为基础、社会为依托、机构为支持、宜养相结合的社会养老服务机构而不断努力。相信本次博览会,会为北京温都水城"金手杖"带来更多惊喜和希望!

五、专访北京温都水城"金手杖"杨雅雯副总经理

一家坐落于国家 4A 级景区的新型养生公寓

由中华人民共和国民政部、北京市人民政府和全国老龄工作委员会办公室共同主办的第三届中国国际养老服务业博览会于 2014 年 5 月 4 日至 5 月 6 日在北京国家会议中心举办。温度水城金手杖国际养生公寓常务副总杨雅雯在展位接受了记者的采访。

在现场,络绎不绝的观众对水城"金手杖"的住宿环境及医疗设施表示了热切的关注。水城"金手杖"的展位,灯光柔和,屏幕错落有致,交流区设置了简欧式沙发,这些都传递着以人为本的服务理念。

一家坐落于国家 4A 级景区的新型养老公寓

位于北京市昌平区北七家镇的温都水城以"水"闻名,在具备一定的接待规模、旅游板块、大学社区、居民社区均已成型的前提下,水城"金手杖"养老项目应运而生。据常务副总杨雅雯介绍,2000 年中国进入老龄化社会,但中国的养老机构还处于匮乏状态。温都水城敏锐地发现了这一机遇,并考虑到周边郑各庄、宏福社区大量的老年人有养老需求,董事长与三甲医院——安贞医院成功洽谈,养老项目迅速启动。

水城"金手杖"提出的智慧型养老理念一经推出,受到了社会各界广泛关注。公寓实施低投资高回报的增值型会员制度,破解了困扰老年人的养老难题,在解决自身养老问题的基础上,为后代留存升值增益空间。这使得很多老人放弃空巢,获取更为优质的养老服务。

现如今养老机构层出不穷,但传统思想却根深蒂固。杨雅雯认为,社会上存在的"将老年人送去养老机构养老是不孝顺"的观念肯定还是会延续一段时间,可能老人有意向到养老机构养老,和子女商量的时候,子女考虑得比较多。也有子女参观了公寓比较满意,回去与老人商量后,老人心理上有负担。为解决这个问题,水城"金手杖"推出了 3 天体验模式,家人可以和老人一起体验,共同为老人的养老问题出谋划策,让老人乐享晚年。

杨雅雯说:"我们设置了多元化的 6 种会员模式,从 3 天的体验式入住、小憩服务、托管服务,到一年短期会员、十五年会员、三十年会员,根据老年人不同的实际情况选择适合的会员项目。"

水城金手杖老年养生公寓价目表

体验会员收费一览表

入会年龄	户型面积		备注
女 50 周岁起	A 户型—53 平方米	200 元/人/间/天	体验期为最长 3 天,含餐、水、电、暖
男 60 周岁起	B 户型—63 平方米	240 元/2 人/间/天	

短期养老入住收费一览表

入会费（单位：元）

入会年龄	短期租金	备注
女 50 周岁起 男 60 周岁起	A 户型—4860 元/月，58320 元/年	一年起租
	B 户型—5560 元/月，66720 元/年	
	C 户型—6560 元/月，78720 元/年（限次阳面）	

5 年会员入住收费一览

入会费（单位：元）

入会年龄	户型	入会费用		备注
		朝向		
		阳面	次阳面	
女 50 周岁起 男 60 周岁起	A 户型 53 平方米	27 万（4500 元/月）	25 万（4167 元/月）	此会员费为消费制，满 5 年后赠送 3 个月
	B 户型 63 平方米	31 万（5166 元/月）	29 万（4834 元/月）	
	C 户型 72 平方米		33 万（5500 元/月）	

以上为会员房间费用，每月根据个人情况额外支付其他费用大约为：1500 元/月/人、2500 元/月/2 人（含包月餐、水、电、暖、基础服务费）。

15 年会员入住收费一览

入会费（单位：元）

入会年龄	户型	入会费用		备注
		朝向		
		阳面	次阳面	
女 65 周岁起 男 65 周岁起	A 户型 53 平方米	80 万（4444 元/月）	75 万（4167 元/月）	此会员为消费制，15 年后会员身体健康，仍可免费继续居住
	B 户型 63 平方米	90 万（5000 元/月）	85 万（4722 元/月）	
	C 户型 72 平方米		95 万（5278 元/月）	

30 年会员入住收费一览表

入会费（单位：元）

入会年龄	户型	入会费用		备注
		朝向		
		阳面	次阳面	
女 50 周岁起 男 60 周岁起	A 户型 53 平方米	130 万	115 万	此会员费为押金制，30 年期满如退会，退还全额会费
	B 户型 63 平方米	150 万	135 万	
	C 户型 72 平方米	170 万	155 万	

以上为会员房间费用，每月根据个人情况额外支付其他费用大约为：1500 元/月/人、2500 元/月/2 人（含包月餐、水、电、暖、基础服务费）。

第五节　北京温都水城"金手杖"入住会员访谈录

一、首批入住会员白明良：我对新居十分满意

记者：白大爷，您为什么选择水城金手杖国际养生公寓作为自己的晚年居所呢？

白明良：这个是很明显的，你来这里也应该感受得到，水城金手杖国际养生公寓有优美的自然环境和优质的人文环境。它所在的温都水城向北紧邻北京的母亲河温榆河，向西是青山绿水一片，地处京北，是首都的后花园，环境优美，空气优良。说到人文环境，这里文化氛围浓厚。从历史上讲，这里是康熙行宫旧址，有着古老的历史文化渊源。现今，又有中央戏剧学院、北京电影学院、北京邮电大学先后入驻，日常文化活动丰富，对于我来说是理想的养生处所。在这里感觉很温馨，有家一样的温暖，还有医护人员的看护，工作人员处处都为我们着想，像家人一样照顾我们，住在这里真的是感觉特别愉快。

记者：当前养老机构层出不穷，也不乏环境优美之处，您觉得水城金手杖国际养生公寓优于其他养老机构的地方是什么？

白明良：我是宏福苑社区的居民，首先，对于我而言，这里很近，而且我对这里很熟悉。客观上说，这里的地理位置也确实是好。在这居住的几年时间，我不断地感受着郑各庄人民的创业精神与宏福集团企业的高速发展。他们用自己的双手改变了京郊一个普通农村原有的贫困落后的局面，成为现在这座美丽的小城。在这里生活，我感受到的是日新月异的变化。宏福集团不仅注重发展经济，更注重当地的文化氛围。除了经常举办一些大型活动之外，企业定期出版的《宏福时讯》和《水城视界》是我喜爱的刊物，我通过它们了解周围发生的新事儿，还经常写一些文章向《宏福时讯》投稿，也是我生活中的小乐趣。

记者：您正式入住水城金手杖国际养生公寓了吗？能不能谈谈对养生公寓里的设施和服务的初步感受？

白明良：我刚刚入住养生公寓两天，从房间的设施配备到食堂的饭菜，都很满意。虽说我正式入住这里只有两天时间，但在养生公寓开业前的一个月里，我没事就过来看看这儿的筹备状况，养生公寓的工作人员带我乘坐观光车参观了图书馆、屋顶花园、老年活动室，我很快就和他们熟悉了。有两位工作人员还帮我打印了我给《宏福时讯》投发的稿件，对我很热情。

除此之外，他们很注重吸收我们的意见，就像刚才宏福集团董事长在启动仪式上说的那样，他们也在不断地完善各方面的条件与服务。我来过图书馆几趟后，觉得关于理工类的书籍较少，曾和这里的图书馆人员反映过，他们也表示将在今后不断补充。总而言之，我现在对我的新居十分满意。

【记者手记】

白明良老人是宏福苑社区的居民,退休前是教育工作者,经常向期刊投稿。据了解,白明良老人在水城金手杖国际养生公寓购买了两套房间,与老伴共同生活在这儿,我们相信水城金手杖国际养生公寓的工作人员会为他们带去如同家人般的贴心照料。在这里祝愿所有入住水城金手杖的老人们都能在此度过幸福晚年!

二、北京温都水城国际养老公寓会员:郑各庄村民专访——"幸福的晚年"

北京温都水城金手杖会员郑各庄村民刁振德幸福的晚年

2013年的九九重阳节,郑各庄村70岁以上的50余位老人免费入住温都水城金手杖国际养老公寓,开始了幸福快乐无忧的晚年生活,从此郑各庄村结束了有史以来养儿防老的传统模式。

温都水城金手杖养老公寓会员刁振兴、刁振德、杨士启等老人是土生土长的郑各庄人,从小就看着父辈们在这片贫穷落后的土地上辛勤地耕耘。勤劳的家乡父老脸朝黄土背朝天,日复一日年复一年地挣扎在这贫穷的圈子里。

刁振兴老人说:"小的时候流传着这样一句话,电灯电话楼上楼下。这句话在我的心里那只是一个梦,是一个遥远而且永远不能成真的梦。因为我和很多孩子一样都没有亲眼看见过高楼是什么样子的,住楼房更是连想都没想过的事了。现在我就住在了这样的房子里,真是像梦一样啊!"

郑各庄村党支部书记兼宏福集团董事长黄福水,也是个土生土长的郑各庄人。他以一个共产党员的远大胸怀和一颗火热的心,放飞梦想,带领领导班子全体成员勾画出一幅郑各庄村的宏伟蓝图,那是一幅让郑各庄腾飞的蓝图,那是让郑各庄人奔小康的蓝图。他们把贫穷落后作为动力,把让人们富起来、把彻底改变郑各庄的面貌作为前进的目标。

从村民楼的第一铲土开始,经过十几年的不懈努力。今天呈现我们眼前的是一个具有一定规模的,设施齐全的,融观光旅游、餐饮娱乐、养生养老、科技医疗、金融物业为一体的大社区。

·村民会员刁振德老人在入住老年公寓前不久老伴因病去世了，宽敞的二居室成了老人的伤心之地，老人心情一度差极了。为了让性格内向的老人尽快从悲痛中走出来，宏福集团党办工作人员和老人的孩子一起给老人做思想工作，请老人来老年公寓与大家一起生活，老人被说动了心终于主动入住了金手杖。在这里，刁振德老人每天都要到公寓的空中花园去赏花喂鸟，生活充实极了，性格也一点点地开朗起来。

·杨士启老人说，在这里，有专职的营养师为老年人配制的营养膳食，有和蔼可亲的理疗保健医师和爱岗敬业的前台医护人员加上公寓内的智能报警装置全方位地保障老人健康与安全。在家儿女再孝顺也做不到这一点。

为了让老人不仅在公寓里舒心健康地生活，还要充实快乐地生活，宏福集团党总支在提升老人的幸福指数上下功夫，为老人开设了老年大学，从卫生保健理念到疾病防治、书画笔会、歌舞剪纸等等，老人们更是受益匪浅。各种免费的兴趣培训班种类繁多，公寓里各项有益的文体活动、文艺演出层出不穷，健身房、音乐室、棋牌室、图书馆、电子阅览室、放映室等处每天都有老人们快乐的身影和爽朗的笑声。

第六节　清朋华友学子园落户"金手杖"

清朋华友学子园落户"金手杖"庆典现场

2014年10月18日，由清华房地产校友会、全联房地产商会（CRECC）与宏福集团联合主办的"清朋华友学子园落成庆典"在北京温都水城金色大厅隆重举行，来自清华校友总会、清华大学离退休处、清华房地产校友会、全联房地产商会等机构的嘉宾与清华、北大两大高校的老校友，以及十多家权威媒体记者，近700人见证了这一盛典。

清朋华友学子园落户"金手杖"剪彩仪式

上午9时许,清朋华友学子园(以下简称"学子园")落成剪彩仪式在北京温都水城金手杖国际养老公寓3号楼前正式举行。出席当天庆典活动的重要领导及嘉宾包括:原全国政协副主席李蒙,清华大学原副校长张慕津,清华大学原党委副书记、北京电影学院原院长、书记王凤生,北京大学原副校长李安模,国际儒学联合会顾问、尼山圣源书院创始人王殿卿,全联房地产商会首席战略发展顾问、国务院发展研究中心原局长李泊溪,清华房地产校友会会长、全联房地产商会创会会长聂梅生,清华校友总会副秘书长陈伟强,清华大学离退休工作处处长刘秀成,全联房地产商会副会长、路劲地产集团董事局主席单伟豹和宏福集团董事长黄福水等。

清华房地产校友会会长、全联房地产商会创会会长聂梅生介绍学子园养老新模式

随后在金色大厅举行的庆典仪式上,学子园项目发起人、清华房地产校友会会长、全联房地产商会创会会长聂梅生就"学子园养老新模式"向嘉宾们做了

宏福集团总裁刘洋介绍"金手杖"创新理念及服务模式

详细介绍，吸引了与会行业代表及老年朋友的关注。据介绍，清朋华友学子园是由清华房地产校友会、全联房地产商会联合开展的一项关于养老模式创新的重要探索和实践。它依托北京宏福集团开发的金手杖国际养老公寓，充分借鉴了美国大学校园的养老社区模式，旨在面向清华校友、教师及亲朋好友量身打造，通过营造浓厚的水木清华氛围，进而凝聚具有相同价值观、事业有成、思想超前、期盼崭新退休生活方式的朋友圈。

作为中国学子园养老新模式的首个示范项目，学子园也成为"以房养老"的"急先锋"。在清华房地产校友会以及房地产商会的推动下，学子园已经与"以房养老"试点保险公司之一的幸福人寿保险股份有限公司达成战略合作协议，将通过会员制模式，为学子园会员提供住房反向抵押金融支持，在试点期间，对学子园投保人反向抵押的住房评估、退保和赎回等环节均有望获得优惠。当天活动上，幸福人寿副总裁曲和磊以"'以房养老'试点与探讨"为主题，向大家系统介绍了"以房养老"方面的政策、操作模式以及该项工作尝试的最新进展情况。

镜烟书院成立揭牌仪式

商会副会长、路劲地产主席单伟豹、秘书长钟彬为商会绿色养老住区专委会等机构入驻学子园会所揭牌

"中国老龄产业协会旅居养老示范区试点项目"授牌仪式

清朋华友学子园会所捐献单位授牌仪式

在当天的庆典活动中，镜烟书院、全联房地产商会培训中心、全联房地产商会绿色养老住区专业委员会、全联房地产商会部品采购专业委员会纷纷进驻学子园会所。同时，中国老龄产业协会老年宜居养生委员会执行秘书长王帅还为水城

金手杖国际养老公寓授予了"中国老龄产业协会旅居养老示范项目"牌匾。金手杖国际养老公寓(含清朋华友学子园)推行的"三地(北京、海南博鳌、黑龙江五大连池)旅居养老模式"得到了业界专家的认可。

对此,宏福集团董事长黄福水表示,清朋华友学子园入驻水城金手杖国际养老公寓,旨在打造京城第一高端文化养老社区,将为更多高校入驻、建立金手杖大学校友联盟提供良好开端。而水城金手杖国际养老公寓以其完善的配套设施、强大的医疗条件、人性化的服务理念、丰富的文化生活等特点,已成为当下养老服务的第一选择。

宏福集团黄福水董事长向聂梅生会长移交清朋华友学子园金钥匙

清朋华友学子园已签约会员入住仪式

在当天举行的清朋华友学子园入住及新会员签约仪式上,二十多位老人正式入住,并有近五十位客户签署意向协议。

本次活动由精瑞人居发展基金会、全联房地产商会培训中心、全联房地产商会设计专业委员会、全联房地产商会绿色养老住区专业委员会、全联房地产商会部品采购专业委员会协办,温都水城金手杖国际养老公寓、北京精瑞绿碳投资有

清朋华友学子园新会员代表签约仪式

清华大学老年艺术团表演

清华大学老年艺术团表演钢琴演奏

清华大学老年艺术团表演小合唱

限公司承办,同时还得到了北京弘高建筑装饰工程设计有限公司、北京米兰之窗节能建材有限公司等数十家单位的大力支持。来自清华大学老年艺术团的团员以及新新家园的演出队队员还为本次活动奉上了精彩的文艺节目表演。

第七节　北京温都水城"金手杖"联盟

一、联盟1:清华大学

清华校友会与水城"金手杖"签订长期战略合作协议,加入"金手杖"联盟

1. 清华校友会与水城"金手杖"签订长期战略合作协议并试入住

中华全国工商业联合会房地产商会带领清华校友会成员前来温都水城参观水城金手杖国际养生公寓。此次参观考察是继2013年12月4日第一批清华校友会成员试入住之后的第二次活动。

在本次试入住活动正式开始之前，温都水城金手杖养生公寓与清华大学校友会下属北京精瑞绿碳投资有限公司正式签订长期战略合作协议。出席本次签约仪式的是水城金手杖国际养生公寓总经理宋国京先生、常务副总杨雅雯女士，清华校友会地产协会秘书长、全联房地产商会副会长张雪舟先生以及全联房地产商会副秘书长刘若光女士。本次签约活动的圆满举行，意味着合作双方已经正式成为长期合作伙伴，同时也意味着这一互惠互利的合作协议将带领双方走向一个更好的发展。

"金手杖"总经理宋国京和清华学子园代表会员签约

27日下午，在水城金手杖养生公寓常务副总杨雅雯女士的陪同下，清华大学校友会的老年会员们参观了养生公寓。首先，由养生公寓工作人员组织，带领试入住的老年朋友前往公寓十楼样板间进行实地参观，分别查看了A、B、C、D、E等五种不同户型房间的大小、位置、布局、采光等等，工作人员解答试入住老人们的疑问。全联房地产商会名誉会长、清华校友会地产协会会长聂梅生女士也在本次参观之列。

随后，参观队伍乘电梯来到十九楼的空中花园。四季恒温的花圃中此时正百花争艳，鸟鸣声声，突然从满目的钢筋水泥变作一派淳朴的田园诗意，不禁让老人们眼前一亮。而当听到工作人员介绍说金手杖会员可以在空中花园认领自己的小块土地种植蔬菜花草之时，老人更是表现出浓厚的兴趣。聂会长也说，若是能在此处饮茶赏花，的确是一件赏心悦目的乐事。

参观完水城金手杖的基础设施之后，全体人员来到放映室。在这里，老人们认真观看了水城金手杖国际养生公寓的宣传片以及同属宏福集团的东北五大连池温都水城宣传片。很多老人表示水城"金手杖"三地养老的新型模式非常新颖，这也是其他养老机构难以模仿的一大特色。不论是东北的五大连池，还是海南博鳌，都对老人产生巨大吸引力。

水城金手杖养生公寓常务副总杨雅雯女士在随后的座谈会上为清华校友会的老年朋友详细介绍了水城"金手杖"的五种会员模式，并重点推荐了广受好评

清华校友会与水城"金手杖"签订长期战略合作协议会场

的三十年会员模式。对于参观团的提问,杨副总也做出了详尽的解答。

聂梅生会长在会上谈到了近十年中国养老产业的发展。她提到,现如今中国的养老机构,或是因为资金不足而难以为继,或是因为管理不善而把养老社区变成了普通社区,抑或是因为价格昂贵而令人望而却步,真正能把养老产业做好做大的并不多,而水城"金手杖"不论是在养老概念、周边环境、医疗保障、基础设施还是服务管理等各个方面都非常优秀。同时,她也说到,大家应该根据自己的实际情况选择中意的养老方式,而她属意水城"金手杖"除了上述的优点之外,最重要是因为候鸟式的三地养老模式这一特色。

4月28日,依然是由养生公寓常务副总杨雅雯女士陪同,全体试入住人员乘车参观了整个温都水城。

众所周知,温都水城曾是一座皇城,而建造在皇城遗址上的"康熙行宫",完美地再现了当年皇家的气派雍容。参观的第一站便是"行宫",清华校友会的成员们听随行的工作人员讲解了温都水城与清朝皇家行宫的深厚渊源,并在行宫内合影留念。

紧接着,参观团随车参观了整个温都水城的各大建筑和特色景点,最后来到温榆河码头。温都水城以水得名,除了有温泉、环城水系以外,更著名的是它地处北京的母亲河温榆河河畔,自然风光优美,景色宜人。漫步在微微的春雨之中,欣赏水光山色,让人流连忘返。老人们表示,这样优美舒适的自然环境,的确适合老年人在此安度晚年。

本次活动为期两天,意在让参观团从各个方面细致地了解水城金手杖国际养生公寓。这是合作双方签订长期战略合作协议之后的第一步,今后,还将陆续有更多的参观团来水城"金手杖"考察、试住。

2. 清华大学教授聂梅生携清华学子到北京温都水城"金手杖"加盟团购活动的会后采访

2014年7月,全国房地产商会名誉会长、清华校友会地产协会会长聂梅生教授，携一行人到水城金手杖国际养老公寓进行了多次实地考察和体验。这次考察预示着刚刚签约的金手杖"清华学子园"项目正式拉开了序幕。参观结束后，聂梅生女士接受了我们的专访，就当前金手杖国际养老公寓的养老模式以及中国现阶段养老政策等相关问题发表了看法。

把金手杖作为清华校友集体养老的居所，前后都做了哪些准备？

聂梅生：其实我开始没有把重心放在金手杖，我第一次来的时候是杨总接待的我。当时我就说金手杖不错，但是我不敢冒险，就是因为土地产权的问题，但是到后来就好了，因为习主席发了几个文，就是说农村农民用地永远归农民所有，不能归国家所有，这下我们就放心了。还有一个就是我们30年的，要交一百多万，这个金手杖用什么担保？说保证给你们退，那你们拿什么保证？后来你们用宏福集团来担保，我们也就不担心了。清华校友总会的房地产协会已经来金手杖看过很多次了，一次比一次印象更深刻，当然我们也去其他的项目考察过，综合比较下来，还是觉得金手杖比较符合大家的心理预期，能够满足他们的养老需求。现在我们已经跟校友们把金手杖"清华学子园"的情况发布出去，作为我们的第一个合作项目。

您觉得目前我国以房养老的政策实施到了什么阶段？现阶段中国养老的实际情况是什么样的？

聂梅生：现在还应该在政策制定阶段，包括现在清华的这些学子虽然看好了这样那样的养老项目，但还是要面对一个钱的问题。因为这些人一般都在七十五岁以上或者八十岁才考虑这些问题，而这些人原来的工资不高，他们不像改革开放以后出现的现在六十岁或者五十多岁的人那样富裕。现在七八十岁的这些人原来都是在国家的事业单位，或者说是研究单位或者高等院校，他们工作了一辈子，最后的退休金大概都是在每人五千元左右，如果两个都在，那两个人加在一起就有一万元左右的退休金。所以这种情况下存款不一定很多，因为还有抚养孩子等经济上的压力。那么金手杖在北京不算收费最高，但又不是像那种福利型的养老院，毕竟那些人属于高知，所以金手杖成为他的选择和他的支付能力是有关系的。而你的子女已经成长起来了，也有很多是子女来承担这部分钱。有一些老人呢，有一些家底，那就够了。这是两部分问题，还有一部分就是说因为你们是要交全款的，没有抵押没有按揭分期，这个事确实是有问题，如果北京有房子可以做抵押贷款，或者你们宏福集团本身可以做抵押贷款，这就很好。

所以说这里的业主一部分是老年人自己承担费用，大部分还是儿女在承担费用。

聂梅生：对的。关于期限，我们也帮大家算了，还是三十年的最合算。我给金手杖一百多万，这钱丢不了，金手杖会还给我。我不住的话还可以转让给别人，说不定还能赚点，那就比较放心。我没有必要现在就住到金手杖去每个月花五六千，是能照顾我很好。那我现在还有事呢，还带孩子呢，还做报告呢，还要上课呢？那我还是在家里舒服，因为一般家里这个年龄怎么也有个一百平方米左右的房子，那这种情况下他不愿意把过多的钱放在这边。

您认为金手杖未来发展的重点应该在哪块呢？

聂梅生：我自己是比较喜欢活动的，我觉得重点是要发扬自理型老人的异地养老。因为北京的雾霾太严重，没地方可以去。但是一般经济能力比较好而且活动能力也比较好的老人们已经在海南买房子了。有的还没有买，因为海南房价那么贵，还有就是买了房子一年住那么几天也不值当的，而且你还要定期打理。但金手杖三地养老就很好，我也不用打理了，我也不用买房子了。这对很多人吸引力是很大的，这方面你们的宣传力要加强。我们在清华学子园的通讯录里放的海南山钦湾的照片就是我拍的。如果问异地养老会给大家省多少钱，我想说，你们躲了北京的雾霾，享受了海南的阳光，还不用在海南买房子，那个地方也有温泉，设施也挺好，海南春节期间酒店房价最便宜也要一千，这里才160块钱！这个账要算出来看，大家就会觉得这个太好了。一年有四个月可以把雾霾躲开，金手杖虽然是50天，那我自己再花点钱我住60天也是可以的，这对可以活动的老人非常有吸引力。这是你们的优势。也有其他项目说"未来我也可以候鸟养老"，但是金手杖现在就可以"候鸟"了，我们2013年就已经可以"候鸟"了，这别人比不了的，这是一个亮点，打动我的是这个！还有另外一点，很多老年人不太懂老年公寓不能做成单元和单元分开的，必须想办法连起来，而金手杖这个"绿色连廊"，是国际化的设计，为什么这么说呢？很多养老项目做得像社区一样，这样冬天下着大雪，夏天下雨，老人要去吃饭，即便食堂就在小区里，老人行动起来也很不便，是打伞，还是有电瓶车接？万一老人摔倒滑倒就很麻烦，所以单元门的设计肯定不行，必须要有连廊，这样在空气特别恶劣的时候也可以出门，并且我去游泳池、去运动都可以走连廊，去医院也可以。这个设计是符合国际养老院的理念的，在这里住的人会越来越体会到连廊的好处。我们养老公寓的设计既不能完全像社区，又不能完全像医院，你们的设计正好介于两者之间，既有私密性又有公共性，这点不是所有养老公寓都有的。当然，你们也有不足的地方。

您说的不足主要是哪方面？

聂梅生：家具这方面我觉得有一点点缺乏个性化，比如有些人就喜欢金手杖现在的这种设计，但像我先生这种，还有很多清华的校友，他们本身就是设计师，就是搞设计的，对房屋的设计装饰很有自己的想法，现在你们都弄好了，我要是不用不是浪费吗？完全采用自己又不是很满意，所以这块还是可以差异化对待的，这些都可以慢慢来。

这块还得慢慢磨合，毕竟满足所有人的口味还是有难度的，不过您说的这个问题，在双方沟通之后，都是可以调整的。

聂梅生：对啊，到时候等我们家设计好了，给你们当样板间。

好的，谢谢。我们还是回到以房养老这个问题上来，目前国家这个政策还处在试行阶段，而金手杖算是先行者，您觉得什么时候这个政策才能发挥到一个比

较理想的状态？

聂梅生：我个人认为也就是这三年，大家都接受了到这种养老机构，而不是腻在子女身边，要等大家都想明白了都自愿来，而不是被强制送到养老院，尤其像我们这样的孩子都在国外。所以这种时候这个政策能不能执行还是要看用户而不是看政府，政府再推，用户不愿意也没有用。另外有个问题，金手杖能不能做小额贷款？我知道你们宏福集团是有这个能力的，应该想想做一些抵押贷款，比如有一些就差个三十万二十万的，就可以给他提供贷款，让他住进来。

您是指提供信用贷款？

聂梅生：不全是，很多人有车啊，有珠宝之类的，差得不多的都可以贷款，分期还款，时间也不用太长，也就一年两年。因为现在大家都明白30年的合适，但是有一些手里又没有一百多万，所以就会犹豫。这个你们可以考虑一下，如果不想自己做的话也可以嫁接一些金融机构来做，把金融产品做起来。

五月份，北京温都水城金手杖进驻海南博鳌发布会将在三亚举办，随着温都水城的进入，将会把金手杖国际养老公寓带到三亚，金手杖"三地养老"模式将真正实现。对此，聂梅生也表示非常希望届时能够出席此次发布会，与现场的嘉宾、媒体共同探讨中国养老话题。

3.《清华校友养老住区简报》（第八期）关于北京温都水城"金手杖"相关问题的说明

各位学子朋友：

第七期通讯发出之后我们收到了大量的反馈信息，现将大家关注的问题归纳如下给予回应，同时我们对市场上现有的养老收费模式做了较为详细的对比测算，以期帮助学子们分析决策。同时继续组织体验参观，如有新的项目提出推荐，在人数超过20人时，我们将联系参观体验。

问：为什么校友会向广大学子推荐北京温都水城金手杖养老项目？

答：北京温都水城金手杖 项目相对于其他养老项目，具备以下优势：

1）属于已建成项目，随时可以入住。

2）地理位置相对于其他北京养老项目属于较靠近城区的，交通便利。

3）周边配套成熟，位于知名的旅游度假区内，生活设施齐全。

4）价格相对于同类型养老项目属于适中，30年使用权可转让、可继承，突出性价比。

5）周边有医疗配套，老人不必担心今后的看病及护理。

问：如何保证所支付的入会费的资金安全？

答：支付入会费享受金手杖项目的长期居住和养老服务，不涉及项目的产权。原计划通过集合信托的方式支付，但经过反复商讨，由于三十年的期限，通过金融机构操作的成本过高。

根据律师建议，我们的团购方案争取到了由北京温都水城金手杖的最上层母公司——宏福建工集团作为入会费的担保，可最大限度地保障校友所支付的入会费的资金安全。

问：如30年制会员没到期限就离开，房间的继续使用和财务清算将如何处理？

如30年会员资格是以子女或者孙子女投资的名义购买，入住人离开或者不住了，投资人可以变更入住人继续居住，不收取手续费；如果是本人投资，本人居住，如果不住了可以转让，如果去世，没有遗嘱的情况下，法定继承就可以。

问：金手杖未来对介护介助这方面是怎么规划的？

答：宏福集团和意大利阿高尔公司正在谈介护方面的合作，可能拿出3号楼或者4号楼的一部分做高端的半自理非自理区，3号楼底层会做一个康复区；下一步将改造湖湾西区酒店边上的一栋楼做介护区，大约有200多张床位。

问：安贞心康医院昌平分院是不是医保单位？医保号是多少？

答：昌平安贞心康医院是医保单位，医院全面开业在2015年6月。医保号要等开业前期卫生局和社保局验收合格后给批，现在正在进行当中。

问：如果采用以房养老，将自己的原住房卖出，户口能不能在金手杖落户？

答：如将自己的原住房卖出，户口不能在金手杖落户。建议可将房抵押给宏福集团，置换老年公寓房间，如有剩余的钱可委托宏福集团理财，每年按8%收益返还。

问：每间房间是否都有电话分机？

答：房间内公寓可协助安装铁通直拨电话，没有内部分机电话。

问：能不能将原市内电话号转到金手杖房间？金手杖属于哪个电话局？电话局服务电话是多少？

答：关于跨局移机问题，先要到电话原营业厅办理移机手续，然后到昌平北七家营业厅办理转入手续即可。

移机费用目前个人145元人民币、企业185元人民币。具体费用以联通营业厅为准。因是跨区移机，每月话费会略有调整，具体调整与移机前后电话所在局的具体位置有关，价格请咨询昌平北七家营业厅，电话69751900。

问：北京温都水城金手杖养老公寓的成本与收益分析是怎样的？

为了便于大家选择养老公寓，我们对当前北京市场上养老公寓的收费模式做了简要的分析，并以北京温都水城金手杖老年公寓为例进行测算，以供大家参考并提出修改意见。

北京温都水城金手杖按不同需求为老年人设计了短期会员、5年期会员、15年期会员和30年期会员四种模式。这里以72m² 的C户型双人居住为例，对入住者在四种会员模式下的支出与收益进行简要分析。

短期会员：

短期会员入住灵活，按半年起租，可随时交租金、随时入住、随时退租，属于纯消费型。

次阳面C户型月租费（不含餐饮、水电和取暖费）定价为6560元/月，年费为 78720 元/年，相当于当存款年利率 5.25% 时，30 年会员费（150 万元）的年利率对价。与大家关注的汇晨和燕达相近户型的收费相近，但其区位、医疗及配套设施优势明显，详见下表。

金手杖与汇晨、燕达的月费对比表

	金手杖	汇晨	燕达
户型（m²）	72	80	70
月费（元/月）	6560	6300	5800（纯南向） 6720（南北通透）
押金（万元）	无	10	2
配套医院	安贞医院分院	无医院	燕达国际医院

建议：适合于需要近期入住，但无长期打算的人群。

5 年期会员：

5 年期会员也属于消费型，会员费 33 万元，5 年共计 60 个月，平均月费为 5500 元/月。

如果 5 年期存款利率按 5.25% 计算，考虑 33 万元逐年消费情况下，5 年累计利息为 5.97 万元，加上本金 33 万元，共计 38.97 万元，据此折算的平均月费为 6495 元/月，与短期月费基本一致。

对于 5 年期会员的优惠政策：满 5 年后赠送 3 个月，续签合同的会员可再赠送 6 个月。

建议：适合于只考虑 5~6 年入住期的人群。

15 年期会员：

15 年期会员仍属于消费型，会员费 90 万元，15 年共计 180 个月，平均月费为 5000 元/月。

如果 15 年期存款利率仍按 5.25% 计算，考虑 90 万元逐年消费情况下，15 年累计利息为 57.77 万元，加上本金 90 万元，共计 144.77 万元，据此折算的平均月费为 8210 元/月，比短期月费和 5 年期月费高 1700 元。

15 年会员的优惠政策：15 年后，若会员身体健康，可免月费继续居住。

建议：适合于 60 岁左右，身体健康，有望享受 15 年之后（75 岁以上）继续免月费入住的人群。

30 年期会员：

30 年期会员的会员费为押金制，30 年期满后退还全额会费。通过一次性投资，获得老年公寓除自身养老外的继承、转让（需持有 5 年以上）、委托经营（出租）的市场流转资格，流转增益归会员所有，可得到一代投资、三代受益的增值保障。因为本项目的土地性质为集体建设用地，首次租约为 30 年，期满之后可依法与村集体续租 30 年。

团购优惠政策：从即日起至 3 月底参加清华校友学子园团购，可获得价值 2

万~10万元、为期5年的金手杖候鸟养生度假游（按户计每年2人次）：每年7月~9月共50天赴黑龙江黑河市五大连池温都水城（双卧铺往返）；3~5月共50天或者11月~次年1月共50天赴海南博鳌山钦湾度假区休闲旅游（双飞机往返）。如果是单人户，每年仅去一个地方，剩余费用可抵基础服务费，但所抵费用共计不超过候鸟旅游总费用的40%，旅游中途退出的不返还相关费用。

建议：适合于具有相应额度的存款，或者可抵押、出售变现的资产（如二套房），愿意在该项目长期养老的群体。

(1) 投资增长率的确定

从下图所示的2003~2013年北京商品住宅价格走势可以看出，自2005年以后，除2008年和2009年受金融危机影响以及2011年和2012年受宏观调控影响外，北京商品住宅价格呈现出高速增长的态势，年平均增长率接近20%。

本项目所在地北七家新房价格约为2.5万元/平方米，精装修带家具家电的价格约为3万元/平方米。金手杖公寓为2.08万元/平方米，因此未来具有升值空间。本项目自2013年9月开始入住，半年来共提价两次，每次约7%。

参照住宅价格的增长幅度，从养老公寓的供需状况和投资安全角度考虑，可以设定本养老公寓价格年均增长率为10%。

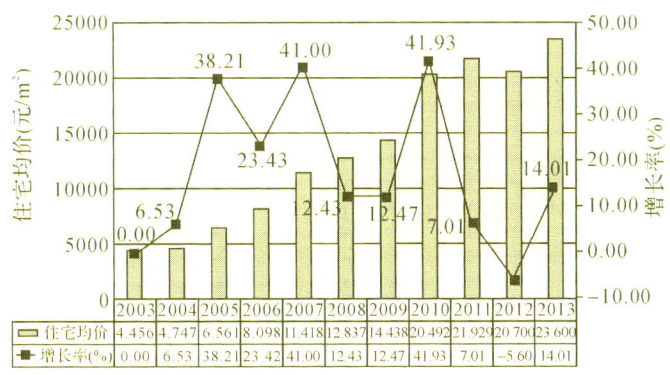

(2) 团购优惠价值

在以下成本与收益分析中，团购优惠按一户夫妻2人每年仅去博鳌享受度假优惠考虑。北京到海南机票价格为2250元，双人双飞总价9000元；住宿每天350元，50天共计17500元，即每年享受优惠26500元，优惠期5年。

(3) 投资成本及资产减值系数

投资成本主要表现为存款利息的损失，这里按5.25%的年利率计入。

会员费在转让或持有的过程中，可能存在如下一些风险：

· 所投资的资产折旧；

· 转让使用权的法律风险；

· 市场风险（因面对中高端养老的小众客户群体而造成的转让市场风险）；

· 转让周期可能较长的风险；

· 因无法立刻获得转让资金，所对应的资产权益上的折扣。

因此，偏为保守的设定15年资产减值系数为0.8，30年资产减值系数为0.6。

(4) 入住15年后转让的成本与收益分析

15年后转让的现金流量分析表

序号	项目	金额（万元）
1	现金流入	514.52
1-1	会员费返还收入	150.00
1-2	资产增值收入	351.27
1-3	团购优惠收入	13.25
2	现金流出	323.16
2-1	会员费	150.00
2-2	利息损失	173.16
3	现金净流量（1-2）	
4	累计净现金流量	191.36
	净现值（NPV）	13.69
	贴现率	5.25%
	投资增长率	10.00%
	资产减值系数	0.80

按照投资增长率10%和资产减值系数0.8计算，15年后资产增值351万元。团购优惠收入13.25万元。

按照利率5.25%计算，15年里150万元本金的利息损失为173.16万元。

此种转让方式，在会员费本金保值的前提下，可以获得折现后的净收入13.69万元，相当于免费享受15年养老服务的同时，又得到了奖励。

(5) 入住30年后转让的成本与收益分析

30年后转让的现金流量分析表

序号	项目	金额（万元）
1	现金流入	1583.70
1-1	会员费返还收入	150.00
1-2	资产增值收入	1420.45
1-3	团购优惠收入	13.25
2	现金流出	696.23
2-1	会员费	150.00
2-2	利息损失	546.23
3	现金净流量（1-2）	
4	累计净现金流量	887.46
	净现值（NPV）	82.06
	贴现率	5.25%
	投资增长率	10.00%
	资产减值系数	0.60

投资增长率和银行存款利率保持不变，30年资产减值系数调整为0.6。

30年后转让时，在150万元本金保值的前提下，可以获得折现后的净收入82.06万元。相当于免费享受30年养老服务的同时，得了大奖。

（6）结论

30年会员的投资型养老，在得到养老服务的同时，可以获得较好的投资收益。

养老公寓价格能否保持10%的增长是主要投资风险因素。

四种会员模式的收益对比：

在不考虑餐饮、水、电等费用，只计月服务费的情况下，四种会员模式的收益对比如下表所示。

四种会员模式的收益对比

会员模式	入住15年的收支（万元）			入住30年的收支（万元）		
	收入	支出	余额	收入	支出	余额
短期会员	0	118.08	-118.08		236.16	-236.16
5年会员	14.85	99.00	-84.05	29.70	198.00	-168.30
15年会员	48.00	90.00	-42.00	96.00	180.00	-84.00
30年会员	13.69	0	13.69	82.06	0	82.06

（1）短期会员年费为78720元/年，不考虑涨价的情况下，15年和30年的费用支出分别为118.08万元和236.16万元。

（2）5年会员的会员费为33万元，不考虑涨价的情况下，15年和30年的费用支出分别为99万元和198万元；按照"满5年后赠送3个月，续签合同的会员可再赠送6个月"的优惠政策，每5年获赠9个月，按平均月费5500元计算，15年和30年获赠收入分别为14.85万元和29.70万元，收支余额分别为-84.05万元和-168.30万元。

（3）15年会员的会员费为90万元，不考虑涨价情况下，30年的费用支出为180万元；按照"15年后，若会员身体健康，可免费继续居住"的奖励政策，假定15年后，平均可以续住8年，15年和30年可获得的奖励收入分别为48万元和96万元，收支余额分别为-42万元和-84万元。

（4）30年会员属于投资型，会员费为150万元，入住15年和30年，在本金保值的前提下，可获得收入分别为13.69万元和82.06万元。可见，与其他会员模式相比，30年会员在得到养老服务的同时，可以获得较好的投资收益。

组织短期入住体验活动

我们将在四月初继续组织北京温都水城金手杖的短期入住体验活动，请感兴趣的校友填写以下信息，发送到邮箱 xueziyuan@crecc.org。

姓名	人数	手机	家庭住址

体验收费一览表

入会年龄	收费	备 注
女50周岁起 男60周岁起	200元/人/间/天 240元/2人/间/天	体验期为最长3天，含：餐、水、电、暖

北京温都水城金手杖养生公寓位于昌平区北七家镇温都水城内，快速公交3线车终点站。如果不方便自行前往，我们将在市区设立几个班车站点，站点的位置将根据报名者的家庭住址统一安排，具体的时间地点另行通知。

二、联盟2：走出去体验别样"候鸟"养生——北，五大连池

哈尔滨五大连池温都水城金手杖国际养生公寓

三、联盟3：南，海南博鳌温都水城金手杖国际养老公寓

海南博鳌温都水城金手杖国际养老公寓

伴随生活水平的提高，旅游成了人们假日休闲的绝好选择，即便是上了年纪的老"顽童"们也乐此不疲。老年朋友的出行选择更重视气候条件和舒适指数，因此，长时间、慢体验的"疗养型"旅游更适合老年群体。水城金手杖国际养生公寓打通"候鸟式"养老通道，在黑龙江黑河五大连池、海南三亚博鳌山钦湾复制了温都水城连锁机构。进入冬日，日渐寒冷的北京已经让很多耐不住寂寞的老年朋友心有所想、意有所往了。这时三亚博鳌山钦湾还是一片夏花灿烂，各位会员可以呼朋唤友，去结伴享受"候鸟"择怡而栖的浪漫了。

四、联盟4：湖北襄阳凤凰温泉签订战略合作——"候鸟养生"

湖北襄阳凤凰温泉董事长陈学强在与北京温都水城"金手杖"战略合作会议上讲话

国际健康银发城——北京温都水城"金手杖"，拥有绝佳的地理位置、得天独厚的自然条件、天然的养生资源、完善的公寓设施、周到的医疗保障、便利的养老通道、人性化的管理模式，它为乐活扬帆起航，为健康保驾护航。

第三章 国际健康银发城智慧型养老

北京温都水城实景

第一节 智慧型养老概述

在 2013 年中国老年医学大会暨老年健康产业博览会举行的题为创新养老的专题论坛上,江苏省城市发展研究院江南研究院院长徐伟荣提出的"智慧型养老"新理念,让与会代表耳目一新。

"老人并不是社会的负担,而是社会的财富",徐伟荣介绍。退休后,老人退出的不仅是工作岗位,更退出了社会圈子,被边缘化,认为是需要帮助、"被养老"的人群,而在多种养老模式中,都将是否有吃有住等作为养老重点。其实,老人尽管在体力上有所衰退,但他们积累的人生阅历恰恰是社会的智慧宝库。只有发挥老人的主动性,让老人成为养老的主体,才能在"老有所养"的基础上,逐渐实现"老有所为、老有所乐",而这对空巢老人、失独老人来说尤为重要。

"老年人口中,60 岁至 70 岁的老年人最多,其次是 70 岁至 80 岁年龄段、80 岁以上年龄段,不妨让 60 岁、身体健康、有能力的老年人来照顾 70 岁以上或 80 岁以上的老年人",徐伟荣向记者介绍"智慧型养老"中有关阶梯型养老的养老新模式。他认为这样不仅能解决养老劳动力不足的现实矛盾,也让老人之间有更多沟通,而待现在 60 岁的老人到七八十岁时,那时 60 岁的老人便可以加入这个阶梯队伍来照顾他。此外，徐伟荣还提出互助型养老、回归型养老、候鸟型养老、质押型养老等养老模式。据了解，互助型养老就是两个或多个老人结对进行相互帮助；回归型养老，就是选择宁静的农村享受"慢生活"；候鸟型养老，就是多名老人组成团队，根据自身身体情况等，到适宜的地方去养老，如冬季集体到海南生活；质押型养老和"以房养老"的概念相近，就是将自己有一定价值的资产做抵押。

"只要开动大家的智慧，发挥老人的主动性和积极性，相信还会延伸出更多养老新模式，而老人完全可以自主选择适合自己的养老模式，过上充实的晚年生活"，徐伟荣表示。所谓智慧型养老的多元模式，本身并没有绝对、一成不变的界定，是开放、互动、多层次、多角度的，各种模式不断变化、相互交织，需依靠老年人自身智慧、政府扶持以及社会化运作，有机组合成一个具有自我创新能力和发展潜力的综合性养老系统。"智慧型养老并不是脱离目前的养老模式，而是适应老龄化社会的实际需要，有效地整合和提升既有的养老资源和养老模式，以满足老年人群体各个层次不断增长的物质需求和精神需求"，徐伟荣说。

第二节　全程老人智能健康管理系统

一、智能化养老系统介绍

（一）康复及养老云服务技术

这是面向老年康复及生活照料的养老服务需求建设的一种结合云服务的集家庭、社区、机构于一体的开放式老年康复与生活照料智能养老应用平台体系架构。

该系统分为三个层面，包括：老人的层次化典型生活场景、康复及养老云服务平台、面向老年康复及生活照料的应用服务基本功能单元。

老人的层次化典型生活场景：以便携式及融入式智能终端作为信息获取设备，以交互式康复训练设备为主要康复手段，在融入式行为监测、交互式康复训练、开放式健康服务方面提供技术手段，这些智能终端和康复设备可以有效支撑基于家庭、社区、机构相结合的层次化养老生活以及康复方式。智能终端的接入交互性可以保障该平台可以按照需要纳入不同厂商的各类产品。

康复及养老云服务平台：相关采集信息传输到养老云服务平台中，通过云服务平台可以提供多种老人康复、照料和监护的数据融合分析与服务。

面向老年康复及生活照料的应用服务基本功能单元：基于养老云服务平台的基础功能，提供康复和养老应用服务，包括个人健康数据管理、康复管理及生活照料、健康咨询、紧急救助和其他生活服务。

（二）智能化日常健康指标采集设备

血压、血糖、血氧、心电、心率等生理指标，以及睡眠、烹饪、饮食、服

基于云服务平台的总体技术体系架构

药、如厕、运动、跌倒等生活行为，是衡量老年人生活状态、健康状态或康复进展，以及预防和治疗各类急慢性疾病的重要信息。这些信息通常需要老年人到医院中通过体检和问询的方式进行获取，并进行相应的诊断。例如生理指标主要通过体检获得，而生活行为则是通过医生人工问诊的方式获得。由于老年人行动不便，无法及时到医院就诊，或者因日常被照顾不周，往往造成病情的延误。而一些老人存在的思维和语言障碍也使得问诊的结果有所偏差。

我们建设的产品在人体、家庭、机构三个层面建立感知系统，对老人的生理指标和各种行为进行有效感知，进而针对感知到的数据，提出融入式互动感知和评估技术，解决个体差异性问题，提供自适应的个人定制服务。它主要包含如下四个技术突破点：

（1）从人体区域看，如何建立感知模型？通过腰带、手环等多个佩戴式智能终端对人体各个部位的生理和行为参数进行协同感知，通过数据共享和多元决策方式提高单个智能终端的测量精度和行为识别率，并通过综合决策来判断老年人的健康状况。

（2）从家庭区域看，如何建立感知模型？通过佩戴式智能终端与安装在家庭中的智能信标进行互联互动，从而识别出烹饪、服药、如厕等生活行为，进而通过这些生活习惯的变化对老年人疾病做出预警。

（3）从社会区域看，如何建立感知模型？通过佩戴式智能终端对安装在服务场所的智能信标进行双向感知，一方面为监护人提供老人的精确位置信息，另一方面为医疗服务人员提供老人的生理参数和生活行为信息,达到比问诊更加客观可靠的效果。

(4)从智能性角度来看,可根据上述三个区域测量统计到的数据,自适应地分析个体差异性,并定制有效的评估模型,进行老人健康状态分析。

(三)体感交互动作精准识别技术的设备

基于体感交互设备的老年身心机能同步康复复健器材是一种基于新型体感交互技术且有助于身心机能同步康复的复健器材。该器材基于最新的手势体感交互设备(如 Leap Motion 体感控制器),设计并置入有助于老年人认知功能康复的游戏,如改善信息加工速度的"手指散步"游戏、改善空间定向的"智能拼图"游戏,以及提升执行功能的"更新换代"游戏等。该器材不仅可有效提升老年人的康复效果,而且其趣味性及交互性可提升老年人自主康复的动力,进而提升非专门机构外的家庭与社区的康复水平。

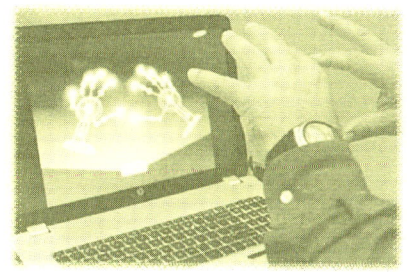

(四)智能化老年监护设备

老年人监护系统的前端感知设备可以准确捕获老年人的体征与行为。这些数据一方面通过前端融合可以应用于实时事件检测与告警,另一方面,通过搭建认知与推理 SaaS 平台和移动应用,对数据进行实时分析,系统可以进一步挖掘老人生理特征和行为的规律,可为老年使用者提供更为智能与个性化的服务。现有行为分析系统一般通过机器学习方法,对用户数据进行建模,以抽取有效信息。老年人监护系统的应用场景有别于现有系统的使用场景,因为原始数据直接来自感知设备。

主要功能：

· 针对睡眠、如厕、冰箱使用、服药等行为进行免打扰识别；

· 在术后康复、老年痴呆、中风、基本生活能力及一般慢性病康复中（血压、血糖控制、肠胃功能恢复等）提供融入式监护；

· 对老人缺失的重要行动给予提醒（比如服药）；

· 对老人的行为进行长期的统计与学习，并按时提供反馈分析服务，指导康复及生活照顾的过程。

（五）老年隐私保护技术

老年人的康复和生活照料系统平台根据老人个体情况需要提供相应的个性化信息，同时要支持隐私保护。

基于与老年康复有关的人、机构等各方面的特殊需求，构建集家庭、社区、机构于一体的共享性、可持续性、可社交的老年康复智能管理平台。

此智能管理平台是一个可以将家庭、社区、机构现有康复器材数据、康复效果评估数据、康复方案及康复知识与社会支持性信息等有机结合的共享性信息管理平台；也是一个集个性化信息传送与反馈于一体的互动平台，具有可持续性，可避免独立平台造成的信息冗余和复杂性，以及信息单方向无互动传递，可以使不同类型康复对象（含功能性损伤后康复老年人、慢性病康复老年人、一般老化康复老年人）、家人、社区工作人员与志愿者、医生、康复机构理疗师与护理人员均获得有助于老年人康复的针对性信息。平台的可社交性可激发康复对象在非专门机构的康复动力。由于不同用户拥有不同的信息获得权限，可以有效保障相关用户的隐私信息。

二、现有国内外技术介绍

（一）国内外老年人健康监护智能终端关键技术及产品

近年来随着老龄化程度的加剧，老年人健康监护领域愈发受到人们的重视。物联网及相关的可穿戴技术在老年人健康监护领域发挥了重要作用。通过采集、分析、反馈，物联网及相关的可穿戴技术可以为人们提供健康状况的实时监控、异常情况的判别、看护辅助等多方面内容。现有老年人健康监护技术是物联网及相关的可穿戴技术和传统医疗监护技术的结合。

(二) 老年人跌倒检测方面的关键技术研究现状

健康监护系统的一个重要的目标是对人员是否发生异常行为事件进行检测识别，以便在其意外跌倒时通知家属等人员进行及时救助。这里着重对已有的跌倒检测方法进行调研。基于穿戴设备的跌倒检测方法，大都使用三轴加速度计作为检测模块。在检测方法上，主要可以分为基于特征和基于上下文两类方法。基于特征的方法侧重于通过加速度和其他原始特征数据，寻找一个可以准确捕捉跌倒事件的特征属性，作为判定是否跌倒的依据。基于上下文的方式侧重于考虑跌倒动作的上下文，通过分析一连串的动作序列判定是否跌倒。

（1）基于特征的跌倒检测方法。

文献将可能的跌倒姿态分为正面跌倒、后仰跌倒、左侧跌倒、右侧跌倒、向前跌倒趴下、向后跌倒躺下，以加速度值进行跌倒事件的检测，建立 3D 躯体动作模型，检测到加速度超过正常范围时，对人体倾向进行判定，输出跌倒信号。文献将空间加速度进行矢量和运算，比较矢量和与阈值来初步判断是否跌倒。加速度矢量和通过直接计算三个方向加速的二阶范数获得。

余辉等人主要使用加速度的信号向量模及其 1 层小波变换的模极大值作为关键特征进行跌倒检测。其验证实验中仅采用 1 层小波，20 项跌倒实验中有 3 例漏报，检出率 85%；40 项行走/慢跑实验中，有 3 例误检，失误率 7.5%；仅采用 SVM 阈值，检出率 85%，无误检；二者结合，有 97.75% 的检出率。

Petelenz T. J. 等人的专利使用加速度传感器，实时采集偏角数据放入长度为 N 的缓存中，同时检测是否有一定比例（如 80%）的数据点偏角大于 50 度，若超过阈值，则跌倒事件正在发生，继续以周期 T 采集偏角数据，由跌倒速度和峰值时间决定事件的开始点，由得到的事件持续时间、幅值等判断事件是否是跌倒以及是否严重。系统的跌倒识别率近 95%。

（2）基于上下文的跌倒检测方法。

王剑认为人的跌倒过程中会依次出现失重、撞击、静止三个现象，该算法将这三个现象作为上下文，以此为判断依据。首先，失重现象发生在跌倒之初，加速度的矢量和降至近 0g 的水平。撞击现象发生在失重现象后，表现为剧烈冲击。一般在跌倒撞击地面后，人体无法立即站起来，因此人体在短时间内保持静止状态。跌倒后人体会翻转，因此三个轴的加速度与跌倒前的初始状态有所不同。通过对这三个不同的动作进行分解识别，可以获得较高的检测正确率。

崔英辉等人使用 ADXL345 三轴加速度传感器，定义了三个 ADXL345 中断：自由落体中断，当加速度值低于一定阈值并超过一定时间，该中断置位；活动中断，当加速度值超过一定阈值时，该中断置位；静止中断，当加速度值低于一定阈值并超过一定时间，该中断置位。以上三个中断分别可以进行失重检测、撞击检测、静止检测。

文献使用 MMA7260Q 三轴加速度传感器和 IDG‑300 双轴陀螺仪。基于上躯干合加速度和偏离竖直方向的倾斜角阈值进行跌倒检测。其中倾斜角度通过对陀螺仪获取的角速度值进行积分得到人体偏离的倾角。算法的判别阈值选取通过支持向量机中的最优分类超平面获得，对训练样本进行训练。在跌倒检测部分，使用加速度时间序列信息对跌倒进行识别的方法，符号化跌倒过程的加速度序列数据，基于隐马尔科夫模型的跌倒过程模型，以跌倒概率比较检测跌倒事件，实验中获得的敏感性和特异性均为100%。

（三）智能物联网网关关键技术研究现状

在家用健康监护系统中，由于前端设备功能有限，云端同步、蓝牙定位等功能需要使用智能网关进行辅助。物联网网关在物联网中扮演非常重要的角色，它是连接感知网络与传统通信网络的纽带。物联网网关可以实现感知网络和基础网络以及不同类型的感知网络之间的协议转换，既可以实现广域互联，也可以实现局域互联。因此，在家用健康监护系统中，由于前端设备功能有限，需充分利用功能更为强大的智能网关进行云端同步、蓝牙定位等功能。

物联网网关设计面向感知网络的异构数据感知环境，为有效屏蔽底层通信差异化进行有效网络融合和数据通信，采用模块化设计、统一数据表示、统一地址转换等实现。

（1）物联网异构网络接入技术。

可穿戴设备本身运行的协议具有差异性，可能通过不同协议接入网络，智能网关需要针对不同通信协议进行标准化或转换。目前用于近程通信的技术标准很多，仅常见的 WSN 技术就包括 LonWorks、ZigBee、6LowPAN（IPv6 over Low power Wireless Personal Area Networks）、RUBEE 等。各类技术主要针对某一应用展开，缺乏兼容性和体系规划，如 LonWorks 主要应用于楼宇自动化，RUBEE 适用于恶意环境。如何实现协议的兼容性、接口和体系规划，目前在国内外已经有多个组织在开展物联网网关的标准化工作，如 3GPP（The 3rd Generation Partnership Project）、传感器工作组，以实现各种通信技术标准的互联互通。

专利能够解决物联网中各种异构网络和基于标准协议的互联网的接入问题，能够根据实际应用裁剪或修改所接入的网络类型和网络数量，即异构网络和基于标准协议的互联网都能进行裁剪和修改；其次，能够实现所接入的任意网络之间的协议翻译、路由和通信，而不仅仅是异构网络和基于标准协议的互联网之间的协议翻译、路由和通信。

文献通过定义统一的网关内部标准数据格式，分析和设计几种常见的感知数据结构，对网关主体功能进行了仿真。

（2）协议转换。

从不同的感知网络到接入网络的协议转换，将下层的标准格式的数据统一封装，保证不同的感知网络的协议能够变成统一的数据和信令；将上层下发的数据包解析成感知层协议可以识别的信令和控制指令。

专利公开了一种在物联网技术应用中，终端感知网络设备与标准网络之间通过物联网网关将不同的接入协议转换成一致性协议的方法。通过本发明所描述的物联网网关系统，可以实现对不同感知层网络的接入，并将存在差异的数据格式转换成统一格式的数据，屏蔽底层通信差异。

专利专门针对现有国际医疗标准协议设计出一种物联网网关。其协议转换单元，用于解析感知数据，根据解析结果调取数据适配协议，并在根据该数据适配协议对感知数据进行二次解析后，利用平台与终端协议（UMMP）对二次解析后的数据编码，并将编码后的感知数据输出给通信网络接入单元。通信网络接入单元，用于选择数据的接入方式，并通过该接入方式将编码后的感知数据输出给物联网管理平台。本发明具有广泛的接入能力和强大的协议转换能力，使包含该物联网网关的医疗监护系统可以连接支持国际医疗标准协议的医疗监护设备，实现对病人的全面监控。

（四）数据安全及隐私保护机制关键技术研究现状

目前研究的安全隐私保护机制主要分为两个层次，分别为：

密钥管理：这是在两个通信节点之间考虑，包括密钥产生、密钥分配、密钥交换等方面，加强其密钥安全，从而达到保证通信安全的目的；

安全协议：这是从全网上考虑，从选择路由路径方法角度出发，提高路由的可靠性、安全性，以保证网络的安全。

下面分别详述。

（1）密钥管理。

加密技术是网络安全问题的核心技术。在 WSN 中，密钥管理是其安全性的核心任务。目前基于监测网络的密钥管理主要技术可以分为这几种：共享密钥预分配，随机密钥预分配。

1）共享密钥预分配，代表性的是全网预分配密钥模型。

全网预分配是对网络中所有节点预分发同一个公共主密钥 MasterKey，网络中任意一对节点都使用该主密钥通信。这种方式结构简单，实现容易，不需要大量的密钥控制信息。传感器节点的压力非常小。但一旦出现部分节点被破坏的情况，那么整个网络的安全抵抗性就会大大降低，所以这种密钥管理一般被应用于安全要求不高且网络相对稳定的环境中。

2）随机密钥预分配，主要包括 q - composite 随机密钥预分配和随机密钥对分配。

为提高 Eschenauer - Gligor 随机密钥预分配的安全性，Chan、Perrig、Song 提出了 q - composite 随机密钥预分配方案。q - composite 方案与基本随机密钥预分配方案相似，只是把共享密钥的个数从 1 提高到 q，即要求两个邻接节点至少要有 q 个公共的预分配密钥才能在共享密钥协商阶段建立会话密钥。此会话密钥为所有相同公共密钥的某个哈希值，即 Kshared = Hash（K1 ‖ K2 ‖ … ‖ Kq）

Perring、Song、Tygar 等人提出了随机密钥对方案（Random Key Pair - wise Scheme，简称 RKPS）。RKPS 方案只存储部分的共享密钥对。与前两种方案不同，RKPS 方案没有共享的密钥空间。RKPS 方案引入了节点标识符 ID 的概念，节点标识符与密钥一同被节点存储。在 RKPS 方案中它实现了网络中点到点的身份认证。随机密钥对方案安全性较高，几乎无法通过攻破部分节点来影响其他正常节点间的安全通信，实现节点间的身份认证，能够抵御各种复制节点攻击。但其网络扩展性小，不能用于大规模网络。

（2）安全协议。

1）基于名誉机制的 TEENRM 协议。

章国安等在 TEEN 的基础上引入了名誉机制，提出了一种安全高效的路由协议 TEENRM。该协议在每个节点上构建一个名誉表，在簇头选举前，禁止名誉度值低于限定值的节点参与簇头的选举，以此建立多个安全的簇，能够较好抵御 HELLO 泛洪攻击与选择转发攻击。但它需要不断交换名誉信息，导致路由的开销增加，造成网络延迟。

2）基于多因素身份认证的安全方案。

陈子平等提出一种基于多因素身份认证的安全方案，包括用户与监测节点身份认证、会话密钥生成与分配等部分。与其他认证算法相比，该方案在相同网络节点数的情况下，能达到较低的系统开销与较高的安全性能。但该方案需要考虑较多因素的影响，实现较为复杂。

（五）智能终端产品调研

穿戴技术是一类重要的物联网前端技术，其中设备直接附着使用者。相对于其他方式，在对个人的生理参数和运动参数的采集上，穿戴技术有明显优势。所以，穿戴技术在行为识别、医疗辅助、人机交互等方面有广泛的应用。穿戴设备由来已久，但真正意义上的穿戴设备出现得益于芯片技术的快速发展，出现于 20 世纪 80 年代末。MIT 于 1993 年完成的第一版 Tin Lizzy 可穿戴电脑，说明了穿戴技术的可行性。之后穿戴技术开始广泛地受到政府和企业的关注。DARPA 于 1994 年开始了 Smart Modules 计划，用于研发便携和可穿戴电脑。波音公司于 1996 年举办了可穿戴技术会议。随着芯片技术和无线通信技术的发展，穿戴设备在 20 世纪 90 年代末开始从实验室转入商用，经过长期的发展现已日臻成熟。当前的穿戴设备技术开始与个人健康监护、个人保健相结合，涌现出了大量从事穿戴设备研发的创业公司，由于市场需求和优秀的用户体验，该类企业前景普遍被看好。

现有的用于医疗的病人监护系统（patient monitoring system）理论上可直接用于家庭老年人健康监护，但传统监护设备在家用和随身携带的场景下存在以下局限性：（1）造价。传统监护设备一般用于医院、诊所，为了应对不同类型的患者，需要使用大量的、不同类别的高精度传感器。（2）连接性。为了保证系统的可靠性，设备之间一般使用电缆连接，在数据传输上一般只使用内部网络。（3）设备能量供给。这类设备一般能耗较高，使用电源接入。（4）专业知识。需要有足够的医疗方面的专业知识。（5）隐私保护。原有的医疗监护设备数据传输一般使用专网，少见针对使用者隐私保护的设计。限于以上局限性，这类系统很难在家用和便携环境中进行推广。现有的基于物联网技术的轻量级健康监护设备恰好填补了传统技术的空白。基于物联网技术的健康监护设备相较传统的远程医疗，具有以下明显优势：（1）造价。物联网前端设备使用更为廉价的传感器和嵌入式处理器，可以大规模部署和使用。（2）连接性。物联网前端设备使用无线传输作为主要手段，设备更加便携。

（六）传统穿戴设备

传统的穿戴设备生产厂商多将精力投放在个人的保健与健康监护设备的研发中，其中最为典型的为JawBone、Fitbit、Withings三家公司。

JawBone公司主营生产Bluetooth耳机和音响设备，是一家较早致力于生产与个人健康相关的智能设备的公司，旗下的Jawbone Up是最早一款投入市场的智能手环设备。Jawbone Up可以通过记录运动步数，推算个人的能量消耗，并且通过实时检测佩戴者行为状态，可以提醒久坐的使用者。通过对一个时间段数据的分析，Jawbone Up甚至可以估计使用者的心情变化。

Fitbit公司是美国一家专门制造个人运动穿戴设备的创业公司，其产品包括手环Fitbit Flex、计步器Fitbit One、健康小型追踪器Fitbit Zip、智能体重秤Fitbit Aria等一系列产品。Fitbit Flex是一款运动型手环，该产品可以精确地记录佩戴者的运动步数、运动距离，推算能量消耗，且可以追踪用户的睡眠质量，并在早晨唤醒使用者。通过wifi或者蓝牙，使用者可以方便地将每天的运动数据通过智能手机上传到云端，并能获得运动统计与趋势。

Withings是法国的智能设备创业公司，该公司与Fitbit公司的经营范围类似。Pulse是Withings公司穿戴式设备中的一款计步器，通过在腰间佩戴，设备可以实时记录使用者的运动状态，给出相应的运动量分析。区别于以上两款设备，Pulse添加了心率统计功能，通过将手指按压到设备上，设备通过压力或震动传感器，可以短时间内捕获使用者的心率。通过对运动量和心率的分析，Pulse可以更好为个人健康做出指导。

左起分别为智能手环Jawbone Up、Fitbit Flex、智能计步器Pulse

（七）新型穿戴设备

新兴的穿戴设备生产公司不单是重复以往计步器、追踪器等设计，而是将目光转移到了不同用户群中，例如专业运动用户和普通用户，设备功能也不仅限于手表、手环等简单生理指标检测任务，而正在向多元化发展。

生产专业运动装备的公司包括Recon、Suunto等。

Recon是2008年左右成立的公司，主打生产运动型智能眼镜，旗下有Jet与Snow两款产品。其中Jet专门针对骑行者开发，可以实时对使用者的体温、心跳进行检测，同时以图形化的方式反馈给使用者。此外，针对骑行场景，设备中内置了 GPS，并使用惯性导航与 GPS 结合的方式提供导航。Snow 是专门用于滑雪运动的智能眼镜，主要提供速度、技能等评估，并且可通过无线方式与手机保持连接。

Suunto 也是一家专注于运动相关产品的公司。公司研发了多款适用于探险者和运动员的智能手表产品，具有可以进行导航、天气预测的功能，并能够获得高度、速度、距离、心率等数据。

OMsignal 与 Hexoskin 公司的产品直接将传感器附加到了衣物中，可以测量使用者的心跳、呼吸速率和活动量，实现更高准确度的运动检测。OMsignal 的主设备保持实时记录数据，同时使用蓝牙技术将数据回传到手机。Hexoskine 将所有传感器织入到了衣物中，特殊传感器可以实时测量心电图、肺活量，运动传感器可以记录使用者的运动状态。

左起分别为智能运动眼镜 Recon Jet、智能手表 suunto amibit 2s、Hexoskin 智能衬衫

Wahoo 公司的主要产品追求更灵活多样的穿戴方式。该公司旗下包括一系列的专业运动量估计产品，其运动跟踪产品不再局限于使用者佩戴，通过在自行车、锻炼器材上进行佩戴，设备也可以通过一定配置获得最终的运动量估计。该类产品对于经常使用健身器材的用户更为精准。

Lumo 公司的代表产品为 Lumo Lift，该产品的主要特点是可以检测身体姿势。设备仅需使用磁贴贴于衣物上即可进行实时检测，当佩戴者的坐姿或站姿出现问题时，会以震动的方式进行提醒。此外，Lumo Lift 还包含了运动量估计功能。

 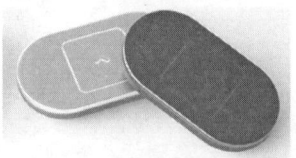

左起分别为 Wahoo ticker、Lumo Lift

BASIS 公司的旗舰产品 BASIS 智能手表是一个多功能的健康跟踪设备，其中配备了多种生理参数传感器，除了传统的心率检测和运动量估计，BASIS 还可以完成心电图分析、睡眠跟踪，甚至可以完成出汗量估计和皮肤温度检测等功能，是现有市面上健康监测功能最为强大的产品之一。

Bragi 公司将传感器和耳机相结合，设计出了 The Dash 耳机。The Dash 耳机使用骨传声技术，同时配备录音、蓝牙通讯功能。其中内置了光学传感器和加速度传感器，分别可以用于记录使用者的体温、血氧、运动量等信息，为用户提供更科学的运动锻炼支持。

左起智能手表 BASIS、智能耳机 The Dash

国内基于穿戴设备的个人保健市场前景巨大，已经有诸多公司开始诸如智能手表、智能手环等产品的研发，现有产品包括果壳电子的智能手表 GEAK Watch、百度旗下的百度眼镜、咕咚手环等。其中 GEAK Watch 可辅助通话、查看短信、遥控拍摄。百度眼镜是百度公司在头戴设备上的一次尝试，主要包括语音操控与图像识别功能。咕咚手环理念上与现有市面其他的智能手环类似，优势在于百度公司强大的云端数据同步和在线处理能力。

总结以上，现有的穿戴设备面向了非常宽泛的用户群体，实际的用户反馈也说明用户正在逐步接受穿戴式设备。同时可以看出，现有的成功设备具有的共同特点主要有：（1）对于使用群体的易用性；（2）不同传感器之间的协同与融合；（3）大量原始数据的支持和数据分析的辅助。

（八）健康监护设备

现有便携医疗设备功能上类似于传统的远程医疗监控技术，是医疗、传感器、通讯、低功耗芯片技术的综合，为特殊人群提供健康监护和其他辅助功能。便携医疗监护设备由功能划分可以分为生理指标监控和行为监控两种；按使用者划分可以分为老人健康监护设备和普通看护设备。

典型的老年人便携健康监护设备公司包括 GE 旗下的 Care Innovations 公司。Care Innovation 公司继承了 GE 公司在传统医疗设备领域的雄厚开发经验，旗下现有产品的主要优势在于在线的医疗咨询和专业的医疗分析。Care Innovation 下的健康报警系统主打报警功能，主要优势在于配套的专业医疗服务，设备包括一个家庭网关与一个报警器。前端报警器强调高可靠性，可以防水、长时间待机，可通过网关设备向相关医疗机构发送报警信息，通过网关可与医疗机构进行高质量通话，其他功能较为基础。

Care Innovation 旗下的另一款产品 QuietCare 使用多个运动传感器来了解被照看者的日常行为习惯，并向被照看者发送报警信息。传感器不一定部署于老人身上，通过在周边环境的部署，传感器可以采集行为数据并通过网关上传云端，通过云端的分析，可以向被照看者返回相应信息或警报。QuietCare 内部有一套成熟的隐私保护机制，可以避免使用者隐私的泄露。

Lively 的功能类似于 QuietCare，通过使用多个设备获取和记录老人的日常习惯，并通过网关将数据与云端进行同步。通过数据分析，系统可以发现异常行为，并为老人提供提醒功能,通过这种方式可以避免大门未关、未按时服药等问题。

左起分别为老年人健康报警系统 Care Innovations Alert System、Care Innovations QuietCare、Lively

用于普通人群的产品主要有 Scanadu Scout 与 Withings Smart Body Analyzer。Scanadu 公司的主打产品 Scanadu Scout 是一类便携的健康检查器,面向普通人群。通过对使用者快速的扫描,Scout 可以检查的生理参数包含体温、血压、心跳、血氧、脑电、心率变异性、心理压力等多种指标,是现有的便携健康监护设备中功能较为齐全的一款。

Withings 公司除了运动手环外,还研发了大量的便携医疗监护设备,其中 Blood Pressure Monitor 可对血压进行测量和分析,并且可将误差缩小到 2% 以内,同时可以计算心率。整个测量过程均可自动完成,不需要用户干预。测量完成后,可以通过 Bluetooth 将数据与智能手机进行同步。

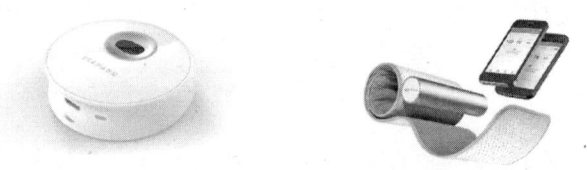

左起分别为便携式健康监测器 Scanadu Scout、Withings 便携式血压计

国内用于看护和健康监护的产品发展迅速。单一功能产品主要包括智能血压仪、老人监护设备等。现有的智能血压仪有康康可穿戴血压仪和百度公司的木木血压仪,其中康康可穿戴血压仪可以测量血压和心跳,同时还可以搭配康康血压手机应用一同使用,为测量出来的血压值进行数据分析,并可以将测量数值发送出去,通过与专家互动获得更多关于高血压病的相关常识。

综合医疗监护服务的提供商中具有代表性的是康诺云公司(云核心服务)、希盟公司(CIM 实时监护系统),以及紫峰华年(e 伴穿戴式监护设备)。康诺云核心服务是利用大数据进行"未病"预警,通过提供给用户可穿戴式设备,连续而不是单点监测用户的体征数据,根据采集的连续体征进行波动规律的分析。首先建立用户自身的基准数据,然后和同年龄性别人群的基准数据对比发现用户中长期的慢病风险,同时通过用户不同时期的体征波动规律对比来发现用户自身健康的变化过程。目前主要设备为智能血压计和健康监测手环。

希盟公司主营业务为传统医用监护设备开发。CIM 个人健康监护系统是希盟公司针对个人健康看护开发的轻量级产品。产品强调检测功能,系统能同时监测 8 项生理数据,包括心率、血氧饱和度、环境温度、呼吸频率、运动类型、运动强度、跌倒探测和综合健康状况,可以为个人健康提供完善的参考。系统适用于空穴老人、身体患有老年性疾病而需要监护的人群。

（九）老年康复设备

（1）与老年健康有关的应用平台模式现状。

目前针对老年人远程监控诊断应用的设施及发明已有数十例，基本采用个体佩戴终端，如家庭健康检测仪、照护电子标签等，通讯模块，传输无线信号，并加入摔倒信号监测装置，如3D加速度传感器、陀螺仪等，及定位装置，如嵌入式网关、物联网监控系统等，实时监测老年人的活动情况，将老年人的历史健康信息及活动情况发送给医疗机构，由专业医疗人员做出判断。对于医疗诊断之后的康复训练过程中，缺少针对高龄群体的虚拟互动平台，极易使高龄用户产生厌倦心理；单一区间内虚拟的医生诊断可以给用户提供综合的健康知识平台，但难以满足用户对于高质量医疗服务的需求；虽然部分设施加入了智能环境控制系统及子女通讯功能，但缺少邻里间、社区间等其他第三方成员的互动沟通渠道，对于多终端环境中传递多个内容并实现交互功能还需要进一步研讨。

另有部分专利扩展至精神卫生康复管理系统，将应用服务器、信息管理工作站及康复治疗站与交换机链接，可以为用户提供直观的康复治疗图像或语言，为用户提供治疗服务并跟踪用户康复情况。但此系统覆盖面积过小，对于用户的筛选过程较为复杂，不具备灵活易用性。社区与机构的连接系统方面，已有社区住户与社康中心预约挂号及医疗健康管理的家庭终端，虽然实现了家居用户的实时性、便利性、成本节约性及通用性，但未充分利用家庭终端与社康中心互动交流，因此双向信息沟通功能是此课题研究的主攻方向。

（2）老年康复方式、技术与产品方面的研究现状。

目前已有的老年康复方式主要为传统的与治疗师一对一的康复训练，针对的是有明显疾病病变的老年人。康复训练内容有物理疗法、运动疗法、针对日常活动的作业疗法，其中物理疗法包含增加触觉、本体感觉和运动觉等以便改善功能性运动，作业治疗包含日常生活活动、劳动或文体活动中患者感兴趣且可帮助其恢复功能和技能的作业（如刺绣、针织、工艺品等手工操作或书法、绘画等），运动疗法包含可徒手或借助器械的各种改善运动功能方法以恢复运动功能、预防或治疗肌肉萎缩、关节僵硬等。此外，也有些康复关注患者（如阿尔兹海默症老年患者）开始关注记忆和思维训练。记忆训练多采用记日记、看图片、背诵、看电视等方法训练记忆力。思维训练包含排列数字、物品分类、数学计算等有关判断、推理和计算能力的活动。基于已有研究，目前传统的老年康复方式主要集中在物理性治疗方面，对认知功能康复的关注较少，且不够专业化。

针对传统康复方式对治疗师的绝对依赖性,无法将康复效果有效迁移到相应的康复群体这一局限,相应的智能化康复训练装置相继推出,包含基于力反馈的康复训练装置、基于视觉交互的康复训练装置与基于虚拟现实的康复训练装置。

力反馈康复训练装置,如基于力反馈的手部康复训练装置,以 CyberGrasp 为基础研究的 CyberForce,可以同时为手指和手臂提供力觉反馈,可为每个手指产生最大 12N 的力或者 3N 的持续力,重量约 350g。后来加拿大 Atif Alamri 等人利用该装置开发了一系列虚拟游戏,用来训练中风患者的手部抓握能力和移动稳定性。国内哈尔滨工业大学气动技术研究中心也开发了基于气动人工肌肉的力反馈数据手套。但这些基于力反馈的手部康复装置均有结构复杂且重量较大的局限。

基于视觉交互的康复训练装置,如基于视觉交互的手部运动虚拟康复系统,该系统由个人 PC 机、虚拟环境和普通摄像头组成,能够满足普通患者在家中进行康复训练的需要,它利用 3ds Max 软件创建 3D 康复食品和环境,利用 VC++ 开发平台和 OSG 实现模型的运动控制及场景漫游,并通过摄像头捕获手部动作实现人手与虚拟环境的自然交互,最终患者通过操作沙磨板上的虚拟附件训练上肢协调以及关节活动能力。

基于虚拟现实的康复训练装置,如手部康复训练系统,一种是借助力反馈康复手套与虚拟环境进行交互,一种是不借助任何控制设备直接使用肢体动作与虚拟环境进行交互。前者一般是由数据手套、人机交互软件与虚拟环境三部分组成,可实现用户管理、数据采集、手势信息分类、实时手势识别测

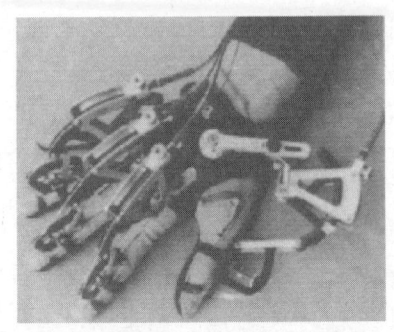

基于力反馈的手部康复训练装置

试等功能,并与相应的虚拟游戏环境相结合,提升使用者的康复训练积极性与主动性。后者一般是通过体感交互设备与虚拟环境进行交互,由体感交互设备、人机交互软件与虚拟环境三部分组成,但使用者不需要穿戴设备,可减轻其身体的沉重负荷,也会使交互更自然。目前基于开放性体感交互技术的康复治疗专利有一些,主要集中在基于粗大动作识别的体感交互技术,如为了给老年人和残障人士提供性能优越的操作工具,帮助他们提高行动自由度,许多国家对移动机器人进行了研究。基于精细动作识别体感交互技术的康复治疗专利只有一项,是帮助中风或其他神经障碍患者进行手部康复训练。

基于力反馈与视觉交互的康复训练装置多半由于活动范围的限定,使得使用者与虚拟环境的交互不自然,而且大多数对使用群体未加限定,没有针对老年人的特

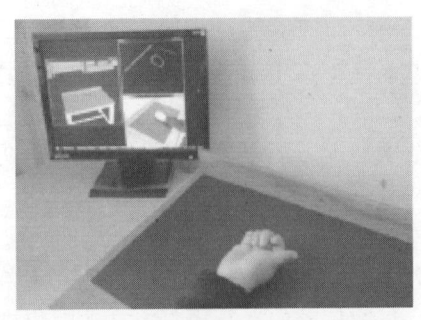

基于视觉交互的手部康复训练系统

点进行针对性设计。基于体感交互的康复系统也大多都是针对粗大动作识别，即使有针对手部的也不是针对贴近老年人生活的抓捏等精细动作的识别。由于老年人本身肌肉力量及认知能力（控制力）的减退，造成手部精细动作退化，会影响到老年人生活的方方面面，如洗漱、洗澡、穿衣、做饭、打扫、药片取放、手机使用等等。此外，当前所有智能化康复训练系统所借助的游戏环境都没有考虑认知功能康复的促进功效，只是简单的游戏。因此如何基于手势体感交互技术开发实现老年身心同步康复的复健器材是此该题另一个主攻方向。

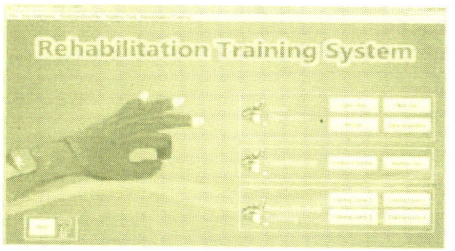

基于虚拟现实的手部康复训练系统

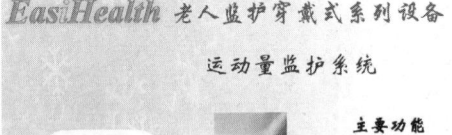

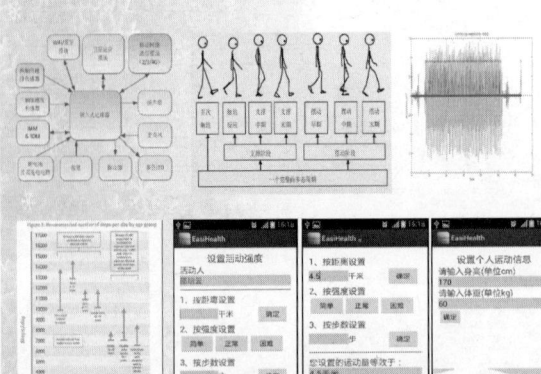

EasiHealth 老人监护穿戴式系列设备

智能血氧生理参数感知设备

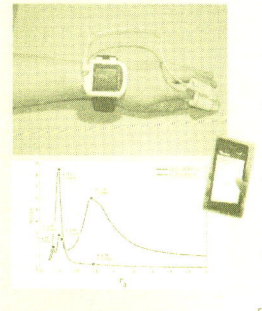

主要功能

- 针对睡眠中的缺氧情况、心率血氧的异常变化（波动）情况进行识别和预警。
- 在抗噪声的血氧心率测量方面，提出了一种高分辨率的能量谱分析方法，实现了对短时随机性运动噪声的消除。
- 结合加速度信息，配合自适应滤波算法，消除对长周期周期性运动干扰各类运动噪声的干扰。
- 通过智能手机收集和分析数据。

一般血氧/心率仪易受运动噪声干扰，测量时需要人体保持相对静止，无法在日常活动中随时测量。基于能量分析法的抗运动噪声血氧心率测量算法

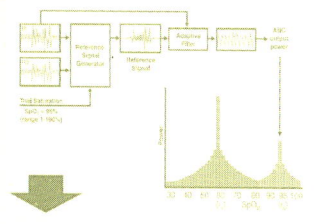

高分辨率的信号与噪声能量谱分析法，结合加速度信息，消除各类运动噪声

EasiHealth 老人监护穿戴式系列设备

高精度多参数关联跌倒监护智能系统

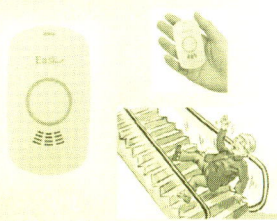

主要功能

- 高精度多参数关联跌倒检测
- 自动虚警识别
- 家属、救护中心告警
- 容易跌倒或磕绊区域学习与提醒
- 肢体活动灵活性及平衡性学习

高精度的多参数关联轻量级跌倒检测方法

- 阈值和机器学习两段式检测方法
- 具有低功耗、高精度性能

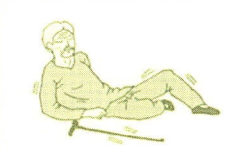

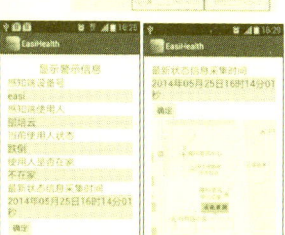

三、口腔运动状态监测与饮食健康

移动健康指依靠移动通信技术传送通过移动网络获取的健康（保健）相关信息的服务、应用或设备，主要包括健康相关指标的移动监测和数据收集、远程监测和分析以及提供宽带和数据。实现移动健康应用技术和服务将是运营商今后业务发展的战略方向之一。由于饮食是人类维持生命的基本活动，而且饮食的习惯直接影响脾胃功能和营养的消化及吸收，因此本项目的研究侧重点是针对饮食这一重要的人体活动进行分析。

（一）项目背景

1. 移动健康的需求

随着生活水平的提高，人们对身体健康越来越重视。而现代社会生活节奏快、工作压力大、精神紧张以及不健康的生活方式导致各种慢性病患者也不断增加；同时医疗资源的紧缺，"看病难、看病贵"已关系到国计民生。对健康状况的改善以及医疗成本的降低方面的逐渐关注，使得移动健康比以往任何时候都显得更加重要，也更具吸引力。随着移动通信、体感网、传感器等高新技术的发展，移动健康这一技术领域越来越显示出广阔的市场前景。

上图显示了一个基本的移动健康示意图，可佩带的各种生理传感器自动采集人体的生理信号，并通过无线通信传送到用户的手机；用户手机对于接收到的人体生理信号进行分析处理，或者也可进一步把数据通过3G无线网络传输到远程的健康医疗服务商的数据中心（服务器）；健康医疗服务商利用手机客户端或远程健康医疗服务器进行对用户活动以及身体健康状态的判定，并将结果发送到专业医疗机构（如医院）以及用户的亲属。

2. 国内外相关业务介绍

AT&T 和 Vitality 公司于 2009 年进行合作，将其用药提醒和监督用药剂量服务的智能瓶盖产品"GlowCaps"连接到其无线网络上，2010 年与 eCardioDiagnoistics 公司合作，使心脏病患者在家中就能够监测心律失常（Arrhythmia），对用户进行实时的心脏监测。

日本 NTT DoCoMo 在 2010 年开展了"Wellness Support"服务：该服务为不同需求的用户及各种专业医疗和保健服务的提供商建立一个符合康体佳健康联盟（Continua Health Alliance）标准的安全可靠的生命参数采集和分发的平台；在用户端，用户可使用不同厂家（如欧姆龙、松下等）生产的近二十款生命参数的传感器，并将传感器与 DoCoMo 的手机进行连接来采集与对应的服务所关联的数据，随后通过其 3G 网络，将生命参数数据传送到运营商的"重要数据收集服务器"中。而各种类型的医疗服务机构（如医疗咨询、健康改善服务、医疗相关的门户、饮食和营养服务等）通过授权则很容易获取这些数据并为用户提供针对性的服务。

中国电信开展了"健康翼计划"，推出了针对心脏病患者的"健康心翼"，由中国电信向中卫莱康定制的心电图手机一体机，可以将收集到的心电图数据通过手机直接发送到后台系统。

中国联通于 2008 年和威达丰公司联合推出了网络化的健康服务，并在 2010 年提出了"基于泛在网的医疗健康监测业务场景及技术要求"，规定了基于泛在网的医疗健康监测业务下的应用场景及技术要求，包括各类业务场景，QoS 需求，对网络和业务处理的总体要求，以及对终端、网络及支撑平台的技术要求。

（二）系统设计说明

饮食是人类维持生命的基本活动，而且饮食习惯直接影响脾胃功能和营养的消化及营养。饮食科学合理，能够保证生命机体正常运转；饮食习惯有悖于科学，会使体内新陈代谢受到影响，使身体营养失去平衡，不仅可能造成营养不良或者营养过剩引起肥胖，甚至可能导致心血管疾病、脑血管疾病以及糖尿病等。

人类的日常生活中充满了声音，如话语、饮食等都伴随着声音。这些声音都不同程度地反映了人的生活起居习惯。对人体活动产生的各类声音，通过分析可以判断人的健康状况，监督人的生活习惯，建立一个长期的个人健康日志，判断出被验者的日常饮食及一定的生活规律，从而可以对被验者进行健康监控及养生指导。

本项目的特点是通过随身佩戴的骨传导传感器与加速度传感器，获取与饮食相关的人体口腔活动的信号，自动分析用户饮食活动习惯。项目将采集到的用户数据通过手机上传到服务器；通过对这些信号分析得到饮食活动的参数，如一段时间的饮水和咀嚼次数，单位时间内的咀嚼次数，基于情景（如是否静止的情况下，是否是在吃饭时间等）的咀嚼分析，以及通过直方图等手段分析饮食时间分布等数据统计特性，可以得到如吃饭间隔时间，吃零食的时间和次数，每次饮食的时间长度等分析结果。掌握这些信息和结果有助于分析胃肠消化道疾病，同时对于节食减肥等具有重要的意义。另外，用户可以在手机以及 PC 上通过实时在线及离线的方式查看这些结果。

本研究的总体目标是：利用骨导麦克风并辅以加速度计来连续记录声音及运动等信号，对被测者的饮食规律进行分析。其中需要利用多源信息融合技术，综合分析多种不同信息源所采集的数据；综合使用多种统计学习方法，分析饮食生活规律对其健康影响的因素，从而对被验者的饮食习惯提供及时的健康指导。

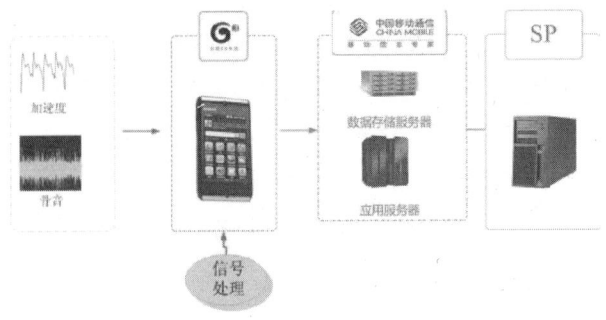

四、智能化设备之智能床垫

全光 BCG 生命体征检测仪：
- 将传感光纤置于椅垫或床垫下；
- 不需要接触人体；
- 通过对因人体振动引起的光纤弯曲的检测，就可以对心跳、呼吸、血压实时准确测量，进行全面生命体征的监控。

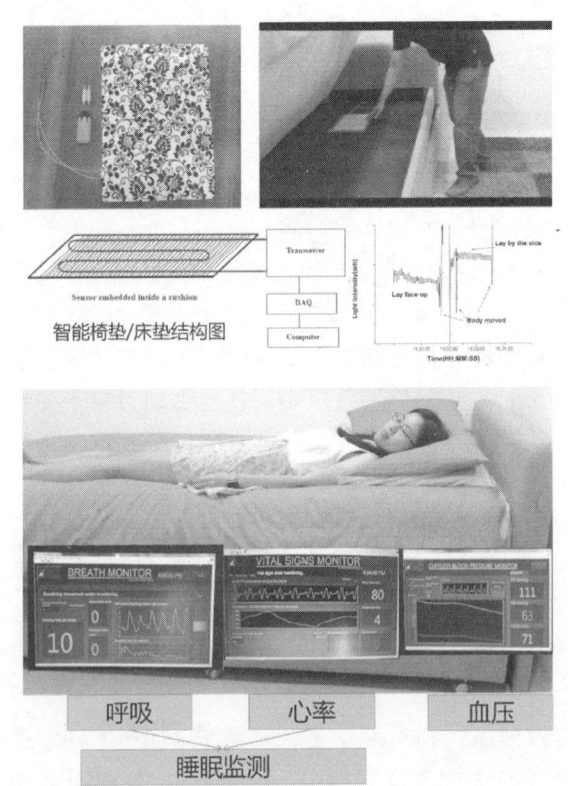

目前 Darma 对用户心率和呼吸频率、深度的检测已经达到医用标准，可以用于分析用户在办公期间的精神压力和整体健康状态，并可评估一些潜在疾病的风险，实实在在地解决用户的健康问题。

智能坐垫的一大亮点就是，在坐垫中植入了一个大约 30cm×30cm 的光纤传感器，可以监测用户的心跳、呼吸等数据，且精度已经接近专业的医用设备。

光纤传感技术是 20 世纪 70 年代伴随光纤通信技术的发展而迅速发展起来的，以光波为载体，光纤为媒质，感知和传输外界被测量的信号。与传统传感器相比，光纤传感器具有灵敏度高、动态范围大、响应速度快、不受电磁干扰、防爆防燃、防腐蚀等优点。这一技术在工业领域应用广泛，比如在土木工程领域，会在建筑中植入光纤传感器，用来测量混凝土结构变形及内部应力，检测大型结构、桥梁健康状况。在石油勘探领域，会利用光纤传感器测量井下石油流量、温度、压力和含水率等数据。其实，在医学当中也有应用，已被用于颅内压、小儿气管内压力、心血管及血液压力、椎间盘压力等人体压力的测量。

相比传统睡眠检测产品的优点：
- 呼吸暂停分析和心脏突发情况报警；
- 智能预处理提取特征值；减少存储和传输数据量；
- 加密鉴权机制：保护用户健康数据隐私，保障节点工作安全；
- 实时信号质量检测：可提醒用户调整佩戴位置，提高分析精度。

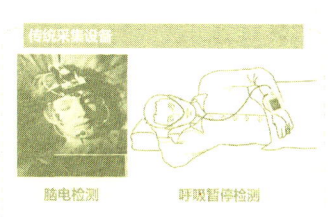

第三节 推行"智能养老"远程看护老人

一、中国式远程医疗的两个阶段，从会诊到服务

近日有媒体报道，北京佑安医院与和田地区传染病专科医院建立远程会诊合作，计划从年底开始通过远程，为和田传染病院的病人提供来自北京佑安医院、

胸科医院、地坛医院等相关专家的会诊。

笔者认为中国的远程医疗服务发展会分两个阶段。第一阶段是以医院为主导的会诊阶段，主要是为了弥补地域医疗资源不平衡以及应对疑难杂症困境。第二阶段则是以服务为核心，以病人为主要对象的远程医疗服务，目的主要是为了病人的方便和提升服务价值。

二、远程会诊

目前的远程医疗监管不明确，很多细节有待落实，因此以医院为主导的会诊是主要的形式。类似北京和和田合作的模式有利于被复制到其他地区，一方是有强有力医疗资源的医院联合体（如一线城市的主流医院），另一方则可能是地理位置较远或者医疗力量比较薄弱地区的医院，先期的会诊主要在疑难杂症上，尤其是针对不方便长途转运的病人，远程会诊会大大提高医疗服务的质量。

但这种模式目前有一定的监管漏洞。比如远程会诊做出的决定是否和线下面对面治疗做出的诊断决定有同样的意义，这体现在远程医疗能否直接开设处方，还是只是提供医生意见上。假如未来监管放开远程医疗可以开设处方，那么医疗责任的界定就需要有明确规定。这可能会导致一定的纠纷，尤其在一些疑难病症上。

而第二阶段以病人为核心的远程服务目前则还需要一定时间。这种模式主要是医院引导，以病人为核心，和线下诊断相配合，可以节省病人和医生双方的精力。

但这种模式存在两个问题。首先仍然是医生是否有远程诊断的处方权，这对于医疗责任的界定有直接影响。而且对慢性病人群来说，医生处方权能节约患者的时间，让他们不用再去线下的医院再次开药。

其次则是目前大环境下医生很难有动力去进行这种模式的远程医疗，医生一没有精力，二也没有财务上的动力。远程医疗目前刚开始进行医保试点，由于无法使用医保，很多病人无力承担远程医疗的费用。因此，医生也不能获得更多的用户，进行远程医疗的动力并不大。而且现在的医生都非常忙，本身也不是很愿意参与远程医疗这种吃力不讨好的运营模式。

这种服务最受益的是病人，而前提是病人和医生处于熟悉状态，尤其适合长期随访者，包括慢性病治疗和术后健康管理。这种模式需要大环境的改变，如果医生可以自由竞争，自身就是品牌，以服务为上，那么这种远程医疗就会有很大的发展空间。

第四节 3D打印技术在国际健康银发城中的应用

一、3D打印技术的概念

3D打印技术，是以计算机三维设计模型为蓝本，通过软件分层离散和数控成型系统，利用激光束、热熔喷嘴等方式将金属粉末、陶瓷粉末、塑料、细胞组织等特殊材料进行逐层堆积黏结，最终叠加成型，制造出实体产品。与传统制造业通过模具、车铣等机械加工方式对原材料进行定型、切削以最终生产成品不同，3D打印将三维实体变为若干个二维平面，通过对材料处理并逐层叠加进行生产，大大降低了制造的复杂度。这种数字化制造模式不需要复杂的工艺，不需要庞大的机床，不需要众多的人力，直接从计算机图形数据中便可生成任何形状的零件，使生产制造得以向更广的生产人群范围延伸。

我们日常生活中使用的普通打印机可以打印电脑设计的平面物品，而所谓的3D打印机与普通打印机工作原理基本相同，只是打印材料有些不同，普通打印机的打印材料是墨水和纸张，而3D打印机内装有金属、陶瓷、塑料、砂等不同的"打印材料"，是实实在在的原材料，打印机与电脑连接后，通过电脑控制可以把"打印材料"一层层叠加起来，最终把计算机上的蓝图变成实物。通俗地说，3D打印机是可以"打印"出真实的3D物体的一种设备，比如打印一个机器人、打印玩具车、打印各种模型，甚至是食物等等。之所以通俗地称其为"打印机"是参照了普通打印机的技术原理，因为分层加工的过程与喷墨打印十分相似。这项打印技术称为3D立体打印技术。

3D打印的技术主要包括SLA、FDM、SLS、LOM等工艺，下面我们简单介绍三种主流技术。

1. 立体光刻造型技术（SLA）：网友们可以想象一下把一根黄瓜切成很薄的薄片再拼成一整根。先由软件把3D的数字模型"切"成若干个平面，这就形成了很多个剖面，在工作的时候，有一个可以举升的平台，这个平台周围有一个液体槽，槽里面充满了可用紫外线照射固化的液体，紫外线激光会从底层做起，固化最底层的，然后平台下移，固化下一层，如此往复，直到最终成型。

其优点是精度高，可以表现准确的表面和平滑的效果，精度可以达到每层厚度0.05毫米到0.15毫米。缺点则为可以使用的材料有限，并且不能多色成型。

2. 熔融沉积成型技术，同样是需要把 3D 的模型薄片化，但是成型的原理不一样。学过高等数学的朋友都知道积分，熔融沉积成型技术就是把材料用高温熔化成液态，然后通过喷嘴挤压出一个个很小的球状颗粒，这些颗粒在喷出后立即固化，通过这些颗粒在立体空间的排列组合形成实物。

这种技术成型精度更高、成型实物强度更高，可以彩色成型，但是成型后表面粗糙。

3. 选择性激光烧结（简称 SLS）。

SLS 工艺又称为选择性激光烧结，由美国德克萨斯大学奥斯汀分校的 C. R. Dechard 于 1989 年研制成功。SLS 工艺是利用粉末状材料成形的。将材料粉末铺洒在已成形零件的上表面，并刮平；用高强度的 CO_2 激光器在刚铺的新层上扫描出零件截面；材料粉末在高强度的激光照射下被烧结在一起，得到零件的截面，并与下面已成形的部分粘接；当一层截面烧结完后，铺上新的一层材料粉末，选择地烧结下层截面。

发明于 1989 年的选择性激光烧结的特点：
- 比 SLA 要结实得多，通常可以用来制作结构功能件；
- 激光束选择性地熔合粉末材料，含尼龙、弹性体，未来还有金属；
- 材料多样且性能接近普通工程塑料材料；
- 无碾压步骤，因此 Z 向的精度不容易保证好；
- 工艺简单，不需要碾压和掩模步骤；
- 使用热塑性塑料材料，可以制作活动铰链之类的零件；
- 成型件表面多粉多孔，使用密封剂可以改善并强化零件；
- 使用刷或吹的方法可以轻易地除去原型件上未烧结的粉末材料。

在 3D 打印技术可以打印器官、汽车、飞机的今天，它还在创造无限的可能。著名的《经济学人》最近描述了 3D 打印技术的前景，称其是一种新型的生产方式，能够促成新的工业革命，拥有广阔的市场前景。

首先，3D 打印技术可以加工传统方法难以制造的零件。过去传统的制造方法就是一个毛坯，把不需要的地方切除掉，是多维加工的，或者采用磨具，把金属和塑料融化灌进去得到零件，这对复杂的零部件来说加工起来非常困难。立体打印技术对于复杂零部件而言具有极大的优势，立体打印技术可以打印非常复杂的东西。

其次，实现了首件的净型成形，这样后期辅助加工量大大减小，避免了委外加工的数据泄密和时间跨度，尤其适合一些高保密性的行业，如军工、核电领域。

最后，由于制造准备和数据转换的时间大幅减少，使得单件试制、小批量出产的周期和成本降低，特别适合新产品的开发和单件小批量零件的出产。

这些速度快、高易用性等优势使得 3D 打印成为一种潮流，并且在很多领域得到了应用。如今 3D 打印机已经在建筑设计、医疗辅助、工业模型、复杂结构、零配件、动漫模型等领域都已经有了一定程度的应用。尤其在飞机、核电和火电等使用重型机械、高端精密机械的行业，3D 打印技术"打印"的产品是自然无缝连接的，结构之间的稳固性和连接强度要远远高于传统方法。

二、3D 打印技术在国际健康银发城中的应用

国际健康银发城利用 3D 技术制作出来的蛋糕，非常精美。

利用 3D 技术制做出来的蛋糕

第五节　建立慢性病互联网管理系统运行流程

模拟真实就医场景，可通过互联网实现专家预约、专家诊断、专家开具签名诊断报告等。

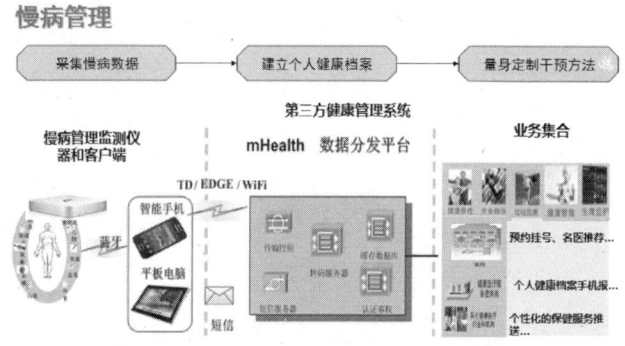

第六节 建立健康云系统"六位一体"的运行监管平台

据郭超荣、樊建平介绍,在中国,深圳、上海、青海、新疆等10个省、市、自治区均已开始推广健康云系统,目前有普及5000万人左右的用户规模。健康云系统能够和社区医院、中心医院、县省一级的中心医院进行互联互通,实现医疗系统的六位一体功能,包括医生工作站电子健康档案、妇幼保健管理、老年人管理、慢性病管理、疾病控制、信息管理系统等一系列基层医疗卫生一体化运行监管平台。

一、产业背景

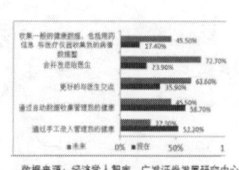

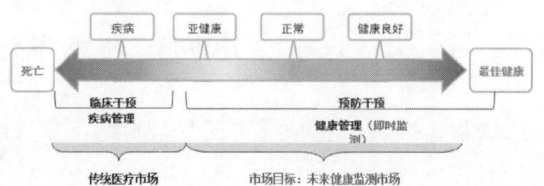

移动医疗市场增长迅速

> 2017年底，中国移动医疗市场规模将达到150亿元

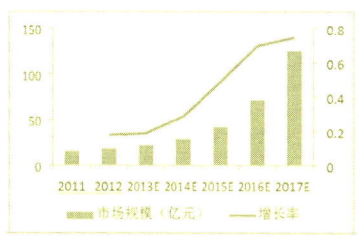

2011~2017年移动医疗设备市场规模
艾媒咨询（iiMedia Research）

健康监测是移动医疗重要组成

图表 6：全球范围内针对移动医疗服务效果的临床研究

研究疾病	研究地区	研究主题	研究结果：成本降低
糖尿病	美国	出院后的远程监护	每千病人全部医疗费用可降低 42%
高血压	美国	通过无线远程设备将主要生命体征信息传送到电子病历中	病患改看医生的间隔时间延长了 71%
心力衰竭	波兰	远程监护接受心脏起搏器植入手术的病人	降低住院时间 35%；降低出院后看医生次数 10%
慢性阻塞性肺病	加拿大	远程监控有严重呼吸疾病的病人	降低住院次数的 50%

经济学智库：患者愿意为"收集病情数据并即时与医生沟通"付费

二、产品介绍

产品战略　　　　　　　　　　　　临床专业服务，家用消费价格

- 定位：养老健康监测
- 客户：养老社区和家庭
- 性能：专业临床数据
- 服务：云诊断和咨询

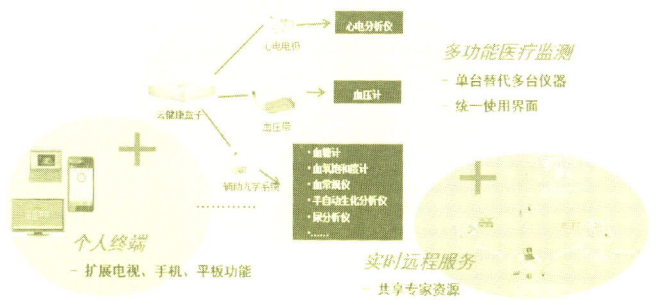

云健康智能移动监测系统

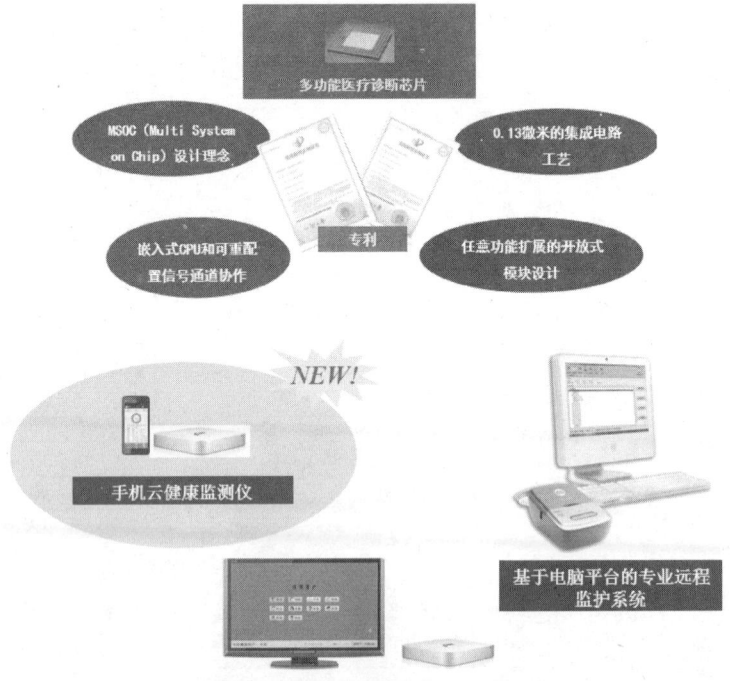

产品特点 手机云健康监测仪

- 实时采集心电、血氧饱和度、血压、呼吸、体温和心率等信息
- 硬件符合监护仪国家标准，数据支持专业临床诊断
- 支持任意型号Android手机，IPHONE版本正在研发
- 支持无线蓝牙连接，无需有线连接

- 个性化健康管理
  - 历史数据
  - 健康趋势

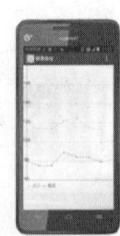

- 医疗云服务
  - 健康评分
  - 医生建议

- 健康社交
  - 健康信息分享
  - 健康知识咨询

- 应急求助
  - 自动发送短信或拨打电话报警

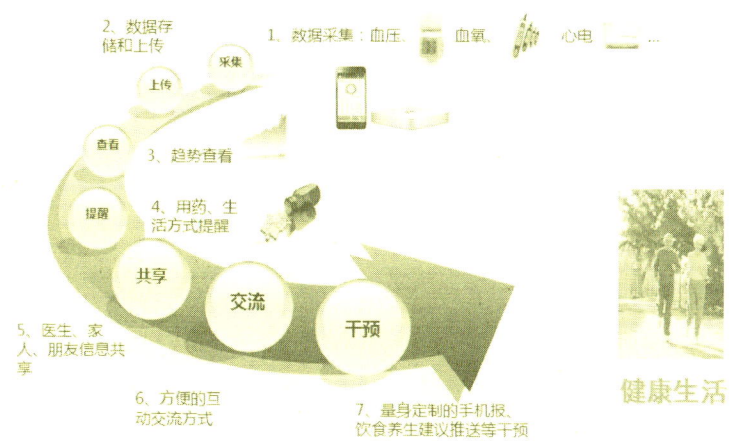

第七节　建立非接触无束缚接触睡眠测评系统

老年人夜间的睡眠状态监测非常重要。传统方式大多用专用医疗设备绑带的方式，只能在医院检测。在居家情况下该采取怎样的睡眠质量的监测方式呢？樊建平介绍说，有一套非接触、无束缚的方法，是通过位于枕头里的微型压力传感器，检测出心律和呼吸率长，包括侧卧状态下也能够很好地检测出来。这样就可以对夜间睡眠有一个比较好的评估，不仅科学，而且便捷。

第八节　建立跌倒预警系统

老年人跌倒是一个很大的问题，跌倒之后40%的老年人都会发生骨折，而且还可能会导致一些非常严重的后果：如果运用先进技术实现跌倒的预警功能，也就是说当这个人从似摔非摔，到他不可避免摔倒，大概有300～400毫秒的时间。该系统把这个时间捕捉住后，通过释放声光刺激、安全气囊的方式，防止跌倒。它的作用比起老年人摔了以后报警要大得多。樊建平介绍说，这种仪器非常小巧，相当于一个小饼干块大小，可以把它装在口袋里或者挂在前胸；或者像一个钥匙链一样，老人可以随时随地带在身上，不影响正常的生活。这种高精度的运动信息无限提取技术，可以实现对老年人跌倒进行预警，从而大大降低老年人因为摔倒而引发的后遗症。

第九节　建立医学集成电路芯片，用动态心电监测仪对老人心脏病进行预警

大多数老年人都患有心脏病，并需要定期检测，而一般使用医院的设备成本偏高。针对此问题，深圳先进技术研究院研发了无线的动态的心电图机，实现技

术的突破。樊建平说:"我们使用的心电图机里面的集成电路芯片是我们自己研制的,这样能降低成本,提高性能。"有了这个无线心电图仪,就可以通过集成电路设计技术优势,使专业的动态心电检测仪进入家庭,对心脏病的发生进行"预警"。

第十节 设立服务老人的机器人

服务机器人主要包括娱乐机器人、助老助残机器人、外骨骼机器人三类。樊建平介绍说,深圳先进技术研究院研发了与老年人进行情感交流的机器人、聊天机器人,还有和腾讯合作的QQ机器人。这些机器人都可以在居家的环境下丰富老年人的生活,可以陪老年人下棋、聊天,关爱老年人的精神生活。这些先进的设备和技术创新了养老服务,将为养老服务业的发展注入活力。

第十一节 高新技术给养老带来福音

随着社会的不断发展、生活水平的不断提高,人们在关注健康的同时,也在担心昂贵的医疗费用。在此形势下,中国科学院深圳先进技术研究院提出了低成本健康工程的概念,并积极地采取各种措施,全力推进科技研发与科研成果转化。在2013年的第二届中国国际养老服务业博览会上,深圳先进技术研究院展示的"低成本健康海云工程"、养老服务机器人、健康e生、非接触无束缚监护系统、老年跌倒预警系统等产品引起了广泛好评,体现了高技术、低医疗成本的健康管理方式,突显了信息化高科技产品为老年人服务的创新模式。

一、一流的环境吸引一流的人才

深圳先进技术研究院是集"产、学、研、资"四位一体的具有创新模式的企业,实现科学研究与产业的结合与转化,将专利技术加以应用,达到经济效益与社会效益并举。这离不开他们一直以来对人才的重视和管理。

2006年2月,中科院和深圳市政府共同筹建由5人组成的团队,随后在7年多的时间里,发展到现在近2000人的规模,可谓人才济济,这都源于深圳先进技术研究院"人才一流、科研一流、管理一流"的企业发展宗旨。他们采用全球招聘的人才引进策略,从近10个国家和地区招贤纳才,构建起了"领军人才+百人计划+青年骨干"三层结构的人才梯队。

深圳先进技术研究院院长樊建平曾先后率团赴美国、英国等发达国家的各大名校参观访问,并召开招聘宣讲会,对开展国际合作研发、人才培养等模式进行探讨,达成了"多方多层次人才—技术—产业化"新型国际化合作模式的意向,招纳了众多国际尖端人才,倾力打造国际一流的工业技术研究院。2009年6月,深圳先进技术研究院成为中组部第二批"海外高层次人才创新创业基地"。

在采访中，樊建平特别强调："一流的环境才能吸引一流的人才。一直以来，深圳先进技术研究院营造令科研人员向往的科研与人文环境，通过建立先进的人力资源体系激励措施，创新文化和成果转化机制，吸引并培养一流的人才。"樊建平将这种重视人才的理念贯穿于企业的建设和发展之中，以人才促进科技发展，促进企业的强大与繁荣。

二、低成本健康技术助力养老服务

在中国的政治、经济、文化高速发展的今天，老年人的养老问题已成为一个备受瞩目且亟待解决的问题。作为一个富有社会责任感的企业，深圳先进技术研究院也在不断地自主研发先进的科研产品，为民众谋求福祉。

当前，我国的养老方式主要分为三种，首先是家庭养老方式，由子女赡养老人，但是由于现在大多为独生子女，加之子女的赡养能力和精力有限，空巢老人现象日趋严重。其次是社会养老方式，由于人才、资金有限，服务提供不到位。此外，还有商业的养老方式，费用高导致老人无能力享受。在此严峻形势下，深圳先进技术研究院推出了低成本健康技术。

低成本健康概念最早由樊建平于 2006 年 11 月在"全民低成本医疗工程战略研讨会"上首次提出。如今，低成本健康的理念已星火燎原，为国内外业界人士所共识。率先启动的"低成本健康网底工程"已经在全国 20 多个省市成功示范，并取得了良好效果。

目前，深圳先进技术研究院实施的"低成本健康海云工程"为我国养老服务业提供了助力。该计划于 2010 年启动，用自主可控的信息技术共享整合卫生信息化资源，为适应基层的创新医疗器械技术服务。

我国基层医疗服务的典型特点是"业务最小、地点分散、机构规模小、人员医疗技能待提高、信息化程度低"。针对这些特点，从提出低成本健康理念开始，深圳先进技术研究院就立足用高新技术来服务普通百姓，降低健康的"成本"。深圳先进技术研究院在基于 MEMS 的检验技术、自主专用医疗服务操作系统、自主高性能中间件以及医疗器械与信息化集成技术方面进行了战略技术布局，并且紧密联合中华医学会全科医学分会，自主研发了专用操作系统 COS，为医疗服务行业提供专用、安全的基础平台，共同研制开发了"多功能健康检查床"、"村卫生专用设备"、"便携式出诊仪"、"基于医疗专用操作系统 COS 的便携式全科医生工作站"等一系列产品，极大地推动了我国基层医疗机构常规检验手段的普及，提升了医疗服务能力。

特别是最近推出的国内首创的全自主知识产权 C05 系统便携式全科医生工作站，相对于其他国内外同类产品，具有小巧便携、一体化集成、低成本、免维护、系统安全稳定等显著优点，兼具信息化和常规疾病筛查功能，简单实用，不但满足了广大村医执业中对特殊环境、应用和功能的要求，而且通过稳定安全的信息化手段，将城市优质医疗资源下移到了村医和农民身边，在一定程度上解决了百万村医目前面临的共性困难问题，而深圳先进技术研究院将这一技术引入中国养老服务领域，将为中国老年人健康服务带来科学的春天。

三、加强科技成果转化，让老人乐享晚年

通过人才战略和科技创新与应用的有机结合，深圳先进技术研究院走在了行业的前沿。其中，健康云系统、非接触无束缚解除系统、跌倒预警系统、医学集成电路芯片、服务机器人的应用等，广泛地被用于老年服务之中，成效显著。

作为一个多学科交叉集成的工业研究院，深圳先进技术研究院迫切希望将自己研发出来的这些技术尽快转化应用，并形成产品去服务社会、服务老年人。通过政府、社会、企业的通力合作，中国老年人的健康管理将实现高科技化、智能化、低成本化，享受快乐的老年生活。

第十二节　让科技使老人生活幸福

世界卫生组织的调查显示，居家养老可以充分与周围环境融为一体，延续以往的社会网络资源，使老人的心理更健康，所以全社会更倾向于发展传统的居家养老服务事业。智能居家养老是最适合老人的亲情养老，它是传统居家养老的升级和优化，继续了中国儒家文化的"孝"道精神，既满足了老年人对"家"的需要，又兼并了网络远程技术和实时健康管理的优势。

随着科技养老的不断发展和普及，摩多物联科技公司还为居家老人研发了"电子管家"和"亲情通"健康平台，不仅能为老人提供电话服务的功能，还包含身体意外报警和定位功能，帮助子女在第一时间了解父母的情况。牟荣增介绍说："智能的居家养老离不开智能家居，就是居家设备和环境的信息化、智能化和网络化服务，能为老人营造安全、健康、快乐的生活环境。"

保障安全是老人最主要的需求，可全天候佩戴的腕带报警器不仅具有保健功能（有的产品加入了对人体有益的硒元素），还可以在第一时间把报警信息传递到服务中心。另外，由于老人一般健忘，经常忘了关门、关煤气，都很危险。所以像门磁、烟感、可燃气体感应设备也很重要。还有在老人离家时要及时提醒应带的钱包、钥匙等物品，都是"电子管家"具有的功能。

摩多无线血压测量仪能时刻关注和监督老人的健康。使用摩多无线血压测量仪，老人在家测量血压、血糖等指标，无需额外操作，测量结果可即时自动传输到子女的手机中。通过"亲情通"健康平台，可以同步直达，在手机中打开APP可随时了解父母的健康状况。另外，老人经常会忘记吃药或重复吃药，智能药箱根据老人的服药情况和用量提前设置好，可以实现按时按量服药，子女可远程监督与提醒。

"物联网养老服务系统还有为老人设计的智能家具，比如感应式衣柜，只需伸手，上面的衣柜可自动降下来；可升降恒温餐桌，可以使老人在适宜的环境温

度下就餐；可升降厨灶、感应式马桶，都极大地方便了老人的生活。总之，科技以人为本，智能以老人为本，随着养老产业的发展，将会有更多智能养老产品来到老年人的身边。"谈到物联网养老服务系统对未来智能居家养老模式的促进，牟荣增表示："现在技术还可以做的是大数据，通过大数据处理，可以对各种老人特征按地区、年龄进行分类，更合理地配置资源，为居家老人提供细致、周到、及时的服务。针对社区居家老人的整体规划和实际需求，将物联网技术应用于养老产业，将从根本上改善居家养老的智能化，以达到便利化，对此我们充满信心。"

现在，全国各地区的老龄办都开始积极提倡智能化居家养老，让老人在足不出户的情况下，通过现代化科技手段完善居家养老质量。中科院微电子研究所所长、中国物联网研究发展中心叶甜春主任认为，物联网科技将大大改善居家养老，能够把家庭打造成 VIP 养老会所，科技养老必将成为一股潮流，将我国的养老服务业推向一个新的阶段。

第五章 国际健康银发城的医护养结合与管理

北京温都水城"金手杖"安贞心康医院——近在咫尺

第一节 国际健康银发城医护养结合与管理

一、医护养结合的概念及内涵

医护养结合是养老服务的充实和提高,是重新审视养老服务内容之间的关系,是将老年人健康医疗服务放在更加重要的位置,是区别于传统的单纯为老年人提供基本生活需求的养老服务。医护养结合在传统的生活护理服务、精神心理服务、老年文化服务的基础上,更加注重医疗康复保健服务,涵盖医疗服务、健康咨询服务、健康检查服务、疾病诊治和护理服务、大病康复服务以及临终关怀服务等。医护养结合的"医"不等同于医院,它主要包含五个部分:第一部分是健康管理,也是医护养结合服务模式的核心价值所在;第二部分是护理管理;第三部分是慢性病管理;第四部分是急性病管理,可以在养老项目中设置医疗室,设置急救设施或是120急救车,与医院合作开通急救通道,让老人在身体出现异样时得到及时的救助和治疗;第五部分是宁养,即对老人的临终关怀。医护养结合服务重点面向患有慢性病、易复发病、大病恢复期、残障以及绝症晚期老人,为其提供养老和医疗服务。

二、老年自治能力与颐养类型

序号	名称	定义
1	乐养	即娱乐养生，通过娱乐（歌、舞、剧目、健身、影视、小品、相声、旅游……）形式，使人们忘掉烦恼、忘掉忧愁、放松身心，增加α脑波，增加免疫力，增加自愈能力，从而达到保健养生的目的，使人们健康长寿。属自我保健，为"第四医学"范畴
2	文养	即通过知识文化（书、琴、字、画、诗词、博览历史、科技、媒体、大学、艺术……）陶冶人的情操、抗衰老、抗老年痴呆，从而使人们达到健康长寿的目的。属第二医学（预防医学）、自我保健，为"第四医学"范畴
3	信养	即信念养生，指人们对某种宗教理论、学说、主义（佛教、道教、儒家、基督教、伊斯兰教……）的信服和尊崇，并把它奉为自己的行为准则和活动指南。在很大程度上，信养就是促使人们增加免疫力、促使自愈力潜能的充分发挥，增加信心，减少痛苦，快乐面对。属第一医学（临床医学）、第二医学（预防医学）、第三医学（康复医学）、自我保健，为"第四医学"范畴
4	休养	休闲养生，是通过人们的休闲活动（体育、宠物、棋类、生态植物园、手工工艺、烹饪、刺绣、聊天、茶饮、回顾、恋爱、音乐、温泉Spa、钓鱼、聚会、节日、亲子、游戏、老年大学、朝圣、募捐、学雷锋、志愿者、乐活族……），颐养天年，以获得现实生活中个人的心理满足、精神愉悦、身体健康为目标的生命活动。属第二医学（预防医学）、第三医学（康复医学）范畴
5	疗养	即在景区理疗养生：1. 服务对象：为慢性病患者，老年病患者，伤病或手术后恢复期患者及健康人。2. 工作目的：是使健康人消除疲劳、增强体质，使慢性病治愈或有不同程度好转，急性病或术后患者促进康复。3. 矫治手段：疗养包括自然理化因子及人工物理因子、体训、营养、药物。属第二医学（预防医学）、第三医学（康复医学）范畴
6	护养	指对老年人予以护理（辅助护理、半护理、全护理）的养生养老方式，遵循医护养老机构健康管理、理疗、康复处方的安排；促进康复，追求幸福健康目的的晚年。属第一医学（临床医学）范畴
7	医养	指对慢性病、重症老人遵循医护养老机构健康管理及理疗、医疗、康复处方安排，促进治愈、好转、康复、减轻病痛，追求幸福晚年。属第一医学（临床医学）范畴
8	宁养	即指对老年人的临终关怀，让老人在安宁、舒适、温馨、尊严和神圣的气氛中度过余生，自然回归，追求晚年幸福。属第一医学（临床医学）范畴

三、医护养结合服务模式的实现方式

1. 在养老机构中设立医疗机构

鼓励现有的养老机构根据自身养老对象的类型，健全或完善内部卫生室、诊所或临终关怀等功能单元。或鼓励医院与养老机构紧密合作，在养老机构中根据养老机构的类型，设立分院、诊所、卫生室。配备有资质的医师和护士，建立一套完整的养医结合的服务体系，为老年人提供全方位的服务。

2. 在医疗机构中兴办养老机构

鉴于我国人口老龄化趋势的紧迫性，政府可将现有的二级医院改制为医护养结合的养老机构、老年病医院；或可鼓励公立的综合性医院或民营医院加强老年病科、护理病房、安宁病房的建设；或鼓励医疗机构直接举办老年病分院、康复护理分院、疗养院、养老院等医护养结合的养老机构；养老护理院也可进一步加强医疗技术保障，优先满足老年慢性病、失能和失智等困难老年人的服务需求，为他们提供医疗、护理、康复、长期照顾等服务。

3. 医护养结合的养老模式探索

在养护产业中，探索养医结合新模式，通过医疗机构和养老机构的多方式结合，按乐养、文养、休养、疗养、护养、医养、宁养七种养老类型的思维，整体设计或构建"养老—护理—医疗一体化"的医护养结合的新型养老模式，使其资源共享、优势互补，以普通养老院形成错位发展，全方位地为各类型的老年人提供生活照料、健康护理、医疗服务、临终关怀等基本需求，真正体现老有所乐、老有所养、老有所医，为推进养老事业发展开辟一条新途径。

四、医护养结合型养老机构的优势

1. 普通养老机构

a. 老年人突发疾病不能及时发现征兆。

b. 发现老人征兆以后再打电话通知家属。

c. 家属请假赶往医院，同时叫救护车，等赶到养老院很多老人已经错过最佳治疗时间，子女不但要请假还耽误时间。

d. 没有救护车接送老人。

2. 医护型养老机构

a. 老年病专科专家每天免费查房两次，老年病科医师不定期在公寓内巡查，发现问题及时解决。24小时有值班医生、护士提供全方位的医疗服务。

b. 发现病情在通知家属的同时积极治疗、抢救。及时治疗老人突发的各类疾病。

c. 老人得到及时的治疗，家人不必耽误宝贵的时间。

d. 配备救护车随时接送老人。

关键是，医护型老年公寓，老年公寓和医院是一家，不存在合作、租赁、协作的关系，有了问题，医护人员、护理人员、相关职能科室全体联动、及时处理，大大解决了老人看病难的问题。住在医护型老年公寓可以得到"大病不转院、小病不下床"服务，并且费用也不贵。

五、国际健康银发城的医护养管理

（一）关注老年人常见的重要症状及体征

1. 发热：有感染和非感染原因，注意非特异性热型。

2. 疼痛：老年人可发生头痛、胸闷、腰背痛等。如头痛应考虑老年人机体多种机制和原因的复合作用，以免误诊误治。发生严重的头痛，往往提示严重疾病。又如非特异的心绞痛可以表现胃痛、牙痛或左臂痛等。特别提醒因为老年人疼痛敏感性降低，当老年人稍感疼痛就应引起足够的重视。

3. 水肿：常见有心源性水肿、肾源性水肿、肝源性水肿、营养不良性水肿。

4. 咳嗽：询查老年人咳嗽病因应注意咳嗽的性质，出现的时间、音色，伴有咳痰的质与量，还要了解其他伴随症状。

5. 呼吸困难：分为劳力性、端坐呼吸和阵发性夜间呼吸困难三种，如夜间突然发生的呼吸困难，多提示左心衰竭肺瘀血。

6. 胸痛：老年人谵妄、痴呆、慢性疾病和不典型临床表现使胸痛检查时，病因、病情判断会出现困难。

7. 昏厥、惊厥、谵妄或眩晕、晕厥：主要表现和发病原因不同，临床上应予注意。如晕厥最常见的病因是脑卒中。

8. 便秘：老年人随增龄发生便秘的频率逐渐增多，与多种因素有关。要警惕结肠或直肠肿瘤发生的可能。

9. 腹痛：注意区别内脏性、躯体性、感应性、精神性腹痛，老年人有时表现不典型。

10. 消化道出血：老年人体弱多病，服药品种多、频率高，由药物引起的消化道出血应予重视。

11. 老年人行为异常：心理性、攻击性、干扰破坏性、精神病性。

12. 易疲劳：如高龄老人发生心肌梗死时可无疼痛，而以疲乏无力为唯一的主诉。

13. 吞咽困难：可能因为食管炎、食道癌致食道狭窄，更要警惕脑卒中等急性病发生。

14. 尿失禁：多见老年男性前列腺及膀胱疾病，或多见于老年女性膀胱颈增生症，或脑卒中的发生。

（二）关注老年人健康状况

1. 定期监测内容包括：体重、血压、血脂、血糖、血尿素氮和肌酐、血浆纤维蛋白原、血黏度、心电图、X线胸部透视或摄片及心理测试。

2. 不定期监测内容包括：血常规、尿蛋白、大便隐血、结核菌素实验、X线钡餐、胃镜、结肠镜、内分泌和免疫学检查等。

3. 老年人用药注意事项：

1）明确用药的指征，可用可不用的药物最好不用；

2）慎用对肝肾功能、体温调节中枢、呼吸中枢影响较大的药物；

3）应用最少种类的药物，必须合用时最好不超过 3~4 种；

4）剂量由小到大，逐渐增加至最低有效剂量，原则上选用成年人剂量的 1/2、2/3 或 3/4，洋地黄只需用青年人的 1/2~1/4 量，遵守剂量个体化原则；

5）有吞咽困难时不宜选用片剂、丸剂或胶囊，宜选用液体制剂等剂型；

6）尽量减少用药次数与合并用药，耐心向老年人解释用药的目的、剂量、服法与疗程；药物名称、标记应醒目简明，包装开启方便；治疗中应尽量取得家属或亲友的协助监督，对痴呆、抑郁症或独居老人更应注意用药依从性；

7）对有心、肝、肾、胃肠疾病者或应用毒性大的药物，尤其长期服药者，要定期监测血药浓度、检查肝肾功能；

8）疗程要适当，出现药物不良反应时必须及时停药并对症治疗；

9）防止滥用滋补和抗衰老药；

10）中成药与西药不宜随意合用。

4. 加强老年人健康档案管理：作为医护养结合模式的养老机构在接受老年人入住时，要通过一定的手续调阅或调用老年人的居民健康档案，并要严格按照《居民健康档案管理制度》管理或使用好，并由专门的医护人员持续补充、完善，医护工作具体做好：

A. 老年保健工作制度。（1）设专（兼）职人员负责老年保健工作，建立网络，制定工作计划。（2）对辖区内老年人的基本情况和健康状况，进行调查、登记、建立健康档案。（3）对以乡镇（社区）居家养老形式为主的老年人进行服务需求评估，提供医疗护理、康复、保健服务及精神慰藉、舒缓治疗服务。（4）对患有慢性病的老人进行管理，进行饮食、运动、合理用药、合理就医指导。（5）对于高危行为老人，进行健康指导、行为危险因素干预。（6）开展多种形式的健康教育，对老年人进行疾病的预防、自我保健、常见伤害预防、自救和他救等的指导。

B. 服务随访制度。（1）要定期走访村（居）委会老年人，至少每3个月入户走访一次辖区登记在卡的老年人，及时掌握老年人变化情况，见面率达90%以上。（2）对新出院老年患者的第一次随访，根据疾病的分期，对患者及家属进行康复治疗指导，完整填写相关随访记录。（3）对疾病期、波动期、人在户不在、户在人不在的老年病人进行随访，了解病人的病情变化、治疗情况、去向，填写随访记录。（4）指导老年患者按时服药，观察患者可能出现的药物副反应，动员老年人参加村（社区）组织的健康活动。（5）随访期间发现生活困难、符合免费服药治疗标准的老年患者，与有关部门协商，使患者享受免费药物治疗。

C. 重性精神疾病管理制度。（1）成立本辖区重性精神疾病卫生工作领导小组，建立精神卫生三级管理网络（街道、居委会、监护人），制定工作计划，定期召开例会。（2）开展重性精神疾病流行病学调查，准确掌握精神病人基本情况，实行动态管理，及时准确地将相关报表上报至市重性精神疾病领导小组工作办公室。（3）开展重点人群的心理卫生咨询、心理行为干预、精神疾病预防等服务，早期发现精神疾患病人。（4）开展对慢性或服用维持剂量药物的精神病人诊治，对新发现或疑似病人应及时转诊至上级专业机构确诊。（5）建立随访制度。定期走访居委会，按疾病分期随访精神病人，及时掌握病情变化、治疗情况、去向，填写随访记录，进行康复治疗指导。（6）指导监护人督促病人按时服药，观察可能出现的药物副反应和精神症状，动员病人参加社区组织的康复活动。（7）病人就诊或医务人员到病人家中诊疗时，应有家属或监护人陪同。（8）做好重性精神病人的管理，防止肇事肇祸事件的发生。（9）对"三无"精神病人登记造册并上报；对生活困难、符合免费服药治疗标准的患者，帮助申请享受、发放免费药物治疗。

D. 服务随访制度。（1）要定期走访村（居）委会病人，至少每3个月入户走访一次辖区登记在卡的精神病人，按要求填写"重性精神病患者随访服务记录表"，及时掌握病人变化情况，见面率达90%以上。（2）对新出院患者的第一次随访，确定疾病的分期，对患者及家属进行康复治疗指导，完整填写随访记录。（3）对疾病期、波动期、人在户不在、户在人不在的精神病人进行随访，了解病人的病情变化、治疗情况、去向，填写随访记录。（4）指导监护人督促患者按时服药，观察患者可能出现的药物副反应和精神症状，动员患者参加村（社区）组织的康复活动。（5）随访期间发现生活困难、符合免费服药治疗标准的患者，与有关部门协商，使患者享受免费药物治疗。（6）入户随访前应了解患者家庭的基本情况，提前与所在地的村（居）委会干部联系，并通知患者家属，尤其对病情不稳定患者的随访要做好安全防护工作。

第二节　国际健康银发城医疗管理

一、国际健康银发城慢性病的医疗管理

（一）国际健康银发城心脑血管疾病的预防和医疗

1. 老人脑血管疾病的预防和医疗

近代流行病学调查研究表明，脑血管疾病是老年人主要的致死、致残的常见病。它与心脏病、恶性肿瘤构成人类的三大致死病因。

临床上将脑血管疾病分为急性和慢性两种类型。急性脑血管病是一种突然起病的脑血液循环障碍，表现为局部性神经功能缺失，甚至发生意识障碍，称为脑血管意外或脑卒中，主要病理过程为脑梗死、脑出血、蛛网膜下腔出血。慢性脑血管病是指脑部因慢性的供血不足而导致脑代谢障碍和功能衰退，症状隐匿，逐渐发展，如脑动脉硬化症、血管性痴呆等。

脑血管疾病的预防与护理：

（1）消除发生脑血管疾病的病理因素。

①凡是具有发生脑血管意外病理基础和发生脑血管意外危险因素的人，应定期进行健康检查就医诊断，治疗原发病。需进行中风体检的预报检查。

②防治高血压。有效地治疗和控制高血压是预防脑血管疾病的重要环节，应

坚持长期、有规律的服药治疗，有效地控制高血压可明显降低脑血管病的发生。应用降压药必须在医生指导下用药，要从小剂量开始，以免血压下降过快，引起脑血管供血不足。

③及时治疗有关疾病，如糖尿病、冠心病、风心病、颈椎病等。

（2）养成良好的生活习惯。

①要养成科学的饮食习惯。患动脉粥样硬化者应摄用低脂饮食，多吃蔬菜、水果，少吃胆固醇高的食物，如动物内脏、蛋黄和动物油，少吃甜食，控制饮食量，勿营养过剩，避免肥胖。提倡老年人早餐喝牛奶。

②养成有规律的生活习惯。按时起床，定时定量进餐，定时排便，按时上床休息，坚持适量活动，保持清洁卫生、有规律的生活。

③劳逸结合。老年人要合理安排工作与休息，不要做力不从心的事。老年知识分子要学会科学用脑，切忌长时间从事紧张的脑力劳动。

（3）保持良好的心理健康状态。培养兴趣、爱好，保持稳定而乐观的情绪。保持良好的人际关系。人际关系紧张会成为一种社会应激，使机体出现心理性应激，使神经、内分泌活动增强，心脑血管系统功能和代谢过程改变，往往导致脑卒中。

（4）坚持适度的体育锻炼。运动中应做到"五戒"，即戒负重运动，戒屏气用力，戒急于求成，戒运动量过大，戒参加竞技性运动。

（5）康复护理。患脑血管疾病后一旦度过危险期，病人就应尽早在医生、护士的指导下、在家属的配合下进行康复训练，争取早日生活自理，回归家庭，重返社会。

2. 老年心血管系统疾病的预防和医疗

心力衰竭是临床上常见的一种心血管综合征，可由许多心脏疾患引起，系心脏泵出的血量不能够满足组织的代谢需要，或必需充盈压升高方能维持其功能的一种病理生理状态。

心衰分类：分类方式较多，一般认为，根据起病方式分为急性心衰和慢性心衰；根据心功能障碍类型分为收缩功能障碍和舒张功能障碍；根据血流动力学特点分为左心衰、右心衰和全心衰；根据心排血量情况分为高心排血量心衰和低心排血量心衰。

健康护理：

（1）老年人心衰的特点。老年人心衰的突出症状是呼吸困难、咳嗽和疲乏无力。体征可有心率增快、口唇发干、下肢水肿、肝肿大等，听诊可有双肺湿罗音及心尖部舒张期奔马律等。老年人心衰的特点是症状多不典型。

（2）休息。急性心衰应绝对卧床休息，取半卧位。

（3）对病人进行全面评估。制定有针对性的护理计划。

（4）预防诱因。如呼吸道感染、疲劳、情绪激动、心律失常等均易诱发急性心衰。

(5) 记录每日出入量。每日进食的饮食、水果均记录其含水量,并记录尿量,保持每日的水分平衡状态,若排泄量低于摄入量,应向医生咨询。

(6) 遵医嘱服药。在健康教育中应强调遵医嘱服药,不能随意加、减药物。曾发现有些病人自行停用地高辛等,结果导致病情加重。

(7) 康复锻炼。康复期适当的休息能减轻衰竭心脏的负担,但长期卧床也可引起体力衰退、肌肉萎缩、下腔静脉血栓形成和肺炎等。在不引起症状的前提下,逐渐增加体力活动,改善心脏功能,提高体力,可减少并发症,也提高了生活自理能力。

(二) 国际健康银发城老年心律失常患者的预防和医疗

老年心律失常的发生率随年龄增长而增加。据报道,老年人 24 小时动态心电图监测中心律失常 100%,常规心电图检查中 25% 以上的老年人有心律失常。心律失常可分为快速性心律失常和缓慢性心律失常。

健康护理:

1. 心电监护。通过心电监护可及时发现患者心律失常的类型及那些严重威胁生命的心律失常,如频发室早、室性心动过速、室颤、高度房室传导阻滞等。

2. 健康教育。通过健康教育使患者了解有关心律失常的诱因及引起心律失常的机制,即任何增加心脏做功的因素如过饱、疼痛、发热等均可诱发心律失常,应在日常生活中尽量避免之。

3. 遵医嘱用药。几乎所有抗心律失常药都有致心律失常作用,如洋地黄可引起室上性心律失常,胺碘酮可引起 Q-T 间期延长和尖端扭转性室速。因此应注意经常复查心电图。服用利尿剂的病人应注意定期检查血电解质,低血钾可诱发心律失常。

(三) 国际健康银发城老年冠心病患者的预防和医疗

冠心病是指冠状动脉粥样硬化使血管腔阻塞导致心肌缺血缺氧而引起的心脏病,是老年人的常见病。据统计,冠心病的检出率在 60~89 岁最高,80 岁以后检出率在 95% 以上。其死亡率的上升还与年龄增长有关。治疗主要有药物治疗如消心痛、复方丹参滴丸等;外科搭桥术和血管成形术等。

老年冠心病的特点:老年冠心病发病率及死亡率北方高于南方;城市高于农村;男性高于女性。老年冠心病不稳定型心绞痛多;多支血管病多,病变程度严重;复杂病变多;陈旧性心肌梗死病史多;左心功能受累多;伴随疾病多包括糖尿病等;伴发脑血管病多;无症状性心肌缺血多。

健康护理:

1. 警惕冠心病的危险因素。除高血压、高胆固醇和吸烟外,年龄也是主要危险因素,糖尿病是一个重要危险因素等。冠心病的临床类型分五种,即心绞痛、心肌梗死、心力衰竭和心律失常、无症状心肌缺血、原发性心脏骤停。

2. 健康的生活方式是预防冠心病的重要保健措施。

①饮食结构应鼓励低脂肪、低热量、低盐、高纤维素等;

②生活有规律，不暴饮暴食，戒除烟酒，参加适当的体育活动；

③掌握一些缓解心理压力方法，如松弛疗法、音乐疗法、疏泄疗法，及时舒缓心理压力，保持正常心态。

3. 注意前驱症状。当有心前驱不适时，应卧床休息、含硝酸甘油，数分钟后仍不缓解者应及时就医。

4. 药物预防。外出时应携带扩张冠状动脉药物，以获得及时处理。

(四) 国际健康银发城老年消化系统疾病的预防和医疗

消化性溃疡是一种多发病、常见病，是由胃液内胃酸的刺激所引起，包括胃及十二指肠溃疡。随着年龄的增加，消化性溃疡的发病率呈增加趋势。老年人的溃疡发生率高于青壮年，且易于复发，复发率每年递增10%。老年消化性溃疡的临床症状和体征多不典型，不突出，缺乏典型、规律性疼痛，常表现为上腹不适、闷胀、食欲不振、恶心等。大出血可为首发症状，约占48.1%。部分调查资料表明，老年消化性溃疡无症状者达59.2%。胃镜是诊断消化性溃疡的重要确诊手段。老年人消化性溃疡的合并症较多，其中以出血和穿孔最为常见，其次为幽门杆菌和癌变。据报道，70岁以上消化性溃疡患者每增加1岁，出血的危险性增加7.0%。

迈入老年后，身体器官功能会出现衰退，同时易患多种慢性疾病，日常生活及行动出现不能自理的情况，需要他人帮助。因此对老年人的护理极为重要。老年人的日常生活需要不仅包括基本日常需要，还包括生活照料和精神慰藉。老年人的日常护理包括以下内容：饮食、排泄、个人卫生、衣着、居室环境、活动与休息等方面的护理。

(五) 国际健康银发城糖尿病的预防和医疗

糖尿病的常见发生原因：胰岛素分泌不足或作用不良醣类的利用能力减低，甚至于完全无法利用，从而导致血糖过高或尿中有糖。

各种食物经人体消化道代谢分解后所产生的葡萄糖，借血液运送到身体各部分，作为能量的来源。饭前血糖在80～120毫克/100毫升的范围内。当血糖浓度高时，葡萄糖被排到尿中，造成尿中有糖的现象。

糖尿病的症状：初期完全没有症状。血糖上升比较高时，出现三多一少症状：吃多、喝多、尿多及体重减少，易疲劳、皮肤瘙痒、视力减退、抵抗力减低和伤口不易愈合。

糖尿病的治疗：无法根治，关键是运动、饮食控制、药物配合。

糖尿病人应注意的事项：将血糖控制在良好的范围内；随身携带方糖或含糖食物；依身体状况有恒地做适度运动；随身携带糖尿病人识别卡；遵照医嘱，按时服药；维持理想体重，避免肥胖。

(六) 国际健康银发城阿尔茨海默病的预防和医疗

阿尔茨海默病（Alzheimer disease，AD），又叫老年性痴呆，是一种中枢神经系统变性病，起病隐袭，病程呈慢性进行性，是老年期痴呆最常见的一种类型。

其主要表现为渐进性记忆障碍、认知功能障碍、人格改变及语言障碍等神经精神症状,严重影响社交、职业与生活功能。

由于 AD 的病因及发病机制未明,治疗尚无特效疗法,以对症治疗为主,包括药物治疗改善认知功能及记忆障碍;对症治疗改善精神症状;良好的护理延缓病情进展。药物和康复治疗以改进认知和记忆功能,保持患者的独立生活能力,提高生存质量为目的。

(七) 国际健康银发城高血压的预防和医疗

人的心脏不停地有节律地收缩和舒张,把带着营养和氧气的血液输送到全身,血液在血管内流动时对血管壁产生的单位体积的侧压力称为血压。血管分动脉、静脉、毛细血管,因而形成了动脉血压、静脉血压和毛细血管压,通常我们说的血压是指动脉血压。当心脏收缩时,血液进入主动脉,此时动脉管壁所受到的压力,称为收缩压(SBP);当心脏舒张时,动脉管壁弹性回缩,此时动脉管壁所受的压力,称为舒张压(DBP)。

收缩压达到或超过 140mmHg 和舒张压达到或超过 90mmHg,称为高血压。不论收缩压还是舒张压,其中任何一项达到此标准,就诊断为高血压。

高血压可分为原发性及继发性两大类。在多数患者中,高血压的病因不明,称之为原发性高血压,占总高血压患者的 95% 以上;在不足 5% 的患者中,血压升高是某些疾病的一种临床表现,本身有明确而独立的病因,称之为继发性高血压。

如前所述,规定凡未服抗高血压药物情况下,收缩压(SBP)≥140mmHg 和或舒张压(DBP)≥90mmHg 即为高血压。

高血压的诊断必须以非药物状态下二次或二次以上非同日多次重复血压测定的平均值为依据,偶然测得一次血压增高不能诊断为高血压,必须进行重复多次检测观察。一般来说,在人群中初筛检出高血压时应在两个不同时间对被检者测量血压,每次至少应有两个读数,如果这两个读数相差 5mmHg 以上则需再测第三次,因此人群检出的高血压一般是用 6~9 个收缩压、舒张压的平均值来确定。

高血压水平的定义和分类

类 别	收缩压(mmHg)	舒张压(mmHg)
理想血压	<120	<80
正常血压	<130	<85
正常高值	130~139	85~89
Ⅰ级高血压	140~159	90~99
Ⅱ级高血压	160~179	100~109
Ⅲ级高血压	≥180	≥110
单纯收缩期高血压	≥140	<90

1. 对高血压患者的生活指导

改善生活方式，消除不利于心理和身体健康的行为和习惯，可以减少高血压的发生或控制高血压疾病的发展。

（1）保持体重在正常范围。根据个人的身高、体重情况计算出体重指数，并且通过适当的饮食和经常运动来使体重保持在正常范围内。保持能量摄入与消耗平衡是维持理想体重的关键因素。

通常，引起能量摄入大于消耗的主要因素是不讲究膳食营养平衡而一味追求食物的美味。从这点来说，肥胖或超重是吃出来的。所以，那些长期在餐馆就餐、嗜好肥肉或油炸食物、经常吃零食的老人或烹调油过量消耗的人多数都有不同程度的超重或肥胖。除不良的饮食生活习惯外，能量的消耗减少也是导致肥胖及超重的重要因素。

维持理想体重的饮食要素包括不过度进食，长期保持七分饱感即可；特别是不过分追求食物的美味，应以清淡饮食为宜；肥肉、油炸食品、糕点或零食等热量密度高的食物，纯热能食物如酒精、纯糖、烹调油等亦是高热量食物，应尽量少吃或不吃。增加运动特别是中、轻度的耐力运动，如走路、慢跑、游泳、打球、爬山、骑车、跳舞等，有利于维持体重。

（2）合理膳食。合理膳食有利于人体健康，预防疾病的发生，这是我们国际健康银发城饮食养生部的责任与工作。

①减少钠盐摄入。健康膳食要求人们每天摄入的食盐量应控制在6克以内，减少烹调用盐及含盐量高的调料，少食各种咸菜及盐高食品。因此建议已经习惯高盐饮食的人，在充分了解摄盐过量对健康不利的基础上，应采取逐步减盐法来改变口味重的不良饮食嗜好。

②适量蛋白质。蛋白质代谢可引起血压波动，故应控制食物蛋白质的质量和数量，选用优质蛋白，如鱼、鸡、牛奶等。

③控制血脂水平在合适水平，膳食脂肪酸的质与量可明显影响血脂水平，健康膳食中要求饱和脂肪酸、单不饱和脂肪酸及多不饱和脂肪酸之间的理想比例为1:1:1。富含饱和脂肪酸较多的动物脂肪有牛、羊、猪油、动物大脑、内脏及蛋黄等；富含单不饱和脂肪酸的食物有橄榄油、菜籽油；富含多不饱和脂肪酸较丰富的植物油如精制菜籽油、大豆油等。富含胆固醇丰富的食物主要是富含饱和脂肪酸的动物脂肪。建议限制高饱和脂肪酸、高胆固醇食物的摄入，以蔬菜、鱼类、豆类、硬果类等食物不饱和脂肪酸来代替饱和脂肪酸，饮食以蔬菜、水果、低脂或无脂食物为主。

④多吃蔬菜和水果。我们应根据不同的季节、居住环境和自身经济条件选择各种不同类型的蔬菜、水果品种进行搭配，尽量避免长时间食用单一品种的蔬菜和水果。选食蔬菜、水果还应注意它们的颜色，从营养学角度分析，颜色越深的蔬菜、水果营养学价值越高，因此我们要注意经常食用黄、红、绿、黑等深颜色的蔬菜、水果。健康膳食要求成年人每天摄入400克以上的蔬菜、100克以上的

水果。

⑤食谷类产品，包括全谷类，多食含膳食纤维高的食物。碳水化合物是人体热能的主要来源，通常应占全日总热量的 55%～70%，其中由谷类食物提供的复合碳水化合物的热能应占 50% 以下。谷类食物除提供大量复合碳水化合物外，还提供维生素特别是 B 族维生素、矿物质和膳食纤维等。膳食纤维能延缓胃肠排空时间，减少胃肠对脂肪等生热营养素和胆固醇的吸收，故有利于体重的控制和降低血脂水平。健康膳食要求成年人每天应摄取不少于 300 克的谷类食物，特别是一些未经精细加工的全谷类食物；膳食纤维的摄入量应保证每天在 25 克以上。谷类、蔬菜、水果、豆类和硬果类都是膳食纤维较好的食物来源。

⑥注意补充钾和钙。中国膳食低钾、低钙，应增加含钾钙丰富的食物，如绿叶菜、鲜奶、豆类制品等。

⑦限制饮酒、戒烟。

（3）适量运动。根据年龄、身体情况及个人的兴趣选择简单、方便、利于长期坚持锻炼的运动方式。应选择可使全身肌肉参与活动，不需要特殊设备的运动，如体操、散步、快走、太极拳、跳舞、游泳、爬山、骑自行车等。快速行走被认为是最好的有氧锻炼形式，因为其具有熟悉、无需器械、容易与日常生活结合、低花费且运动剂量容易确定等特点。

①运动时间。一般建议从小运动量开始，每天 10～15 分钟，每周 3～5 天，逐渐增加到每天 30～60 分钟，每周 4～6 次。

②运动强度。除可利用心率等指标进行监控外，还可以从个体感觉来判定运动量。适宜的运动应是运动后感有微汗、轻度的肌肉酸痛，休息后即可恢复，次日精力充沛，有运动欲望，食欲和睡眠良好。运动量过大是指运动后大汗淋漓、胸闷、气喘、易激动、不思饮食，脉搏在运动后 15 分钟尚未恢复常态，次日全身乏力、酸疼，应及时调整减量。运动量不足是运动后身体无发热感、无汗，脉搏无任何变化或在 2 分钟内很快恢复，不产生运动效果。

（4）减轻精神压力，保持心理平衡和乐观心态。长期精神压力和心情抑郁是引起高血压和其他一些慢性病的重要原因之一。

2. 高血压患者的用药指导

（1）高血压用药标准选择。高血压的治疗目的是最大限度地降低心血管病（CVD）的死亡和病残的总危险，在全面评估患者的危险分层基础上确定治疗方针。高危与极高危病人必须立即开始治疗，药物治疗应作为主要措施。中低危患者可先行观察血压与其他危险因素，酌情决定药物治疗。中危患者至少监测血压与其他危险因素 3～6 个月。低危患者的监测期延长至 6～12 个月以后再行决定药物的应用。

（2）用药达到的目标血压。血压降低的具体目标应使之恢复至"正常"或"理想"水平：青年、中年人或糖尿病人的血压降至 <130/85mmHg，老年人降至正常高值，即 140/90mmHg，合并糖尿病或慢性肾脏病的高血压患者必须控制

在 130/80mmHg 以内。

（3）降压药物的用药原则。主要应遵循以下几项原则：

①初始小剂量。由于人们对降压药的敏感性不同，与年龄、个人体质及所患疾病都有关系，因此初次使用降压药必须从小剂量开始，根据用药反应、血压控制的情况逐步递增剂量。

②宜使用长效药物。高血压用药宜提倡平稳用药。降压最好使用谷/峰比值超过 50% 的降压药，即每日一次服用，能稳定控制 24 小时内血压者，以保护靶器官，增加患者的依从性。

③联合用药，即两种以上的降压药物同时使用。有研究认为，在许多病例中，可能需要三种甚至四种药物合用，既可减少每种药物的剂量，有助于防止副作用，又能明显提高疗效。

④逐渐减量。突然停药易引起血压突然上升，易引发心脑血管疾病及其他症状，给病人造成生命危险，因此，高血压病人在用药时主张在医生的指导下逐渐减量。

⑤坚持终身服药。原发性高血压病因不明，研究证实，发病时间越长，血压控制越差，越易引发心脑血管疾病。因此，高血压病人需要坚持终身服药使血压始终保持在目标水平。

⑥用药过程定期随访。开始药物治疗后，一般 1~2 周内血压下降，最迟 3 个月内应达到目标血压。为评估疗效及防治药物的不良反应，应坚持定期随访。血压控制达标后，高危和极高危患者，应每 3 个月随访一次，中危与低危患者，每 6 个月随访一次。治疗 3 个月未达标的随访者，若所用药物无反应可改用另一种药物或从小剂量起加用另类药物，若所用药物有部分反应可增大其剂量或加用小剂量另类药物。凡治疗中出现明显的副作用者，应停用该药或将其剂量减少，与另类药物合用。

（4）服用降压药物的注意事项。明确用药事项对合理用药有益处。

①合理选择降压药物和用药方法。降压药种类较多，降压药的选择主要取决于药物对病人的降压效果和不良反应，对每个病人来说，能有效控制血压并适宜长期治疗的药物就是合理的选择。在选择药物的过程中还要考虑靶器官损害情况和有无其他并发疾病及降压药与其他药物之间的相互作用。

②根据血压水平调整药物剂量。高血压病人用何种药由医生决定。开始用常规剂量并监测血压的动态变化，使血压控制在较为理想的水平。而后按程序减药，采用维持量，以小剂量取得最好的降压效果。用药开始要定期监测血压，最好每周 1~2 次，有条件时自备血压计在家里测量血压，做好血压记录，为医生提供调整用药的数据。

③药物疗法与非药物疗法相结合。高血压病人在用降压药的同时必须与非药物疗法相结合。在服用药物的同时注意调整生活方式，包括调整饮食结构、适当运动、心理调节等，使血压保持在稳定的水平。

④降压药应在早晨服用，每日用药要规律。

⑤停用、减药、改变药物种类必须在医生的指导下进行。

（八）国际健康银发城痛风的预防和医疗

痛风是人体内尿酸新陈代谢异常所引起的急性关节炎，发生痛风的关节疼痛非常厉害，即使是风吹过都会痛，故取名为"痛风"。

痛风患者的注意事项：

（1）压力会诱发痛风，应予舒解；运动、打坐、瑜伽可消除压力。

（2）不可服用阿斯匹林、水杨酸类的止痛剂，它们会妨碍尿酸的排泄。

（3）少吃高普林的食物，如肉类、内脏类等。

（4）少喝酒、咖啡及其他刺激性饮料。

（5）多喝水，每天至少6~8大杯。

（九）国际健康银发城白内障的预防和医疗

白内障的主要表现为，眼的晶体变得浑浊，导致光线无法完全通过，视力模糊。

症状：视力减退如雾里看花，其余包括畏光、流泪、近距离阅读困难、对明暗颜色以及深浅的辨别能力降低等，造成生活上诸多的不便。

治疗：使用眼药水，延缓病情。药水无法使浑浊的晶体恢复清澈。白内障造成严重的视觉障碍时应手术治疗。

（十）国际健康银发城帕金森氏症的预防和医疗

帕金森氏症是一种渐进式的脑部功能退化疾病，由脑中控制运动的细胞遭到破坏所导致，脑中制造单氧氧化酶（dopamine）的细胞丧失，丧失程度达到80%时出现症状。表现为不自主的震颤，动作变慢，肌肉僵硬，讲话、走路、吞咽、写作障碍。

治疗应更加严格，在专科医生的指导下进行。

二、国际健康银发城急救管理以及重大疾病的治疗和抢救

（一）国际健康银发城急救管理

1. 噎食的急救

主要是老年人由于脑动脉硬化，吞咽、咳嗽、咀嚼功能减退，在大口吞咽食物团时易发生噎食，一旦异物不慎滑入气道，引起剧烈呛咳，处理不当便会导致窒息。这时，目击者如能及时进行现场急救，病人很快可以转危为安。否则，病人有可能很快会窒息而死亡。具体急救方法：

（1）拍背法：抢救者站立在病人的侧后位，一只手放置于病人胸部以作围扶，另一手掌根部对准病人肩胛区脊柱，用力给予连续4~6次急促拍击。拍击时应注意病人的头保持在胸部水平或低于胸部水平。

（2）腹部手拳冲击法：这是美国急救教授Heirnlwh于1983年创造的，迄今已成功抢救了2000余名气道吸入异物的病人，美国已将该急救法作为卫生常识

在学校和市民中普及。抢救者站到病人背后,用双臂环抱病人的腰部,一手握拳,拇指关节突出点顶住病人上腹部,相当于剑突与脐之间腹中线部位,另一手握紧前一只手拳,然后作4~6次连续快速向上的冲击。每次冲击要干脆、利索。如果无效,可重复冲击4~6次。这样冲击腹部时,可使病人横隔抬高,胸腔内压力骤然升高,从而迫使气道内形成一股向上的强大气流,把异物从气道内顶出。

(3) 自救法一:如果周围无人或目击者不会施救,病人应保持镇静,不要急于向室外奔,并立即进行自救。自救方法是,迅速将自己的上腹部按置于椅背、床头、桌边等处,并连续向前倾压6~8次。

(4) 自救法二:一手握拳,用拇指侧的掌指关节顶住自己的上腹部,另一手紧握此拳加力,然后向内、向上倾压6~8次,一般可将异物顶出体外。在自救时,病人应注意弯腰,使自己的躯干向前倾,这有利于提高自救的成功率。

2. 大咯血的急救

病人突然出现咯血时,家属千万不要惊慌失措,应千方百计消除病人的恐惧情绪,让其保持安静,卧床休息;同时注意保持病人呼吸道通畅,企图憋住不咯或将血咽下去等做法是有害的,因血块使呼吸不畅时,应鼓励病人咳嗽,以将呼吸道内的瘀血排出。

咯血病人最好采取头低脚高患侧卧位,以防血液堵塞呼吸道。在咯血过程中,病人如出现烦躁不安、呼吸困难或突然精神呆滞、瞪眼张口、两手乱抓、虚汗淋漓、四肢末端青紫等症状,多为血块堵塞呼吸道而致缺氧,此时应立即抬高床脚45度,成头低脚高位;或将病人上身悬于床外,由家人轻托病人头部,向背部弯曲,撬开口腔,挖出口内血块,并轻击患者健侧背部,使健侧和阻于呼吸道内的瘀血迅速排出。一旦瘀血排出,病人即能获救。

3. 心动过速的急救

患者突然发生心悸,自测心率很快,大部分为阵发性室上性心动过速。

室上性心动过速发作持续时间长,易发生心力衰竭,实施自救,即刻进行,除成功率提高外,风险也降低。

①瓦氏动作:深吸气后屏气,用力作呼气动作,力争30s以上;②刺激咽喉:用手指刺激咽喉,引起恶心、呕吐;③体位改变:突然下蹲或站立,卧位时突然翻身或坐起;④潜水试验:深吸气后屏气,将面部浸入冷水中,浸至耳前水平,持续30S以上。要求发作时因地制宜,3种方法任选,每种方法可重复3次。如10min内上述方法无效,则根据药物筛选结果,辅以抗心律失常药,舌下含服维拉帕米80~120mg和口服安定1mg,或者口服普罗帕酮200mg和安定1mg。3h后仍无效就近就医。

4. 药物中毒的急救

误服大剂量药物后,应立即饮用大量冷开水或清水,然后用手指或筷子适度地刺激咽喉、舌根部催吐,通过催吐可迅速消除和减轻误服药物在胃内的存留和危害。如果误服了外用药如碘酒、碘甘油等药物，应及时喝米汤、米糊、稀粥等催吐排药。

酸碱中和解毒：若不慎误服了腐蚀和毒性很大的氢氧化钠、氢氧化钾、石碳酸、来苏水等药物，应立即采取简易自救措施，方法是：取 3~4 个鸡蛋（或鸭蛋）的蛋清调水一碗后迅速口服；也可喝牛奶、豆浆、米汤等流质食物保护食道及胃粘膜。如是碱性药物中毒，可饮用食醋加水中和；如是酸性药物中毒可服用氢氧化铝、氧化镁碱性药物中和；如属重金属中毒，可饮用浓茶清理解毒。按照上述方法可利用酸碱互为中和的自然属性来达到缓解药害的目的。

清肠催泻解毒：如毒物已进入肠道消化系统，应立即采取清肠催泻的方法解毒、去毒，方法是：取硫酸钠 30 克，以温水溶化后给患者服下，可使毒物随下泄排出体外。此外，饮用绿豆汤和甘草汤也有利于减轻各种药物中毒的危害。

5. 晕厥的急救

晕厥表现为人突然晕倒，短暂失去知觉，很快恢复意识。

发病诱因：最为常见的晕厥为血管神经性晕厥，由血管舒张与收缩发生一过性障碍所引起；因剧烈疼痛、恐惧、空气闷热、针灸、注射时引起，称之为普通晕厥；也可因咳嗽、喷嚏时引起，称为咳嗽晕厥；可因排尿而引起，称为排尿晕厥；可在久坐、久卧后突然起立时，因体位性低血压引起，称为体位性晕厥；也可因穿硬质高领衣服、剃须刺激颈动脉窦引起的晕厥；最严重的是心源性晕厥。晕厥后，应立即将病人平放，或抬高下肢，促进下肢静脉血液回流心脏，帮助脑正常供应。解开病人衣领、裤带，妇女应松开胸罩，使其呼吸顺畅。有假牙者，应取出。刚恢复知觉的病人不要立即起立，防止再次晕厥。对心源性晕厥（一般有心脏病史），应立即用拳捶击心脏进行复苏。如心跳未恢复还应进行胸外心脏按摩和人工呼吸。缓解后，尽快送就近医院抢救。

6. 中风的急救

表现：剧烈头疼、流口水、吐字不清，有时可能没有明显头疼，只是说话别扭、半边脸及手脚发麻，这时候可能已有脑血栓形成。

发病诱因：病人大多有高血压及动脉粥样硬化病史，在情绪出现较大波动，或者因饮酒、长时间打牌、上网等，都可能使血压升高，诱发脑血管意外。

处理：有条件时可先给病人量血压。脑出血时血压要比平时高，随着病情的加剧血压还会升高。解开病人的领扣，取出假牙。让病人将备用降压药立刻吃下去，如已不能吞服可把药化成水服下。不要盲目搬动病人，病人头位也不宜过高，可不用枕头让病人平卧在床上，头偏向一侧。用冰袋或冷毛巾敷在病人额头上，以减少出血和降低颅内压。

7. 跌倒的急救

如果臀部着地，易发生髋部股骨、髋骨折，这时可产生局部剧烈疼痛。因为有些老人痛觉不敏感，如果骨折两端成角相嵌，甚至还可起立行走，但出现跛行；跌倒时如向前扑倒，常可引起股骨骨干、髋骨及上肢前臂骨折，局部疼痛，明显肿胀,甚至出现创口。颅内损伤可当场出现神志变化、剧烈呕吐、耳鼻出血,有的虽然当时清醒,但过一段时间可再出现剧烈头痛、呕吐、抽搐、昏迷。

8. 食物中毒的急救

由于老年人个体的身体状况、食物本身的原因或食物搭配的原因,有的人会食物过敏,甚至食物中毒。有时候食物中毒事件往往是多数人集中在某一时段发作,大多是由于食用同一种食物引起的,而该食物被有毒化学物质、致病性细菌或真菌污染,有些食物中含有的生物物质也会引起食物中毒。

中毒事件发生后,总的处理原则有两方面:一方面救助安抚中毒者,另一方面,控制好厨房现场,以便查明原因,并及时向卫生行政部门报告,封存可疑食品。下面介绍几种常见的食物中毒及其处理方法。

(1) 发芽马铃薯中毒。

马铃薯,别名土豆、山药蛋、洋山芋等。正常情况下,人们食用马铃薯是无害的。但是,当马铃薯贮存不当,致马铃薯发芽或部分变成黑绿时,在马铃薯幼芽或芽眼部分就会有龙葵碱产生,并且龙葵碱的含量会不断增加。龙葵碱对胃肠道黏膜有较强的刺激作用,对呼吸中枢有麻痹作用,并能引起脑水肿、充血。此外,对细胞还有溶血作用。马铃薯中毒一般在春末夏初季节更为常见。

A. 预防。

a. 马铃薯应贮藏在低温、无直射阳光照射的地方,防止生芽。

b. 不吃生芽过多、黑绿色皮的马铃薯。

c. 生芽较少的马铃薯,应彻底挖去芽和芽眼,并将芽眼周围的皮削掉一部分。这种马铃薯不宜炒丝炒片吃,宜红烧、炖、煮吃。因龙葵碱遇酸易分解,故烹调时可加些食醋,以加速龙葵碱的消解。

B. 中毒表现。

食后,多数人2~4小时症状发作。先有咽喉抓痒感及烧灼感,上腹部烧灼感或疼痛,其后出现胃肠炎症状,剧烈吐泻可致脱水、电解质紊乱和血压下降。此外,可有头晕、头痛、轻度意识障碍、呼吸困难。重症者可因心脏衰竭、呼吸中枢麻痹而致死。

C. 急救与治疗。

a. 催吐。

b. 洗胃:用4%鞣酸、浓茶水或高锰酸钾溶液。

c. 较轻症病人,嘱其喝淡盐水或糖水补充丧失的体液;脱水较重者静脉滴入5%葡萄糖盐水或5%葡萄糖。血压下降者可静脉注射去甲肾上腺素或肌注阿拉明。

d. 呼吸困难者可吸氧,注射山梗菜碱、尼可刹米等。

(2) 菜豆中毒。

菜豆又称为豆角、四季豆、芸豆、梅豆、芸扁豆,是一种大众喜爱的蔬菜,但因烹调不当食菜豆中毒的事情,时有发生。

A. 中毒原因。

主要是因为烹调时未熟透,食后引起中毒。如水汆后做凉拌菜、冷面码、炒食,未能彻底加热破坏其含毒成分。炖食者少有中毒发生。

B. 预防。

豆角宜炖食,使之充分熟透,以便破坏其中的毒素。不宜水汆后做凉菜或面码,炒食不要过于贪图脆嫩,应充分加热,使之彻底熟透。

C. 中毒表现。

如果出现菜豆中毒,一般人多在食用菜豆 2~4 小时后发作,长者可达 15 小时。中毒症状有恶心、呕吐、腹痛、腹泻、头晕、头痛,少数病人有胸闷、心慌、出冷汗、手脚发冷、四肢麻木、畏寒等。体温一般正常。症状持续时间短,恢复快,大多数病人在 24 小时内恢复健康,快者可在 2~3 小时即恢复。事后良好,没有死亡病例。

D. 诊断。

对于患者有进食未烧熟透的菜豆史的情况以及以胃肠炎为主的中毒表现,大多为菜豆中毒。

E. 急救与治疗。

a. 无须治疗,吐、泻之后,迅速自愈。

b. 吐泻严重者,可静滴葡萄糖盐水和维生素 C,以纠正水和电解质紊乱,并促进排毒。有凝血现象时,可给低分子右旋糖酐、肝素等。

(3) 亚硝酸盐中毒。

亚硝酸盐食物中毒近年来时有发生,其中数起报告均为误将亚硝酸盐当作食盐而引起的误食中毒。一般情况下引起中毒的原因系食入含有大量硝酸盐、亚硝酸盐的蔬菜所致。

A. 中毒原因。

食入亚硝酸盐,其来源归纳起来主要有以下几方面:

a. 贮存过久的新鲜蔬菜、腐烂蔬菜及放置过久的煮熟蔬菜,此时菜内原有的硝酸盐在硝酸盐还原菌的作用下转化为亚硝酸盐。

b. 刚腌不久的蔬菜含有大量亚硝酸盐,尤其是加盐量少于 12%、气温高于 20℃ 的情况下,可使菜中亚硝酸盐含量增高,一般于腌后 20 天消失。

c. 苦井水含较多的硝酸盐,当用该水煮粥或食物,再在不洁的锅内放置过夜后,则硝酸盐在细菌作用下还原成亚硝酸盐。

d. 食用蔬菜过多时,大量硝酸盐进入肠道,对于儿童胃肠功能紊乱、贫血、蛔虫症等消化功能欠佳者,其肠道内的细菌可将蔬菜中的硝酸盐转化为亚硝酸盐,且在肠道内过多过快地形成以至来不及分解,结果大量亚硝酸盐进入血液导致中毒,出现青紫,称为"肠原性青紫症"。

e. 腌肉制品加入过量硝酸盐及亚硝酸盐。

f. 误将亚硝酸盐当作食盐加入食品中。

B. 中毒表现。

亚硝酸盐中毒发病急速，潜伏期一般1~3小时，误食大量亚硝酸盐者仅十多分钟。轻者表现为头晕、头痛、乏力、胸闷、恶心、呕吐，口唇、耳廓、指（趾）甲轻度紫绀，血液中高铁血红蛋白含量在10%~30%；重者结膜、面部及全身皮肤紫绀，心律快，嗜睡或烦躁不安，呼吸困难，血液中高铁血红蛋白含量往往超过50%；严重者昏迷、惊厥、大小便失禁，可因呼吸衰竭导致死亡。

C. 急救治疗。

轻症中毒一般不需治疗。重症病程发展快，须及时进行抢救，迅速予以洗胃、灌肠。特效治疗可采用1%美蓝（亚甲蓝）小剂量口服或缓慢静脉注射。美蓝原为氧化剂，在体内还原型辅酶Ⅱ作用下还原为白色美蓝而成为还原剂，即可将高铁血红蛋白还原为低铁血红蛋白，恢复输送氧的功能，而白色美蓝又可氧化成美蓝，故一般情况下体内美蓝可重复使用，因此美蓝使用量不可过多，过多则消耗还原型辅酶Ⅱ太多，致使部分美蓝未能被还原而仍呈氧化型，结果反而使低铁血红蛋白氧化成高铁红蛋白，从而加重了青紫症状，同时大量美蓝还可使红细胞脆性增加，因此，治疗应用小剂量。大剂量维生素C可直接将高铁血红蛋白还原，故美蓝、维生素C、葡萄糖三者联合用效果较好。

D. 预防。

a. 保持蔬菜的新鲜，勿食用存放过久的变质蔬菜；食剩的熟蔬菜不可在高温下长时间存放后食用；勿食大量刚腌的菜，腌菜的盐应稍多，至少需腌制15天以上再食用。

b. 肉制品中硝酸盐和亚硝酸盐的用量严格按国家卫生标准的规定，不可多加。

c. 苦井水勿用于煮粥，尤其勿存放过夜。

d. 防止错把亚硝酸盐当成食盐或碱面误食。

(4) 由沙门氏菌引起的食物中毒。

沙门氏菌污染主要来源于污水、动物及人畜粪便（粪便中可存活1~2个月），患病或带菌牲畜的肠道内含有大量沙门氏菌，血液和内脏的带菌率更高。食用了病死牲畜肉或在宰杀后由其他环节被污染的牲畜肉，未经彻底加热，使沙门氏菌随食物进入人体，是沙门氏菌食物中毒的主要原因。

A. 流行病及特点。

a. 中毒大多发生在5~10月，但全年均可能发生。

b. 中毒食品以动物性食品为多见，主要是肉类，如病死牲畜肉、冷荤、熟肉等，也可由鱼、禽、奶、蛋类食品引起。

c. 食品被污染的途径。患沙门氏菌病的人及动物或其带菌者排泄物直接污染食品；肉类食品从屠宰到销售的各个环节中，水、土、容器、炊具、苍蝇等都可以造成对肉类食品的污染。

d. 中毒原因主要是食品被沙门氏菌污染，食前未加热处理或加热不彻底而引起，或由加工食品用具、容器或食品储存场所生熟不分、交叉污染所致。

B. 中毒表现。

a. 中毒多数在 6~48 小时后发作。

b. 中毒表现：中毒初期表现为头痛、恶心、食欲不振，之后出现呕吐、腹泻、腹痛，急性腹泻数次，多为黄色或黄绿色水样便，少数带有黏液或血，体温升高，约为 38℃~40℃，一般在发病 2~4 天体温开始下降。重者可引起痉挛、脱水、休克等。

c. 预后：患者可因病情轻重而反应不同，轻者 3~4 天症状消失；病情严重或年老体弱者及儿童，如不及时抢救可发生死亡，病死率在 0.5% 左右。

C. 治疗。

a. 对病人进行急救，必要时进行催吐、洗胃和导泻。

b. 抗生素治疗。

c. 对症治疗和必要的特殊治疗，补充水分和纠正电解质紊乱。

D. 控制与预防。

a. 停止食用可疑中毒食品。

b. 防止食品被沙门氏菌污染。不食用病死牲畜肉，加工冷荤熟肉一定要做到生熟分开。

c. 高温杀灭沙门氏菌。如烹调时肉块不宜过大，肉块灭菌必须达 80℃，持续 12 分钟以上，禽蛋煮沸 8 分钟以上等。

d. 控制食品中沙门氏菌的繁殖。低温冷藏食品控制在 5℃ 以下，并做到避光、断氧，效果更佳。

（5）毒蘑菇中毒。

中国的蘑菇种类极多，形态各异，分布地域非常广阔。蘑菇味道鲜美，营养丰富，深受人们的喜爱，但不是所有的蘑菇都是可以吃的，有的蘑菇是有毒的，其中威胁人的生命的有二十余种。夏秋季节，雨水较多，是蘑菇生长的繁荣季节，因此，在此季节中发生的误食毒蘑菇而中毒的事件也较多。

A. 预防。

广泛宣传毒蘑菇中毒的危险性，采蘑菇时应由有经验的人进行指导，不采不认识或未吃过的蘑菇，特别是教育儿童尤为重要。提高鉴别毒蘑菇的能力，防止误食中毒。有些惯常说法，如颜色鲜艳、样子好看或菌盖上长疣子的有毒，不生蛆、不长虫子的有毒，有腥、辣、苦、酸、臭味的有毒，碰坏后容易变色或流乳状汁液的有毒，以及煮时能使银器或大蒜变黑的有毒等等。

但上述说法也不尽可靠，如果用来区别某一种毒蘑菇也可能对，但并不能用来作为鉴别所有毒蘑菇的通用标准。例如白毒伞、毒伞等鲜味宜人，没有苦味，颜色并不鲜艳，样子也不怎么好看，碰坏后又不变色，也不能使银器或大蒜变黑，可是却含有致命的毒素；又如豹斑毒伞生蛆，蛆能把这种毒蘑菇吃光；裂丝盖伞既无乳汁，又没苦味，菌盖上也没有疣子，可是同样有毒。因此，用一些不可靠的说法来鉴别种类繁多、形态多变和含毒成分复杂的各种毒蘑菇，极为危险。只有熟悉和掌握各种毒蘑菇的形态特征和内部结构，再根据当地群众的经验来鉴别有毒蘑菇，防止误食，才是科学的做法。

B. 中毒表现。

由于毒蘑菇的种类颇多，一种毒蘑菇可能含有多种毒素，一种毒素又可能存在于多种毒蘑菇中，故误食毒蘑菇后的中毒表现较为复杂，常常是以某一系统的症状为主，兼有其他症状。一般常分为以下几类：

a. 胃肠炎症状。

误食含有胃肠毒素的毒蘑菇，常以胃肠炎症状为主。潜伏期比较短，一般 0.5~6 小时。轻者有剧烈的腹痛、腹泻、恶心、呕吐，病程短，症状消退后逐渐好转，预后较好。较重者因剧烈的呕吐和腹泻引起严重脱水、电解质紊乱、血压下降，甚至休克、昏迷或急性肾功能衰竭。一般病死率很低，严重者偶有死亡。误食含有其他毒素的毒蘑菇，亦可出现过敏性胃肠炎症状，但不是主要症状。

b. 神经、精神症状。

①副交感神经兴奋症状：如误食毒蝇伞、豹斑毒伞、发红毛锈伞中毒时，常常出现以副交感神经兴奋为主的症状。潜伏期短，10 分钟至 2 小时。除呕吐、腹泻外，还有流涎、大汗、流泪、瞳孔缩小、对光反射消失、脉缓、血压下降、呼吸困难、急性肺水肿等，亦可发生谵妄、幻觉等症状。病死率低，可偶死于呼吸衰竭或循环衰竭。

②精神症状：误食花褶伞、钟形花褶伞、橘黄裸伞等中毒，表现以精神症状为主。潜伏期 1 小时左右，可出现幻视、幻觉、唱歌、跳舞、狂笑、行动不稳、谵语、意识障碍、昏迷、精神错乱，亦可有瞳孔散大、心跳过速、血压升高、体温上升等交感神经兴奋的症状。

此外，误食牛肝菌属中的某些种类中毒时，除胃肠炎症状及精神异常外，还有特有的小人国幻觉。

c. 溶血症状。

误食鹿花菌可出现溶血症状。潜伏期比较长，一般 6~12 小时，多于胃肠炎症状后发生黄疸、血红蛋白尿、急性贫血、肝脾肿大等。有时溶血后也可引起肾脏损害。严重时可发生死亡。

d. 实质性脏器损害症状。

误食白毒伞、毒伞、鳞柄白毒伞、秋生盔孢伞、褐鳞小伞等出现实质性脏器损害症状。潜伏期较长，一般 10~24 小时，长者可达数日。主要出现肝、肾、脑、心等损害的症状。病程中，病情复杂而凶险，病死率高达 90%。

初期出现恶心、呕吐、腹痛、腹泻等急性胃肠炎症状，1~2 天后消失。胃肠炎症状消失后，病人无明显症状，即假愈期（假缓解期），经过 1~3 天的假愈期后，突然出现肝、肾、心、脑等损害。如肝肿大、黄疸、肝功能异常、广泛性出血、肝昏迷、尿少、无尿、尿中出现大量蛋白、红细胞及管型、谵妄、烦躁不安、昏迷、抽搐、休克。可死于肝昏迷或肾功能衰竭，亦有死于休克或消化道大出血者，也有因中毒性心肌炎或中毒性脑病而死亡者。

e. 类植物日光性皮炎症状。

误食猪嘴蘑中毒时，身体露出部分，如颜面出现肿胀疼痛。特别是嘴唇肿胀外翻，形如猪嘴唇。此外，还有指尖剧痛、指甲根部出血等。少有胃肠炎症状。

C. 诊断。

详细地了解进食情况，这对诊断毒蘑菇中毒和采取相应的急救与治疗措施非常重要。

毒蘑菇中毒的表现是多样化的，比较复杂。有人将潜伏期较短的毒蘑菇中毒称为速发型毒蘑菇中毒，如毒蝇伞中毒等；潜伏期较长的称为迟发型毒蘑菇中毒，如白毒伞、毒伞、鳞柄白毒伞、褐鳞小伞中毒等。迟发型毒蘑菇中毒时，常于吐泻缓解后出现假愈期，过后出现其他脏器的损害（主要是肝、肾损害），对此我们应特别注意。对已发病者除应及时采取以保肝、护肾为主的急救治疗措施外，对同时进食而未发病者，也应视为已发病者来对待，以免发生意外。对食剩下的毒蘑菇进行形态学鉴定，有条件时进行含毒成分检验或动物毒性试验。

以上只是列举了几种常见的容易引起食物中毒的食物，如果在国际健康银发城内出现食物中毒的事件，应当坚持以危机事件管理八原则为准则，尤其是要做到反应快速，迅速地对病人采取急救措施或送到医院，以免对病人造成更大的伤害。

9. 烫伤的急救

烫伤按病情轻重可分为三度，一度仅为皮肤发红，灼痛；二度可以起泡；三度可深及皮下组织。一般开水烫伤为一度与二度烫伤。一旦发生烫伤，不要随便涂上不洁净的酱油、油等物质，也不要把烫伤部位浸在污水中，以免污染引发感染。

如烫伤部位有衣服、鞋袜盖着，应小心脱去，尽可能不要擦破表皮。在烫伤的第一分钟，立即把烫伤部位放在冷水中冲，使局部温度迅速降低，可以避免一度烫伤向二度发展，还可减轻疼痛和皮肤发红。一般浸泡到疼痛消失为止。

一度烫伤可不必特殊治疗，或涂一些烫伤膏药。二度烫伤有水泡者，可用消毒针刺破水泡，注意不要撕去泡皮，然后局部用消毒纱布包扎，待水泡内液体被吸收后，水泡下创面就会开始生长逐渐愈合。

10. 老年人中暑的急救

正常人体温能恒定在37℃左右，是通过下丘脑体温调节中枢的作用，使产热与散热取得平衡的结果。当周围环境温度超过皮肤温度时，散热主要靠出汗，以及皮肤和肺泡表面的蒸发。人体的散热还可通过循环血流，将深部组织的热量带至上下组织，通过扩张的皮肤血管散热，因此经过皮肤血管的血流越多，散热就越多。如果产热大于散热或散热受阻，体内有过量热蓄积，即产生高热中暑。

(1) 中暑按病情轻重可分为：

A. 先兆中暑。

在高温环境下，中暑者出现头晕、眼花、耳鸣、恶心、胸闷、心悸、无力、口渴、大汗、注意力不集中、四肢发麻，此时体温正常或稍高，一般不超过37.5℃。此为中暑的先兆表现，若及时采取措施如迅速离开高温现场等，多能阻止中暑的发展。

B. 轻度中暑。

除有先兆中暑表现外，还有面色潮红或苍白、恶心、呕吐、气短、大汗、皮肤热或湿冷、脉搏细弱、心率增快、血压下降等呼吸、循环衰竭的早期表现，此时体温超过38℃。

C. 重度中暑。

除先兆中暑、轻度中暑的表现外，并伴有昏厥、昏迷、痉挛或高热。

重度中暑还可继续分为：

a. 中暑高热，即体内大量热蓄积。中暑者可出现嗜睡、昏迷、面色潮红、皮肤干热、无汗、呼吸急促、心率增快、血压下降、高热，体温可超过40℃。

b. 中暑衰竭，即体内没有大量积热。中暑者可出现面色苍白、皮肤湿冷、脉搏细弱、呼吸浅而快、晕厥、昏迷、血压下降等。

c. 中暑痉挛：与高温无直接关系，而发生在剧烈劳动与运动后，由于大量出汗后只饮水而未补充盐分，导致血钠、氯化物降低，血钾亦可降低，而引起阵发性疼痛性肌肉痉挛（俗称抽筋），口渴，尿少，但体温正常。

d. 日射病：即强烈的阳光照射头部，造成颅内温度增高。中暑者出现剧烈头痛、头晕、恶心、呕吐、耳鸣、眼花、烦躁不安、神志障碍，重者发生昏迷，体温可轻度增高。

(2) 中暑时的紧急救护：

脱离高温环境，迅速将中暑者转移至阴凉通风处休息，使其平卧，头部抬高，松解衣扣。

A. 补充液体。

如果中暑者神志清醒，并无恶心、呕吐，可饮用含盐的清凉饮料、茶水、绿豆汤等，以起到既降温又补充血容量的作用。

B. 人工散热。

可采用电风扇吹风等散热方法，但不能直接对着病人吹风，防止又造成感冒。

C. 冰敷。

亦可头部冷敷，应在头部、腋下、腹股沟等大血管处放置冰袋（将冰块、冰棍、冰激凌等放入塑料袋内，封严密即可），并可用冷水或30%酒精擦浴直到皮肤发红。

D. 每10~15分钟测量1次体温。

(3) 中暑野外防患措施及事后的紧急处理要点。

户外运动者到山野，往往奔放追逐，而长时间暴晒在猛烈的阳光下，体内的热温未能充分散发，使体温升高，脑内部的体温调节中枢连受破坏而停止活动，这就是中暑。

中暑者头痛、发高烧、呕吐或昏倒，有时会造成死亡，因此野外活动者不可不注意防范及急救，最好戴上遮阳帽，并防止暴露在阳光下太久。

万一有中暑现象，应该赶快急救，以免虚脱而毙。首先，将病者移到阴凉的地方，松开或脱掉他的衣服，让他舒适地躺着，用东西将头及肩部垫高。

次以冷湿的毛巾覆在他的头上，如有水袋或冰袋更好。将海绵浸渍酒精，或毛巾浸冷水，用来擦拭身体，尽量扇凉以降低他的体温到正常温度。

最后测量他的体温，或观察患者的脉搏率，若在每分钟110以下，则表示体温仍可忍受，若达到110以上，应停止使用降温的各种方法，观察约10分钟后，若体温继续上升，再重新给予降温。

恢复知觉后，供给盐水喝，但不能给予刺激物。此外，依患者之舒适程度，供应覆盖物。

(二) 国际健康银发城重大疾病的急救

1. 急性心肌梗死的急救

(1) 急性心肌梗死介绍。

心肌梗死是指冠状动脉闭死，血流中断，使部分心肌因严重的持久性缺血而发生局部坏死，可发生心律失常、休克或心力衰竭，甚至猝死。心肌梗死是严重危害人类健康的主要疾病之一，是心脏病患者的主要死因。有资料表明，急性心肌梗死病人的2/3在被送到医院之前就已经死亡。因此，在国际健康银发城内积极急救，对挽救病人的生命有重要意义。对病情严重的病人，发病后宜就地进行抢救，积极联系医生，待病情稳定容许转送时，才转送医院进行治疗。

急性心肌梗死病人最多见为有高血压病史者或发病前有高血压者，近半数病人有心绞痛，吸烟、肥胖、糖尿病和缺少体力活动的人较易患病。发病多在春、冬季节，与气候寒冷、气温变化大有关。发病时大多无明显诱因，常在安静与睡眠时发病，部分病人则发病于剧烈体力劳动、精神紧张或饱餐之后，甚至用力大便之时。此外，休克、出血及心动过速均可诱发本病。其最为突出的症状为疼痛，其性质、发作时间、伴随感觉及对硝酸甘油的敏感性与以往心绞痛均有较大的差别。其他症状有全身症状如发热、乏力、出汗等，胃肠道症状如恶心、呕吐和上腹部胀痛等，还有心律失常、低血压、休克和心力衰竭等等。

(2) 哪些情况下易发生心肌梗死？

不少人对心肌梗死缺乏必要的救治常识，因而造成了不必要的死亡。如有的病人因为胸闷气憋，没有及时找医生看病；有的病人心肌梗死已经发生，还自己步行到医院看病；有的心肌梗死病人自己到厕所解大便，从而造成突然死亡等等。这都是人们应该吸取的教训。心肌梗死者要想及时进行自我救治，应首先认识和了解心肌梗死发生的前驱症状：

A. 原来健康，突然出现难以忍受的心前区、胸骨后或上腹部剧烈疼痛；

B. 原有心绞痛，此时发作频繁、加重，时间延长；

C. 含速效硝酸甘油片之后，仍不能缓解疼痛；

D. 疼痛时伴有恶心、呕吐、腹泻等症状。

如没有上述条件，可将患者运送到医院。

（3）急性心肌梗死的抢救措施

A. 当考虑患者为急性心肌梗死时应立即让其卧床休息，绝对禁止各类活动，避免一切干扰，尽量减少噪音，保持安静环境。

B. 对典型患者应立即予以止痛、减轻紧张或过激情绪，如有携带急救药盒，即口服安定片、硝酸甘油片或吸入亚硝酸异戊酯雾剂。如果有条件，立即给予肌注吗啡或杜冷丁则更好。

C. 对非典型患者，也应按以上措施处理，注意并发症的出现。

D. 如果国际健康银发城内备有氧气，应迅速给予吸氧，尽可能采取正规严格的抢救措施，争取时间，则极有利于提高抢救成功率。

E. 在抢救的同时一定要打"120"求救，联系专科医生，以增加抢救成功的机会。

2. 脑出血的急救

脑出血又称脑溢血，是指大脑实质内的出血，与高血压病有直接关系。这是中老年人常见的急性脑血管病，病死率和致残率都很高。脑出血占所有脑中风病人的10%～20%。脑出血与高血压病的密切关系在于：高血压病人约有1/3的机会发生脑出血，而脑出血的病人有高血压的约占95%。

高血压形成脑出血的机理有许多说法，比较公认的是微动脉瘤学说。由于长期高血压，导致脑动脉内膜损伤和粥样硬化，在脑内的穿透动脉可形成微型动脉瘤。这种动脉瘤是在血管壁薄弱部位形成囊状，当血压突然升高时，这个囊就破裂造成脑出血。

脑出血的原因除了高血压外，还有脑血管的畸形（年轻人脑出血的主要原因）、脑外伤、脑肿瘤和血液病。

（1）脑出血的易患因素：

A. 高血压，以收缩压升高尤为重要；

B. 脾气急躁或情绪紧张，常见于生气、与人争吵后；

C. 吸烟、酗酒、食盐过多、体重过重；

D. 过分疲劳，体力和脑力劳动过度，排便用力，运动。

（2）脑出血易发生的部位：

A. 大脑基底节，占70%，包括外囊和丘脑；

B. 脑桥出血，占10%；

C. 脑叶出血，占10%，额叶、颞叶、枕叶均可发生，以顶颞部多发；

D. 小脑出血；

E. 脑室出血，靠近脑室的脑出血破入脑室称继发性脑室出血。脑 CT 应用于临床后，脑出血的诊断和分型很细致，是为了选择手术的适应证和估计预后而划分的。

（3）脑出血的临床表现。

脑出血一般在体力和脑力紧张活动或情绪激动时容易发病，起病急，发展快，数十分钟到数小时达到高峰。常见到脑出血病人倒在路边、厕所里、床旁地上，意识不清，鼾声大作，呕吐胃内容物，有时为咖啡色的，大小便失禁，半身不遂。脑出血量较小的病人述头痛较剧，眼底出血而视物不清，做 CT 检查有高密度出血阴影。

脑出血的程度与出血部位和出血量有很大关系。从一发病就出现意识不清，逐渐加重，说明出血部位不好，出血量大。

下面分别叙述常见部位的脑出血的表现。

A. 壳核－内囊部出血，出现典型的口眼歪斜、偏瘫、半身感觉减退、偏盲、失语。

B. 颞叶出血，出血一侧头痛较剧，颈强直，也可出现偏瘫、失语。

C. 脑室出血，出血量大，可引起迅速昏迷，四肢肌张力高，高烧（40℃以上），多汗，消化道出血（吐咖啡色物、排柏油便），死亡率高。

D. 脑桥出血，一开始就呈深昏迷。脑桥为生命中枢所在，5 毫升以内的出血就会引起严重后果。瞳孔极度缩小，如"针尖样"，高烧 40℃以上，呼吸衰竭，继而呼吸停止，多在 24 小时内死亡。

E. 小脑出血，以急剧的眩晕、剧烈头痛、伴频繁呕吐为首发症状，早期神志清醒，不久即进入昏迷。小脑出血不出现半身不遂。

过去确诊脑出血靠腰穿取脑脊液检查，现在除边远地区和基层医院外，很少这样做了。目前最常用的是脑 CT 扫描检查，对直径大于 1.5 厘米以上的血肿均可精确地显示，可确定出血的部位，血肿大小，是否破入脑室，有无脑水肿和脑疝形成，几乎无一遗漏。

（4）脑出血的急救原则。

A. 安静卧床，尽量减少搬动。呼叫急救车大夫出诊，待病情较为稳定后，立即送医院急救。

B. 脑出血的最初的 5 分钟内，对于生命是至关重要的。由于病人舌根后坠易阻塞呼吸道引起窒息。在救护车到来之前，采取措施保证呼吸道通畅：松解衣领，取下义齿，侧卧位，头后仰，便于口腔分泌物自行流出，并及时清除口腔呕吐物。一旦窒息，尽快掏净口腔，进行人工呼吸。

C. 调整血压，对血压较高的脑出血，可用小量利血平治疗或硫酸镁 10 毫升深部肌肉注射；神志清楚的给予口服心痛定。

D. 如果老人倒在厕所、浴池等狭小场所，要尽快设法移到宽敞的地方。具体做法因地制宜，原则是尽量不要震动头部，保持头部水平位搬运，以免堵住呼吸道。

E. 用止血药，常用止血敏、抗血纤溶芳酸、维生素 K。止血药用量不可过大，种类不宜多。

F. 防治肺部感染和褥疮。尤其是脑出血昏迷的病人，早期给予抗生素预防肺部感染，定时翻身防止褥疮，活动肢体防止关节僵硬。

G. 外科手术治疗，可做血肿穿刺抽吸术或开颅手术清除血肿，目的是提高生存率，降低残废率。

（5）脑出血引发的并发症。

A. 脑水肿。

脑出血的急性期常有脑水肿，颅内压增高，甚至导致脑疝形成，因此，应及时应用脱水剂以降低颅内压，控制脑水肿。

其脱水剂的应用原则是：

a. 根据病人的临床症状和实际需要，决定脱水剂的用量和用法，并密切观察颅内压的动态变化，调整治疗方案，做到有效控制、合理用药。

b. 有意识障碍者，提示病灶范围较大，中线结构已受影响，可给予20%甘露醇250毫升，静脉滴注，6小时1次，并观察病情和意识障碍的动态改变，注意用药后症状是否缓解，以便调整用量和用药间隔时间。

c. 若病人昏迷程度加深，腱反射和肌张力逐渐降低，出现对侧锥体束征或去大脑强直样反应时，为病灶扩大或中线结构移位加重的征象。除应给予20%甘露醇250毫升静脉滴注，进行积极的脱水治疗外，并应加用地塞米松10~20毫克静脉滴注，每日1~2次，以上两药可同时或交替应用。

d. 临床症状较轻，病人神志清楚，无剧烈头痛、呕吐，眼底检查未见视乳头水肿者，可暂不用脱水剂。相反，如有剧烈头痛或呕吐，可试给50%葡萄糖60毫升静脉注射，并密切观察用药效应。若症状改善，说明确有颅内压增高。如果头痛、呕吐等症状未减轻，可能是蛛网膜下腔出血刺激所致，宜用止痛或镇静剂。对此类病人，一般主张暂时不用甘露醇，以免干扰颅内高压的稳定性。

e. 脱水剂一般应用5~7天。但若合并肺部感染或频繁癫痫发作，常因感染、中毒、缺氧等因素，而使脑水肿加重，脱水剂的应用时间可适当延长。

f. 应用脱水剂的过程中，既要注意是否已达到了脱水的目的，又要预防过度脱水所造成的不良反应，如血容量不足、低血压、电解质紊乱及肾功能损害等。

B. 消化道出血。

脑出血并发应激性溃疡引起消化道出血，是脑出血最常见的严重并发症之一，据报道约占脑出血病人的19%左右，死亡率很高，若抢救不及时，常危及生命。其发病机制，目前多认为与丘脑下部损伤有关。有学者指出，由于丘脑下部损伤性刺激，使交感神经的血管收缩纤维发生麻痹，血管扩张，血流缓慢及瘀滞，导致消化道黏膜糜烂、坏死而发生出血或穿孔。但也有学者认为，由于丘脑下部损伤后，使迷走神经兴奋、紧张，胃肠道功能亢进及发生痉挛性收缩，乃致局部缺血、栓塞，而引起溃疡及出血。

3. 低血糖的急救

当糖尿病人或一般人空腹泡汤、桑拿、干蒸水疗时间过长，温度过高时会出现低血糖症状：出虚汗，早期仅有手心或额头出汗，严重者可表现为全身大汗淋漓；双腿软弱无力，行走不稳；心跳加快，心慌；视物模糊，眼冒金星；头晕或头痛；说话含糊，精力不集中等。严重时可出现抽搐、意识丧失甚至发生昏迷。

一旦发生了低血糖，如神智清醒，可立即食用含糖量 15~20 克的食物或饮料、含 25~50 克白糖或红糖的糖水、250~350 毫升含糖果汁等，服药后 15 分钟，症状可以消失。如仍感不适，可再次进食含糖食物，包括饼干、面包等。

如神智不清楚，可将葡萄糖粉或白糖调成糊状，放在病人口颊与牙齿之间，使其溶化咽下。对于昏迷的病人，则不能喂食，以免食物误入呼吸道，应打"120"送医院急救。

4. 猝死的急救

时间就是生命！！！

如果在心脏骤停 4 分钟内进行心肺复苏术则存活率为 50%~70%。

如果心脏骤停超过 6 分钟行心肺复苏术，则存活率为 4%。

心脏骤停超过 10 分钟才行心肺复苏术则生存率极少，或者说无一生还！！！！

而我国救护车平均到达时间为 20 分钟！！因为心脏骤停 15 秒钟脑氧耗尽，心脏停跳 4~6 分钟大脑发生损害，8~10 分钟大脑皮质可发生不可逆损害（即生物学死亡），故心脏骤停 4 分钟内行有效抢救措施对挽救患者生命是十分重要的。

因此，在确定心搏骤停后，应立即拨打 120 急救电话说明发病地点、病情和联系电话，同时进行心肺复苏。具体步骤：

A. 畅通气道：解开衣领、腰带、假牙。立即将患者撤枕仰卧放置在坚固的平面上，头后仰，身体保持水平。清除口腔内呕吐物或异物。此过程需在 5 秒钟内完成。

B. 人工通气：口对口、口对鼻人工呼吸口吹气法，抢救者用压前额手的拇指和食指捏住患者鼻孔，深吸气后，用双唇包严患者口唇迅速用力吹气，每分钟吹气 12 次。每次吹气后，观察患者胸部有无起伏，吹气后再用力吸气，重复上述动作。每次吹入 800~1200 毫升，吹气时间 1~1.5 秒。

C. 建立人工循环：①胸前捶击、心脏按压，通常抢救者应位于患者右侧，两手掌根重叠，掌根的长轴与胸骨长轴重合，十指相扣，手心翘起离开胸壁，保持按压力量集中于胸骨上；②胸外心脏按压部位：在胸骨中下 1/3 交界处；③按压频率每分钟 80~100 次，按压与放松时间为 1∶1；④按压时使胸骨下陷 4~5 厘米，用力要均匀；⑤一人抢救时，每进行 15 次胸外心脏按压同时给予人工呼吸 2 次；⑥两人抢救时，每进行 5 次胸外心脏按压给予人工呼吸 1 次。

进行心肺复苏的同时，要注意观察病情变化，每 4~5 分钟检查一次颈动脉搏动、呼吸恢复情况。如颈动脉搏动恢复而无呼吸时，应每 5 秒钟进行人工呼吸，同时监测脉搏搏动；如仅有呼吸而无脉搏时，应立即进行胸外心脏按压，同时监测呼吸情况。等 120 急救人员到达后，转入医院继续进行抢救。

第三节　国际健康银发城日常护理

一、老年人的日常护理概述

（一）老年人的心理特点

1. 自尊心理。老年人喜欢周围的人尊敬他、服从他。国际健康银发城内的工作人员要学会尊重老人，称呼要恰当，言行要有礼貌，举止要文雅。非原则之事应尊重或尽量多迁让老年人的意见，不可强词相争。

2. 怕孤独心理。老年人特别害怕孤独，尤其退休在家，失去了在工作中同他人的交往，常有孤独感、寂寞感，久之烦躁不安。对居住在国际健康银发城内的老人，我们的工作人员应增加同他们的接触与交谈，对待老年人要口勤，平时多问候，切忌对他们冷淡、不理睬或故意疏远。

3. 疑老心理。一到老年就有一种退化感，总觉得自己的脑力与体力逐渐衰退，自己有点不舒服就觉得是与衰老有关。要向老年人宣传解释，说明衰老的程度差异性很大，以解除他们心理上的压力，鼓励他们从心理上振作起来。

4. 返童现象。有的老年人童心复萌，应顺其心理，不要奚落与讥讽，能办到之事要尽量照他的要求去办。

5. 怀旧现象。老年人喜欢追忆往事，接触老人时，要耐心倾听他的讲述，对其所提及怀念的人和事，应表示同情或赞许，不可对抗而激怒老人。

（二）老年人用药注意事项

1. 诊断及时，用药准确。对老年人要耐心询问病史，细心进行体检，及时发现病症，准确用药。

2. 最大限度地减少用药数量。老年人用药应掌握少而精的原则，要考虑老年人年龄、生理、肝、肾功能及各种疾病之间对药物的相互影响。

3. 用药应从最小剂量开始。老年人用药特别强调个体差异，只能依据具体病人、具体病情不断调整，摸索出适合个体情况的最佳剂量。

4. 注意老年人用药后的反应。老年人用药后要细心观察，一旦发现不良反应，就应立即减量或停药。

（三）老年人安全及康复护理

1. 老年人的衣着应舒适、宽松。对行动迟钝的老人应穿防滑鞋，裤脚不可过大过长，最好不穿鞋带过长的鞋。更衣、裤、袜时要取坐姿，避免单腿站立，防止晕倒。痴呆老人身上应放联系卡，以防外出走失。

2. 设施环境应适合老人。老人活动区域不放置障碍物，不能有积水并要防滑。老人的床两侧应设床挡或一面靠墙，床不可太高要便于上下，身材矮小老人的床旁可加床踏板。卫生间、浴室地面要防滑，应设坐式马桶、增设扶手，浴盆不宜太高、有扶手等。

3. 日常用物便于握、拿、用等。应防止开水烫伤，最好用压力壶或开关式。

4. 夜间最好不要去厕所而用小便壶，并最好坐位排尿，防止排尿晕厥。

5. 老年人用热水袋等，水温要比一般成人低，50℃为宜。老年人洗浴温度应小于40℃。

6. 老年人神经反射活动减退，吞咽肌群不协调，故进食时注意力应集中，不要看报等以免呛咳窒息。吞咽略困难者应把食物调成糊状。吃药要看其服下防止误服。

7. 老年人康复运动要因人而异，运动要循序渐进，运动量不可过大，运动方式应安全，以散步、体操、门球、太极拳等活动为主。时间不宜过长，运动30分钟应休息15分钟。不要在饱餐和空腹时锻炼，应在餐后1小时后锻炼为宜。根据病情选择适合疾病康复的运动。

（四）老年人的饮食护理

1. 人体所需营养素。人体需要的营养素有七大类，即蛋白质、脂肪、糖类、矿物质、维生素、纤维素及水。这些营养素各自都有独特的营养生理功能，在代谢过程中又相互密切联系，共同参与和调节生命活动。营养素的主要功能是作为能源物质，供应热能、维持体温，并满足生理活动和从事生产劳动的需要。作为人体生命的建筑材料，营养素构成和修补机体组织，满足生长、发育和自我更新需要及合成抗体激素的材料，再则可以维持正常的生理功能，使机体活动能协调运转。

1）热能——一般情况下老年人的热能摄取量为2000～2400kJ/d。由于老年人户外活动及运动量减少，脂肪组织增多，基础代谢降低，热能消耗减少，有人统计60岁以后每10年热量需要量减少10%，所以应避免摄入热量过多而导致机体肥胖，进而诱发疾病。热能的来源主要是食物中的脂肪、糖类（碳水化合物）和蛋白质，对老年人来说，应控制好上述物质的摄入量，以能够维持标准体重指数为标准。

2）蛋白质——对老年人来说，每日摄入量71～80g，是相当重要的营养素。由于老年人消化吸收功能减弱，蛋白质的生物利用度也有所降低，因此，蛋白质的质量要求高一些，摄入量也应适当多一些，即尽量提高食物中优质蛋白质的含量，如奶类、鱼类、瘦肉、大豆及其制品等。

3）脂肪——每日摄入量应在40～50g，不超过总热量的20%～25%。脂肪所含热量比蛋白质和糖类要高1倍，因而摄入过多的脂肪往往容易引起身体肥胖，但是适量的脂肪对于菜肴的调味和帮助一些脂溶性维生素的吸收有一定作用。老年人对脂肪的消化能力减低，血液中脂质浓度升高的时间维持较长，会使血液黏稠度增高，容易发生血栓性疾病。因此，医护人员应嘱咐老年人和体胖的中年人除饮食清淡外，还要少食多餐，更应防止暴饮暴食，忌食过多的油腻食物，多吃一些豆制品、洋葱、黑木耳、荞麦、大蒜等有利于降血脂、抗血凝的食物。尽量避免动物脂肪、动物内脏、人造黄油或氢化植物油等的摄入，减少对健康的不利影响。一般脂肪以多种形式存在于体内，其中脂肪酸的存在形式对人体影响最大。脂肪酸分为饱和脂肪酸和不饱和脂肪酸，不饱和脂肪酸又分为单不饱和脂肪酸和多不饱和脂肪酸。摄入过多的饱和脂肪酸会引起高血脂和动脉粥样硬化，而不饱和脂肪酸如亚油酸、亚麻酸和花生四烯酸等可降低血清胆固醇含量。鱼油中含有一种叫二十碳五烯酸的多不饱和脂肪酸，是一种很好的抗动脉硬化物质，而且又可减少血小板凝聚，防止血管内发生栓塞，减少体内胆固醇含量。植物油中葵花子油值得重视，它是一种不饱和脂肪酸，其中亚油酸占55%，并含有维生素 E、磷脂，能抑制胆固醇的合成，防止胆固醇过高。它还含有胡萝卜素，对人体健康有利。不饱和脂肪酸在人体内不能合成，必须从食物中摄取，又称为"必需脂肪酸"。机体对不饱和脂肪酸的吸收取决于脂肪酸中的不同脂肪酸的比率。WHO 推荐的饱和脂肪酸、单不饱和脂肪酸、多不饱和脂肪酸的最佳比例为1:1:1。类脂主要包括胆固醇和磷脂，约占全身脂肪的5%。胆固醇只存在于动物性食物中，肥肉比瘦肉高，内脏又比肥肉高，脑中的含量最高。所有的动植物均含有卵磷脂，但在脑、心、肾、肝、卵黄、大豆中含量较丰富。

4）糖类（碳水化合物）——每日摄入量酌情控制在200g以内。人体所需热能的60%~70%是由糖类提供的，特别是神经系统只能靠葡萄糖提供能量。当血糖降低时，可出现昏迷、休克甚至死亡。淀粉是主要的食物，但必须先转变为单糖，以葡萄糖的形式被机体吸收利用。由于老年人对糖的耐受能力减退，胰岛素对血糖的调节作用减弱，易出现血糖升高。

5）矿物质——食盐摄入量应为6~8g/d，高血压、冠心病患者应在5g/d以下。矿物质主要包括钙、铁、钠、钾等。老年人对钙与铁的消化吸收能力下降，容易患骨质疏松症、缺铁性贫血等疾病，应加强食物中钙与铁的供应。含钙高的食物有乳类、海产品、蛋黄、豆腐等。含铁高的食物有黑木耳、海带、猪血等。

6）维生素——老年人由于消化吸收功能减退，咀嚼能力下降，为适应此变化，食物在制作过程中就难免过软、过烂、过细，上述因素均会造成维生素的损失，因此，要特别注意补充。

7）纤维素——在老年膳食中占有重要的地位。每日摄入一定量的粗粮、新鲜蔬菜及水果，不仅有利于消化和肠蠕动，避免便秘，而且可以预防结肠癌和降低血清胆固醇。

2. 老化对饮食的影响

1）身体方面——咀嚼功能减弱，牙齿数目减少，味觉减退，吞咽缓慢，消化吸收功能降低，疾病的影响等因素，造成了老年人食物摄入过程的变化。

2）精神方面——生活欲望低下，与家属或朋友之间没有交流，生活孤独寂寞的老人，或有精神障碍的老人等，食欲均会有不同程度的减退。

3）社会方面——社会地位、经济实力、生活环境以及价值观等对老人的饮食也产生一定的影响。

上述因素对老年人的饮食摄入影响很大，应针对食物摄取过程中每个阶段的影响采取必要的护理措施。由于老年人体内蛋白质分解较多、合成减少，所以老年人在外观上表现为皮肤松弛、毛发干枯。对于这部分老年人在饮食上要注意蛋白质的补充，以保证老年人有足够的营养。老年人肝脏合成糖原的能力降低，糖原储备减少，对糖的耐受能力差，因此，老年人要注意尽可能少吃糖类，具体就是要做到"少食多餐、七八分饱"，这样可以改善糖耐量。不要过多地摄入脂肪，注意饱和脂肪酸与不饱和脂肪酸的比例，是老年人饮食要注意的另一个问题。

3. 科学烹饪食物

1）淘洗米最好不超过 3 次，不要用力搓洗或流水冲洗，水温越低越好；煮饭时尽量不丢失米汤，可采用焖饭的方式；煮稀饭时不加碱，以防止 B 族维生素的破坏。

2）制作面食时，不要加碱或少加碱，尽量采用减少维生素损失的烹调方法；油炸食品维生素损失较多，尽量少吃；煮水饺、面条、馄饨应把汤利用起来，可减少维生素和无机盐的损失。

3）肉类、内脏或其他动物性食品，应尽量采取急火快炒的方法，可用淀粉勾芡以防止维生素的损失。骨头应设法敲碎煮汤，并可加醋少许，以促进钙的溶解。

4）蔬菜要新鲜，最好先洗后切，不宜切得过碎，下锅前尽量少用水浸泡，最好切后即炒，以减少维生素 C 和胡萝卜素的氧化。炒菜时应急火快炒，尽量少加水，不要过早放盐，否则菜不易熟。菜汁多，一些维生素和无机盐也会溶出，造成维生素与无机盐的损失。

5）尽量使用铁锅，避免使用铜锅，以减少维生素 C 的损失。

4. 老年人进餐时的护理

1）进餐的准备——室内的空气要新鲜，争取和家人一同进餐，对有自理能力的老人应鼓励其自己进餐，必要时给予一定的协助。老年人进餐最好取坐位，摆好桌布，挂好餐巾，增加老年人的舒适感。摆好饭菜，介绍食品，增强老年人的食欲。老年人涎液分泌减少，口腔黏膜的润滑作用减弱，进餐前可少量饮水湿润口腔。

2）进餐的护理——对轻度功能障碍的老人，可通过用特制餐具来维持老年人自己进食的能力。对需要家人协助喂饭的老人，应尊重老人的意愿和习惯，掌握适当的速度与老人相互配合，避免发生摩擦。对吞咽能力减低的老人，严密注意吞咽状态，防止误咽。

3）鼻饲疗法的护理。

A. 对行鼻饲疗法的老人，由于思想负担重及放置胃管的不适，要经常对神志清醒的老人讲解放置胃管的安全性和必要性，取得他们的理解与配合。

B. 注入营养液前应先把床头抬高45~60度。

C. 注入营养液时，应该先用注射器抽吸胃液，确定胃管在胃内后，注入20ml清水冲洗胃管。营养液每次不超过200ml，间隔不少于2h，注完营养液后再注入清水20ml。

D. 注入营养液的速度不要过快；温度应在38~40℃；要向老人说明营养液的成分。

E. 注入后将胃管开口端反折，用纱布包好后，夹子夹紧。

F. 注入后要稍停片刻，再将床恢复原位。

G. 对长期鼻饲的老人通常每周换一根胃管，晚间拔出，次晨换另一侧鼻孔插入。做好鼻腔及口腔的护理。

5. 老年人饮食卫生

老年人的消化道也像全身所有组织日趋衰老一样，不可避免地要发生变化：牙齿松动或脱落，味蕾敏感性差，吞咽不便，胃内膜及胃部肌肉逐步失去原有功能、不能产生足够的具有活力的消化液，小肠液和胰液及胆汁分泌减少，大肠运动能力降低等。以上变化可使老年人在饮食方面表现出食欲下降，进食量减少，易产生腹胀和便秘，甚至体重下降。所以老年人要做好胃肠道保健，讲究饮食卫生：

1）注意保护牙齿，少吃甜食，早晚刷牙，发现牙齿不好要及时修补。

2）合理饮食，多吃富有纤维的食物和水果，一则加强牙齿的咀嚼能力，二则可减少便秘。

3）食物烹调尽可能做到色香味俱全，并保持一定水分。避免单独进食，多同子女一起进餐，这样可以增进食欲。

4）注意按时进餐，晚饭不能过饱。

5）适当运动以增加全身血液循环和加强胃肠蠕动，从而增进食欲。

6）一旦出现胃肠功能紊乱，特别是当症状持续二周以上时，如腹泻、便秘、疼痛、呕吐、黑便、便血、体重减轻等应及时就医。

7）养成定时大便的习惯。大便时注意观察颜色，不可乱用泻药。

8）不要吸烟和过量饮酒。

（五）老年人的排泄护理

排泄是人体将新陈代谢的产物排出体外的生理过程。

随着年龄的增长，机体调节功能逐渐减弱，身体也在不断变化，老年人的身体在各方面的正常功能都开始退化，自理能力下降以及因疾病原因造成老年人的排泄功能出现异常，有尿急、尿频甚至尿便失禁现象。老年人的排泄障碍是机体老化过程任何人都无法抗拒的，给老年人的身心健康、生活质量带来极大不方便，护理者应妥善处理，更要有爱心，体谅老年人，尽量给予帮助。

1. 老年人便秘

人到老年，胃肠功能减退，粪便在肠道内停留过长，容易造成便秘。便秘是老年人常见的通病。

便秘是老年人常见的消化道症状之一。通常持续3~4天不解大便即可认为是便秘，但是必须结合大便的性质和个人的主观感觉方可确定。有的人虽然每天大便一次，但排便不畅，大便干结、量少，总感到未排尽而不适；也有的人有每天排便的习惯，因种种原因2~3天大便一次时，则感到全身不适，此类情况实际上都属于便秘。便秘的原因可归纳成两类：功能性和器质性。查明原因后，可针对原因进行治疗或纠正一些不良习惯。老年人功能性便秘多是腹肌和肠肌衰弱或不良的排便习惯造成的。首先要养成定时排便的习惯，最好选择早饭后去厕所排便，有时虽无便意，但应主动按时上厕所，多次反复有意识地训练就习惯了。必要时配合腹部按摩，进行适当运动，按时进食，充分饮水，往往也有一定效果。在饮食方面多吃含纤维多的食物和水果；牛奶含水分多又有一定量的油脂，故可多食一些；各种调味品有促进肠道蠕动的作用，酒精饮料也可促进肠蠕动，浓茶、咖啡则有抑制肠蠕动的作用，故可根据不同情况酌情选用，但不宜过量。导泻药要尽量少用，但同时患有心脏病、高血压等慢性病的患者可选用轻泻药。常用的药物有：蓖麻油、大黄、番泻叶、硫酸镁、石蜡油和酚酞等。有时粪便结成块，停滞在直肠靠近肛门处，泻药是无效的，必须用手指将成块大便抠出，方能解除病人痛苦。若为器质性便秘，如肠道狭窄或新生物所致，则需要手术治疗。此外，当患糖尿病、甲低、高血钙或服用酸制剂时也可导致便秘。

人到老年，饭量大大减少，喝水量不足，食用含脂肪的食物较少，饮食过于精细，睡眠不足，精神紧张或突然改变环境，不良的排便习惯等都可引起便秘，再者常服泻药，形成依赖性减弱了直肠的敏感性，缺乏体力锻炼，患病卧床而活动量减少，精神抑郁或情绪过于激动等也可引起便秘。

鼓励多食富含粗纤维的食物，大量饮水，适当运动，养成定时排便的习惯。排便时精力集中，经常按摩腹部增强结肠蠕动，必要时给予开塞露肛注，服用缓泻剂，预防并减少便秘。

大便干燥，便秘，每天早上吃燕麦粥50g，空腹喝少量淡盐水，晚上喝少量蜂蜜，适当活动，即保持大便畅通，解除便秘之苦。

燕麦粥不但降胆固醇、降甘油三酯，对糖尿病、减肥特别好，特别是通大便效果最好。

(1) 预防及保健。

主动寻找并去除原发病因，正确对待便秘。便秘是老年人常见的胃肠道症状，绝大多数人属于慢性功能性便秘，并不是独立的一种疾病，因此必须正确对待。有时大便错后1~2天，如没有其他不适症状，也属正常。不必过于担忧，不要滥用泻药，以免造成结肠排空异常，反而打乱排便规律。可先寻找便秘的原因，采取综合性的自我保健措施更为有效。

A. 养成定时排便习惯。克服常用泻药和洗肠的习惯。每天在一定的时间，如早餐前后排便，以此作为条件信号，从而建立良好的排便习惯和规律。时间一到，有了便意就不要忽视，不应抑制便意去做其他事情。大便时不宜看书报，分散注意力，以免将排便时间拉得过长。平时要避免久坐、久卧，注意劳逸结合，戒烟戒酒，保障睡眠充足。

B. 调整饮食习惯，食物要多样，注意荤素及搭配，适当增加纤维素较多的蔬菜、水果和杂粮，如全麦面粉、玉米粉、糙米、薯类、豆类、韭菜、菠菜、芹菜、萝卜、梨、香蕉及具有润肠作用的蜂蜜、核桃及芝麻等。忌食辛辣食物。老年人平时宜多饮水，最好每天早上起床后坚持饮一杯温开水或蜂蜜水，以刺激肠蠕动，软化粪便。

老年人，由于全身各脏器功能衰退，疾病缠身，牙齿脱落，过硬的食物咀嚼困难，难以下咽，又由于脾胃功能减弱，消化吸收较差，而易发生便秘。因此，老人的饮食应清淡，软食，食物要清洁，食之要有节，勿暴饮暴食。

C. 劳逸结合，放松情绪，适当加强体力劳动或体育锻炼，避免久坐久卧及用脑过度。适当加强体力活动，散步、快步快走、打太极拳和健身操。自我按摩腹部。坚持早晨起床前及晚上临睡前各做一次自我按摩，利于增强肠蠕动，促进排便。

（2）老年人便秘，用药要慎重。

切莫滥用泻药，应在医生指导下尽可能使用一些和缓的药物，剂量不宜过大以免引起腹痛等副作用。便秘改善后就应减药或停药，对泻药不可存有依赖。万万不可用力排便，患有高血压、冠心病、糖尿病的老年人，由于便秘用力排便，腹压突然增加，血压常可猛升，易诱发心绞痛、心肌梗死、脑出血，后果非常严重。有这类疾病的老年人如发生便秘，经用药未能见效时，切莫强加用力，应到医院就诊，以免发生严重的并发症。

肠内容物在肠内运行迟缓和停滞过久，水分被过分吸收使粪便坚硬，排便次数减少，此即便秘。便秘常见于结肠、直肠和肛门疾患，老年或全身虚弱者，或生活习惯突然改变等。

2. 防止老年人脱水

老年人由于体液量减少，肾脏浓缩尿液的功能下降，口渴中枢感受性低下及受某些疾病的影响，极易导致老年人的脱水。因此，对有病卧床的老年人要正确掌握摄取水分的情况，必要时可记录1日的出入量。即使是健康老人，也应积极地督促其多饮水。尿频及夜尿多者，要注意控制调整白天的液体摄入量。对不能自理的老人要给予适当的协助，保证饮水适量。

二、以老人为本的护理

以老人为本的护理，要求护理人员既具有优雅的仪表、端庄的举止，又具有高尚的情操和对人类健康事业的忠诚，使外在美与内在美形成良好的统一。

护理工作，是为人类健康服务的职业，是脑力劳动与体力劳动相结合的实践活动。护理实践包含着健康评价、疾病治疗、生活护理、健康教育、康复指导等多个方面。护理人员在实践活动中，创造科学美、技艺美、言语美、智慧美、力度美等。

护理学作为对人的生理、心理、社会全面关怀的一门学科，更需要从以老人为本的角度来把握人的整体性，要求护理人员将内心的美与外在的美融合为一体，并创造出美的环境，使患者产生美感，感受到生命与生活的美好，从而产生战胜疾病的勇气。以老人为本的原理指导护理实践，对提高整体护理水平有着极其重要的意义。中华护理学会规定的护理工作的八项标准"安静、舒适、整洁、美观、及时、准确、安全、节约"均说明了以老人为本的原理。

（一）基础护理的基本概念

基础护理是以护理学的基本理论、基本知识和基本技能为基础，结合患者的生理特点、心理特点和治疗康复的要求，满足患者的基本需要，如饮食护理、病情观察、舒适护理、临终关怀及基本护理技能操作。

基础护理的服务对象是人，人具有生物性、社会性双重属性，因此在基础护理中既要满足患者的生理需要，也要满足患者的心理、社会需要。

1. 整体护理的内容

整体护理是以现代护理观为指导，以护理程序为核心，并且将护理程序系统运用到临床护理和护理管理中去的指导思想。整体护理体现了科学美、创造美。整体护理是在现代科学交叉综合发展趋势以及由此而形成的大科学观的深刻影响下产生的，是人类对自身认识的对健康、疾病认识的不断深化的必然结果，是护理观念的重大变革。丰富和完善的护理理论体系、护理程序的应用标志着护理学科方法论的形成，具有极大的科学性和创造性。

2. 基础护理技术操作

护理技术操作是护理人员为服务对象提供护理服务的常用手段，在实施过程中，体现了护理人员高尚的职业道德情操、严肃认真的工作作风、娴熟准确的技艺能力，是真、善、美的集中表现。

（1）贯彻"以人为本"的护理理念，重视环境对人的影响，了解老人的心理状况，实施整体护理。操作中关心、体贴老人，动作轻柔，使老人产生温暖如春的护理技艺美感，减轻老人的痛苦，增强其战胜疾病的信心。

（2）护理操作中应体现护理人员对老人高度的责任心和一丝不苟的严谨的工作态度，严格遵守操作规程，做到技术上精益求精。

（3）护理操作中护理人员应技术娴熟、动作规范、具有节奏感，体现操作的规范美和娴熟美。各项操作应给人以流畅、美的享受。

3. 老人健康教育

健康教育是指健康信息在教育者和受教育者之间的传递和交流的过程，其目的是使受教育者具有自我保健意识，并自觉采取有益健康的行为。狭义的健康教育是指通过有计划、系统的教育活动，促使老年人自愿采取有利于健康的行为，以消除或降低老年人身体的危险因素，达到促进健康、预防疾病、加速康复、提高老年人的生活质量为目的。健康教育的目标在于鼓励老年人采取有利于健康的生活模式，以改善他们自己的健康状况及生活环境，从而提高健康素质，达到精神、躯体和社会关系等方面的完美状态。

以老人为本的护理在健康教育中的表现主要体现在以下方面：

（1）健康教育是护理人员的基本职责之一，护理人员应具有正确的健康观，充分认识到健康教育的重要性，并将健康教育贯穿于医疗、护理、自我健康、康复等的全过程。

（2）护理人员要以科学的态度、良好的职业道德开展健康教育。医学、护理学是科学的一分支，健康教育的内容要科学严谨、实事求是，不为经济利益驱动，夸大某些药物疗效、仪器的实际效用，并要教育老人破除迷信、巫医等封建思想，防止老人上当受骗。

（3）护理人员应具有实施教育的能力，针对不同老人进行健康教育。同时，应注意健康教育内容要具体，具有可操作性。

（二）老人生活护理

人步入老年后，自我照顾能力下降，特别是一些生活不能自理的老人，生活护理就显得尤为重要。生活护理能有效地满足病人生理、心理需求，保持良好的人体美及环境美，达到美的享受。生活护理应包括病人的清洁卫生护理、饮食护理、排泄护理、环境护理。

清洁是人类最基本的生理需求之一，它可去除身体的表面污垢，保护皮肤防御功能，促进血液循环，减少并发症，预防褥疮的发生。还可以改善和保持良好的自我形象，增强自信心和尊严，感觉舒适、安全、心情愉快。

老人护理是借助有组织的社会力量，将公共卫生学及护理学的知识与技能相结合，以老年人群为服务对象，为个人、家庭及社区提供促进健康、预防疾病、早期诊断、早期治疗、限制残障等服务，提高老年人群的健康水平。

1. 老人护理特点

（1）综合性护理。

老人护理对服务对象不分性别、病种，全面负责他们在疾病预防、治疗、康复阶段的护理服务，关心影响服务对象的生理、心理和社会环境因素，以预防为导向，用健康教育、计划免疫、定期随访等方法进行一系列护理服务。

（2）连续性护理。

老人护理对于疾病的转归起着延续性促进作用，不因服务对象的某一健康问题的解决而中断，而是在第一次接触后，开始在不同的时间、空间提供护理服务，如慢性疾病或残疾者出院后对并发症的预防和安全问题等。

（3）个性化、人格化护理。

老人护理特别强调人性化、人格化护理，要求充分了解自己的服务对象，熟悉其生活方式、工作环境、文化背景、健康状态，掌握其个性，提供适合其个性的护理服务。

2. 以老人为本的护理的应用

(1) 以老人为本的护理对国际健康银发城环境的要求。

护理环境包括自然环境和社会环境。

A. 自然环境。自然环境美是由建筑景观美、人文景观美构成。

设置一些文化品位高的艺术作品，它们反映老年人的思想境界、道德情操和文化素养，如具有浓厚民俗风情的铜雕、名人塑像等。还应有适量的健身设备、休闲场所，满足人们锻炼休闲所需。自然环境要加强绿化，种植鲜花绿草，美化、净化环境，保持清洁卫生，达到愉悦身心、预防治病的目的。社区环境美更重要的一点是应加强环保意识，防止环境污染，尤其应加强对环境大气污染、水污染、噪声污染和室内空气污染的监督和处理，防止由此给老人的健康造成直接或间接的危害。

B. 社会环境。国际健康银发城是社会的缩影，有着错综复杂的人际关系，护理人员有责任与其他工作人员共同帮助，建立良好的人际关系，创造良好的精神文明氛围。同时，在护理老人的过程中，应加强情感交流，与老人建立良好的人际关系。

(2) 开展老人健康教育，提高老人健康水平。

健康教育，通过有目的、有计划、有系统评价的教育过程，促使和帮助国际健康银发城老人自觉地采取健康行为，建立良好的生活方式，从而预防疾病和促进健康。护理工作者利用广播、电视、录像、幻灯、报刊、宣传栏、板报等大众传播媒介，通过讲授、演讲、座谈、小组讨论、角色扮演、参观等方法开展老人健康教育，激发老人达到更高健康状态的愿望，进而采取行动。

(3) 开展优质老人护理服务，展示护理人员的职业道德美、技艺美。

护理服务内容广泛，如何应用老人护理、康复护理、卫生宣教、普查普教等，要求护理人员掌握丰富的医学、卫生学、心理学、社会学、美学知识；具有良好的道德品质，如敬业精神、吃苦耐劳精神，并掌握娴熟的护理技术，独立开展工作。

三、护理活动中的护患关系

护患关系是护理人际关系中最重要的一种人际关系。在护理活动中建立良好的护患关系，是开展各项治疗、护理的良好开端。

(一) 护患关系充分表现了语言美

护患关系中应用科学、文明、谦虚、亲切、幽默的语言，表达护理员内心对病人的情感，给人以美的享受，而非语言行为，如微笑、点头、握手等表现出行为美。

(二) 护患关系具有感染性

良好的护患关系对护患双方具有强烈的感染性，使双方身心愉悦，护理员从中产生自豪感，老人产生信任感、放心感，增加战胜疾病的信心，更加热爱生活、热爱生命。

（三）整体性美

良好的护患关系，不单是某个护理员与某个老人的关系，而是护理员与所有老人和谐的关系，它需要护患双方全体人员共同努力。

（四）良好的护患关系的关键是护理员的主导作用

良好的护患关系是护患双方从第一次接触后逐渐建立的，它需要双方全身心付出，精心培育、创造，才能逐渐发展并完善。

良好的护患关系是护患双方彼此尊重、理解而产生的，尤其护理员起主导作用，护理人员端庄大方的仪表、文明礼貌的言行举止、娴熟的护理技艺能力，给老人留下美好而深刻的印象，成为护患关系发展的奠基石。

四、康复护理的要求

随着现代社会的飞速发展，人的数量的增长和人均寿命的延长，老年人日益重视生活质量，社会对康复服务的需求越来越大，康复保健的作用就显得更加突出。老人康复护理是从基础护理中发展起来的一门专科护理技术，与一般护理既有联系又有区别。

康复护理的对象局限狭窄，主要是功能障碍者，而老年人护理的目的是最大限度地恢复所丧失的功能，增强生活自理能力，改善和提高生活质量。护理形式以"自我护理"为中心，护理员给予最少的帮助，残疾者尽最大的努力自己去完成各项活动。多采用功能训练及日常生活活动训练为主要护理方法。

五、危重病人的特点与护理

凡病情严重，随时可能发生生命危险的患者均称为危重患者。危重病人具有病情急、来势猛、需迅速抢救、病情重、变化快、病程难断、生活不能自理、配合医护差等特点，故护理人员应对危重老人进行细致、严密的观察，及时抢救，精心地护理。

（一）观察病情

观察病情是护理危重病人的先决条件，它能帮助我们识别危重病人，为诊断、抢救、护理提供依据。观察危重病人应从以下几方面进行：

1. 生命体征的观察：体温、脉搏、呼吸、血压统称为生命体征，它们均受大脑皮层控制，通过神经体液的调节而保持其正常功能。

2. 观察瞳孔，对光反应是否灵敏，双侧瞳孔是否等大等圆。

3. 观察神志变化，有无意识障碍表现，如意识模糊、谵妄、嗜睡、昏迷。

4. 观察患者营养、发育、表情、面容、睡眠、饮食、排泄等情况变化。

（二）加强临床护理

1. 眼的保护：眼睑不能自行闭合的病员，由于少眨眼，角膜可因干燥而易发生溃疡，同时伴发结膜炎，应涂红霉素油膏或盖凡士林纱布以保护角膜。

2. 做好口腔护理：保持口腔清洁，增进老人食欲。

3. 防止褥疮发生：经常帮助老人变换体位，加强受压部位的护理。应鼓励清醒者定时做深呼吸或轻拍背部以助分泌物咳出。应注意保持肢体的功能为治。病情许可时，可每日为病员做 2～3 次肢体被动运动，如伸屈、内展、外旋等活动，并做按摩以促进血液循环，增强肌肉张力，帮助恢复功能，也可预防静脉血栓的形成。

（三）保持呼吸道通畅

应使病员头侧向一边，经常用吸引器吸出呼吸道分泌物，保持呼吸道通畅。

（四）补充营养和水分

对不能进食者，可经胃肠予静脉高营养支持。水分流失较多的病员，如有大量引流液或额外体液丧失情况，应补充足够的水分。

（五）注意大小便的情况，保持大小便通畅

发生尿潴留，可采取帮助病员排尿的方法，以减轻病员痛苦。必要时，可在无菌操作下导尿。对有留置导尿管者，要注意引流通畅，防止泌尿道感染。如老人大便干结，用灌肠法仍不能排除时，护理员可戴手套帮助取出粪便。

（六）注意安全

对意识丧失、谵妄、躁动的病员要注意保护其安全，用保护具以防止摔伤。牙关紧闭抽搐的病人，要用压舌板裹上数层纱布放于上下臼齿之间，以免由于咀嚼肌痉挛而咬伤舌头。室内光线宜暗，工作人员动作要轻，避免由于外界刺激而引起抽搐。

六、日本养老机构看护一览表

进行看护的场所	看护起居室		看护起居室		看护起居室	
	包括在一时间及月额使用费用中的服务	每次征收费用的服务	包括在看护保险金给付、一时间及月额使用费用中的服务	每次征收费用的服务	包括在看护保险金给付、一时间及月额使用费用中的服务	每次征收费用的服务
看护服务						
·巡回 9：00—18：00 18：00—21：00			每三小时及随时 每四小时及随时		每三小时及随时 每四小时及随时	
·餐饮帮助	在食堂照看	帮助一次 1050 日元	适当应对		适当应对	
·排泄 排泄帮助 换尿布 尿布费		1 日 3150 日元 1 日 5250 日元 1 袋 457～2910 日元	适当应对 适当应对	1 袋 457～2910 日元	适当应对 适当应对	1 袋 457～2910 日元

续表

进行看护的场所	看护起居室		看护起居室		看护起居室	
·入浴 清洗擦拭 一般入浴帮助 特殊帮助		浴室使用费 一次 400 日元 1 次 3150 日元 1 次 3150 日元 1 次 4200 日元	一周两次 适当应对 适当应对	一周三次起 一次 1575 日元 （只使用浴室， 一次 400 日元）	一周两次 适当应对 适当应对	一周三次起 一次 1575 日元 （只使用浴室， 一次 400 日元）
·身体帮助 换体位 居室内的移动 衣服的穿脱 仪容帮助 日常生活 障碍应对	—— —— —— —— ——	移动帮助 1 日 3150 日元 从旁教导等 1 次 525 日元 从旁教导等 1 次 525 日元 1 日 5250 日元	—— 适当应对 适当应对 适当应对 适当应对 适当应对		适当应对 适当应对 适当应对 适当应对 适当应对	
·机能训练	——	1 天 3150 日元	适当应对		适当应对	
·去医院 的帮助		30 分钟 1575 日元 30 分钟以上加 1050 日元/次	合作医院 看病照顾	合作范围 医院以外 的医院看病 30 分钟 1575 日元 以内 1050 日元/次	合作医院 看病照顾	合作范围 医院以外的 医院看病 30 分钟 1575 日元以内 1050 日元/次
·紧急时应对 护士呼叫	24 小时应对		24 小时应对		24 小时应对	
生活服务						
·家务事 清扫 洗涤 居室配膳、下膳		一次 1575 日元 一次 1575 日元 一次 210 日元	每周 3 次 及随时 每周 2 次 及随时 适当应对			
·理发美容		剪发 2100 日元		剪发 2100 日元		剪发 2100 日元
·代行 购物 去机关办手续 取药服务		一次 1575 日元 以后每次 1050 日元 一次 315 日元	每周 1 次 指定日 合作医院	指定日外 1575 元/30 分钟，以后 1050 元/ 30 分钟 合作医院 外 315 次	一周次指定日 合作医院	指定日外 1575 元/30 分钟，以后 1050 元/30 分钟，合作医 院外 315 次
·健康管理服务 健康诊断 健康协商 生活指导 医师的就诊	随时 随时 内科一周一次	车次实际费用	随时 随时 内科一周一次	车次实际费用	随时 随时 内科一周一次	车次实际费用

续表

进行看护的场所	看护起居室		看护起居室		看护起居室	
·住退院的服务 医疗费 移送服务	医疗费自己负担实际费用	合作医院的移送	医疗费自己负担合作医院范围以外的费用	合作医院的移送	医疗费自己负担合作医院范围以外的费用	
·住院中的援助	30钟1575日元以后每30分钟1050日元（6~8点及18~22点增加25%，22~6点增加50%）		30钟1575日元以后每30分钟1050日元（6~8点及18~22点增加25%，22~6点增加50%）		30钟1575日元以后每30分钟1050日元（6~8点及18~22点增加25%，22~6点增加50%）	
其他	娱乐每日俱乐部活动	材料实际费用	娱乐每日俱乐部活动	材料实际费用	娱乐每日俱乐部活动	材料实际费用

根据本人需要可以选择服务
金额全部是含税金额

第四节 国际健康银发城安宁护理与关爱

一、临终关怀

（一）临终关怀的兴起

1999年10月12日为世界人口日，全球人口达到60亿，大约5.9亿是60岁以上的人。到2025年，几乎14%的人口将是老年人，其中80岁以上的高龄老人将是增长非常快的一个群体。迅速增长的人口老龄化对社会的经济、生活和政策各方面产生非常大的影响，使得全世界的政府、社区和家庭面临前所未有的挑战。

人口老龄化的深刻影响之一是卫生保健。卫生保健产业要为这一老龄化的人口提供必要的资源。例如，中国人口老龄化程度最高的上海，1992年60岁以上老人中重病患者占3%，生活不能自理的老人加上老年痴呆患者，预计6.3%（12万人）需要照料，其中一部分是临终病人。生活不能自理的老人80%左右依靠家属照料，家属面临极大困难，众多垂危老人呼唤临终关怀。同时，人们也越来越认识到，对于临终老年人来说，传统的、机构化的卫生保健形式可能并不是帮助他们和提供爱心的最有效的途径。对于一些临终的人来说，尽管卫生保健系统不断有技术革新，却没有强调减轻病人的痛苦和保持其尊严。每一个社会对待死亡有其不同的习惯和态度，然而人们一致赞同：临终的人，应该以舒适和有尊严的方式度过他们最后的日子。临终关怀正是在人口与文化的变迁中产生的。

"临终关怀"一词可回溯到几百年以前,那时用于描述给虚弱或生病的旅行者以庇护。该词首次在当代意义上使用,表示对濒临死亡的老年患者给予亲切的抚慰、良好的照顾和尽可能的帮助,使其安然故去。最早对临终病人的照料是在1967年,在英国伦敦由桑德斯首创的圣克里斯多费临终关怀医院。迄今为止,临终关怀机构在不少国家得到发展和推广。

(二)美国临终关怀的发展

1974年,美国首家临终关怀医院建立。1982年,国会颁布法令在医疗保险计划(为老年人的卫生保健计划)中加入临终关怀内容,这为病人提供了享受临终关怀服务的财政支持,同时也为美国临终关怀产业的发展奠定了基础。政策的变化使得各地立即出现临终关怀浪潮。三十多年来,美国的临终关怀服务在处理复合性疼痛和症状方面的能力逐步增加,服务机构从小的自愿组织发展到各种正规的非营利和营利机构。

社会发展中的一些因素促使临终关怀的需求量大大增长,如人口老龄化、人们对有尊严地死亡的关注以及各种机构在临终方面费用的增加。美国的临终关怀产业迅速发展,临终关怀计划数量每年以将近17%的速度递增。如今,美国国家临终关怀组织(NHO)在50个州正在运行和计划之中的临终关怀计划超过3100个。仅1998年,美国约有54万病人和他们的家属接受了这种服务。由于老年人口(现在有4千万)预计今后30年将翻一番,美国临终关怀病人的数量将会保持继续增长的势头。

(三)临终关怀的原理

美国的临终关怀的对象是那些濒临死亡的人,即通常诊断生命只有6个月或不足6个月的病人。按照规定,临终关怀医院不向病人提供治疗。临终关怀的目的既不是治疗疾病或延长生命,也不是加速死亡,事实上,是通过提供缓解性照料、疼痛控制和症状处理来改善个人余寿的质量。病人的尊严是临终关怀最为关心的问题。临终关怀强调病人和其家属的情感的、心理的、社会的、经济的和精神的需要。临终照料主要是在病人的家中提供,当病人无法选择家庭照料时,临终关怀照料可以在医院、护理院或其他设施中进行。

临终关怀照料由一支专业队伍提供,这是一个由注册护士、内科医生、社会工作者和牧师或其他法律顾问组成的跨学科队伍。需要时,照料服务也提供助手、药剂师、身体治疗、语言治疗和培训过的志愿者。病人和其家属接受一天24小时、一周7天的服务。

1995年,根据美国国家临终关怀组织统计,临终关怀病人中60%的人患有癌症,6%患有与心脏有关的病,4%患有艾滋病,1%患有肾脏病,2%有阿尔茨海默病,27%患有其他疾病。

(四)美国临终关怀的现状

1. 人口学统计

根据美国国家临终关怀组织统计,1998年4月,美国65%的临终关怀医院为非营利机构，16%为营利机构，4%为政府组织，15%不确定类型。从组织结构来看，1998年，大约28%的临终关怀机构是独立法人，59%并不是临终关怀医院（例如医院或家庭保健机构），而是隶属于某一法人机构，13%不确定。

1995年，52%的临终关怀病人是男性，48%是女性。男性病人中，71%是65岁以上；17.2%是50~64岁；10%是18~49岁；1%是17岁以下。女性病人中，74%是65岁及以上，16.7%是50~64岁；8.6%是18~49岁；1%是17岁以下。

77%的临终关怀病人死于自己的住宅，19%死于机构，4%的人死于其他地方。在所有接受临终关怀照料计划的病人中，平均存活期为61.5天，即大约两个月的时间。

2. 临终关怀的财政状况

一般说来，临终关怀是一个节省费用的有效照料方法，因为它由家庭成员、朋友和志愿者在家庭里向病人提供照料，通常不需要费用高昂的技术。事实上，据美国国家临终关怀组织估计，90%以上的临终关怀照料是在病人的家中提供的，代替了高额费用的机构照料。1995年的研究显示，用于临终关怀的每1美元医疗保险支出可以节省1.52美元的医疗保险费用。节约来源是病人的治疗费、药费、住院费与护理费。在生命的最后一年，临终关怀病人比不用临终关怀的人少用了2737美元。在生命的最后一个月，这总共节省3192美元。临终关怀节省的费用有些是不明显的，例如，许多享受医疗保险的濒危病人经常很晚才接受临终关怀服务，直到他们死亡的前几周或前几天。

在美国，临终关怀包含在多数私营卫生保险计划、联邦政府的老年医疗保险计划以及多数国家贫困者卫生援助计划之中。许多临终关怀也接受慈善和志愿形式的捐助和社区支持。

根据美国国家临终关怀组织统计，1995年，医疗保险计划为临终关怀病人支付65.3%的费用，私人保险支付12%，医疗援助计划（Medicaid）支付7.8%，4.2%的贫困病人免付临终关怀费用。

3. 临终关怀与医疗保险计划

在美国，多数临终关怀照料由医疗保险提供。1994年，医疗保险从它的大约2000亿美元中花费12亿美元用于临终关怀服务。在医疗保险计划中，临终关怀队为医疗保险病人提供完全的个案处理，包括所有的服务、药物和设备。

当一个病人选择了临终关怀照料，他可以等待医疗保险支付临终状态的所有治疗处理。医疗保险临终关怀福利包括：

护理服务；内科医师服务；药物和生物学；内科手术、语言治疗；家庭保健援助和家务服务；医疗支持和医疗器械；短期住院病人照料；医疗社会服务；精神、饮食和其他咨询；专业培训的志愿者；丧葬服务。

1984年年底，仅有153个医疗保险确定的临终关怀计划运作，而到了1995年，猛增到1857个。根据美国卫生保健财政署估计，从1990年财政年到1996

年，医疗保险支付以33.1%的平均年增长率增加，临终关怀服务的增长率居各种服务形式增长率之首。

4. 医疗援助计划

除了医疗保险计划外，医疗援助是联邦和州共同向贫困者提供卫生保健的计划，接受者需要将其资产提供给临终关怀服务。1999年，美国有43个州以及哥伦比亚地区的医疗援助中包含了临终关怀内容。1993年，医疗援助花费在临终关怀服务上的费用达到1.29亿美元。

（五）临终关怀的障碍

在许多国家，包括一些已经有临终关怀计划的国家，都或多或少存在一些妨碍最大限度地发挥临终关怀效益的障碍。例如，在许多发展中国家，包括一些发达国家，大家庭支持的减少使得临终关怀照料对于许多在家中接受照料的个人变得更加困难。

在美国，长期存在的一个障碍是谈论死亡的困难。许多个人不愿意承认医生对他们达到临终状态的诊断，他们坚持接受通常被证明是无效的多余治疗。许多家庭成员也对讨论濒死持犹豫态度。国家临终关怀组织在1999年4月发现，45岁以上的美国人中1/4的人说他们不愿提出与他们的父母死亡有关的问题，甚至如果父亲或母亲已经得了不治之症并且活不到6个月了。尽管社会上有一些人忌讳讨论临终问题，但是研究发现，当面临不治之症时美国人很清楚他们希望得到什么。美国人最主要的倾向是：（1）有一个获得服务的选择；（2）对病人和家属情感的和精神的支持；（3）根据病人的意愿控制疼痛；（4）病人有在自己家中或其一个家庭成员的家中死亡的选择。

在美国，因为临终关怀的条件包含在医疗保险之中，需要由医院来评估一个病人对临终关怀服务的需要并通知病人获得临终关怀服务。许多医生在需要通知他们的晚期病人的病情时也很犹豫，因为他们不愿打击病人继续治疗的希望。除此之外，要准确预测一个病人的余寿时间事实上并不容易。

（六）美国临终关怀对中国的启示

近几年，临终关怀在中国也开始引起社会的注意。1988年8月，中国第一个研究死亡的机构——天津临终关怀研究中心成立，之后，中国心理卫生协会临终关怀专业委员会和临终关怀基金也相继成立。1988年上海首创了第一个临终关怀机构。1992年，北京市招收濒危病人的松堂医院正式成立。十多年来，临终关怀医院在许多城市纷纷涌现，中国的临终关怀事业正在不断发展。

美国的临终关怀现状是中国今后的发展方向。作为一个发展中国家，我们能从美国的临终关怀中获得许多启示。

1. 人口老龄化对社会的影响在各国是相通的，不仅在发达国家，而且在发展中国家，同样有对临终关怀的需求。随着中国人口老龄化的发展，特别是城市独生子女大量涌现，社会对临终关怀的需求将越来越强烈。美国的经验表明，临终关怀是一个节省费用的有效照料方法，是解决濒危病人家庭照料困难的一个重要途径。鉴于计划生育成为中国的一项基本国策，社会在提倡优生优育的同时，也要注重临终关怀，使濒危老人尽量获得善终的条件，有尊严和安详地告别人生。

2. 美国的临终关怀医院尽管有不同的类型，但大多数属于非赢利机构，具有明显的福利性。这也是对中国发展临终关怀机构的一个启示：在发展临终关怀机构的过程中，既要注意多渠道，又要注意其福利性，更多地需要由政府出面组织发展。

3. 濒危病人需要多方面的服务，临终关怀将家庭成员的工作转移给社会，使照料工作社会化，实质上是将家庭责任转由社会来承担。社会承担离不开经济条件。临终关怀服务的发展必须从国情国力出发。中国的临终关怀事业不能一哄而起，应该循序渐进、逐步扩大。当前的工作是：社会需要重新认识帮助面临生命终结的个人有尊严和舒适地死亡，强调家庭成员或照料者对濒死者提供富有爱心的帮助。

4. 美国的临终关怀已经走上制度化道路，临终关怀服务大部分纳入医疗保险之中，从而扩大了临终关怀服务的覆盖面，使得更多的病人享受这一福利。在具体操作中，美国又制定出一整套严密的规章制度，既通过全方位的服务保证该制度的享受者收益，又完全从现实的财力出发，将提供的服务仅限于经济条件允许的范围之内，确保临终关怀服务健康、有序、持久地运转。

5. 尽管临终关怀需要社会支付较多的服务费用，但对于那些身患不治之症的病人来说，接受临终关怀服务可以减少大量的甚至是巨额的医疗费用。如果将少数人的高额无效的费用转移到其他多数人有结果的治疗上，医疗保险费用能够获得最大的效益。由此我们认识到，适度发展临终关怀对于目前中国的医疗保险制度的改革具有重要的现实意义。

6. 美国的临终关怀发展过程还表明，仅有雄厚的经济基础是不够的，临终关怀的推广需要人们在观念上进行一场革命。一是要改变传统的死亡观念。每一种文化对于死亡的态度有所不同。在忌讳谈论死亡的文化中，是无法开展临终关怀服务的。濒死病人、家属及医生都要坚持唯物主义，当死亡来临时，应该面对现实，承认死亡，承认进一步的治疗无效，只有在这种情况下，临终关怀才能具体实施。二是要改变使用卫生资源的传统观念。临终关怀一改过去对任何病人无例外一律实施医治的做法，承认医治对某些濒死病人来说是无效的客观现实，通过为他们提供舒适的照料来替代卫生资源的无谓消耗，实质上体现了对病人及大多数人真正的人道主义精神。因此，临终关怀不仅是社会发展与人口老龄化的需要，也是人类文明发展的标志。

二、临终病人的特点与护理

临终即濒死，指患者在接受治疗性和姑息性的治疗后，虽然意识清楚，但病情加速恶化，各种迹象显示生命即将终结，是临终时生命活动的最后阶段。

(一) 临终病人的生理、心理变化特点

1. 生理变化

(1) 肌肉张力丧失：大小便失禁，吞咽困难，无法维持良好舒适的功能体位，肢体软弱无力，不能进行自主躯体活动，脸部外观改变呈希氏面容（面部消瘦、面部呈铅灰色、眼眶凹陷、双眼半睁半滞、下颌下垂、嘴微张）。

(2) 胃肠道蠕动逐渐减弱：表现为恶心、呕吐、食欲不振、腹胀、脱水、口干。

(3) 循环功能减退：表现为皮肤苍白、湿冷、大量出汗、四肢发僵、有斑点、脉搏快而弱，血压降低甚至测不出来。心尖搏动常为最后消失。

(4) 呼吸功能减退：表现为呼吸频率由快变慢，呼吸深度由深变浅，出现鼻翼呼吸、潮式呼吸、张口呼吸等，最终呼吸停止。由于分泌物在支气管内潴留，出现痰鸣音及鼾声呼吸。

(5) 感知觉、意识改变：表现为视觉逐渐减退，由视觉模糊发展到只有光感，最后视力消失。眼睑干燥，分泌物增多。听觉常是人体最后消失的一个感觉。意识改变可表现为嗜睡、意识模糊、昏睡、昏迷等。

(6) 疼痛：表现为烦躁不安，血压及心律改变，呼吸变快或减慢，瞳孔放大，做不寻常的姿势，疼痛面容（五官扭曲、眉头紧锁、眼镜睁大或紧闭、双眼无神、咬牙）。

(7) 临近死亡的体征：各种反射逐渐消失，肌张力减弱、丧失，脉搏快而弱，血压降低，呼吸急促、困难，出现潮式呼吸，皮肤湿冷。通常呼吸先停止，随后心跳停止。

2. 心理变化

临终患者通常经历五个心理反应阶段，即否认期、愤怒期、协议期、忧郁期、接受期。

(1) 否认期：患者得知自己病重将面临死亡，其心理反应是"不，这不会是我，那不是真的！"极力否认、拒绝接受事实，并四处求医，希望是误诊。

(2) 愤怒期：生气与激怒，往往将愤怒的情绪向医护人员、朋友等接受他的人发泄，或对医院的制度、治疗等方面表示不满，以弥补内心的不平。

(3) 协议期：愤怒的心理消失，接受临终的事实。患者为了尽量延长生命，做出许多承诺作为交换条件，变得和善，对自己的病情抱有希望，能配合治疗。

(4) 忧郁期：出现悲伤、退缩、情绪低落、沉默、哭泣等反应，要求与亲朋好友见面，希望他喜爱的人陪伴照顾，并交代后事安排。

(5) 接受期：患者变得平静，接受即将面临死亡的事实，安详，喜欢独处，睡眠时间增加，情感减退，平静等死亡的到来。

(二) 临终患者的护理

1. 加强生活护理

(1) 促进患者舒适：维持良好、舒适的体位，更换体位，避免某一部位长期受压,促进血液循环。加强皮肤护理,重视口腔护理。

(2)增进食欲,加强营养:注重食物的色、香、味,少量多餐,以减轻恶心,增进食欲,给予流质或半流质饮食,必要时采用鼻饲法或完全胃肠外营养,保证患者的营养供给。

(3)改善血液循环:观察体温、呼吸、血压、皮肤色泽和温度等。患者四肢冰冷不适时,应加强保暖,必要时给予热水袋。

(4)改善呼吸功能:保持室内空气新鲜,定时通风换气。神志清醒时,采用半卧位,改善呼吸困难。昏迷者,采用仰卧位,头偏向一侧或侧卧位,防止呼吸道分泌物误入气管引起窒息或肺部并发症。必要时使用吸引器吸出痰液,保持呼吸道通畅。吸氧,纠正缺氧状态,改善呼吸功能。

(5)减轻感、知觉改变的影响:环境合适,环境安静,空气新鲜,通风良好,有一定的保暖设施、适当的照明,避免临终患者视觉模糊产生害怕、恐惧心理,增加安全感。听力常为最后消失的感觉,护理中应避免在患者周围窃窃私语,以免增加患者的焦虑。

(6)减轻疼痛:护理中应注意评估、识别疼痛,观察疼痛的性质、部位、程度及持续时间。协助患者选择减轻疼痛的最有效方法。若患者选择药物止痛,注意观察用药后的反应。某些非药物控制方法也能取得一定的镇痛效果,如松弛术、音乐疗法、外周神经阻断术、针灸法、生物反馈法等。

2. 加强心理护理

(1)否认期护理:护理人员应具有真诚、忠实的态度,坦诚温和地回答患者对病情的询问,且注意医护人员对患者病情的言语一致性。协助患者满足心理方面的需要,让他感到他并没有被抛弃,时刻受到护理人员的关心。在交谈中因势利导,循循善诱,使其逐步面对现实。

(2)愤怒期护理:认真倾听患者的心理感受,允许患者以发怒、抱怨、不合作行为来宣泄内心的不快,但应注意预防意外事件的发生。

(3)应当给予指导和关心,加强护理,尽量满足患者的要求,使患者更好地配合治疗,以减轻痛苦。患者的协议行为可能是私下进行的,护理人员不一定观察到,在交谈中,应鼓励患者说出内心的感受,尊重患者的信仰,积极引导,减轻压力。

(4)护理人员应多给予同情和照顾,经常陪伴患者,允许其用不同方式宣泄情感,如忧伤、哭泣等。给予精神支持,亲朋好友见面、相聚,并尽量让家属陪伴身旁。预防患者的自杀倾向,协助和鼓励患者保持身体的清洁与舒适。

(5)尊重患者,给临终患者一个安静、明亮、单独的环境,减少外界干扰。加强生活护理,让其安详、平静地离开人间。

三、安宁护理与关爱

生命来自偶然,像一粒尘土,让苍天知道我不认输,感恩的心,感谢命运。

花开花落我一样珍惜。

——一位安宁服务与护理人员的感悟

对"临终者"的安宁服务与护理犹如在人类的生命途程中点亮一盏心灯，让生命泊于安宁。感恩生命，用关怀与慰藉，为生命之路的尽头添一道风景。

没有阳光就没有温暖；没有水源就没有生命；没有父母就没有我们；感恩是人间最美好、最能温暖人心、最亲切、最甜蜜的话语。如果人人拥有一颗感恩的心，世界就会变得到处都是温暖与欢笑。感恩是我们生命中不可或缺的品质。无论你是富贵还是贫贱，无论你的生活充满阳光雨露还是风刀霜剑，只要学会感恩，你才能自信而宽容地去看待周围的一切，创造自己美好的未来。

（一）安宁服务

对于一个即将走到生命尽头的"临终者"的照护是非常重要的，而对于一个健康的人来说确是一件困难的事情。虽然从广义上来说，我们每个人的生命不但朝着自己的临终状态前进，而且每个人也是个"临终者"。然而"生命的终点'就在眼前'时，这对末期病人是具体的"。临终者身体的迅速衰败提供了进入临终处境实质的基础，从而跨入了临终处境的过程。"临终者"是毫无抵抗能力的并且无法加以反思的，健康者却只能依靠着"想象"去接近"临终者"的处境。健康者依旧靠着健康的身体维持与世界的关系，仍能维系着健康者的社会性功能，这使得健康者的精神仍然依赖在"活着"的世界里头，而难以进入临终的实质性的处境。这是我们照护"临终者"的基本前提．不知道如何安慰被迫即将脱离世界的"临终者"。

临终照护能否突破传统的医疗模式，在于临终医疗是否愿意承认我们无法控制生命。因此，我们不要只为了操控生命而与身体搏斗到最后一刻，人性于是在医学承认无法控制生命之下，被释放出来，病人不再被隔离开家属，在全身挂满仪器的背景下作无意义的急救。面对临终的迷惘、心灵的漂流，寻求不到安置是照护者和临终病人共同的处境。综合以上观点，临终病房要知道临终者不但需要身体上的照护，更需要精神层面的照护。

接近临终的痛苦处境，以专业角色自居的照护者往往无法通过意识将自己禁锢在专业角色的牢笼里，尤其是身体力行的护士、护理员，长时间地在身体上照护患者，对于临终者受苦的感知并不是来自于临终照顾的意识形态（安宁的理念），而是来自于护士的眼睛、鼻子、耳朵，病人身上的温度、溃烂的伤口、会被回忆起来的味道，病人的眼神、眼眶边留下的泪痕、费尽力气的喘息，从皮肤渗出来的血液，经常沾着分泌液的病号服；或者大出血的病人，时间似乎静止不再前进，透过护士的手，针头刺过病人的皮肤，病人求药的迫切，或是来自于受苦身体会心一笑的幸福感。所有非语言的认识，构成了照顾者对临终处境的了解。

以临终关怀医院为例，那里接收的95%以上都是各大医院的ICU无法再救治的植物人、脑梗、脑出血后遗症、癌晚的重症临终者，一般年龄在24～100岁之间。那里的许多临终者，他们要靠胃管吸收营养，他们要靠人工气管呼吸，他们要靠导尿管排尿。但从他们的眼神里却让我们看到了他们渴望生存的期盼，看到了他们渴望得到帮助的意愿，看到了他们感恩的笑容。

1. 房间的布置

（1）临终病房。

为了让临终者能在生命的最后时间里得到很好的照顾，应当按照入住患者的病情统一安排房间，每2~3个房间为1组，每组约10~12人。由于这部分患者的死亡率比较高，应当专门设置"临终房间"，也叫"爱心小屋"。房间里没有医院的恐怖与凄凉，而是显得很温馨与温暖，住在这里的"临终者"每天可以听着音乐，在医生、护士、护理员及家人的陪伴下走完人生的最后旅程。以往的医院临终病房环境有很多不尽人意的地方，在每个房间若无旁事地抢救患者，根本没有想到其他患者的感受甚至他们的心理活动。因此，"爱心小屋"的设立减少了其他患者的精神与心理压力。同时，提供一张家属陪护床，方便家属在最后时刻的陪伴，也方便抢救及善后工作的完成。

（2）普通病房。

——颜色：人们经研究发现，有的颜色对人有恶性刺激，甚至使人精神忧郁、致病；有的颜色对人有良性刺激，甚至可治疗疾病、增进健康。蓝色可以给人的心灵带来安全感，有助眠作用。颜色的浓淡能引起人的轻重不同的感觉，深色使人有沉重、压抑的感觉，而后者则给人轻盈、舒松的感觉。临终医院宜白色、淡灰色、淡蓝色相应。

——病房：房间的环境布置完的效果要安静、整洁、舒适；有适宜的温度、湿度及适当的采光；要有较好的通风条件，这样有利于临终者的治疗与休息。应定时开窗通风换气，保持房间空气新鲜。在老人—病人可视的地方（位置）挂有钟表、绢花、一些可爱毛绒玩具：钟表是不可缺少的物品，很多老人或病人很喜欢看钟表，虽然他们不知道几点，但看到它总会感到几分安然，同时钟表也是护理员不可缺少的；在合适的位置摆放一些绢花可以使老人—病人能产生一种温馨愉悦的心情；可爱的毛绒玩具可以活跃气氛，倍感亲切，有家的感觉。

——温湿度计：一般室内温度以18~22℃为宜，根据季节温度进行调节。在每个房间装有温度计，以便护理人员观察和调节室内温度。冬季可用暖气开关或空调进行调温。夏季可用电扇、空调及开关门调节室温。室内温度过高影响身体散热，使老人（病人）感到烦躁。室内温度过低，会出现肌肉紧张，容易着凉。一般室内湿度在50%~60%为宜，也是要根据季节湿度进行调节。湿度计有利于护理员观察和调节室温变化。湿度过低时，夏季可以在地面上洒水；冬季可以在暖气上放水槽、水壶或使用加温器；湿度过高时，可通风换气或使用加湿器。湿度过低，空气干燥，水分蒸发快，导致呼吸道黏膜干燥、咽痛、口渴；湿度过高，空气潮湿，使得细菌大量繁殖，同时肌体水分蒸发减少，出汗受抑制，会感到闷热、不适，尿液排出增加，对心肾疾病不利。

(3) 公示生活护理标准。

——公布服务内容：在醒目的位置，将临终者生活护理的内容与标准公示，让家属明白每周、每日、每时所享受的服务内容；让家属、领导了解服务内容，这样可以起到很好的监督作用。同时，护理员每天都能清楚地知道每周、每天、每时自己应该做什么。

——床的要求：对于卧床患者而言，一定要使用双摇医用床，床的两侧要留有空间，方便治疗及翻身等。由于卧床患者都患有不同程度的意识不清、躁动昏迷、精神异常、痴呆症等病，为保安全、防止坠床，床挡的作用很重要。在床头上方挂一些毛绒玩具，能活跃室内气氛，又起到让病房温馨的作用。为了保证胃管、尿管的正常使用，对于手能动的老人—病人一定要约束，配有约束带。在对患者进行约束前一定要与家属沟通好，征得其同意，以免发生不愉快。

2. 入院评估

坚持做到老人入院前的七项评估，尤其应当细致周到地做好前期制度的制定，尽量避免投诉与纠纷。

(1) 老人的病情。

这是至关重要的，要了解患者的详细病情。有时家属会有隐瞒现象，如果了解不清楚存有疏漏，会给日后的护理工作埋下隐患。

(2) 老人的脆弱等级（来自于意大利）。

脆弱等级	行为能力	认知能力	并存疾病
1	严重	严重	严重
2	严重	严重	中度
3	严重	中度	严重
4	严重	中度	中度
5	中度	严重	严重
6	中度	严重	中度
7	中度	中度	严重
8	中度	中度	中度

这个表将老人共分为 8 个等级，对老人的行为能力、认知能力、并存疾病三项进行评估，通过评估来确认患者的等级，从而提出护理的内容及收费标准。

(3) 老人的皮肤情况。

一般从大医院来的患者卧床时间都很长，在原来医院的生活护理都很不专业。很多的患者甚至从 ICU 转来的患者来时已有压疮，如果接患者时不进行皮肤的检查，日后家属会提出抗诉。

(4) 监护人对病情的希望值。

在多子女的家庭里需要确认一名监护人，监护人的产生由患者家属自荐。以方便患者住院期间所有问题的解决与对话，使工作简单化、有序。

（5）其他儿女的意见与看法。

一般情况下，有两个以上子女的患者家庭很少没有矛盾的，而恰恰在患者病危的时候各种矛盾都会爆发，对于患者的治疗各持己见，为此，要遵循一定的原则来进行解释。

（6）老人是否有法律纠纷。

有很多的临终者在自己清醒的时候没有明确地处理自己的财产，在物欲横流的今天，很多子女忘记了亲情，就在临终之际你照相、他录音……此时，照护者要对情况加以分析，不要卷入其中，其作为要依法合规。

（7）子女之间的关系。

两子女以上家庭很少有没有矛盾的，医护人员要注意自己的言行，不要传话，要做团结的工作，要做和解的工作，不要让个别人钻空子引起纠纷。

3. 六条注意事项

除上述制度要求之外，一般的临终护理医院还规定有六条注意事项，这对做好安宁服务护理工作至关重要。

①监护人的确定；

②老人有效身份证复印件1份；

③监护人有效身份证复印件1份；

④监护人签写入院后的知情告知书1份；

⑤交齐规定的费用；

⑥办理医疗入住手续。

4. 知情告知书

办理完相关手续后，要填写一份知情告知书，其内容如下：

①患者的基本情况；

②环境制度的介绍；

③享有的知情权；

④护理标准；

⑤护理内容；

⑥押金及收费标准；

⑦补充内容。

（二）安宁护理——三位一体新理念

多年来，我国的医护专业人士通过对意大利的学习与借鉴日本的一些经验，2009年开始研究临终者的照护问题。他们曾与临终者生活在一起，观察他们的一个深情的眼神、一个奇怪的动作、一句支离破碎的话语、一个偶然的笑脸，进而提出了三位一体的新理念，即医疗护理——姑息舒缓及维持治疗，生活护理——（24小时+7日）全护法，心灵护理——爱心与音乐疗法。

1. 医疗护理

每一位老人入院以后就会享受到一支具有全面技术的医疗团队的护理，使老人的慢性病得到维持—姑息—舒缓及康复治疗，大病、急病得到及时的救治。

日常医疗工作内是容负责发药、测量生命体征、指导生活护理及营养饮食、输液、膀胱冲洗、更换胃管、更换导尿管、口腔护理、打针、心电监护、抢救。每周一院长查房、每天主任查房，如发现老人病重在本院无法治疗需要转院时，医院会把重症患者及时转出，使他们在黄金时间内得到及时抢救。为了不让老人受苦、解决家属的困难，凡是需要更换人工气管或做锁穿手术的，专家一定会来到他们的床前。

临终安宁服务与护理医院对于临终者的治疗是和一般医院不一样的，医院不能完全站在经济效益的角度，要站在临终者的角度考虑治疗问题。多年的经验告诉我们，过度的医疗会使人更早地死亡。

案例1：已被"判刑"

徐某，女，75岁。2013年某月从某医院ICU准入我院。2014年春节前又因病情恶化转回某医院，2周后已被"判刑"，时日不多。患者插着鼻饲管、导尿管，戴着人工鼻，患者因在大医院输营养液，为此脸色极为难看。3月的一天她的人工鼻掉了，医院请来了外科医生进行缝合。当时没问题，可过几天又掉了。当时观察她的呼吸比较平稳，痰也不是很多了，经与家属协商决定撤掉人工鼻试一试。意外出现了，她的呼吸反而更平稳了，痰液也少了，只是患者伴有发烧等指征时，才办理住院治疗。至今患者病情稳定，已转入普通病房。家属对于医院的姑息、维持治疗给予了极大的肯定。

案例2："真诚，感动"

王某，女，79岁，兰州某中学教师；癌晚期转移；厌世，多次绝食拒绝治疗；儿女的话从来不听；心理咨询老师多次想尽办法也无济于事。有一天，护理员同时接到医生、护士、护工的报告：王某今天已经是2天不吃不喝了，并以各种各种方式"自杀"，于是，医院院长来到了长者的床前，示意其他人出去，深情地说："王老师，您怎么了？是不是我们有做错的地方，让您不高兴了？"她摇摇头。院长又说："您这样知道我有多心疼吗？"这时她才慢慢地抬起头来说："院长，你为什么心疼我呀？"！院长说："我的父亲和您得的是同样的病，他走了，您知道我多想他吗？您的儿女和我一样心疼您，想您呀！我知道您很难受，但我也知道您很坚强"。话音未落她哭了，就在那一刻，院长像当年搂父亲一样把王老师紧紧抱在怀里。此时，王老师边哭边说："院长，我吃，我吃。"就是这位"临终者"在自己、医生、护士、护理员的共同努力下，完成了她回兰州过世的意愿。

总之，为了让"临终者"感到家的温暖，大家一起努力着。既然是家，儿女就要站在老人的角度换位思考，要说出真实的想法，而不是一味迎合。

2. 生活护理

护理员要经常进行专业技术上的培训考核，同时更要进行爱心、细心、耐心、道德教育，让他们真正做到用"心"去工作，"爱护"每一位临终者，让他们真正享受到24小时+7日不同时段的优质生活照料。

（1）24小时生活护理法。

24小时生活护理法都包含哪些内容呢？包括：护理员七步洗手法、梳头法、老人洗脸法、饮水法、鼻饲法、床上洗脚法、流食法、服药法、冲洗会阴法、翻身法、接尿法、床上洗浴法、更衣法、更换尿垫法。

举例1：24小时生活护理法之一——翻身法

首先要告知患者，按照技术规定的要求，定时（每2个小时一次）给患者翻身。要求体位舒适，真正起到预防褥疮的作用。

举例2：每日早饭前的护理内容

每天早饭前医院要求护理员给患者刮胡子，洗脸（擦润肤霜防止干燥）、脖子、胳膊、手、腋下、前胸，梳头，夏季颈部、腋下、乳房擦粉。

（2）7日护理法。

7日护理法包括如下内容：

星期一　洗头，床上洗头。目的：清洗头发，清洗污垢，增加舒适感。

要求：洗头后必须戴上专制粉色浴帽，预防感冒、受风。

星期二　剪指甲、趾甲。目的：修剪指甲、趾甲，清除缝隙间的污垢，防止病区微生物繁殖致病。

要求：在剪的过程中不要过短、不要有伤，手指甲要圆剪，脚指甲要平剪，无体屑。

注意事项：

①指甲、趾甲不要修剪得过短或过深，不要剪伤皮肤，特别是糖尿病人。

②手指甲最好圆剪，脚趾甲最好平剪。

③尽量用温水多泡一会儿，这样好剪。

星期三　剪鼻毛、耳毛、挖耳垢。目的：清洁、干净、减少细菌滋生源。

要求：首先要告知患者特别小心，观察表情，不要发生意外，剪完后无毛渣，要干净彻底。

星期四　床单整理。目的：减少病源，使病人—老人保持舒适感。

要求：床单上无皮屑等碎渣，下枕边缘挨着双肩更换不同颜色小枕巾，将换下的床单、被罩、枕套不带颜色污迹的交予护士处。

星期五　洗澡，床上浴。目的：促进血液循环，增加舒适感，预防并发症。

要求：遮盖身体暴露部位，调整水温，动作轻快敏捷，注意安全舒适，浴后保温。

星期六　餐具消毒。目的：保持清洁，避免细菌繁殖，保持物品干净。

要求：漂白粉，用淡84消毒，清水冲洗。

星期日　用具消毒。目的：预防细菌扩散。

要求：用淡84浸泡10分钟，用清水冲净。

以上是每日的生活护理。但对于即将临终的患者护理员要做好前期工作，也就是说，当死亡临近的时候，临终者身体的各个系统已接近衰竭时，会出现很多的变化，这些变化可以逐渐地出现或迅速地出现。

（3）死亡来临的征象。

①体温升高；

②脉搏加快、减弱及不规律；

③血压下降；

④皮肤变得湿冷，苍白；

⑤呼吸加快，改变呼吸方式；

⑥大小便失禁；

⑦呼吸加快变浅，随后减慢；

⑧喉咙后面的黏液可以导致呼吸时有痰鸣音；

⑨意识时清时迷；

⑩失去运动能力；

⑪失去交流能力。

以上征象也可能不会在同一个人身上全部出现。当有以上征象时，要及时转移到临终房间，给家属提供亲情服务，让逝者在亲人的怀抱里安详、幸福地逝去。

当最后时刻来临，脉搏、呼吸、血压消失；双眼瞳孔散大并固定；躺卧一侧的皮肤受压之处变得瘀黑（称为尸斑）；躯体变凉；膀胱和结肠可能是排空的；四肢在 6~8 小时内变硬（称为尸僵）。

案例 1：妈妈您真漂亮

刘某，女，爱称："欢欢"

2010 年 4 月住进老年病科。老人是从 ICU 接出来的。她有一个漂亮、善良的女儿，还有一个更漂亮、善良、孝顺的外孙女。

由于女儿是个演员，工作十分地繁忙，外孙女承担了对姥姥的照顾。无论姥姥什么时间出现状况，她都以最快的时间来到姥姥身边。就是这样，老人在家人的爱护下，几次起死回生，生命力极强。但是，在 2011 年某月某日上午，老人满意地、安详地、幸福地离开了这个世界。当医院通知老人的女儿时，她正在片场，无法赶到。她说：您照顾妈妈这么长时间，后事您做主。于是医院选了一套紫红色中式服装，戴了一顶红色的小帽，请了殡仪馆的工作人员为她擦洗，一切完毕后静静地等待着女儿的到来。约 1 个小时后，女儿眼含泪水走进了爱心小屋，双膝跪在妈妈的床头，左手抱着老人的头，右手慢慢抚摸着老人的脸，泣不成声地说："妈妈您真漂亮。"

案例 2：爸爸养我 30 年

尹某，男，59 岁。

2 天 2 次手术。山东人与老伴儿一起随 2 个儿子来京。记得那天，患者的儿子含着泪水说："您一定给我爸爸留一张床，他含辛茹苦养了我们 30 年，我一定再养爸爸30年，怎么也要活到60岁。"面对这个大孝子，院里答应他没问题，第二天免费把老人接到科里。

因为患者没有医保，所有费用都由两个儿子出。妈妈由于受到巨大的打击，整夜不能睡觉，整天以泪洗面，最后经过宣武医院的专家确诊患了严重的抑郁症。儿子又开始担心妈妈，当院里的义工知道此事便派出了优秀的老师，记得只做了一次的心灵沟通，给她一些利于睡眠的音乐。一周后妈妈真的变了，无论精神、气色都有了极大的好转，也会笑了。就在此时，她的丈夫又开始吐血了，病情危重。两个儿子无论花多少钱救父亲从无怨言，随叫随到。这时院里的义工来到了尹某的身旁，而且叫他名字的时候，他有感觉了，有眼神了。

经过医护人员的努力、护理员的精心护理、义工的爱心陪伴，尹某的病情慢慢趋于平稳。一天上午9点多钟，患者带着所有人的爱，在已60岁的时候安详离去。

（4）完善老人的护理用品。

几年来，通过对临终者的护理，研究利于他们生活的卧床老人的生活用品，伊贝尔公司开发并运用了一套专用生活用品。

——自制胃管固定器。作用：干净、卫生、预防细菌、预防胃管塞脱落、食物反流，利于护理操作。

——自制喂饭瓶。用于只能吃流食的患者，但不适合下胃管的患者用。

——自制浴帽。作用：预防受风、起到保暖的作用。

——自制小围嘴。作用：预防老人（患者）吃饭、喝水流到脖子、枕头及身上，保持清洁卫生。

——自制卧床老人上衣。专门为完全卧床老人设计没有扣子、没有带子、脱穿方便、利于医疗、防止硌伤、预防勒伤的上衣。

——自制大披肩。适合初春、深秋、冬季使用，起到预防肩部受风、受寒、预防夜间呼吸窒息的作用。

——自制三角。起到翻身固定、定期给皮肤通风透气、预防皮肤压疮的作用。

——防臭手垫。起到延缓肌张力的快速发展及手中异味的产生。

——软垫—软圈。起到皮肤隔离、预防压疮的作用。

——约束带—约束手套。起到治疗、安全保护作用。

3. 心灵护理

在房间内安装小喇叭，有条件可为每个病人制定一套有利于健康保健的个性化音乐。根据多年观察，大多数丧失语言功能的病人，他们的心与耳非常灵，通过好的音乐，可以唤起一些记忆并愉悦心情，起到安神、镇疼的作用，且有一些辅助治疗作用。据记载，古埃及把音乐当做一种自然药物，而且还介绍了音乐治病的事例。其实，最早使用音乐治病的还有伟大的中华民族。

(1) 音乐的作用。

音乐能够改善人的思想品德，激发人的感悟。当人们听到微弱、充满凄凉感的音乐时，就会产生忧心忡忡的感觉，而节奏鲜明的音乐会使人感到快乐幸福。当然，同一首曲子，不同心境的人听了会有不同的感受。

科学研究证明，人体各器官的活动具有一定的震动频率，在生病时，器官的震动频率就会发生改变。而音乐通过身体的声波震动，可以纠正病变器官的频率使之和谐，从而达到缓解病情的目的。

大自然有四季交替，昼夜更迭，潮汐涨落，月圆月缺。那么我们人呢？有自身的生物节律，呼吸，脉搏，工作休息，早起晚睡等等。很多音乐节奏恰恰是从人类的生物节律中抽取出来的。经实验发现，每分钟60次左右的音乐节律，与健康人的正常生理节奏产生"共振"，能够使人保持身心平衡，血脉呼吸平衡，既不兴奋，也不抑制，是调养身体的最佳节奏。

因为催眠曲的音乐节奏都慢于每分钟60次，起到了抑制迟缓人的生理节奏的作用。相反，迪斯科的音乐节奏正好比人的正常脉搏快1倍左右，同时又运用了脉搏一强一弱、呼吸一张一弛的双拍子节奏，故这种持续不断的快速音乐节奏会使人的脉搏不由自主地加快，使机体生物活动物质被激发起来，所以感情也就随之兴奋起来。实际上，音乐也需要炮制，同样的乐曲，可以使用不同的配器、节奏、力度、和声等等。用音乐治疗，也有正治、反治。让情绪兴奋的人听平和和忧伤的乐曲。最常用的方法是可以使乐曲与情绪同步，帮助听者宣泄过多的不安情绪。比如：以如泣如诉的乐曲带走悲伤，而以快节奏的音乐发泄过多兴奋的情绪，就像我们听到《国际歌》就有一种悲壮的感觉；当哀乐响起的时候，想乐都乐不起来，是因为那个气就把你"扣"下去了。

(2) 重症患者更需要心灵护理。

由于重症老人他们都在痛苦、焦虑、无助、绝望、无奈中挣扎，重大的疾病使生命质量急剧下降，从一个充满理想的健康的人成为一个无奈、无助、无为的三无人员，成为背负了重大的经济负担与精神压力的患者，从而走上了一个漫长的心路历程，为此他们不但需要医疗与生活护理，更需要心灵护理。

多年的实践证明，重症患者及植物人的耳功是非常好的，心也是非常灵的。音乐疗法是以心理治疗的理论和方法为基础，运用音乐特有的生理、心理效应，通过各种专门设计的音乐行为、经历音乐体验，来达到消除心理障碍、恢复或增进身心健康的一门边缘学科。

古人讲"心之音为意"，什么意思呢？因为声声入耳，由心入意去感觉，感知外界的思维变化及世上的东西，都能够通过耳朵传达到我们的心。所以临终者也要经常听听音乐、听听声音，通过外在的声音让人体的气血起、伏、动、荡。

根据以上理论，针对医院收治老人的病情，按木、火、土、金、水录制了相应的疗法音乐。它可以作为完全不自理老人房间的背景音乐，以减少精神压力。

周一属木可以调理肝胆　　　　周二属火可以调理心和小肠

周三属土可以调理脾胃　　　　周四属金可以调理肺与大肠
周五属水可以调理肾与膀胱　　周六真情可以调理心包经
周日可以调理任督二脉

音乐播放时间：

每天上午8：30点开始播放，调压——调理呼吸——促进饮食。

每天下午2：30点开始播放，脑场健康——调理呼吸——促进大便排泄。

每周六上午让老人听到辽阔大草原的歌，尽情感受蓝天白云、万马奔腾的景象。

每周六下午，让老人听黑鸭子的红歌，调动老人怀旧的情怀，增强免疫力的提高。

每周日上午，让老人听男女对唱歌曲，以唤起老人对爱情的追忆。

每周日下午，让老人听黑鸭子演唱的现代歌曲，以唤起老人对美好生活的回忆。

2012年2月，"快乐芯"项目在中心启动。利用高科技产品对老人听音乐前后的心率、焦虑程度及交感神经进行了1年多的测试，结果证明：音乐疗法是非常有效的。

这是对老人疏导前后的对比图谱。

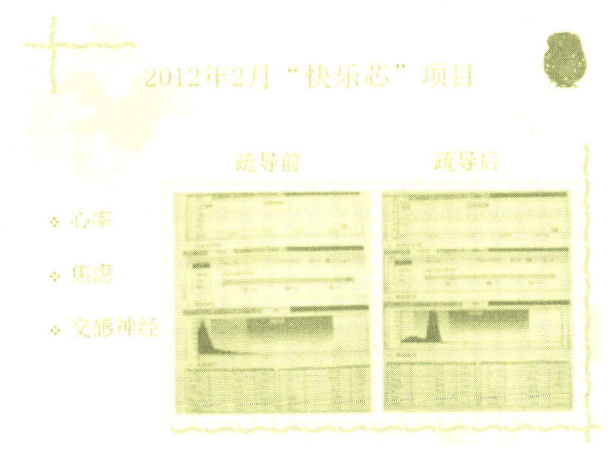

下面通过个案来见证一位植物人，用音乐唤醒的过程。

案例1："爱是一段美丽的传说"

孟某，男，42岁，因车祸成一级重症植物人，由山东来京。

2011年2月12日，由于付不起高额治疗费用转入安宁护理科。

镜头1　入院第二天，八十多岁的老父亲从山东来京看望儿子。记得那天大雪纷飞，老父亲带着雪花疾步走到床前，用手抚摸着儿子的头说："儿呀爸爸来看你了"。顿时老泪纵横。

镜头2　春节，10岁的儿子用一只小手抚摸着爸爸的头，用另一只冻红的小手拿出一个又红又大的苹果说："爸爸过年了，我希望您赶快好起来，这是我送给你的礼物。"苹果上刻着"祝爸爸早日康复！"

目睹这两个场景，在场的工作人员无不热泪盈眶。为了让爱能继续延续，帮这个不幸的家庭走出困境，我们免费为他提供必要的营养品、医疗费用及心灵护理。

一天，院里亲自用音乐与他做心灵沟通，了解他对生死的态度。当一曲《让世界充满爱》的音乐响起时，孟某有了强烈的反应。当他听到"轻轻地抚摸你的脸，为你把眼泪擦干"的歌曲时，他的眼泪不断流下，并抬起头要与护理员交流，这时护理员也不断地给他擦眼泪并伸出大拇指鼓励他。有这么多的爱，他选择了坚强地活下去。

案例2：孩子，妈妈不麻烦你了

徐某，女，83岁，因严重脑梗伴有房颤等病无法治疗转入老年病科。

有一天突然呼吸急促、心率加快、血压下降转到了临终的房间。经过抢救，她慢慢地有所缓解。心率血压均恢复正常。就在这时，她的爱人和大女儿来看她，当着她的面就说不再给她继续治疗的事。院方人员听到后让他们到外面说，女儿坚持说她听不见。于是完成医疗手续后护士就把液体拔了，把氧气也拔了，拔完后两人便走出房间。就在这时老人的痰突然多了起来。护士连忙吸痰，接着老人长叹两声，口吐白沫遗憾地走了。

总而言之，达到对临终者"身、心、灵"的服务与护理是一件任重道远的事业，是需要付出极大努力与爱心的事业。死亡是快乐的吗？西方学者2000年提供的调查报告中提出使临终者"好死"（good death）的概念，该报告对"好死"做出了六项总结：

①无痛苦的。
②信息和过程公开的。
③死在家中和有亲人陪伴的。
④感觉圆满，没有遗憾，原谅别人并被别人原谅的。
⑤认识到死亡是不可避免的，是生命一部分的。
⑥个人意愿得到充分尊重的。

（三）日本养老院的心理护理

从生活能够自理的居家养老，演变为必须依靠他人才能完成的养老院内养老，老人们所体验的不仅仅是离开老家和家人的痛楚，他们更深切地感受到做人的尊严和价值的丧失，这无疑是老人晚年生活中一次极大的心理打击。与此同时，随着行动越来越不方便，老人们对死亡的恐惧也日益增加。日本养老院的工作人员通过心理护理，帮助老人尽力维护人的尊严，并树立战胜死亡的信心。他们的一系列做法对国内的安宁服务与护理具有极大的启发意义。

1. 帮助老人自理生活，维护尊严和价值

我国养老院的老人一旦生活不能自理，上到养老院的领导，下到老人的子女，对工作人员的要求都是对老人进行全方位的服务，使老人能够衣来伸手、饭来张口，认为这就是对老人的最好照顾。而在日本养老院，对工作人员的要求是，任何时候都不能放弃让老人重新建立生活自理能力的信心和希望。面对一个因手臂瘫痪而无法自己吃饭的老人，工作人员就是手把手地教：先把调羹放在老人的手中，再握住老人的手，然后拿着老人的手一起从碗中把饭送到老人的口中。临终关怀养老院中的老人，大多是生活大部分不能自理的人。在那里，工作人员要求老人一日三餐都要到一楼的餐厅一起欢快地进餐。每次就餐，老人会在工作人员的陪同下，先乘电梯到一楼，从电梯口开始一直到餐厅，墙的四面分别有适合站立和在轮椅中的老人的扶手。工作人员随时陪同在老人的身边，但尽量鼓励老人自己扶着扶手到餐厅去。每当老人艰难而努力地前进了一点，工作人员就及时地给予鼓励，说："太好了，能不能再试一下？"正是这些帮助老人重新培养生活自理能力的努力，锻炼了老人的意志，使他们摆脱了"活着只比死人多一口气"的痛苦，从而再次打开了通向愉快生活的大门。

2. 安详的送别仪式中，战胜对死亡的恐惧

人到老年，美好的东西会在不经意间丧失，比如健康的身体、动人的容貌，而我们不想要的东西却无法避免地来到身边，比如皱纹、白发，直至死亡。不用说，死亡是老年人所面临的最大危机。许多老人由于不敢正视生老病死，产生对死亡的恐惧，从而极大地影响了晚年生活，使老人整日在对死亡的忧虑和不安中度过。为了使老人们能够正确地对待生与死，日本的临终关怀养老院开展了一系列"安心"活动。比如，养老院中如果有一个老人快不行了，工作人员就把老人推进静养室，专心看护，时刻保持老人的清洁，并尽量满足老人的一切愿望。在老人临终前那一刻，院长、老人的看护人员和子女一起围在老人的身边，握着老人的手，再次聆听老人的心愿。老人在满意的"请您放心"的回答中，整洁而安详地离开人世。然后，全院工作人员和养老院的老人们一起为死去的老人举行送别仪式，每个老人手中都拿着一枝鲜花，在工作人员的搀扶下，一个一个有次序地到刚离世的老人身边，轻轻地献上鲜花。通过这一活动，老人们从伙伴的死亡中真切地感受到，死亡并不可怕，懂得了人总有生离死别的这一刻，应该把死亡和自己的生命融合起来，活着的每一天都要好好地珍惜，从而使老人们能够快乐、潇洒地走完人生的最后旅程。

日本是世界上较早进入老年社会的国家，由于日本人的平均寿命在世界上又处于领先地位，因此，日本社会的老龄化趋势比我国更为明显和突出，多年前他们就开始在完善社会养老上进行探索了，尤其是在养老院中如何以心理护理完善精神赡养，他们的经验很值得我们借鉴。

一首歌的歌词抒发了关于安宁服务与护理的体验——

　　这是心的呼唤，

　　这是爱的奉献，

　　这是人间的春风，

　　这是生命的源泉。

再没有心的沙漠,
再没有爱的荒原,
死神也望而却步,
幸福之花处处开遍。
只要人人都献出一点爱,
世界将变成美好的人间。

第五章　国际健康银发城文化养生

北京温都水城景区内合作文化院校之一：北京电影学院

第一节　国际健康银发城文化养生

北京温都水城苍龙街艺术品赏玩城

所谓文化养生即通过琴棋书画等各种文化形式保养、调养、颐养，呵护身心健康与幸福。

一、中国古代文人为什么较常人的寿命要长些

专家认为他们身上存在着三点共性：

1. **善修养、重情操**。修身可以养性，读书可以怡情，当然也可以消愁解闷了。中国古代文人以圣人为楷模，心态较常人也有优越感，多数时候能保持一份心灵上的恬静与淡定，可以说精神上是充实的。其行为上又多奉行中庸之道，处事平和，不愠不火，这些都是极助于养生的。

2. **坚忍的毅力和不屈不挠的性格**，赋予了古代文人顽强的生命力。书中自有颜如玉，书中自有黄金屋，学而优则仕的指导思想给古代的文人锁定了人生目标，从而也培育了他们顽强韧性的特性，也不断磨炼着他们的心理承受能力，古人年近花甲仍孜孜读书以求功名的大有人在。这种精神和毅力让他们遇事不公时能隐忍，于不开心处能释怀。

3. **勤奋多思**。勤于用脑有益于健康，文人自是用脑很多，脑细胞充满活力，衰老得自然慢些，所以只有身心都健康的人才能长寿。

二、文化养生 案例：国学大师长寿

国学大师长寿者居多，季羡林享年九十六，梁漱溟九十五，钱穆九十五，冯友兰九十五，南怀瑾九十四，任继愈九十三。如果扩大到国艺，也大抵如此，书法家启功享年九十三，国画家齐白石九十三。国学养生有传统，孔子享年七十三，孟子八十四，现在看不算什么，但在2500多年前，中国人的平均寿命只有三十多岁，相比之下，孔孟均过古稀。对此，孔子在论语中有过结论："仁者寿。"君子尽享天年，受上苍眷顾，中国文化有生命道理。

国学大师长寿是因也是果。不长寿不能成为大师。文化养生为大师们长寿的原因。国学是气定神闲、心安理得的学问。气定神闲者有仙风道骨，心安理得者有圣贤气象。平衡是健康的基本前提，儒家的责任催人进取，道家的释怀让人放松。中国士人巧取中和之道，有精神避难所，不容易崩溃。

这里不得不提的是中医对于文化养生的意义。中医既是科学，也是文化。"上医治国，中医治人，下医治病"。大医即大儒，与国学通。中医如易，讲究阴阳辨证施治。中医讲究整体性，强调天人合一。中医靠经验，医不三世，不服其药，越老越可信。中医推崇仁和，喜欢调和疗法。国医就是国学的一部分，思维方式相通。

总之，要想长寿，文化养生是必不可少的。

第二节 国际健康银发城 案例：北京温都水城博物馆

绝无仅有的历史文化
闻名中国的民俗文化
引领时尚的养生文化
首屈一指的科技文化
唯美时髦的民生文化
中外驰名的餐饮文化
无与伦比的名人文化
独具特色的管理文化
博大精深的哲学文化
精益求精的语言文化
寰宇罕见的艺术文化

北京温都水城金手杖博物馆百景：

北京温都水城金手杖的最高层次是文化；

国际健康银发城——北京温都水城金手杖整体是座博物馆；

通过设计一百个景观在各处，使客人通过欣赏历史、文化、艺术、民俗、健康养生、养老、民族传统文化等知识，精神获得正能量的极大提高，从而达到健康幸福长寿之目的。

一、北京温都水城董事长在哈佛演讲——"村官实现造城梦想：让村民过上幸福健康的生活！"

【造城景观1：村官在哈佛演讲——"实现造城梦想"】

北京温都水城黄福水董事长在哈佛演讲
——"村官实现造城梦想：让村民过上幸福健康的生活！"

北京温都水城黄福水董事长在哈佛演讲
——"村官实现造城梦想:让村民过上幸福健康的生活!"

北京温都水城黄福水董事长访问美国养老机构

《创新解难题　求变促发展》

黄　福　水
2012 年 4 月 24 日上午 11:40～下午 1:10
美国哈佛大学托尼·赛奇教授课堂

尊敬的赛奇教授,朋友们:大家好!

　　非常高兴,也非常荣幸,应赛奇教授的邀请,在课堂上和大家一起交流。借此机会,对各位给予我们郑各庄的热情关心和关注表示诚挚的感谢。

　　二十几年前,也就是 1990 年,我带领村里几十个壮劳力在北京亚运村做工程时，一位规划专家问我："你们农民总是在为城里人建设城市，能不能为自己造城呢？"我的回答是："能！一定能！"

二十多年后的今天，我们果然造出了一座城。这座城的规划者、设计者、建设者和拥有者就是我们郑各庄的农民。

近几年，国内一些专家认为郑各庄农民城市化，是中国农村改革开放衍生出来的一个现象。

其实，我们农民造城的理由很直接，想法也很简单，就是要通过自己的努力，创造快乐、幸福的生活。郑各庄的发展过程，就是"创新求变"的过程。

第一，摆脱贫困是"创新求变"的动力。

30年前，郑各庄农民完全依赖于耕作农地营生，因为收入低下，没有能力治理村庄，人居环境很糟糕。因为穷，当地人都习惯地在郑各庄称谓的前面加上一个"穷"字。

中国人讲"穷则思变"。1986年，十几个青年农民自发地走到一起，用借来的5万块钱做铺垫，搞起了土方工程队，凭着浑身使不完的力气，在市场上打拼。几年后成立了施工公司，一部分农民加入到我们这个公司，从种地转到新的产业。

到1996年，我们把施工公司做大了，造出了一个企业集团。但是由于产业单一，不久便遇到了企业间的"三角债"。我们作为施工企业，只有别人欠我们的钱，我们不欠别人的债，因此我们的资金链断了，我们一度陷入危机。为了渡过这个难关，我们想出了两个办法：

第一个办法是启动旧村改造。让债务方用建筑材料或劳务方式来折抵欠我们的工程款。这样一来，我们公司跳出了资金拖欠的困境，债务方也轻松了，农民的居住条件也得到了改善。

第二个办法是发展现代制造业和科技产业，从单一产业转向多元化的产业，增强了抗风险能力，也培育了新的增长点。

郑各庄从1998年旧村改造开始，进入了一个高速发展期。十几年来，我们按照持续发展和市场需要，在巩固发展建筑、建材产业的同时，陆续发展了科技产业、旅游休闲产业、养老产业、教育及文化创意产业，还有物业管理和国际贸易等等，完成了郑各庄从农业村向工业村、再向服务村的转型。

第二，诚信包容是"创新求变"的基础。

我们一直注重"诚信"和"包容"四个字：对村民的诚信，使我们获得了内聚力；对外来投资者、就业者、居住者的包容，使我们获得了外聚力。内聚力和外聚力是郑各庄广泛获得发展资源的基础，也是持续发展的内在活力。

1992年，公司为了提高施工能力，打算添置几台工程设备，可公司一时又拿不出这笔资金，于是便试着发动村民集资入股。出乎意料地，5天内，就收到了一百四十多万元的资金，这些资金大多是村民从亲友手里借来的。

在公司产权制度改革中，创业者放弃了公司为他们配股的优厚待遇，同所有股东一道用现金入股,这是内聚力。

　　凭着我们的诚信和包容,引进了一大批高素质的专业人才,投身公司的经营管理和村庄建设。

　　由于我们的诚信和包容,解决了村庄资产封闭性与企业发展开放性之间的矛盾,营造了"亲商、富商、安商"的投资环境,汇聚了几十家合作企业和4所国内著名的高等院校,我们还把产业发展到其他省份乃至国外,这是外聚力。

　　这种朴实而真切的内力和外力紧紧地凝聚在一起,形成了巨大的合力,让我们实现了今天的愿望,成就了明天的希望。

　　第三,科学规划是"创新求变"的前提。

　　为了避免盲目开发、无序建设,我们早在20世纪90年代中期就做了一个完整的村庄建设规划,并以每个五年期的经济社会发展规划来跟进。这些年来,我们一直按照这个规划的内容和五年发展目标埋头苦干。

　　我们完成了旧村改造和土地整理,实现了水、电、气、热,以及文化、教育、商业服务、休闲娱乐、节能减排等各项设施的基本配套,产业支撑体系也在不断加强,农民的收入和保障逐年提高,实现了郑各庄从农村社区向城镇化社区的转型。

　　过去,我们时常为一千多名村民的营生犯愁;现在,我们承载着五万人的追求与梦想。

　　如果没有一个科学的发展规划和明确的发展目标,就不会有村庄的土地集约利用,也不会有农民的宽居乐业,更不会有郑各庄的工业化和城市化。

　　第四,提高农民素质是"创新求变"的关键。

　　市场竞争的实质是知识竞争和人才竞争。我们最初进入市场,不但没有一点办公司的经验,并且受制于知识贫乏,为此吃了不少苦头,甚至受人挤兑、被人欺骗、遭遇竞争对手算计。

　　为了让农民挺起胸脯,不再被别人看不起,从1993年起,我们把提高农民素质作为一项长期任务,并推出了两大举措:

　　一是建立了从娃娃抓起的育人机制。施行从幼儿园到大学毕业的全程教育补贴制度,学生从幼儿园到大学期间的学费和书本费全部由村里报销,一来鼓励农民子弟发奋读书,二来家长不再为子女的教育投资担忧。

　　二是给那些错过接受高等教育机会的大龄农民补课。由公司出资与高等院校合作,开办经济管理、财会、计算机应用等成人大学课堂班,或送出去参加各类专业培训,让农民不断接受新知识、新理念,掌握新技术,跟上时代发展的步伐,实现农民向市民的转变。

　　通过近20年的努力,60岁以下成年人普遍接受了不同类型的高等教育,劳动年龄人口平均受教育年限由不足7年提高到11年半。很多人走上了中高层管理岗位或成为专业技术骨干,展示了新时代的中国农民风貌,为村庄建设提供了人才支撑和智力支持。

第五，公平的制度是"创新求变"的保证。

农民的利益没小事，任何一件小事若处理得不公平或者不妥当，都会引发农民的不满情绪，甚至给社会带来不安定的因素。为此，我们把村庄看作是一个小社会，借鉴管理社会公共事务的方式来管理村庄事务，维护好、实现好、发展好村民的利益。

10 几年前，我们依法制定了《村民自治章程》，明确了村民的行为规范、集体资产及村政事务管理办法、民主管理制度，村民的权益保障和福利标准等等，既体现公平、公正、透明，又有监督机制。村民遇到疑难问题，在章程里即可找到答案，从而消除了村民的疑虑。

大伙儿的心气儿顺了，凝聚力自然提高了，关心、支持、参与村庄建设的积极性高涨，保证了郑各庄村各项事业健康有序地发展。

从 1998 年到 2011 年的 13 年间，村庄的居住人口从 1300 人增加到 5 万人；村级资产从 3600 万元增加到 55 亿元；经营收入从 3500 万元增加到 35 亿元；农民人均收入从 3100 元提高到 45500 元；农民人均福利从 109 元增加到 7500 元；农民人均住房面积从 23 平方米提高到 70 平方米。郑各庄农民的成就感、自豪感和幸福感油然而生！

最后我要说的是，我们不但有能力造城，而且有能力经营好、管理好城市。

过去我们时常为一千多民村民的生计犯愁，现在我们有了承载五万多产业工人、学生、居民的工作、学习、生活保障能力。

一是支撑体系。我们有一个持续发展的产业链，有配套的基础设施和公共服务设施，还有垃圾分类站、污水处理厂以及中水再利用和雨水回收系统。为城市的运行提供了支撑。

二是保障体系。我们的一个专业的物业公司，承担整体社区的秩序维护、安全保卫、资源管理、能源保障、基础设施维护以及绿化、亮化、美化、净化等全面的保障工作。

三是精神文明氛围。有社区文化站，组织开展丰富多彩的文化、体育、健身、娱乐活动，以满足人们的精神文化需求，构建文明和谐的氛围。

今后几年，我们将继续坚持兴企、强村、富裕农民的发展战略，特别是在寻找差异化竞争方面做文章，在提高城市化水平上做文章，在提升经济运行质量上做文章，力争经济总量以 20% 的幅度增长。到 2015 年，总资产达到 70 亿元；实现总收入 60 亿元，可支配财力 8 亿元，农民人均纯收入突破 65000 元，把郑各庄村建设成为北京乃至中国北方农村中最有代表性的生活居住、投资创业、休闲度假、教育培训、养生养老的复合型的社区，以及民生幸福指数最高的村庄。

我们深知，要实现这个目标，不但要积极应对行业市场竞争的严峻挑战，还要克服因巨额资产尚未形成入市资本，外部融资能力不能满足产业发展需要的困难。但是，目前我村具备的产业基础以及产业间的互动和"村企合一"、"企校合作"、"强强联手"的运行机制,将汇集成发展的强劲动力,所以我们对实现这个目标充满了信心。

我的汇报就到这里,敬请大家给予指正。同时,欢迎大家到我们郑各庄实地考察调研,为我们的发展出谋划策。

谢谢!

《主动城市化引领郑各庄农民走向富裕路》

美国哈佛大学肯尼迪政府学院中国学者讲座
2012年4月26日下午4:00~下午6:00
黄　福　水
北京市昌平区北七家镇郑各庄村党总支书记、村委会主任、宏福集团董事长

尊敬的各位教授、各位专家学者、朋友们:大家好!

十分感谢各位对中国北京郑各庄村给予的热情关注。

二十几年前,也就是1990年,我带领村里几十个壮劳力在北京亚运村做工程时,一位规划专家问我:"你们农民总是在为城里人建设城市,能不能为自己造城呢?"我的回答是:"能!一定能!"

二十多年后的今天,我们果然凭自己的智慧造出了一座城。这座城的规划者、设计者、建设者和拥有者就是我们郑各庄的农民。

这就是今天我要和大家一起交流、汇报的话题。

第一,介绍一下郑各庄村的基本概况

郑各庄是北京昌平区的一个行政村。有568户人家,1500口人,村庄面积2.9平方公里。南距天安门22公里,是典型的城乡结合部。

我从1983年起担任村领导职务,至今已30个年头,现任村党总支书记、村民委员会主任、宏福集团董事长。这是党员、村民和股东通过民主选举赋予我的责任。

这些年,特别是1998年以来,我们紧紧围绕主动城市化做文章,用改革的勇气和创新的举措破解发展难题。

同样是这块土地,也同样是我们这些农民,却让郑各庄发生了历史性的变化。1998年到2011年的13年间:

自营实体公司由1个发展到35个;

合作公司由3个增加到60个,增加19倍。

产业工人由300多人扩大到13000多人,增长42倍。

村级总资产从3600万元滚动到55亿元,增长156倍;

经济总收入从3500万元提高到35亿元,增长99倍;

上缴税金从33万元提高到2.4亿元,增长79倍;

农民人均年纯收入从3100元提高到45500元,增长13.6倍;

农民人均福利现金所得从109元增加到7500元,提高66.5倍;

人均居住面积近70平方米,是1997年23平方米的3倍;

农民劳动年龄人口受教育年限从不足7年,提高到11.5年。

过去,仅有1所几十个小孩的幼儿园、1所小学和1个简陋的医务室。现如今,形成了幼儿园、小学、中学到大学的教育体系配套,还建了一家大专科、小综合的三级甲等医院。过去我们只服务一千多名村民,现在具有承载五万名产业工人及居民、学生的保障能力,等等。

除了郑各庄这个行政村备受人们关注外,还培育了宏福集团、宏福苑、温都水城这三个品牌。宏福集团是郑各庄的经营实体,宏福苑是在宅基地上集中建起的农民居住小区,温都水城是我们开发的旅游景区。这是郑各庄村农民发展创新的标志和主动城市化的成果。

第二,郑各庄为什么要主动城市化

郑各庄由生城市化的念头是在1995年,当时我们面临着六大困惑。

一是集体经济弱化,农民收入差距不断加大。

1985年初,郑各庄同中国大多数村庄一样,农地分包到户,所有的集体资产全部拍卖给个人,几十年的集体积累一夜间化为乌有。一小部分有本事的人搞起个体运输或从事家庭养殖,百分之八十的农民依赖于承包的一亩多农地营生,收入差距过大的矛盾日益突出。

二是土地资源配置不合理。

郑各庄明代成村,由于民居分布散落,394户人家,占用宅地多达70公顷,还有约80公顷的公共墓地、河套、坑溏、河滩,人均拥有农地不到一亩半。

三是人居环境恶劣。

由于集体经济薄弱,无力治理村庄,大街小巷坑洼不平,刮风满身土,下雨难出门;教育、文化、商业以及水、电等基础设施严重缺失。村民的住所处在既让人厌恶、又无法割舍的柴草垛、粪堆甚至厕所、猪圈的包围之中。

四是农民弃地问题突出。

由于经营农地收入微薄,一年的收成抵不上打一个月工的报酬,很多人弃地外出做工,大部分农地撂荒。

五是农民承受被动开发的痛苦。

房地产开发商打着农村城市化的招牌,以只圈地不改村的开发方式由城市边缘向郊区迅速扩张,与郑各庄毗邻的村庄大面积农地被征占,失地的农民不但无业可从,而且生活居住环境与一栋栋高楼、一片片高档别墅相比形成天壤之别,严重伤害了农民的利益和尊严。

六是农民饱受攀比盖房的困扰。

受传统居住观念的影响,谁也不愿意自家的房子比别人家的矮,所有的积蓄全部用在折腾房子上,导致一些人家债台高筑甚至返贫。无力翻盖房子的家庭,只能无奈地蜗居在整日见不到阳光,甚至连雨水都排不出去的夹缝中。这些诱发侵街占道、宅基地纠纷、邻里矛盾、家庭不和等不和谐的问题,农民的幸福感、安全感严重缺失。

为了化解这些困惑,让村民过上舒心日子,经广泛征得村民的意愿,我们决心用自己的双手建设好家园。

第三,郑各庄主动城市化的基本做法和成果

1995年,我们请来专家,针对郑各庄所处的地理位置、人文特征、资源特点以及产业发展方向等要素,依据市、区、镇三级规划的功能定位,编制了《郑各庄村21世纪生态庄园规划》,把辖区划分为生活居住、教育科研、科技产业、旅游休闲产业四个功能板块,力争用15到20年把郑各庄打造成现代城市化社区。

规划出台后,一些旁人认为一个村庄要实现这样的规划不大可能或根本不可能。但是,我们对实现这个目标充满了信心。

2005年5月,以《郑各庄21世纪生态庄园规划》为蓝本的《郑各庄片区控制性详细规划》获北京市规划委员会的批准。

从完成规划蓝本,到拿到政府的正式批复,整整用了10年的时间。这10年,我们没有坐等,而是以超前的胆识破天荒地做成了6件大事。

一是完成了农地和集体建设用地的置换。

在当时政策的许可下,由集团出资,通过在异地整理复垦废弃的建设用地,把我们的农地置换为集体建设用地。到2001年,除了保留5公顷的农地外,其余的农地全部置换成建设用地,为工业化、城市化奠定了基础。当政策紧缩时,我们已顺理成章地做成了。

二是基本完成农民上楼工程。

1998年3月,以自主投资、自主设计、自主建设、自主管理这样一个村民自治的方式启动了旧村改造工程。到2004年年底,98%的村民搬迁上楼,改变了农民的生活方式,迈出了农民向市民转变的关键一步。

三是打造新型集体经济模式,农民变股东。

1996年北京宏福集团成立,随即创立了"以企带村"、"村企合一"的发展机制,接着在1999年又完成了集团产权制度改革,公司法人控股66.6%,村委会和村民即自然人各持16.6%的股权。由此决定了宏福集团既不是私有制,又不是绝对的集体所有制,而是以农民参与投资、效益成果共享的新型集体经济模式。目前村民人均持有股份12万元,每年的股东收益18000元,股份收益成为村民持续不断的财富。

四是创新土地流转经营机制。

1999年,按照"依法、自愿、有偿、规范"的原则,在京郊率先推出了"确权、确利、保收益"的土地流转经营机制。农民把承包的土地以委托经营方式有偿流转给企业,企业不论赢亏,都要足额支付给农民土地租金,农民毫无顾虑地进入企业，成为离土不失地的产业工人。2011年人均土地收益8500元。

五是实现了单一产业向产业多元化的跨越。

完成了建筑业从基础工程、主体施工到市政工程、建筑材料加工、周转材料供应以及设备租赁等关联产业配套。

开发了工业园，以参股、控股等合作方式引进了几十家科技型企业，以及北京邮电大学、中央戏剧学院、解放军艺术学院等高等院校；发展了影、视、剧、动漫、游戏等文化创意产业。

打造了集高档酒店、商务会展、温泉养生、休闲娱乐于一体的旅游产业——温都水城，并把这一品牌输出到黑龙江、海南等地。

兴建一所800个床位的三级甲等医院，并整合医疗、旅游和成熟的社区资源，开发了国际老年公寓，以会员制形式面向全球老年人提供自助养老、护理养老、临终关怀这样一条龙的养老服务，并推出了北京、黑龙江五大连池、海南博鳌"三地候鸟型"养老。

以传统产业与现代产业共同发展、独资与合作并存、技术密集型与劳动密集型优势互补的产业格局在郑各庄全面铺开。

六是社区基础设施基本配套。

累计投资20多亿元，改造了中小学校、幼儿园；翻修了道路，兴建了配电站、供热和供水中心、污水处理厂、垃圾分类站以及中水再利用和雨水回收系统等基础设施，引进了公交车以及银行、邮局；完善了文化娱乐、休闲健身、购物、餐饮等服务设施；开发了地热资源；实现了互联网、温泉水、天然气联网入户等等。这其中，做了一些应该由政府投资，或政府想做还没来得及做的事情。

第四，让农民共享发展成果

从1993年向村里老人发放第一笔养老补贴起，通过不断探索和完善，村内福利保障制度实现了三个接轨。

一是农民退休年龄和就业人员的"五险"与国家劳动法规定接轨；

二是退休养老补贴标准与北京市城镇居民最低生活保障金标准接轨；

三是80岁以上老人的基本养老金与北京市征地超转人员的月基本养老金标准接轨。

还实行了从幼儿园到大学全程教育补贴，水、暖、天然气费用报销，粮油保障，医保以外的医疗费补充报销制度等等。

2007年又推出了双重保障机制。农民退休后，既享受村里农民的各项福利，又享受与城镇居民同等的保障。

2011年，人均享有村内福利7500元，其中老人的退休养老保障金人均17500元，再加上社保机构发给老人的养老金，村里农民的保障一点都不比城里人差。

农民的收入来源由过去单一的劳动报酬,扩展到劳动报酬+福利保障+股东收益+土地收益+房屋租金这样多元化的收入结构。

去年,村民的保障性(村内福利)、投资性(股东收益)、权益性(土地租金)、财产性(个人房屋租金)等非劳动性收入人均29000元,在45500元的收入总额中占63.7%。通过制度调节,缩小了村民之间的收入差距,实现了共同富裕。

第五,在探索中前行,在创新中发展

既然是改革和创新,就会有一定的风险。比如,1995年做的规划到2005年才被正式批准,但我们没有等,否则,就难以实现土地集约利用,更不会有郑各庄的今天。

又如,郑各庄的旧村改造是在政府没有明确的指导文件的条件下,完全依靠村民自治的方式来实施的。每前行一步,都要在法与情的交融中探索平衡点。

依靠村民自治调解了法律法规难以调整的大量事务,比如自主旧村改造形式、土地流转方式、农民"双重"保障机制等等。

应该说,村民追求生活幸福,是郑各庄改革和创新的根本动力;村民的"开放、诚信、包容"成就了郑各庄的主动城市化,让农民实现了增收、宽居、乐业,并且带着资本、带着保障进入了城市,真切地感受到主动城市化对自己是"得到"而不是"失去",成就感和幸福指数大幅提高。

第六,制约村庄发展的瓶颈

在我国二元体制下,农村集体建设用地与国有土地据有不同的待遇。国有土地上的建筑、设施,可以取得产权,而我们农民建在住宅用地或集体建设用地的房子,尽管符合规划,也不能立项、拿不到产权。即使政府帮助协调,也很难跨过这道门槛,使我们几十亿元的资产既无法上市,又不能抵押贷款,制约着我村的后续发展。

相信国家正在修正的《土地法》出台后,会给我们农民带来福音。

第七,未来几年的发展目标

我村十二五规划明确,今后几年,经济总量继续保持20%的幅度增长。到2015年,总资产达到70亿元,产值达到60亿元,可支配财力达到8亿元,农民人均纯收入突破65000元,把郑各庄打造为京郊最有代表性的生活居住、投资创业、休闲度假、养生养老的复合型社区和民生幸福指数最高的村庄。

我的汇报就到这里,欢迎在座的教授、专家、学者为我们郑各庄的发展把脉、支招。欢迎大家到郑各庄实地考察,对我们的工作给予帮助和指导!

谢谢!

二、北京温都水城(郑各庄)建城荣誉简史

昨天,这里是帝王权倾四海的皇城;

今天，这里是百姓幸福安康的水城与银城；
明天，这里是人民奋发向上的福城。

【造城景观2：北京温都水城（郑各庄）建城荣誉简史】

北京温都水城（郑各庄）"金手杖"建城荣誉简史：

昨天，这里是帝王权倾四海的皇城。

昨天 (1429— 1949)	出生	郑各庄建村
		明代洪武年间至明宣德四年（1429）
	建皇城	清代（康熙、雍正、乾隆）
		（康熙五十七年即1718年，雍正元年即1723年，乾隆十一年即1746年）
	民国时代	（1911—1949）
		中国人平均寿命在35岁以下
	抗日时期	（1937—1945）

今天，这里是百姓幸福安康的水城与银城。

今天 (1949— 2014)	中国共产党时代：	
	解放	1. 毛泽东解放年代
		（1949年至1976年人民解放）
	1949年	中国人平均寿命38岁
	1959年	中国人平均寿命44岁
	1969年	中国人平均寿命51岁
	建水城	2. 邓小平改革开放年代
	建银城	（1978年至2014年人民致富）
	1979年	中国人平均寿命57岁
	1999年	中国人平均寿命68岁
	2009年	中国人平均寿命75岁
	2013年	中国人平均寿命76岁
	（发现恢复行宫、平西（理亲）王府及龙井）	

明天，这里是人民奋发向上的福城。

明天 (2015— 2050)	中国共产党时代：
	建福城　（2015年，至2020年，至2050年人民实现"民主、民权、民生"金色梦想）

四、北京温都水城（郑各庄）——大事记

【造城景观3 - 北京温都水城（郑各庄）大事记】

不平凡的岁月，不停歇的脚步。

序号	时代	时间	事件、典故：旅游产业发展大事记
1	北京温都水城的昨天——皇城	洪武年间	郑氏人家从山西洪洞县大槐树村移民至此，渐成村落，始称郑家庄。
2		宣德年间	郑家庄地名最早见于明宣德四年（1429），《明宣宗实录》记载："设顺天府郑家庄马房仓，置大使、副使各一员。"
3		康熙五十七年（1718）	康熙建造郑家庄行宫与王府，史称郑家庄皇城。收藏于台湾故宫博物院的《康熙朱批满文奏折》为证，著名清史学家阎崇年先生所著《大故宫》第48讲"理亲王府"亦有专述。
4		雍正元年（1723）	五月初七，雍正帝封废太子胤礽之子弘晳为理郡王（后晋升理亲王），命他到郑家庄王府居住。清代昭梿著《啸亭续录·京畺公府第》记载："理亲王府在德胜门外郑家庄，俗名平西府。"
5		乾隆十一年（1746）	顺天府退出郑家庄马房仓，光绪《昌平州志卷十一》记载："郑家庄等马场补民及各旗退出还民地通共捌佰陆拾玖顷陆拾陆亩玖分。"被顺天府征用317年的田地又回补给村民。
6		1930年	国民政府实行编乡制，郑各庄村设乡公所，乡公所驻地西庙（药王庙）。
7		1945年	在共产党领导下，郑各庄村秘密成立了游击队又称"护田队"。（1949年10月改为武装部，1961年1月改成民兵连。）
8	北京温都水城的今天——解放	1949年10月	郑各庄村隶属昌平县五区管辖，在上级工作组指导下建立党支部，并成立妇女联合会和土地改革委员会，随即进行阶级成分划分，按人分地，耕者有田。
9		1950年	建立共青团支部。
10		1951年	成立互助组。
11		1952年	互助组过渡到初级农业生产合作社。
12	北京温都水城的今天——政治解放	1953年	建立4年制公办民助小学。
13		1955年	初级农业生产合作社过渡到高级农业生产合作社。
14		1958年	建立人民公社，原三个高级农业生产社改建三个生产队；建立集体食堂（1960年撤销）；始用电灯照明。
15		1961年	贯彻农村《六十条》，实行"三级所有、队为基础"的农村集体经济体制。
16		1963年	引入380V动力电，始用脱粒机、铡草机、抽水机等农用电动设备。
17		1964年9月	"郑各庄村完全小学"挂牌，学制由1~4年级升为1~6年级。同年，开展平整土地运动，并平坟还田，指定西上坡地块为公共墓地。
18		1966年	成立"郑各庄村合作医疗站"，实现了小病不出村。
19			后更名为"郑各庄医务室"。
20		1971年	发展手工糊制纸质水泥袋、黏土烧砖等副业经济。
21		1977年	村民杨士江使用自行车驮果品串街叫卖，这是农村集体化后，本村出现的第一个个体商贩。

续表

序号	时代	时间	事件、典故：旅游产业发展大事记
22	北京温都水城的今天——水城、银城	1978年	实行专业组"联产承包"责任制，被平西府管理区确定为"联产承包责任制"试点村。
23		1982年	实现机耕、机种、机收、机脱粒等基本农业机械化。
24		1983年	发展个体运输及个体养鸡、养猪、养鱼专业户。
25		1985年	生产队解体，耕地分包到户，集体生产资料由个人认购，"三级所有、队为基础"的集体经济体制废止。相继开办沙场、针织厂、食品厂、废旧物资回收站等经营项目，1990年前后陆续关停。
26		1986年3月	十几个青年农民自发组建土方施工队，时任村党支部副书记、生产大队队长的黄福水出任队长，用借来的5万元购买1台110反铲挖掘机，走上创业路。
27		1988年	施工队出资23.4万元将郑各庄至平西府的泥土路翻修为柏油路，结束了雨季出村难的历史。
28		1989年	成立农业公司，服务于农地承包户、经营村民自愿放弃承包的农地。
29		1992年	建立养老补贴制度，当年向60岁以上老年人发放60元养老金。经过不断完善，目前村内福利保障制度已成体系。
30		1993年1月	施工队探索股份制，发动村民和企业员工集资144万元，购置5台土方运输车。
31		1995年	绘制《郑各庄村21世纪生态庄园规划》，为本村城镇化建设奠定了基础。
32		1996年2月16日	北京宏福集团成立，"村企合一、以企带村"的新型集体经济模式随即诞生。
33		1996年7月	郑各庄第一部《村民自治章程》颁布实施，村民自治、民主管理步入制度化、规范化。
34		1996年9月	村"两委"向村民发出将要实施旧村改造的通知，号召村民不要再翻建或新建房屋。
35		1998年3月8日	旧村改造工程正式启动。当年建成4栋住宅楼，11月18日首期144户村民和企业员工乔迁新居。
36		1999年	按照"依法、自愿、有偿"的原则，建立"确权、确利、保收益"的土地流转机制，农民成为离土不失地的产业工人。
37		1999年5月	成立宏福成人教育学校，通过开展成人学历教育，培养新型农民队伍。
38		1999年9月	建立工业大院（2002年被市农委命名宏福创业园，2012年正名宏福科技园）。至2012年入园企业达到上百家。
39		1999年11月	实施企业产权制度改革。公司控股66.66%，村委会即集体股占16.66%，村民即自然人股占16.66%，农民成为企业的股东。

续表

序号	时代	时间	事件、典故：旅游产业发展大事记
40	北京温都水城的今天——水城、银城	2000年3月16日	宏福集团投资兴建的平西府中学新校奠基，2001年3月16日竣工并交付使用。
41		2000年9月	第一眼地热井开采成功。截至2008年共成功开采六眼地热井，日可供温泉水上万立方米。
42		2000年12月	把发展旅游产业作为宏福集团"二五"规划重点目标之一。
43		2003年1月20日	宏福宾馆、宏福饭店、御温池落成开业。
44		2003年4月29日	温都水城旅游开发有限公司成立，2008年变更为北京温都水城旅游饭店管理有限公司。
45		2003年7月5日	恢复护城河工程举行开工典礼，同年10月1日竣工，与秀水湖公园人工湖贯通，开始接待游人。
46		2003年7月11日	温都水城一期项目即水城国际酒店、水空间、温泉养生馆、水城报告厅、室外温泉区以及恢复康熙行宫等项目破土动工。
47		2004年9月15日	北京邮电大学宏福校区落成，举行开学典礼。
48		2004年9月28日	红楼岛落成开业。
49		2005年3月1日	宏福集团召开2005年度机构改革工作会议，确立了以打造旅游品牌为中心的发展战略。
50		2006年5月	温榆河郑各庄御码头落成并经营游船项目，为温都水城做了产业配套。
51		2006年7月22日	温都水城一期项目开始试营业，29日正式营业。
52		2006年11月	温都水城先后承办中韩模特大赛总决赛和全球华裔小组选美大赛中国区总决赛。
53		2007年3~6月	温都水城承办"红楼梦中人"全国大型选秀活动，温都水城由此享誉全国。
54		2007年3月28日	温都水城被评为"全国民族文化旅游十大品牌推介10强"单位。
55		2007年5~8月	温都水城开展京港奥大连接驱车万里行，在全国58个大中城市设站开展奥运宣传活动。
56		2008年4~8月	温都水城承办《龙的传人》全球电视选拔赛总决赛，温都水城品牌影响再度攀升。
57		2008年1~11月	温都水城二期即宏福大酒店、湖湾酒店、湖湾西区酒店、会议中心等项目相继落成开业。温都水城服务设施进一步完善。
58		2009年2月	温都水城被国家景区等级评定委员会评为国家AAAA级景区。
59		2009年5月27日	温都水城商标被北京市工商局评为"北京市著名商标"。
60		2011年12月	温都水城广场屋顶滑雪场落成启用。
61		2011年10月	温都水城金色大厅投入使用，进一步提高了会议、餐饮的保障能力。
62		2011年11月	温都水城商标被国家工商总局商标局认定为中国驰名商标。

续表

序号	时代	时间	事件、典故：旅游产业发展大事记
63	北京温都水城的今天——水城、银城	2012年4月	郑各庄村主动城市化模式被美国哈佛大学选入教学案例。党总支书记、村委会主任黄福水在哈佛大学做了"创新、造城、求变"的主题演讲，并和各国学者进行了深度交流。
64		2012年10月21日	中央戏剧学院郑各庄校区落成启用。
65		2012年12月23日	经国务院批准，宏福科技园划入中关村国家自主创新示范区。
66		2013年10月13日	北京温都水城金手杖国际养老公寓（自助型）会员正式入住。
67		2014年	黑龙江五大连池金手杖老年公寓、海南博鳌金手杖老年公寓投入运营；扩大金手杖联盟至2050年（国内外）100家。
68	北京温都水城的明天——福城	2015年	生态农业观光园开业。
69		2015年	4万平方米建科大厦落成。
70		2016年	北京安贞心康医院（三甲）开业。
71		2016年	北京"金手杖"老年护理院（护理型）落成。
72		2017年	30万平方米中关村"总部航母"落成。
73		2018至2020至2050	坚持创新驱动，科技引领产业升级，推动城镇化建设，打造幸福美丽村庄。到2020年，区域产值100亿元，税金5亿元，农民人均纯收入70000元。2050年将北京温都水城建成为具先进水平的国际城（城镇规划、高科技、养老、旅游、文化、民生、教育、卫生医疗、健康管理、商务、交通、环保、安全诸领域）；村民免费教育、医疗、养老、住宅；村民预期寿命平均88岁；接受国民教育平均13年；30%是博士、硕士、科技创业人士；是国际现代科技样板生态福城，令世界瞩目。

五、北京温都水城（郑各庄）博物馆百景

北京温都水城（郑各庄）隶属昌平区北七家镇，坐落于北京中轴线正北端，南距天安门22公里，北依北京母亲河——温榆河，村域面积2.9平方公里，总人口约35000人，其中原住村民1510人。改革开放后，特别是近36年来，勤劳、智慧、善良、纯朴、奋发进取的郑各庄人，追逐强村富民之梦，主动投身新型城镇化建设，村庄面貌焕然一新，经济发展蒸蒸日上，村民百姓安居乐业，跻身全国文明村行列，荣膺北京最美乡村称号，在郑各庄村的发展史上谱写了壮丽的篇章。

风雨36载，北京温都水城（郑各庄）的每一个脚印都深深地踏在中国农村改革开放的节点上；自始至终，北京温都水城金手杖（郑各庄）的每一步都浸润着党和政府的深切关怀、切切期望。沐浴着阳光雨露，北京温都水城金手杖（郑各庄）人人求索拼搏，奋进图强，走出了一条主动城镇化的发展之路。

【造城景观4：明代．洪武年间建村——郑各庄】

北京温都水城——郑各庄

【水城景观1——北京温都水城夜景】

北京温都水城夜景

【水城景观2——北京温都水城旅游景区牌坊】

北京温都水城（郑各庄）——景区牌坊

北京温都水城——专家参加行宫剪彩仪式

北京温都水城——北京温都水城总经理刘辉介绍行宫重建情

　　北京温都水城景区坐落于北京昌平区北七家镇郑各庄村，由澳大利亚SDG设计集团设计，北京宏福集团独家投资开发兴建。它具有设计理念超前、构思巧妙和整体配套功能齐全的三大特点。如今，温都水城旅游度假区对外营业的项目和景点已增加至二十多项。

北京温都水城景区物华天宝、人杰地灵，亲山近水、景自天成。蜿蜒七公里的人工水系四通八达，环绕着万亩水城大社区。

北京温都水城的地热资源丰富，现已开发六口温泉井，井深近三千米，出水温度高达79℃，各种矿物质和微量元素非常丰富，日出水量上万立方米。

北京温都水城景区是一家集大型水上娱乐、温泉养生、餐饮住宿和旅游观光、商务会议于一体的综合型旅游景区。现在已经投入使用的项目有水空间、温泉养生会馆、水城国际大酒店、宏福大厦、湖湾酒店、湖湾西区酒店、康熙行宫、四合院、室外温泉区、红楼岛商务区、王府文化商业街、温榆河码头、宏福活动中心和高尔夫练习场等。正在建设中的项目主要是水城文化广场、老年公寓、温榆河生态旅游休闲区。通过各种旅游生态景观，形成以"水"为亮点、整体占地面积近万亩的绿色旅游休闲区。

（一）历史、文化、民俗博物一馆

第一部分　北京温都水城（郑家庄）的昨天：皇城

【皇城景观1——明宣德四年（1429）至清康熙、雍正年间，郑家庄被征为皇家御地】

昨天，这里是帝王权倾四海的皇城

——风云三百年郑家庄皇城

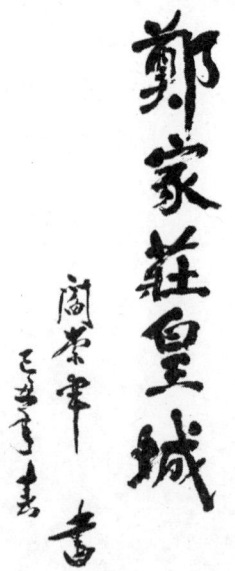

一座沉睡百年的皇城行宫

一段尘封许久的宫廷故事

一路不为人知的过去

一曲未可限量的未来

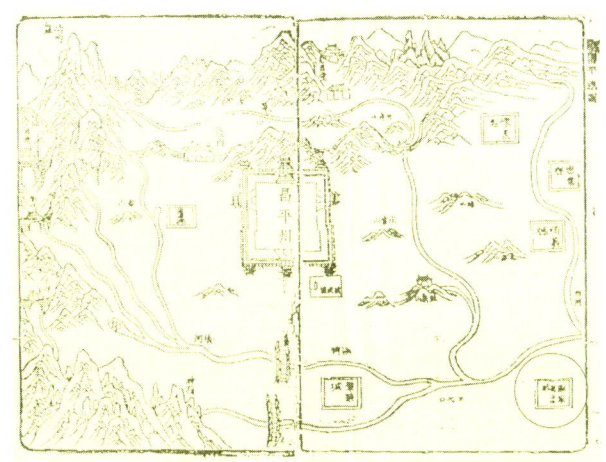

北京温都水城——康熙年间昌平州志

郑各庄明代成村,曾名郑家庄,因姓取名。改革开放前,产业单一,集体经济薄弱,村民收入无几,基础设施严重缺失,人居环境恶劣。改革开放以来,郑各庄人乘国运良机,解放思想,与时俱进,牢记"发展才是硬道理"这一真谛,坚持"以经济建设为中心"这条主线,聚精会神搞建设、一心一意谋发展,开启了科学发展的新征程。

【皇城景观2——郑家庄皇城图】

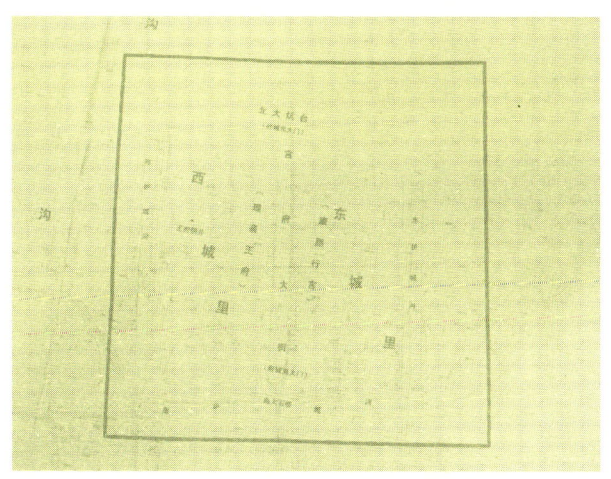

北京温都水城——郑家庄皇城图

【皇城景观3——郑家庄皇城满文档案影印件及翻译件】
郑家庄行宫与王府同时建造的证据:

汉译:郑家庄理亲王府工程兴工满文奏折

康熙五十七年(1718)十二月初五日,内务府关于胤礽的郑家庄理亲王府工程兴工的满文奏折及朱批。汉译如下:

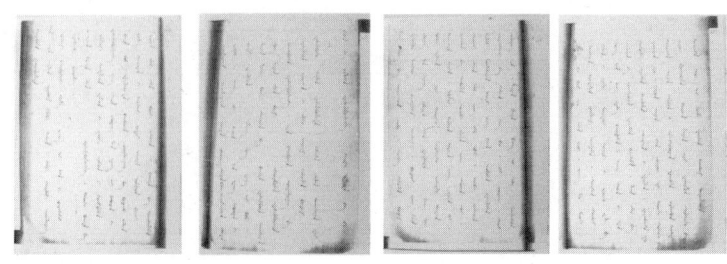

北京温都水城——郑家庄皇城满文档案影印件

行宫以北,照十四阿哥(允禵)所住房屋之例,院落加宽,免去后月台、前配楼、后楼,代之以房屋,修建王府一所(各类房屋共582间)。其中大衙门五间,柱高一丈五尺,为十一檩歇山顶。北面正房五间,柱高一丈四尺,为九檩歇山顶。大门五间,柱高一丈三尺五寸,为七檩歇山顶。大衙门两侧厢房各五间,柱高一丈二尺,为七檩硬山顶,正房两侧厢房各三间,柱高一丈二尺。两侧耳房各三间,柱高一丈二尺,为七檩硬山顶。罩房十九间,柱高一丈,为七檩硬山式。小衙门三间,柱高一丈三尺,为七檩歇山顶。其两侧房屋各六间,柱高一丈。小衙门两侧之房屋各五间,柱高九尺五寸。两侧小房各十间,柱高八尺,为硬山顶。净房四间,柱高七尺,为四檩硬山顶。其周围台阶、斗板用青沙石。外围房一百五间、堆房三十六间、仓房三十间、草料房十五间、门一间,柱高八尺。马厩房二十间,柱高九尺,为七檩硬山顶。围墙一百二十四丈,高一丈二尺,宽二尺四寸五分。隔墙一百九十六丈,高八尺五寸,宽一尺六寸。甬路三十八丈五尺(中间铺方砖,两边镶城砖)。《内务府等奏为核计郑家庄马房城地方建房所需钱粮事折》(满文),康熙五十七年十二月初五日。

(中国第一历史档案馆研究员郭美兰译)

《康熙朝朱批满文奏折》汉译

上驷院郎中尚之勋等奏报郑家庄行宫工程用银折

监造郑家庄行宫、王室郎中奴才尚之勋等谨奏:为奏闻事。

康熙五十七年十二月内,为在郑家庄营建行宫、王室、城郭及城楼、兵丁住房一事,经由内务府等衙门具奏,遣派我等。是以奴才等监造行宫大小房屋二百九十间、游廊九十六间、王室大小房屋一百八十九间、南济庙大小房屋三十间、城楼十间、城门二座、城墙五百九十丈九尺五寸、流水大沟四条、大小石桥十座、滚水坝一个、井十五眼,修葺土城五百二十四丈,挖挑护城河长六百六十七丈六尺,饭茶房、兵丁住房、铺子房共一千九百七十三间,夯筑土墙五千三百五十丈七尺一寸。

营造上述工程,除取用部司现有杉木、铜、锡、纸等项外,采买松木、柏木、椴木、柳木、樟木、榆木、青沙石、豆渣石、山子石、砖瓦、青白灰、绳、麻刀、柏树、木桩、水坯、乌铁、磨铁等项以及席子、贴箔、竹木、鱼肚胶等、加之匠工银,共享因银二十六万八千七百六十二两五钱六分三厘。其中从部领银二十三万七千十四两七钱三分三厘,富户监察御使鄂其善交银二千二百二十两,富当交银六百五十两,原任员外郎乌勒讷交银一万两,员外郎浑齐交银一千八百十两,顺天府府臣连孝先交银一万七千六十七两八钱三分。再卖工程所伐木签、过秤时共得银四千八百八十三两五分二厘。依此银采买糊行宫壁扇橱绘画斗方、热炕木、装修、席棚、排置院内之缸、缸架、南济神开光做道场、锡香炉、蜡台、垫尺、桌子、杌子等项,匠役等所用笤帚、筐子、缸子、水桶、把桶子等物,以及支给计档人、掌班、齐虾等之饭钱共银四千八百六十七两三钱八分二厘,尚余银十五两六钱七分。今既竣工,则拟将所余银照数交部。为此,谨具奏闻。

上驷院郎中尚之勋、营造司郎中五十一、督虞司员外郎偏图、刑部郎中和顺。

康熙六十年十月十六日
(中国第一历史档案馆研究员郭美兰译)

【皇城景观4——清康熙行宫暨平西王府(清雍正御旨)】

北京温都水城——清康熙行宫暨平西王府(清雍正御旨)

【皇城景观5——清康熙行宫内景】

北京温都水城清康熙行宫内景

北京温都水城——清康熙行宫龙床

北京温都水城——清康熙行宫内景

【皇城景观7——专家考察与研讨】

北京温都水城——著名清史学家阎崇年
与当地人士实地考察郑家庄皇城历史遗迹

北京温都水城——专家研讨会

【皇城景观8——著名历史学家揭秘郑家庄皇城历史】

北京温都水城 ——著名清史学家阎崇年
揭秘郑家庄皇城历史

【求证】

虽然清朝史料中没有关于"行宫"的明文记载，但在朝鲜的《李朝实录》中可以看到些蛛丝马迹。2008年阎崇年先生和很多清史学家在一起，开始了艰辛的史料翻译工作，首先从中国第一历史档案馆查起，翻阅了相关的汉文档案，没有关于郑家庄兴建工程的记录。

然而，汉文只是清朝记录历史的一部分形式，而多数重要的文档，都是用满文记录的。为了彻底查清郑家庄当年旧事，阎崇年先生特别奔赴台北故宫博物院，翻阅了保存在那里的满文资料，也就是在那里，康熙五十七年（1718）十二月关于在郑家庄兴建行宫、王府、城墙、护城河、营房等开工的满文奏折，康熙六十年（1721）十月关于这项工程竣工的满文奏折，以及雍正元年（1723）五月《和硕恒亲王允祺等奏理王弘晳迁居郑各庄事宜折》的满文奏折等一批重要的数据出现了。

几个月后，阎崇年先生真的来到了郑各庄。这个倔强的老人家，真是要弄明白平西王府是怎么一回事儿。阎崇年先生仔细走访了郑各庄的老人们，听人讲述了郑各庄的传说，实地考察了郑各庄的遗迹，他有了一些重要的发现。

1. 郑各庄明代成村，原称郑家庄，清光绪年间更名为郑各庄。

2. 《清史稿·世宗本纪》等清史资料关于郑家庄的记录有20余处，并有指明德胜门外20里处。

郑各庄仍流传着南门、北门、中轴大道、东城里、东营子、东场堠、西场堠、城岗子等与郑家庄皇城有关的地名，并保留着城墙残垣遗迹和护城河。2005年出土了一口民间传说中的"龙井"，与历史记载中的"金井"相吻合。还发现了多处120公分厚的"三合土"地基。经专家考证，这里曾有大型建筑。

仅凭一份奏折不足以对郑各庄的历史下结论。为了进一步求证，阎崇年等史学专家开始翻阅满文奏销档案。这份档案发掘工作异常艰苦，经过大约20多天满面尘灰的翻阅之后，郑家庄的历史课题有了重大突破。

至此郑家庄皇城浮出水面，其大致脉络如下：

洪武年间——郑氏人家从山西洪洞县大槐树村移民至此，渐成村落，始称郑家庄。

宣德年间——郑家庄地名最早见于明宣德四年（1429），《明宣宗实录》记载："设顺天府郑家庄马房仓，置大使、副使各一员。"

康熙五十七年（1718）——康熙建造郑家庄行宫与王府，史称郑家庄皇城。收藏于台湾故宫博物院的《康熙朱批满文奏折》为证，著名清史学家阎崇年先生所著《大故宫》第48讲"理亲王府"亦有专述。（兴建）

康熙六十年（1721）十月竣工。

雍正元年（1723）——五月初七，雍正帝封废太子胤礽之子弘晳为理郡王（后晋升理亲王），命他到郑家庄王府居住。清代昭梿着《啸亭续录·京量公府第》记载："理亲王府在德胜门外郑家庄，俗名平西府。"（入住）

雍正二年（1724）十二月，和硕理密亲王允祉（理郡王之父）病故后，停灵郑家庄。（停灵）

雍正八年（1730）五月，弘晳晋封理亲王，郑家庄理郡王府成为理亲王府。（更名）

乾隆四年（1739）十月，乾隆帝处分理亲王弘晳，仍住郑家庄，不得出城。同年十二月遣离郑家庄。（革爵）

乾隆十一年（1746）——顺天府退出郑家庄马房仓，光绪《昌平州志卷十一》记载："郑家庄等马场补民及各旗退出还民地通共捌佰陆拾玖顷陆亩玖分。"被顺天府征用317年的田地又回补给村民。

乾隆二十九年（1764）二月，郑家庄兵丁被派往福州驻防。人走房空，郑家庄皇城从此废毁。

【皇城景观9——郑家庄皇城历史】

北京温都水城——全景浮出水面

北京温都水城——郑家庄皇城历史全貌

北京温都水城——为何选择郑家庄兴建行宫和王府

北京温都水城——皇太子胤礽（中年）

北京温都水城——胤礽（老年）

康熙皇帝为了给二次被废的太子胤礽（1974—1725）建造一座王府，使其颐养天年，于康熙五十七年（1718）下令在此兴建行宫与王府，"郑家庄皇城"遂由此而建、由此得名。《康熙满文朱批奏折》记载："行宫大小房屋二百九十间、游廊九十六间、王室大小房屋一百八十九间、南济庙大小房屋三十间、城楼十间、城门二座、城墙五百九十丈九尺五寸、流水大沟四条、大小石桥十座、滚水坝一个、井十五眼，修葺土城五百二十四丈，挖挑护城河长六百六十七丈六尺，饭茶房、兵丁住房、铺子房共一千九百七十三间，夯筑土墙五千三百五十丈七尺一寸。"在清史上，康熙的行宫很多，但是行宫与王府兼具、城墙与护城河并存，仅郑各庄一处，故以"天下神仙府，地上帝王家"著称。胤礽死后，成为其次子即理亲王弘晳（1694—1742）的府第。乾隆二十九年（1764），皇城兵丁被派往福建，眷属同行，干隆随即下令平毁郑家庄皇城。这座存在半个世纪，历经康熙、雍正、乾三代皇帝的皇城骤然消失，使郑家庄皇城成为鲜为人知的历史。

【皇城景观10——康熙行宫开城大典】

北京温都水城——抬轿

北京温都水城——宫廷舞

北京温都水城——"御赐行宫牌匾"

北京温都水城——行宫前舞狮

经著名清史学家阎崇年教授考证，郑各庄村南原是康熙行宫，后为理亲王府的皇城，终于让传说和疑问有了准确的答案。这既是清史研究的重大发现与突破，又是郑各庄村一笔宝贵的文化遗产。2009年4月29日，郑各庄隆重举行开城大典，再现了当年康熙皇帝挥师郑家庄皇城的威武盛况。

【皇城景观 11——清代康熙行宫龙井的发现】

北京温都水城——龙井考察记者采访老村民

北京温都水城——龙井考察记者采访

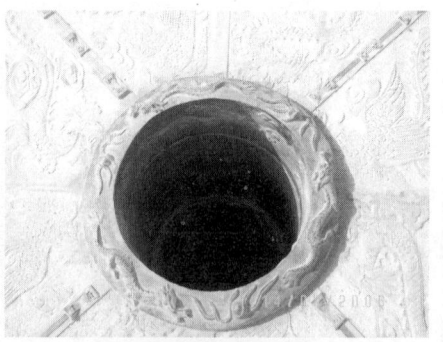

北京温都水城——龙井

这就是传说中的专供行宫、王府之皇宗贵族享用的龙井。龙井井口直径为 0.7 米，井深 7.2 米，水深 3.19 米。井壁为青砖干码结构，从上至下青砖的宽度逐渐变宽，井口处的青砖长 20 厘米、宽 12 厘米、厚 3.5 厘米，井壁表面的金黄色涂层清晰可见。据历史资料记载，金黄色涂层很有可能就是当时粉刷的铜质材料，将其涂在井壁的青砖上使井壁呈铜黄色，所以称其为铜井。

平西王府发现清代金壁古井

本报讯（通讯员张龄元 郝玉增）日前，在昌平区郑各庄村温都水城施工现场，民工意外发现了一口井壁呈金黄色的古井，据区文物所专业人员鉴定，这口井建于清代，有可能是百姓传说中当年专供平西王府王爷饮用的"铜井"。

笔者在现场看到，这口井的井壁为青砖干码结构，且从上至下完好无损。砌井用的青砖20厘米长、12厘米宽、3.5厘米厚，外形棱角十分规矩，与一般水井的青色、绿色井壁不同，这口井的井壁呈金黄色。据现场测量，井口至井底的深度为7.2米，井水深度为3.19米，打上来的井水水质清凉透明，口感甘甜，经检验，可以直接饮用。

据昌平区文物管理所的工作人员介绍，从青砖的规格可以推断，这口井建于清代，并且井砖是当年为了造井专门烧制的，由此推断这口井的主人不是普通人家。但为何井壁会呈现金黄色，文物所工作人员表示尚不知情。

据了解，郑各庄村340年前曾是清朝平西王府所在地。相传，平西王府内有一口井壁呈金黄色的"铜井"，井水专门供奉王爷饮用。

北京温都水城——考证：平西王府发现清代金壁龙井

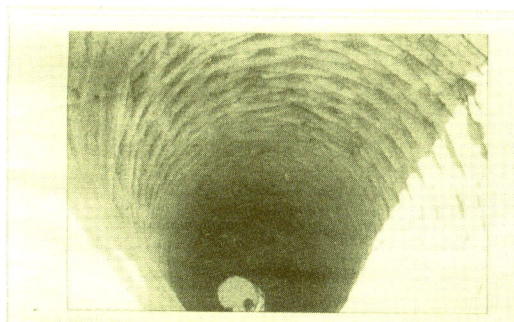

近日，在昌平区一工地，发现了一口清代古井。　通讯员 张龄元 摄

平西王府遗址出土清代古井

水质清凉甘甜，在其南侧初步推断有一大型宫殿

本报讯（记者陶春 通讯员张龄元 郝玉增）日前，一口清中期的古井在昌平区一施工现场被发现，令人称奇的是，井中还有潺潺井水，饮之清凉甘甜。

昨日，昌平区郑各庄村宏福温都水城"魔幻水世界"北门偏西处，这口井已被盖上。

据水城施工人员介绍，5月20日下午3时，他们发现4块不规则的青石板，掀起后一看，一个圆形井口显露出来。

"井口至井底的深度为7.2米，井水深度为3.19米，"施工人员尝了一口井水，感觉水质清凉透明，口感甘甜。砌井用的青砖为20厘米长、12厘米宽、3.5厘米厚，外形棱角十分规矩。

闻讯而来的昌平区文物管理所专业人员确定此井在平西王府（据记载，被平西王为藩正二等的儿子村李）的遗址上，初它恰在遗址的院里，应该是清代中期的井。

村民纷纷猜测其就是传说中平西王用过的"铜井"，却未得到文物人员确认。

对于该井中下部分井壁呈现出的金黄色，文物人员称这不是涂料，而是本身的呈现。此种青砖的规格在目前还没有雷同等的，由此可推定，砌井用的砖是当时专门烧制的。

在井的南侧，文物人员还发现一段长约24米，厚为1.2米的"三合土"地基，且十分坚实。文物人员推断，这里曾建有一个大型宫殿，但因现在有树，想做进一步研究有难度。

北京温都水城——考证：平西王府遗址出土清代龙井

北京温都水城——考证:"龙井出土"

  这个龙井是于2005年在水空间施工现场被发现的。刚被发现的时候,现场工作人员就发现这里的水清澈见底,于是就用容器采了一些水样拿到相关部门进行了检测。检测结果表明,这里的水不仅完全符合饮用水的标准,而且还达到了纯净水的标准。传说因井水非常凉,热天把肉放进井里,也能保持新鲜,不会腐烂。想当年,这口井除了饮水用处之外,可能还兼具了冰箱的作用。我们现在称这井里的水为"福水"。这个金黄色琉璃瓦小亭子、打水用的辘轳以及盘龙盖子都是我们后期为它建造的。在"红楼选秀"期间,评委为选手投票所用的就是取自龙井的"福水"。

【皇城景观12——清代康熙行宫龙井现貌】

北京温都水城——龙井现貌

皇城景观 13——北京母亲河温榆河畔 北京温都水城郑各庄御码头

北京温都水城——温榆河畔郑各庄御码头

北京温都水城——温榆河畔御码头

温榆河是唯一发源于北京市、发源于军都山麓的自然河,全长 47.5 公里,由东沙河、北沙河、南沙河三条上游河流汇合于沙河闸,是北运河上游。温榆河汉代至清末漕运兴盛。温榆河从源头至通洲北关闸全长 99.6 千米,河宽多在 50~120 米之间,总流域面积 2480 平方千米,沙河闸以下干流长 63.5 千米,其中昌平段主河流长 19 千米,境内流域面积 1237 平方米,占总流域面积的 50%。是北京五大水系(永定河水系、拒马河水系、温榆河水系、朝白河水系、洵河水系)中唯一长年不断流的河流,因此,被喻为北京母亲河。

昔日的温榆河碧波荡漾,清澈见底。河里有鱼、有虾、有乌龟、有河蟹,特别是金翅鲤鱼甚多,当地渔民捕捞后用于供奉朝廷。《光绪昌平州志》有"鲤出沙河者佳,鳞金色,两目赤晕,特异他处"的记载。

温榆河南岸是北京最美丽的乡村——郑各庄,温榆河滋润了这块土地,养育了这里勤劳的人。这里的人们亲水、爱水，构建了人水和谐的万亩社区。

温榆河历史久远，千百年来，人们疏浚开发温榆河漕运及灌溉良田。据《北京档案》载：东汉时期朝廷就已经开辟温榆河漕运，温榆河开发利用距今已有1700多年。明永乐七年（1409），明成祖朱棣开始在昌平北修建陵寝，所用建筑材料和军夫粮饷均从通州沿温榆河直运昌平。

自从明宣德四年（1429），郑家庄被征为皇家御地，少不了全国各地的重要官员考察、官兵换防、货物运输等，温榆河又与京杭大运河贯通，在当时陆路交通十分不便的背景下，在这里修建了漕运码头。到了清代，康熙（康熙五十七年，即1718年）在郑家庄又兴建了郑家庄皇城，随即把漕运码头改造为御码头，并专修了一条通往御码头的御道。康熙、雍正、乾隆三皇帝南巡或去承德避暑、狩猎等，经常由此乘御舟往返，至今仍保留着御道的遗迹。

清光绪十一年又一次进行了疏浚温榆河，以利漕运。（漕运，旧时指国家从水道运输粮食，供应京城或接济军需。）

河南岸李姓一户人家，解放前世代以摆渡为生。

2001年11月，"温榆河绿色生态走廊"全线动工。郑各庄村充分利用处于温榆河源头地理位置的优势，抢抓机遇，积极支持参加"温榆河绿色生态走廊"建设，拆除郑各庄段沿岸住宅，腾退绿地。到2002年，温榆河沿岸形成了三季有花、四季常青的生态景观。

按照北京市政府关于温榆河实现"水清、岸绿、部分通航"的决策，郑各庄村从2006年3月起，充分利用550亩水面资源，投资2200万元在原码头处兴建了新的温榆河码头。码头占地32亩，建筑面积320平方米，开发水上旅游。2007年5月1日，温榆河昌平郑各庄段正式通航，迎接游客，率先实现了温榆河局部通航。航线全程1.6海里，主航道宽100米，水深度1.5米至2米。

古诗曰："城有水则秀，居有水则灵。"水不仅表现为一种韵律的美，而且表现为一种灵性的美。中国自古以来就有择水而居的传统。水景迎合了人们亲近自然和对健康的追求，水景的生态效益会给人的心灵带来愉悦。郑各庄村人生活在温榆河岸边，享受着得天独厚的福分。宏福人用"不懈的努力，永远的追求"精神，保护好母亲河，建设好母亲河，进一步打造新的温榆河人文景观，构建出人水和谐的新景点，让温榆河更加美丽，让温榆河畔的明珠郑各庄村更加璀璨。

【皇城景观14——行宫护城河】

护城河吊桥

现在大家看到的吊桥，是复制品。原吊桥不在此处，原址应是在一进村的大牌楼处，那里是南护城河。当年这里叫"郑家庄城"，有城墙、城门。城门外是吊桥，到了傍晚，吊桥高悬，戒备非常森严。

南城门的匾额上，有楷书"来熏门"三个大字，现保存在昌平文物馆。当年的郑家庄城方圆虽不足两平方公里，但各类设施齐全，除行宫和王府外，城内建有兵房、捕房、茶房等，总共建有房屋1973间，城四角建有角楼，供巡逻守

北京温都水城——行宫护城河

卫之用。

现在的行宫建筑群包括康熙行宫、室外温泉区、王府四合院等三个区域。整个行宫建筑群四面环水，这座吊桥是外界通往行宫内的唯一通道。

【皇城景观15——四合院】

北京温都水城四合院

四合院建筑面积约4750m^2。九套四合院分别采用日式装修和中式装修风格，均具有独立的室内外温泉泡池和桑拿浴房，院内配有高档小型会议室、家庭式自助厨房及标准间、套间。每个四合院内可容纳12人住宿，是商务会议、家庭旅游度假和朋友聚会的世外桃源。

北京温都水城——四合院

【皇城景观 16——红楼岛】

北京温都水城——红楼岛

【皇城景观 17——"龙城宝地",皇城王府红楼梦传说】
皇城王府红楼梦传说

　　据蒋国震先生遗著:昌平"郑家庄"的地名始见于明朝,在《大明会典》中有记载,当时的郑家庄还是著名的"马房仓",主要为朝廷存储粮草,后在光绪年间的《昌平州志》中,始称郑各庄。解放初期,村里"剧社"打的旗号仍是"郑家庄"。早年间,郑家庄有南北之说,南郑家庄在康熙年间被征作皇家马场,遂与北郑家庄合并,"平西王府"就建在南郑家庄。所谓"平西王府"实在是当地村民的一种习惯叫法,只见于清人麻兆庆写的《昌平外志》上,史上俗称"平西府"。有些人误把"平西王府"和降清的"平西王吴三桂"联系起来,认为"平西王府"就是平西王吴三桂的府邸。实际上引清兵入关的吴三桂的"平西王府"和郑家庄《温都水城》的"平西王府"根本不是一码事,一个远在云南，一个在北京近郊。况且郑家庄建"平西王府"的时候，是康熙五十七年，那时吴三桂早死了。

那么，郑家庄的"平西王府"到底是怎么回事呢？它的主人是谁，究竟住了多长时间，它的名字究竟蕴含了什么秘密？"红楼选秀"在温都水城举行，平西王府到底和《红楼梦》有什么关联呢？这一切要从康熙王朝说起。

1. 保二爷"衔玉而生"，帐殿夜警太子被废

康熙帝名玄烨，是顺治的第三个儿子，生于顺治十一年（1654年5月4日）。康熙从八岁即皇位，在位六十一年，是中国封建王朝在位时间最长的皇帝，被誉为"康熙大帝"。就是这位皇帝，于康熙五十七年十二月下诏在昌平郑家庄修建康熙行宫和王府，由于同时还建有城墙、城楼、护城河来拱卫行宫，后来人们称之为"郑家庄皇城"。该皇城在康熙年间的《昌平州志》中已有标识，皇城于康熙六十年十月十六日竣工，前后历时达三年之久。后来，据说由于酷似《红楼梦》中的大观园，于乾隆二十八年前后被彻底拆毁，不留痕迹，真正应了《红楼梦》中那句"好一似食尽鸟投林，落了片白茫茫大地真干净！"皇城王府虽然从地面上消失了，但历史是客观存在的，是永远抹杀不了的。据清史专家考证："平西王府"是清朝历史上唯一一座与康雍乾三朝盛世都有联系的"皇城王府"。

康熙十三年（1674）五月三日，皇后赫舍里氏为康熙生了个儿子，小名保成，意在"保佑长大成人"，后名胤礽。因为是皇后所生，所以被视为嫡皇子，实际上是康熙的第六子，他的几个哥哥，除大阿哥胤禔外，皆早殇，实际排名老二，故宫中又有"保二爷"之称，这和《红楼梦》中的"宝二爷"何其一致。赫舍里氏在生下胤礽之后不久，便因大出血在坤宁宫去世了，康熙帝非常伤心，为此还"辍朝五日"进行哀悼，谥称赫舍里氏为"孝诚仁皇后"，并"亲送大行皇后梓宫于北沙河巩华城殡宫"。据说，皇后在临终前含着眼泪指着儿子说不出话，康熙说我明白你的意思，你放心吧。皇后这才闭上眼睛。皇后的意思是什么呢？就是要皇上不要食言，你要立"他"为太子。看来康熙早就对立皇太子这事向皇后下过保证。果然，第二年十二月，康熙就册立皇后的这个儿子——胤礽为太子，定为储君。那年康熙才二十二岁，皇太子还不到两岁。故蔡元培先生在《石头记索隐》中说："贾宝玉，言伪朝之帝系也。宝玉者，传国玺之义也，即指胤礽。"并引证《东华录》曰："康熙四十八年三月，以复立皇太子告祭天坛文曰：'建立嫡子，胤礽为皇太子。'又曰：'朕诸子中，胤礽居贵。'"是胤礽生而有为皇太子之资格，故曰衔玉而生。这是"红学索隐派"一个非常重要的观点，也就是胤礽还未出生，就已注定了皇太子命运。

从历史的观点来看，康熙大帝被誉为"千古一帝"，英明睿智，又如此的年轻，怎能这样就轻易确定"储君"的人选呢？谁知太子长大后会是什么料，这可是将来的皇上啊！今天我们来看这个问题，不能脱离当时的历史背景。首先，康熙和皇后从小是青梅竹马，十分恩爱，皇后不在了，康熙十分伤心，想以此来慰藉皇后的在天之灵。另外，子因母贵，又是嫡出，皇家正统血脉，加之有太皇

太后给做主,出师有名。再一个重要原因就是当时皇后家族的势力非常强大,皇后的祖父就是索尼。索尼是满洲正黄旗人,清朝的开国功臣之一,也是由孝庄皇后亲自指定辅助康熙的四位顾命大臣之一。她的父亲是领侍卫内大臣葛布喇,她的叔父就是当朝大学士索额图,都是权倾朝野的人物。年轻的康熙明白,要巩固政权,还得谋求这些大臣的支持,因而从诸多方面考虑,康熙便将不到两岁的胤礽立为太子。在册立皇太子的诏书中,康熙是这样写的:"自古帝王继天立极,抚御还区,必建立元储,懋隆国本,以绵宗社无疆之休。朕绪应鸿绪,夙夜兢兢,仰为祖宗谟烈昭缶,付托至重,承祧行庆,端在元良。嫡子胤礽,日表英奇,天资粹美,兹恪遵太皇太后、皇太后慈命,载稽典礼,俯顺舆情,谨告天地、宗庙、社稷。"看看,不到两岁的太子,就被捧为"日表英奇,天资粹美"了。据载,册封皇太子的仪式相当隆重,举国欢庆,折腾了好几天,"于康熙十四年十二月十三日,授胤礽以册宝,立为皇太子,正位东宫,以重万年之统,以繁四海之心,大典告成。"这也是大清朝立的唯一一位皇太子。就是这位太子,成了红学家眼中的一个关键人物,并与《红楼梦》中的贾宝玉发生了"剪不断,理还乱"的联系。

  我们再来看看太子成长的历程:册立大典后,康熙对皇太子倾注了满腔的热忱,寄予了莫大的期望,对他的教育真可谓是尽心竭力。据载:"太子方幼,上亲教之读书。六岁就傅,令大学士张英、李光地为之师,又命大学士熊赐履授以性理诸书。"胤礽从小就受到良好的教育,加之天资聪颖,备受青睐,真乃人间"宝玉"。据说,胤礽自幼喜欢书画,端楷颇有造诣。胤礽十四岁时,他的老师汤斌在一封家书中谈道:"太子自六岁学书,至今八载,未尝一日间断字画,端楷在欧、虞之间",可见学业上颇有成就,为其后来的人生经历奠定了丰厚的文化基础。在生活上,康熙对其照顾得更是无微不至。据说,康熙十七年(1678)皇太子出痘,时值平定"三藩"之乱的紧要时刻,但康熙亲自护理太子,竟连续十二天没有批阅奏章,可见太子在康熙心目中的地位是何等的重要。就这样,胤礽在康熙皇帝的精心呵护下,渐渐长大成人,真可称得上"文韬武略,英俊潇洒",且"精通满汉文字,娴骑射"。为了历练他处理国事的能力,康熙在平时,就让太子分担部分军政要务,一切都处理得井井有条,结果都很令人满意,初步显示了胤礽治国理家的才能。后来,康熙帝三次亲征噶尔丹,都是命皇太子留守京师,全权处理国家大事,独当一面,可谓信任之极。据说,康熙在远征噶尔丹期间,戎马倥偬,依然对留守京城的太子十分挂念,军旅中无有它物,还"捡些石子儿、包些沙土"不远千里地给太子送回来,以示思念之情。胤礽也是逢事必请示,愈显温良恭谨。康熙夸赞说:"皇太子所问甚周密而详细,凡事欲皆明晰之意,正与朕心相同,不胜喜悦。且汝居京师,办理事务,如泰山之固,故朕在边外,心意舒畅,事无烦忧,数时悠闲,冀此岂易得乎?朕之福泽,想由行善所致也。"对太子赞美之词,溢于言表。当数日未见太子请安奏章,康熙便放心不下,赶忙写信给太子,询问究竟。康熙在三十五年四月二十七日给太子的一封信可资证明："此数日间未见汝奏章并皇太后音问，朕怀不胜倦切。昨萨卜苏奏之便，又未见汝请安奏章，益添悬念。朕躬甚安。诸皇子俱佳。皇太子佳否？皇太后前奏章一封，付顾太监书一封，皆附之而往，为此特谕。小事俱经从前遣示外，余无他事，故不具。"信中毫无责备之意，满是拳拳思念之情，舐犊之情，可见一斑。

为防止奸佞小人对太子的蛊惑，康熙要求太子身边的太监"必须年长老成，不许用年轻之人"。康熙三十九年九月十五日，曾谕皇太子："朕从不用便捷伶俐、言语不谨、奸诈之太监。用太监，不过取其当差勤谨老实，寡言稳重。即如梁九功，人甚伶俐，凡有差遣处，朕尚时加防范。今看毓庆宫内俱事实少年首领，并无有年纪之人，倘至争竞、行凶、放火、关系要紧。高三燮虽言语钝拙，而辨事诚实，语言谨慎，又识满洲字，可以当得总首领。贾应选、赵国士二人，虽稍软弱，坐性好，言语谨慎老实，宫内可以用得。吕有功、郭朝用，不拘何处可以当得首领，尔等送与皇太子去。"真是事无巨细，关怀备至，可见康熙对太子胤礽的教育倾注了多少心血。

"今看毓庆宫内俱事实少年首领，并无有年纪之人"，这是康熙最为担心的事情，胤礽学坏可能就源于此时，也就是胤礽所谓的"同性恋"取向问题，这也是康熙深恶痛绝、耻于启齿的事情，是皇太子被废的重要原因之一。这在《红楼梦》中，对贾宝玉的描写上也有隐现。

尽管康熙对太子呵护有加，然而任何事物都有二重性，正是由于胤礽在这样特定的历史环境中，"一人之下，万人之上"，又得到手下和诸大臣的谄媚和吹捧，故同时也养成了养尊处优、独断专行、孤独乖僻的性格特点，这也为他后来两次被废埋下了祸根。同时，康熙对太子的特殊恩宠，也招致了众多弟兄的妒忌。这众多弟兄有多少呢？据统计，康熙共有三十五个皇子，受皇封的就有二十多人。那时候皇子之间虽然都是哥们儿弟兄，但大多是同父异母，出身背景各不相同，平素并无多少来往，相互之间的感情也不是很深。再加上这些皇子们，几乎每个人都有自己的势力范围，都有各自交好的王公大臣，私下里心怀诡异，相互拆台，纷纷觊觎皇太子地位，以致形成后来的"九王夺嫡"的局面。胤礽与众兄弟之间更是冰火不同炉，成为众矢之的，这对太子叛逆性格的形成，起了非常大的促进作用。

在反太子的各派势力中，尤属大阿哥胤禔为甚。胤禔自恃功高，又是皇长子，对胤礽的太子地位最不服气，威胁也最大。胤禔生于康熙十一年（1672），比皇太子胤礽还大两岁，生母为惠妃纳喇氏。纳喇氏的地位虽然比较低，和皇后没法比，但她的亲哥哥却是响当当的人物，那就是当朝的相国明珠。明珠的岳父乃多尔衮的亲弟弟英亲王阿济格。明珠在朝为相二十年，名冠一时，权倾朝野，在议撤三藩、统一台湾、抗御外敌等重大事件中，都扮演了相当关键的角色，深受康熙倚重。胤禔的所作所为就是得到了明珠的鼎力支持，是胤禔在政治上最大的靠山。胤禔因是皇长子，又有一身的好武艺，所以很受康熙帝的器重。康熙三次亲征噶尔丹,都是胤禔随行护驾。他还协助康熙料理诸多军政事务,可谓战功卓著、深得信任。胤禔凭借在军中的威望,倚靠明珠,私下里广结党羽,势力迅速膨胀起来,在朝政上,与支持太子的索额图相对立,形成势均力敌的两派。由于明珠和索额图卷入了皇家派系斗争中,最后都没有一个好结果。乾隆评论《红楼梦》时,说是写"明珠的家事",纯粹是混淆视听。

胤禔这个人平时也是过于张扬,办事鲁莽草率,不计后果,不轨之心常常显露出来,康熙对此亦有警觉。著名的"帐殿夜警"事件很可能便是胤禔策划的一个阴谋。

所谓"帐殿夜警"事件,发生在康熙四十七年(1708),那年康熙带着太子、诸皇子及王公大臣去"木兰秋狝",队伍浩浩荡荡,大约有一万五千多人。中途须扎下营盘休息,营盘相当地大,皇帝住的地方在中间,称为"帐殿",就是一顶黄色的大帐篷。周围是护卫的帐篷,把帐殿紧紧地围起来,构成一个内营盘叫"内城"。内城的帐篷之间紧密相连,密不透风。在内城和帐殿之间,还有一些空地,供当值的护卫来回走动,相当于流动岗哨。可以说,警卫可算森严壁垒。在内城的外面,还有外城,由皇子王公们居住。这一天夜里,发生了一件大事,据载:有人"逼近布城裂缝,向内窥视",这是一种断句解释。还有一种断句解释"逼近布城,裂缝向内窥视",这就严重了,用刀子割开康熙住的帐篷往里偷看,这可是图谋不轨的大事,康熙就是这样理解的。但没抓住人,康熙估计这个人第二天晚上还会来,就严密部署,周围埋伏好人。果然,这人晚上又来了,一下子灯火齐明,被抓了个正着。众人上前一看,不是别人,正是太子胤礽。胤礽大喊说不要误会了,我是前来护驾的,但众人不由分说,绑了去见康熙。康熙大怒,未及审问,就下令把胤礽用铁链子锁起来,当即召集王公大臣开会,"边哭边诉,竟至扑地",回京后立即宣布废掉太子,并昭告天下。这就是所谓"帐殿夜警"事件,来得非常突然。太子被废后,毓庆宫住不得了,没地方安排,于是"设毡帷于上驷院侧",圈禁胤礽。上驷院是皇家养马的地方,在现在的东华门内,毡帷就是用毡子围成的一个帐篷,相当于一个临时蒙古包,由反太子党集团的皇长子胤禔和四皇子胤禛负责看守,这就是历史上有名的"一废太子"。至于为什么由两个反太子党集团的人看押,恐怕只有康熙自己知道,或许是对他们的一种考验。正是这种与兄弟之间的不和,可能影响了胤礽对人生的理解,导致了胤礽对男性的敌视心理,而对异性却热衷赞美,反映到贾宝玉身上,认为"山川日月之精秀,只钟于女儿,须眉男子不过是些渣滓浊沫而已"。

2. 废太子撰写《石头记》,理郡王或为脂砚斋

今天我们来看这件事,不大可能是太子胤礽所为,除非真是神经错乱、鬼迷心窍了。他没有理由去刺杀皇上,其中必有缘故。再说帐殿戒备如此森严,头天去就被人发现了,第二天接着去,还是孤身一人,全无接应,更无退路,哪有如此弱智之人?于情于理都说不过去,更何况太子?即便是偷窥,在烛火当中,往帐殿里又能看清什么?想达到什么目的,解决什么问题?不要忘了,这一年胤礽

已然三十五岁，当了三十三年太子了，是一个有相当政治经验的人了，能犯如此低级的错误吗？所以说这很可能是一个大阴谋，用来陷害胤礽的。

  实际上，据史料记载，很快康熙就后悔了，觉得这事儿处理得过于鲁莽了，养育了这么多年的太子怎么会刺杀自己呢？向来温顺的太子怎么突然之间变得不可理喻了呢？但事已至此，又不好公开说自己错了。回宫后，便密令仔细调查此事，这一调查可不得了了，真是事出有因，发现不少阿哥在底下都有小动作，拉帮结派，互相倾轧，目的就是争夺太子地位，都梦想有朝一日自己成了太子，将来当皇上，其中最露骨的莫过于皇长子胤禔了。胤禔因是庶出，不是皇后所生，因此失去了当太子的资格。对此，胤禔总是愤愤不平，经常口出怨言，并私下里诋毁父皇康熙也是庶出，怎么就可以当皇上呢？因而胤禔多次与人串通，密谋陷害太子。在太子被废后，胤禔认为除掉太子的时机已到，就密奏皇上说："胤礽所行卑，失人心。术士张明德尝相胤禔必大贵。如诛胤礽，不必出皇父手。"杀太子之心昭然若揭，可见其落井下石，阴险毒辣。康熙平素最恨阿哥们不念手足之情，全无兄弟情义了，看了胤禔的奏章勃然大怒，"术士张明德凌迟处死"，并诏斥允禔："凶顽愚昧，并戒诸皇子勿纵属下人生事。"但念其功过，强忍下一口气，并没有真正惩处胤禔。但胤禔并未从此有所收敛，私下里继续大肆散布谣言，说太子"结交坏人，肆行暴戾"。更为恶毒的是：胤禔还从蒙古请来喇嘛巴汉格隆用魔法"魇"太子，欲置太子于死地。所谓"魇"，就是用泥或布做成人形，写上某某人的生辰八字，用针刺进眼睛、心口等要害部位，藏在一个秘密角落，然后念动咒语，据说七七四十九天，被咒人就自当死去。现在来看，这当然是无稽之谈，但当初胤禔就是这么做的，这和《红楼梦》中贾宝玉被魇情节何其相似！在皇三子胤祉的揭发下，被康熙派人抓了个正着，并搜出了魇物。康熙大怒，遂于康熙四十七年十一月将胤禔夺爵，在府第高墙之内幽禁起来，严加看守。下面我们看看康熙对此事前后的看法，上谕："皇太子既执之后，在途中行时，若非朕委任亲信侍卫，加意防护，废皇太子必为允禔害矣。到京后，令废皇太子居咸安宫，朕亦熟筹及此。凡彼处宦侍，俱责令小心守护。"从中可以看出，康熙对胤禔还是有所提防的，为了保护太子，还是做了准备的。四月，上将巡塞外，曾谕："允禔镇魇皇太子及诸皇子，不念父母兄弟，事无顾忌。万一祸发，朕在塞外，三日后始闻，何由制止？"说明康熙已认识到事情的严重性和危害性。到了四十七年十月壬申又谕："大阿哥允禔素行不端，气质暴戾。朕尝对众屡加切责。尔等俱悉闻之。九月初四日谕旨内，亦曾决绝言之。今一查问其行事，魇呪新弟及杀人之事，尽皆显露。所遣杀人之人，俱已自缢。其母惠妃亦奏称其不孝，请置之于法。朕固不忍杀之。但此人断不肯安静自守，必有报复之事。当派人将允禔严加看守。略有举动，即令奏闻。伊之身命犹可多延数载。其行事比废皇太子胤礽更甚，断不可以轻纵也。"康熙终于给胤禔所为定性，后来直至雍正十二年幽死，共幽禁了二十六年，这也是胤禔搞阴谋诡计的下场。

  此时康熙开始怀疑胤礽言行颠倒是不是因魔术所致，立即召见胤礽，问及以前所作所为，胤礽竟懵然不知。是真有其事还是装傻充愣？后人不得而知。但康熙此时确信胤礽是受害者，被冤枉了，心里很不是滋味。群臣又纷纷建议复立皇太子，康熙帝经过认真考虑，又于四十八年三月，"昭告宗庙，颁诏天下"，复立胤礽为皇太子，并立太子福晋石氏为太子妃。石氏乃正白旗都统，三等伯石文炳之女，极富文采，也有人怀疑石氏即脂砚斋。是年，康熙的嫡长孙弘晳已年满十五岁，深受康熙宠爱。

太子从一废到复立，相隔不到一年的时间，饱尝人间冷暖、世态炎凉，对其叛逆性格的形成产生了重大影响。

据《清圣祖实录》记载，复立时的太子胤礽有个表态，可能对了解胤礽其人有所帮助："皇父谕旨，至圣至明，凡事俱我不善，才始从而陷之杀之，若念人之仇，天亦不容。"大意是说，"无论废和立，父皇的做法都非常圣明。别人诬陷我、谋害我，不怨别人，都是我不好。我当了太子，决不记仇，倘言不由衷，天理不容。"等于发了个毒誓，而且言辞恳切、雍容大度，康熙听了很是感动。自此，皇太子又回到了毓庆宫。

二立后的太子开始感到很孤单，当年的心腹索额图早已被处死了，谁还敢亲近自己？胤礽已然意识到当太子并不意味着就可以接班当皇上，更何况树欲静而风不止，众兄弟一个个虎视眈眈，真好似"山雨欲来风满楼"。胤礽深知，自己的太子地位随时都有可能被废掉，因此开始苦心琢磨，如何赢得父皇的更大信任，如何巩固自己太子的地位，如何扩大自己对朝政的影响等等，当时的心绪相当复杂。从清史中可以看到，胤礽采取了不少策略，一方面韬光养晦，盛赞康熙，骗取信任；一方面招降纳叛，笼络群臣，扩大太子党集团的势力。我们从胤礽的诗作里也可以看出当时他的心情。在《清诗汇》中，收集胤礽的诗作有六首，都是"颂祖勤民"的，但其言"悱恻"，对前途充满忧虑与不安，现仅举一例：

菩萨顶雪月

山川皎洁一时匀，始信空王道力真。
蓬海三千皆种玉，绛楼十二不飞尘。
侵衣夜色浑疑昼，绕座寒光未觉春。
总为圣神征瑞应，万年有道福骈臻。

这首诗借景抒情，透过字面，诗的大概意思是说，凭借父皇的天威，"帐殿夜警"事件总算平息下来了。但是自己的前途依然不定，眼前白茫茫一片，看不到什么希望。内心充满无限的忧虑，总是感到胆战心惊，面对将来的"皇位"更是寒光阵阵，没有丝毫的温暖。最后两句表面歌颂皇上，实则企盼自己能交好运，将来能顺利登基。

再说那些王公大臣们，大多趋炎附势之徒，一看胤礽被复立为太子了，这可是将来的皇上啊，便又纷纷聚拢来，溜须拍马，积极表态效忠太子。胤礽也乘机笼络，封官许愿，施予种种恩惠，很快形成了一个势力庞大的太子党集团，俨然成为朝廷之外的又一权力中心，与以胤禩为首的皇八子集团和以胤禛为首的皇四子集团展开了激烈的斗争，朝廷分裂成了好几派。康熙最为担心的局面终于出现了，看到皇子们不择手段，相互争斗，全无兄弟情谊，非常震怒，又把罪责全都推到了胤礽的头上。康熙在谕旨里斥责说："诸事皆因胤礽。胤礽不仁不孝，徒以言语货财嘱此辈贪得谄媚之人，潜通消息，尤无耻之甚。"终于，康熙五十一年九月，复废太子，禁锢于咸安宫，这就是二次被废，从二立到二废，仅隔三年多的时间。康熙并谕告诸皇子："皇太子胤礽自复立以来，狂疾未除，大失人心……将胤礽拘执看守。"到了十月，康熙又御笔朱书："胤礽行事乖戾，断非能改，仍行废斥禁锢。"并遣官祭告，颁诏天下。此次太子被废，除潜通消息外，并无其他具体罪责，潜通消息也是别人为他打探消息，并非太子直接犯罪。因此二废太子后，胤礽并未死心，仍想有朝一日东山再起。在咸安宫，他还曾借太医给福晋看病之机，买通那个太医，给他的亲信大臣普奇写密信。密信是用矾水写的，大意是让该大臣帮他在康熙面前说好话，保举他做征西大将军，以戴罪立功。但"密信事件"很快被人告发，普奇也被抄家问斩，但胤礽还蒙在鼓里，毫不知情。直到康熙五十七年二月，翰林院检讨朱天保还上疏请复立胤礽为皇太子，康熙帝"于行宫训斥之，以其知而违旨上奏，实乃不忠不孝之人，命诛之，从此无再敢言复立者"。从康熙加给胤礽的各项罪名来看，与《红楼梦》中贾宝玉出场时的《西江月》所描写的何其相似：

> 无故寻愁觅恨，有时似傻如狂。
> 纵然生得好皮囊，腹内原来草莽。
> 潦倒不通世务，愚顽怕读文章。
> 行为偏僻性乖张，哪管世人诽谤。
> 富贵不知乐业，贫穷难耐凄凉。
> 可怜辜负好韶光，于国于家无望。
> 天下无能第一，古今不肖无双。
> 寄言纨绔与膏粱，莫效此儿形状。

此时，康熙觉得把废太子囚禁在咸安宫内终究不是个好办法，时间长了，说不定还会发生什么事呢。再加上废太子胤礽全家人口众多，据说胤礽一生娶了15位女人，嫡妃1人，侧妃5人，庶妃2人，妾媵7人，生育子女十二人，此时的嫡长子、康熙最为疼爱的嫡长孙弘晳，也已近二十岁了，早已娶妻生子。再加上仆妇佣人等有好几百口之多，咸安宫里拥挤不堪。按现在的说法，很难进行有效的管理。于是康熙开始考虑在郊区建一座王府，以便进一步安置胤礽。

胤礽久居咸安宫，对复立太子也逐渐失去了信心，开始自暴自弃，终日饮酒作乐，常常喝得酩酊大醉，且口出狂言，自称"顽石，无缘补天"。我们知道，所谓顽石，特点都是"棱角分明，执拗死硬，毫不通融"的，人如果具备这种品格,"就必然同那个庸俗卑劣的上层社会处处"格格不入。胤礽以顽石自诩,心内充满叛逆心理。弘晳见状,唯恐其祸从口出、贻害全家,常常从旁开导劝解。胤礽觉得自己当了近四十年的太子,却终与皇位无缘,真乃"假宝玉也",闲暇无事,就把自己的坎坷遭遇写下来,谓之《石头记》。这无疑会涉及宫内很多秘密,在当时也是杀头之罪。弘晳见状,极力劝阻。胤礽无奈,只得"甄士隐去,假语存焉",透过"风花雪月、儿女情长"的东西,抒写自己的愤懑之情。后因"假语存焉"又过于直白,故以"假语村言"代之。胤礽把自己对人生的感悟,透过假宝玉再现世人面前。《石头记》当为废太子胤礽所写,谁若不信,还可查看原版手抄本,或请书法家辨认,看其"端揩"是否"在欧、虞之间"。只是胤礽觉得如此晦涩的笔法,谁人能懂呢? 故自己常常慨叹:"满纸荒唐言,一把辛酸泪。都云作者痴,谁解其中味?"这里的作者实际就是指胤礽自己。"脂砚斋"在书上曾写下这样的批语:"能解者方有辛酸之泪,哭成此书。壬午除夕,书未成,芹为泪尽而逝。"所谓能解者,胤礽也,非指曹雪芹也,"哭成此书"指《石头记》也。"书未成"当指《红楼梦》也。

3. 康熙敕建皇城王府,郑家庄涌现地下温泉

郑家庄村北就是温榆河。温榆河自古以来就是南北大运河的一部分,乃南北交通要道,这里曾建有皇家渡口码头。乾隆年间,太后南巡亦曾于此弃舟登岸。南方的粮草丝绸也多是经此直达沙河店的巩华城,再向北还可经双塔河、关沟水直达居庸关,地理位置十分重要。由于郑家庄地处北京故宫的中轴线上,约有二十里之遥,地势起伏开阔,被视为龙脉之地。村北隔河与小汤山相望。一次,康熙"木兰秋狝"时,路过此地,时值秋高气爽,但见蓝天白云,远山近水,放眼望去,一览无余,很有"风吹草低见牛羊"的韵味,甚是高兴,于是坐在马上,传下谕旨:将此地征作皇家御地,供养马之用。据光绪《昌平州志》记载:郑家庄马场再加上养赡地、随军地、草栏地、牧马地等,共合占地一千零八十七顷四亩一分五厘,相当于七十二平方公里的面积,其行政中心就在郑家庄。至今郑家庄村西还有"马道沟"的地名,就是当年赶马群到河边饮水的通道。

由于康熙皇帝是位马上皇帝,对马匹特别地钟爱,尤喜"宝马良驹",因此,经常到郑家庄马场视察。康熙五十七年仲春,康熙听说又到了一批宝马良驹,非常高兴,不顾身体欠安,即召上驷院郎中尚之勋等随驾前来察看。正在兴致间,忽然阴云密布,霎时间草乱莺飞、大雨如注,康熙只好躲进房子里避雨。房子是给管御马的太监们住的,虽然不太讲究,但简洁干净,特别是室内的温泉,引起了康熙极大的兴趣,问及始末,方知此处"地下多温泉,浅则丈余,深则数丈,即见泉水,水性平和,温润如玉,极能养身健体"。康熙大喜,美美地泡了个温泉澡,顿觉骨软筋酥,神清气爽,遍体通透,病痛全无,康熙不禁啧啧称奇。第二天,雨过天晴,康熙出得门来,极目望去,但见山川秀美,花草树木,青翠欲滴,空气里弥散着泥土的芳香。远处,车行往来,田间农夫自得其乐;脚下温泉,汩汩作响;潺潺溪流,清波碧浪。康熙心里非常痛快,在宫里哪里能见到如此景致？他不禁诗兴大发，当即挥毫泼墨，赋诗一首，示与群臣：

时巡近郊，悯农事有作

芳郊景物丽，淑气扇暮春，灵雨应良节，光风薄佳辰。
省耕已届后，凤驾方来巡，前驱列式道，羽卫罗钩陈。
时有田间子，荷耒披车尘，几诃勿频数，疾苦当咨询。
千耦幸终亩，二黼犹悬囷，穮蓘尔勤动，痌瘝予隐亲。
赐众出泉府，抚循属官臣，行潦有挹器，浏井无枯津。
所惠良未徧，嗛嗛愧斯人。

康熙吟罢，群臣称颂不已，特别是"赐众出泉府……浏井无枯津"二句，极为贴切，简直是生花之笔。康熙益发高兴，当即传下口谕：命随行的尚之勋全权负责，即刻在此"筑皇城，修行宫，饬温泉"，以备四时之需。尚之勋得到圣谕，哪敢怠慢，立即走马上任，着手筹建。直到康熙六十年，也就是康熙去世的前一年，行宫方才建成。行宫建成后，据说康熙非常钟爱此处，常常来此沐浴上香，祈寿保平安，有时还住上十天半月的。特别是康熙晚年，身体行动不便，更是潜心静养，把郑家庄皇城行宫视为"龙城宝地"，以致康熙皇帝晏驾后，朝中大臣提出三处可供停灵的地点，那就是"南苑、郑家庄皇城行宫和景山寿皇殿"，其中，就有郑家庄行宫。

4. 康熙挥手王府得名，父子奉旨往住郊外

那么平西王府又是怎么回事呢？原来，自康熙五十一年二次废掉太子，又发生了"密信事件"后，康熙就觉得把胤礽囚禁在咸安宫终非长久之计，于是，就把胤礽召来谈话，说是为了他的安全，准备把他们全家迁出咸安宫，搬到一个清静的地方，没有皇位之争，没有王公大臣的纷扰，你可以更好地闭门思过、颐养天年。岂料胤礽闻听之后哭倒于地，悲痛欲绝，哀求皇阿玛看在去世的额娘分上，还是把自己留下来：我不做太子了，我要永远和皇阿玛在一起，我一定要洗心革面，重新做人，专心侍奉皇阿玛。真是一把鼻涕一把泪的，凄楚动人。康熙眼望着自己辛辛苦苦培养起来的嫡长子，想到了皇后赫舍里氏，更想到了嫡长孙弘皙，不禁心中戚然，喟然长叹：良心未泯，允你陪我左右就是了。现在的郑家庄是我的行宫所在，就在那里，我给你修一座王府，供你全家居住吧。胤礽早就听说过郑家庄，并且去过多次，现在父皇既然把话说到这个地步，胤礽也就无话可说了。胤礽还捉摸着，现在我已废掉太子的爵位了，也不是什么王，弘皙也未封王，父皇答应为我建王府，看来是要宽恕自己了，或许将来还有希望。胤礽未免又有些欣欣然。

康熙说办就办，这天下午，带了尚之勋及内务府的官员等，又赶到了郑家庄皇城，一方面督察行宫的建设进度，一方面规划王府事宜。康熙用手一指，令在行宫对面建一座王府，并示意不要太节俭了，可见康熙对废太子还是非常疼爱的。

据清朝昭梿的《啸亭续录·京师公府第》里记载："理王府在德胜门外郑家庄，俗名平西府"。所谓俗名，就不是正式的名称。理郡王是雍正封弘晳的，那是后来的事。可见平西府是当时约定俗成的，并非康熙的封号。

皇城王府建成后，康熙非常高兴，但又忧虑重重，始终没下决心，把王府封给胤礽。据康熙六十一年三月《清圣祖实录》记载："朕因思郑家庄已盖设王府及兵丁住房，欲令阿哥一人往住，今着八旗每佐领下，派出一人，令往驻防，此所派满州兵丁，编为八佐领，汉军编为二佐领。朕往来此处，即着伊等看守当差，着八旗都统会同佐领等派往。"从上文可以看出三个要点：一是"欲令阿哥一人往住"，毋庸讳言，此阿哥就是胤礽。王府明明是为废太子胤礽所建，但考虑再三，却始终没有令其前往居住，其矛盾心情、难言之隐，恐怕只有康熙自己知道。二是"朕往来此处"，至少说明康熙是打算来此居住的。据民间传说，康熙皇帝晚年时常来此，拜佛烧香，祈寿保平安。康熙驻跸期间，王府成了随行的众皇子们的临时住所，故王府又有王室一说。三是康熙皇帝驾临皇城行宫，那是天大的事情，和皇宫大内没什么区别，御林军是必不可少的。按康熙年间八旗满洲佐领的标准丁额为百人，十佐领就是一千人。据清史专家阎崇年考证，当时戍守郑家庄皇城的兵力，在京城周边十大关隘要塞中，仅次于热河行宫，这也从侧面说明郑家庄皇城的历史地位。

至于"王府"和"王室"虽仅一字之差，但含义迥然不同，王府是王爷个人的，王室是皇室集体的。尚之勋后来在汇报行宫建成的奏折中，考虑到王府两个字过于敏感，就没敢提这两个字，唯恐引来杀身之祸，他在奏折中是这样写的：

康熙五十七年十二月内，为在郑家庄营建行宫、王室、城郭及城楼、兵丁住房一事，经由内务府等衙门具奏，谴派我等。是以奴才等监造行宫大小房屋二百九十九间、游廊九十六间、王室大小房屋一百八十九间、南济庙大小房屋三十间、城楼十间、城门二座、城墙五百九十丈九尺五寸、流水大沟四条、大小石桥十座、滚水坝一个、井十五眼，修葺土城五百四十仗，挖挑护城河长六百六十七丈六尺、饭茶房、兵丁住房、铺子房共一千九百七十三间，夯筑土墙五千三百五十丈七尺一寸。营造上述工程，除取用部司现有杉木、铜、锡、纸等项外，采买松木、柏木、椴木、柳木、樟木、榆木、青沙石、豆渣石、山子石、砖瓦、青白灰、绳、麻刀、柏树、木椿、水坯、乌铁、磨铁等项以及席子、贴箔、竹木、鱼肚胶等，加之匠工银，共享因银二十六万八千七百六十二两五钱六分三厘。其中从部领银二十三万七千十四两七钱三分三厘，富户监察御使鄂其善交银二千二百二十两，富当交银六百五十两，原任员外郎乌勒讷交银一万两，员外郎浑齐交银一千八百十两，顺天府府臣连孝先交银一万七千六十七两八钱三分。再卖工程所伐木签、过秤时共得银四千八百八十三两五分二厘。依此银采买糊行宫壁扇橱绘画斗方、热炕木、装修、席棚、排置院内之缸、缸架、南济神开光做道场、锡香炉、蜡台、垫尺、桌子、杌子等项，匠役等所用笤帚、筐子、缸子、水桶、把桶子等物，以及支给计档人、掌班、齐虾等之饭钱共银四千八百六十七两三钱八分二厘，尚余银十五两六钱七分。今既竣工，则拟将所余银照数交部。为此，谨具奏闻。

上驷院郎中尚之勋、营造司郎中五十一、督虞司员外郎偏图、刑部郎中和顺在这里王府变成了王室，可见其良苦用心。

特别值得一提的是，存放在中国第一档案馆的郑家庄皇城内的王府、行宫、南济庙等建筑设施的施工图纸显示，其规格、形制均与《红楼梦》描述的大观园极为相似。

5. 雍正登基弘晳封王，胤礽薨逝顽石梦碎

王府虽然建成了，但康熙也已到了垂暮之年，再不能纵马扬鞭、驰骋疆场了。我们从康熙五十六年十一月十五日在苏州制造李煦的《奏请万安折》的御批中也可以看出："朕自夏天身体亦不甚好，又兼忧愁，所以如是。"在康熙五十七年春还写道："朕比先大安些，走动还须人扶掖。"由于康熙晚年身体欠佳，心情不好，亟需静心调养，所以，成了郑家庄南济庙里的常客。也有人说，康熙晚年虽身体欠安，但无大病，只不过想借机考验逐皇子而已。现在发现，雍正元年六月初四日，有一"销康熙六十一年康熙帝巡幸热河用过搭桥垫道银两事致会考府咨文"很能说明问题：

工部为移送事。

本部题销康熙六十一年四月内圣祖仁皇帝行幸热河，九月回銮，所有用过搭桥垫道银两一案，相应移送会考府查核可也。为此，合咨道去查照施行。须至咨者，右咨会考府。

这条咨文至少告诉我们，康熙六十一年四月至九月，外出活动还是照常的。但我们从《清圣祖实录》中，却看不到这些记载，不少月份成了空白，让康熙凭空从历史上消失了，致使成了疑案，估计都是后来的乾隆为掩盖"弘晳逆案"搞的鬼。

晚年的康熙相当地孤独，极其地怀旧，往事萦怀，思绪万千，特别是想到禁锢中的废太子，一生心血付诸东流，更觉得愧对死去的皇后，心情相当复杂。据《清圣祖实录》六十一年三月记载：直到晏驾前，他始终放心不下太子。朝鲜的《李朝实录》也有翔实的记载："康熙皇帝在畅春园病剧，知其不能起，召阁老马齐言曰：'第四子雍亲王胤禛最贤，我死后立为嗣皇。胤禛第二子有英雄气象，必封为太子。''仍以为君不易之道，平治天下之要'，训诫胤禛。解脱其头项所挂念珠与胤禛曰：'此乃顺治皇帝临终时赠朕之物，今我赠尔，有意存焉，尔其知之。'又曰：'废太子、皇长子性行不顺，依前拘因，丰其衣食，以终其身。废太子第二子朕所钟爱，其特封为亲王。'言讫而逝。"康熙帝于六十一年十一月十三日病逝，临终遗言竟然要求照顾好胤礽和弘晳，可见这二人在康熙心目中的位置是何等重要。

康熙晏驾后，雍正如何安置胤礽的呢？首先"新皇以又放废人（胤礽），使

之诣哭殡次，旋即就锢。"也就是允许胤礽到康熙灵前哭祭，以尽孝道。其次尊奉先皇遗旨，于当年的十二月，在封允禩为廉亲王且授理藩院尚书、允祥为怡亲王、允祹为履郡王的同时，封已废太子胤礽之子弘晳为理郡王，但还不是康熙所要求的亲王。但无论如何，雍正还是听了康熙的话的。据清史记载，胤礽另外的几个儿子，到了该被封爵年龄的，也都有自己的府邸，并非像有些人说的家破人亡。弘晳分府后，胤礽依旧住在咸安宫，一时成了危险人物。当时雍正登基，仓促间有很多非议，反对的人很多，局势非常不稳。为了推翻雍正，胤礽成了一颗可被利用的棋子。为防止胤礽被人利用，出来搅局，雍正决定将胤礽尽快迁出咸安宫，安置到了朝阳门外的田家庄，并以理郡王弘晳的名义为其修建郡王府。王府建造期间，胤礽全家只好凑合着在此地暂时居住。时值隆冬腊月，天寒地冻，胤礽饱受风寒之苦，竟然没有流露半句的怨言，还对家人说要"体谅皇上的良苦用心"。这可能是胤礽最违心的话了，但也可能是胤礽最聪明的话了，因为胤礽的一言一行、一举一动都在雍正的严密监控之中，稍有异动，便是杀身之祸。胤礽的隐忍得到了雍正的认可，暂时没有了生命危险，雍正也得以腾出手来收拾其他几个兄弟。经过几个月的努力，局势渐渐地稳定下来。

到了雍正元年（1723）五月初，已是春暖花开，雍正又想起了胤礽，毕竟放心不下，便带了几个得力的亲随前往探视。胤礽当时是蓬头垢面，狼狈不堪，哪里还有半点昔日太子的风采。看见皇上亲来，不知祸福，慌忙跪倒，口称罪臣给皇上请安。雍正见状，甚是怜悯，赶忙俯下身去，双手相搀。胤礽泪流满面，惶惶奏曰：臣蒙皇上惦念，实不敢当。臣乃戴罪之身，死有余辜，惟苟且而已。还望皇上严加管束弘晳，抑或有可造之处，庶不负皇考之厚望。雍正闻言，面带愠色：二哥言重了，此非朝廷，不可拘礼，你我依旧是好弟兄，你的儿子就是我的儿子，我会像对待弘历一样对待弘晳。胤礽闻听，急忙唤过弘晳：快快拜见你的父皇。弘晳何等机灵，连忙跪倒，口称：儿臣给皇父磕头了。雍正哈哈大笑：白得了个大儿子，我也没带什么见面礼，就赐你一年吃喝得了。从此，雍正和弘晳便以父子相称，这原本当时的一句戏言，后来却引出惊天的"弘晳逆案"。今天我们看待这件事，雍正这么做，肯定有这么做的理由，决非一时冲动。当时雍正初登大宝，最需要的是稳定，是人心，是众阿哥的支持，不少弟兄把他视为死敌，说他篡权、残暴不仁，借此机会笼络胤礽不失为一步好棋，既安抚了人心，又可获得太子派的支持。

雍正回京后，为了表示对废太子的关爱，决定重新安置，另迁新居。但无论如何放在京城里是不行的，安置到哪里呢？正在犹豫之间，宗人府奏请雍正："平西府早已完工，是否将废太子胤礽移往郑家庄？"宗人府也真够能拍马屁的，很会见风使舵。

其实雍正早有此心，只是未便说出口，既有奏请，当即传下口谕："郑家庄修建房屋，驻扎兵丁，想皇考圣意或欲令二阿哥迁往居住，但未明降谕旨，朕未敢揣度举行。今弘晳既已封王，令伊率领子弟，于彼居住，甚为妥贴。"圣谕一下，胤礽哪敢怠慢，即刻择日而行。五月初七日便是黄道吉日，雍正将废太子胤礽"在邸时宫室服御，金银臧获及王府官属，一并移给"，也就是让胤礽把个人财产全部带走，并没有因罪没收充公，因而《石头记》手稿得以保存下来。有人说"令伊率领子弟"伊是指弘晳而言，这是理解错误，从上下文联系来看，主要讲的是胤礽，伊在这里是指代胤礽的，否则就不通了。此谕旨后面还有一段话，是讲分府搬家的事，但明显有拼凑的痕迹，前后文笔更是明显不同，故伪造的可能性非常大。胤礽搬到郑家庄后，仍属圈禁，住在王府的别院，行动受到一定的限制。据说大清国法"圈禁"有数等："有以地圈者，高墙固之；有以屋圈者，一室之外，不能移步；有坐圈者，接膝而坐，莫能举足；有立圈者，四围并肩而立，更番迭换，罪人居中，不数日委顿不支矣。又重罪，颈、手、足上九条铁链，即不看守，亦寸步难前也。"胤礽就属禁锢高墙那等。

弘晳是雍正的干儿子，现在封为理郡王了，自然更非一般，除了"按例给他俸禄、米石、护军、领催、蓝甲、粮庄、果园等外，还为他考虑生产之计，并且又从允祉等人那里调了三百多人供他使役"，这些待遇对别的王爷来说都是没有过的。除此之外，雍正又给增派了"三百四十五人随从，派兵丁六百名住在营房，派三十名守南北大门，还派一百一十一名太监来服侍，为减轻弘晳负担，让他们分别从通州、清河领取银米。考虑到郑家庄离京城较远，弘晳还可不必每日上朝。"对弘晳照顾得可谓无微不至。但王府搬家，非同一般，天气又热，路途又远，直到是年九月，才彻底搬迁完毕。雍正还特意于九月二十日，为弘晳举行了隆重的分府乔迁仪式，从此平西府正式成了理郡王府，但当地百姓习惯谓之平西王府。

弘晳奉命搬到郑家庄之后，王大人胡同的理郡王府雍正并未收回，还是属弘晳的，因此被称为理郡王府的"内府"，郑家庄的王府被称为理郡王府"外府"，但此时的内府处于封存状态，无旨不能留宿。弘晳每次进京，都是由内务府负责另行安排住处。直到乾隆四年，所谓"弘晳逆案"发生，弘晳被罢黜，圈禁于"景山东果园"后，王大人胡同的理郡王府才真正易主，由胤礽的第十子弘㬙承袭下来。由于当时弘晳是亲王级别，按照世袭降级一等，弘㬙仍是郡王身份。

起初，郑家庄皇城守卫森严，即使弘晳进出城都需记录在案。但雍正仍未放心，多次来此明察暗访。郑家庄皇家御码头当年是个热闹所在，有皇家御道与城相连，御道由巨大的条石组成，威武壮观，至今尚有一段埋在土中，亟待发掘整理。当时的皇家码头可谓官商客旅荟萃、肩担负贩云集，各派人物都有，其中不乏雍正的仇人。据说一日，雍正乔装成渔夫，坐在钓鱼台上钓鱼，被仇家发现，一直追杀到皇城下，是弘晳拼命救下雍正，并受了伤，使雍正深为感动，从此渐渐放松了对郑家庄皇城的监视。据说雍正的钓鱼台就在现在码头的西面，原有一块巨石，现在巨石早已不知所踪，只是此事鲜为人知，不为人重视，实实遗憾。

自从搬到郑家庄后，弘晳全家只有胤礽是被禁锢的身份，无旨不许离开郑家庄皇城，其他人还是有自由的。当然，禁锢也不是关在一间小黑屋子里，不许出门,只是行动受到限制罢了。据说胤礽每天傍晚都在园内湖边散步。这一日,早春二月,乍暖还寒,红日西坠,彩霞满天,他抚今追昔,感慨万千,遂沿九曲石桥登上湖心岛,极目望去,恍如仙境,若得若失,忽一阵风来,触动心事,不由赋诗一首:

> 无材可去补苍天,
> 枉入红尘若许年。
> 此系身前身后事,
> 倩谁记去作奇传?

侍卫们哪里懂得胤礽的心思,怕他寻短见,就在树上挂上红灯,以便观察他的一举一动。

说实话,太子未废之时,和雍正的关系还是不错的,除相互借重外,脾气秉性还比较投机,可雍正当了皇上,胤礽打从心里不服气,但又很无奈,身在屋檐下,怎敢不低头,只能得过且过,苟且而已。现在远离京城了,关押圈禁也不像城里那么严了,闲暇之余,他便继续撰写他的《石头记》。胤礽自认是一块顽石,既然无缘补天,就只能被嫌弃,此乃命也,能怪谁呢,自此常常慨叹:"半生潦倒,一事无成",只是"十年辛苦不寻常"写成的《石头记》,却又有谁知呢?这里的所谓十年辛苦,不是曹雪芹说的十年辛苦,当指太子五十一年被废,到六十一康熙西归这十年。胤礽自小生在宫中,对宫中生活可谓耳熟能详,文学功底深厚,更兼亲身经历,写来自是得心应手。只是其中种种宫闱忌讳,岂敢放开手笔?只能旁敲侧击、蜻蜓点水罢了,至于如何处理宝玉的结局,更是惶惶不定。就这样春去秋来,打发时光。胤礽骄横惯了,纵然被圈禁的身份,却依然故我,极为任性,凭他那桀骜不驯的性格,焉能老老实实地待在家里。有时,弘晳上朝后,自己便偷偷摸摸,乔装改扮,混出城去,到周边转转,散散心,看看田园的风光。据老一辈传说,有一天,恰逢九月九重阳节,胤礽心中郁闷,喝了点酒,乔装成商人,沿着温榆河,溯流而上。走了有数里之遥,来到一片瓜园,胤礽觉着口渴,想讨个瓜吃,便来到窝棚前。看瓜的是位大嫂,家住东沙河,姓秦。她的男人出外做买卖,已然三年没有音信了,自己就和公爹一起以瓜园为生,今天公爹身体不适,便自来看瓜,谁知恰好撞上胤礽,也许天缘巧合,眉目间竟生出一段孽缘来,后来产下一女。胤礽如何敢收养她,弃之荒郊又于心不忍,便题诗一首,让亲信送与"好人家"去了。其诗为:

> 温榆窝棚色最新,
> 不知谁是惜花人。
> 相逢若问何姓氏,
> 家住河南本姓秦。

此所谓河南,温榆河之南岸也。此女不知是否为刘心武先生所考证的秦可卿。直到现在,小沙河村民大多为秦姓,不知是否与此有关,亦不知此女后来命运如何，但胤礽的一念之差，却给自己惹来杀身之祸。俗话说，纸包不住火，更何况雍正那个年代，线人密探遍布京城。胤礽有私生女的事终于被雍正知道了，这对皇室家族来说可是天大的事，是绝对不能允许的。雍正大怒，下令追杀此女，胤礽赐死。

这一日（雍正二年十二月十四日），胤礽偶感风寒，正在卧床休息，忽闻一声吆喝："圣旨到！"胤礽心中有病，胆战心惊，连忙爬起身来，招来弘晳等人，迎接圣旨。传旨的是宫内刘姓太监，早年曾与胤礽相识，圣旨大意是"分别有日，朕心甚是思念"等语，并"赐参汤一碗"以示恩宠，对私生女之事并未提及。宣旨罢，胤礽急急与刘姓太监表白曰："臣当日与皇上虽无好处，亦无不好处。臣得罪皇考，系大不孝之人，应将臣弃置不问，乃蒙皇上种种施恩甚厚，臣心实深感激。臣今福薄，病已至此，安敢虚言，前若赐臣二寸白纸一条，岂能延至今日乎，臣心稍有知识，岂不知之？仰蒙圣恩，别无他愿，惟望病愈而已。"又训身旁伊子理郡王弘晳曰："于尔君父之前，有一分之能，即竭尽一分之力；有三分之能，即竭尽三分之力。若能一心竭诚效力，以事君父，方为令子。"据说雍正听了刘姓太监的回报，想到"二阿哥的至诚由衷之言"，深受感动，又联想康熙遗训，觉得赐死胤礽未免有些过分。欲待收回成命，但为时已晚，噩耗传来，胤礽已然归天，时年五十一岁，雍正懊悔不已。第二天，也就是十五日，雍正帝拟亲往郑家庄祭奠，诸王大臣谏阻。雍正谕曰："二阿哥获重罪于皇考，其身若在，乃系负罪之人，今既薨逝，则罪案已毕，依然朕之兄也。朕今往奠，乃兄弟至情，不能自己，并非邀誉也。"这里特别需要说明的是此时的二阿哥胤礽，也就是废太子，在去世的时候是没有爵位的，雍正这里用"薨"字谓废太子，属于皇子中没有头衔而用"薨"的特例，算是雍正帝特殊的恩典吧，抑或是雍正赎罪的另一种形式。雍正下诏追封其为"理亲王"，谥号"密"，按《清谥法考》讲，"追补前过谓之'密'，意思是你有过错，但还不算违法犯罪，算是给胤礽的最后定性吧。雍正帝还以弘晳生母"奉侍二阿哥有年，人甚淳谨，着封理亲王侧妃。"

可以说，胤礽的一生二立二废，在郑家庄皇城仅生活了一年半，便突然一命呜呼了，充满了悲剧的色彩，但他的《石头记》却给后人留下了一笔至为宝贵的文化遗产。只是可惜走得突然，《石头记》并未写完，也没有交代宝玉的归宿，当然胤礽自己也没有料到被鸩杀的结果。后虽经曹雪芹"披阅十载，增删五次"，成就了不朽巨著《红楼梦》，但也不知如何处理宝玉的结局，没有写完，最后还是高鹗让其"出家"了事。有人说曹雪芹是贾宝玉的化身，但仅从《红楼梦》中大气磅礴的气势就可以得出结论，此非皇家莫属。如荣禧堂联语"座上珠玑昭日月，堂前黼黻焕烟霞"，绝非落魄的曹家气象可以比拟的，但曹雪芹在再创作中，把自己的感情、阅历以及世俗俚语融会其中肯定是有的。实际贾宝玉的身上不仅有胤礽、曹雪芹的影子，还可以看到弘晳的影子。

清人裕瑞在《枣窗闲笔》中记："闻旧有《风月宝鉴》一书，又名《石头记》,不知为何人之笔。曹雪芹得之,以是书所传叙者,与其家之事迹略同,因借题发挥,将此书删改至五次……曾见抄本卷额,本本有其叔脂砚之批语,引其当年事甚确,易其名曰《红楼梦》";又"闻其所谓'宝玉'者,当系指其叔辈其人,非自己写照也。"到了乾隆五十六年(1791)《红楼梦》首次排版印行时,程伟元在卷首也写道:"《红楼梦》小说本名《石头记》,作者相传不一,究未知出自何人,惟书内记雪芹先生删改数过。"采取的是阙疑的态度。嘉庆刊本《绮楼重梦》的作者兰皋居士则说:"《红楼梦》一书,不知谁氏所作。"《增补红楼梦》序言中,也认为"《红楼梦》一书,不知作自何人,或曰曹雪芹之手笔也,姑弗深考"等等,都可兹证明。

6. 善待弘皙雍正还愿,欲保皇位乾隆抓人

雍正是如何善待弘皙、将其视为己出的呢?胤礽去世后,弘皙终日提心吊胆,战战兢兢,唯恐飞来横祸,不知厄运何时落到自己身上。再说,胤礽在时,是供给制,再加上赏赐的一年吃喝,生活不成问题。现在全家老老小小好几百口人,都指靠弘皙那点儿俸禄维持生活,生活也日见窘迫,几乎揭不开锅了。这一日,弘皙看看"父皇"答应的生活赏赐,已满一年,只好试探性地再行申请补助,一来探听一下雍正的口气,二来套套近乎,解决点实际问题。但他未敢亲自出马,而是指使手下代为启奏。

"据理郡王弘皙旗分佐领均未奏称:仰蒙皇父之恩,授封为王。因臣子弟众多,皇父又思虑周详,赏赐一年给养。臣弘皙全仰赖皇父之恩而生存,时至今年九月,可满一年养育之恩。恳请皇父格外施恩,再赏一二年养育之恩。"

朱批:知道了,按议再赏给三年。

看来雍正对待干儿子还真不含糊,二话没说,开口就是三年,岂止善待而已,简直有些过头了,可见雍正"还愿"之诚。据载:赏赐之物颇多,所有衣食住行等物,是应有尽有,如肉、蔬菜、水果、茶叶、酒、绸缎、毛皮、笔墨纸砚、桌子凳子、扫帚簸箕等等。此时的弘皙过得最为安稳。

到了雍正八年,一日雍正在龙榻小憩,忽见康熙前来,一言不发,怒目而视。雍正急欲上前施礼,康熙却拂袖而去。雍正一惊,醒来却是南柯一梦。雍正不解其意,急招手下亲信大臣鄂尔泰。鄂尔泰问:是否有先帝康熙未了之心愿?雍正恍然曰:皇考遗命封弘皙为亲王,至今未行,或迁怒于此?急颁谕旨,册封弘皙为"和硕理亲王",其册文云:

奉天承运,皇帝制曰:宝玉攸颁,式衍银潢之庆;介圭申锡,宜昭金册之荣。扩茂兴以推恩,崇班持晋笃宗。支而展爱,显秩加隆。诞赍新纶,聿彰成宪。咨尔弘皙,乃皇考圣祖仁皇帝之孙,朕之侄也,赋性朴诚,持躬谨恪。勿膺爵命,循矩度而无愆,早列藩封,服训言而自励,克副优隆之德,意宜敷涣汗之恩,施爱沛宠光,用昭嘉奖,授以册宝,封尔为和硕理亲王,世袭罔替,于戏!敬修乃德,务乐善以希贤淑,慎尔仪尚,持盈而知戒,易成令器,只荷徽章,期渥泽之钦,承迓鸿庥,于有永钦哉!

自此，弘晳又升了一级，也算善待弘晳的一个方面吧。在清朝，封爵的等级是十分严格的，分十二等，最高是亲王，而后依次是郡王、贝勒、贝子等。亲王的待遇也是最高的，"年俸白银一万两，俸米伍千石"，有自己的护军，相当于现在的警卫部队，有四十二所自己的粮庄、瓜园、果园等，有各种杂役服务人员一千七百七十五人，还有一大片自己直接管辖的区域。王府也是由朝廷出钱建造，当然所有权归朝廷所有，你今年是王爷，你就住王爷级别的王府，明天不是了，那你就搬出来。而郡王呢？年俸白银只有"五千两，俸米二千五百石，庄园二十所"，整整差了一半。上面已经说了，弘晳在被封为郡王后，实际已经有了自己的王府，到了雍正六年，又被晋封为理亲王，弘晳还是住在平西府，但被称为"理亲王府"了。在当时，亲王职务相当高了，可直接参与朝政，但弘晳实际并没有什么大权力，只不过是按月上朝。当然，坐轿是来不及的，都是骑匹快马，夜里两三点钟出发，跑二十里地，无论严寒酷暑，从未迟到过。据说当年弘晳的坐骑，就是一匹御赐的白马。

最要紧的是第三桩宏愿，如其才可用，将让弘晳继承皇位。这可是天大的事。我们说后来弘晳之所以敢于向乾隆公开叫板，就是手中握有雍正的传位诏书。由于弘历出身不甚明了，传说是陈阁老的儿子，是调包计的结果，在皇室宗族中也多有议论，但正因为有了弘历，雍正才荣登大宝，雍正自己焉有不知的道理。但弘历的儿子"永琏"备受雍正的宠爱，永琏之名便是雍正所赐，暗示将来"以承宗器"之意。永琏将来要当皇上，那其父必先当皇上，因此雍正谕旨，确定弘历为第一皇位继承人，倘若永琏不在了，弘晳便是当然的皇位继承人，弘历理当让位。雍正如此安排，是得到辅政大臣庄亲王允禄、果亲王允礼等人的认可的。雍正的传位诏书有两份，一份给了弘历，一份给了弘晳，分别由辅政大臣作保。据袁枚写的《鄂尔泰行略》里记叙：雍正驾崩后，在一片混乱中，鄂尔泰想起当时雍正曾跟他和张廷玉说过传位遗诏的事情。他见大家都在痛哭，心想老这么哭下去也不是办法，国不可一日无君，于是他便拉起张廷玉，对众人厉声道："现在不是哭的时候！大行皇帝曾和我两人说过有两份传位密诏，一份就在宫中，现在事不宜迟，应该马上请出来！"这里所说的两份传位密诏，很可能其中另一份就是在弘晳手里。乾隆登基后的三年十月，已然九岁的永琏果真因病夭折。乾隆三年十一月，谕曰："永琏乃皇后所生，朕之嫡子，聪明贵重，气宇不凡。皇考命名，隐示承宗器之意。朕御极后，恪守成式，亲书密旨，召诸大臣藏于乾清宫'正大光明'榜后，是虽未册立，已命为皇太子矣。"但现在密旨也没用了，乾隆下令叫人取出。从此，书生气十足的弘晳异常兴奋，积极筹划，准备接收皇位，并且"仿照国制"组织了内务府，成立了七司三院。弘晳还与弘昌、弘升、弘普、弘晈等宗室子弟多次商议如何接收皇位，向乾隆所进的一乘"鹅黄肩舆"便是弘晳的"内务府"造办处所造，实际隐含有催促乾隆退位之意。但弘晳手中没有兵权，毫无政治斗争经验，乾隆一翻脸，顷刻之间土崩瓦解，被乾隆定性为"弘晳逆案"，纷纷抓了起来。但弘晳握有雍正字据，因而在乾隆帝面前"毫无敬谨之意"，在被拘禁在宗人府听审时，"仍不知畏惧，抗不实供"，并且拿出了雍正手书的关于继承皇位的诏书，据理力争。乾隆大惊，没料到弘晳有此一手。但关乎生死存亡的大事，谁还相信一纸文字？为免除后患，乾隆下令当即焚毁"弘晳逆案"所有材料，毁掉平西王府的所有材料，雍正的传位诏书也随之化为了灰烬，从此"弘晳逆案"成了清宫历史上最大的谜团。但从没过多久"弘晳逆案"的大多成员都被重新启用来看，所谓"弘晳逆案"只不过是乾隆用来扳倒弘晳的借口罢了。乾隆帝到了晚年，每当提起此事，不无感慨地说："且理密亲王幸而无过，竟承大统，亦不过享国二年，其长子弘晳，纵欲败度，不克干蛊，年亦不永，使相继嗣立，不断年间，连遭变故，岂我大清宗社臣民之福乎？"看来乾隆还比较老实，也承认弘晳是有登基的可能的，然妒忌之心跃然纸上。弘晳卒于乾隆七年（1742）九月，终年49岁，并被开除宗族。直到乾隆四十三年（1778）正月，乾隆帝于心有愧，终觉不妥，终于令将已去世三十六年的弘晳恢复原名，收入宗籍。

7. "弘晳逆案"逢知己，芹圃潜心写红楼

弘晳生于康熙三十三年，雍正二年（1724）时三十岁，可谓冰雪聪明、风华正茂。弘晳从小深受康熙宠爱，在胤礽两次被废后，作为嫡长孙，康熙确有传位于斯的打算。但弘晳书生气十足，根本没有治理朝政的经验，在当时"九王夺嫡"的严酷形势下，根本无胜算可言，康熙只能忍痛割爱。弘晳在逆境中长大成人，历经沧桑，饱尝人间世态炎凉，深谙官场黑暗，对于其父胤礽之死更是耿耿于怀。但雍正耳目众多，稍有不满，便是杀身之祸，只能委曲求全，韬光养晦，伺机而动。他平日里深居简出，闭门谢客，闲暇无事，便是埋头书画，给胤礽的《石头记》圈点勾画，修改评阅，为掩人耳目，自号"脂砚斋"。俗话说父子心意相通，加之对《石头记》所叙之事耳熟能详，故脂评可谓相得益彰，成为《红楼梦》的重要组成部分。有人说"脂砚斋"当是一位女子，殊不知当初弘晳评阅之时，亦是冒名顶替，"甄士隐去"，岂敢以真实身份出现？对紧要情节，其内容更是含糊朦胧，移花接木，唯有弘晳自己知道。但可以肯定地说，后来还有"弘晳逆案"的其他人亦以"脂砚斋"的名义对《石头记》进行点评的，只是身份更加迷离而已。故后人对此争论不休，这也算"弘晳逆案"的一个副产品吧。笔者大胆推测：假如不是乾隆毁掉胤礽和弘晳的大部分史料档案，《红楼梦》真相恐怕早就大白于天下了，因为绝大部分红学家都不了解当时的历史背景资料。

那么弘晳是怎么和曹雪芹联系起来的呢？

我们先按时间的顺序推论一下有关的情节：雍正二年（1724）十二月十四日，废太子胤礽薨逝，将其《石头记》遗稿留给了弘晳。此时的《石头记》，亦是未完稿，没有也不可能交代"宝玉"的结局。同年闰四月二十六日曹雪芹出生。关于曹雪芹的出生年月，红学界有两种意见：一是雍正二年（1724），以四十而逝，逆推的结果；一是康熙五十四年（1715），虚算的结果。康熙五十四年（1715）显见不合理，因其年龄与逝世的年月对不上，虽然此时出生有助于解释《红楼梦》的写作时间，但毕竟与事实不符。还是红学家周汝昌先生的考证合情入理。雍正三年（1725）四月二十六日芒种，曹雪芹周岁，后人遂以芒种为其生

辰之标志。雍正六年（1728）其父曹頫获罪抄家逮问，家口回京，住蒜市口，其时曹雪芹四岁。我们说曹雪芹再聪明，几岁的孩子对当年曹家的生活，也不可能留下多少印象。曹家被抄时，由怡亲王允祥负责审理此案，现在发现的《红楼梦》的早期版本都是源于怡亲王家，可见这是一条非常重要的线索，为后人留下一个谜团。

那如何解释"早期版本都是源于怡亲王家"这个事实呢？这很可能和"弘晳逆案"有关。

所谓"弘晳逆案"又究竟是怎么回事呢？这和允禄有关。据清史记载：雍正皇帝驾崩前，遗命庄亲王允禄、果亲王允礼、大学士鄂尔泰、张廷玉辅政。庄亲王允禄是乾隆皇帝的十六叔，是四大辅政之首，"弘晳逆案"发时，果亲王允礼已于一年前去世，与此案并无瓜葛。允禄可谓大权独揽，成了关键人物。允禄与乾隆的关系非同一般。弘历小时，被康熙养在宫中，就是交由允禄的母亲抚养，并由允禄将其所学传授给他，相当于半个老师。在雍正朝，除怡亲王允祥外，允禄是最受器重的宗室子弟。

乾隆登基后，对允禄"又复加恩忧待，特命总理事物，又赏亲王双俸"，可谓恩宠有加。"弘晳逆案"后，乾隆却斥责允禄曰："惟务取悦于人，遇事模棱两可"，当然这句话很重要，无意中透漏了一个信息：允禄位高权重，何以取悦于人？想来这人大有来头。而且还遇事模棱两可，没有立场，不敢得罪这人，这人是谁呢？就是弘晳。我们说如果弘晳没有登基当皇帝的可能，允禄取悦于他有何必要？这也从侧面说明雍正确实许过愿。

乾隆又说："至其与弘晳等人私相交结事，往来诡秘，朕上年即已闻知，冀其悔悟，渐次散解，不意至今仍然固结。"看来乾隆早有心病，特别是永琏死后，对允禄、弘晳等人实施跟踪盯梢，早有提防，对他们的一举一动了如指掌。没有心病，何以若此？

乾隆又说："朕看王乃一庸碌之辈，若谓其胸有他念，此时尚无可料其必无。"也就是不敢承认允禄"胸有他念"，或曰没有把握，唯恐引发更大风波。

至于其他诸人，乾隆指出："见朕于王加恩优渥，群相趋奉，恐将来日甚一日，渐有尾大不掉之势，彼时则不得不大加惩创，在王固难保全，而在朕亦无以对皇祖在天之灵矣。"乾隆的意思是说：这些人看见我对理亲王弘晳"加恩优渥"，便"群相趋奉"弘晳，这将来还了得？这也从侧面证明弘晳有登基的可能，否则何以群相趋奉？

我们再来看看整个事发的过程："弘晳逆案"的缘起是在乾隆四年（1739）九月，乾隆帝首先以"诸处夤缘，肆行无耻"的含混罪名，将奉差在外的正黄旗满洲都统弘升革职锁拿，"押解来京，交宗人府"。乾隆帝指出："伊所诏事之人，朕若宣示于众，干连都多，而其人亦何以克当？故朕仍尽亲亲之道，不肯暴扬。""所诏事之人"当指弘晳，这是"弘晳逆案"事发之始。为了掩人耳目，到了十月，就发展成"宗室阿附庄亲王案"了，不是阿附弘晳了。

以弘晳为首的宗室子弟每日一起饮酒作乐，阿附庄亲王之事，引起了乾隆皇帝的警觉，唯恐产生"尾大不掉之势"，在没有取得任何证据的情况下，就命宗人府以"结党营私"之名，对允禄等人进行审查。在审查过程中，发现了弘晳在郑家庄的理亲王府仿照国制，设有"掌仪、会计、营造、慎刑"等七司，还有"内国史院"、"内秘书院"和"内弘文院"等"三院"，称得上是个"小朝廷"。这一点，让乾隆皇帝大为震怒，斥之"自视为东宫太子，居心叵测"，他要彻底断绝弘晳"东宫嫡子"的念头，把案子交由平郡王福彭与军机大臣讷亲负责审理。

根据内阁《上谕部》）记载，最后宗人府提出建议："庄亲王允禄、理亲王弘晳等缘事，议削爵圈禁。"由于没有抓到其他的把柄，乾隆经过权衡决定："庄亲王允禄宽免，革亲王双俸及议政大臣等职，理亲王弘晳革去亲王，涉案的贝勒弘昌、贝子弘普俱削爵，恒亲王的世子弘升永远圈禁。"弘晳被革去亲王后，并未停俸，仍在郑家庄居住，但王府住不得了，便主动搬到北跨院去了，也就是原来胤礽住的院子。

过了一个多月，也就是到了乾隆四年十二月，又有个叫福宁的宗室子弟揭发弘晳曾经问安泰"准噶尔能否到京"、"天下太平与否"、"上寿算如何"等事。安泰是何许人氏，已无从考证，从他的身份看，可能是弘晳的幕僚，是个巫师。此人自称为"祖师显灵，能知未来之事"。弘晳对安泰的占卜之术深信不疑。弘晳提的问题都非常敏感。"准噶尔"是噶尔丹的后人。当年蒙古准噶尔部首领噶尔丹被康熙击败后，他的侄子策布阿拉布坦在西北仍拥有很大的势力，控制了新疆、西藏、青海等地，煽动这些地区的少数民族与清廷为敌。策布阿拉布坦死后，其子噶尔丹策零继续统领其众。弘晳问"准噶尔能否到京"，似乎是把自己的命运和外族入侵联系起来。并且还问"上寿算如何"，意思是问乾隆皇上还能在位多久。这样一来，问题就严重了，宗人府议罪的结果是应"立绞"，乾隆皇帝再三斟酌，从皇族利益出发，于十二月初六日，传下谕旨："免死，将弘晳由郑家庄府邸移于景山东果园永远圈禁，并除宗籍，赐名四十六，其子孙统统给予红带子。"弘晳时年四十六岁，其子孙给予红带子就不算皇家宗室的人了。安泰论绞，后着"从宽改为斩监侯，秋后处决"。其他人维持原判。自此弘晳才真正离开了郑家庄，在"景山东果园"圈禁起来。这就是"弘晳逆案"，前后时间联系非常紧密。曹雪芹家第二次被抄说就与此案有关。

审理"弘晳逆案"的是平郡王福彭。福彭生于康熙四十七年（1708）六月二十六日，福彭的母亲是曹雪芹的姑母，福彭是曹雪芹的表哥，比曹雪芹大十六岁，亦酷爱文学。福彭早年与宝亲王弘历感情密洽，因此是乾隆朝的重要军政人物，深得乾隆信任。很可能福彭在审理弘晳逆案时，有机会得到了胤礽的《石头记》手稿或抄本，由于"甄士隐去"，福彭并未明白《石头记》的写作意图，因其文笔优美，故秘而藏之，故曹雪芹有机会从福彭处得到《石头记》。

我们回过头来再来看曹家。曹家在雍正年间被抄，移居北京。到了乾隆元年（1736），乾隆施行怀柔政策，赦免曹家"罪款"，曹家遂复小康。时曹雪芹十三岁，这个烙印应比较深刻，也只有在这几年，曹雪芹才有机会静下心来读书。但好景不长，受"弘晳逆案"的牵连，乾隆五年，曹雪芹家再次被抄没，家遂破败，曹雪芹贫困沦落街头，使他有机会接触到平民百姓，时年十八岁。至于为什么受到牵连，现在没有定论，会不会和曹雪芹阅读《石头记》有关呢？福彭于乾隆七年（1742）失势，乾隆十三年（1948）去世，很可能就在福彭去世前，将《石头记》手稿转交给有相同命运的曹雪芹。福彭相信只有曹雪芹才有能力修订《石头记》，完成《石头记》作者的遗愿，并刊行于世，此时的曹雪芹约二十三四岁。到了乾隆十五年（1750）左右，曹雪芹退出宗学后，迁居北京西郊黄叶村，开始专心创作，凡有不甚清楚的地方，便去请教允禄、弘晓等人。允禄、弘晓等便加以评点指示，以端正曹雪芹写作的方向。到了乾隆十九年（1754）曹雪芹三十岁时，甲戌本《脂砚斋重评石头记》诞生，初有清抄定本（未完），这是最为原始的《红楼梦》版本。其中有"一事无成，半生潦倒"、"十年辛苦不寻常"字样，从时间上推断，这几句绝不是说曹雪芹自己。"一事无成，半生潦倒"应是胤礽自己的写照。"十年辛苦不寻常"应是指胤礽写作《石头记》的过程，胤礽从康熙五十一年（1712）被废后执笔，到雍正元年（1723）迁居郑家庄，前后历经十余年。乾隆二十三年（1758）春曹雪芹三十四岁时，雪芹又迁居白家疃继续写作。至于为何迁居白家疃，我怀疑主要是为了掩人耳目，方便写作《红楼梦》，因这里建有"怡贤亲王祠"，这样和弘晓等人联系起来更方便，更不容易为外人所知。

到了乾隆二十四年（1759）曹雪芹三十五岁时，"己卯本"《石头记》抄本诞生，始有"脂砚"批语纪年，这就是现存的《脂砚斋重评石头记》，乙卯本是第二代怡亲王弘晓家的原抄本。另外，多罗郡王后人桑斋多尔济奉乾隆帝诏来京，教养于内廷，后成为允祥之女长尚郡主驸马，陪嫁99间半府邸，其家曾出《脂蒙本石头记》。三种早期版本皆出自怡亲王家，没有一定的背景是不可能的。

可惜的是到了乾隆二十八年（1763）秋日，曹雪芹因其爱子痘殇，遂感伤成疾，到了癸未除夕，"书未成，芹为泪尽而逝"。就这样一代巨星陨落，世人也未能看到真正完整的《红楼梦》。曹雪芹四十岁去世时，他的学生、又是挚友的敦诚曾有挽诗："晓风昨日拂铭旌"，"四十华年太瘦生"。听到曹雪芹去世的噩耗，敦敏万分伤感，含泪写了一首名为《挽曹雪芹》的诗，来悼念他的老师兼朋友。诗是这样写的：

> 四十年华付杳冥，哀旌一片阿谁铭？
> 孤儿渺漠魂应逐，新妇飘零目岂瞑。
> 牛鬼遗文悲李贺，鹿车荷锸葬刘伶。
> 故人惟有青山泪，絮酒生刍上旧坰。

从敦诚、敦敏的挽诗可以断定曹雪芹在人世间仅渡过了四十个春秋，所谓曹雪芹生于康熙五十四年（1715）的说法是经不得推敲的。

8. 皇孙终葬黄土店，水城凸显郑家庄

弘晳与乾隆的这场斗争，实际还是继承皇位之争。当初雍正发下宏愿，弘晳本是有份的，但是弘晳手里没有军队，最后失败了，所谓胜者王侯败者贼，最后落得个圈禁的下场。清宫词里有云：

思子无台异汉皇，
皇孙终老郑家庄，
从今正大光明殿，
御管亲书禁匾藏。

这里的皇孙指的就是弘晳，但他并未终老郑家庄，也并未终老于景山东果园，而是终老于山西祁县郑家庄附近的一个兵营里。弘晳被圈禁后，万念俱灰，整日郁郁寡欢，于乾隆七年（1742）壬戌九月二十八日卯时死去，时年四十八岁。弘晳弥留之际，请葬于昌平郑家庄，未允。其死后葬于郑家庄村西，昌平黄土南店村东土岗上，占地十五亩，距平西王府约有数里之遥。直到乾隆四十三年（1778）的正月，死后的弘晳才被奉旨复入宗室，成为皇室家族的人。在圈禁弘晳的同时，也就是乾隆四年（1739），为了掩盖皇位之争的真相，将弘晳打成了叛逆，乾隆下令，毁掉有关"弘晳逆案"的一切材料，命内务府彻底拆毁平西王府，不留痕迹。因此，郑家庄皇城便在历史上神秘消失了，只是拆下来的砖瓦木料被用到了通州城上。弘晳在郑家庄平西王府整整生活了17年，其中雍正王朝十三年、乾隆王朝四年。那么，乾隆为什么要把平西王府彻底拆毁呢？原来此时《红楼梦》早期版本已在社会流行，禁是禁不了了，乾隆亦知此书与弘晳有关，为了彻底断绝与弘晳的联系，把类如大观园的平西王府彻底毁灭。

第二部分　北京温都水城（郑家庄）的今天：水城

今天，这里是百姓幸福安康的水城与银城。

1. 历史、文化、产业

【水城景观1——北京温都水城】

北京温都水城

【水城景观2——北京温都水城温泉养生馆】

北京温都水城——养生馆

北京温都水城——养生馆

北京温都水城——温泉养生馆的溶洞

温泉养生馆于 2006 年 7 月落成，建筑面积约 8000m^2，建筑形式采用中式简化风格，主要针对商务休闲为主的中高档消费群体，是 Spa 释放抒压的天堂。室内通过各种亚热带植物营造出热带雨林的气候环境，以温泉文化为底蕴，推出温泉理疗、温泉瑜伽、温泉美体、温泉美食、温泉运动等温泉养生概念。倡导温泉与养生，休闲与健康的新理念。

一层湿区设置了三十五个功能性温泉泡池，结合健康水疗浴，包括水中健身区、按摩击打区（气泡按摩浴、水帘幕冲击浴、胸背按摩浴、气泡浴等）、保健水疗区（木桶浴、漩涡浴、腰足静泡浴、温差浴等）、特殊疗效区（人参浴、当归浴、芦荟浴、灵芝浴、薄荷浴、玫瑰浴、红酒浴、牛奶浴、花瓣浴、死海矿物泥浴、盐雾浴等）、室外温泉区以及冰雪屋等。二层干区设有温泉美体和温泉美容、温泉养生营养餐厅、香熏、玉石床、休息大厅等。通过连廊，可达瑜伽养生、美容瘦身、营养餐厅、网吧、茶吧、书吧、雪茄吧、酒吧，还有视听房、台球、乒乓球、射击等娱乐项目，同时提供技师修足、按摩等服务项目。

【水城景观 3——北京温都水城宏福大厦】

北京温都水城——宏福大厦

宏福大厦地处温都水城最南端中心地段，占地 0.67 公顷，用地方整。它既是水城国际酒店的配套工程，弥补水城国际酒店客房数量相对不足的缺陷，同时又是宏福集团的总部办公楼，还是科技园区写字楼。总建筑面积 4.6 万平方米，建筑高度 78.9 米，局部高度 87 米。

由于紧邻城市主干牛北路，为了不使高层建筑对道路空间造成压力，建筑高层主体放在用地的最北侧，南侧沿街布置 2 层裙房作为空间的过渡。建筑周圈设置环形消防通道。由于整体建筑宽高比比较接近，为了避免造型的方墩感，将建筑高层体量做了两个体块的叠加处理，这样每个体块都接近黄金比例，而且还有层次感。由于这是一个商务型现代综合楼，故立面处理采用直线条的简洁手法，幕墙与干挂石材的平齐面处理强化了极少主义风格，墙面石材与地面石材都使用了同样两种不同深浅的咖啡色石材，整体协调统一。在立面细部上通过铝合金线条勾边、石材抛光与烧毛的不同处理以及石材立面局部的凹凸进退，丰富建筑表现，做到简洁而不是简单。

大厦基本采用8米柱网，地下有双层150个车位的停车库，员工更衣、库房以及设备用房等。首层主要是南北贯穿的大堂以及大堂附设的服务台、大堂吧、商务中心等以及餐厅、厨房、封闭垃圾站、消防控制室。二层主要是一个能容纳近千人的多功能大厅（宴会、会议、新闻发布、展示等）、小型会议室以及通往水上报告厅和水城国际酒店的连廊。20层顶部有直升机停机坪。

【水城景观4——北京温都水城国际酒店】

北京温都水城——国际酒店

北京温都水城国际酒店

水城国际酒店建筑面积约21000m^2，其建筑形式采用了中国古典建筑风格。宾馆大堂照壁采用国际获奖艺术作品——"水滴"，金箔墙面映衬着9999颗"水晶雨滴"，寓意宏福万亩社区、温都水城风调雨顺、五谷丰登的吉祥主题。拥有各种客房132间/套，各种风味餐厅、宴会厅和宴会包间，自助餐和咖啡厅相结合的特色酒吧。会议区共有15个大小会议室，可举办20到200人的各种会议和培训。酒店内还设有保龄球室、棋牌室、健身房、乒乓球室、台球室、夜总会等康体娱乐设施。各功能用房围绕着两个内庭展开，均可自然采光、通风，视野开阔，亲近自然。

在酒店西侧，创意新颖的水上报告厅造型独特。它的底部架空，设置了停车场、观众与贵宾入口、门厅和码头。二层能容纳500人举办会议和会展，北侧设有贵宾休息厅，透过玻璃幕墙，可一览远山近河，视野开阔，景色优美。

【水城景观5——北京温都水城湖湾酒店】

北京温都水城湖湾酒店

湖湾酒店是按五星级标准建造的酒店，采用了欧式组合的建筑风格。5个标准建筑单元呈半圆形围绕着湖面，湖面中心是大型的音乐主题喷泉雕塑，结合周边的绿化台地和层层叠水。这里环境幽雅静谧，沿湖美景唾手可得，长堤漫步，凉亭品茗，湖水荡漾，绿树成荫。无论白天夜晚都能为客人提供令人流连忘返的美景。酒店占地1.72公顷，总建筑面积5.9万平方米，客房总数582间/套，建筑高度59.65米。

在酒店西侧湖边有木平台码头，客人可由此登船，前往水城各个景区。如此独具匠心的大造，"湖湾"酒店之名由此而来。

在3~15层的客房层中，顶层是总统套房和豪华套房，其余各层有套房、家庭套房、单床间、双床标间等，所有客房均有阳光露台与景观温泉泡池，有良好的室外景观。

【水城景观6——北京温都水城汉风唐韵主题生态餐厅】

以表达人神恋爱的《洛神赋》故事为背景，借鉴中国山水画大写意手法为设计精髓，以亭台楼榭、小桥流水、树木成荫的仿生创作打造出的特色园林式文化主题生态餐厅——"汉风唐韵"主题生态餐厅亮相国家级4A级旅游景区温都水城。

餐厅建筑特色古朴典雅，以汉唐近代文化为主题，以国学造园的理念为指导，勾勒出美轮美奂、富有诗情画意般的意境。餐厅占地面积7356平方米，是由北京宏福集团投资1.3亿元，宏福建工集团施工建设，澳大利亚SDG设计集团进行整体建筑设计，夏岩文化艺术造园集团进行室内景观设计和装饰，为顾客

北京温都水城——汉风唐韵主题生态餐厅

北京温都水城——生态餐厅文艺表演

北京温都水城——生态餐厅

提供优雅舒适的就餐环境。

温都水城汉风唐韵主题生态餐厅集各具特色的建筑形式和装修风格浑然不同的包间30余个，散座餐位600余位，可承接各种婚宴、寿宴、生意洽谈、节日庆典、春节年宴、朋友聚会、集团团拜、旅游团队等私人和商务宴会。餐厅立意文化与生态的完美融合，坚持食材原料的安全、有机，讲究美食与健康的科学互补，既有中国传统菜系的精髓，又凝聚了国内外健康饮食的创新。

温都水城汉风唐韵主题生态餐厅是温都水城以文化定位展现餐厅个性的重大尝试，它以引人入胜的就餐环境、精美可口的优质菜肴、个性化的贴心服务以及典雅的汉唐文化迎接八方食客，成为温都水城餐厅文化的点睛之作。

【水城景观7——北京温都水城水空间】

北京温都水城——水空间

北京温都水城——水空间

水空间建筑面积约20000m^2，整体为点式玻璃幕墙的建筑，形似一个玻璃盒子。南向遮阳百叶窗可任意调节角度，根据季节的变化控制阳光的摄入量。其屋顶的水波造型犹如一束飘逸的彩带活泼动感。天顶可自动开启。东西跨度长达

70米,在国内众多的水娱乐场馆中别具一格。

水空间项目目前在亚洲是比较先进和独具特色的水上娱乐场馆,它可以同时接待5000人在馆内进行娱乐消费。场内设有标准游泳池、人工造浪、滑板冲浪、太空盆、飞天梭、竞技速滑、漂流河道、互动水屋、人造沙滩、儿童戏水池;还有家庭互动区、餐饮区、半地下水景咖啡屋、商品部、休闲区、贵宾间、仿生绿植等。值得一提的是动感漂流河由室内贯穿到室外,夏季互相连通,与室外泳池和10个温泉泡池遥相呼应,室内室外相互交融、自然和谐。另外,构思新颖的水中升降舞台还可举办丰富多彩的歌舞晚会、水上婚礼、服装展示等大型活动。

引导来宾通往水空间的是颇具动感的漩涡式主入口。水空间的北侧沿主路设置了140米长、水柱高达12米的七彩旱喷泉,夜晚,在灯光的照射下展现出流光溢彩的奇特景色。远远看去,水空间主入口两侧的喷焰火柱与七彩旱喷泉相映生辉,呈现出水火交融的壮丽景观。

【水城景观8——北京温都水城滑雪场】

北京温都水城——滑雪场

【水城景观9——北京温都水城文化广场】

水城文化广场坐落于国家AAAA级旅游景区温都水城风景区,澳大利亚SDG设计集团设计,2007年11月动工,2013年5月落成,占地4.47公顷。清康雍乾年间,该地块为郑家庄皇城驻兵之西练兵场,兼具集结、警戒、防御功能,故称"西场塝"。

项目主体坐北朝南,地上建筑采用钢结构及隐框玻璃幕墙施工技术,流线型外观。东西长137米,南北宽208米,最高点63.8米。地上5层,局部(玻璃塔楼)13层,地下2层,建筑面积11.6万平方米。

其功能集游乐、购物、休闲、商务、餐饮于一体,与水空间遥相呼应,紧扣温都水城旅游主题。

建筑由"波浪"造型的5层裙房与"潜艇指挥塔"造型的通透13层玻璃塔

北京温都水城——水城广场

组成。裙房内设置了纵横交错的扶梯与垂直的观光电梯组成的交通体验空间，以及一个顶部可开启的、五层高的室内核心共享空间。2万余平方米的波浪形屋顶，自37~21米高处由北向南缓坡交汇于地平，兼具集会、演出、滑雪场之功能。5个新颖别致的欧米伽型入口，逐层镶嵌在134级台阶之中，与对面水空间"海螺"入口相互衬映，彰显和谐之美。

整体建筑线条流畅，稳重大气，富有动感，极具视觉冲击力，实现了建筑艺术与商业功能的巧妙结合，体现了生于自然、融于自然的建筑观，与南侧的水空间堪称姊妹建筑。

【水城景观10——北京温都水城能量馆】

北京温都水城——能量馆

北京温都水城蓝羽中心简介

温都水城蓝羽中心位于北京市昌平区北七家镇郑各庄村国家AAAA景区——温都水城，是由北京宏福集团投资1.5亿元建设、澳大利亚SDG设计集团设计、北京宏程金海文化体育有限公司运作经营的一座集大型会议、体育活动、商业会展、大型演艺、辅导培训于一体的多功能建筑群，总建筑面积32320平方米，由两大功能区组成。一是5000平方米的多功能会议中心，兼做布设24块专业羽毛球场地的羽毛球健身（俱乐部）运动活动中心，可举办大型会议、文艺演出及体育赛事。二是27320平方米的能量馆，集篮球馆、羽毛球（VIP）馆、羽毛球培训学校（筹建中）、跆拳道馆、保龄球馆、健身房、体操房、瑜伽中心、中影艺考培训学校于一体，附带商业店铺和地下停车场功能，是中老年健身康复、青少年习武练球的康乐平台。

北京温都水城蓝羽中心是在区委和区政府以及主管部门的倡导下，积极响应李克强总理"加快发展体育产业、增强全民体质"的号召，活跃全民文化业余生活的具体体现。它的建成，为本地区乃至昌平区的群众体育活动提供了丰富多彩的活动场所和配套设施，既有益于提升社区民众的生活质量，又是广大青少年补充正能量的靓丽工程。

2014年10月28日，北京温都水城蓝羽中心隆重开幕迎宾，届时将举办"温都水城杯"首届北京业余羽毛球超级联赛，比赛将分成业余组和精英组，预计将有49余个队伍报名参加。

愉悦身心、健康生活、快乐工作，北京温都水城蓝羽中心期待您的光临！

【水城景观11——北京温都水城会议厅】

北京温都水城——金色大厅

北京温都水城——大宴会厅

北京温都水城——VIP贵宾厅

北京温都水城——水城报告厅

【水城景观12——北京温都水城红楼岛】

北京温都水城红楼选秀"红楼梦中人"

北京温都水城——红楼岛

北京温都水城——红楼岛

　　红楼岛坐落在温都水城的透水公园的湖心岛上。岛占地面积约20亩，湖水覆盖面积89.46亩。所有建筑均为坡顶挑檐式的江南建筑风格，因其有两块天然形成的陆地形状与鲍鱼形似，故又称其为"鲍鱼岛"。湖水与环城水系相通，乘坐游船可到达水空间、酒店、四合院和行宫院内等区域。红楼岛湖水碧波荡漾，亭台水榭错落有致，白天可在树下沿湖垂钓，晚上亦可在亭中听歌坐月，正可谓："一片云山魔洁画，四时花鸟杜陵诗"。

　　2007年春夏之交，全国"红楼梦中人"大型选秀活动总决赛在这里举行，故命名为红楼岛。

　　【水城景观13——北京温都水城音乐打造视听盛宴】
　　【水城景观14——北京温都水城选美】
　　【水城景观15——北京温都水城："龙的传人"大型活动】

北京温都水城——音乐打造视听盛宴

北京温都水城——选美开启品牌之门

北京温都水城——"龙的传人"大型活动

北京温都水城——龙门馆

温都水城龙门馆

该馆由国际著名动作影星成龙先生亲自题名,在"龙的传人"大型选拔活动中脱颖而出的十六强选手曾经进驻此地。整个建筑结构为中国传统的四合院,划分为住宿区、公共休息区、温泉区、餐饮区及选手自白间。"行宫福地承皇家气韵,龙的传人耀中华神威",四合院大门上的对联道出了温都水城龙门馆的威武和神秘。

走入龙门馆,这座古色古香的小院让人感觉到宁静的回归,正如陶渊明的世外桃源,营造出的是一种具有韵律的山居意境,可见主办方和温都水城的良苦用心。龙门馆是选手们决赛期间生活的唯一场所。具有神秘色彩的龙门馆可谓内藏玄机。另外,专门设计了一个叫自白间的地方,每位选手每天都可以自由地进出这个自白间,对着自白间的摄影机,讲出他们内心的感受。

【水城景观16——北京温都水城助阵《梦想合唱团》】

北京温都水城——全力助阵《梦想合唱团》

当末日流言成为一句玩笑,太阳如约照耀地球,温都水城承载公益梦想再度出发,携手CCTV《梦想合唱团》迎接爱的光芒。我们尽自己所能完成2012年的最后一件善事,也积极参与到2013年的每一件有意义的事。我们努力发展自身,以期更好地回报社会。来温都水城,为爱加油!为梦想助力!

【水城景观17——北京温都水城火炬广场】

北京温都水城——火炬广场

2008年8月7日第29届奥运会火炬在此传递,郑各庄村也是全国唯一的村庄传递点,来自各条战线的34名火炬手在此参加了全程1800米的火炬接力传递。村党支部书记、宏福集团董事长黄福水先生为该段火炬传递的第二棒火炬手。为了纪念此次火炬传递活动,在此修建了火炬广场。

【水城景观18——北京温都水城文化街】

北京温都水城——水城文化街

王府文化街

为满足游客的购物需求，温都水城建造了一条具有文化气息和传统建筑风格的特色文化商业街。以品牌精品店为亮点，集金融服务和旅游用品、食品、手机、古玩字画销售于一体，同时兼有风味餐厅、快餐厅、咖啡屋、KTV练歌房等饮食及娱乐场所，形成具有传统民族特色的文化商业一条街，使国内外宾客在水城度假闲暇之余又能品味到中国传统文化的博大精深。

【水城景观19——北京温都水城剪纸民俗】

剪纸（paper–cuts）是中国最为流行的民间艺术之一，考古专家认为其历史可追溯到公元6世纪，但人们认为它的实际开始时间比这还要早几百年。剪纸常用于宗教仪式、装饰和造型艺术等方面。

【水城景观20——北京温都水城花灯民俗】

灯笼是亚洲的一种传统民间工艺品，在古代，其主要作用是照明，由纸或者绢作为灯笼的外皮，骨架通常使用竹或木条制作，中间放上蜡烛，点燃蜡烛成为照明工具。在亚洲的庙宇中，灯笼是相当常见的物品。现代社会中，灯笼的作用已经变成了一种收藏与欣赏的传统工艺品，佳节庆典中都要使用灯笼，特别是元宵节和中秋节。此外，有许多灯笼改用了灯泡或LED作为光源，而非蜡烛。除了庆典或庙宇使用外，在许多街头小吃摊也会挂红灯笼以取代招牌，以吸引食客的目光。

【水城景观21——北京温都水城皮影戏】

皮影戏，又称影子戏或灯影戏，是一种以兽皮或纸板做成的人物剪影，在蜡烛或燃烧的酒精等光源的照射下用隔亮布进行演戏，是中国汉族民间广为流传的傀儡戏之一。表演时，艺人们在白色幕布后面，一边用手操纵戏曲人物，一边用当地流行的曲调唱述故事，同时配以打击乐器和弦乐，有浓厚的乡土气息。

皮影戏是中国民间古老的传统艺术，老北京人都叫它驴皮影。据史书记载，皮影戏始于战国，兴于汉朝，盛于宋代，元代时期传至西亚和欧洲，可谓历史悠久，源远流长。

【水城景观22——北京温都水城风筝】

风筝，亦称风琴、纸鹞、鹞子、纸鸢，闽南语称风吹，古代称之为鹞，北方谓之鸢。风筝是一种比空气重的，能够借助风力在空中漂浮的制品。晚唐，人们在纸鸢上加哨子，其鸣如筝如琴，故称风筝或风琴。

【水城景观23——北京温都水城脸谱】

脸谱是指中国戏曲（尤其是京剧）演员脸上的化妆图案，因为这些图案均有特定的规格，所以被称为脸谱。脸谱的作用是运用不同的色彩和线条构成各种图案，以象征剧中人物的性格和各种特质，例如忠奸善恶等等。

第三部分　北京温都水城（郑家庄）的今天：银城

今天，这里是百姓幸福安康的水城与银城。

【银城景观 1——水城金手杖】

北京温都水城——金手杖

金手杖国际养老公寓坐落于国家 4A 级景区——温都水城内,紧临水城文化广场。5 栋公寓楼(其中护理楼一栋)呈五塔式,共有 1500 套房间,可满足 2500~3000 位老人的居家式养老。这样的设计在最大程度提高土地利用率的前提下,通过塔楼的 45 度平面扭转,不仅使每个居室都有开阔的视野,良好的通风,同时使整个楼体做到户户有阳光。所有公寓楼均有全息信息监控系统、远程监控系统、个性化分类系统、无障碍通道系统、酒店式服务系统、医疗信息预约系统等先进科技全面覆盖,给予老年人安全便捷的酒店式服务与个性化的居家感受。

【银城景观 2——北京安贞心康医院】

北京温都水城"金手杖"——安贞心康医院

安贞心康医院由宏福集团和北京安贞医院合作共建，位于金手杖国际养老公寓以西约200米处，老年公寓生命通道（连廊）直达。集医疗、教学、科研、预防、健康管理、国际交流于一体，综合门诊、急诊、手术、住院服务功能，以治疗心、脑、血管性疾病为重点，附带内科、外科、骨科、五官科、小儿科、妇产科等多门类的大型三级特色性医院，纳入医保定点医院范畴。建筑面积11万平方米，可开放床位800张，拟于2016年开业。

第四部分 北京温都水城（郑家庄）的明天：福城

明天，这里是人民奋发向上的福城。

【福城景观1——北京温都水城（郑各庄）远景规划】

郑各庄村远景规划

坚持创新驱动，科技引领产业升级，推动城镇化建设，打造幸福美丽村庄。到2020年，区域产值100亿元，税金5亿元，农民人均纯收入70000元。

建工产业：立足北京、面向外埠、走向国际。

科技产业：借助中关村国家自主创新示范区平台优势，在腾笼换鸟上做文章，加快产业更新升级步伐，着力发展总部、服务、平台三大经济，把宏福科技园打造成集科技产品研发、创意设计、成果转化于一体的高、精、尖产业孵化基地。

旅游产业：充分发挥温都水城品牌优势，进一步完善旅游产业配套，推进旅游产品开发，提升服务水平，拉长产业链条。

医疗产业：2016年，安贞心康医院（三甲）开业。

养老产业：继续完善已成型的自助养老和候鸟式旅居养老服务功能，拓展医护养老服务机制，构建自助养老、旅居养老、医护养老乃至临终关怀的一站式终极养老服务体系。

物业：整合居住物业、高校物业、商业物业、工业物业及其他设施物业资源，坚持业主导、规范管理、服务第一、专业高效原则，以全方位、多层次的综合服务，构建和谐、健康的发展环境，实现经济效益社会效益双赢。

【福城景观2——北京温都水城生态建设全景】

北京温都水城温榆河生态建设全景

将北京温都水城建成为具国际先进水平的福城（城镇规划、科技、养老、旅游、文化、民生、教育、卫生医疗、健康管理、商务、交通、环保、安全诸领域）；村民免费教育、医疗、养老、住宅；村民预期寿命平均88岁；村民接受国民教育平均13年，其中30%是博士、硕士、科技、管理人才；是国际现代科技样板生态金城，令世界瞩目。

抚今追昔，无论是艰苦创业还是奋起振兴，郑各庄人在追逐梦想的历程中栉风沐雨、砥砺前行，用心血汗水抒写着兴村富民、产业报国的篇章。展望未来，郑各庄人将牢固树立"发展是硬道理"的观念，大力发扬"不懈地努力，永远地追求"的宏福精神，与时俱进，科学发展，勇于创新。郑各庄的明天一定会更加美好灿烂！

第三节　国际健康银发城道教文化养生

一、道教养生捷语

道家曰：大道即宇宙之规律。
宇宙万物皆为圆融自在、和谐相处。
大道即人类识物之法：
人类来自宇宙，必受大道支配。
人类应抛弃自我，与大道融为一体。
顺其自然，则必享天（规律）、命（运程）、神（沟通自然与人类）、玄（随变、随律）四势。
上成，则：
人养也，
家睦也，
世盛也！

【道教养生景观——北京温都水城明代青龙寺】

北京温都水城——明代青龙寺

青龙寺位于真武庙北,坐南朝北,原为真武庙后殿,供有龙王爷。因店内龙王身披绿袍,故称青龙寺。原寺在清末民初时期已塌毁,只剩地基。

道教养生,是国际健康银发城——北京温都水城"金手杖"的经营指导思想。

道教养生:重生、贵生,追求健康、幸福、愉快地活着

(一) 道教养生五要素

1. 保持精气神
2. 生活要有规律
3. 顺应四时阴阳规律
4. 善于调节情志
5. 动静结合

(二) 道教养生文化

1. 顺乎自然——崇尚自然,天人合一(破一切人为的刻意追求)
2. 清洗虚无——清心寡欲,排除诱惑,返璞归真

(三) 饮食自然——道教饮食养生执守阴阳和气之通

不仅取纯天然的饮食方式,而且顺应自身之"本然"——基于自身生命运动的本来规律及其周围环境的和谐互动关系,而对其饮食行为及方式做出的合理化设计和选择。

(四) 清净有益健康

1. 清净才是契合之道
2. 清净有益身心健康
   ① 静则可以帮助疗疾
   ② 清净可以生长智慧
   ③ 练习静坐
   ④ 常应常静

养生就是追求健康、幸福、愉快地生存。道教有关养生的理论特别多,对人体生命的研究很有成就。人体是一个很复杂的系统,是很精微的机械,比上天的火箭还要复杂。过去常说,人身虽小,暗合天地。有专家认为,作为在中国有着数千年历史的传统宗教,道教具有重生、贵生的特点。

二、道家养生的"五要旨"

(一) 保养精、气、神

传统道家养生理论,把人身最重要的物质与功能活动,概括为精、气、神,认为是生命之根本,是维持人体整个生命活动的三大要素。

精,泛指人体一切营养物质,有先天与后天之分,先天之精禀受于父母,后天之精来源于饮食。精主要由肾来管理,常常有"肾精"之称。"人始生,先成精",精不仅是构成人体的基本要素,而且主宰人体的整个生长、发育、生殖、衰老过程。

气，是维护人体生命活动所必需的精微物质，是推动人体脏腑组织机能活动的动力。它既是物质的代称，也是功能的表现。气在人体内有推陈出新、温煦脏腑、防御外邪、固摄精血、转化营养等重要职能。"人之有生，全赖此气。"气能周流不息，如环无端，人体则健康无病，故古人说"气是溺年药"。现代实验研究亦表明，"气"可能是免疫力形成的物质基础。故气不可耗、不可滞，滞耗则多病。

神，是指人体的一系列精神意识、思维活动，为心（相当于现代医学的大脑）所主。心为人体的最高司令官，神则居其首要地位，心健则神气充足，神气充足则身强，神气涣散则身弱，故《灵枢·邪客》说："心者，五脏六腑之大主也，精神之所舍也。……心伤则神去，神去则死矣。"因此，清心寡欲以养神，人体就能保持健康、益寿延年。白居易诗云："忧极心劳血气衰，未到三十生白发。"这是神耗而早衰的真实写照。经常保持精神愉快、心胸宽广，是养神的首务。

精充、气足、神全，是健康的保证；精亏、气虚、神耗，是衰老的原因。精、气、神虽各具其特性，但三者是不可分割的一个整体，存则仅存，亡则俱亡。

张景岳说："善养生者，必宝其精，精盈气盛，气盛则神全，神全则身健，身健则病少。"明陈继儒在《养生肤语》中指出："精能生气，气能生神，则精气又生神之本也，保精以储气，储气以养神，此长生之要耳。"有医家认为精、气、神为"内三宝"，耳、目、口为"外三宝"，要养生保健、长寿延年，必须"常使内三宝不逐物而流，外三宝不诱中而扰"。

所以要保养精、气、神三宝，关键在于修身养性、清心寡欲，则心不外驰、意不外想、神不妄游、情不安动、气不外耗。气功中的静养功法，就是通过自我调节，控制身心，是保养人体精、气、神的一种较好的手段。它要求思想高度集中，静心宁神，摒除杂念，放松全身，达到万念皆空，使大脑皮层处于一种保护性抑制状态。久久行之，能收到保养精气神的功效。精足，气旺，神全，则精神焕发、行动矫健，老年人能鹤发童颜、延年益寿，青年人可长葆青春、推迟衰老。此见如太极拳、八段锦、五禽戏等，均是调摄精气神的好方法。

（二）个人生活要有规律

据《黄帝内经》记载，上古时候人的寿命是比较长的，"春秋皆度百岁而动作不衰"，后世则不然，"年半百而动作皆衰"，其原因在于："上古之人，其知道者，法于阴阳，和于术数，食饮有节，起居有常，不妄作劳，故能形与神俱，而尽修其天年，度万岁乃去。"后世的人则"以酒为乐，心妄为常，醉以入房，以欲竭其精，以耗散其真，不知持满，不时御神，务快其心，逆于生乐，起居无节，放半百而衰也"。也就是说，生活有规律，人就会延年益寿；生活没规律，人就会早衰短寿。

1. 首先是饮食要有规律，宜定时定量，不宜过饥过饱，不宜偏食

《灵枢·五味》云："谷不入，半日则气衰，一日则气少矣。"援食不足，不

能满足人体正常生命活动的需要，气血生化之源不足，不能保障人体器官的能量供应，久之可致早衰。反之，"饮食自倍，肠胃乃伤"。饮食过量，也是损害人体健康、导致衰老的一个重要因素。进食过多，超过了消化器官的承受能力，就会损伤脾胃，不能正常地腐熟运化水谷精微，出现消化吸收功能障碍。现代临床证实，饮食过饱，暴饮暴食，不仅影响消化器官的功能，还可使心脑等器官供血不足，突发心脑血管病。长期不节制地饮食，尤其是中年以后不注意这一点，过剩的脂肪沉积形成肥胖症、脂肪肝，血液流速减慢，血液黏稠度增高，心脑血管硬化，可使人提前衰老。所以有"饭吃七分饱，不用医生找"之说。偏食也是致病之因、衰老之由。中医特别强调"五谷为养，五果为助，五畜为益，五菜为充"，五谷杂粮，兼收并蓄，才能摄取多种营养物质，使人体的营养趋于平衡，也就是"气味合而服之，以补精益气"。如果偏嗜，就会造成很多疾病。如《黄帝内经·素问·五脏生成论》说："多食咸，则脉凝涩而变色；多食苦，则皮槁而毛拔；多食辛，则筋急而爪枯；多食酸，则肉胝皱而唇揭；多食甘，则骨痛而发落。"《灵枢·五味》也说："酸走筋，多食之令人癃；咸走血，多食之令人渴；辛走气，多食之令人洞心；苦走骨，多食之令人变呕；甘走肉，多食之令人悦心。"事实证明，食盐过多，大量的钠离子进入血液，细胞中的水就脱离细胞使其稀释，作为防护手段而增加血容量；随着摄入大量的水，使血液体积——血容量持续增加，从而加重心脏负担，心脏加大压力驱动大量血液，血管壁则由于过度扩张逐渐失去柔性，从而增加了血流阻力，血压升高。体内盐分过多还能抑制碘活动，碘失去活力就会破坏胺质，降低激素分泌，使皮肤变黑，或出现褐斑或雀斑，或皮肤干燥。所以每日进盐量应控制在10克以下。高血压病人若每日摄盐量限制在0.5克以下，血压会逐渐下降。饮食五味为人体所必需，且又不能多食，所以《黄帝内经·素问·生气通天论》说："阴之所生，本在五味；阴之五官，伤在五味。"怎样才算合理地饮食呢？《老老恒言》说得好："勿极饥而食，食不过饱；勿极渴而饮，饮不过多。但使瓜不空虚，则冲和之气沦渎肌髓。……凡食总以少为有益，脾易磨运，乃化精液。否则极补之物，多食反至受伤，故曰'少食以安脾'也。"如果做到这一点，饮食就恰到好处了。

2. 少饮酒

酒为五谷之津液、米曲之华英，能避风寒、宣血脉、消邪气、引药势。适量饮酒，可促进消化，补充人体热能和营养，预防心血管病，促进血液循环和新陈代谢，还有催眠作用。若醉饮过度，盆倾斗量，整日以酒为浆，则会毒气攻心，穿肠腐胁，神错志谬，目不识人。长期过量饮烈性酒，可引起慢性酒精中毒、慢性胃炎、消化性溃疡、脂肪肝和肝硬变。暴饮烈性酒可诱发急性心肌梗死而死亡。所以酒当少饮为佳。《本草纲目》指出："酒少饮则和血行气，痛饮则伤神耗血。"

3. 节制性生活

性是人的本能，性生活是人体的一种生理需求，性生活与健康长寿密切相关。有研究认为，结婚的男女一般比独身的男女寿命长。适当的、有规律的性生活，会给男女双方带来心理上的快感、良好的情绪，增加天伦之乐，从而提高抗病能力，延年益寿。《遵生八笺》中说："阴阳和合，接御有度，可以延年。入房有术，对景能忘，可能延年。"反之，若恣情放纵，过度性生活，"醉以入房，以欲竭其精，以耗散其真"，肾精亏耗，肾气乃伤，促使早衰。所以养生学家有言："善养生者，必保其精。"

4. 劳逸结合，起居有常

我国人民自古就有"日出而作，日落而息"的生活习惯，适度的劳动锻炼和合理的休息，是保持人体精力充沛、健康长寿的重要条件。若劳逸失常、起居无节，则可影响健康，导致早衰。养生之术，无须远求，只需在起居、行住坐卧之间，时时留意调摄，则会受益无穷。凡过劳过逸，均对人体不利。《黄帝内经·素问·富明五气》所言之"久视伤血，久立伤骨，久行伤筋"，属于过劳；而"久卧伤气，久坐伤肉"则属于过逸。《保生要录》指出："养生者，形要小劳，无至大疲。故水流则诸，滞则法。养生之人，欲血脉常行。坐不欲至倦，行不欲至劳。频行不已，然它消缓，即是小劳之术也。"如此知劳逸，慎起居，增寿延年，妙不可言。

(三) 顺应四时阴阳规律

《黄帝内经·素问·保命全角论》云："人以天地之气生，四时之法成。"《黄帝内经·素问·六节脏象论》又云："天食人以五气、地食人以五味。"自然界是人类生命的源泉，自然界的千变万化必须会直接影响人体的生命活动。人与大自然是一个有机的整体，每时每刻都与自然界有着物质、能量、信息等方面的交换。道家提出"人与天地相应"的生命科学观点，人既然是自然界的一员，就必须顺应自然界的规律，才会健康长寿。《黄帝内经·素问·四气调神大论》说："阴阳四时者，万物之终站也，死生之本也。逆之则灾害生，从之则病疾不起，是谓得道。"春夏为阳，秋冬为阴，一年四季，寒暑更迭，阴阳变化，这个自然界的规律是不可抗拒的。如何来顺应四时阴阳的变化呢？《黄帝内经》中很早就提出了一套具体的办法，主张在春夏之季、气候凉转温、阴消阳长、万象更新之时，人体也必须相应地朝气勃勃，多做些户外活动，使阳气更加充足；秋冬之季，气候由温转凉，阳消阴长，肃杀寒冷，人体必须注意防寒保暖，避之有时，使阳气不要妄泄。"阳气者，若天与日，失其所则折春而不彰。"阳气得以保养，疾病就不易产生，人体就会健康延寿。

(四) 善于调节情志

所谓情志，是指喜怒忧思悲恐惊这七种精神情感活动，是人们对周围事物所做出的反应，又称为七情。中医认为，每一种情感活动都与内脏相关联，也就是每一个脏腑都有其情感活动。如《黄帝内经·素问·阴阳应象大论》说："人有五脏化五气，以生喜怒悲忧恐。"心之志为喜，肝之志为怒，脾之志为思，肺之志为忧，肾之志为恐。一般情况下，喜怒悲忧恐属正常的精神活动，只有长期的精神刺激或突然受到超极限的、剧烈的精神创伤，使气血不和、阴阳失调、脏腑经络功能紊乱，才会发生病变，从而导致早衰。情志所伤主要表现为气机紊乱、升降失调，所谓"百病皆生于气"，指是言气机紊乱后导致很多病变。情志影响气的病变是由于情志的不同而形式不一，即"怒则气上，喜则气缓，悲则气消，恐则气下，惊则气乱，思则气结。"心为五脏六腑之大主，七情虽各有脏腑所属，各有偏伤，然总统归于心。所以情志之病，调心、宁心十分重要。怎样活心呢？《东医宝鉴》有是云："欲治其疾，先治其心，必正其心，乃资于道。使病者尽去心中疑虑思想，一切妄念、一切不平、一切人我，悔悟平生所为过恶，便当放下身心，以我之天合所事之天，久之遂凝于神，则自然心君泰宁，性地和平，知世间万事皆是空虚，终日营为皆是妄想，知我身皆是虚幻，祸福皆是无有，生死皆是一梦，慨然领悟，顿然解释，则心地自然清净，疾病自然安痊。"情志得调，气机流畅，病安从来，人定能长寿。

（五）动静结合

道家养生亦重视健身运动，因为长期坚持运动锻炼，是人体维持健康、增强体质、永葆青春的秘决。《黄帝内经》中早就有了"导引术"的记载。我国一千八百多年前的著名外科学家华佗，就自创"五禽戏"作为健身运动，以致"年且百岁，犹有壮容"。他认为："人体欲得劳动。但不当使极耳，动摇则谷气得消，血脉流通，病不得生，譬如户枢，终不朽也。"他的学生吴曾如法锻炼，坚持不懈，活到九十多岁，仍耳不聋、目不瞑、齿牙完坚。说明长期的运动使人体的肌肉、骨骼得到锻炼，使生理、心理得到调节，气血畅通，阴阳协调，就可起到却病延年的作用。道家养生在强调动的同时，并不忽视静的一面，主张动静结合。《一览延龄》中说："动中思静，静中思动，皆人之情也。更如静中亦动现书，动中亦静垂钓，无论动静，总归于自然。心情开旷，则谓之养生。……最静之人，食后亦宜散步，以舒调气血。好动之人，亦宜静坐片时，以凝形神。"把动与静的结合从辩证观的角度剖析得十分透彻，一动一静，一张一弛，一文一武，一阴一阳，既对立，又统一，符合自然之道。事实证明，许多职业运动员并不是长寿者。所以延寿不但需要动，而且也需要静。动中求静，静中求动，动静结合是科学、合理的健康长寿之道。

三、道家养生文化

道家学说的内容，以自然天道观为主，它的注意力主要是着眼于人的本身，对自我的生命活动具有丰富的体验。他们追求的是生命本质的解脱和精神的安宁，尤其强调精神的超然与人格的独立，渴望人生的自由。因此他们的学说包含更多的养生内容。

（一）顺乎自然

道家养生的根本目的就是要摒绝一切外来因素对生命活动的干扰，求得身心的解脱。因此，崇尚自然成了道家养生的基本原则。道家的观点认为，以自然界的秩序变化为法，摒弃人的理性因素，在养生中采取顺乎自然的行动，就能维持健康，延年益寿。老子说"人法地，地法天，天法道，道法自然"，人的一切都应该顺应自然规律，要不悖天地之理。而人最初的状态最接近自然，因此他提出返璞归真，把婴儿推为"至朴"、"至真"的理想标准，养生以重返婴儿状态为最高标准。庄子认为人与自然合一是养生的最高境界，主张破除一切人为的刻意追求，认为"无为"、"无己"、"绝对逍遥"是达到人天合一的根本途径。

（二）清静虚无

老子主张"见素抱朴，少私寡欲"，排斥人的一切欲望、排斥外界事物给人带来的诱惑，且"虚其心，实其腹，弱其志，强其骨"，通过柔弱无为、虚静自守来排斥干扰，以达到返朴归真的目的。"虚静自守"即庄子的养生方法："养神"、"守形"、"忘我、无欲"，"目无所见，耳无所闻，心无所知"。《庄子·养生主》说："缘督以为经，可以保身，可以全生，可以养亲，可以尽年。"

四、道教饮食养生——追求自然

在现代社会，道教的饮食养生文化受到了大众的普遍关注。然而，这不单单是因为道教中积累了大量的可供今人借鉴、利用的饮食方法和技术。实际上，道教的核心饮食养生思想及原则，更彰显出了其永久性的价值和魅力。从某种意义而言，更加清晰、深入地了解道教饮食养生思想内核，并把握其内在的科学精神实质，是进一步把道教饮食养生文化发扬光大的重要前提之一。在道教视阈中，"饮食"不仅仅是人类日常生活中的养生学概念，更是一个具有普遍意义的生命哲学和修道实践范畴。《太平经》有言："万物须雨而生，是其饮食也。须得昼夜，壹暴壹阴，昼则阳气为暖，夜则阴气为润，乃得生长。居其处，是其合阴阳也。……故古者圣贤饮食气而治者，深居幽室思道，念得失之象，不敢离天法诛分之间也。居清静处，已得其意，其治立平，与天地相似哉！真人深惟思吾道言，岂知之邪？"可见，道教思想家并不是局限于人类自身的生存活动境域中来谈"饮食"，而是把它归置在一个整体的自然、社会生态系统中来加以审视和认识。在此意义上，"饮食"实质上应该被作为一种普遍的生态行为或运行机制来理解。就其目标而论，道教思想家们乃把人类对合理"饮食"行为规范的遵守，视为实现个体、社会、自然环境的和谐一体之世界的重要环节。而其具体的实践原则，即为执守阴阳和合之"道"。换言之，在饮食活动中执守阴阳和合之"道"，是所有生命个体皆须遵循的普遍"饮食"法则。是故，"天下人乃俱受天地之性，五行为藏，四时为气，亦合阴阳；以传其类，俱乐生而恶死，悉皆饮食以养其体，好善而恶恶，无有异也"。追根溯源，"饮食自然"可谓道教观念体系中最能体现这一思想的命题之一。所谓"饮食自然"，并非简单地顺应自然，消极采取纯天然的饮食方式，而是指根据自身之"本然"——基于自身生命运动的本来规律及其与周围环境的和谐互动关系，而对其饮食行为及方式做出的合理化设计和选择。

关于"饮食自然"一词,较早的记载见于《山海经·南山经》:"有鸟焉,其状如鸡,五采而文,名曰凤凰……是鸟也,饮食自然,自歌自舞,见则天下安宁。"此所讲"凤凰",其饮食、歌舞皆发乎"自然",乃指它的整个生命活动是基于自身生命本质而显现,是合乎其本来面目的存在状态。因而,在古人看来,"凤凰"的出现也即成为天下和谐、安宁的象征隐喻。"饮食自然"的思想在先秦道家那里,得到了更深刻的说明。老子在对"饮食"的规定上坚持强调"辅万物之自然"原则。他认为,人们确实应该"甘其食",但应坚持"味无味"的自然原则,反对过分追求"五味",则必然"令人口爽"。庄子更提出,"财用有余而不知其所自来,饮食取足而不知其所从,此谓德人之容","鹪鹩巢于深林,不过一枝;偃鼠饮河,不过满腹",实际上是强调人类的"饮食"活动应该合乎"自然"。

历史地看,"饮食自然"的思想在道教及其信仰者的实践中,得到了充分的体现和展开。古代道人在长期的修道实践过程中,正是在"饮食自然"思想的指导下,不仅积累了极为丰富的饮食养生知识、经验,而且总结、提炼出了许多极有价值的饮食养生智慧。

(一) 和谐性

在古代道人看来,人类的生存活动只有在与周围环境及生命万物和谐相处的基础上,才能真正达到"养生"的目的。自然之道,何所不知,何所不化,动错自无所私。饮食天厨,衣服精华,欲复何求,是太上之君所行也。此所谓"饮食天厨",即"饮食自然"思想的一种整体和谐性的表达。把人类的饮食活动与天地的运行秩序、规律联系起来,这导致了一种追求生态和谐性的饮食行为理念与精神境界的产生。是故,道书有论:"寂尔孤游,翛然独立。饮木兰之坠露,衣鸟兽之落毛。不求利于人间,绝卖名于天下,此山居之道士也。"很明显,这是一种追求生命和谐性、本然性的饮食思想的反映。事实上,在道教看来,只有在保持良好生态状况下的大自然环境中,才有着可供人类维系自身生命健康的丰富的"绿色"食物资源。《太平经》强调:"有德之人,无所不照,无所不见,上下中和,各从其宜。就其德,各不失其名,是为顺常。长生之文,莫不被荣;万物岩牙部甲而生,垂枝布叶,以当衣裳;雾露霜雪时雨,以当饮食……是德人承天统,成天形,于地以给民食,行恩布施,无不被德。"与此同时,物种的丰富多样性是维系良好生态的主要因素,也是道人为求长生而需要的食物、药物来源。古代道人把"洞天福地"视为修道长生的理想境地,一个重要的原因就在于,这些环境处所可以提供诸如泉水、芝草、祥禽等有利于养生的丰富自然资源。例如,道书《玄览人鸟山经图》有一段话说:"无数诸天,各有人鸟之山:有人之象,有鸟之形;峰岩峻极,不可胜言。玄台宝殿,尊神所居;林漳鸟兽,木石花香,芝草众药,不死之津,难以具陈……太上曰:人鸟山之形质,是天、地、人之生根,元气之所因,妙化之所用。"《抱朴子》载:"南阳郦县山中有甘谷水,谷水所以甘者,谷上左右皆生甘菊,菊花堕其中,历世弥久,故水味为变。其临此谷中居民,皆不穿井,悉食甘谷水,食者无不老寿,高者百四五十岁,下者不失八九十,无夭年人,得此菊力也。……今所在有真菊,但为少耳,率多生于水侧,缑氏山与郦县最多,仙方所谓日精更生,周盈皆一菊,而根茎花实异名,其说甚美,而近来服之者略无效,正由不得真菊也。夫甘谷水得菊之气味,亦何足言。而其上居民,皆以延年,况将复好药,安得无益乎?"可见,古代道人非常提倡在大自然中寻求天然、绿色的养生资源。当然,要获得大量天然的绿色食物,就必须以保持良好的生态环境为前提。《阴符经》对自然界的和谐生态运行机制,做出相当简洁而有力的宏观概括:"天地,万物之盗;万物,人之盗;人,万物之盗。三盗既宜,三才既安。"在此,"盗"的含义是指一方从另一方汲取或获得营养物质和能量,用以维系和保持自我的生存和延续的过程。可以看出,《阴符经》实质上从宏观上把握了生态系统的物质、能量流动机制。《阴符经》关于平衡生态系统物质、能量流动机制的基本要点在于:"三盗相宜"。何谓"三盗相宜"?就是指在由天地、人、万物构成的整个生态系统中,各方之间必须保持一定量的、合理的能量输入—输出流动机制,才能使整个系统维系好一种良性的状态,从而能保证人类和生物界得以更好地生存和延续。高道李筌在阐释"三盗相宜"时,明确地指出:"万物盗天而长生,人盗万物以资身。若知分合宜,亦自然之理也。"问题是,人类如果不能"知分合宜"的话,则势必给生态系统,包括人类自身带来危害。因此,李筌特别针对人类的过度攫取行为,提出了警示:"鞠养身命,必须饮食衣服,此亦天然自合之理。……然在于俭约处中则吉,若纵恣奢溢过分则凶,反害其生也。"事实上,《太平经》早就提出:人们应"助天地帝王养万二千物,各乐长生;人怀仁心,不复轻贼伤万物,则天为其大悦,地为其大喜,帝王为其大乐而无忧也,其功增不积大哉?"在这里,道教赋予了"长生"以普遍的生态学意义,提醒世人在追求自我的长生过程中,应该深刻意识到其他生命物种存在的价值的重要性。因为,没有整体的生态系统的"长生",也就不可能有人类自己的"长生"。

(二)本分性

此所谓"本分性",是指人类应该基于自身生命活动的合理需求来规范、调节自己的饮食行为。唐代著名高道司马承祯曾论:"夫人之生也,必营于事物,事物称万,不独委于一人。巢林一枝,鸟见遗于丛苇;饮河满腹,兽不吝于洪波。外求诸物,内明诸己,知生之有分,不务分之所无……蔬食弊衣,足延性命,岂待酒食罗绮,然后为生哉!是故于生无要用者,并须去之;于生虽用有余者,亦须舍之。财有害气,积则伤人,虽少犹累,而况多乎。"这段话可谓明确地反对人类在饮食方式上的"过分"行为。所谓"知生之有分",就是说每个人的生命所需或资源消费,应该是有一定限量的、符合"自然"分配原则的。如果人们为追求奢华的美味享受而过度消费资源,则是为"务分之所无",既伤害自己的性命,亦破坏生态平衡。《灵宝还魂丹方》序特别指出:"夫人生禀于五行,拘于五常,则为五味之所贼,八风之所攻,爰自饮乳至于耄年,莫不因风而丧命。或多食而过饱，或失食而甚饥，或饮啜太多，或干渴乏水，或食咸苦，或啜酸辛……或时餐燥药，或多啜冷浆，或久绝屏帏，或日多施泄。自此风趋百窍，毒聚一支，遂使手足不随，言词謇涩。或痛贯骨体，或痹袭皮肤，或痒甚虫螫，或顽如铁石，或多痰唾，健忘好嗔，血脉不通，肉色干瘦，或久安床枕，起坐须臾，语涩面虚，虽活如死，或总无疾苦，辛暴而亡。"道教这种"知分"的饮食理念，获得了大量养生经验及知识性的支持。如，陶弘景的《养性延命录》、司马承祯的《天隐子》等道经中，皆对道教饮食养生的知识经验有精当的整理。对此，我们大致可归纳为以下几点：

1. 少胜于多

这是道教对饮食的量的基本规定。所谓"少胜于多"，并非是宗教禁欲式的节制饮食，而是"节量饮食"（葛洪语），即要求人们根据自身生命活动的能量需求状况，按一定的量和程序来合理地摄取饮食。一般来说，"少"的标准乃是"食不欲过饱"、"饮不欲过多"。为此，道人们提出了几种饮食方法：一是"食欲少而数，不欲顿而多"，是指要少食多餐。二是"先饥乃食，先渴而饮"，这是说应该有规律的饮食，在饥饿、口渴的感觉发生之前，就应该进食、饮水了。否则，"恐觉饥乃食，食必多；盛渴乃饮，饮必过"。这显然对身体是有伤害的。三是就总体而言，人们应该通过调养身心，尽量保持低热量的饮食平衡，"所食愈少，心愈开，年愈益；所食愈多，心愈塞，年愈损焉"。这些饮食方法是符合现代养生学原理和常识的。道教虽然提倡尽量减少饮食的量，甚至有"辟谷"的法术，但绝对不是为了某种极端的宗教目的而张设。实质上，这依然是道士们为寻求长生奥秘而作的探索结果。司马承祯《天隐子》指出："夫人禀五行之气，而食五行之物，而实自胞胎有形也。呼吸精血，岂可去食而求其长生！但世人不知休粮服气，道家权宜，非永绝粒食之谓也。食之有斋戒者，斋乃洁净之务，戒乃节身之称。有饥即食，食勿令饱，此所谓调中也。"由此可见，道教的少食、辟谷、休粮等，实皆为追求健康、长寿的权宜之策。道教的饮食法则实为"调中"，合理摄取外部能量，即所谓"身得长保，饮食以时调之，不多不少，是其自爱自养也"。

2. 熟胜于生

陶弘景《养性延命录》指出："凡食皆熟，胜于生。"这里的"熟"，可能有两层含义，一是指食物本身要烹制成熟，如《吕氏春秋·本味》指出，"水居者腥，肉臊，草食即膻"，而热食、熟食可以"灭腥去臊除膻"。二是指作为食物的动植物资源，应是已经"成熟"的个体。司马承祯《天隐子》中，提到："百味未成熟勿食，五味太多勿食，腐败闭气之物勿食，此皆宜戒也"，意思就是指那些尚没有成熟的动植物，是不宜用来进食的。应该说，道教一向提倡的"不杀生"戒律，与这一点是有关的。在很大程度上，道教的"不杀生"，并非绝对意义上的不杀生，而是指不毁坏正在生长着的生命事物。在饮食上，也应遵守此一本分性的原则。如《淮南子·主术》说："昆虫未蛰，不得以火烧田。孕育不得杀, 鷇卵不得探, 鱼不长尺不得取, 彘不期年不得食。是故草木之发若蒸气, 禽兽之归若流泉, 飞鸟之归若烟云, 有所以致之也。"

3. 素胜于荤

道教提出的饮食结构, 内容相当复杂。但总体来说, 是提倡以素食为主, 慎用荤腥食物。陶弘景《养性延命录》记载: "《神农经》曰: 食谷者智慧聪明, 食石者肥泽不老 (谓炼五石也), 食芝者延年不死, 食元气者地不能埋, 天不能杀。是故食药 (仙药) 者, 与天地相弊, 日月并列。《孔子家语》曰: 食肉者, 勇敢而悍 (虎狼之类); 食气者, 神明而寿 (仙人、灵龟是); 食谷者, 智慧而夭 (人也); 不食者, 不死而神 (直任喘息而无思虑)。道书《释斋有九食法》也指出: 粗食者, 麻麦也; 蔬食者, 菜茹也; 节食者, 中食也。……粗食, 止诸耽嗜; 蔬食, 弃诸肥腊; 节食, 除烦浊服精, 其身神体成英带。" 以上内容大致反映了道教对于饮食结构选择的倾向性: 一是尽量降低自身的能量需求, 从而减低饮食用量; 二是在饮食过程中, 尽量不伤及其他生命。应该说, 这种倾向性充分体现了道教饮食结构在养生和生态方面的合理性。

(三) 自控性

此所谓"自控性", 是指在饮食养生活动中, 人们应该把握好养内与养外, 以保持人体内外、身心之间的和谐。道教特别重视"养内"的前提性和重要性, 认为"善养生者养内, 不善养生者养外。养内者以恬脏腑, 调顺血脉, 使一身之流行冲和, 百病不作。养外者恣口腹之欲, 极滋味之美, 穷饮食之乐, 虽肌体充腴, 容色悦泽, 而酷烈之气, 内蚀脏腑, 精神虚矣。安能保全太和, 以臻遐龄"。这种把养内与养外结合起来的养生理念, 实际上就是"饮食自然"思想的体现。《谷神妙气诀》引《黄庭经》曰: "玉池清水灌灵根, 子能修之可长存, 名曰: 饮食自然。" 此把"饮食"内化、延展到了自身内在的修炼活动中。此意味着: "饮食"不仅仅是一种简单的外在汲取物质和能量活动, 而且是通过胎食、服气、存思等方法对自身的身体内部、心理状态等加以调节, 在保持自身内部生命运动的和谐、健康的基础上, 来"自然"地调节或控制其外在的"饮食"欲望。如, 老君《道经绝谷气第三法》载: "先合口引气, 咽之满三百六十已上, 不得减此。咽之欲多多益善, 能日咽至千, 益佳。咽多而食日减一餐, 十日后能不食也。后, 气常入不出, 意气常饱; 不食三日, 腹中悁悁若饥, 或小便赤黄, 取好枣九枚, 或好脯如枣者九枚, 念食啖一枚, 若二枚至三枚, 一昼一夜无过此九也。意中不念食者, 不须啖也, 常舍枣核受气, 令口中常行津液, 嘉。" 这种饮食养生方法, 实质上是融合于道教修炼实践体系中的, 充分体现了"饮食自然"的哲学理念。故而, 《西升经》论言: "老君曰: 道者, 虚无之物。若虚而为实, 无而为有也……是以君子终日不视不听, 不言不食, 内知而抱玄。夫欲视亦无所见, 欲听亦无所闻, 欲言亦无所道, 欲食亦无所味。淡薄寂哉, 不可得而味也, 复归于无物。若常能清静无为, 气自复也。返于未生而无身也, 无为养身, 形体全也。天地充实, 常保年也。" 可见, "饮食自然"作为道教饮食养生的核心原则，实质上是一种追求身心、物我、天人合一的修道方法论和思想智慧。而这种养生方法和思想原则，无疑具有超越时代、境域的价值。

五、清静有益生命健康

《道德经》中说："清静为天下正。"宇宙万物虽然复杂万端，但终会复归于寂静虚无的本初。《道德经》说："夫物芸芸，各复归其根，归根曰静，是谓复命。"人虽然会有喜怒哀乐，但也会归于寂静圆明的自然本性。因此，《道德经》提出要"致虚极，守静笃"。一切生命，都是从"静"态中生长、从"静"中充沛它生命的功能。一粒种子、一个胚芽，会静悄悄地开成花朵、长成树苗；人的生命和生命活力的保持，也需要通过静养得到生息，所以道教倡导要以自然为本，清静为基。人生若能努力致虚守静，即努力达到虚无寂寥的极致，坚守那种清静无为的层次，抛却世事的纷繁芜杂，让心灵归于宁静，自然也就拥有了快乐而安宁的生活，也拥有了生命健康的基本要素。

（一）清静才能契合至道

《南华经》中记载：黄帝曾经在崆峒山向广成子问至道，也就是求教如何修身与长生的妙道。广成子教之说："至道之精，窈窈冥冥；至道之极，昏昏默默。无视无听，抱神以静，形将自正。必静必清，无劳女形，无摇女精，乃可以长生。目无所见，耳无所闻，心无所知，女神将守形，形乃长生。"也就是说，不要求去看，不要求去听，专一精神归于清静，形体自然会走向正道，必定要静寂，必定要清心，不要劳动你的形体，不要动摇你的精神，自然就可以长生。眼睛不看，耳朵不听，心里就不会思虑，精神自会与形体冥合，形体也就长生了。不要动摇心志，不要因外物动心。多用心智，是产生祸害的根源。在这里，广成子告诉黄帝至道的目的是要长生，而要达到长生，最重要的就是要"抱神以静"，也就是要让精神归于清静。怎样做才能归于清静呢？就是要做到"目无所见，耳无所听，心无所知"。太上老子曾告诫说："五色令人目盲；五音令人耳聋；五味令人口爽；驰骋田猎，令人心发狂。"因此，太上老子说：只有保持"清静"，才能"为天下正"。清静境界才是众人所应追求的目标，才是大道之圆满的体现，如此去立身处世养生，才会得到成功。

（二）静则有益身心健康

生命的健康，首先取决于个人的心态情绪，在道教的修养来说就是个人的心性。通过修持修炼以达到心和、神安，则有益于身心健康。静则可以使人心和，静则可以使人神安，静则可以使人恬淡虚明。道书《七部语要》说：神静而心和，心和而神全。一个人若能做到恬淡、虚静，在道德水准上就达到了一种高度，生活得自然平和，不会被外因所扰，不论生活环境如何，都不会忧思困苦。要想生活自由自在，首先要有一颗自在的心；要想心灵从容淡定，首先要有一种从容淡定的生活态度。即使处于一个功利的环境，不得不为生存逐利，也不能为了名利抛弃自身品德。要加深修为，让内在的宁静抵御外在的诱惑。一个内心淡定的人，往往可以看穿表面的浮华，直接看到本质，因而能做出正确的判断和决策。庄子也曾说过，恬淡，寂静，无为，虚静，是天地的根本、道德的本质，圣人安静无为则平易，平易而后能恬静淡泊，忧患邪气便不会入侵，也因此才能道德完备而不会神亏气损。惟其如此，他才没有灾害，没有物累。生时无心，浮游于世，死时像休息般静寂，没有思虑，没有预谋，光亮而不显耀，诚信而不必事先约定，睡时不会做梦，醒时没有忧愁，终日神清气爽，灵魂从不疲惫，纯净而不混杂，专一而不变动，淡泊无为以顺应自然，才是养神护气的至道。达于至道，必须有一颗清静之心，也就是我们常引以为鉴的一句话："非宁静无以致远，非淡泊无以明志。"守住心灵的宁静，等于守住内心的真善美、积极乐观的阵地。《道德经》第三十一章说"恬淡为上"，在烦乱的时代我们不妨多倡导这种心神恬适的意境。

1. 静则可以帮助疗疾

陈撄宁先生在所著《静功疗养法问答》中总结说：凡一切本元亏损之病，如头晕、脑胀、眼花、耳鸣、心跳、胆怯、失眠、恶梦、情绪纷乱、遇事善忘、上重下轻、肌肉瘦削、少食不够营养、多食不能消化、工作不耐疲劳、生活不感兴趣，这些症状，服药难见功效，检验身体又不知病在何处，唯一的方法，只有靠病人自己用静疗养，可望痊愈。前不久我曾在报刊上读到一篇介绍"静坐冥想的疗效"的文章，文章也认为，静坐冥想，方便、容易、不花钱，对身心却大有裨益，有益于增强免疫力，调节心脏与血压，能有效减缓慢性疼痛和帮助治疗癌症。

静功何以能有益于一些疾病的治疗呢？道教认为，在理论和实践中，心静则神清，心定则神凝，心虚则神守，心灭则神活。重在一个"神"字，"神"在则形健，所以人们形容一个人健康总是说"真精神"。古代有一个叫郭伯康的人遇到一位仙翁传授他保身卫生之术时就告诫他说："自身有病自心知，身病还将心自医；心境静时身亦静，心生还是病生时。"对此，陈撄宁先生也说：人们身体上原有天然抗病的力量，但因身体衰弱或遇到其他障碍，致使抗病力量发挥不出来。静功即是帮助他消除障碍、恢复自己本能，把原有的力量发挥出来，病就可望逐渐向愈。

2. 清静可以生长智慧

《坐忘论》中说："夫心者，一身之主，百神之帅。静则生慧，动则成昏。""智慧"，是从静中的灵光一现而得。所以道教教义中有"明心见性"的实践原则，以清静心地为初地法门，主张十二时中，念念清静，不被各种虚幻世情蒙昧真源，常处如虚空，逍遥自在。《晋真人语录》说："只要无心，无念，不着一切物，澄澄湛湛，内外无事，乃是见性。"所谓无心、无念、不着，乃心不染着外境之义。不过，保持心地清静还仅是修性的第一步，尚须进一步将清静心地的念头也加以泯灭，达到《清静经》所说的"寂无所寂"，才算功夫精进。元尹志平说："物欲净尽，一性空虚，此禅家谓之空寂，吾教谓之清静，此犹未也。至寂无所寂之地，则近矣。"善于养心的人，悲哀或快乐都不能改换他心灵的平静，面对繁杂难解之事，处之泰然，是道德完美的表现。是以《道德经》说"重为轻根，静为躁君"，重能制约轻，静能主宰躁，为人轻浮，就失去根本，被人鄙视，难以为尊；做事急躁，就丧失了主动，难以成事。只有像水一样，静之才能澄清。肖天石先生在其所著《道家养生学概要》一书中说："人贵能心静神清，心静则泰然自得，万事不足以挠之；神清则烛照朗然，万物不足以乱之。静时察万事，自然皆有把柄；清时观万物，自然皆有春意。清静二字，一生受用不尽，非富贵中人所能得也。"他还说："唯修道习静，非徒以养生为事，尤在其'静能增慧，静能开悟，静能入圣，静能证道'。"

3. 如何练习静坐

静坐之法，从理论上说重在一个静字，静之要诀则是心字，静心是入门的要诀，若心不能清静，则一切修行之法，皆无从落脚生根。故静坐之要在静心，静心之要则在养心息心，或曰收心炼心。天玄子曾曰："养心之大法有六，曰：心广、心正、心平、心定、心静。从而去掉凡常之时的欲念之心，攀缘之心，忿恨之心，恐惧之心，好恶之心，浮竞之心等。"《玄关秘论》中则说："心牵于事，火动于中。心火既动，真精必摇。故当死心以养气，息机以死心。"因为种种念虑皆由心生，故当息心不动，让思虑的心死而无生。只有思虑之心死而无生，才能显见到我们真心，也就是我们的道心，如若父母未生前的本来之心，如此才能归根于静。吕祖曾说："无念方能静，静中气自平；气平息乃住，息住自归根；归根见本性，见性始为真。"

息心以静的方法，在静功实践中，也可以通过数息或听息的方法锻炼。所谓听息，就是听自己的呼吸之气。初下手时只用耳根听不用意识，只要自然，觉得一呼一吸就行，至于呼吸的快慢、粗细、浅深皆任其自然变化，不用意识去支配。所谓数息，即用两眼观看自己的鼻尖，并同时用意数鼻中呼吸出入的次数，要诀贵在勿忘勿助，数到几百次后，心中自然安静。起首做功夫的时候，不论是坐是卧，总要周身放松，不使它有局部的紧张，不让它有丝毫的拘束，自己感觉非常地适意，做得恰到好处时，时间虽然经过长久，心中并不厌烦，身上也没有酸疼、麻木等各种难以忍受的情况，这样就是肉体已经得到安静了，但思想上的缠缚尚未解除。再进一步，做到心无杂念，万缘放下，以往事情不回忆，眼前事情不牵挂，未来事情不预计，脑筋完全休息，这样就是精神得到安静了。其要在于轻松与自然。

4. 常应要保持常静

《清静经》说"真常应物"，要"常应常静"，才能达到"常清静"的境界。吕祖也说："真常须应物，应物而不迷。"我们都知道，在无事时保持心灵的清静是比较容易的，要在日常劳碌中始终保持心灵的清静，可就太难了。而道教修行，就是要"常应常静"，事来则应，事去则静，如同明镜，物来则照，物去则镜中无影。而要做到这一点，其一，是要心有主宰，不为物转。无论顺境逆境，无论富贵贫贱，始终不放弃自己的人生目标，始终如一地追求崇高的精神境界，"不以物喜，不以己悲"，方能心静如水、恬淡自适。在处理纷繁复杂的世事过程中，要遵循《南华真经》所说的"去智与故，循天之理"的原则，即按事情的当然之理去做，而不要逞小聪明，不要有私心杂念。这样，才能不患得患失，才能保持心灵的宁静。其二，是要澄心遣欲。《清静经》说："夫人神好清，而心扰之；人心好静，而欲牵之。故常遣其欲而心自静，澄其心而神自清。一者是遣欲，二则是澄心，首须要的是摄念归静，行住坐卧，皆能存心于心而不外移，让心返居在神室之中，少思少虑，少念少欲，以至无思无虑，无念无欲，寂然不动，方能常应常静，达于真静。"

静与清相连，清与浊对应，彼此有着相生相化的关系。老子曾说过："有道之士，性体圆明，湛然清澈。"处于万物之中，与天地浑然一体，民之所乐则乐，民之所忧则忧，和光同尘，没有什么区别。那么，谁能除尽后天的七情六欲，荡尽尘俗一切污浊，使其心宁静呢？只有返回其先天的虚明体性，就如浊水慢慢而静，才能澄清而重现。所以有道之士，身虽处尘俗之中，其性顺物而自然，不染不着，不滞不留，相似浑浊一样，其性体常住。《清静经》中进一步阐释为："夫道者，有清有浊，有动有静。"指出"清"和"浊"是"道"表现出来的两个不同侧面。所以，在人生观中，就清与浊这两个方面而言，后者必须服从于前者，因为老子是本着法地、法天、法道、法自然的宗旨来阐述大道的，所以人们的生活方式也必须与自然相协调，这样才能以万物养育群生。

现代社会中，痛苦的主要来源是心理的失衡，浮躁的心境使人无法做出正确的价值判断，失衡与浮躁使我们的健康堪忧；云淡风轻后才能显露风景之秀美，平心静气时才会与灵魂对话，恬淡与静心才能使我们的健康得到基本保证。有人曾说"越是宁静的水面，越能映照出四围的景色和满天的繁星"。我们的心也是如此，唯有拥有一颗没有动乱、无有争执、宁静安详的心，才能洞悉世事的本来面目，才能更好地化解各种矛盾。我们都在追求人生的幸福快乐，而快乐就来自于一种空明的心境、一种内心的自由与安宁，归根到底是健康的身心。

第六章 国际健康银发城温泉康复理疗会馆

北京温都水城温泉会馆——HI 水城

温泉 Spa 养生会馆经营面积 15000m^2，欧式风格，欧洲风情。

(1) 1F 健康管理中心 500m^2（含 TMI、AMP 体检中心 300m^2；健康管理、健康咨询、心态理疗、音乐理疗、冥想理疗，200m^2）。

(2) 1F 健身中心 1000m^2 [健身、游泳（室内）、器械、舞美、瑜伽、太极拳、五禽戏等]。

(3) 1F 休闲中心 1000m^2（乒乓球、台球、沙狐球共计 300m^2；棋类、茶座共计 100m^2；美容美发 60m^2；自助餐 540m^2）。

(4) 1F 会馆大堂及更衣室 1500m^2（2/3 为男用，1/3 为女用）。

(5) 2F 西式康复理疗中心 2000m^2（引进欧式温泉康复理疗设备）。

(6) 3F 温泉极品按摩中心 2000m^2（中式理疗，各式极品按摩）。

(7) 温泉养生沐浴泡池 7000m^2（室内—阳光房泡池 4900m^2；露天泡池 2100m^2）。

温泉 Spa 会馆各功能项目

序号	功能项目名称	占地面积（平方米）	建筑面积（平方米）	经营面积（平方米）	备注
1	健康管理中心	(500)	500	500	1F
2	健身中心	(1000)	1000	1000	1F
3	休闲中心	1000	1000	1000	1F
4	会馆大堂/更衣室	(1500)	1500	1500 平方米（大堂 500 平方米，更衣厅、洁浴 1000 平方米）	会馆大堂 500 平方米，在 1F；更衣厅 1000 平方米（含办公 50 平方米，员工 50 平方米）在 -1F 设备层。
5	西式康复理疗中心	(2000)	2000	2000	2F
6	温泉极品按摩中心	2000	2000	2000	3F
7	温泉养生沐浴泡池（阳光房）	4900	4900（非正式建筑）	4900	1F（阳光房）
8	温泉露天泡池	2100		2100	1F（室外）
9	温泉设备	(1000)	1000		-1F
合计	Σ	10000 平方米	13900 平方米（其中 4900 平方米属于阳光房，非正式建筑）	15000 平方米（最低限 15 米/人占经营面积），1000 人饱和	造价一平方米 10000 元，经营一步到位，总投资 1.5 亿元

第一节　国际健康银发城健康管理中心

北京温都水城温泉养生会馆

（1）1F 健康管理中心 500m^2（含 TMI、AMP 体检中心 300m^2；健康管理、健康咨询、心态理疗、音乐理疗、冥想理疗，200m^2）。

TMI & AMP 体检仪

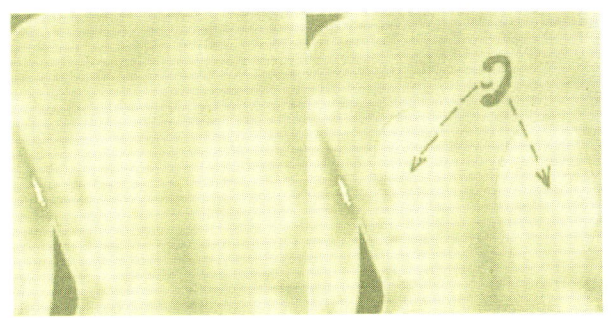

TMI 体检结果：

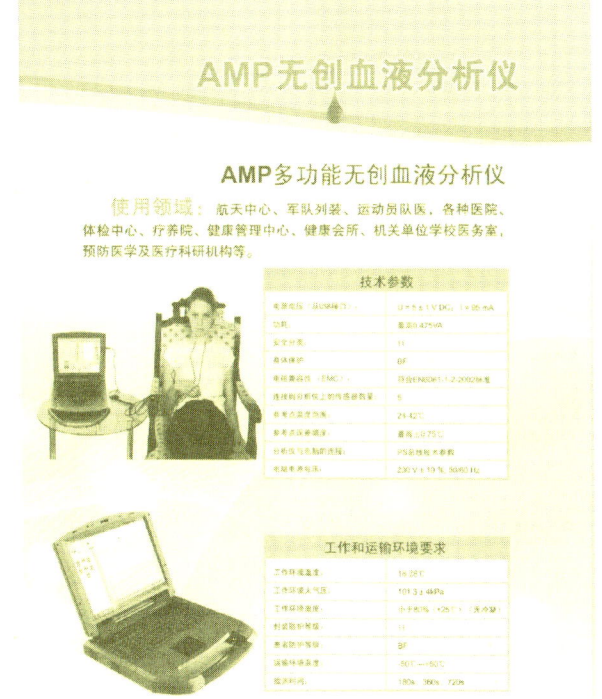

心理咨询

　　心理咨询是由专业人员即心理咨询师运用心理学以及相关知识，遵循心理学原则，通过各种技术和方法，帮助求助者解决心理问题。"帮助求助者解决心理问题"的含义有二：一是咨询关系是"求"和"帮"的关系，这种关系在心理咨询中有普遍意义；二是帮助解决的问题只能是心理问题，或由心理问题引发的行为问题，除此以外，咨询师不帮助求助者解决任何生活中的具体问题。

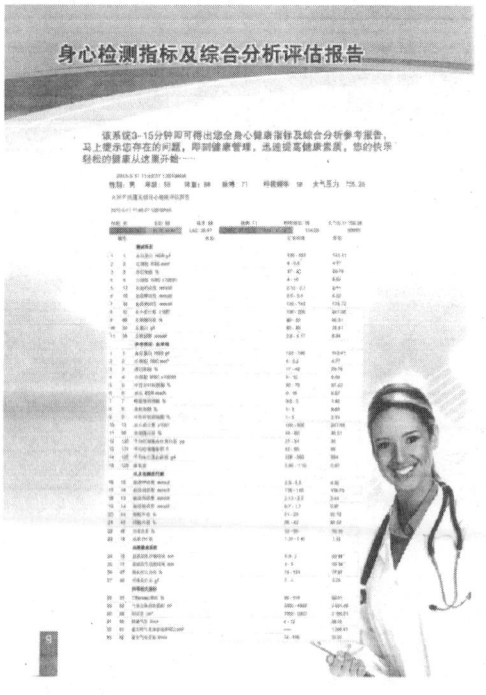

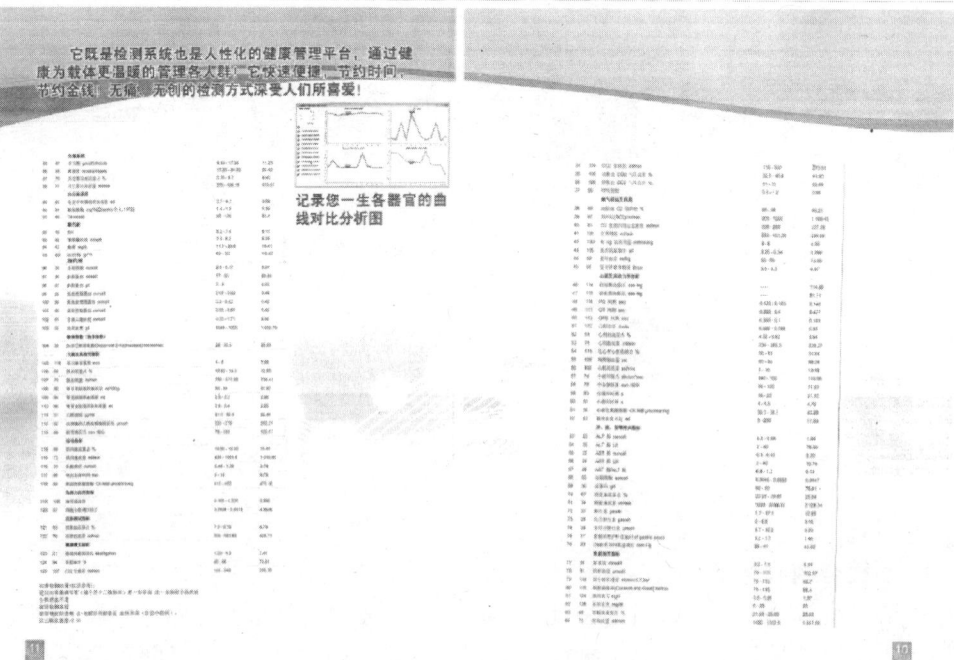

4S 健康管理

1s：健康体检。

2s：开具健康管理处方（吃、喝、玩、乐），健康指导师针对客人的亚健康问题，提出不健康的生活方式的纠正方案。

3s：跟踪管理。

4s：科学管理客人的健康档案。

冥想理疗

音乐 理疗

国际健康银发城温泉会馆健康管理中心体检设备一览表

项目	特点
军事工艺	世界先进水平；体积小（似小冰箱）；操作简便；20分钟出分析报告。
致病基因	超世界（美国哈佛）先进水平；中国海归首创。
创血液分析	世界先进水平（欧盟、俄罗斯）；电脑笔记本大小；15分钟出健康分析报告；预测人体健康状况。
本电图仪	世界水平；体积大。
硬化检测仪	世界先进水平；无创检测；简便准确；适用广泛。
检测仪（俄罗斯）	世界先进水平（欧盟）；无创；体积小；便利；准确。
早期检测（中国）	中国先进水平。

2）1F 健身中心 1000m² ［健身、游泳（室内）、器械、舞美、瑜伽、太极拳、五禽戏等］。

（3）1F 休闲中心 1000m²（乒乓球、台球、沙狐球共计 160m²；棋类、茶座共计 100m²；美容美发 60m²；自助餐 540m²；电影室 100m²；图书室 40m²）

第二节　国际健康银发城温泉养生

北京温都水城温泉会馆沙滩泳池

一、据李志炜硕士 2014 年 8 月 18 日从美国电邮："美国温泉产业近况"

美国温泉产业的年收入约 130 亿美元，截止到 2011 年，美国约 2 万家温泉场所总访问量超过 1.56 亿人次。据调查显示，在 2010 年一年中约有 1600 万多人享受过温泉服务，消费者们的消费目的主要包括休息调节、压力释放、皮肤护理、秀发保养、美甲服务等。与此同时，近 4 万余名全职、兼职员工受雇于温泉服务行业。

美国温泉产业运营突出的十大州

美国温泉产业相对集中于数量不多的几个州。在美国的 50 个州中，10 个州的温泉产业份额占到全美的 65%。这十个州包括加州、纽约、新泽西、马萨诸塞州、宾夕法尼亚州、佛罗里达、德州、伊利诺伊州、亚利桑那州和乔治亚州。由此可见，温泉场所分布较多的区域通常坐落在人口密集区及休闲旅游胜地（Diagonal Reports，2011）。

设置温泉场所的服务项目需要考虑以下因素：
- 顾客需求；
- 商业可行性；
- 温泉面积尺寸；
- 执照经营范围；
- 保险担保情况。

温泉机构为吸引消费者，应时应季推出了多样化服务，而护肤、褪毛、保健按摩等成为最重要的推销亮点。

世界温泉管理行业面临的挑战

温泉管理领域的一大挑战来自于员工管理。温泉机构普遍缺乏具备专业技能的管理级别员工。世界范围内近多数的温泉产业领导者表示他们面临着高级别管理人员短缺、员工资质经验不足等问题。优秀的温泉产业管理者不仅需要具备专业的职业技能，更要有较强的沟通技巧和工作热情。为了应对这一挑战，美国近年来在许多高等院校开始设立健康与温泉（wellness and Spa）服务管理相关专业。该类专业融合设计与管理温泉产业、医疗、健体、休闲理疗等相关健康服务，为学生涉足温泉产业及相关健康管理机构提供必要的理论知识与专业实用技能。通过培训，学生将掌握温泉疗法基础、健康理念、酒店质量管理、健康与温泉管理营销、服务设计开发、项目产业研究、财务运营等多项综合技能。

以下数据来自 2012 年全球温泉健康峰会关于温泉产业管理者的一项全球网络调查，469 名调查参与者中 62% 来自北美地区，其余 38% 来自世界其他国家：

43% 的管理者在职业生涯中仅效力于一家温泉理疗机构，另有 15% 的管理者曾服务于 4 家以上相关机构。半数以上的管理者在温泉保健领域具有 6~15 年工作经验，其中 23% 的管理人员更是拥有 16 年以上的相关工作经验。40% 的管理者曾经担任温泉理疗师。然而值得一提的是，受访者中仅 4% 拥有温泉管理相关学位，多半温泉管理者所获学历与温泉领域并无关系。

实例分析 1

American Leisure 公司

这是一个总价值数千万美元的公司，旨在设计运营高品质创新温泉服务，通过健体娱乐引领新的生活方式。在过去的几十年间，该公司亦在房地产、酒店服务领域创下佳绩。

该公司旗下拥有的顶级健身中心、亚洲茶树园、温泉胜地、度假村无不彰显着其高品质的经营理念。领导阶层广泛而专业的相关领域知识使得各个经营地得以在统筹大局的同时着眼细节，对整个公司从设施建设到理念实践的全流程起到了较好的示范作用。位于佛罗里达州的五星俱乐部——月亮石（Moonstone）温泉沙龙作为其最有名的项目之一，提供了一个全方位温泉服务的绝佳范本。占地面积超过一万三千多平方英尺的月亮石温泉依托周边度假村，呈现为庞大的自由形态热带岩穴。温泉园的建造历时三年，耗资 2600 万美元。园内风景秀美，郁郁葱葱，另建有五条泳道的小型游泳池、儿童戏水区以及漩涡池。所提供的服务项目种类繁多，更有特别针对男女不同要求的温泉理疗和特色服务。女士专区拥有占地 2200 平方英尺的特色沙龙，内设两栋美发间，两间特供私人美容、美甲、足疗的"公主间"。顾客在安静舒适的休息室可享受到免费的热茶或果汁。值得一提的是温泉园区另有 2500 平方英尺的健身中心，这里配备有养生服务区、现场医生咨询区、理疗区、公共演讲室等设施，尽最大努力与当地的医疗中心开展合作，为消费者提供最便捷最舒适的健康服务。

American Leisure 的一大优势是它将温泉服务带入健康医疗设备领域，将实施设计、诊疗手段与医疗组件相统一，运用专业知识打造出医疗型温泉疗养。它与当地最有声望的癌症治疗中心进行合作，不仅具备最先进的医疗产品和专业的服务能力，更注重管理细节，从编设岗位到员工的招聘培训、实践管理，无一不向着成功迈进。

实例分析 2

Lake Austin Spa Resort

这家位于美国得克萨斯州的温泉度假村以奢华雅致著称。2013 年，该度假村名列美国《悦游》杂志《Condé Nast Traveler》温泉度假村黄金榜之首，并入选世界十大顶尖温泉之列。其温泉服务项目分为推拿理疗、身体护理、亚洲传统疗法、附加水疗、面部护理、男士理疗几个基本大项。每一大项都包含众多的分支，其中仅推拿理疗就包含了瑞典式按摩、声音疗法与能量平衡、泰式按摩、印度头颈部按摩配合草药理疗、平衡按摩、日式指压疗法、精油按摩、浸泡按摩、岩石按摩、芳香疗法等丰富的理疗模式。在亚洲传统疗法这一项目中，我们也可以看到针灸、拔罐这些中国传统治疗方式用于缓解压力、减轻疼痛以及恢复能量。面部护理项目近二十种之多，从面部清洁修护、抗皱保湿到眼部唇部护理应有尽有，一应俱全。作为顾客，在这里你总能够选择并体验到不同的健身乐趣，健身中心每天开设多类课程，精良的运动设备服务于有氧运动和力量训练，对于需要调理身体的顾客，冥想疗法、瑜伽、太极、普拉提课程都是上佳之选。自然爱好者也会在这里找到他们的兴趣点，度假村安排了徒步旅行、参观动植物等活动。由餐厅厨师担任讲师的烹饪课程可以使顾客掌握诸多健康饮食秘诀，学做更多健康精美的菜肴。宣讲室常有特邀人士带来有关抗压管理、健康养生、畅销书籍方面的主题演讲。

二、温泉的概念

温泉是指一种涌出地面的地下水，一般是由于地下水受到地球内部各种物质运动变化、地温作用、水蒸气压力的影响以及地壳结构的改变而形成的。其平均水温一般高于当地的常年平均气温，在西伯利亚一般高于 1℃，非洲高于 37℃，英国等欧洲国家高于 20℃，日本为 25℃左右，而在中国则一般为 34℃。温泉水除了较一般水的水温要高以外，一般都含有较高的化学成分，如碘、硫、铁、硼及一些放射性元素，同时还包含较多的具有医疗价值的气体，如二氧化碳、硫化氢和氡气等物质。中国温泉的特点总体上是矿化度较低，一般在1000mg/L以下；泉水温度较高，一般在35℃以上。此外，中国温泉一般都属于单属性功能的天然泉。

三、温泉的分类

（一）按温泉水所含的化学物质来分

1. 氡泉。泉水中的含氡量一般都在20×10^{-10}居里以上，其对心血管疾病有一定的疗效。中国较有代表性的为北京小汤山、南京汤山和陕西临潼等地的温泉。

2. 碳酸泉。含较丰富的二氧化碳，一般在温泉中的含量达500mg/L以上，其对神经性疾病、妇科以及心血管等疾病有一定的辅助疗效。中国较有代表性的为黑龙江五大连池矿泉。

3. 碳酸氢钠泉。主要含Na^+和HCO_3^-，一般对外科疾病较有疗效。中国有代表性的为内蒙古阿尔山、沈阳五龙脊、北京小汤山和福建金鸡山等地的泉水。

4. 氯化钠泉。主要含Na^+和Cl^-，对运动系统、妇科和血液疾病有一定的疗效。中国较有代表性的为山东威海、山东即墨和河北平山等地的泉水。

5. 铁泉。主要含二价和三价铁离子，一般含量达10mg/L以上，其对神经及血液疾病有一定的疗效。中国较有代表性的为黑龙江的五大连池矿泉。

（二）按泉水的水温高低来分

1. 冷矿泉，温度一般低于25℃；
2. 微温矿泉，温度一般为25℃~33℃；
3. 温矿泉，温度一般为34℃~37℃；
4. 热矿泉，温度一般为38℃~42℃；
5. 高热矿泉，温度一般高于43℃。

（三）按对皮肤的刺激程度来分

1. 温和型，一般是指一些单纯温泉，如氯化钠泉、芒硝泉、石膏泉等。
2. 刺激型，如硫黄泉、单纯碳酸泉、碳酸铁泉、硫酸亚铁泉等，此类泉水一般都偏酸性。

（四）按温泉水的酸碱度来分

1. 强酸性泉，pH<2；
2. 酸性泉，pH=2~4；
3. 弱酸性泉，pH=4~6；
4. 中性泉，pH=6~7.5；
5. 弱碱性泉，pH=7.5~8.5；
6. 碱性泉，pH=8.5~10；
7. 强碱性泉，pH>10。

四、温泉对人体的物理、化学作用

(一) 物理作用

1. 热作用

温泉水治疗疾病除了所含化学成分的作用以外，一般也可以通过调节水温来刺激周身的神经末梢和表皮毛细血管，从而达到一定的理疗效果。

(1) 冷水泉浴，可以用来限制体表渗出液的形成或者抑制肌肤炎症的扩散和发展，提高肌肉功能，发挥一定的镇静作用。

(2) 热水泉浴，较高的温度可用来消散许多疾病炎症过程中分解产物的排泄，加速化脓过程，刺激组织再生，增加发汗，减轻疼痛。

2. 机械作用

(1) 静水压力的作用。在一般普通浴盆中人体表面所受的静水压力为 $40g/cm^2 \sim 60g/cm^2$，在浴池中浸浴时则可达 $90g/cm^2 \sim 100g/cm^2$，这样大的水压能压迫肌体周围静脉，影响腹部器官，使横隔膜上升变得容易，下降受到抑制，从而促进呼吸运动。由于浸浴时周围静脉受压，引起全身血液的再分配，循环血液量增加，血压略微增高，周围阻力变大，使心肌负担得到良性加重，因而能改善心血管机能性疾病的症状。

(2) 泉水的浮力作用。人在浸浴中失去的重量一般为自身体重的 90%，而且温泉水比普通水的密度和浮力要大，因此对一些如小儿麻痹、关节僵直以及肢体麻痹等运动障碍疾病的人，在浸浴时可使肢体轻便运动，进行肢体功能性恢复锻炼。

(3) 液体的传质作用。在浸浴时由于水温的变化而引起水分子对流运动以及水中气体的不断逸出，可对体表的神经末梢产生一定的按摩作用，这种温和的刺激作用于体表丰富而敏感的感受器，有助于人体的轻度镇痛，改善皮肤血管的扩张和体表血液循环。

(二) 化学作用

1. 阳离子作用

(1) Na^+ 的作用。Na^+ 为人体细胞外液的主要阳离子，同时存在于细胞内，人体体内一般含量约为 65g，可调节和维持渗透压从而影响细胞功能。体内 Na^+ 的不足将直接导致疲劳、头痛、精神迟钝、抽搐及血容量下降。

(2) K^+ 的作用。K^+ 为人体细胞内液及肌肉中的主要阳离子，体内含量为 1.3g 左右，能调节神经机能，兴奋神经系统，参与启动体内某些生物酶，同时又是维持身体肌肉及心肌张力所不可缺少的物质，是神经与支配器官之间的传导物质。

(3) Ca^{2+} 的作用。能启动凝血酶，并能增强神经抑制过程，增强血管密度，刺激交感神经使兴奋性增高，毛细管壁密致，减低毛细管及细胞的渗透性，从而减少渗出液，兴奋心肌及肌肉系统，调节肌肉张力，促进受损组织的修复。

(4) Fe^{2+}、Fe^{3+}的作用。铁离子在体内起促进氧化的媒介作用,改善物质代谢和增加血液的生成。铁离子是血红蛋白的组成成分,因而能增加血红蛋白和红细胞的数量。

(5) Al^{2+}、Al^{3+}的作用。铝离子对肌肤有收敛作用,能止血,保护溃疡面,同时还具有保温作用,有利于上皮组织的生长和修复。

2. 阴离子的作用

(1) SO_4^{2-}、S^{2-}的作用。SO_4^{2-}能使末梢血管扩张,氧化病理产物,软化病损皮肤,促进炎症的消失。此外,温泉中的微量硫磺成分可以在皮肤上形成硫化碱,而硫化碱能软化角质层,改善病损皮肤的状态,使皮肤柔软恢复弹性。硫磺有强杀菌功效,可治疗皮肤疾患。

(2) Cl^-的作用。具有较强的杀菌作用,一般空气和水中含 0.02mg/L 的 Cl^-时就能杀死各种微生物,同时有氧化组织作用,能软化疤痕组织。

(3) CO_3^{2-}、HCO_3^-的作用。一般在泉水中是以盐的形式存在,遇热可分解出 CO_2 气体,能清洁软化肌肤,增加肌肤疤痕组织的弹性。

五、温泉养生

匈牙利著名温泉

温泉灵魂:信仰温泉——追求健康;

崇尚温泉——关爱生命；
热爱温泉——珍惜人生；
感恩温泉——种德获福。

咸池浴日，先应绿甲之图；砥柱浮天，始受玄夷之命。

仁则涤荡埃氛；义则激扬清浊；勇则负山馀力；弱则鸿毛不胜；仲春则榆荚同流；三月则桃花共下。

其色变者，流为五云之浆；其味美者，结为三危之露。

烟青于铜浦，白色于铅溪；非神鼎而长沸，异龙池而独涌。

洒胃湔肠，兴蠃起瘵。秦皇馀石，仍为雁齿之阶；汉武旧陶，即用鱼鳞之瓦。

山间涌水，实表忠诚；室内江流，弥彰纯孝。

岂若醴泉消疾？

闻乎建武之朝，神水蠲痾，在乎咸康之世，嵩岳三仙之馆，不孤擅于天池，华阴百丈之泉，岂独高于莲井？

——北周庾信《温汤碑》

所谓养生即通过学习有关知识（预防医学、中西医理疗、心理健康、营养学等）并主动介入，来创造以维持健康的身体和心灵以及健康的社会关系为目标的生活方式的过程。其主要特点是：健康的积极维护，规律性的锻炼，健康饮食，避免食用对身体有害的物质，规律性的放松休闲，接触自然，缓解压力，科学的理疗。

保健（健康）养生即通过养生的手段来实现保证健康的目的——使人类具有幸福和谐感地健康长寿。

"温泉养生热"正在世界各地兴起，它从根本上反映了人们追求健康、回归自然兴趣的提高。在情绪焦虑社会、老年社会这种现代生活中，为维持身心平衡的健康生活，预防不良生活习惯所致疾病的发生，需要接受"温泉理疗"，这是现代健康管理——自然疗法的最佳选择。

据欧洲、日本、美国的调查研究：90%的个人和企业通过温泉养生健康管理后，医疗费用降低到原来的10%；10%未做温泉养生健康管理的个人和企业，其医疗费用比原来上升了90%。

温泉具有治愈疾病作用和保健作用，这一道理很早就为人们所知。于是，不论是在地球的东方还是在西方，人们都以各种形式将温泉应用于医疗和保养方面。

近几年，随着预防医学的发展，沐浴温泉可以预防疾病、增强体质、延年益寿这一点，引起了人们的关注，并逐渐兴起了温泉旅游的热潮。它从根本上反映了人们追求健康、回归自然兴趣的提高。

对此，现在利用外国相关资料，将温泉养生的现代意义及其对各种疾病的治疗情况加以介绍。

(一) 温泉地创造健康的四因素

德国巴登——巴登温泉

巴登是德国社交、旅游会议中心，拥有世界上最好的温泉之一。巴登温泉被誉为"5 分钟忘掉自己，20 分钟忘掉世界"的温泉世界。

1. 温泉水

由大地涌出的温泉可以医治身心疾病，促进健康。温泉中所含的矿物质，可以给予身体各种刺激，促进血液循环及体内的新陈代谢，具有滋润、营养肌肤等效果。

2. 饮食

温泉地生产的各类地方特有的新鲜美味食品，是改变来访者以往养成的不良饮食习惯的大好时机，并且还可以提醒自己注意维持适当能量（卡路里）及保持饮食营养的平衡。

3. 运动

在温泉地逗留期间，可以散步或从事感兴趣的体育活动，从而愉快地流出汗水。适当的运动还有助于预防和改善不良生活习惯带来的疾病。

4. 环境

远离以往的生活环境，逗留在自然条件独特的温泉地，生活环境的变化会使人心情舒畅进而促进健康。温泉地的环境多种多样，如山区、高原、海边、休养地等。可以根据自己的体质和兴趣选择相应的温泉地。

(二) 温泉浴的物理与化学作用

1. 物理作用的三种效果

1) 浮力。在水中，由于浮力使身体变轻，在水中的运动具有康复和增强体质的效果。

2) 水压。在水中，身体会有微弱的水压感。通过水压，可以促进血液循环并消除疲劳和浮肿。

3) 温热。泉水的温热，有利于血液流动并促进体内新陈代谢。同时，还具有减轻肌肉和关节疼痛的效果。

2. 化学作用的功效

温泉中所含有的化学成分，可以给身体带来血液流通、滑润肌肤等各种功效。在医学上将有治疗作用的温泉水称为"疗养泉"。根据其泉中所含的成分，分为以下 9 种：

1) 碳酸泉（二氧化碳泉）。

泉水中的小气泡附着在皮肤上，虽然是低温，但保温效果极强。对高血压、动脉硬化、半身不遂、肌肉痛或关节痛、跌打损伤、下肢发冷、更年期障碍、不孕症等有疗效。如果浸泡与饮用并举还可治疗慢性消化道疾病、慢性便秘症。但是，泻肚时禁止饮用泉水。

2) 碳酸氢钠泉（重碳酸钠泉）。

肌肤润滑的冷泉，洗浴后有清凉感。浸泡和饮用可以治疗痛风、糖尿病、肝病、胆结石、慢性胆囊炎、慢性消化道疾病，还对肌肉痛或关节痛、跌打损伤、慢性皮肤病等有效。高血压、肾病患者要控制重碳酸钠泉水的饮用。

3）氯化钠泉（食盐泉）。

面向老年人的较为温热的泉水。对肌肉痛或关节痛、跌打损伤、下肢发冷、慢性妇科病、月经不调、不孕症、病后恢复有疗效。浸泡和饮用有利于贫血病、慢性消化道疾病、慢性便秘症等的治疗。不过，高血压、肾病、心脏病、浮肿患者要控制饮用。

4）硫酸盐泉（石膏泉、芒硝泉、苦味泉）。

预防动脉硬化病的中风之泉。浸泡和饮用石膏泉有益于高血压、动脉硬化、糖尿病、慢性皮肤病、跌打损伤、肌肉痛或关节痛的治疗。芒硝泉则对高血压、动脉硬化、外伤有疗效，而浸泡和饮用有益于胆结石、便秘、糖尿病、痛风的治疗。苦味泉同石膏泉、芒硝泉的疗效类似。

5）含铁、铜泉（铁泉）。

涌出时无色透明，遇空气后变为褐色。浸泡和饮用有益于贫血、慢性消化道疾病、痔疮的治疗。浸泡还对月经不调、肌肉痛和关节痛、更年期障碍、慢性皮肤病患者有疗效。褐色浑浊的温泉水疗效会降低。强酸性的铁泉不适宜皮肤干燥的人。

6）硫磺泉（硫化氢泉）。

它含有硫化氢的特殊气味，在通风不好的浴室，容易引起中毒。这种泉水是一种刺激性很强的温泉，对治疗高血压、动脉硬化、慢性皮肤病、慢性妇科病、肌肉痛或关节痛、痔疮等有效。通过浸泡和饮用，还有助于慢性消化道疾病、糖尿病、便秘、痛风的治疗。不适宜皮肤干燥的人。

7）酸性泉（明矾泉）。

对皮肤有很强的刺激，有时会被烫伤。皮肤嫩的人浸泡后要用淡水冲洗。对治疗慢性皮肤病、慢性妇科病、月经失调、肌肉痛或关节痛、糖尿病有效。浸泡和饮用还有助于贫血、慢性消化道疾病的治疗。不适宜老年人和皮肤干燥的人。

8）氡泉（放射能泉）。

因可使尿酸随尿液排出，而被称为痛风之泉。温泉中所含放射能在以气体形式涌出后全部在空气中散尽，因而完全不必担心。它对治疗高血压、动脉硬化、慢性皮肤病、慢性妇科病有效。通过浸泡和饮用，还可以治疗痛风、慢性消化道疾病、神经痛、胆结石、肌肉痛或关节痛等。

9）纯温泉。

这种温泉透明、无色无味且所含成分少、刺激性小，利用范围广泛，因而广受欢迎，特别适宜老年人享用。有益于病后恢复期的静养、手术后的休养、骨折和外伤后的疗养。饮用后有助于缓解轻度肠胃炎，并有利尿之功效。

（三）温泉养生相关定义

对"温泉"一词而言，包括有"温泉水"（即泡温泉）和"温泉地"（即前往温泉）的意思。

"温泉养生"是指"温泉的治疗、疗养和康复等"。其包括一次性预防，即"为防止出现不良生活习惯病而积极地创造健康、休养、保养"；二次性预防，即"疾病的早期发现、早期治疗"。

近几年，将积极创造健康所需要的休养、运动、营养这三要素，同具有保健作用的自然环境（森林、海洋、高原、地势等）和社会环境（文化的或者传统的节庆、旅游资源等）相结合进行综合利用的趋势日益增强。

1. 温泉养生法

温泉养生法中的"养生法"一词，是指使用温泉的手段和手法。现代的温泉养生法，则是指"除地下天然物产——温泉水、天然气和泥状物质等之外，还包括温泉地的气候要素及对医疗保养的利用"。另外，也包括异地气候疗法（环境疗法）。从其功能上还可以分成两种类型。

1）狭义的温泉养生法。

在温泉度假村等地，在医生管理下所从事的慢性疾病疗法和康复等健康保健也适用，但是这一领域正在逐渐缩小。

2）温泉健康。

利用温泉可以调解身心健康，摆脱精神紧张状态，创造积极的健康环境等。尤其是在应用于养生和预防不良生活习惯疾病等方面，健康是由自己来创造的。然而，这种疗法原则上不符合现代医学的精神，它需要愉快且自然地完成。今后的大部分温泉疗法或许都会这样进行，而对经营方而言，将被要求提供有魅力且合理的理念和系统。

2. Spa

在欧洲和日本，将温泉地翻译成英语表达时使用 Spa。Spa，是比利时城市列日附近温泉地的名字。大约在 700 年前，因其温泉水治好了病而闻名整个欧洲，随后其地名变成了欧洲温泉地的总称。

大约在 10 年前召开的国际温泉气候医学协会（ISMH）的会议上，提出了将温泉地统一称为 Health Resort（健康保养地）；温泉疗法用英语表述时，为 Spa Treatment，或者 Health Resort Medicine。

另外，还有人主张 Spa 不是地名，而是拉丁文 Salus Per Aquam（用水保健）的首字母。

近来，在温泉浴设施相关的商界，Spa 这一用语不管是否与温泉有关，都作为美学用语在使用。所谓 Spa 是指"以温泉浴、水浴疗法为基础，综合自然与传统疗法，提供美丽与健康、舒适与疗效的设施"（尤其是在美国），进而，其还变为"美学沙龙和美容手术的总称"。因此，即使是相同的语言，在使用时有时也会出现完全相反的概念。

（四）温泉养生法的作用机制

温泉养生法，是指客人某一期间在温泉地逗留，反复接受温泉浴、物理疗法并进行运动、饮食疗法等治疗刺激,并且暂时脱离日常生活而移住在温泉地,连续多日置身于温泉地新奇的气候环境中。在安静、空气清新的温泉地逗留,具有将身心从焦躁状态中解脱出来的心理效果。机体的各种功能反复被这众多综合疗法进行治疗刺激后,会有一种震撼苏醒的感觉。在这期间,机体内的植物性神经、内分泌系统、免疫系统等通过相互联系综合反应,得到训练,进而逐渐地调整身体的各种功能,加强了机体本身具有的自然治愈能力,其结果是不正常的、病理性的机体功能转为正常,针对体内外异常刺激(高温、低温、细菌感染、身心所承载的焦虑等)的抵抗力和机体防御功能得到了加强。如果是健康人则会进一步提高健康水平,进而提高各方面的生活质量(Quality of Life,简称 QOL)和生活趣味。

在新的气候环境下,温泉养生加入各种水疗法、按摩和温热疗法等理学疗法,以及温泉池里的水中运动、房间内外的体育和娱乐活动、森林浴、海洋疗法、饮食疗法与其他如针灸、气功、芳香疗法、植物疗法、音乐疗法等其他是保养地特色的疗法项目。

(五)现代医疗与自然的温泉养生法

尊贵——捷克卡罗维瓦里温泉

又名查理温泉,是捷克著名的温泉城,世界著名的温泉疗养中心和旅游胜地。水温 41.2℃至 72℃,含多种化学元素,可供饮用、沐浴和医疗。

随着以药物和手术疗法为代表的现代医学的发展,有人认为温泉养生法这种自然养生法的作用应该结束了。然而,因为现代医疗和温泉养生法的各种作用原理从根本上是不同的,所以它们的关系并不是优劣的竞争,而是相互的补充,如度下表所示。

药物、手术疗法与温泉养生法的作用原理比较

人为的治疗(药物和手术治疗) 直接的病因除去指向型 pathogenetically oriented	自然疗法(温泉和气候疗法) 间接的健康增进指向型 hygiogenetically oriented
病因、病灶的除去 从病的状态向正常修正 针对障碍功能用替代功能补充和置换	从病的状态向正常状态恢复 功能调整能力的改善和病状的正常化 通过训练增强机体的防御和适应能力

在医院日常诊疗所使用的药物、手术疗法显示出的医疗技术和医学理论研究已经有了惊人的发展。高度发达的医疗技术在急性症状治疗和康复方面发挥着巨大的作用,人们都享受到了这种恩惠。

现代医疗的代表——药物和手术疗法,对治病和深究病因直接发挥着作用,可以说是追求从根本上消除病因。例如,针对细菌感染投放抗生素,外科摘除肿瘤等情况。另外,还有像假肢和人造器官那样,使用替代品补充损伤功能和对器官采取置换等的对策。对客人来讲,这些都是被动的治疗。

然而，对于许多与焦虑有关的疾病、生理和心理疾病、生物节奏紊乱引起的功能障碍和功能错位、身心的疲劳等而言，没有直接起作用的药物。

在温泉养生法中，由温泉浴和体育运动、气候和异地带来的心理效果等，都将综合地对整个身体产生作用。同时，接受养生法的人自身更要积极地参与这一养生法，对整个身体施加适当的震撼刺激，就会使身体功能向健康水平更高的方向发展。

对现代医疗与温泉养生法而言，其作用原理大部分不一样，应该根据实际情况共同利用。实际上，外科手术前进行的温泉养生法，可以减少手术对身体造成的负担；手术后通过在温泉池进行的水中运动，可以提前康复，并缩短住院时间。

温泉养生法在临床上的特色，虽然不具备使用激素和抗生素这种药物疗法的即时效果，但是可以简便、安全且反复进行；没有副作用；出现了 QOL 的提高。现代医学针对温泉养生法就有关病理、症状的疗效以及适应性、禁忌等的研究和检验也逐渐引起了人们的关注，其有关成果也被保留下来。

（六）从替代、辅助疗法到综合医疗

温泉养生法针对的主要对象，是现代西医无法对症下药的相关焦虑症状、生物节奏紊乱引起的症状、由急性病转变成的慢性病、关节炎和骨质疏松等器官老化的预防、QOL 的改善等。虽然没有即时效果，但需要最大限度地利用自然能源作用于人们的身体，提高自身所固有的自然免疫力。实际上，其指标之一的血中淋巴细胞活性提高这一事实已经得到证明。从其对象、方法上讲，温泉养生法并不是同现代西方医学竞争，而是它们相互之间具有互相补充且相辅相成的作用。

近几年，美国、日本有人正在考虑将近代西医学与替代、辅助疗法相结合，开展综合医疗。

所谓综合医疗，是指以患者和利用者为中心，重视医生与患者之间的对话与协调，从众多的方法中针对每一位患者选择出最佳的、特别合适的方法治疗。温泉养生法在实施综合医疗方面，确实拥有最佳的条件。

（七）温泉养生法的社会意义

格伦伍德温泉（Glenwood Springs）：世界最大的天然温泉游泳池。

格伦伍德温泉位于美国科罗拉多州，拥有世界上最大的天然温泉游泳池，地下涌出的泉水流速为 143 公升/秒。您可以泡在 40℃ 左右的富含盐类矿物的治疗池中舒缓工作的疲惫，或在水温为 36℃ 的游泳池中畅游一番，都会有不错的感受。

当前，"温泉养生热"正在世界各地兴起，它从根本上反映了人们追求健康、回归自然兴趣的提高。在情绪焦虑社会、老年社会这种现代生活中，为维持身心平衡的健康生活，预防不良生活习惯疾病的发生，需要接受"温泉理疗"，这是现代健康管理——自然疗法的最佳选择。

暂时离开平日生活的环境，转往气候和景色不同的温泉地，在逗留期间，除了享受温泉沐浴之外，通过在安静环境中的睡眠、读书、散步等相关的休养行动，就可以使身心得到放松。

另外，通过从事与平日劳动不同的活动，例如参观名胜古迹、旅游设施，欣赏绘画馆和音乐会，接触地方传统文化和参与相关节庆活动等，可以以积极的休养行动缓解自身的焦虑情绪，恢复健康的精神状态。温泉池中的轻快水中运动、森林浴、没有竞争的体育活动等，可以使人在愉快之中进行运动。同时，建立这种设施，增加具有地方特性的活动项目和相关人才，亦有利于地方经济的繁荣和发展。对此，看看日本的情况。

日本厚生省（卫生部）曾于1997年针对保健养生地提出了如下要求：

（1）能够充分利用温泉、森林、海洋等所具有的保健作用。

（2）具有为创造积极的健康（休养、运动、营养）而能够中长期逗留的住宿设施，可以根据利用者的希望和健康状态提供适当的健康保养计划和相关的人才。

（3）通过接触和参与地区文化及传统活动，能够成为利用者相互之间、利用者同当地居民之间进行交流的养生地。

为了使老年人社会丰富、充满活力，保健养生地应该是能够积极创造健康的场所并具有其应有的基本要素——休养、运动，使其营养很好地保持平衡，同时又是可以亲身体验的场所。作为温泉养生法的结果，希望每个人都能够增进健康、预防不良生活习惯病并抑制医疗费用的上涨，进而搞活地方经济，振兴地方特色产业的发展。

日本保健养生企业会制作温泉养生计划，使其具有促进健康和预防不良生活习惯的效果，并要基本上得到医学上的检验。在考虑利用者的年龄、健康状态、体质、生活习惯、兴趣爱好等的同时，在安全可行的情况下，还可以考虑利用者选择或自主制定计划（选择、合适的医疗）。

养生时间虽然大都希望为五夜六天，但是作为对健康意识增强和加以体验的过程，应该预备两夜三天的计划。

第三节　国际健康银发城温泉水疗中心设计

一、国际健康银发城温泉水疗中心设计理念

国际健康银发城温泉水疗中心以其高水平的专业水平设计，来体现21世"健康、放松、休闲"的理念，通过人体对环境在听觉味觉、触觉等方面的情况来使客人领会水疗独特的魅力，以达到感官全方位的放松。

（一）融入大自然的环境

内部环境要根据国际健康银发城的地理位置，有机地与周围的自然景观和谐地融合在一起，如海滨风光、山地景观、海底世界、湖光山色、森林峡谷等。透

过大玻璃窗要有良好的观景角度，令人心旷神怡。在气候、地理位置允许的条件下，浴池可完全置于大自然的环境中，客人在沐浴时织繁星、听鸟鸣、闻花香、戏流水，整体感官上的体验肯定有别于城市中高楼里的经历。

（二）幽雅的声音

幽雅的背景音乐，自然界采集的天籁之声，或者独特的使人身心俱悦的乐曲，从听觉上催人入眠，得到休息。

（三）芳香的味道

由闻过的多种纯植物精华油中，选出最令人心动的味道，这味道会在即时的直觉反应中被选出，即是最佳的理疗师。经由嗅觉的判断，每一个人都能找出对自己有益、让人感到舒适的精油，这些精油可能是由单一植物萃取而来，或是混合数种植物的精油而制成，它们会直接与个人的天然组合要素产生关联。在按摩时使用按摩者喜欢的味道，会使其感觉自在、安定，再把精油调入温热的植物按摩油中一起使用，精油会透过按摩而进入肌肤中。在许多不同的理疗服务中，香精加完整的指压按摩，可达到意想不到的放松效果。

（四）舒适的触感

研究发现：按摩的效果绝不只是肌肤的接触，它真的能帮助提高身体对抗压力与对疾病的抵抗力。按摩曾一度被认为是奢侈的事情，是在觉得自己需要放松时，用来娇宠自己的一种方式。而现在按摩已成为被用来处理各种生理或心理问题的治疗方法之一。

研究发现，"抚摸"具有"救命"的力量。在迈阿密大学医学院抚摸研究协会（Touch Research Institute，TRI）的负责人 Tiffany Field 医师的研究中，曾对体内的压力荷尔蒙（cortisol）指数进行测量，发现接受按摩的人其体内压力荷尔蒙的分泌减少，而免疫的功能则会得到改善。

二、国际健康银发城温泉水疗中心的功能分区

区域	主要设备与标准	服务
接待区	接待室通常占场地的 8%～10% 左右，是装修的重点。接待室要求主题鲜明，需体现 Spa 养生中心的形象。接待厅除了接待和结账功能以外，还应设置供客人小憩或等待的沙发。	迎宾、送客、结账、服务。有两位（男女各 1 名）Spa 按摩师来帮助客人分析其身体状况，向客人推荐其适合的 Spa 相应服务。
更衣室	更衣室的主要设备是贮衣柜，其数量应与设计标准及接待能力相适应。 具体计算方法是：数量＝每天消费人数（设计容量）÷（2 或 3）或一半稍少。 装修通常比较简单，比较高级的场所可将更衣室分隔成多个独立的小更衣房。	更衣换鞋服务，为客人擦皮鞋、代洗衣等；洗浴用品服务，为客人提供一次性使用的洗发液、浴液、内裤等。

续表

区域	主要设备与标准	服务
洗浴室	洗浴区一般包括按摩池、蒸气房、淋浴房。 洗浴区通常设于一楼，如果设在其他楼层，则必须考虑承重能力，若承重能力不够，可以考虑使用玻璃钢制造的成型浴池。按摩池区一般要求设计有三种池，即热池（40℃~45℃）、温池（25℃~30℃）、冷池（10℃~12℃），现在有些场地的规格流行设药池（中药池）等。 池区各种场地的规格设计要求如下：热池容量：场地面积÷100，温池、冷池一般为热池的一半或稍大于一半。 蒸气房、桑拿房场地面积确定，其中蒸气房面积应较大。 淋浴房间=每天消费人数÷（15~18），超过100人的取18，通常每间淋浴房每天可接待18个左右的客人。	洗浴指导服务：提醒客人蒸浴标准时间段，向客人介绍标准的科学的蒸浴方法；墙上可以悬挂洗浴的程序及时间提示。
按摩休息区	休息厅所占面积一般是场地的25%~30%，目前流行将休息室设计成具有视听功能的小区，通常应设有水吧。休息厅要求空间较高、气流通畅、光线柔和、环境安静、格调高雅，形成一个比较舒适的小憩区。 按摩房所占面积一般为场地的一半稍少，房内一般以暖色调配全调光灯，形成融洽、舒适的氛围。按摩房一般与洗浴区相邻，不应间隔太远。按摩房可以在中间，也可以是一个多床位的按摩室，以满足不同客人的需要。 贵宾房是指由独立配备的淋浴房、蒸汽桑拿房和按摩房所组成的单独的房间。贵宾房一般要求装修豪华气派、温暖舒适、富有特色、不落俗套。在设计中要尽可能将淋浴间、卫生间和蒸汽桑拿房隔开，以便于同时接待多位客人。有些贵宾房还设有KTV包厢（当然要注意做好隔音措施），以使客人得到更全面、高档的享受。	理疗药浴服务和推拿按摩服务。 温泉的按摩厢房有双人、三人、四人和六人的单位。不论单独一个或和三五个友人前来，都可集体享受按摩服务。 齐全的服务，包括按摩、脚底按摩、擦背、修指甲、美容、美发、挖耳、饮食服务。 在按摩方面，有油压、脚底按摩和泰式按摩。 美容和美发院客人可以吹发、理发、整理仪容。
餐饮区	咖啡厅、酒吧、自助餐台。	提供小吃及自助餐，包括中西餐点，如三明治、通心粉、浓汤、沙律和各种冷热饮品。
休闲区	阅览室、影院。	经典名片欣赏、报刊阅览。

三、Spa流程内容

老人度假村Spa温泉水疗中心为客人提供了多种Spa套餐，客人可根据自己的疲劳状况和需要来选择个性化的服务项目。Spa服务不仅有对客人的皮肤护理，还将分疗程建议客人的饮食和保健品的使用，客人不但可以洗去身体表面的疲劳，还可从里到外地"清洗"多余的脂肪和毒素，达到保健养生的目的。

（一）服务流程

1. 享受花草茶

Spa的文化体现，首先是要你全情投入，从净化心灵开始。进入Spa养生中心第一步，要先喝一杯花草茶，让芳香的花草茶清除你的一切的不愉快，润润嗓子，补充点水分，以便过一会儿进行全身精油按摩的时候，可以把身体的毒素跟着水分排出体外。

2. 更衣寄物

更衣室和寄物柜，供客人换浴衣并寄放衣物。

3. 卸妆清洁

水疗前，先要卸妆，并切忌在全身涂抹保护油，以防堵塞毛细孔，阻碍皮肤的散热功能。

4. 淋浴净身

为保证卫生，在进入桑拿浴室前，应先在淋浴室冲洗身上的汗渍与污垢，再享受其他设施。用温水淋浴后能引发血管扩张，为享用其他服务做准备。

5. 干烤出汗

温水淋浴后进入干烤室。温度大约在50℃时，蒸气不仅可以补充皮肤的水分，也有益于呼吸系统的保健，还可以护发。桑拿房的温度一般控制在55℃至90℃为宜。人体的排汗量在65℃时，已达到极限。干烤室的温度可达80℃～90℃，这个温度使全身出汗已绰绰有余。超出100℃以上反而导致身体疲劳。大量的出汗，利于排除毒素，并促进血液循环，但要多喝水来补充水分。

6. 超音波按摩

洗热水池（40℃～44℃）、温水池（常温）、冷水池（3℃～5℃）是桑拿浴不可缺少的设施。池中还有超音波按摩设计，使人更易获得松弛的效果。人体在这三种不同温度状态下，毛细孔达到扩张和收缩目的。人们把这三种不同温度的泡洗称为三温暖。进入不同水温的按摩浴缸泡洗，依次泡热水池、温水池、冷水池，再进蒸汽室，如此反复二三次。

7. 洗完后小憩

洗完后在休息室小睡一觉，让你疲劳全消、精神再现，然后再进行适当的梳妆打扮。如可能还可享受各式按摩、美容护肤、美发造型等服务项目。

（二）SPA 套餐

国际健康银发城斯巴（Spa）水疗中心根据客人不同的身体状况和需求提供不同的"名牌"套餐。

Spa 套餐

套餐名称	内　容
肩颈头部放松疗法	包括花植纯香的嗅吸和肌肉按摩，来消除疲劳及倦怠的肩颈头部，使你在短时间内精力充沛。
腿部放松疗法	进行更深度的按摩，舒缓长期支撑身体的腿与足，并适度舒展足部压力，让您对"脚"的呵护更有所认知。
呼吸道熏洗疗法	这是特别疗程之一。利用适合呼吸道之精油，由散出之香分子的吸入，改善呼吸道不良状况，带给你清新、舒畅的感受，可说是很"过瘾"的疗程。适合呼吸道不佳、易感冒、咳嗽、常接触混浊空气者，适合居住于都市区的每一位老人。

续表

套餐名称	内容
全身舒缓疗法	这是最热门的全身纯香按摩疗程,可调配最喜欢的纯花植精油,享受从头皮到脚底的放松,促进能量的流动,使您神清气爽。
海洋疗法	包括泡浴、水下冲灌、喷射淋浴、分析池、海藻敷体舱、手足冷热浴盆及喷雾室等设备、疗程及水中运动池或活动池,其主要针对风湿、关节炎、背痛、创伤后遗症、妇科病、血液病、压力症候群及预防医学等来做治疗保养。
五感疗法	包括浴疗法、水中按摩、音乐疗法、水底声音治疗、光疗法。
温泉鱼疗	利用温泉中的小鱼来啄食人身上的细菌。

1. 海洋疗法

海洋疗法原意指的是利用所有有效益的海洋环境,例如气候、海水及不同种类的海泥、海沙与其他从海洋萃取的物质,为身体进行养生或是治疗的一种行为。海洋疗法首先是去浸泡海水,彻底地浸泡后,接着再去桑拿室,让有益的物质通过张开的毛孔渗入你的身体。最后就是做面膜,并将全身涂满用特殊水草提炼制作的半糊状物。

早在远古历史中,除了罗马人之外,希腊人与埃及人也十分熟悉利用海洋来做水疗,而且,亦有许多国家、民族利用浸泡海水来抵抗各种疾病,或是寻求美丽泉源。由此可见,海洋疗法是老祖先遗留下来的珍贵经验与产物,其重要性及价值实不容忽视。

在法国,海洋疗法更被列为专业项目。该国政府规定必须在医生的医疗监督下才能进行预防或治疗,所以它被规定必须设立于特别的海岸地区,海水也须是新鲜、干净的,不能添加氯、溴或使用臭氧消毒,且其机构设施每个月必须进行全方位的臭氧消毒,并拒绝水源的重复使用。如此严密的规定使得法国在海洋疗法的近代发展上,居于独一无二的领导地位。

2. 五感疗法

Spa之所以讲究"五感",相信无论在触觉、嗅觉、味觉、视觉还是在听觉上,都分别有其受重视的另类疗法,如浴疗法、水中按摩、音乐疗法、光疗法、水底声音治疗等不同疗程,可分别针对不同人士的需求,让其选择所好,使所有爱好Spa者,得以在全方位Spa中来一趟精气神之旅,身心舒适、神采飞扬。

百年前慈禧太后在昌平享受温泉沐浴

很难想象,在没有自来水的古代城市,人们该如何洗澡。一百多年前,先人们使用的依然是井水,那时候,人们不仅用水困难,也缺少清洁观念,即便是地位显赫的皇帝也没有这种意识,更不用说平民百姓了。

"千年老树当衣架,万里长江作浴盆",由此可见,跳进河中洗澡在古人看来并不出奇。到底是贵贱有别,平民百姓能够在河中洗个澡就快活无比了。可看看金易、沈义羚《宫女谈往录》中记载的慈禧洗澡的全过程,就算是在现在的人来看也是惊叹艳羡。

在北京昌平有慈禧太后的一个浴池,据测量,长 4.55 米,宽 2.90 米,深 1.40 米。池壁是由经过加工的十块巨大的石头压缝交口镶拼而成的。一个蓄水池与之相邻。洗浴时,温泉水从石缝中涌入蓄水池,将满时把南壁上的一个闸门打开,水穿过暗槽流入浴池。这个浴池设计可谓别致精巧,不愧温泉池之冠。尤其是慈禧洗澡时,更显出这种气派。

据记载,慈禧是坐在一条很宽的四条腿的矮椅子上洗澡的,椅子的每条腿上都攀着龙。为慈禧盛洗澡水的是两个斗形的三尺来长的木胎镶银盘,一个洗上身,一个洗下身,绝不混用。光洗澡用的毛巾就要备一百条,每条毛巾都绣有黄丝线金龙,一叠是一种姿势:有翘首的、有回头望月的、有戏珠的、有喷水的。澡盆里的水要永保干净,把毛巾浸透后,捞出来就再也不许回盆里蘸水了。毛巾是用完一条扔一条,洗完上身虽用数十条毛巾,而水依然清澈。

澡盆里的水随时舀出一些又随时添入,始终保持一定的温度。为慈禧洗澡的四个宫女,手法迅疾,有序无声。先轻缓地、反复地给慈禧擦胸、背、两腋、双臂,以使毛孔张开,身体轻松。然后用洁白纯丝棉,沾香水均匀而轻地地拍在身上。最后重新舀水洗脸、浸手。与其说洗不如说熨,特别是在慈禧的额头、两颊热敷,这样据说能够把抬头纹的痕迹化开。

话说回来,把自己的躯体时常裸陈于众人面前,即便是现代人也颇觉这是一件不怎么舒服的事情。慈禧太后颇通礼仪,不会不晓得个中的不自在,但是为了显示出自己的尊贵,就顾不了这许多了。

第四节 国际健康银发城温泉西式理疗

匈牙利温泉理疗养老院

一、2F 西式理疗中心（2000m², 引进欧式温泉康复理疗设备）

（一）意大利温泉城在中国的首家慢汤抗衰老康疗中心

全部功能区的划分都以满足如下康疗功能为主。

1. 颈椎 – No.1 区 4×6mt（No.2 区整脊床）
2. 腰椎 – No.1 区 4×6mt（No.2 区整脊床）
3. 坐骨神经 – No.1 区 4×6mt（No.2 区整脊床）
4. 减肥 – No.2 区 3×5mt
5. 美容（男、女）– No.8 区女士房间 4×4mt + No.4 区男士房间 4×4mt + 纯天然护肤美容产品
6. 男、女生殖系统养生（生殖系统）– No.1 小屋 4×5mt + No.1 区医生办公室 3×4mt + No.1 区外科室 5×5mt + No.1 区实验室 3×4mt
7. 糖尿病 – No.1 区 4×6 mt + No.1 区 诊疗结果分析实验室
8. 心脑血管疾病 – No.2 区 4×5mt
9. 益智（全龄）– No.2 区 4×5mt
10. 防老年痴呆症 – No.1 区 4×5mt, 3×4mt
11. 放松、消除疲惫 – No.2 区（男士房+女士房）8×10mt
12. 解瘀、解痛 – No.2 区 4×5mt
13. 抑郁症（焦虑症）、失眠 – No.2 区（男士房+女士房）3×4mt
14. 小型体检设备（如远红外线技术）– No.2 区 4×5mt
15. 天籁 Spa 音乐疗法 – No.2 区 4×5mt（No.3 房 或者 4 张床和 3 把椅子）
16. 视觉生态疗法 – No.1 区 4×5mt
17. 健康管理 – No.3 区：3×4mt + 4×4mt + 4×5mt

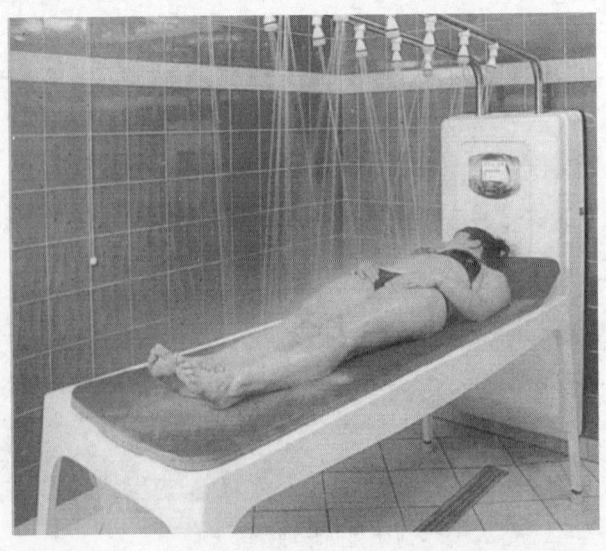

意大利喷淋床——水疗

18. 运动员康复理疗 – No.1 区健身房 6×10mt + No.1 区健康状况分析 5×5mt + No.1 区检查室 3×4mt

19. 肾保养 – No.1 区检查室 4×5 mt + No.1 区实验分析室 3×4mt

20. 度假疗程（面对日本、德国、俄罗斯、东南亚及国内客源）– No.7 区 3×4mt

21. 娱乐（温泉）整个区域大约 300~350 平方米

22. 负氧离子疗法 – No.2 区 3×4mt

23. 抗衰老疗法 – No.2 区 3×4mt

24. 健康体检和健康管理 – No.2 区（No.1 区无烟疗法）4×4mt

25. 低剂量疗法 – No.1 区 3×4mt

26. 非常低剂量的人体代谢调节治疗法 – No.2 区 3×4mt

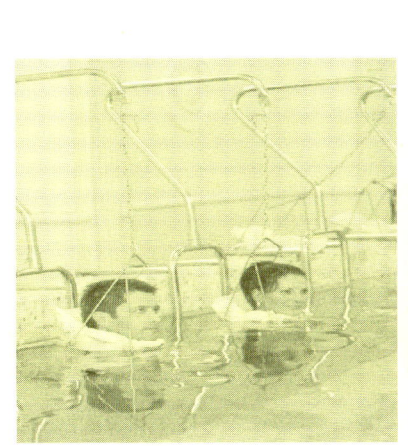
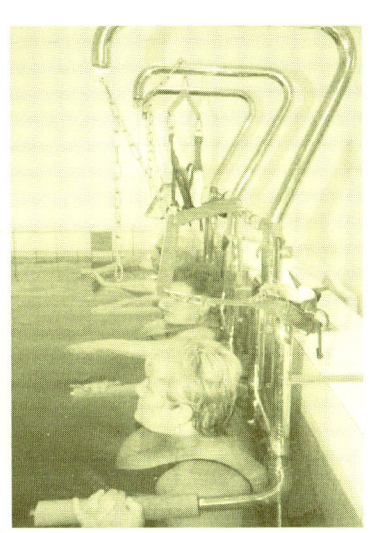

意大利颈椎——水疗

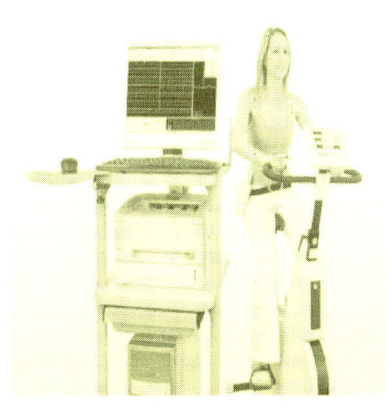
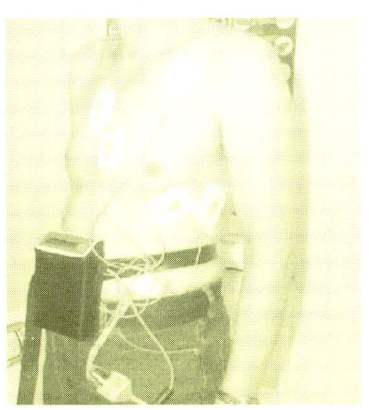

意大利体检仪

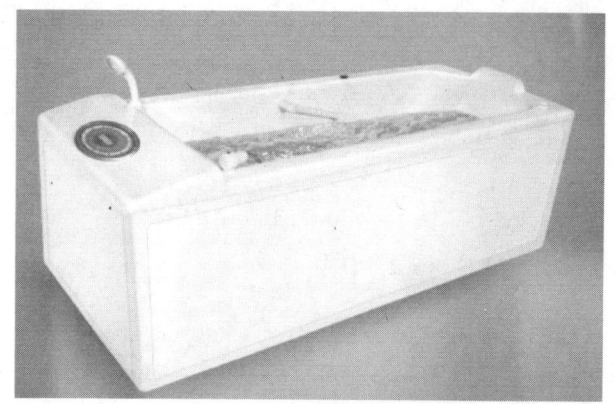

意大利水疗按摩浴缸

意大利呼吸机

（二）匈牙利温泉理疗

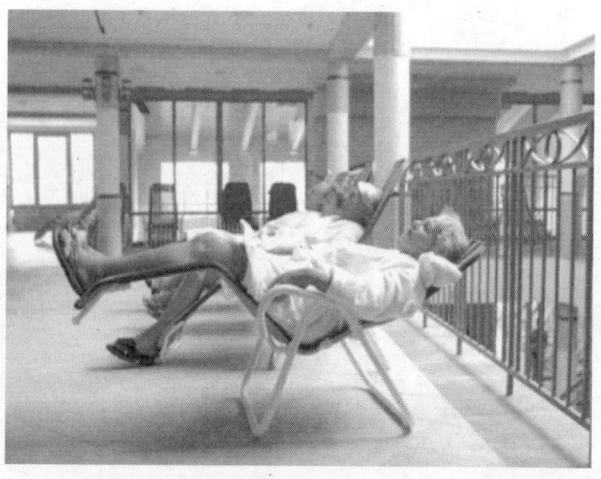

匈牙利老人在做温泉理疗

1. 匈牙利——世界温泉的故乡

匈牙利位于喀尔巴阡山盆地内,是欧洲的中心地带。得天独厚的地理位置使其拥有丰富的温泉地热资源,在世界排名第五,仅次于日本、意大利、法国和冰岛。匈牙利80%的国土下面都有温泉资源,目前已开发的温泉达1300多处,每天可以提供35万立方米温度在30摄氏度以上的热水,而且绝大部分温泉都具有医疗效果。地热资源是匈牙利最宝贵的自然财富之一。而"多瑙河上的明珠"布达佩斯有温泉上百处,每年到布达佩斯泡温泉的人多达1000多万,布达佩斯因此获得了"温泉之都"的美誉。匈牙利对于希望享受温泉假期的人们来说是理想之选。来到匈牙利,一定要亲身体验这种欧洲泡汤活动的悠闲和惬意。除了浴场,在匈牙利还能找到不计其数的文化及体育运动设施。游客们在分布于匈牙利100多个地方的400多个温泉场所确实可以享受到真正的"热烈"欢迎。

布达佩斯温泉之都市容

2. 匈牙利的温泉发展简史

最早将温泉概念引进匈牙利的是酷爱泡温泉的罗马人,他们在占领多瑙河畔的布达后,发现了布达山下热乎乎的温泉。在泡温泉盛行的时代,罗马人建造了11个公共温泉浴场供军队和市民使用,还有许多不对外公开的私人浴池。到了中世纪,几个知名的浴池如鲁卡斯温泉、吉勒山温泉和玛格丽特岛温泉,相继在12世纪和13世纪间落成。大众化的洗温泉习惯直到土耳其帝国统治时期才逐渐流行起来。同样喜爱沐浴的土耳其人也在布达佩斯兴建了许多有特色的温泉,如在圆形屋顶上带有土耳其式弦月标记的科拉力温泉。

温泉水含有丰富的矿物质,对风湿、关节炎、呼吸道疾病等各种疾病具有不同的疗效。从18世纪末开始,匈牙利兴建了许多大型温泉疗养中心,客人可以根据各自的保健需求来选择泡浸的温泉池,如要治关节痛等运动系统疾病和缺钙性软骨病,可以到卢卡赤温泉;要治疗运动系统疾病、肠胃病可到塞切尼温泉;

要治疗关节炎等疾病可到新佩斯温泉、帝王池或盖雷特温泉。

除了治病的效果外,温泉在匈牙利更是一种社交活动。自古以来,艺术家、政治家、贵族总是喜欢在温泉浴池里高谈阔论,这使得温泉成为匈牙利新思想和新运动的发源地。如今泡温泉在匈牙利被视为一项全民运动——人们有时间就会到温泉泳池去轻松一下,游泳或下棋聊天。在匈牙利泡温泉不必全裸,只要像在游泳池一样穿着游泳衣,即可在宽广的室内外温泉浴池中畅游。如果能找到下棋的同伴或者找到可以谈得来的朋友一起享受,更能够体会匈牙利温泉文化的精髓。

现在布达佩斯有许多享有盛名的温泉,以风雅逸情和神秘古意吸引市民与国内外观光客流连忘返,其中部分已经成为国际级的温泉旅馆,部分仍保留公共浴室的风貌与特色。

3. 匈牙利两大著名世界温泉中心

1)巴拉顿湖(Balaton Lake)。

巴拉顿湖位于外多瑙地区巴空尼山东南麓,东北距布达佩斯100余公里。湖东西长78公里,南北最宽处14公里,最窄处1.5公里,面积约596平方公里。湖岸周长197公里,是中欧最大的淡水湖,有"匈牙利海"之称。湖深平均约3至4米,蒂哈尼半岛附近深为12.4米,属浅水湖。湖上全年平均日照时间长达2200小时,水温夏季为20℃~26℃,冬季结40~50毫米的冰。湖水含盐量平均每公斤达0.5克,有医疗价值。湖内多水生动物。湖区气候温和宜人,湖光山色悦目。深入湖心的蒂哈尼半岛景色最为优美,这里古木参天、古趣盎然,从半岛顶端可眺望湖区全貌。湖北岸群山耸立,树木苍翠,如一道绿色屏障;南岸是欧洲最长的沙滩浴场。古老的罗马式、哥特式和巴洛克式建筑分散在南北两岸,最美丽的巴洛克式建筑为舒梅格教区教堂。公元1055年,匈牙利国王安德烈一世用匈牙利文和罗马文颁布诏书,宣布开辟巴拉顿为游览区。11至13世纪匈牙利阿尔帕德王朝统治时期建立的寺庙和城堡,遗迹至今可见。湖区多疗养院和休养所。南岸的西奥福克是最大的休养中心和游览区,还可进行水上运动。北岸的巴拉顿费莱德也是一个历史悠久的疗养地。现湖区已辟为国家公园,也是许多运动项目的比赛场所。湖的四周修建了直通布达佩斯的铁路和高速公路。巴拉顿湖吸引游人之处还在于它附近有不少温泉,其中最大的是深36.5米、面积4.75万平方米的温水湖,每隔28小时湖水自动更换一次。就是说当湖面水温逐渐变冷下漏时,地下的温水就补充上来了,所以湖水可供游人全年之用。每到盛夏,湖滨能聚集几十万人,难怪有人说:"不到巴拉顿,不知匈牙利。"

2)赫维兹天然温泉湖(Heviz Lake)。

赫维兹天然温泉湖是匈牙利最负盛名的温泉,也是世界上唯一的天然温泉湖。赫维兹有欧洲最大的硫磺泉。这里的泉水表面水温在33℃至36℃之间。游客可以在此尽情享受温泉,即使冬天,温泉水温度仍可保持在25℃左右。此温泉可以治疗肌肉痛、关节炎、神经痛,因此被称为"希望之湖",另外,取自湖底的含有多种矿物质的黑泥也具有多种美容医疗效果。远在 15 世纪初，就已吸引大批欧洲王公贵族来此医疗度假。小镇宁静优美的风景使慕名而来的人能在此享受最美好的时光。

4. 匈牙利温泉水的特征

1）温泉水水位比任何地方都更接近陆地表面。

匈牙利的温泉水水位比任何地方都更接近陆地表面，这使匈牙利的温泉在欧洲占据着独特的地位。全国每天从天然泉与钻井中喷涌而出的温泉水量达到 350000 立方米。匈牙利法律规定温度高于 30 摄氏度的天然水源才能被称为温泉。

2）疗效泉水是被医学证明有治疗效果的矿泉水。

矿泉水是指每公升含多于 1000 毫克可溶解矿物质，或是特殊生物活性物质的含量大大高于特定值的天然水源。（最近几年根据欧盟饮用水标准，这个指标已经降低到 500 毫克/公升。）而疗效泉水是被医学证明有治疗效果的矿泉水。检验成为疗效泉水必须通过卫生部的严格检测。匈牙利的疗效泉水早先只被用作沐浴，如今有些独具疗效的也被用作饮用治疗。

5. 匈牙利的温泉理疗养生之道

世界各地特别是生活在大都市的许多人可能都在和时间竞赛，尝试用每天服用维生素或者跑步锻炼、称量体重的方法来保持青春。现在每个人都知道，少服药、多锻炼、戒烟和健康饮食才能保持较好的健康状况。当然你完全可以在家里运动和保养容颜，但你是否花了足够的时间去做这些事呢？那么你应该或者能做些什么使健康伴随着你的生活呢？

"温泉理疗养生是生活方式，是生活态度，更是生活哲学，是有意识地为个人生存所做的努力。这种努力基于责任感，特别是为了自己的健康，以及全面生活质量的提高。"

"温泉理疗养生本身包括身体、心理和精神各方面。温泉理疗养生是生活艺术，如果我们有意识地用新的经验、知识来发展丰富它，那么我们的前景将得到巨大的改善，将拥有一个完美的生活。养生多方面地与个人完善紧密联系：健身、缺少时间和缓解压力、自尊以及形成适当的、建设性的待人接物方式。养生使人生目的、价值与意义有不断的追求。"（语出 Donald Ardell 博士，美国养生运动的关键性人物之一。）

温泉理疗养生是通过学习有关知识以及主动介入来创造健康的身体与心灵为目标的生活方式。其主要特点是：健康的积极维护，规律性的锻炼，健康饮食，避免食用对身体有害的物质，规律性的放松休闲，缓解压力和接触自然。匈牙利的大多数宾馆都向客人提供各种健身方式。游泳被医疗从业者推崇为最理想的锻炼方式，附带游泳池的健身中心还提供各类先进的健身设备以供客人锻炼。当然养生并不仅仅是身体锻炼，也包括各种治疗，也和进食的时间与食物有关，同时也是解决健康与生活问题的方法。由于古代亚洲的健康生活哲学的许多方面都十分相似，因此亚洲各国的养生之道也基本雷同。每年成千上万的亚洲客人来匈牙利浴场和疗养场所度假也就不足为奇了。当然还有一个原因是世界上很少有像匈牙利这样的国家，除了名胜古迹、传统美食以及其他娱乐项目之外，还能提供各种各样的理疗设施。

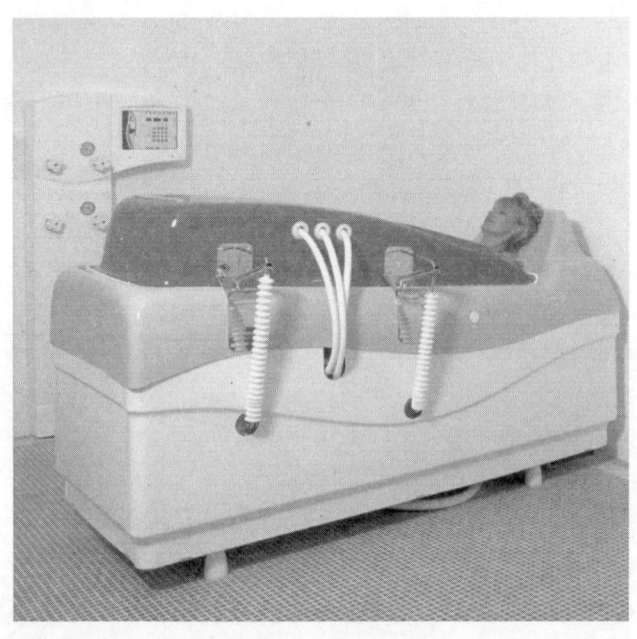

匈牙利老人在做温泉理疗

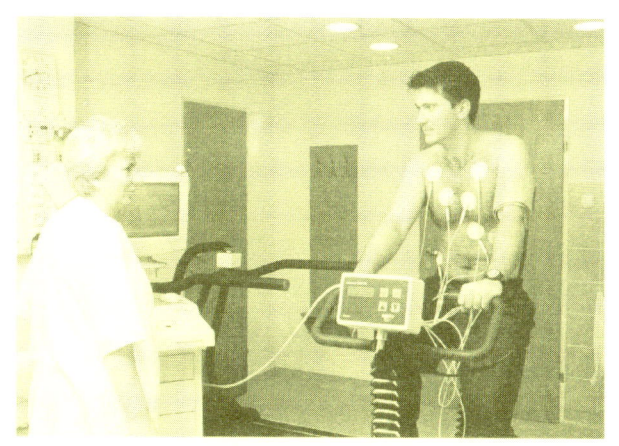

客人在匈牙利做温泉理疗

6. 温泉理疗养生的适用范围与禁忌

在准确诊断的基础上，温泉治疗和一些自然疗法基本上没有任何副作用。但是需要注意的是，在采取任何治疗之前必须咨询医生的意见，找到最恰当的治疗类型和疗程，因为温泉水的成分不同，医疗效果也就不同。如曼顿酒店（Hotel Mendan）的温泉水主要对风湿病、妇科病、神经衰弱、运动拉伤术后恢复等有明显的医疗效果，其成分如下：

	温泉水中矿物质含量（mg/dm）	具医疗效果的矿物质含量（mg/dm）		温泉水中矿物质含量（mg/dm）	具医疗效果的矿物质含量（mg/dm）
钾离子（K^+）	6.9	58	硼（B）	130	1000
钠离子（Na^+）	284	1810	钇（Y）	7.8	1900
钙离子（Ca^{2+}）	7.2	136	钛（Ti）	3.3	0.8
亚铁离子（Fe^{2+}）	0.29	0.15	钒（V）	0.03	0.24
锰离子（Mn^{2+}）	—	—	铬（Cr）	0.23	2.7
氯离子（Cl^-）	16	2420	钴（Co）	0.6	0.1
溴离子（Br^-）	0.05	6.5	镍（Ni）	0.28	5.4
氟离子（F^-）	0.6	1.4	铜（Cu）	9.3	37
碳酸氢根（HCO_3^-）	790	1650	锌（Zn）	6.0	15
硫离子（S^{2-}）	—	2.9	砷（As）	1.0	2.3
硅酸（H_2SiO_3）	45	19	铷（Rb）	1.6	15
二氧化碳（CO_2）	—	733	锶（Sr）	1.2	2.2
钨（W）	0.2	3.3	锆（Zr）	0.23	8.1
汞（Hg）	0.1	0.5	钼（Mo）	0.9	5.2
铅（Pb）	0.2	2.9	镉（Cd）	0.1	2.5

续表

	温泉水中矿物质含量（mg/dm）	具医疗效果的矿物质含量（mg/dm）		温泉水中矿物质含量（mg/dm）	具医疗效果的矿物质含量（mg/dm）
铋（Bi）	0.4	1.3	铅（Pb）	0.2	2.9
			磷（P）	84	46
放射性元素含量			锡（Sn）	1.2	2.2
铀（U）	g/dm	1.0	锑（Sb）	0.1	2.9
镭（Ra）	Bq/cm	22.1×10^4	铯（Cs）	0.1	1.0
钍（Th）	g/dm	0.5	钡（Ba）	95	1400

卡洛斯温泉酒店（Hotel Karos Spa）温泉水对运动拉伤、神经系统疾病、慢性妇科病都有很好的疗效，其主要成分如下：

矿物质	含量（mg/l）	矿物质	含量（mg/l）
钠（Na）	360.0	氟（F）	0.90
钾（K）	5.0	钡（Ba）	130.0
锂（Li）	0.03	锌（Zn）	30.0
钙（Ca）	5.6	铬（Cr）	2.0
镁（Mg）	2.0	镉（Cd）	0.2
铁（Fe）	0.77	溴（Br）	0.02
锰（Mn）	933	二氧化碳（CO_2）	45.0
氯（Cl）	24.0	砷（As）	2.0
碘（I）	0.06	锑（Sb）	2.5
pH（值）	7.9	水温	49.8℃

但是，温泉疗法并不是万能药，也有许多疾病不能用此种方式治疗，有些疾病的患者是禁忌采用温泉疗法的。很重要的还要声明的一点是，虽然温泉浴是十分舒服的休息与放松，但严重的患者仍然需要2~3周的常规治疗。这并不意味着不值得去洗一下温泉浴。实际上，短期的温泉度假对防止疾病颇有益处。短期的治疗在布达佩斯格外方便，在最短期的商务旅程之余都能安排去洗个温泉浴或者做个按摩。布达佩斯的几家温泉宾馆都拥有温泉浴场和治疗部门，而其他的首都浴场也能非常方便地到达。

如同其他治疗方法一样，温泉浴疗法也有推荐使用的患者人群和禁忌使用的患者人群。

推荐使用：匈牙利疗效温泉浴主要适用于慢性变性运动失调、慢性脊髓炎和未发作状态下的关节炎疾病、创伤和关节外科手术后恢复。

一般禁忌：身体虚弱、心脏病、慢性高血压、心肌梗死（突发后6个月内)、肿瘤、结核病、孕妇、变性运动失调发炎期、发炎性运动失调发作期。

提到禁忌时，非常重要的需要说明的是患者自我选择温泉浴来治疗疾病是不恰当的。在采取任何治疗前，患者必须向医生咨询疗法、疗程以及合适的温泉浴频率。

7. 匈牙利的温泉理疗养生方法

匈牙利的人们热衷于洗温泉浴的一个非常重要的原因是，这里的泉水具有神奇的治疗功效。另外，温泉酒店还引进了国内外先进的保健、养生方法，当人们泡温泉的时候，温泉酒店会提供经验丰富的医生和训练有素的助手为客人们进行多样化的治疗。多样化的治疗方法（水中操、水疗按摩、电疗、针刺疗法等）、配套服务（按摩、桑拿、按摩浴缸、美容院等）会使你完全忘记自己正处于治疗之中。

(1) 按摩疗法。

英语按摩（massage）这个词来源于法语 masser，是指用有规律和有控制的方式对身体揉捏、摩擦、抚摸或者轻打。按摩对身体组织和肌肉有放松和激活的功效，可促进血液循环，恢复皮肤与淋巴的功能，扩大肺活量。在进行按摩之前建议先进行远红外热疗法。不同的病痛与治疗必须采用不同的按摩方法，包括古典式按摩、针压法、放松按摩、淋巴引流按摩、脚底按摩、结缔组织按摩、刷式按摩、水底压力按摩和穴位按摩等。

1) 印度草医学（Ayurveda）按摩。

印度草医学的意思是"生命科学"，是世界上最古老的全面治疗系统之一，有已经超过了5000年的历史，和古印度有着极深的渊源。根据印度草医学的理论，我们的健康可以通过身体的所有功能的平衡来维持，如消化、新陈代谢。印度草医学疗法过程比较复杂但是效果较好，经过按摩可以达到深度放松的状态，同时会出现某种循环反应。

①abhyanga 油疗按摩。

abhyanga 疗法是"阿育吠达"治疗技法中最为通俗的一种，可以将人的肉体、精神和灵魂三者合一。具体做法为：在按摩前先在人的身体上抹上油，接着是一整套按摩动作。首先是两手在人体上滑行，随后是快速地向前推进，并往复运动，致使全身产生一阵难以言状、不可抗拒的松弛感。abhyanga 疗法有助于释放压力、提高循环系统功能、溶解障碍物、充分利用能量等，对于关节炎、风湿病、肠胃疾病、失眠等问题有很好的疗效。

②Shiro Dhara 油疗按摩。

这是用两升左右温热的、高质量的油慢慢地、持续地按摩额头的疗法。这种疗法是一种有节奏的运动，目的是唤醒人的第三只眼睛。Shiro Dhara 疗法对头痛、用眼过度、精神疲劳、失眠等问题有神奇的疗效，有助于增强记忆力、提高视力、刺激大脑循环、帮助睡眠等。Shiro Dhara 疗法特别适用于过度操劳、身体疲惫、精神紧张的人。

③Udvarthanam 粉末按摩。

这种方法通过使用印度草本粉末按摩来减少多余脂肪团，由两名专业的按摩师从脚和腿开始同时按摩，然后是胃部、背部和手臂。这种按摩方法适合过度肥胖及出现皮肤问题的人使用。

④Pisichil 精油按摩。

将温热的精油缓缓倒在身体上进行按摩，按摩过程中可能会出汗。温暖和触摸的结合可以刺激皮肤和器官的新陈代谢，使身体和精神完全放松。这种方法对于消除疲劳、缓解压力等有很好的疗效。

2）泰式按摩。

古典泰式按摩不使用按摩油，主要用于治疗关节病痛。泰式按摩主要是拉伸的动作，按摩过程中患者身着轻便的服装，听着舒适的音乐。治疗过程融以中国的穴位理论与印度草医学的元素。

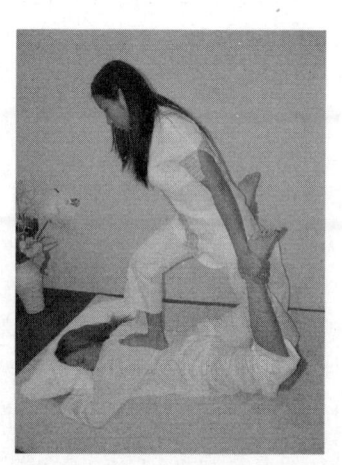

3）瑞典式按摩。

类似结缔组织按摩，并伴以幅度较大的抚摸与转圈手法，同时加以揉捏的手法，帮助肌肉深处也得以放松。

4）丹麦淋巴引流按摩。

淋巴按摩手法是由丹麦医师 Emil Vodder 五十年前在法国戛纳创立并发展的，用轻柔挤压式的按摩手法按摩淋巴结所在位置，加快淋巴液的流动速度。

如果淋巴系统运转出现障碍，淋巴组织内部水分会积存，然后形成肿胀。淋巴引流按摩疗法的目的在于恢复组织内部水分积存量与淋巴系统工作能力之间失去的平衡，同时加强免疫系统的功能。

5）日式按摩。

①涌命法（Yumeiho）骨盆矫正按摩。

该疗法源于日本，具有缓解压力、减少痛楚、平衡血压、保护免疫系统的功效；能解决身体各部位的对称平衡；通过穴位按摩缓解肌肉痉挛，促进"气"（生命能量）的循环流动。

②"夏楚"（Shiatsu）按摩。

"夏楚"（Shiatsu）按摩是日本的传统疗法，通过手指压迫几百个针灸穴位，而疏通体内的"气"。按照所选择的穴位不同，可以达到健身强体或让整个身体彻底放松的效果，对于消除疲劳、治疗消化道疾病及背部或头部的疼痛往往可以手到病除。

6）其他按摩。

①水中喷射按摩。

用强力水柱向紧张的肌肉群喷射，起到按摩和放松的功效。

②旋水按摩。

旋水按摩的概念来自意大利著名设计公司 Pininfarin 的设计，这一灵感来自于奇妙而迷人的大自然。这种浴缸上方的拱形呈现出充满爱意的保护姿态，形成贝壳、帆船或现代造型的抽象概念。浴缸拥有造型扶手、符合人体结构的靠背、防滑底部、欧式喷头、照明系统、数码控制功能和快速加热设备，能产生人造波浪，达到按摩的效果。

③运动按摩。

类似结缔组织按摩，特别适用于体育运动进行前后，起到舒筋活血的功效。

④热石按摩。

热石按摩是一种从内到外改善身体状况的疗法，它利用源自天然的火山沉积岩——玄武岩按摩身体，促进血液循环，达到舒展筋骨的功效，并可有效排出身体毒素及疏通堵塞物，舒缓压力。

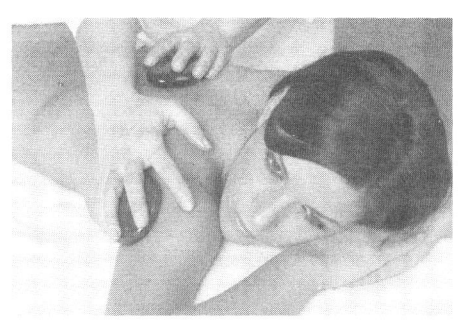
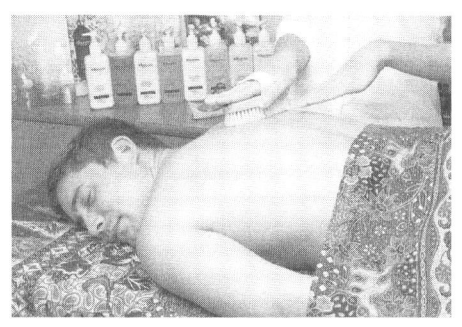

⑤刷式按摩。

使用毛刷按摩身体的最大特色是能够有效刺激身体的经络，增强血液循环与新陈代谢，帮助消耗热能，以及消除赘肉。

⑥活力按摩。

活力按摩用拔火罐来放松肌肉组织，随后再用按摩手法拉伸和放松肌肉，非常适用治疗由于办公室久坐和精神压力而引起的颈、肩、背等部位的酸痛。

⑦反射疗法按摩。

反射疗法是一种和中国的针灸治疗法相似的古老治疗技术，它通过对人体手部、脚部的特殊穴位进行触压和按摩，来帮助患者缓解痛苦、治愈疾病，实现保健效果。

（2）理疗法。

1）有色光疗法。

众所周知，不同的色彩本身也隐藏着不同的能量形式，并以色波或者光波的形式对我们施加影响。有色光疗法就是利用颜色可以正面或负面影响人的精神及健康状况，积极地强化色彩，并再次制造及稳定人体不可或缺的"内在色彩平衡"的功能来达到缓解压力、消除疲劳的目的的。

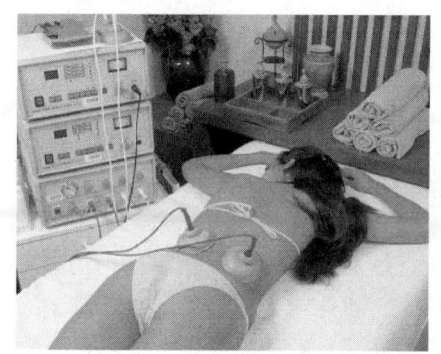

2）电疗法。

电疗法的基本原理是利用电流磁场的变化在人体内产生感应电流，从而使组织产生发热反应，达到治疗骨质增生疼痛的目的。电疗法可使人体局部新陈代谢的速度明显加快，使毛细血管扩张，血液和淋巴液循环得到改善，从而可以有效地减轻因骨骼退行性改变或骨质增生而产生的无菌性炎症反应。同时，电流对感觉神经和运动神经具有镇静、镇痛及调节作用，能够有效地解除因疼痛引起的肌肉痉挛等现象。

3）海水浴疗（Thalasso）。

海水浴疗包括了所有使用海水或海洋藻类进行疗养的方法。海水、海底沉淀物、海藻、海底淤泥及海盐里的有效物质可以促进体力恢复，帮助病后或产后的复原。海水浴疗采用的疗法包括海藻浴、海水泳池里进行的运动疗法、水下按摩以及海藻身体包膜。海洋藻类使皮肤与指甲重新焕发活力，同时有效防止蜂窝织炎。现代科技使这些疗法在不靠海的匈牙利也能进行。

4）Spa水疗。

Spa这个词来源于拉丁语，是"sanus per aquam"（意为通过水而健康）的简写。Spa水疗在拥有丰富温泉水源的匈牙利占据非常特殊的重要地位。现今在温泉地区各类温泉浴场、健身中心、诊所以及疗养宾馆都用不同的方式对温泉水加以开发利用。Spa一词在蒸汽桑拿浴、游泳池、美容院与康复中心的范围内已经成为国际性的专业名词。

5）水中操。

水中操是根据游泳和健美操两项运动相结合的特点而创造出来的一种独特的健身方式。水中操一般是在水深1.2米到1.4米，水温约在27℃到30℃的水池中进行，练习者站在水中央，通过各种运动来锻炼身体的各个部位。对于那些不爱运动的胖人来说，水中操是一种减肥、塑身的好办法。

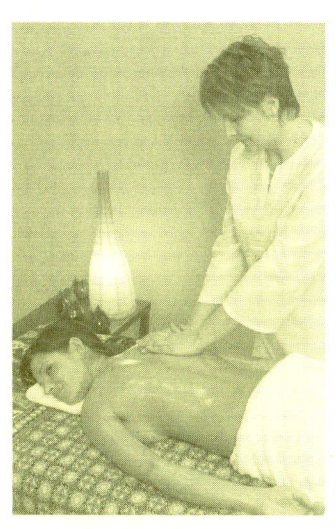

6）芳香疗法（Aromatherapy）。

芳香疗法起源于古埃及等古文明，近代盛行于欧洲，是一种通过使用芳香油按摩来舒缓精神压力与增进身体的健康的治疗方法。芳香油则是利用来自大自然的植物，特别是各种鲜花所萃取的花精制成。

7）植物疗法。

目前药草植物的使用越来越受欢迎，原因在于药草在缓解病痛的同时，没有化学药剂的副作用那样大。自然医学的目的不仅是快速治疗病痛，而且更强调鼓励身体本身彻底有效地克服病因。以药草植物制药的传统方式有泡茶、熬制、敷料或者浸膏的方式。除了这些，现在还采用片剂、酊剂、包扎、药膏、糖浆以及精油等方法。

8）Parafango 疗法。

这是用石蜡和泥浆混合的一种疗法。可以排毒、去除死皮。

9）Mayr 疗法。

这种疗法由奥地利医生 Franz Xavier Mayr（1875—1965）发展创立，他认为所有的身体疼痛都可能源自消化系统的紊乱。这种疗法可以有效清除身体毒素。疗法的基础是严格的节食，只进食牛奶和蛋卷。患者食用精确定量的干蛋卷和牛奶，关键在于正确咀嚼食物，还加以肠道按摩和腹部呼吸练习来辅助治疗，促进对不正常工作的肠道的控制。除了减轻体重，Mayr 疗法的目的还

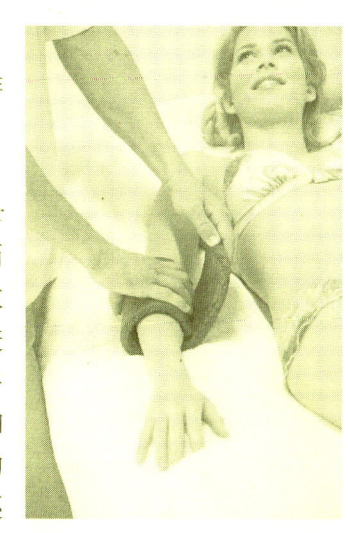

在于改善全身状态和加强免疫系统。

10）泥浴疗法。

泥浴疗法是用具有医疗作用的治疗泥，进行人工加温或日晒后，包裹在人体表面的一定部位或全身，达到治疗作用的方法。泥浴疗法能够降低身体局部交感神经的兴奋性，使毛细血管扩张，增强血液和淋巴循环，改善消化功能和内分泌功能，促进新陈代谢和调整神经系统的功能等。

11）蒸气浴。

蒸汽浴是指在一间具有特殊结构的房屋里将蒸汽加热，人在弥漫的蒸汽里沐浴。人体处于高温与近饱和湿度的蒸汽浴室内，相对缺氧，能使体温、脉搏、呼吸、心输出量、肺通气量均增加，血流速度加快，皮肤血管扩张，血压短期内升高而后降低，一般在停止治疗后 30~60 分钟恢复正常。蒸汽浴可加强物质代谢过程，使糖、脂肪、蛋白质代谢加强，使血糖下降。由于大量出汗，氯化钠和其他代谢产物排出增多，故有利于组织间液的回流吸收。

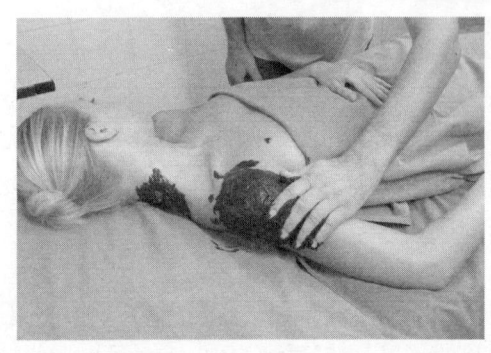 

12）瑜伽。

瑜伽是一种东方的锻炼方式，是通过不同的姿势、控制呼吸来促进血液循环、增加身体柔韧度、增加力量、调节平衡身心的运动项目。

13）冥想疗法。

患者在冥想期间想象自己完全沉浸于自己身体中，然后把自己从外部与内部的压力中解脱，通过心灵暗示可以达到释放精神力量的效果。有多种方法可以练习冥想，最常用的是集中精力想象特定的思想、言语甚至事物。冥想的基础原先是对神的心灵探索，因此冥想在许多宗教中具有重大的意义。

14）去死皮疗法。

通过膏体或凝胶体所含微小磨砂颗粒的协助，去除皮肤表层的死皮角质，使皮肤表面变得更为细致，吸收能力加强，有利于更有效地吸收高价值的护肤用品。

15）脸部蒸汽浴。

蒸汽从细小喷嘴散发到脸部表面，使脸部肌肤深层得到进一步的清洗，角质层得到放松，毛孔也被打开，随后就能更容易地去除脸部积存的污垢。脸部蒸汽浴最新的发展是在蒸汽中加入药草香氛，使肌肤与心灵在沁人心脾的香气中得到放松与慰藉。

考察匈牙利温泉酒店之体会

匈牙利素有"水疗之国"之称，原因是该国坐享得天独厚的自然环境之福，国内拥有为数不少的热温泉，其中部分温泉的泉水还具护肤作用，或对皮肤病及其他疾病具疗效。注重生活质量的匈牙利人在泡温泉之余，还会利用温泉发展酒店、度假村、美容、水疗、餐饮等等。年初，笔者再一次应匈牙利大使馆邀请前往匈牙利考察其温泉酒店的发展。笔者在为期一周的考察期内，分别参观游览了位于首都布达佩斯、匈牙利西部和东部地区的13家不同星级的温泉酒店，分别是：

布达佩斯：

·科林西亚阿奎肯酒店（Corinthia Aquincum Hotel Budapest）；

·多瑙河玛格丽特岛温泉酒店（Danubius Thermal Hotel Margitsziget）；

·多瑙河贺莉亚温泉和会议中心酒店（Danubius Thermal & Conference Hotel Helia Budapest）。

匈牙利西部地区：

·公共温泉（Raba Quelle）；

·古堡酒店（Szidonia Kastely Szallo）；

·雷迪森 SAS 温泉度假酒店（Radisson SAS Birdland Resort & Spa）；

·凯利达温泉度假村（Kehida Spa & Wellness Resort）；

·莲花温泉酒店（Hotel & Spa Lotus Therme）；

·卡洛斯温泉酒店（Hotel Karos Spa）；

·曼顿温泉酒店（Hotel Mendan）；

·皮利翁山温泉酒店（Hungusest Hotel Pelion）；

匈牙利东部：

·太阳温泉酒店（Hungusest Hotel Aqua sol）；

·老鹰古堡温泉酒店（Kastely Hotel Sasvar）。

通过考察，笔者对匈牙利温泉酒店的发展深有感悟，归纳起来主要有以下几点：

·政府大力支持发展温泉旅游。

匈牙利是个内陆国家，没有蜚声世界的名山大川，旅游业能取得好成绩的原因之一是政府的大力支持。在世界各地兴起保健旅游热的新形势下，匈牙利旅游局已逐渐摒弃人们熟悉的吉普赛音乐形象，充分利用它们的资源优势，大力发展温泉旅游。从 2004 年 10 月起，匈牙利旅游局发起了一系列促销活动，先请匈牙利籍著名影星拍摄宣传匈牙利的风光片在美国播映，今年更面向欧洲市场，宣传温泉旅游产品；投入了 1.55 亿欧元用于温泉旅游区的开发，兴建了 82 座温泉设施和 8 座温泉酒店；另外还投资了近 1000 万欧元，建设一座温泉度假村主题公园。可以预期，匈牙利的温泉旅游必将登上一个新的台阶。

·温泉浴已成为一项全民运动，平时主要为老人提供温泉理疗，由保险公司买单。

18 世纪，罗马人和土耳其人的入侵带来了沐浴文化，使这里几百年来一直热气腾腾。而且匈牙利人还将温泉与泳池相结合，让泡温泉演变成为当地人生活的一部分。老人把温泉池当作他们重要的社交场所，理疗、下棋、聊天、看书，甚至是睡觉，匈牙利人都想泡在泉水里解决，就连许多艺术家、政治家、作家等也经常在这里出没。布达佩斯的温泉价格一般是 400~1500 福林，而且按小时收费。有趣的是，没有泡足时间可以按比例退回相应的金额。

·匈牙利温泉沐浴已经发展到 wellness 阶段。

温泉沐浴起源于欧洲，目前已经发展到 wellness 阶段。wellness 简单地讲即为健康，在这里是指温泉酒店通过为客人提供多项服务来实现多种功能，使客人在身体、心理及人际各方面都达到一个良好的状态，即现代人追求的一种身（body）、心（mind）、灵（soul）平衡协调的健康、和谐状态。贺莉亚温泉和会议中心酒店（Danubius Thermal & Conference Hotel Helia Budapest）是 wellness 的典型的代表。

·温泉酒店与保险公司合作推出温泉套餐系列产品。

温泉酒店除设有露天及室内温泉水池外,一般还有美容室、健身室、康乐室、水疗室、儿童游乐区、大型餐厅及酒吧等设施。每间客房的浴室均有温泉水供应,即使在冬天,温泉的热水也可制造天然的温暖环境,所以长年都有客人。但是欧洲及匈牙利正面临人口老龄化问题,因此经营者推出另类的经营方式,即与保险公司合作,利用国家的老人医疗津贴,为老人设计一整套保健、疗养的住宿计划,以确保酒店的客源。

·理疗疗程专业化、科技化程度比较高。

温泉酒店为老人提供沐浴疗养场所的同时,也引进国内外先进的理疗设备,同时配备了专业的温泉保健指导师和温泉保健理疗师为客人提供咨询、疗程设计、康体及美容等服务。

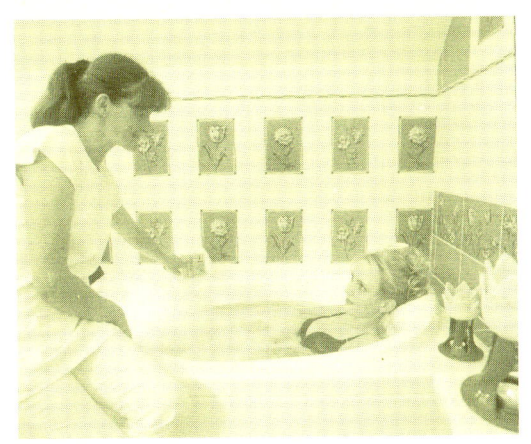

·提供人性化的服务。

温泉酒店服务注重以人为本,如酒店在电梯里为盲人设置盲文,酒店的标识也比较明显,使客人较易识别。在匈牙利,温泉沐浴不只是健康人的权利,他们为残疾人提供了专门的设施,帮助他们进行温泉疗养。

·温泉与医院互相融合:温泉就是医院,医院就是温泉。

·注重环保和健康饮食。

温泉酒店比较注重环保,并且为客人提供低热量、低脂肪的营养配餐。

匈牙利温泉酒店

匈牙利温泉酒店的桑拿

第五节 国际健康银发城中华理疗

中华理疗是通过利用人工或自然界物理因素作用于人体,产生有利的反应,达到预防和治疗疾病的方法。它是康复治疗的重要组成部分,是物理因素通过人体局部的直接作用,和对神经、体液的间接作用引起人体反应,从而调整了血液循环,加快了新陈代谢,促进对细胞组织的修复,调节神经系统的功能,提高免疫功能,消除致病因素,改善病理过程,达到治病目的。

现在我们常用的物理因素有电、光、声、气、磁、温度和机械力等。电疗分直流电、低频电、中频电、高频电和静电等疗法。光疗分红外线、远红外线、可见光线、紫外线和半导体激光等疗法。

由于现代物理学、生物学的迅速发展，物理治疗日益受到重视，已成为临床综合治疗及康复医疗中的一个重要组成部分。物理疗法属无损伤手段，易被病伤残者所接受。物理治疗的作用广，不仅可用于对症治疗，而且可作为对某些疾病的病因治疗。若能正确地选择应用各种物理治疗法，可收到提高疗效、缩短疗程的作用，有利于患者及伤残者的康复。

中华理疗是以中医理论为基础，吸纳海内外经验和技术，以经络理论为指导的外治法。中医认为人体是一个有机的整体，脏腑之间在生理上是相互协调、相互促进的，同时我们又是自然界中的一分子，早在人类远古时代，人们就会利用自然带来的阳光、温泉水、冷水治疗疾病，强身健体。进入石器时代，人们已开始有了应用石器治疗疾病的方法，而这种方法经过长期的不断改进，不仅在根治人类某些重要疾病方面取得了卓越的成效，同时也为我国医药科学中的治疗方法奠定了坚实的物质基础。

中华理疗在发展过程中，继承和发扬中医理论，以中医理论的五大支柱（砭、针、灸、药和导引按跷）为基础，以经络学为指导，结合患者的病症，在进行调治的同时，也充分利用现代化的理疗设施进行配合治疗，将会出现事半功倍的效果。

病例：如何治疗颈椎病？颈椎病是由风寒、劳损或外伤引起颈椎活动异常、压迫神经引起的，主要症状为颈、肩疼痛，并伴有上肢疼痛、手指麻木、头晕、耳鸣。

治疗上首先对患者进行检查，发现患者颈椎2、3节均有错位并伴有椎体前移。开始用气疗机治疗，因为气疗可以充分调动起人体的经络、组织细胞，使其活跃，加快血液循环，提高免疫机能，达到扶正、祛风寒、行气活血、通络驱痹的治疗作用。

中华医疗有如下理疗作用：

一、饮食养生

古人认为，合理饮食可以调养精气，纠正脏腑阴阳之偏，防治疾病，延年益寿。故饮食既要注意"博食"即以"五谷为养、五果为助、五畜为益、五菜为充"，又要重视五味调和，否则，会因营养失衡、体质偏颇、五脏六腑功能失调而致病。

二、经络养生

经络是遍布人体全身的"网络"系统，它控制着血和气的运行流动，以保证各组织系统的正常功能。《黄帝内经》说，经络具有决生死、处百病、调虚实之作用。古代养生学家认为，疏通经络可作为摄生的重要措施，而最简便的方法就是经常刺激、按摩、针灸三个重要穴位即合谷穴、内关穴和足三里穴。作用于合谷穴可以防治颜面及五官方面的疾病。作用于内关穴有助于防治心脏疾患。作用于足三里穴则对预防五脏六腑特别是消化系统的疾病最有效。

三、固精养生

古人认为，精血是人体营养物质中的精华部分，是生命的物质基础。五脏六腑得精血的供养，才能保持其正常功能。如性欲无节，精血亏损过多，就会造成身体虚弱、病变百出、减损寿命。而保养阴精则可延缓衰老。

四、顺时养生

古人认为，天有四时气候的不同变化，地上万物有生、长、收、藏之规律，人体亦不例外。因此，古人从衣食住行等方面提出了顺时养生法。人的五脏六腑、阴阳气血的运行必须与四时相适应，不可反其道而行之。

因时制宜地调节自己的生活行为，有助于健体防病，否则，逆春气易伤肝，逆夏气易伤心，逆秋气易伤肺，逆冬气易伤肾。

五、减毒养生

古人认为，人若喜怒无常则会导致体内阴阳、气血失调。劳累过度会损伤脾气，伤于饮食则生湿、热、痰浊。冒犯六淫，伤之外邪则百病丛生。这种致病因素被人体视为"毒"，因此提出以"减毒"来保全真气的养生之道。

而通过饮食调理、服用药物及其他措施，减少体内积聚之毒，可免生疾患，防止早衰，进而延年益寿。

六、静神养生

静神在传统养生学中占有重要地位。古人认为，神是生命活动的主宰，保持神气清静、心理平稳，可保养元气，使五脏安和，并有助于预防疾病、增进健康和延年益寿。

反之则怒伤肝、喜伤心、忧伤肺、恐伤肾，以至诱发种种身心疾患。

七、修身养生

古人认为，凡追求健康长寿者首先要从修身养性做起。平日应排除各种妄念，多说好话，多行善事。

古医家孟说云："若能保身养情者，常须善言莫离口"；"口有善言，又当身行善事"。孙思邈则说："心诚意正思虑除，顺理修身去烦恼。"养成良好品行，常做有利于他人的事，可使自己心胸开阔、心情愉悦。

八、调气养生

古人认为，人体元气有化生，推动与固摄血液，温养全身组织，抵抗病邪，增强脏腑功能之作用。营养失衡、劳逸失当、情志失调、病邪夹击等诸多因素，可导致元气的虚、陷、滞、逆等症候，进而使机体发生病理性变化。

调气养生法主张通过慎起居、顺四时、戒过劳、防过逸、调饮食、和五味、调七情、省言语、习吐纳、行导引等一系列措施来调养元气、祛病延年。

九、进补养生

传统医学十分推崇用滋补药物调理阴阳、补益脏腑、滋养精血。合理进补可以强身、防病、祛病。但进补既要辩证，又要适量，还应考虑顺应四时。服用补药时，如系入肺药，在秋季较合适；如系温补药，则在冬季比较适宜。

第六节　国际健康银发城——北京温都水城水疗

北京温都水城温泉水疗服务项目：

人参浴：人参，味甘纯正，补后天，益五脏，固真元，能大补元气。此汤对心气不足、失眠健忘、肾虚阳痿等有很好的治疗作用，长期沐浴可延年益寿，增强人体免疫功能。

红花浴：红花本温，归心肝经，具有活血通经、活血止痛的作用。可用于血晕及瘀血而导致的腰腿疼痛。

当归浴：当归微苦、归心，具有补血活血、润肠通便、调经止痛之功，常用于血虚、瘀血之症。对肠燥、便秘症有保健及治疗的作用。

泽兰浴：泽兰，苦、辛，微温，对脾脏具有芳香行气、疏肝散郁、祛瘀通经之效。屈原在《云中君》中说"浴兰汤兮沐芳华"即指泽兰浴。

孙仙少女汤：方出《鲁府禁方》。孙仙即"孙仙姑"，自号清净散人，是全真道教师王重阳七大弟子中唯一的女弟子。此方传说出自她的秘传，用药与众不同，可调营卫、补气血、滋润肌肤，三者配合，清热解毒，消淤行血，滋润皮肤，延缓衰老。

杨太真红玉汤：此方为唐明皇宠爱的贵妃杨玉环专用方，可以使面部红润悦泽，可祛除面部疮癣、褐斑、去皮肤逆胪。如温泉沐浴，此方更加神效。

香醋浴：能清洁皮肤，还能补充人体所需的多种微量元素、氨基酸、维生素等，它能促进血液循环，缓解疲劳，使身体更强壮。

多功能理疗池：由18种按摩浴种组成，富含多种微量元素及矿物质，并结合温泉的温度作用、机械作用、化学作用，对心脑血管、关节炎等起到治疗和改善作用。多功能理疗池的设备有（由北自南）：持币高低按摩器、气泡按摩椅、周身按摩浴、温泉气盘、间歇泉、鹅颈冲击按摩浴、帘幕冲击按摩浴、逆流训练、漩涡缸、脚底按摩隧道、带喷头的水床、温泉冷热池、气盘、瀑布浴、喷射淋浴、气泡按摩椅。

水中健身池：设7种水中健身器，由专业人员指导完成医疗保健体操训练，达到健身、减肥、降脂的目的。健身器材有：壁挂式水中转盘机、多功能拉力器、水中屈伸机、拉伸机、提推器、踏步机、漫步机等。

室外温泉池：环境优美、景色宜人，能品位翠竹松柏的芬芳，冬天也可享受雪中沐浴温泉的意境。

地热理疗：在专业人员的指导下进行地热理疗，结合中药浴和中医按摩等疗法来完成腰腿疼痛、风湿性关节炎、类风湿性关节炎的康复治疗。

香身沐浴汤：治男女秽气、心腹疼痛、皮肤粗糙，有洁肤养颜、润泽肌肤之功效。

永和公主美肤浴：治面部黑黄不泽、皮肤粗糙，有洁肤养颜、润泽肌肤之功效。

金国宫女八白散：针对面有斑点、痤疮、粉刺，有洁肤养颜、祛斑除垢的功效。

香汤浴：方出《备急千金药方》，据云：本方常服，五日口香，十日体香，二七日衣被香，三七日下风人闻香，四七日洗手水落地香，五七日握他手亦香。

肝肾阴痹症汤：对肝血不足、肾精亏虚引起的腰腿疼痛、阳痿早泄等，有益肾精养肝血、活络祛风、化湿止痛之功效。

温阳活血汤：对寒凝血脉引起的腰腹四肢疼痛及妇女经行腹痛症，有温阳活络、化瘀止痛、舒筋活血、解除疲劳之功效。

活血降脂汤：对高血压、心脑血管及各种瘀血症，有降血脂、活血通络之功效，可预防心脑血管等疾病的形成及脑出血、脑血栓等疾病的发生。

补阳沐浴汤：对肾阳不足引起的腰腿疼痛、手脚发凉、尿频、阳痿早泄，有温肾壮阳之功效。

排毒沐浴汤：对风疹湿疹、皮肤瘙痒及妇女阴疮、阴痒和各种气症，有清热解毒、祛风化湿、排毒杀虫的功效。

迷迭香：可促进新陈代谢，加速皮屑脱落，增强皮肤活化，并可帮助睡眠、预防感冒、清除疲劳，让心恢复平静，让肌肤散发自然幽香。

薰衣草：可促进新陈代谢，加速皮屑脱落增强皮肤活化，并可帮助睡眠，预防感冒，清除疲劳，让心恢复平静，令肌肤散发自然幽香。

玫瑰香：促进DHA复制和细胞分裂，减少皮肤皱纹，能有效地抑制有害菌群的生长，起到抑菌、止痒的作用，促进血液循环，消除疲劳，增强皮肤弹性。

沐浴奶盐：补充肌肤营养和水分，深层祛除污垢，促进血液循环，有利于皮肤营养供给和废物的排泄，缓解肌肤疲劳，恢复肌肤弹性和光泽。

慈禧太后美肤浴：为清朝慈禧太后的美容方法之一，据《开宝本草》载，珍珠粉"涂面令人润泽好颜色，涂手足，去皮肤逆胪"。如温泉沐浴，此方法更加神效。

光绪皇帝益春汤：光绪皇帝自幼身体虚弱，肾精不足自不待言。本方有滋阴补肾、固精止遗的功效。

孔子益智汤：有祛痰开窍、益智强记的功效，故而对于中年人脑力劳动过度以致记忆减退、心悸、头眩、不耐思考、虚烦不安等症，颇为适宜。泡汤或久服可以增强记忆思维能力。

神仙玉女汤：是武则天在宫中专用的美容品，固有"仙人秘方，千金不传"之说。用于美容，取其活血养颜之功，有活血祛瘀、治疗粉刺及祛面部黑斑等作用。

仙方地黄汤：方出《御药院方》，据传此方为五代时"仙人"陈抟美容美齿方，道士景碧虚常用此方。此方有润肤防皱、祛除黑斑、牢牙白齿的功效。

桑皮柏叶汤：秦始皇宫中的宫女，在项羽攻入咸阳、火烧阿房宫时，逃入山中，饥饿之时，便以柏叶充饥。时间一长，身体强健，面色红润，更奇怪的是头发乌黑而长，连身上的其他部位也毛发浓重，成了"毛人"，到了汉武帝时，离他逃出秦宫已经二百余年。此方由十八味中草药物而组成，具有养阴生发和抗衰老作用。许多养生家用柏叶制作长寿食品饮料。

打老儿汤：能养五脏，填精益血，补气安神，培元固本，白发再黑，齿落更生，滋阴补阳，有益寿延、年无老无病之效。

第七节 国际健康银发城特色康复理疗

对老人除了采用专业康复理疗方法外，还采用了中风手指康复训练法、体操法、观影法、怀旧疗法、游艺机疗法、娃娃疗法、宠物疗法、书法疗法。

一、中风手指康复训练法

中风患者除了在医院的治疗外，回家之后也要进行一系列的康复锻炼。

发病后一般患者都未能及时进行相关的康复治疗，往往都是2~3年后出现严重的后遗症后来进行康复治疗，此时患者后遗症较为明显：肩下垂，肘关节屈曲，各手指屈曲畸形，行走时下肢呈明显的划圈步态。后遗症期康复治疗的效果没有早期效果好，而且住院康复时间长，训练较辛苦，花钱较多，效果也不一定理想，要持之以恒进行训练。就此情况，家庭中风手指康复训练需要从以下几个方面来进行：

（一）肩关节及肩胛的训练

1. 肩胛上抬训练：取坐位，自己有意识地进行上抬肩胛部的运动，每次持续3~5分钟。

2. 辅助上抬肩胛训练：取坐位，家属或陪护用手摸着肩胛下角，然后向上推肩胛下角，使肩胛部被动地上下运动，每次持续3~5分钟。

3. 可进行爬墙摸高的运动，逐渐增加摸高的高度。

（二）上肢及手的训练，关节活动度的训练

（1）上肢抬高训练：患者可用健手辅助患手运动或家属辅助被动运动，抬高上肢，每次持续 3~5 分钟；亦可双手交叉握拳，用健手带动患手伸肘后可向上抬高上肢，上抬时要注意力度，以免造成继发性损伤或其他意外的发生。

（2）肘关节的伸展训练：自己首先要有意识地去进行伸肘运动，同时可用健手或家属/陪护协助进行肘关节的伸展训练，每次持续 3~5 分钟。练习完毕后，可用硬性塑料或薄木板固定肘关节使其处于伸展位，一天固定时间不少于 12 小时。

（3）手指伸展训练：①可用健手或家属/陪护辅助进行各手指的伸展训练，亦可将各手指被动伸直后置于桌面上，用适当重量的沙袋置于其上，以保持各手指处于伸展位，每次持续 3~5 分钟；②患者坐一长条凳上，被动使患手各手指处于伸展位后置于长条凳上，肘关节处于伸展位，身体重心偏至患侧，每次持续 3~5 分钟。若有条件者可制作手部支具使各手指处于伸展位，每天佩戴时间不少于 20 小时。

手功能的训练：可用患手进行抓握、捏、拿等相关训练。手指关节屈曲伸直式，第一步：患者仰卧或取坐位，操作者手握患肢手指背侧，掌心对第 2~5 患指端，做屈曲运动；第二步：操作者手握患肢手指背侧，揉指，缓慢做伸直运动；第三步：操作者一手握腕关节，另一手揉捏各患指，最后活动各指关节。

脑中风治疗后还要注意控制情绪，避免精神过度紧张和疲劳。要注意节制饮食，做到有规律、有限度、有范围。生活有节律，劳逸应适度，因为过劳则伤气，过逸形肥而脏弱，均易发生脑血管病。要注意节制性生活，保肾精。房事过度可致肾水亏虚、肝木失养、肝阳上亢、肝风内动，而发生脑血管病。要保持大便通畅。大便秘结，排便时用力过猛，可使血压突然升高，而发生脑血管病。

二、体操疗法

通过改编适合老人的健身操，使身体不方便的老人，在轮椅上、在他们方便的位置随着音乐做健身操，舒络筋骨。

三、观影法

每天在电影放映室，为老人放映轻松活泼的电影，如老人喜欢的儿童影片、动物影片、大自然影片、喜剧影片等，哄老人开心地笑。一些老年痴呆症患者都可以受到电影情节的感染。

四、怀旧疗法

此即回忆治疗法。在怀旧室里，老人年轻时的黑白老照片、留声机、电影明星照片、画报、毛主席像等老物件一应俱全，散发着几十年前的美好气息，刺激老人旧有的记忆，改善老人的认知功能，增强沟通能力。

五、游艺机疗法

此即带老人使用投篮机、扑鱼机、气旋球等多种娱乐设施，让老人在娱乐中，使体能得到训练。

六、娃娃疗法

此即用布娃娃呼唤痴呆老人的母性亲情。母亲对儿女的爱是一种天性，无论老人身体出现怎样的状况，老人的潜意识里，对子女的爱是永不变的。多个案例说明，娃娃疗法，可让老年痴呆患者在对"婴儿"的抚育中，恢复自己中青年时代美好的记忆，重现生命的希望。患者与"婴儿"进行交流，开心地微笑，使家属看望老人的次数越来越多，老人得到儿女更多的关爱，老人的精神状况变得越来越好。

七、宠物疗法

此即引进发达国家养老的经验，通过宠物狗的介入、亲热，呼唤痴呆老人（特别是男性、冷漠、木讷型）对周围事物的敏感性与热情。

总之，用上述关爱老人的自然疗法，循序渐进地进行精神抚慰，激活老人停滞的脑细胞，激发老人的潜意识，像老树发春芽一般，使老人出现生机、恢复机能。

第八节　国际健康银发城温泉"洗三"

北京温都水城清代康熙行宫之龙井

中国传统民俗温泉养生之道

文学家梁实秋在《雅舍菁华·洗澡》中将中国人最为日常性的活动——洗澡，上升到洗浴文化的高度，做了极为精当的概括——"我们中国人一向是把洗澡当作一件大事的。自古就有沐浴而朝，斋戒沐浴以祀上帝的说法。"

在北京雍和宫的法轮殿"五百罗汉山"前，陈列着一个精美的"鱼龙变化盆"。据说，清乾隆皇帝生下三天曾用它洗过澡，所以又称为"洗三盆"。其实，过去无论帝王、庶民，生了小孩都有"洗三"的风俗。

中国民间视"洗三"为大吉之礼

"洗三"又称"三朝洗儿"，该礼俗自古以来影响广泛。具体的做法是家人在婴儿出生后第三日，会集亲友，举行沐浴仪式，为婴儿祝吉。"洗三"的用意，一是洗涤污秽，消灾免祸；二是祈祥求福，图个吉利。

这项传统习俗源远流长，影响甚广。值得一提的是，历代皇帝、著名文人都留下了用温泉水洗浴的佳话名篇。如果能够用大自然恩赐的纯净的温泉水来"洗三"，就更能够体现出消灾免祸、祈祥求福的愿望。

一、"洗三"的来历、发展和过程

清人石成金云："儿至三日之后，俗例洗三"，是一种"三朝古礼"。"洗三"习俗历史悠久，起源于先秦时期"悬弧"风俗中的"三日始负子，男射女否"。《礼记·内则·子生》云："子生，男子设弧于门左，女子设帨于门右。三日始负子，男射女否。"南北朝时，东魏高澄生子，三日时孝静帝幸临高澄府第，赐锦彩及布帛万匹，可知当时十分重视"三日洗礼"。宋人叶寘《爱日斋丛抄》考证洗三源流后云："今俗的三朝洗儿，殆古意也。"说明"洗三"礼俗源流久远。至唐代时，此俗十分流行，皇家也大为重视"洗三"礼俗。唐章敬皇后生代宗李豫，三日时，唐玄宗亲临东宫参加洗儿仪式。"洗三"流传到宋代，极为世人所崇奉。苏轼《贺子由生孙》诗曾云："昨闻万里孙，已振三日浴。"宋人还有《洗儿图》描绘芳茵上、芭蕉下、栏槛前，大盆为小儿"洗三"的情景。明清之际，"洗三"成了诞生礼中最重要的仪俗。明人沈榜《宛署杂记·民风一》记明代北京诞生礼俗云："将临，妇家先期以果粢馈其女，曰催生。生三日后，曰洗三。"

《中华全国风俗志》引《北京辁轩录》详细记述了"洗三"过程：

北京城内，凡小儿生后三日，名为"洗三"。是日必招收生婆到家，酒食优待，然后由本家将神纸（俗呼娘娘码儿）并床公庆母之像，供于桌上。供品用毛边缸炉（北京点心名）五盘，由收生婆烧香焚神纸毕，将火煮之槐条水倾入盆内，旁置凉水一碗，及两盘。一盘盛胰子碱、胭脂粉、茶叶、白糖、青布尖儿、白布数尺，秤权、剪子、锁镜等物；一盘盛鸡子、花生、栗子、枣、圆圆、荔等物，均用红色染过。诸亲友齐集床前，将各样果子，投数枚于盆内，再加冷水两匙，铜钱数十枚，名为"添盆"。添毕，由收生婆洗小儿。洗罢，将小儿脐带盘于肚上，敷以烧过之明矾末，用棉花捆好。所有食物，全由收生婆携去，"洗三"告终。

有的地方"洗三"仪式内容多样，如主持"洗三"的老妇要念喜歌，当客人添水时便念："长流水，水流长，聪明伶俐好儿郎……"当红枣、莲子放进浴盆时便念："早立子，胖小子，长命百岁寿星子，连生贵子，连生贵子……"满族"洗三"时唱道："先洗头，做王侯；后洗腰，一辈更比一辈高；洗脸蛋，做知县；洗腚沟，做知州。"意在为小儿的未来祝福，或健康，或聪明，或发财，或做官。天津一带"洗三"时，总是请一稳婆在给小儿洗浴前随意借小孩为话题，说吉庆话，请众人往浴盆里扔钱，扔得愈多愈好，意思是将来小儿才高财大。洗浴的过程中，还要以秤锤轻按小儿身体，谓之"压千斤"，希望小儿长大可以担负重任；用葱茎轻击小儿身体，谓可使小儿聪明；以锁锁小儿的口、手及足，谓可使小儿谨言慎行。洗罢，置花于筛，放小儿其上，轻轻筛动，因为筛有孔，认为这样做将来小儿出痘时可以稀疏。还有的地方"洗三"时，水中放艾叶、花椒等中草药，边洗边念祝词，以驱灾避邪。藏族"洗三"同样如此，小儿生下的第三天，亲朋好友前来祝贺，先向生母、婴儿献哈达，再为婴儿祝福，还带上糌粑，捏一点放在婴儿额上，叫旁色，旁是污浊的意思，色是清除的意思。这是藏族"洗三"习俗中清除秽气的一种仪式。万象一理，都是为了祝愿小儿健康成长、前程远大。

二、古代温泉"洗三"相关典故

唐代宫中"洗三"

据《新唐书》卷七七《后妃传·肃宗章敬皇后吴氏》和唐人李德裕《次柳氏旧闻》载，唐玄宗开元十四年（公元726年）十二月十三日，当时已立为皇太子的李亨（即唐肃宗）喜得头胎儿子李豫，这李豫即后来的唐代宗，其出生极为不凡。李亨为太子时住在东宫，深居简出，久屏乐器，身边也不用侍女。唐玄宗看了为之动色，让高力士挑选了三名女子，赐给李亨，其中一个就是后来的章敬皇后，代宗的母亲。章敬皇后侍寝，做了一个梦，惊呼身上疼痛，喘不过气来，李亨忙问怎么回事。章敬皇后用手掩着她的左肋说："妾梦见一个长丈余的神人，手持宝剑对妾说：天帝命我为你送子。自左肋以剑剖开送入腹中，伤口处恐怕痛不可忍。"李亨验之烛下，果然有红色伤口痕迹。章敬皇后不久就生下了李豫。

皇太孙李豫诞生三日，唐玄宗亲临东宫，赐给金盆，命人为李豫举行香汤沐浴仪式。唐玄宗常年沐浴于华清池，身体康健，因此他觉得其水甚好，命人到华清池取温泉水，为皇孙沐浴。李亨连忙命人准备，李豫的保姆认为这孩子的生母年少体弱，所以他在母体时就先天不足，出世才二天，怕经不起众人折腾，便让人从宫中抱来一个身体健壮的婴儿来冒充太孙。谁料唐玄宗仔细一看，识破了调包之计，大为不悦，说："这不是朕的孙子。"吓得保姆慌忙跪地叩头，道出真相。唐玄宗看了看保姆，又说："大喜之日，朕不怪你，快去抱皇孙来。"真正的皇太孙抱来，唐玄宗乐滋滋地抱在手上，举起皇孙对着太阳细细打量着，笑道："此儿一副福禄贵相，一看就知胜过其父。"于是，宫人为李豫金盆沐浴。唐玄宗高兴地对高力士说："这座宫殿出了三代天子，真叫人高兴呀！快与太子一起同饮喜酒。"高力士忙率宫人三呼万岁。

此例首开风气，从此宫中逢有生育，无论男女，都要在出生后三日这天取华清池温泉水举行沐浴仪式，渐成制度，并要给参加沐浴仪式的宫人赏赐"洗儿钱"。王建《宫词》之一云：

日高殿里有香烟，万岁声长动九天。
妃子院中初降诞，内人争乞洗儿钱。

这正是唐代宫中流行"洗三"习俗的生动真实的写照。

又据唐人韩偓《金銮密记》载，唐昭宗天复二年（公元902年），正处在颠沛流离之中的唐昭宗车驾停留在岐山，皇后生了个皇女，三朝之日，举行沐浴仪式，大行赏赐，赐给洗儿果子、金银钱、银叶坐子、金银链子。可见唐代宫中一直有"洗三"的定制。唐代民间亦流行"洗三"风俗。唐人袁郊《甘泽谣·圆观》载，唐代大历、建中年间（公元766—783年），长江流域就有"浴儿三日"的风俗，谏议大夫李源在长江边南浦一个小山村观看过农家汲山后温泉水为婴儿"洗三"。大诗人白居易庆贺谈弘谟外孙"洗三"，有诗《谈氏外孙生三日喜是男偶吟成篇兼戏呈梦得》云："玉芽珠颗小男儿，罗荐兰汤浴罢时。"他的《崔侍御以孩子三日示其所生诗见示因以二绝和之》亦云："洞房门上挂桑弧，香水盆中浴凤雏。还似初生三日魄，嫦娥满月即成珠。"诗中提到的"兰汤"、"香水"都表明洗儿用的不是清水。孙思邈《备急千金要方》卷五"初生出腹"称："儿生三日，宜用桃根汤浴"，桃根汤用桃根、李根、梅根各二两，以水煮沸，去渣，用以洗浴，能够"去不祥，令儿终身无疮痴"。

当然，民间百姓的"洗三"难以用温泉水来洗，但能用温泉水"洗三"，不仅讲究，在当时也为人们所崇尚。

杨贵妃戏洗"禄儿"

中国古代四大美人之一的杨玉环本是唐玄宗之子寿王的妃子，是个天生尤物。风流皇帝唐玄宗将她占为己有，册封为贵妃，宫中呼贵妃为娘子，礼数同于皇后。杨玉环受宠，正如唐人白居易《长恨歌》所云："后宫佳丽三千人，三千宠爱在一身"。杨玉环确有情场上的绝活，仅她"回眸一笑百媚生"，就让唐玄宗销魂夺魄，躲在芙蓉帐里拥娇抱艳，从此把军国政事也抛弃不问。唐玄宗宠幸杨玉环到了无以复加的地步，然而，杨玉环却不甘只占有一个皇帝，偏偏选中了一个胡儿寻欢作乐。

这胡儿乃是唐朝历史上大名鼎鼎的安禄山，原本默默无闻，一朝得唐玄宗宠信，很快爬到三镇节度使高位，拥有重兵。天宝十四年（公元755年）十一月，他与史思明起兵反唐，史称"安史之乱"，使强盛一时的大唐王朝从此走向衰落。这个"伎忍多智"的胡儿异志初萌时，就使出浑身解数，在唐玄宗面前大施迷魂计，故意装傻来骗取唐玄宗的宠信。唐玄宗指着他硕大的肚子问："你肚子里有什么东西，怎么这么肥大呢？"安禄山朗声说道："只有一颗忠于皇上的红心。"说得唐玄宗龙颜大悦，收他做自己的干儿子，又下诏让他和杨贵妃的姐妹们约为兄妹。而安禄山为了更加赢取皇上的欢心，见皇上宠幸杨贵妃，就对杨贵妃大献殷勤。他虽比杨贵妃大十几岁，却当着唐玄宗的龙颜，说自己不敢与贵妃娘娘称兄道妹，竟厚颜无耻地请求当杨贵妃的干儿子。杨贵妃故意笑而不答，唐玄宗龙颜大悦，对杨贵妃笑道："这是个好孩儿，你就收下吧。"杨贵妃便认了这个干儿子。

据《通鉴纪事本末·安史之乱》载，天宝十年（751）正月三日，是安禄山的生日，唐玄宗和杨贵妃赐给他丰厚的生日礼物。过罢生日的第三天，杨贵妃心血来潮，特地在华清池召安禄山进见，要替她这个"干儿子"举行"洗三"仪礼。杨贵妃让人把安禄山当作婴儿放在汤池内，为他洗浴，洗完后，又用锦绣料子特制的大襁褓，包裹住安禄山，让宫女们把他放在一个彩轿上抬着，在花园里转来转去，口呼"禄儿、禄儿"，嬉戏取乐。唐玄宗听到花园一片喧笑，就问左右是怎么回事，太监回答说："贵妃娘娘在为禄儿洗三。"唐玄宗立即亲自前往观看，见杨贵妃玩得高兴，也兴致勃勃地参与助兴，赏赐杨贵妃洗儿金银钱，又厚赐安禄山，直至玩到尽兴才罢。《通鉴纪事本末》称："禄山出入宫掖不禁，或与贵妃对食，或通宵不出，颇有丑声于外。"杨贵妃为比自己大十几岁的干儿子"洗三"，实在是一种丑闻。梁实秋先生在《洗澡》中幽默地说："被杨贵妃用锦衣大襁褓裹起来的安禄山，也许能体会到一点点洗三的滋味，不过我想当时禄儿必定别有心事在。"

宋代宫中的"洗三"

自唐代宫中开"洗三"先例，五代十国以降，宫中沿袭唐制，每逢婴儿诞生要举行"洗三"仪式，都要赏赐洗儿钱。《谩叟诗话》载，南唐时宫中"洗三"，"洗三"之水汲自御用温泉，当时认为温泉水既"圣洁"，又可防病防灾。"洗三"时，要赏赐大臣们"洗儿果"，有位近臣得了"洗儿果"，受宠若惊，赶忙上奏谢表，恭谢皇恩，其中云："猥蒙宠数，深愧无功。"李后主云："此事卿安得有功！"这位近臣拍马屁，一味谦辞，不料闹出了个大笑话，皇帝生儿生女，身为近臣，如果有功的话，皇帝岂不戴上了绿帽子！

《十国春秋·钱俨传》载，吴越国文穆王钱元瓘的崔夫人分娩之际，合上眼睛，似睡似醒，梦中忽然看见一个僧人坐在帐前。等她醒来，梦中所见依然仿佛如睹，很快就生下了钱俨。文穆王认为这是个吉兆，立即传旨，命铸金银大钱和置办"洗三"盆具、汲取温泉水，为皇子诞生"洗三"做准备。

宋代，无论宫廷还是民间都盛行"洗三"，更盛行赐"洗儿钱"。宋人洪迈《容斋四笔·洗儿金钱》载宋代宫中赐洗儿钱大肆铺张：自从宋高宗迁都钱塘（今杭州）以来，每遇皇子在王府中生儿生女，皇亲国戚、三衙长官、浙江漕司、钱塘知府等等,都要进献礼品,表示祝贺。皇子随即进行答谢,答谢的礼物,除金币之外,还有洗儿钱、洗儿果,往往回赠洗儿果就是几十盒,这些洗儿果做得十分精致奇巧。如果把金币和洗儿钱、洗儿果加在一起计算,其数目非常大,所用的花费难以数计。洪迈称这种回赠制度不知起于何时。其实,这种大赐洗儿钱的习俗,在北宋时就十分盛行。

两宋民间盛行"洗儿",据宋人孟老元《东京梦华录》、吴自牧《梦粱录》等书载,有钱人家"洗儿"用水非常讲究,以温泉水为上乘之水,仪式也很隆重,亲友们都要到场观礼祝贺、饮酒送钱,举办者亦要回赠礼物。那些"贫下之家则随其俭",虽然没有经济实力大搞铺张浪费,洗儿形式还是要搞一下的。倒是北宋大文学家梅尧臣来得实在,随俗入大流,洗儿仪式要办,但办得别致,来祝贺的都是名人如欧阳修等人,他们送的礼十分奇特,一人一首《洗儿诗》,以表达恭贺之情。而梅尧臣回赠的不是洗儿钱、洗儿果之类,亦是和友人《洗儿诗》以作回赠,其中一首《和永叔〈洗儿诗〉》云:

夜梦有人衣帔幌,水边授我黄龟儿。

明朝我妇忽在裤,乃生男子实秀眉。

据《锦绣万花谷》云,梅尧臣生子前一日,梦见道士赠龟一枚。故他以此事作诗回赠友人,既节俭得体,又不失文人风雅。

清代皇太子"洗三"

清代宫廷亦像民间一样重视"洗三"风俗。皇子是天下"最尊贵的婴儿",在诞生三日时,亦和紫禁城外千千万万个小儿一样经历人生的"洗三"礼仪,只不过皇宫大内中举行"洗三"要比寻常百姓家更为隆重而奢侈,要求更高。皇帝亦不能免俗,希望新生皇子富贵长寿。

清代文献档案中有关皇子皇女"洗三"的记载比比皆是、不胜枚举,这里举一例以呈现清代皇子"洗三"的大体情形。

道光十一年(1831)六月初九日,全贵妃钮祜禄氏为道光皇帝生下了第四个儿子,即后来的咸丰皇帝奕詝。皇子呱呱落地,众御医确认全贵妃母子平安后,速向道光皇帝上报这一喜讯。道光皇帝喜得贵子,高兴异常,忙命宫人准备皇子"洗三"事宜。

1. 按清宫制度,"洗三"必须择吉日吉辰进行,"洗三"的日子虽无法挑选,但时辰、方位仍有讲究。负责守喜的总管太监郝进喜将新生阿哥生辰帖郑重地交给钦天监博士选择"洗三"时辰、方位。钦天监博士奏报:"阿哥六月初九日丑时生,辛卯年、乙未月、己丑日、乙丑时。钦遵御制协纪辨方书,谨择得六月十一日午时洗浴,面向西南迎喜神,方位大吉。"

2. 为阿哥"洗三"的是邵氏、张氏两位姥姥,按制称作"恭洗人"。十一日午时,"洗三"仪式正式举行。届时,皇太后、众妃嫔都要亲往贺喜。宫中"洗三"和民间一样要举行添盆仪式——众亲属女眷馈赠礼物称为添盆。据清宫档案记载,奕詝洗三这天,皇太后钮祜禄氏赏银镀金八宝四个、银八宝四个、银镀金如意两个、银如意两个、银镀金钱两个、银钱两个、银镀金锭两个、银锭两个。道光皇帝赏雕漆盒一件,内盛金洋钱四个、金八宝一份、银八宝一份。皇后佟佳氏赏象牙盒一件,内盛金银八宝一份、金银如意四个。以下添盆的还有诚喜皇贵妃、发贵妃、和妃、祥妃、静妃、恬妃、睦嫔、恩嫔、安嫔、定贵人、彤贵人、常贵人、顺常在、余常在、曼常在、玲常在、全贵妃之母、静妃之母、惇亲王福晋、瑞亲王福晋、三公主、四公主、五公主等等,所馈赠之物大都是金银八宝、如意之类。那些王公大臣们送的礼更是价值连城,不计其数。道光朝在清代以宫中用度最为节俭著称,即使这样,一个刚刚出生三天的小皇子添盆之物也是如此可观。

3. 添盆仪式之后,"洗三"正式开始。"洗三"用水取自小汤山的御用温泉,取水回来后,将槐条、艾条放入,煎煮好香汤。"洗三"时,两位恭洗人把银钱、鸡蛋、枣、栗子、桂圆、荔枝等一起放入香汤,取吉祥之意。当水不热不凉时,将皇子放入盆中,恭洗人将其全身擦洗干净,并用浓茶抹嘴。洗净出水后,包扎好脐带,用襁褓裹好。

4. 古代,只有皇室和贵族才能用温泉水"洗三",平民百姓是可望而不可即的。"洗三"作为传统习俗流传至今仍为许多人接受和尊崇,特别是温泉"洗三"既对身体有益,又能够寄予更深的祝福和厚望,同时也算是一种档次、身份和时尚的象征。温泉酒店可以充分利用温泉资源来经营"温泉洗三"项目,既可获取利润、形成特色,同时又为温泉酒店增添文化特色。

三、现代"洗三"之应用

古代"洗三"是在婴儿出生后第三日,会集亲友举行沐浴仪式,为婴儿祝吉祈福。其用意一是洗涤污秽,消灾免祸;二是祈祥求福,图个吉利。这项传统习俗源远流长,影响甚广,人们都相信如果能够用大自然恩赐的纯净的温泉水来"洗三"就更能够体现出消灾免祸、祈祥求福的愿望,婴儿长大后就会平安幸福。每位家长都希望自己的孩子能顺顺利利地长大,在古代已如此,更何况是现代呢?因此,根据古代"洗三"的意思,人们将现代"洗三"重新定义,即在婴儿出生的第三日至一百天内,为婴儿举行沐浴仪式,共沐浴三次,第一次沐浴意为祝身体健康,第二次沐浴意为祝发财,第三次沐浴意为祝升官担当重任。如此整合古今人生观、价值观将"洗三"重新定义,使其具有了操作性,同时也能将古代的传统习俗延续下去,发扬光大。

第九节 国际健康银发城温泉康复理疗会馆布局及经济效益分析

国际健康银发城温泉康复理疗会馆集中体现了复合型养老的特点,这里融合了健康管理与咨询、健身休闲美体等多种功能,这些复合型服务功能的综合作用也是温泉康复理疗会馆项目的卖点及魅力所在。

温泉 Spa 养生会馆总经营面积 15000 平方米，凸显欧式风格，尽展欧陆风情，温泉养生主题花园（一期）也正在建设之中。

——1F 健康管理中心 500 平方米（含 TMI、AMP 体检中心 300 平方米；健康管理、健康咨询、心态理疗、音乐理疗、冥想理疗，200 平方米）。

——1F 健身中心 1000 平方米［健身、游泳（室内）、器械、舞美、瑜伽、太极拳、五禽戏］。

——1F 休闲中心 1000 平方米（乒乓球、台球、沙狐球共计 300 平方米；棋类、茶座共计 100 平方米；美容美发 60 平方米；自助餐 540 平方米）。

——1F 会馆大堂及更衣室 1500 平方米（2/3 为男用，1/3 为女用）。

——2F 西式康复理疗中心 2000 平方米（引进欧式温泉康复理疗设备）。

——3F 温泉极品按摩中心 2000 平方米（中式理疗，各式极品按摩）。

——温泉养生沐浴泡池 7000 平方米（室内—阳光房泡池 4900 平方米；露天泡池 2100 平方米）。

温泉 SPA 会馆各功能项目占地、建筑、营业面积一览表

序	功能项目名称	占地面积（平方米）	建筑面积（平方米）	经营面积（平方米）	备注
1	健康管理中心	(500)	500	500	1F
2	健身中心	(1000)	1000	1000	1F
3	休闲中心	1000	1000	1000	1F
4	会馆大堂/更衣室	(1500)	1500	1500 平方米（大堂 500 平方米，更衣厅、洁浴 1000 平方米）	会馆大堂 500 平方米在 1F；更衣厅 1000 平方米（含办公 50 平方米，员工 50 平方米）在 -1F 设备层。
5	西式康复理疗中心	(2000)	2000	2000	2F
6	温泉极品按摩中心	2000	2000	2000	3F
7	温泉养生沐浴泡池（阳光房）	4900	4900（非正式建筑）	4900	1F（阳光房）
8	温泉露天泡池	2100		2100	1F（室外）
9	温泉设备	(1000)	1000		-1F
合计	Σ	10000 平方米	13900 平方米（其中 4900 平方米属于阳光房，非正式建筑）	15000 平方米（最低限 15 米/人占经营面积），1000 人饱和。	造价一平方米 10000 元，经营一步到位，总投资 1.5 亿元

（一）温泉 Spa 沐浴养生总体布局与功能分区

1. 温泉 Spa 会馆总体布局形式

（1）会馆位置：温泉 Spa 会馆位于五星级温泉酒店右侧临街的三层现代欧式

建筑内，这就是"欧式风情温泉养生主题花园"的第一期工程项目，其后院还有与之配套的温泉主题花园及温泉别墅区，为后续工程。

（2）建筑风格：整体建筑采用现代简约欧式酒店风格，强调线形流动的变化，色彩华丽。在形式上以浪漫主义为基础，装修材料常用大理石、多彩的织物、精美的地毯、精致的法国壁挂，整体风格豪华、富丽，充满强烈的动感效果。

2. 功能布局

建筑一层室内外均为大众温泉区，建筑二至三层为高端温泉服务区，建筑地下一层为经营辅助性用房区。简述如下：

①一层建筑内：主要是面向大众客人的"温泉接待区"与温泉水疗后的"休闲娱乐区"。

②一层建筑外侧"温泉水疗阳光大厅"：温泉水疗阳光大厅是一个大众型、大型全玻通透保温的"多功能温泉水疗阳光大厅"。大多数的水疗项目集中在"热带雨林"形式的仿自然环境室内中。

③一层露天庭院"大众温泉区"：（在"温泉水疗大厅"外面）建有环流泳池及水中健身休闲温泉区及"露天夜景酒吧演艺区"。

④一层露天庭院"高端私密温泉区"：建有"露天梦幻夜景私密休闲温泉"。

⑤二层建筑内：为高端客人"健康管理中心"区，区内包含"健康体检"、"健康咨询与管理"、"西式康复理疗"（此区是会员区）。

⑥三层建筑内：主要是私密性的高档"温泉极品Spa按摩区"和"会员俱乐部"区。

⑦建筑地下一层内：设有温泉水处理机房、布草物品仓库、员工交接班区等辅助用房。

⑧酒店连廊：为了方便入住五星级酒店客人去温泉Spa水疗区消费，特意修建一条连接酒店二层、三层至温泉区二层、三层的高架保温封闭式连廊。

（4）布局综述：以上的温泉接待服务区总布局，基本上包含了欧式"温泉水疗Spa"的全部功能，而且在此可以满足多数中高端大众消费群体与少数高端私密群体专为温泉保健养生而来的需求，以及为入住五星级酒店的商务会议旅游客人配套休闲、娱乐、健身的需要。

（二）温泉Spa沐浴养生各层区主要功能及项目安排

1. 建筑一层内"大众温泉区"

主要功能和主要项目：主要是专为温泉旅游而来的大众客人的"前厅接待区"、"更衣洁身区"、"休闲娱乐区"、"公共休息区"、"温泉餐饮区"。

①前厅接待区：包括温泉接待大堂、迎宾前台、收银前台、男女宾出入口、存换鞋厅、商品部、值班经理接待室等。

②男女更衣洁身区：是满足大众客人所需而设立的男、女分开的更衣室、淋浴洁身室、搓澡间、卫生间等。

③休闲娱乐区：包括桌球室、乒乓球室、网吧室、咖啡茶吧室、瑜伽功室等。

④公共休息区：包括1个大众香薰休息厅、1个大众电视休息厅、1个影视厅。

⑤温泉餐饮区：包括1个自助快餐厅（560m^2、开放式厨房），以特色小吃、家常菜为主。

2. 一层建筑外侧"阳光大厅"

主要功能和主要项目：主要功能是大众型、多项目、多功能温泉水疗及多种儿童戏水项目。主要项目设有：

①室内特色水疗区：是满足成人身体特殊保健方式所需的专案，包括热泥水疗池、热盐水疗池、淋浴房、8个不同的药疗池、泥蒸房、砂蒸房、盐蒸房、热石蒸房、韩式汗蒸房、桑拿蒸房、冷水泡池、冷雾浴房等。

②成人多功能水疗区：是满足男女共用的，适宜全身各部位的，多种功效的健身按摩水疗。大厅内共有16种、各自独立的温泉池水疗项目，包括冲击浴、漩涡浴、气泡浴、维其浴、针刺浴、周身浴、下体按摩浴、水动力漂浮浴、瀑布浴、足底按摩浴、瘦身浴、雨林浴、舒体浴、超声波水疗和两个稍大些的水中健身器池、水中体操瑜伽功池等。

③室内儿童戏水区：是满足家长带儿童所需，专供10岁以下儿童水娱乐的项目，包括水滑梯、水蘑菇、喷水兽、浮桥、卡通船、水枪水泡、浮球池、儿童激流泳池等。

④大众保健按摩区：包括8个保健按摩室、2个男女分开的肠疗室、1个美容室、1个美发室。

3. 一层露天庭院"大众休闲温泉区"2100平方米

主要功能和主要项目：

①环流游泳池：沿着庭院周边还有1个环形激流、游不到终点的情趣健身泳池，其泳池是一个多功能泳池，既可游泳，又是水中健身步道，还可漂流。

②室外休闲健身温泉区：在泳池环绕的区域内，有8个小型花瓣温泉泡池，这8个池又围绕在1个内设有多个水中棋牌桌和水中酒吧台座并适合夏季水中PARTY活动的较大温泉池。

4. 一层温泉水疗阳光大厅（1633平方米）设"高端私密温泉区"（室内外结合，另收费区）

主要功能和主要项目：周边栏杆围合的"高端私密温泉区"，专为高端消费群体享受私密的温泉度假生活，园区为园林景观，含10座欧式风格汤屋。

①整体欧式温泉度假园。

②私密汤屋及小院：修建10座情侣型温泉汤屋套房及独立小院，每个汤屋套房面积约100平方米，内设起居室、大床卧室、室内温泉室。套房外圈1个50平方米花园小院，院内建一个双人温泉池，人在池中可欣赏小院花园景观，池边

放有躺椅茶桌，可品酒喝茶，客人在此可享受高端私密的温泉度假生活。

③欧式草坪 PARTY 园：建有 1 个 200 平方米左右欧式草坪，中间设有露天小舞台、露天酒吧服务台、露天烧烤台、露天茶桌椅等，供客人温泉沐浴后消夏休闲、娱乐、跳舞、婚礼等举行 PARTY 活动。

5. 建筑二层内"高端体检康复区"

建筑二层内主要功能和主要项目：健康管理中心和康复理疗中心（主要接待会员）。

①健康体检中心：设有多个不同项目的体检室、1 个健康管理档案室、1 个健康咨询接待服务室、1 个心态理疗室等。

②西式康复理疗：引进意大利、匈牙利、德国温泉理疗设备、多种理疗专案，每种理疗项目均为独立的理疗室。

6. 建筑三层内"高端 Spa 俱乐部区"

主要功能和主要项目：VIP 高档温泉 Spa 区和会员俱乐部区。Spa 区共设 20 具异国风情、世外桃源、天籁风格的温泉 Spa 多功能套间（含温泉水疗室、理疗按摩室、大床卧室、客厅、棋牌室等），1 个 Spa 接待厅，1 个技师待钟室。

①高端温泉 Spa：Spa 区设有 20 套豪华温泉 Spa 水疗和极品 Resort Spa 按摩（中、西、东南亚式），每套内均为不同异国风情、世外桃源、天籁风格的温泉 Spa 多功能套间，内含温泉水疗室、理疗按摩室、大床卧室、客厅、棋牌室等，实行会员制接待。

②Spa 会员俱乐部：在 Spa 之余客人可以享受多种休闲放松娱乐方式，设有酒吧、KTV、舞厅、棋牌室、咖啡厅、健身房、冥想室、书吧等。

③Spa 服务接待厅：负责此楼层服务接待、消费收银、会员管理、技师调度等服务。

④Spa 技师待钟室。

7. 建筑地下一层"设备及辅助用房"

主要功能和主要项目：温泉水处理机房、布草物品仓库、员工交接班区等辅助用房。

①温泉水处理机房：包括温泉供水设备、温泉水处理设备、水疗动力设备、汙水处理设备等，1000 平方米。

②布草物品仓库：设 4 间为温泉区服务的不同用品分类仓库。

③员工交接班室：包括员工更衣室、洗浴室、会议室、行政办公室等。

④其他后勤用房。

8. 温泉沐浴养生泡池 7000 平方米（室内—阳光房养生泡池 4900 平方米；露天养生泡池 2100 平方米）

温泉 Spa 会馆的经济效益估算：

1. 客人消费专案：包括温泉门票、用餐、咖啡酒吧饮品、保健按摩、健身娱乐项目、梦幻温泉门票、体检项目、康复理疗项目、旅游商品等。每人温泉门票必收，其他多项二次消费任选，消费内容极其丰富。

2. 温泉门票价格初定：180 元/人次。

3. 估计大众人均消费：300 元/人（含二次消费），年接待人次 24 万 ~ 29 万人次；高端会员人均消费：800 元/人次 × 100 人/天 × 365 天 = 2920 万元（年接待会员 3.65 万人次）。

4. 年营业总收入：按年接待大众 24 万人次计算约 7200 万元 + 会员 3.65 万人次约 2920 万元 = 10120 万元。

5. 运营综合成本：（按 60% 估算）约 6072 万元。

6. 年经营利润估算：（按 40% 估算）约 4048 万元。

7. 投资回收年限：约 3.7 年（温泉 Spa 会馆总投资 1.5 亿元；1 万平方米占地；1.5 万平方米经营面积；建筑面积 13900 平方米，其中阳光房 – 非正式建筑面积 4900 平方米；1 万元/经营面积平方米造价）。

第七章　国际健康银发城营养配餐服务中心

上图：北京温都水城生态餐厅汉唐风格之优雅内景

21世纪健康餐饮管理原则：

一、有机——拒绝污染；
二、平衡——营养素之间比例适当；
三、多样——营养素种类齐全；
四、适量——七八分饱；
五、定制化——因人而异，处方管理；
六、多元性——国际性、民族性、文化性；
七、选择性——色、香、味、形、器俱佳，营养、历史文化和娱乐等元素相互融为一体，不同元素的组合具有不同的主题，这是健康餐饮管理的基本模式。

有机、平衡和多样化是健康食品的基本要求。

第一节　21世纪健康餐饮业管理模型

21世纪，威胁人类的疾病第一位是"生活方式病"。

2000年，世界卫生组织宣布：全世界因营养过剩死亡的人数首次超过因营养不良死亡人数。

21世纪健康餐饮业应为人类创造一种新型、时尚、健康的生活方式：

温泉蛋配时蔬和风干火腿

农家大拌菜

使人活得更加美丽；

使人活得更加愉快；

使人活得更加睿智；

使人活得更加健康。

"创造健康，奉献幸福"是 21 世纪餐饮业的根本宗旨。

一、21 世纪健康餐饮业管理原则

（一）有机——拒绝污染；

（二）平衡——营养素之间比例适当；

（三）多样——营养素种类齐全；

（四）适量——七八分饱；

（五）定制化——因人而异，处方管理；

（六）多元性——国际性、民族性、文化性；

（七）主题性——色、香、味、形、养、器、史、文、娱、美十种元素相互融为一体，不同元素的组合具有不同的主题。其中"养"（即营养、养生）是核心，"味"（即味道）是重中之重，前四种元素（色、香、味、形）是基础，后四种元素［器（器皿）、史（历史典故）、文（文化艺术）、娱（娱乐）］是主题与特点，最后一位元素"美"是对前九种元素的整合要求和制约。

二、健康食品

（一）健康食品的概念

1. 健康食品概述

广义的健康食品是指食用后对人体无害并能促进健康的食品。健康食品是针对不同人群生理或病理的特殊需要，专门研制的有利于保持、恢复或增进健康的食品。

健康食品是以正常的食品原料和成分加工而成，具有正常食品的形状和食用方法，能作为日常食品。《中国食品卫生法》虽然规定食品中不得加入药物，但国家卫生部先后规定了两批既是食品又是药物的物品名单。

2. 健康食品的分类

健康食品的分类方法有多种，按其功能可分为以下几类：

· 增强人体体质的食品——增强免疫功能、抗疲劳等的食品；

· 调节人体生理节律的食品——调整神经系统、吸收与代谢功能等的食品；

· 预防人体疾病的食品——预防糖尿病、心、脑血管病、抗肿瘤等的食品；

· 恢复人体健康的食品——控制胆固醇、调节造血功能等的食品；

· 延缓人体衰老的食品——抑制过氧化脂质形成、清除体内过剩的自由基等的食品。

3. 健康食品的生产和食用

食品中含有能够起调节生理作用的有效成分才能称之为健康食品。健康食品的功能性有效成分主要有：食用纤维、低聚糖、糖脂、肽、多不饱和脂肪酸、醇、酚、异戊间二烯化合物、维生素、胆碱、乳酸菌、矿物质等。

在选购健康食品时要有明确的目的性和针对性，根据各自的需要选择不同的功能健康食品，如身体肥胖应选择减肥健康食品，学生高考前应选择改善记忆、抗疲劳的健康食品等。目前中国卫生部批准的健康食品功能范围有24种，分别为：免疫调节、延缓衰老、改善记忆、促进生长发育、抗疲劳、减肥、耐缺氧、抗辐射、抗突变、抑制肿瘤、调节血脂、改善性功能、调节血糖、改善胃肠道功能、改善睡眠、改善营养性贫血、对化学性肝损害有保护作用、促进泌乳、美容、改善视力、促进排铅、清咽润喉、调节血压、改善骨质疏松等。

在食用时应有一个量的概念。无论是对健康的人，还是对特殊生理状况的人，任何元素单独过多地食用，均会带来不良结果，甚至产生负效应，既要保持人体所需基本营养素（如蛋白质、脂肪、碳水化合物、维生素、微量元素等）的平衡，也要保持特殊营养成分的平衡，也就是说"平衡即健康"。

所以，必须遵循科学、平衡的原则指导健康食品的研究、生产和食用，才能真正使健康食品发挥其积极作用，促进人体健康。

4. 健康食品的特点

（1）所用原料必须符合绿色食品的要求；
（2）保证营养；
（3）人体所需营养素平衡；
（4）注重美味、满足口感；
（5）有针对性，即具个性化特点。

（二）合理营养与平衡膳食

1. 合理营养与平衡膳食的含义

（1）使不同的膳食者在热能和营养素的供给数量上达到其生理需要量；
（2）膳食中各种营养素之间应达到一种满足生理需要的平衡。

2. 合理营养与膳食的基本要求和原则

科学的营养是建立在合理利用各类食物以符合机体营养需要基础上的，而要做到合理营养与平衡膳食，就必须遵循以下几个方面的原则：

（1）安全性；
（2）营养性；
（3）多样性；
（4）合理的膳食制度；
（5）制定合理的食谱；
（6）合理选料与切配；
（7）合理的烹饪；
（8）良好的进食环境。

三、健康营养配方

（一）健康自助餐——可做到众口可调

1. 健康自助餐特点

（1）自助餐食品要求是有机、健康型，营养搭配要合理。

①提供给客人的成品或半成品餐饮品，是无污染、无公害的有机食品，加工过程中不产生任何有毒、有害污染物，以保证客人的营养、安全、卫生。

②采用盛器及餐具既美观、高雅、安全，又要符合绿色环保要求。

③菜点荤素搭配合理，整体菜点要求各种营养素齐全，搭配合理、均衡

营养。

（2）在保证有机、健康的前提下，还要考虑民族性、文化性、趣味性。

（3）个性化进食指导。

2. 健康自助餐饮食指导方法

（1）用餐导示牌法。

（2）实物样板法。

（3）个别咨询法。

3. 餐桌与菜肴布置

（1）餐桌布置：餐桌应保持足够的面积，以便陈列菜肴，并使客人从容宽裕地选择自己所喜爱的菜肴，而不必排队站立等候。人们以正常的步伐，每一步挑选一菜。因此，应考虑所供应菜肴种类与规定时间内所服务的客人人数间的配合问题，否则，进度缓慢，徒使客人等候。

（2）菜肴布置：客人进入餐厅，咨询台处的服务员迎接客人并根据客人需要向客人提供营养咨询服务，客人也可根据导示牌台的自助餐建议来选择食品，经过样板实物台可直接看到实物样板，然后再逐次选用冷菜、热菜、甜品和汤。

（二）健康宴席

宴席是指人们为了一定的社交目的和喜庆的需要而筹办的具有一定规格、质量的一整套菜点。

1. 健康宴席总体要求

（1）宴席整体要求是有机、健康。

（2）符合客人的民族风俗习惯、身体状况及爱好。

（3）体现当地民俗特色，让客人了解当地的文化、民风民俗。

（4）体现文化内涵，有趣味性。

（5）宴席设计应符合主题、规格的要求。

（6）宴席设计具有美感。

饮食美的构成要素基本特征：

·营养特征（质美）；

·卫生环境特征（境美）；

·味觉特征（味美）；

·触觉特征（触美）；

·嗅觉特征（嗅美）；

·视觉特征（色美，形美）。

附加特征：

·器皿特征（器美）；

·程序特征（序美）；

·情趣特征（趣美）。

2. 健康宴席的个性化服务

在整体要求的基础上，要突出个性化服务——重点是照顾好第一主人和第一客人。能否照顾好第一主人和第一客人，是决定宴会是否成功的关键，那么，如何安排呢？

（1）配餐以满足第一主人和第一客人的需要为主；

（2）对第一主人和第一客人单独服务；

（3）席位安排：根据主人的要求和餐厅的情况来布置席位。

（三）健康定食

1. 健康定食的整体要求

（1）适量——七八分饱。

（2）每一定食都符合有机食品的要求。

（3）每一定食都荤素搭配合理，营养齐全均衡。

（4）盛器、餐具符合绿色环保要求。

（5）每一定食都应是色、香、味、形、养、器俱佳，满足客人口感要求，并得到美的享受。

（6）符合客人民族风俗习惯、身体状况及饮食习惯。

（7）体现文化性、趣味性。

（8）每一定食都有食用标签，标明其功效、主要营养成分含量、适用的人群和忌用的人群，并有专门营养师进行指导。

健康定食的特点就是个性化。如何体现个性化呢？

（1）对一般客人的服务。

根据客人的年龄、职业、身体状况、民族风味、饮食习惯、营养要求提供有针对性的套餐。健康定食包括：

正常人套餐、孕妇套餐、乳母套餐、学龄儿童套餐、青春套餐、老年人套餐、运动员套餐、高温作业套餐、美容套餐、心脏血管病人套餐、健脑益智套餐、抗衰延寿套餐、壮阳套餐、抗疲劳套餐、补肝肾套餐、补脾胃套餐、减肥套餐、补气血套餐、伊斯兰及其他民族套餐等。

（2）对有特殊要求客人的服务。

在提供一般服务的基础上，对有特殊要求的客人，提供药膳服务。

2. 健康定食实例

（1）儿童定食。

冷菜：酱猪肝、水果片各4片（80克）

热菜：黄瓜鸡蛋炒虾仁（主）1份、炒绿叶蔬菜（辅）1份

主食：马哈鱼蔬菜煎饼1份

汤：菠菜奶白蛋汤1份

（2）美容养颜套餐。

冷菜：色拉（杏仁、胡萝卜、黄瓜）1份

热菜：烩炖鸡翅类（主）1份、炒芹菜（辅）1份

主食：当归咖喱米饭1份（100～150克）

汤：鲢鱼肉丸汤1份

（3）减肥套餐。

冷菜：米醋凉拌蔬菜1份

热菜：墨鱼炒黄瓜（主）1份、猪肉炒魔芋（辅）1份

主食：茯苓香菇米饭（50~80克）

汤：蘑菇汤1份

热菜：肉烧蘑菇（主）1份、炒木耳（辅）1份

主食：南瓜粉馒头1个

汤：银耳汤1份

（4）糖尿病定食。

冷菜：凉拌苦瓜丝1份

热菜：瘦肉炖蘑菇（主）1份、黄瓜炒蛤蚌（辅）1份

主食：小窝头2个（50~80克）

汤：蘑菇汤1份

（5）补肾壮阳定食。

冷菜：归附狗肉（50克）

热菜：虾仁炒韭菜（主）1份、炒素菜（辅）1份

主食：麻雀肉饼1份（100~200克）

汤：羊肾杜仲五味汤1份

（6）高血压定食。

冷菜：拌海带丝1份（50克）

热菜：炒蘑菇（主）1份、炒腰花（黑芝麻、蔬菜、腰花）（辅）1份

主食：洋葱肉饼1份（50~80克）

汤：芹菜红枣汤1份

（7）预防癌症定食。

冷菜：拌海带丝1份（50克）

热菜：大蒜炒蘑菇（主）1份、炒木耳（辅）1份

主食：南瓜粉馒头（100~200克）

汤：胡萝卜汤1份

（8）健脑益智定食。

冷菜：什锦泡菜1份（50克）

热菜：杞子炖羊脑（主）1份、什锦炒鸡丁（辅）1份

主食：核桃粉馒头1个

汤：鲫鱼补血汤1份

（9）抗衰延寿定食。

冷菜：凉拌双耳（银耳、黑木耳）1份（50克）

热菜：枸杞滑溜里脊片（主）1份、烧二冬（辅）1份

主食：松子枣泥糕 1 块（100 克）

汤：口蘑豆腐汤 1 份

四、健康配餐实例

（一）健康果蔬汁

1. 红枣汁
2. 南瓜汁
3. 枸杞汁
4. 芹菜汁
5. 胡萝卜汁
6. 蒲公英汁
7. 西番莲汁
8. 山楂汁
9. 杏仁汁
10. 花生汁
11. 核桃汁
12. 苹果汁
13. 梨汁
14. 龙眼汁
15. 柑橘类汁
16. 猕猴桃汁
17. 桃汁
18. 草莓汁
19. 黄瓜汁
20. 番茄汁

（二）保健酒

1. 美颜美容酒

（1）驻颜酒；

（2）桃花酒；

（3）龙眼和气酒；

（4）茯苓酒。

2. 健脑益智酒

（1）三仙酒；

（2）读书丸酒；

（3）菖蒲酒。

3. 补肾壮阳酒

（1）三物延年酒；

（2）双鞭壮阳酒；
（3）助阳益寿酒；
（4）金缨补肾酒。

4. 延年益寿酒
（1）地黄年青酒；
（2）养生酒；
（3）神仙延寿酒；
（4）壮身酒；
（5）回春酒。

5. 补气血酒
（1）八珍酒；
（2）万寿药酒；
（3）五味当归酒；
（4）扶衰五味酒。

（三）保健汤

1. 抗衰延寿汤
（1）八宝鸡汤；
（2）杞黄汤；
（3）首乌牛肉汤；
（4）十全大补汤。

2. 降糖、降压汤
（1）猪胰黄芪汤；
（2）山楂排骨汤；
（3）海带排骨汤。

3. 补脑益智汤
（1）香菇冬笋鱼头汤；
（2）鲫鱼补血汤；
（3）桂髓鹑汤；
（4）参杞羊头汤；
（5）猪脑木耳汤。

4. 壮阳健体汤
（1）清炖归杞牛鞭汤；
（2）虾马子鸡。

五、21世纪健康餐饮业经营管理发展趋势

（一）以品牌为核心的竞争力；
（二）以技术创新为核心的战略决策；

（三）以连锁经营为特点的现代经营管理方式；
（四）以智力资本为中心的企业文化建设；
（五）以各种业态构成为丰富多彩的餐饮世界；
（六）以"养生型、人本型、艺术型、主题型．大众型"为主流业态向社会化、集团化、国际化方向迅速发展。

第二节　合理营养与平衡膳食

阳春白雪

合理营养，就是全面地提供符合卫生要求的平衡膳食。凡是膳食的质和量均能适应人们的生理、生活和劳动对营养的需要即为平衡膳食，它是一个综合的概念。随着营养科学的发展，对合理营养与平衡膳食则有更深的理解和更高的要求，其目的都是为了人体的健康和长寿。

一、合理营养与平衡膳食的含义

1. 使不同的膳食者在热能和营养素的供给数量上达到其生理需要量；
2. 膳食中各种营养素之间应达到一种满足生理需要的平衡。
如三种产热营养素（碳水化合物、脂肪、蛋白质）间的平衡，热能营养素与维生素（如维生素 B_1、B_2、B_6 等）之间的平衡，各种氨基酸之间的平衡，饱和与不饱和脂肪酸之间的平衡，可消化多糖与膳食纤维之间的平衡。

合理营养十分重要，如果人体的营养生理需求与膳食之间的平衡关系失调，即膳食不适应人体的营养，就会产生各种不利于人体健康的影响。当前营养素供给量绝对不足的状况随着社会经济的发展已逐渐减少，但由于营养素不适当地摄入过多或不平衡供给，同样对人体健康产生严重危害。

二、合理营养与平衡膳食的基本要求和原则

科学的营养是建立在合理利用各类食物以符合机体营养需要基础上的，而要做到合理营养与平衡膳食，就必须遵循以下几个方面的原则：

1. 安全性

平衡膳食的每一种成分必须具有安全性，对人体应无毒、无害、无任何副作用，这是平衡膳食的最根本要求。

2. 营养性

平衡膳食的目的就是要求所提供的食物能充分提供人们生活、劳动过程中所需要的能量和各种营养素，以满足机体新陈代谢、生长发育和调节生理功能的需要。

3. 多样性

人体需要的营养素有多种，各种食物的营养价值不同，而任何一种单一天然食物都不能提供人体所需的全部营养素。所以，就要求在各类食物中尽可能选择不同食物品种，以达到食物多样化和营养素供给平衡的目的。

4. 合理的膳食制度

合理的膳食制度是指合理地安排每天的餐次、两餐之间的间隔以及每餐的数量和质量。膳食制度要根据人们的年龄与生理状态来制定，还要与消化过程相协调，以满足不同人群的营养需要。

5. 制定合理的食谱

食谱的基本内容包括每天食物的种类、数量及饭菜的名称。编制食谱的目的是为了能使人体有计划地得到所需要的热能和各种营养素。食谱一般分为一日食谱和每周食谱等，根据不同需要来制定。

6. 合理选料与切配

合理选料与切配是具体实施平衡膳食的重要环节。它除了对菜肴的质与量、感官性状、食品成本有重要影响外，与菜肴的营养卫生有着密切的关系。

在选料和切配时应注意以下几点：

（1）高度重视原料的卫生要求和新鲜度。

不能选用已腐败变质或污染严重的原料。一般水产品最易被微生物污染而发生腐败变质，要特别注意选择和清洗。要选择新鲜的蔬菜，不新鲜的绿叶蔬菜中维生素 C 含量很少，并且易产生亚硝酸盐。原料中可能有寄生虫卵、传染病菌、

农药残留物等,要认真浸泡和清洗。

(2) 清洗切配操作中要尽可能减少营养素损失。

在保证原料卫生的前提下,尽可能减少在水中浸泡的时间,不要切碎后再洗,以免造成水溶性营养素的流失。切配时要尽可能切长段、大块,减少刀口。原料受空气和温度的影响时间长,就容易损失部分营养素和降低新鲜度。

冷冻原料要注意解冻的方法,否则会严重影响原料的质地、口感,并使营养素损失过多。例如,冻肉要大块放入冷水中解冻,或常温下自然解冻,不能用热水浸泡或烘烤等方法解冻。也不应切成适合烹饪的小块、片、丝等,再放入水中解冻,这样会使营养素流失很多。

(3) 合理配菜,使菜肴的营养成分更趋平衡。

在配菜时原料尽量多样化,对易损失易缺乏的营养素要多配,还要注意适应用膳者生理的变化。

7. 合理烹饪

通过合理的烹饪,使制成的饮食成品尽可能多地保存原有营养素,符合卫生要求,具有色、香、味、形、质俱佳的感官性状,达到刺激食欲、促进消化吸收、使食用者的生理和心理都得到满足的目的,也就是说通过烹饪使食物满足卫生、营养、美感等三方面的要求。

8. 良好的进食环境

清洁卫生、优美舒适的进食环境可使进餐者心情舒畅、消除疲劳,可促进食欲,提高对食物的消化吸收,在用餐的同时会给人以美的享受。

三、合理营养膳食的具体内容

(一) 日常合理营养膳食搭配

心血管专家洪昭光提醒大家记住两句话:

1. "一二三四五"

"一"就是每天喝一袋牛奶。中国膳食有很多优点,但缺钙和缺少维生素A。中国人差不多99%缺钙,缺钙造成三个后果:第一,骨疼。缺钙的人易骨质疏松,骨质增生,腰疼、背疼、腿疼,易患老年忧郁症;第二,龟背。缺钙的人容易越活越矮,越活越收缩,岁数越大个子越小;第三,骨折。骨头很脆,易断。缺钙易造成这三大症状。那么为什么会缺钙呢?因为正常每天每人需要800毫克钙,而日常饭菜中仅有500毫克,缺少300毫克钙,而一袋牛奶有300毫克钙,就是说每天补足一袋牛奶,就正好补充齐了。一岁以后坚持每天喝牛奶至终身,对人一生的健康都有益。

睡前喝奶加一片维生素C和一片复合维生素B,不但长得高、体重好、抵抗力强,而且不易患感冒、扁桃腺炎、肺炎、发烧之类的疾病,很健康。而且一袋奶加维生素C、维生素B既经济又实惠。

"二"是250克到350克碳水化合物,相当于六两至八两的主食。调控主食可以调控体重。"饭前喝汤，苗条健康；饭后喝汤，越吃越胖。"瘦人想变胖，饭后喝汤；胖人想变瘦，饭前喝汤。

"三"是一天吃三份高蛋白食品。每一份高蛋白食品指50克瘦肉、100克鱼，或一个鸡蛋、100克豆腐，或25克黄豆100克鸡（鸭）。

那么什么蛋白质最好？鱼类蛋白质好。多吃鱼的地方，如阿拉斯加、舟山群岛等地，吃鱼越多，动脉越软，冠心病、脑卒中患者越少。而植物蛋白中则以黄豆最好。黄豆蛋白不但是健康食品，而且对妇女还特别有益，有利于减轻更年期综合征，因为豆类有雌性激素。

"四"是指四句话，即"有精有细，不甜不咸，三四五顿，七八分饱"。精细粮搭配，一个星期吃三四次粗粮，如棒子面、老玉米、红薯之类的，粗细粮搭配营养最合适。三四五顿是指每天吃的餐数，每顿七八分饱就可以延年益寿。古今中外，公认延年益寿的有效办法是七八分饱，即"低热量膳食"。

经实验观察，所有高寿猴子都是七八分饱，可见七八分饱确实很重要。中医有句老话，"若要身体安，三分饥和寒"。21世纪要人人健康，就有两句很重要的话：第一，吃饭七八分饱；第二，上楼走路慢跑。

"五"就是每天吃500克蔬菜和水果。新鲜蔬菜和水果的一个特殊作用是减少患癌症概率一半以上。预防癌最好的办法，就是吃新鲜蔬菜和水果。河南有个林县，食道癌病发率是全世界最高的地方，后来当地人补充了一些维生素、新鲜蔬菜和水果，现在林县食道癌病发率明显下降。所以经常吃点蔬菜和水果有助于预防癌症。

2."红黄绿白黑"

"红"有两层含义，一是指一天一个西红柿。男士一天一个西红柿，前列腺癌的发病概率减少45%。熟的西红柿更好。另一层含义是指红葡萄酒。红葡萄皮上有"逆转醇"，有抗衰老的作用，还可以帮助防止心脏的突然停搏。如果健康人少量喝点红葡萄酒或绍兴酒，或喝点米酒，也可以预防动脉硬化。但酒千万不要喝太多，最好每天不超过50至100毫升。少量酒是健康的朋友，多量酒就是罪魁祸首了。如果没有病，没有脂肪肝、冠心病，喝少量红葡萄酒是可以的。另外，如果情绪低落，吃点红辣椒可以改善情绪。

"黄"是什么意思呢？前面提到过中国人膳食缺少钙和维生素A。缺维生素A和钙的表现是小孩易感冒发烧、扁桃腺发炎；中年人易患癌症、动脉硬化；老年人眼睛发花，视力模糊。补充维生素A，可以使儿童增强抵抗力，老人眼睛不发花，视网膜好。含维生素A最多的就是胡萝卜、西瓜、红薯、老玉米、番瓜、红辣椒这一类红黄色蔬菜。

"绿"是指绿茶。绿茶中含一种抗氧自由基的东西，叫茶多酚，有抗癌功效，可减少老龄化，越喝绿茶越年轻。喝茶能够延年益寿，减少肿瘤和冠心病的发生，减少动脉硬化。绿茶里还含有氟，不仅能坚固牙齿，还能消灭虫牙，消灭菌斑，应经常坚持用茶水漱口。绿茶还含茶甘宁，能增强血管韧性，使血管不易破裂。

"白"是指燕麦粉、燕麦片。英国前首相撒切尔夫人胆固醇很高，不吃药，只吃燕麦面包。燕麦粥不但降胆固醇，降甘油三酯，还对糖尿病、减肥特别好。特别是燕麦粥通大便，还可以降血压。

"黑"是黑木耳。黑木耳可以降血黏度。常食黑木耳，不易形成脑血栓和发生心梗，也不容易得冠心病，并可以化解近期梗塞与血栓。民间有个偏方可以治动脉硬化：10克黑木耳，1两瘦肉，3片姜，5枚枣，6碗水，文火煲，煲成2碗水，加点味精，加点盐，每天吃一次，吃45天。

（二）健康食品的具体类型和品种

健康食品一般包括谷类、豆类、菜类。

1. 谷类里第一要提的是老玉米，是"黄金作物"，其中含有大量的卵磷脂、亚油酸谷物醇、维生素E，可防止高血压和动脉硬化。可采用早上吃玉米羹的方法解决。

谷类里第二位是荞麦。荞麦里含18%的纤维素，可以降血压、降血脂、降血糖，还可防止胃肠道癌症。

谷类里第三位是薯类，白薯、红薯、山药、土豆。薯类吸收水分，吸收脂肪、糖类，吸收毒素，有润滑肠道、防止癌症发生、预防糖尿病和胃肠道炎症的作用。

谷类中最后一个是小米。《本草纲目》中指出，小米能除湿、健脾、镇静、安眠。早上一碗玉米粥，精神焕发；晚上一碗小米粥，入睡迅速。

2. 卫生部提出大豆行动计划，内容是"一把蔬菜一把豆，一个鸡蛋加点肉"。一两大豆的蛋白质等于二两瘦肉，等于三两鸡蛋，等于四两大米。美国把每年的8月15日定为全国的"豆腐节"，认为大豆是营养之花，豆中之王。大豆中至少有5种抗癌物质，特别是治黄酮，只有大豆中才含有，能预防、治疗乳腺癌。早点喝豆浆对身体很好，豆浆中含有寡糖，被人体100%吸收，还含有钾、钙、镁等微量元素，以及5种抗癌物质。

3. 菜类中第一个要提的是胡萝卜，《本草纲目》里写的是养眼蔬菜，含有大量维生素A，能治疗夜盲症。长期吃胡萝卜还不容易得感冒。胡萝卜还是美容菜，养头发、养皮肤、养黏膜，使人内外和谐，而且它不怕高温，多高温度营养也不受损失。

菜类中第二要提的是南瓜，它刺激维生素细胞，产生胰岛素，所以常吃南瓜不得糖尿病。苦瓜也有同样的功能。

大蒜是抗癌之王，但大蒜的吃法很有讲究，否则就没有作用了。吃大蒜必须先把它切片，一片一片的薄片放在空气里15分钟，跟氧气结合以后产生大蒜素。大蒜本身不抗癌，大蒜素才抗癌，而且是抗癌之王。大蒜有味不用怕，吃点山楂，嚼点花生米，再吃点好茶叶就没味了。

4. 花粉是植物的精子，它孕育着生命，营养最丰富，是植物里最好的东西。

武则天、慈禧太后都吃花粉。但花粉必须经过三项处理才能产生有效作用：破壁、消毒、脱敏。花粉还具有美容的功效，可以维持肠道秩序，起到健美、维持体型的作用。

日本人的长寿之道

日本女性寿命连续第19年位居世界之首，平均为85.3岁。

专家们认为：日本人普遍长寿与他们爱吃鱼和低脂肪食品有很大的关系，日本人注重饮食的营养均衡。

日本人的餐桌上最常见的就是鱼、豆腐和蔬菜，而鱼几乎是日本人从少到老最喜欢的"荤腥"食物。

日本人特别喜欢吃鱼。有关研究发现：鲜鱼体内某些特殊成分有防癌作用。尽管日本人吸烟像英国人一样多，但日本人患肺癌的比例只有英国人的2/3。研究指出，中老年人和妇女若每天能摄入50~150克海产品（鱼），即可大大地减少结肠癌与乳腺癌的发病机会，因此，对于鱼有预防癌症的功能应予足够的重视。

豆腐是日本的一大"国菜"。豆制品中富含人体必需的脂肪酸，对人体非常有益。豆腐的原产地是中国，然而，中国人民对豆制品的偏爱程度却远远低于日本。

日本人能生吃鲜鱼，可以经常性地吃鱼，尤其是深海鱼对人体蛋白质的增加、脑血管疾病的预防、促进新陈代谢都会有很大的好处。而豆制品含有很高的营养价值。但吃咸鱼和鱼干不能起到防癌作用，如果多食用还会诱发癌症。

目前，日本人的素食倾向越来越明显，热气腾腾的米饭、大酱汤、咸菜为主的粗茶淡饭又重新回归餐桌，成为人们最常吃的食品。日本饮食以量少、烹饪简单为主导，食者一般都会把饭吃得干干净净、一粒不剩。研究表明，多采用低热量食物，有助于减少患癌症的机率。

在饮食方面，日本人总结出10条经验：

1. 每顿菜肴品种多，数量少。鱼、肉、蔬菜、豆类、水果和米、面，都用小碗盛装，花样繁多，这样，每顿饭都能摄入多种营养成分。

2. 动、植物食品一起吃。鱼、肉类食品和五谷杂粮、豆制品、蔬菜各占一定的比例。

3. 一日三餐都有蔬菜，确保纤维素和维生素的摄入。

4. 每天喝牛奶和乳制品，女性比男性多吃一倍。牛奶、酸奶中含丰富的蛋白质、钙、维生素A和维生素B等成分。

5. 肉食每天至少50克，但不超过100克。

6. 每天都吃鱼，而且吃鱼多于吃其他动物肉。鱼中含有能使细胞新生的核酸，还有使血液变清、流通更畅的物质，可预防心肌梗死。

7. 每天吃一只鸡蛋，且和米饭一起吃。鸡蛋中含有人体必不可少的8种氨基酸和丰富的维生素。米饭中缺少蛋氨酸，而鸡蛋中却不乏该物质，两者一起吃，能使人更好地吸收米中的蛋白质，并控制饮食的热量。

8. 每天吃一次豆腐之类易消化的大豆食品。大豆食品中含有植物蛋白、纤维素、维生素，而且易消化，可抗衰老防病。

9. 每天吃一次海藻。

10. 每天吃水果，确保身体摄入维生素 C。

注意饮食、均衡膳食只是日本人长寿之道中非常重要的因素之一，除此而外，人的心理健康以及良好的教育、国家综合国力的强大也是长寿的重要因素。

第三节　健康配餐实例 ——老人菜单

养生三色饺

色、香、味、形、器、营养、历史文化和娱乐等元素相互融为一体，不同元素的组合具有不同的主题，这是健康餐饮管理的基本模式。

一、老人保健汤

（一）抗衰延寿汤

1. 八宝鸡汤

原料：党参 10 克，茯苓 10 克，炒白术 10 克，炙甘草 6 克，熟地 15 克，白芍 10 克，当归 15 克，川芎 7 克，肥母鸡 5000 克，葱、姜、精盐、味精、肉汤各适量。

制法：药物用纱袋扎好，将猪肉、鸡肉和药袋放入锅中，加适量肉汤，烧开，撇去浮沫，加调料，用文火炖至鸡肉熟烂，将药袋、葱姜捞出不用。将肉捞出切块，按量装入碗中，汤调味加入碗中。

功效：可治疗气血两虚、面色苍白、心悸怔忡、食欲不振、气短懒言、四肢倦怠、头晕目眩等症，还可治疗病后失调、久病失治或失血过多等症。

2. 杞黄汤

原料：枸杞 20 克、黄精 20 克、瘦肉 300 克、盐少许。

制法：
（1）瘦肉少许，过水后捞起。
（2）将枸杞、黄精用水洗净。
（3）将枸杞、黄精放入锅中，加水煮开，用小火熬至汤浓后加入盐即可。

功效：黄精治虚损、益精气，对病愈体力恢复有很好疗效。枸杞滋益肝肾。此汤有补益气血、强肝壮肾功效，常饮之延年益寿。

3. 首乌牛肉汤

原料：牛肉 300 克，首乌 25 克，黑豆 100 克，红枣 10 颗，桂圆肉少许，姜一片。

制法：
（1）牛肉、首乌切成薄片，黑豆洗净后用水浸泡数小时，红枣去核。
（2）将黑豆、牛肉、红枣、桂圆肉、首乌片、姜等放入锅中，加适量水大火煮开，再用文火煮至汤浓肉烂，加入盐即成。

功效：活血，乌须黑发，健康长寿。

4. 十全大补汤

原料：党参、炙黄芪、白术、茯苓、熟地、白芍各 10 克，当归、肉桂各 5 克，川芎、甘草各 3 克，大枣 12 枚，生姜 20 克，墨鱼、肥母鸡、老鸭、猪肚、肘子各 250 克，排骨 500 克，冬笋、蘑菇、花生米、葱各 50 克，调料适量。

制法：将中药装于纱布袋内，扎口；鸭、鸡肉、猪肚洗净；排骨剁开；姜、笋、蘑菇洗净，与以上诸料同放锅中，加水武火煮开后改文火煨炖，加料酒、花椒、盐等调味。待诸肉熟烂后捞出，切成丝条，再放入汤中，去药袋，煮开后，调入味精即可。

功效：补阴阳气血，调五脏六腑，适用于气血不足、久病体虚、脾胃虚弱、头晕目眩、毛发脱落、虚痨咳嗽、面色萎黄、遗精、汗多、低血压等症。无病服用，可健身防病、益寿延年。

（二）降糖、降压汤

1. 猪胰黄芪汤

原料：猪胰一个，黄芪 30 克。

制法：将猪胰及黄芪同煮，煮至猪胰熟烂后，加入盐及调味品即可。

功效：降糖补气，适于糖尿病患者食用。

2. 山楂排骨汤

原料：山楂 20 克，猪排骨 200 克，盐 20 克，白菜 50 克。

制法：
（1）将山楂去核洗净，猪排骨切成块。
（2）将两者同煨，熟烂后，加入白菜、盐、白菜熟后即可食用。

功效：去滞消积，开胃消食，降低血脂。

3. 海带排骨汤

原料：海带 50 克，猪排骨 150 克，盐 15 克，醋 5 毫升。

制法：

（1）海带泡发后，洗净，切成丝，排骨切块。

（2）将排骨与海带同煨，加醋、盐，熟烂后即可食用。

功效：降血压，降血脂，补血补钙。

（三）补脑益智汤

1. 香菇冬笋鱼头汤

原料：大鱼头一个，香菇300克，冬笋200克，陈皮1片，胡椒粉少许，姜2片，盐、料酒少许。

制法：

（1）将大鱼头切成两片，去鳃洗净。

（2）香菇浸软去蒂，冬笋剥壳洗净，用水煮熟后切成片。

（3）鱼头用姜片起锅煎，略煮后上料酒，加入适量水。

（4）将笋片、香菇一起放入汤中煮开，再用文火煮至汤呈白色，加入盐、胡椒粉及陈皮即可。

功效：补脑，对神经衰弱、增强记忆有效。

2. 鲫鱼补血汤

原料：鲫鱼1条（500克），桂圆肉、山药、枸杞子各15克，大枣4枚，调料适量。

制法：

（1）鲫鱼去鳞、鳃、内脏洗净，切成3段置于锅中。

（2）余药洗净，大枣去核，将原料放入锅中，加酒、盐、水适量，加盖蒸3～4小时。

功效：补血、养肾、养脾，适用于血虚体弱、面色苍白、时有头晕眼花、心悸、健忘失眠者。

3. 桂髓鹑汤

原料：鹌鹑（去骨）150克，猪脊骨髓50克，桂圆肉、冰糖各40克，葱、姜、料酒等调料适量。

制法：鹌鹑肉洗净切成小块，入开水氽透，去掉血水；桂圆用温水洗净；骨髓洗净，入沸水中氽熟后除筋膜。把以上诸料入锅加鸡汤适量，并加入调料，炖至原料熟烂。

功效：补五脏，安心神，适用于心血不足之心悸、失眠、健忘，脾胃虚弱之食欲不振等症。

4. 参杞羊头汤

原料：党参18克，枸杞子10克，陈皮10克，淮山药24克，羊头4000克，火腿30克，精盐、味精、羊肉汤各适量。

制法：

（1）将党参、淮山药分别洗净后润透切片，枸杞子拣净杂质待用。

（2）羊头皮面用火燎去绒毛后，放入温水内刮净毛质，斩成四瓣，取出羊脑，洗净血水，放锅内加水煮熟，取出洗净。

（3）将洗净后的羊头再放入锅内加清水，放入陈皮、火腿，且旺火烧开，撇去浮沫、浮油，移到小火上，炖至烂熟，将羊头取出拆骨后切成长方块。

（4）将火腿取出切成片，放入钵子内，再将切成块的羊头肉放入党参、淮山药、枸杞子洗净放在上面，加入羊肉汤，加盖上蒸笼1小时左右取出，加入盐、味精调味即可。

功效：本汤菜以党参、枸杞子、淮山药、陈皮及羊头为主料。党参补中益气，养血补肺。枸杞子益精明目，滋阴补血。陈皮行气健脾。淮山药益肺固肾，健脾除湿。羊头补脑、安神、益肾。药食同用共具补气养血、益肾健脾的功效。此汤适用于脾胃虚弱、内寒腹泻、体虚消瘦、眩晕耳鸣等病人，健康人食用可补脑健脾益肾、增强记忆力。

5. 猪脑木耳汤

原料：猪脑500克，黑木耳15克，食盐5克，味精1克，黄酒2毫，葱2克，食油5克。

制法：

（1）将黑木耳泡发，洗净，放入热油锅中，翻炒2分钟。

（2）将猪脑放入，加入黄酒、食盐，煮烂后，加味精、葱花，即可食用。

功效：滋肾补脑，对用脑过度、头晕有一定的疗效。

（四）壮阳健体汤

1. 清炖归杞牛鞭汤

原料：牛鞭800克，老母鸡肉500克，枸杞60克，当归10克，生鸡油150克，姜、葱、调料适量。

制法：牛鞭顺尿道剖开洗净，入开水中氽后，漂入冷水中，撕去浮皮，刮净，再入沸水氽一次。锅置旺火上，加入清水3000毫升，下牛鞭、鸡油、鸡肉、姜、葱、花椒、料酒共炖。鸡肉炖熟时取出另做他用；牛鞭炖至八成熟时，切成一字条，炖熟后，去姜、葱、花椒、油渣及沉淀物。牛鞭、枸杞、精盐、汤入锅，继续炖至烂软，调入味精即可。

功效：补肾阳，益精血，适用于肾阳不足、精血亏损所致头晕目眩、腰膝酸软、阳痿、遗精、视力减退等症。

2. 虾马子鸡

原料：海马10克，虾仁15克，子公鸡1只，调料适量。

制法：海马、虾仁浸泡10分钟，放于洗净的子公鸡上，加葱、姜、盐、清汤适量，上笼蒸至鸡肉熟烂取出，去葱、姜。

功效：温肾阳，益精气。

二、老人菜单

1. 山楂核桃饮

主要原料：核桃仁150克，山楂50克，白糖200克。

制作方法：将核桃仁加水少许，制成茸浆，加入适量凉开水调成稀浆汁备用。将山楂去核、切片，加50克水煎煮30分钟，过滤后以同样条件煎煮一次，再把山楂汁合在一起，放置火上，加入白糖搅拌，待溶化后倒入核桃仁浆汁内，边倒边搅匀，烧至微沸即可。

效用说明：补肺肾，润肠燥，消食积，适宜于肺虚咳嗽、气喘、腰痛、便干、食积、血滞经少及腹痛等症，也可作为冠心病、高血压、高血脂症及老年便秘等患者的保健饮汁。

2. 天麻炖猪脑

主要原料：天麻15克，猪脑1个。

制作方法：天麻洗净、切片，猪脑洗净，将猪脑、天麻片放入搪瓷盆内隔水炖熟。

效用说明：祛风开窍、通血脉、镇静、滋补，适宜于肝虚型高血压、动脉硬化、美尼尔氏综合征、神衰、头晕眼花及脑血管意外致半身不遂等症。

3. 百合银耳羹

主要原料：百合、去心莲肉各50克，银耳25克，冰糖50克。

制作方法：百合、莲肉加水适量，煮沸，再加银耳，文火煨至汤汁稍粘，加冰糖，冷后即可。睡前服用。

效用说明：安神健脑，适宜于失眠多梦、焦虑健忘等症。

4. 黄焖鹿筋

主要原料：水发鹿筋750克，水发冬菇50克，冬笋75克，火腿75克，鸡汤700克，料酒150克，酱油40克，精盐2克，葱段30克，姜片10克，水淀粉25克，猪油125克，味精、白糖适量。

制作方法：将水发鹿筋用刀剖成两半，切成3~4厘米长的段，放入容器中，加入姜片5克、葱段15克、料酒100克、鸡汤200克，上屉用旺火蒸约20分钟取出，控净原汤，拣出葱段、姜片。将水发冬菇剪去根蒂洗净，冬笋、火腿切成片，待用。炒锅上火烧热，加入酱油10克，烧热。放入葱段15克，姜片5克，炸出香味，拣出葱段、姜片，随即加入酱油、料酒、精盐、白糖和鸡汤300克，先下入鹿筋，再把冬菇、冬笋片、火腿放在鹿筋上面，用旺火收稠，加入味精，见汤汁稠浓，淋入水淀粉勾芡。边淋入边晃动炒锅，加入热猪油25克，出锅上盘即成。

效用说明：适宜于劳损、脚转筋、风湿关节炎、手足无力、畏寒等症。

5. 天麻烧牛尾

主要原料：天麻10克，牛尾2条，母鸡、肘子、干贝、调料等适量。

制作方法：将母鸡、肘子下锅煮汤。天麻洗净，放入罐内加清水上屉蒸透后切片。将牛尾按骨节缝剁开，放入锅内加清水、葱、姜、白酒煮开，去其异味。锅内放入煮好的母鸡、肘子及汤，再放入牛尾、干贝，调好色味，用文火煨2小时左右，待熟后将牛尾捞出，去骨留肉，整齐地码入盘中，再将天麻片镶上，把原汁内的母鸡、肘子等料挑出，用淀粉勾芡，淋少许香油即成。

效用说明：祛风湿、止痛、行气活血，适宜于头晕、头痛、风湿痛等症。

6. 天麻炖鸡

主要原料：鸡1只（500克），天麻10克，调料适量。

制作方法：天麻洗净、切片，放入鸡腹内，鸡入锅加水清炖至熟烂，加调料入味后食用。

效用说明：熄风、行气、活血，适宜于身体虚弱等症。

7. 海蜇荸荠汤

主要原料：海蜇皮50克，荸荠100克。

制作方法：将海蜇皮、荸荠去皮切片煮汤。

效用说明：适宜于阴虚阳亢型高血压患者。

8. 香菇烧菜花

主要原料：菜花250克，小香菇15克，鸡汤200克，淀粉10克，味精2克，葱2克，姜2克，盐4克，鸡油10克，花生油10克。

制作方法：将菜花洗净，掰成小块，用开水烫透，小香菇洗净待用。将花生油烧热，放入葱、姜，煸出香味，再放入盐、鸡汤、味精，烧开将葱、姜捞出，再将菜花、香菇分别码入锅内，用微火稍烤入味后，淋入淀粉、鸡油，翻匀即成。

效用说明：适宜于高血压、动脉硬化及糖尿病患者。

9. 首乌粥

主要原料：何首乌50克，粳米100克，大枣3粒，冰糖适量。

制作方法：用何首乌以砂锅煎取浓汁去渣，入粳米、大枣、冰糖适量同煮成粥。

10. 山药茯苓包子

主要原料：山药粉100克，茯苓粉100克，面粉500克，白糖300克，食用碱、猪油、调料适量。

制作方法：将山药粉、茯苓粉放入碗中，加水适量，调成糊状上屉蒸30分钟，加猪油、白糖、调料调成馅备用。将面粉发酵，加入适量的食用碱，做成包子，蒸熟即成。

效用说明：益脾胃、补气、固精，适宜于脾胃不健、食少遗尿、尿频等症。

11. 枸杞滑溜里脊片

主要原料：猪里脊肉250克，枸杞子50克，水发木耳、水发笋片、豌豆各25克，蛋清1个，水淀粉15克，葱、蒜、姜各5克，猪油50克，清汤15克，植物油750克（耗油75克），精盐、米醋、味精、料酒各少许。

制作方法：将枸杞子分为2份，一份25克水煮提取枸杞子浓缩汁20克，另一份25克用清水洗净，放小碗中上屉蒸30分钟（蒸熟）备用。里脊肉抽去白筋，切成4.5厘米长、2.5厘米宽的片，用蛋清、水淀粉、盐少许抓匀浆好。将锅置于火上，加入植物油，待油温后将浆好的里脊片下入油锅滑开、滑透，倒入漏勺控油。另将锅加入猪油，油热时将配料和葱、蒜等下锅，用勺煸炒，加入调料、清汤、枸杞子浓缩汁及蒸熟的枸杞子，再将里脊片下锅，用勺搅匀，勾小流水芡，翻一下即成。

效用说明：适宜于体虚乏力、神疲、血虚眩晕、心悸、肾虚阳痿、腰痛等症。有气短自汗、乏力倦怠等症者，可辅饮此汤。

12. 枸杞牛肉片

主要原料：熟牛肉（脯肉）500克，枸杞子50克，鸡蛋1个，水淀粉50克，葱、姜丝、蒜片各10克，酱油20克，清汤750克，植物油750克（蚝油75克），面粉少许，花椒、大料、盐、米醋、味精、料酒各适量。

制作方法：将枸杞子分为2份，一份水煮取浓缩汁25克，另一份洗净，置小碗内上屉蒸30分钟（蒸熟）备用。牛肉切成2厘米见方的块，鸡蛋破壳放在碗内，加淀粉、面粉、水少许搅成糊，将肉放入浆匀。锅置于火上，加入植物油至五成热时，将肉下锅逐块炸成金黄色时捞出。滗去余油。将葱、姜、蒜、花椒及蒸熟的枸杞子撒在碗底，肉码放在上边，摆整齐。另将锅置于火上，添上清汤，加入盐、味精、料酒，调好味道，浇在肉碗内，上屉用旺火蒸30分钟取出，将汁倒在锅内，肉放在盘内，滗出花椒。再将锅置于火上，加香油、醋少许及枸杞子浓缩汁，汤沸后浇在肉上即成。

效用说明：滋阴补血、强筋骨、健脾胃，适宜于虚损羸瘦、腰膝酸软、脾虚不运、消渴、水肿、眩晕、阳痿、遗精等症。老年体弱、病后体虚者服用，可起到较好的滋补、强壮作用。

13. 归地炖羊肉

主要原料：羊肉500克，当归15克，生地15克，干姜15克，酱油25克，葱10克，姜3克，蒜3克，植物油600克（蚝油50克），精盐、味精、料酒适量。

制作方法：当归、生地、干姜均切片，每种挑出外形完整美观的各5克切片，直接加入，剩余部分同煮提取混合浓缩汁25克。把羊肉切成长4.5厘米、宽2厘米的长方块。把锅置于旺火上，加入植物油，烧至油见烟时，把切好的羊肉块放入，约煸5～6分钟，肉变金黄色时捞出。把砂锅放在微火上，加入煸好的羊肉块，加清水没过肉，再放进调料及当归等混合浓缩汁，一直煨到肉烂（一般约2小时左右）。在肉烂前30分钟，把当归等三种切片放在砂锅内共煨，煨好后再把当归等三种切片挑出。将肉倒入汤盘内，然后把三种切片整齐码放在盘边，作为点缀。

效用说明：益气补血，温中补虚，适宜于病后、产后体虚、贫血、肾虚的患者食用。

14. 白果烧鸡

主要原料：雏母鸡1只（约重1250克），白果仁100克，鸡清汤750克，精盐10克，酱油10克，料酒20克，葱、姜段各25克，水淀粉10克，猪油50克，植物油500克（蚝油75克），味精、面粉、大料适量。

制作方法：雏母鸡开膛，除净内脏，洗净，剁去鸡爪，鸡肉剁成长方块，白果用刀将皮拍碎。将锅置于旺火上，倒入植物油，油热后把鸡肉块用酱油5克拌匀，下入油锅内炸至金黄色时捞出控油，再将拍碎的白果仁入油锅中炸透，捞出。另将锅置于旺火上，倒入猪油，油热下入葱、姜略炸后烹入鸡清汤，再入料酒、精盐、味精、白糖、酱油、大料，最后下入炸好的鸡肉块和白果，转微火焖烂。待烂后转旺火，调好味，用水淀粉勾芡，起锅盛在盘内即成。

效用说明：补气养血，平喘止咳，适宜于老年体虚湿重的久咳、痰多、气喘，对于老年性慢性气管炎、肺心病、肺气肿及带下症患者，也是一种较好的保健膳食。

15. 红烧甲鱼

主要原料：甲鱼1000克，鸡翅4只，火腿50克，蘑菇30克，酱油10克，料酒20克，葱、姜各10克，蒜3克，鸡汤750克，猪油50克，精盐、味精、白糖、胡椒粉适量。

制作方法：甲鱼宰杀后洗净，剁去爪尖，再剁成块，鸡翅剁去尖的一段，再剁成两段，火腿切成大厚片，葱切段，姜切片，蒜切去根部。将鸡翅用水氽透，捞出。甲鱼用水加葱、姜、料酒氽一下，捞出。锅置于火上，加入猪油，油热后，下入葱、姜煸炒几下，即加入鸡汤、甲鱼、鸡翅、火腿、蘑菇、盐、料酒、酱油、胡椒面、白糖（少许），烧开，撇去浮沫改用砂锅烤。在砂锅内垫上箅片（竹子劈成的薄片，以防糊底），将甲鱼等放入，盖上盖，用小火烤到快烂时，下入蒜瓣，待已烂时，拣出火腿、蘑菇、葱、姜、鸡翅均不要，捞出甲鱼，拆去骨。先将软边放入瓷器内，再把肉放在上面，浇入原汁。上桌前，将原汁沥入锅内，甲鱼翻扣盘中，原汁浓缩，加入味精，淋在甲鱼上即成。

效用说明：滋阴益气，补血养血，适宜于骨蒸潮热、心烦失眠、痔疮便血、崩漏带下、腰痛、脱肛、乏力等症，也可作为癌症或肝硬化病人的保健食疗。

16. 蘑菇烧豆腐

主要原料：嫩豆腐250克，鲜蘑菇100克，香油30克，精盐、味精、酱油适量。

制作方法：嫩豆腐洗净，切成小块，鲜蘑菇削去根部黑污，洗净，切成片。将豆腐、鲜蘑菇片、盐和清水（浸没豆腐）放入炒锅内，在中火上煮沸后，改用小火炖约15分钟，加入酱油、味精，淋上香油即成。

效用说明：补气益胃，化痰理气，适宜于热病中后期、体倦气虚以及肺虚有热、咳嗽痰多等症。

17. 姜丝菠菜

主要原料：菠菜250克，鲜姜25克，精盐2克，酱油5克，香油5克，花椒油2克，味精、醋适量。

制作方法：菠菜洗净，切成7厘米的长段，鲜姜去皮，切细丝。锅内加清水，置火上烧沸，加入菠菜段略焯，捞出沥净水，轻轻挤一下，装在盘内抖散晾凉。把鲜姜丝及调料一起加入凉菠菜中，拌匀入味即成。

效用说明：养血通便，可用于老年性便秘、习惯性便秘及高血压患者的辅助食疗。

18. 绣球黑木耳

主要原料：黑木耳25克，发菜10克，鳜鱼茸250克，白菜叶50克，瘦火腿25克，熟猪油25克，熟蛋清50克，芝麻油25克，味精1克，姜末15克，湿淀粉30克，胡椒粉0.2克，精盐4克，葱花25克，冬笋25克，鸡蛋清1个。

制作方法：将黑木耳入温水浸软后洗净沥干，冬笋切片，熟蛋清、火腿、白菜叶分别切丝，放入碗中加发菜拌匀。将鳜鱼茸放入大碗中，加姜末、蛋清、湿淀粉和精盐，搅匀成鱼馅料，并挤成鱼丸，在混合丝中一滚，逐个置平盘中，上屉蒸10分钟。炒锅置旺火上，加猪油烧热，下笋片、黑木耳略煸，倒入适量清汤，放精盐、味精烧沸，再放入蒸好的绣球鱼丸烧入味，用湿淀粉勾稀芡，淋入芝麻油，装盆后撒上葱花、胡椒粉即成。

效用说明：益气养血，补益虚损，适宜于气血不足、虚劳羸瘦、久痢久泻、病后体虚、贫血等症，也可作营养不良、贫血、神经衰弱、慢性肾炎、糖尿病患者的滋补食疗膳食。

19. 黄芪炖母鸡

主要原料：生黄芪120克，母鸡1只，调料适量。

制作方法：先将母鸡去毛及肚肠洗净，再将黄芪放入母鸡腹中缝合，置锅中加水及姜、葱、大料、盐等炖熟即成。

效用说明：补气养血，益精髓，凡因大病、久病、产后失血过多及肝肾慢性亏虚诸病，皆可辅食。

20. 清蒸人参鸡

主要原料：人参15克，母鸡1只，水发香菇15克，水发玉兰片10克，火腿15克，精盐、料酒、味精、葱、姜及鸡汤适量。

制作方法：将母鸡宰杀处理干净，入开水锅烫一下，用凉水洗净，火腿、玉兰片、香菇、葱、姜切片。人参用开水泡开，上屉蒸30分钟后取出。将母鸡放在盆内，放入人参、火腿、玉兰片、香菇、葱、姜、精盐、味精，添入鸡汤（淹没鸡），上屉用武火蒸烂。将蒸好的鸡放在大碗内，把人参（切碎）、火腿、玉兰片、香菇摆在鸡肉上（除去姜、葱）。将蒸鸡的汤倒在勺里，点火烧开，撇去浮沫，调好口味，浇在鸡肉上即成。

效用说明：大补元气、固脱生津、安神，适宜于劳伤虚损、食少、倦怠、健忘、眩晕头痛、阳痿、尿频、气血津液不足等症。感冒者禁食。

21. 牛膝蹄筋

主要原料：牛蹄筋 100 克，牛膝 10 克，鸡肉 500 克，火腿 50 克，蘑菇 25 克，精盐 5 克，葱 15 克，姜 10 克，味精、胡椒粉、料酒适量。

制作方法：牛膝洗净，切片，牛蹄筋放钵中，加水适量，上屉蒸约 4 小时后，待蹄筋酥软时取出，再用冷水浸漂 2 小时，剎去外层筋膜，洗净。火腿切丝，蘑菇水发后切丝，姜切片，葱切段。将蹄筋切成长节，鸡肉剁成 2 厘米的方块，将蹄筋、鸡肉放入蒸碗内，再把牛膝片摆在鸡肉上，火腿丝、蘑菇丝拌匀后撒在周围，姜片、葱段放入碗中。用胡椒粉、味精、料酒、盐、清汤，调好汤味倒入碗中，上屉蒸约 3 小时，待蹄筋熟烂后，拣去姜、葱，调味后即成。

效用说明：补肝肾、强筋骨、利关节，适宜于肝肾不足、腰腿酸痛、软弱无力等症。

22. 杏仁蒸肉

主要原料：猪五花肉（带皮）500 克，甜杏仁 20 克，冰糖 30 克，酱油 40 克，料酒 30 克，葱段、姜块各 6 克，熟猪油 15 克，精盐、味精适量。

制作方法：先将猪肉洗净，切成 2.5 厘米见方的肉块。杏仁用开水泡透，去掉外皮，装入纱布袋中。再将锅放在旺火上，倒入猪油，加冰糖 15 克，炒成深红色，再放入肉块一起翻炒。当肉块呈红色时，即下葱段、姜块、酱油、料酒、清水（要浸没肉块）和装杏仁的布袋。待汤开后，倒入砂锅内，放在微火上炖，并要随时翻动，勿使糊底。待肉块炖到六七成熟时，放入剩下的冰糖。炖到九成熟时将杏仁取出，去掉布袋，将杏仁平铺在碗底，把炖好的肉块（皮朝下）摆在杏仁上，倒入一些原汤，上屉蒸到十成熟后取出，扣在盘里。然后将剩下的原汤烧开，加入湿淀粉勾成粘汁，浇在肉上即成。

效用说明：适宜于肺结核、慢性支气管炎等慢性喘咳者，老年便秘者也可。

23. 玉参焖鸭

主要原料：鸭子 1 只，玉竹 20 克，沙参 20 克，精盐、料酒各 10 克，葱 15 克，姜 10 克，鸡汤 150 克，鸡油 75 克，淀粉少许，味精、白糖适量。

制作方法：先将玉竹、沙参加水洗净、切片，混合后用水煮提取玉竹、沙参浓缩汁 40 克。将鸭子从背部劈开洗净，鸭腹向下放在瓷盆内，加入盐 5 克，料酒、葱各 5 克，上屉蒸 1 小时左右取出。再将鸭子对脯向下放入锅内，加原汤、鸡汤、玉竹、沙参浓缩汁及调料，上火焖 5 分钟，取出后向上扣在圆盘内。最后将汤用鸡油加淀粉勾成汁，浇在鸭子上即成。

效用说明：补肺润阴，适宜于肺阴咳喘、糖尿病和胃阴虚的慢性胃炎、津亏肠燥引起的大便秘结等症。

24. 虫草鹌鹑

主要原料：鹌鹑 6 只，虫草 12 条，精盐 3 克，葱、姜各 8 克，鸡汤 300 克，味精、胡椒粉适量。

制作方法：虫草用温水洗净，鹌鹑除去内脏、头、爪，洗净，再放入沸水里氽约1分钟，捞出晾凉。姜切片，葱切段。将每只鹌鹑的腹内放入虫草2条，然后逐只用线缠紧摆放在砂锅内，鸡汤用盐和胡椒粉调好倒入砂锅内，用湿棉纸封口，上屉蒸40分钟，取出砂锅，揭去棉纸即成。

效用说明：益肺肾，培中运脾，适宜于肺虚或肺肾两虚的咳嗽气短、劳嗽痰血、腰膝酸痛以及病后虚弱、神倦少食等症。

25. 凉拌蜇头

主要原料：海蜇头150克，水泡海米5克，白菜心100克，香菜茎少许，酸辣汁适量。

制作方法：将蜇头洗净，用沸水烫一下捞出，用冷水洗一遍，切成片，再用冷水浸泡3小时（中间换水洗几遍）。白菜心切丝，香菜茎烫后，切段。将白菜心装盘，把蜇头沥干，盖在白菜上面（形如馒头），撒上海米、香菜段，浇上酸辣汁即成。

效用说明：清热化痰，生食能清痰火，润肠燥，适宜于肺热痰壅、咳嗽痰多、喘急胀满、大便燥结等患者作为辅助食疗。

26. 鱼香笋丝

主要原料：莴笋500克，蒜末姜末各2克，泡辣椒1个（切细），葱10克，水淀粉6克，植物油20克，清汤100克，盐6克。

制作方法：先将莴笋去皮、洗净，切成丝用盐拌匀。锅中加油烧至六成热时，放入姜、蒜、泡辣椒、葱，炒出香味后下笋丝至断生，加清汤，勾水淀粉拌匀即成。

效用说明：清热化痰，利气宽胸，熟食对胸膈烦热、咳嗽痰多、二便不利、乳汁不通及尿血者，均有较好的辅助食疗作用。

27. 杏霜汤

主要原料：粟米（炒熟研面）500克，杏仁（去皮尖炒熟研碎）100克，炒盐适量。

制作方法：将三物拌匀，开水冲食时亦可加入酥油少许。

效用说明：利肺止咳，凡属肺气失其肃降而引起的咳嗽喘息、久成瘤疾者，可辅饮此汤。

28. 山药汤

主要原料：山药200克，粟米250克，杏仁500克（去皮尖），酥油适量。

制作方法：先将粟米炒熟研面，再将杏仁炒熟研碎，二物拌匀。另将山药煮熟，去皮做泥。用滚开水冲调杏米面20克成汤，放入山药（量随意）及酥油调匀，亦可加糖少许。

效用说明：补虚益气，温中润肺，凡肺、脾两虚之久咳喘病，而又无寒热之邪相夹者，可辅饮此汤。

29. 益寿银耳汤

主要原料：干银耳15克，枸杞子15克，龙眼肉15克，冰糖150克。

制作方法：将银耳泡涨，去根洗净，用开水氽一下，用清水泡后上屉蒸熟。枸杞子用小碗上屉蒸熟，龙眼肉切丁。取一洁净碗加清水1500克，置火上烧沸，加入冰糖使其溶化，下入银耳、枸杞子、龙眼肉，煮沸片刻，分别装在碗内。

效用说明：补肾滋身，养阴润肺，对肺阴不足的干咳、噪咳、虚劳久咳、热病后的津伤口渴、肠燥便秘、虚烦不眠等症，食用相宜；也可作为高血压、神经衰弱、年老体衰及病后、产后身虚者的滋补膳食。

30. 杏仁豆腐

主要原料：甜杏仁120克，大米30克，白糖240克。

制作方法：甜杏仁用开水略泡片刻，剥去外面红衣，洗净，剥成粒，用冷水泡上，大米淘洗干净，用冷水泡上。把杏仁和大米放在一起，加入650克清水，磨成浆，过滤去渣，锅置火上，加入500克清水，加白糖，待糖溶化后，将杏仁浆慢慢倒入锅内，随倒随搅（以防糊锅），全部搅成浓汁，不要大开锅，以免起沫，熟后盛入碗内即成。

效用说明：止咳定喘，润肠通便，适宜于急、慢性支气管炎，肺结核等患者食用，也可作为癌症病人的辅助食疗。

31. 杏梨饮

主要原料：杏仁10克（去皮研碎），鸭梨1个，冰糖适量。

制作方法：鸭梨切块去核，与杏仁同煮，梨熟加冰糖少许。

效用说明：清热润肺，由肺燥引起的咳喘症，可辅食此饮。

32. 菠萝鸡片

主要原料：鸡脯肉300克，罐头菠萝150克，香菇15克，水发玉兰片15克，火腿15克，蛋清1个，调料适量。

制作方法：将鸡脯肉去皮、筋，洗净，切成片，用鸡蛋清、料酒、味精、盐少许浆好。把香菇、玉兰片、火腿切成片。鸡脯片用温油滑开，将香菇、玉兰片、火腿一同下锅，稍滑一下即倒入漏勺内控油。在另一灶上坐锅，加油少许，放清汤150克，加入调料，用湿玉米粉勾芡，再将鸡片和配料下锅，加入菠萝，点上豆浆，淋上鸡油即成。

效用说明：清热解暑，生津止渴，适宜于炎暑季节作解暑之品，且可用以治疗肾炎。

33. 丁香鸭子

主要原料：净鸭子1只（约重1500克），丁香6克，白菜心250克，西红柿150克，酱油15克，料酒12克，葱、姜各15克，香油20克，植物油750克，精盐、味精、白糖、胡椒面适量。

制作方法：鸭子洗净，沥干水分。白菜心、西红柿洗净。葱切段，姜切片。鸭子用料酒、酱油、盐、白糖、胡椒面、丁香、葱、姜、味精拌匀，腌渍入味（约2小时）。把鸭子取出用钩子钩住，挂在透风处晾干（盆内的调料留用），待鸭皮晾干后，把腌鸭子的调料塞入鸭腹内，上屉用旺火蒸烂取出，拣去葱、姜、丁香。白菜洗净，切成细丝，放上白糖、醋、香油，拌匀入味，围在盘子边上。西红柿洗净后切成厚片，围在盘边白菜外圈。烧热植物油，把鸭炸透至皮酥，捞起，剁成块放在盘中，仍摆成鸭的形状即成。

效用说明：滋肾助阴，补阴生津，适宜于食欲不振、心烦口渴、疲乏无力、胃中呃逆、腰膝酸软者食用。

34. 清拌银芽

主要原料：绿豆芽（银芽）400 克，料酒 5 克，香油 10 克，精盐、白糖、味精适量。

制作方法：将绿豆芽去根洗净，放入沸水锅内烫熟捞出，再用凉开水过冷，沥干水后放入盘内。将精盐、白糖、味精、料酒、香油一起放入碗内，调匀后浇在绿豆芽上即成。

效用说明：清热解毒、利水，适宜于暑热烦渴、水肿、疮疡肿毒、小便赤热不利等症。

35. 明月映牡丹

主要原料：银耳 15 克，鹌鹑蛋 12 个，火腿片及菜叶、调料适量。

制作方法：银耳水发洗净，小酒盅 12 只揩干，盅内抹上猪油，每盅磕入鹌鹑蛋一个，并放入呈菱形薄火腿片 6 片，使之组成一朵几何图案的小花，配上一片菜叶，连盅上屉蒸 3 分钟。往炒锅中加鸡汤或肉汤、银耳，用武火烧滚，加盐、味精，勾琉璃芡。淋上香油，盛在盆中央。再把鹌鹑蛋用牙签拨出酒盅，匀称地围在银耳四周即成。

效用说明：补肾、润肺、生津、提神、益气、健脑、嫩肤，适宜于婴儿、孕妇及老人食用。

36. 荷叶米粉肉

主要原料：五花猪肉 500 克，炒米粉 125 克，鲜荷叶 3 张，酱油 50 克，料酒 50 克，味精 0.25 克，花椒 15 粒。

制作方法：将五花肉切成长 10 厘米、宽 6 厘米的长条，加入料酒、酱油、花椒（研末）、味精、白糖拌匀后腌 30 分钟，再加入炒米粉拌匀待用。再将每张荷叶切成 4 个 12 厘米左右的小方块共 12 张，每张荷叶上放一块肉和少许米粉，将其包好，放在盘中上屉蒸烂即成。

效用说明：为具有特殊风味的一般营养品，适宜于体虚脾弱、易为暑湿所伤而致食欲不振甚或泄泻等症者。

37. 砂仁肘子

主要原料：猪肘子 1000 克，砂仁 10 克，葱段 25 克，姜块 10 克，大盐 10 克，硝 3 克，花椒、料酒、香油适量。

制作方法：砂仁捣成细面，硝研细粉。将猪肘子在开水中烫一下，刮洗干净，控去水分，在肘子皮面用竹扦扎些眼（便于进味）。锅内放入花椒炒热，再加大盐和硝炒至滚烫时，取出晾温（不烫手为宜）。把温盐撒在肘子上，用手搓

匀，放入瓷盆中，腌 24 小时。把腌好的肘子刮洗干净，控干水分；撒上砂仁面，用布裹成筒形，再用线绳扎紧，放入盆内，加入葱段、姜块（拍松）、料酒，上屉用大火蒸 1.5 小时，取下晾凉，解开线绳布，抹上香油。食用时把肘子破开，横刀切成薄片装盘即成。

效用说明：适宜于脾虚湿滞或脾胃虚弱患者。

38. 竹荪汤

主要原料：竹荪 1 克，银耳 10 克，鸡蛋、盐、味精适量。

制作方法：将竹荪放入洗洁精中浸泡，再用清水冲洗至无洗洁精沫。银耳浸泡、洗净去蒂，鸡蛋打碎搅匀。锅中加清水，煮沸后倒鸡蛋糊，加入竹荪、银耳，以文火烧 10 分钟，加细盐、味精调好口味，起锅即成。

效用说明：消除腹壁脂肪、减肥、美容。

39. 清蒸鲤鱼

主要原料：鲤鱼 1 条（约 600 克），玉兰片 50 克，香菇 50 克，西红柿 50 克，菜心 50 克，鸡油 50 克，葱、姜、蒜各 10 克，植物油 500 克（耗油 50 克），精盐、味精、料酒、大料适量。

制作方法：将鲤鱼去鳞及内脏，洗净，划斜刀。葱切斜块，姜、蒜去皮切片，玉兰片切片，香菇开水泡发洗净去蒂，西红柿用开水烫过，去皮切斜块去籽，菜心也烫一下，把炒勺放在旺火上，倒入植物油，烧至六成热时，将鱼下勺，急速捞出，放入鱼盘内。加入料酒、盐、味精、鸡油、玉兰片、香菇片、葱块、姜片、蒜片、大料，放少许水，上屉蒸 20 分钟（用旺火）。取出拣去调料，放在另一个鱼盘内，将原汤倒入汤勺内上火，加菜心、西红柿，最后放点鸡油，煮沸后浇在鱼上即成。

效用说明：利水消肿，下气通乳，对水湿内盛、症见水肿胀满、泄泻、小便不利以及黄瘦、妊娠水肿者是很好的辅助食疗品，同时能下气通乳，对痰湿阻滞、气逆咳喘及胎动不安、产后乳汁不下者，也是理想的保健滋补佳品。

40. 油爆鳝片

主要原料：黄鳝 100 克，油菜叶 100 克，白鳔 25 克，水发香菇 25 克，蒜 5 克，料酒 20 克，酱油 5 克，水淀粉 30 克，植物油 1000 克（耗油 50 克），味精、胡椒粉、香油适量。

制作方法：将黄鳝宰杀，剁去头，拆净骨头，洗净。肉用刀剥薄斜纹，切成长 4 厘米的段，放入碗内，用料酒、精盐、水淀粉和匀。油菜叶切丝，白鳔、香菇、蒜切末待用。用另一只小碗，加入味精、精盐、白糖、胡椒粉、酱油、水淀粉和清汤少许，拌匀调成黄汤待用。锅内加油，待油烧至七成热时，将油菜丝下锅炸成油菜松取出，放在盘边，再将锅内油烧滚，把鳝片倒入爆一爆（快速），连同油一起倒出，沥去油。趁热锅放入香油，将白鳔、香菇、大蒜末投入略煸片刻，倒入鳝片，烹入料酒，倒入碗内的调料，颠翻几下，淋入香油，起锅装盘即成。

效用说明：补虚损，除风湿，强筋骨，适宜于体虚乏力、风寒湿痹、产后淋漓、下痢脓血、痔疮、臁疮等症者。

41. 藿香粥

主要原料：鲜藿香 30 克（干品 15 克），粳米 100 克。

制作方法：将鲜藿香煎汁，另用粳米煮粥，粥成后加入藿香汁调匀煮沸即可。

效用说明：降逆止呕，开胃进食，适宜于脾胃吐逆、霍乱、心腹痛等症者，对暑热症引起的呕吐有一定疗效。

42. 口蘑蒸鸡

主要原料：嫩母鸡净肉 750 克，干口蘑 50 克，葱段、姜片各 10 克，鸡油 50 克，精盐、味精、料酒各适量，胡椒面少许。

制作方法：将鸡肉剁成长方块，放凉水盆内多洗几次，除净血沫，放入大碗内，加葱段、姜片、精盐、料酒、胡椒面。另将口蘑放碗内，加白开水两勺，用盘扣住，待口蘑发软时捞出（汤留用），片成薄片，再放开水锅内洗两次，除净沙子，捞在鸡肉碗内，加入口蘑汤 150 克、鸡油 50 克搅匀，上屉蒸约 50 分钟取出，去掉葱姜，放在大汤盘中即成。

效用说明：补益脾胃，消渴止痢，适宜于体虚瘦弱、泄泻、下痢、水肿、小便频数、崩漏、带下、产后乳少、贫血及癌症恢复期患者，亦可作为病后体虚、年老体弱者的营养食疗。

43. 口蘑烧茭白

主要原料：茭白 1500 克，干口蘑 10 克，精盐 5 克，料酒 5 克，葱、姜各 5 克，水淀粉 10 克，鸡清汤 200 克，鸡油 5 克，猪油 500 克（蚝油 75 克），味精、白糖适量。

制作方法：将茭白剥去叶子，用小刀削去根皮，洗净切成 3 厘米的段，再劈两半，然后切成均匀的条。干口蘑放入碗中，用温水泡软后洗净，用刀切成片。葱切段，姜切片。将锅旺火烧热，倒入猪油，烧至五成熟时下茭白条滑透（时间不宜过长），起锅倒入漏勺中控油。锅底留少许油，重新上火烧热，下入葱段、姜片，炸至呈金黄色时烹入鸡清汤。再加料酒、精盐、白糖，锅开后撇净浮沫，捞出葱姜后下入口蘑片、茭白条、味精烧透，用水淀粉勾芡，淋鸡油，起锅装盘即成。

效用说明：适宜于烦躁口渴、目赤黄疸、痢疾等症者。本品为寒滑之物，脾胃虚冷、精滑、便泄者慎用。

三、食疗

1. 食疗的概念

食疗又称食治，是在中医理论指导下利用食物的特性来调节机体功能，使人获得健康或愈疾防病的一种方法。通常认为，食物是为人体提供生长发育和健康生存所需的各种营养素的可食性物质；也就是说，食物最主要的是营养作用。

其实不然，中医很早就认识到食物不仅能营养，而且还能疗疾祛病。如近代医家张锡纯在《医学衷中参西录》中曾指出：食物"病人服之，不但疗病，并可充饥"。

食疗是中国人的传统习惯，指通过饮食达到调理身体、强壮体魄的目的。食疗文化源远流长。食疗是一种长远的养生行为。以前的人通过食疗调理身体，现今的人通过食疗减肥、护肤、护发。食疗是一种健康的健体之道。

更经典的说法是：食物是人类治病最好的药品，食疗就是用食物代替药物而使疾病得到治疗、使细胞恢复功能、使人体恢复健康。高级均衡营养素能增强细胞营养代谢功能，使细胞获得强大的能量；同时能激活细胞的健康免疫基因，使细胞免疫活性增加、免疫细胞的数量成倍增加；能使免疫细胞有能力释放大量的特异性免疫球蛋白，直接杀死侵入细胞的细菌病毒，直接中和清除被细胞吸收的物理化学物质；强壮的免疫细胞可直接吞噬病死的细胞和废弃的代谢物，帮助功能低下的细胞恢复功能，以达到治疗疾病的目的。有医药之父之称的希波克拉底说过：药物治疗，不如食物治疗，食物是人类治病的最好药品。他相信人体天赋的自然免疫力是疾病真正的终结者。

2. 药膳

"药食同源"是中华原创医学之中对人类最有价值的贡献之一。五谷杂粮，有益于人类而无害于身体，因而性"中"。这是中华原创医学选择食品最主要的标准。这个标准建立在"以人为本"的基础上，而不是建立在以实验动物"检验"的客观基础上。

在这个标准里，食品和药品并没有截然分开的界线。食品略略离开"中"时就会偏凉（例如绿豆）或偏温（例如豆豉）。如果偏离"中"较远，就是"寒"与"热"。如果更远离"中"，那就是"药"了，这就是凉药或者热药的来历。"寒者热之，热者寒之"，这是中医的治疗原则，得了热病应该用凉药，如果热得不那么厉害，就不一定要药了，用性偏凉的食品（例如前述的绿豆）调节就可以了；反之亦然。这就是我们常说的"食疗"了。食疗和药膳并非同一概念：前者使用食品进行调理，而后者则是将通常归入"药"范围的事物变成可口的食品。比如当归生姜羊肉汤，既是药，但又是美味佳肴，对于身体虚羸、冬天手脚常冰凉者而言是再合适不过的首选了。

如果是极寒或者极热者，就叫做"毒"了。比如同是豆类的巴豆，普通人只要误食一粒就会一泻如水，因为它性极热，常用以治疗极寒的病人。所以《黄帝内经》说治病是"聚毒药以攻之"，而不是说"聚药以攻之"。因此，无论食品、药物甚至毒药都是同源的，因为目的是相同的，就是将偏离正常状态的自组织能力恢复到常态。

西方医学则不然，凡药就不能是食品，食品则不准说疗效，至于"毒"就更加另类了。需要再次强调的是，中医是"以人为本"的标准，而不是以实验动物为"本"的标准。如果以通常的西医动物模型去检测巴豆的毒性，结果相反，实验鼠吃下巴豆不仅不泻肚，而且会越来越发福，所以"以鼠为本"的所谓"客观"的标准，并非万全。

两种不同医学体系的目标不同：西医治人的病，而中医是治得了病之人，各有自己的价值评估体系。本来两种体系可以互补，可以互相尊重，然而今日之医学，西医价值评估体系"在朝"、中医"在野"，"药食同源"这一宝贵财富因此被质疑、被摒弃以至于被误用。比如一度十分流行的"绿豆能治糖尿病"的说法。糖尿病由于患者众多以及现代医学认定的"终身服药性"而使社会备受困扰，因此该说甫一出现便引起了广泛关注，最后因漏洞百出而引出一场有关食疗的"信任危机"和"养生危机"。该学说的一个非常矛盾之处就是糖尿病的标准是由西医定位的，比如根据血糖的水平等，绿豆作为食疗方法是用中医的看法去解决西医定位的病，这本身是不科学的，并且丧失了中医的优势和特点，因为单从指标来讲，绿豆肯定不如西医的降糖药管用。这两者是不同体系的，不在一条线上，因此该说法就出现了漏洞，不能自圆其说。这个学术上的漏洞被放大以后，实际上对食疗或者整个中医界来说是一件好事：在这个问题上的欠缺不是某一个人的欠缺，包括整个中医界都有欠缺；"养生危机"也不是一个人造成的，根源在于整个中医界丧失了自己的价值评估体系。这一课要补上，否则"养生危机"会持续下去，整个中医体系也将瓦解。

3. 体质

体质食疗就是根据人的"九种体质"和每天的"十二时辰"进行的食疗。

体质是由先天遗传和后天获得所形成的。人类个体在形态结构和功能活动方面所固有的、相对稳定的特性，与心理性格具有相关性。个体体质的不同，表现为在生理状态下对外界刺激的反应和适应上的某些差异性，以及发病过程中对某些致病因子的易感性和疾病发展的倾向性。所以，对体质的研究有助于分析疾病的发生和演变，为诊断和治疗疾病提供依据。

（1）九种体质。

①平和质（A型）。

总体特征：阴阳气血调和，以体态适中、面色红润、精力充沛等为主要特征。**形体特征**：体形匀称健壮。**常见表现**：面色、肤色润泽，头发稠密有光泽，目光有神，鼻色明润，嗅觉通利，唇色红润，不易疲劳，精力充沛，耐受寒热，睡眠良好，胃纳佳，二便正常，舌色淡红，苔薄白，脉和缓有力。**心理特征**：性格随和开朗。**发病倾向**：平素患病较少。**对外界环境适应能力**：对自然环境和社会环境适应能力较强。

②气虚质（B型）。

总体特征：元气不足，以疲乏、气短、自汗等气虚表现为主要特征。**形体特征**：肌肉松软不实。**常见表现**：平素语音低弱，气短懒言，容易疲乏，精神不振，易出汗，舌淡红，舌边有齿痕，脉弱。**心理特征**：性格内向，不喜冒险。**发病倾向**：易患感冒、内脏下垂等病；病后康复缓慢。**对外界环境适应能力**：不耐受风、寒、暑、湿邪。

③阳虚质（C型）。

总体特征：阳气不足，以畏寒怕冷、手足不温等虚寒表现为主要特征。形体特征：肌肉松软不实。常见表现：平素畏冷，手足不温，喜热饮食，精神不振，舌淡胖嫩，脉沉迟。心理特征：性格多沉静、内向。发病倾向：易患痰饮、肿胀、泄泻等病；感邪易从寒化。对外界环境适应能力：耐夏不耐冬；易感风、寒、湿邪。

④阴虚质（D型）。

总体特征：阴液亏少，以口燥咽干、手足心热等虚热表现为主要特征。形体特征：体形偏瘦。常见表现：手足心热，口燥咽干，鼻微干，喜冷饮，大便干燥，舌红少津，脉细数。心理特征：性情急躁，外向好动，活泼。发病倾向：易患虚劳、失精、不寐等病；感邪易从热化。对外界环境适应能力：耐冬不耐夏；不耐受暑、热、燥邪。

⑤痰湿质（E型）。

总体特征：痰湿凝聚，以形体肥胖、腹部肥满、口黏苔腻等痰湿表现为主要特征。形体特征：体形肥胖，腹部肥满松软。常见表现：面部皮肤油脂较多，多汗且黏，胸闷，痰多，口黏腻或甜，喜食肥甘甜黏，苔腻，脉滑。心理特征：性格偏温和、稳重，多善于忍耐。发病倾向：易患消渴、中风、胸痹等病。对外界环境适应能力：对梅雨季节及湿重环境适应能力差。

⑥湿热质（F型）。

总体特征：湿热内蕴，以面垢油光、口苦、苔黄腻等湿热表现为主要特征。形体特征：形体中等或偏瘦。常见表现：面垢油光，易生痤疮，口苦口干，身重困倦，大便黏滞不畅或燥结，小便短黄，男性易阴囊潮湿，女性易带下增多，舌质偏红，苔黄腻，脉滑数。心理特征：容易心烦急躁。发病倾向：易患疮疖、黄疸、热淋等病。对外界环境适应能力：对夏末秋初湿热气候，湿重或气温偏高环境较难适应。

⑦血瘀质（G型）。

总体特征：血行不畅，以肤色晦暗、舌质紫黯等血瘀表现为主要特征。形体特征：胖瘦均见。常见表现：肤色晦暗，色素沉着，容易出现瘀斑，口唇黯淡，舌黯或有瘀点，舌下脉络紫黯或增粗，脉涩。心理特征：易烦，健忘。发病倾向：易患癥瘕及痛证、血证等。对外界环境适应能力：不耐受寒邪。

⑧气郁质（H型）。

总体特征：气机郁滞，以神情抑郁、忧虑脆弱等气郁表现为主要特征。形体特征：形体瘦者为多。常见表现：神情抑郁，情感脆弱，烦闷不乐，舌淡红，苔薄白，脉弦。心理特征：性格内向不稳定，敏感多虑。发病倾向：易患脏躁、梅核气、百合病及郁证等。对外界环境适应能力：对精神刺激适应能力较差；不适应阴雨天气。

⑨特禀质（I型）。

总体特征：先天失常，以生理缺陷、过敏反应等为主要特征。形体特征：过敏体质者一般无特殊情况；先天禀赋异常者或有畸形，或有生理缺陷。常见表现：过敏体质者常见哮喘、风团、咽痒、鼻塞、喷嚏等；患遗传性疾病者有垂直遗传、先天性、家族性特征；患胎传性疾病者具有母体影响胎儿个体生长发育及相关疾病特征。心理特征：随禀质不同情况各异。发病倾向：过敏体质者易患哮喘、荨麻疹、花粉症及药物过敏等；遗传性疾病如血友病、先天愚型等；胎传性疾病如五迟（立迟、行迟、发迟、齿迟和语迟）、五软（头软、项软、手足软、肌肉软、口软）、解颅、胎惊等。对外界环境适应能力：适应能力差，如过敏体质者对易致过敏季节适应能力差，易引发宿疾。

　　九种体质的区分有利于更多的人更好地明辨自己的体质形态，并对症进行有意义的食疗。九种体质是从中医的辩证基础上发展而来的，但它还不完善。人是复杂的整体，不仅仅是一种体质能够描述的，比如阳虚的人同样会出现气虚、阴虚等症状。遵从中医的辨证施治才能更好地实现健康的养生目的，这也提醒大家：食疗是一种中国文化的精髓，不是一般人能够掌握的，请慎重，更不要听风是雨跟着所谓的"专家"跑。如今创建中国自己特色的食疗体系或者文化机构以及服务体系是当务之急。

　　（2）十二时辰。

　　古人把一昼夜划分成十二个时段，每一个时段叫一个时辰。十二时辰既可以指一天，也可以指任何一个时辰。十二时辰是古人根据一日间太阳出没的自然规律、天色的变化以及自己日常的生产活动、生活习惯而归纳总结、独创于世的。

　　十二时辰由十二个特定的时间名词构成。人们可以从先秦的古籍中溯寻出这些词语的渊源。汉代之前，这些称谓多有不同，直到汉代太初年间，我国实行了太初历，"其以一日分十二时，而以干支为纪"（赵翼《陔余丛考》卷34），才基本定型定名。十二时辰表时独特、历史悠久，是中华民族对人类天文历法的一大杰出贡献，也是我国灿烂的文化瑰宝之一。血气应时而至为盛，血气过时而去为衰，逢时而开，过时为阖，泄则乘其盛，即经所谓刺实者刺其来。补者随其去，即经所谓刺虚者刺其去，刺其来迎而夺之，刺其去随而济之，按照这个原则取穴，以取其更好的疗效，这就叫子午流注法。流注所示时间段各个脏腑当令，即精气神的调配。

　　4. 分类

　　（1）糊类：经过物理处理将食物打碎成糊状并加工成熟供人们直接食用。

　　例如康兮寿兮黑米糊，选用西北富硒产品种植区的有机富硒黑米作为原料，采用先进的生产加工技术制作而成。康兮寿兮黑米糊在加工过程中保留了黑米中含有的粗蛋白质、粗脂肪、碳水化合物、粗灰分、锰、锌、铜等无机盐。不仅如此，紫阳县康兮寿兮生物工程有限公司的黑米糊还保留了黑米中特有的维生素C、叶绿素、花青素、胡萝卜素及强心甙等特殊成分，因此康兮寿兮黑米糊可以说完全保留了黑米中各种营养成分。

　　由于黑米中所含的营养元素具有益气补血的作用，这对于那些先天性贫血的孩子来说无疑是最大的帮助。长期食用康分寿分黑米糊作为营养早餐无疑是调节身体发育的一种很好的方式。康分寿分黑米糊凭借着其营养价值高、食用简单方便，已是都市白领不可或缺的营养早餐。

（2）粥类：用米加水煮制而成，如加入药物同煮便称作药粥，亦可将适量药汁兑入粥中供病人服用。它包含了食疗与药疗的双重效果。如干姜是中医用于温中散寒的药物，但无补养作用，只适用于里寒之症；粳米或糯米可以健脾益气，却没有散寒力量。若用干姜与米合煮粥服食，就成为可温补脾胃、治疗脾胃虚寒的食治良方。又如用糯米煮成粥，在煎煮时加入适量葱、姜，煮熟后兑入一小杯醋，既能治疗感冒，又能防感冒。由于谷米煮粥，加入药特别是补益性的药粥，可以正常当作早餐或点心食用，既可充饥，又作食治。粥类食品简便易行，在古今食疗中用得最多。

（3）羹类：羹又称汤，它是以肉、蛋、奶、海味等为主体原料，制成的较稠厚的汤液，可作为正餐，亦可作为佐餐食用。如百合银耳羹，用百合50克、银耳25克、冰糖50克，先将百合、莲子、银耳加水煮熟，用文火煨至汤汁稍粘，再加入冰糖，冷后即可食用。此羹具有安神健脑之功，每晚睡前服，治失眠、多梦、焦虑、健忘。

（4）茶类：又称"代茶饮"，是指含有茶叶或不含茶叶的药物，经粉碎混合而成的粗末制品（有些药物不经粉碎亦可）。一般不用峻猛或过苦的药材。药茶用开水沏后或加水煮后，即可像日常饮茶一样频频饮之。如治疗风寒感冒的姜糖茶，即由生姜、红糖组成。又如菊花茶，即以中药菊花用水沏后频服，可治头晕、目眩，具有清热、明目之功。

（5）酒类：亦称"药酒"，即用中药与酒相结合的一种液体剂型，可用浸泡法或酿制法制备。中医认为，酒能通血脉，去寒气，行药势。常用的药酒有枸杞酒、人参酒、鹿茸酒、健美酒等。但这种药酒的缺点是不能饮酒的人或肝肾功能差的人不宜用。

5. 优点

中医历来强调"药疗不如食疗"，以食物为药物具有以下几大突出的优点：

（1）长期使用药物治病往往会产生各种副作用和依赖性，而且还可能对人体的健康造成影响；而食疗相对安全有效，毒副作用小。

（2）食疗使用的都是我们日常生活中常见的食物，价格低廉，让我们在日常用餐中便可达到调理的目的，这是昂贵的医药费所无法比拟的；

（3）食物为药还具有无痛苦的优点，让人们在享受美食的过程中祛除病痛，避免了打针、吃药，甚至手术之苦。

有此几大药物无法可比的优点，我们又怎能不以食物为药、以食疗治病呢？当然，食疗是最好的偏方，食疗确实是对防病治病有很好的功效，有不同于药物治疗的优点，但不等于食疗能包治百病，也不能因此代替药物治疗。如果病情急重或者应用食疗后疾病不减轻，应该请医生指导。

6. 食疗法

现如今，人们越来越崇尚健康天然的治疗方法，比如通过饮食来治疗疾病。下面是世界上最流行的九种食疗方法。须注意：食疗长期坚持才有用。

（1）红茶防治流感。日本科学家用比一般红茶水浓度淡的红茶液在病毒感染区浸泡5秒，该病毒就会失去感染力。为此，研究人员提出：在流感高发季节，人们常饮红茶或坚持用红茶水漱口可以预防流感。

（2）维生素 B_6 防治糖尿病。法国、意大利及日本均有报道，维生素 B_6 低于正常值的糖尿病患者，每日供给100毫克维生素 B_6，6周后四肢麻木及疼痛等症状会减轻或消失。平时多吃糙米、面粉、蛋、白菜、干酵母等富含维生素 B_6 的食物，同样对防治糖尿病有效。

（3）牛奶防治支气管炎。美国学者最近的一项调查统计发现，患慢性支气管炎的吸烟者中有31.7%是从来不喝牛奶的，而每天喝牛奶的吸烟者中患支气管炎的人却低于20%。牛奶中所含的大量维生素A可保护支气管和支气管壁，使之减少发炎的危险。

（4）蜂王浆防治关节炎。英国科学家对200名关节炎患者进行研究后得出一个新结论：每天服用一次蜂王浆的关节炎患者，其疼痛减轻程度高达50%，关节灵活度也改善了17%。

（5）橘汁防治尿道感染。美国妇产科医生研究认为，易患尿道感染的人，每天喝300毫升的橘汁，有助防治尿道感染，其效果比单纯饮水要好。

（6）南瓜子防治前列腺病。美国研究人员发表的一篇科研论文指出，每天坚持吃一把南瓜子（50克左右），可治疗前列腺肥大，明显改善第三期病情。因为南瓜子中的活性成分可消除前列腺初期的肿胀，同时还有预防前列腺癌的作用。

（7）淀粉类食物防治肠癌。英国剑桥大学的研究表明，澳大利亚结肠癌发生率是中国人的4倍，其主要原因就是澳大利亚人摄入的淀粉少。专家们指出，香蕉、土豆、豌豆等富含淀粉类食物中的丁酸盐能直接抑制大肠细菌繁殖，是癌细胞生长的强效抑制物质。

（8）菠菜防治视网膜退化。美国哈佛大学最近的一项研究表明，每周吃2～4次菠菜，可降低视网膜退化的危险。据称，菠菜保护视力的关键是类胡萝卜素，此化合物存在于绿叶蔬菜中，可防止太阳光对视网膜的损害。

（9）苦瓜清暑祛热、明目解毒、养血益气，对热病烦渴、中暑、痢疾、目赤、痈肿丹毒、恶疮等有食疗作用。此外，常食苦瓜还能降低血糖，增强机体免疫力，使皮肤细嫩柔滑。

（10）黑蒜是风靡世界的健康食品。据美国、日本科学家研究，黑蒜富含氨基酸，其中包括人体必需的十八种氨基酸，对癌症、糖尿病等有很好的预防和补充医疗作用。

另：国内现有食疗1500方可供参考使用。

7. 食疗禁忌

可以说，低盐饮食是绝大多数的肾脏疾病患者饮食治疗的基础。低盐饮食严格讲就是限制钠的饮食，因此所有含钠高的食物都应限制。高钠食物主要有两大类：一是食盐、味精、酱油、酱等调味品；二是各种盐脯制食品，如各式脯菜、咸菜、腊肉、腊鱼、板鸭、香肠、红肠等。每日食盐量控制在 2~3 克（中号牙膏盖为 1 克）或酱油 10~15 毫升。低盐饮食禁用第二类食物。味精的含钠量是食盐的一半，也必须注意限量使用。此外，各种面制食品中一般也含有一定量的钠（小苏打），因此也应限量食用。由于各种天然新鲜食物的含钠量都很低，因而只要注意限制调味品的使用，即少用盐、味精和酱油，多用糖、醋，低盐饮食是不难做到的。此外，中药"秋石"和市售低钠盐都可以用来增加咸味。但是，它们的主要成分是氯化钾，因此用前应当咨询医师。在少尿或无尿、肾功能衰竭晚期时应慎用或不用，以免导致高钾血症。低盐饮食主要适用于有肾病综合征、高血压和少尿的肾脏病患者，是临床上最常用的肾脏病饮食。但是，以肾小管损害为主的肾脏病患者一般不能采用低盐饮食。因为这些疾病可能会使钠在尿液中丢失过多，导致低钠血症和血容量不足等问题出现。故此时应注意补充钠，宜进食高钠食物。

1）下面是列举的药物与食物配伍禁忌。

（1）一般用发汗药应禁生冷，调理脾胃药禁油腻，消肿理气药禁豆类，止咳平喘药禁鱼腥，止泻药禁瓜果。

这些禁忌主要包括：猪肉反乌梅、桔梗、黄连、胡荽黄、百合、苍术；羊肉反半夏、菖蒲、忌铜、丹砂；狗肉反商陆、忌杏仁；鲫鱼反厚朴、忌麦冬；猪血忌地黄、何首乌；猪心忌吴茱萸；鲤鱼忌朱砂；雀肉忌白术、李子；葱忌常山、地黄、何首乌、蜜；蒜忌地黄、何首乌；萝卜忌地黄、何首乌；醋忌茯苓；土茯苓、威灵仙忌茶等。

（2）古人对食物与食物的配伍也有一些忌讳，其道理虽不充分，但在药膳应用中可做参考。

这些禁忌是：猪肉忌荞麦、鸽肉、鲫鱼、黄豆；羊肉忌醋；狗肉忌蒜；鲫鱼忌芥菜、猪肝；猪血忌黄豆；猪肝忌荞麦、豆酱、鲤鱼肠子、鱼肉；鲤鱼忌狗肉；龟肉忌苋菜、酒、果；鳝鱼忌狗肉、狗血；雀肉忌猪肝；鸭蛋忌桑葚子、李子；鸡肉忌芥末、糯米、李子；鳖肉忌猪肉、兔肉、鸭肉、苋菜、鸡蛋等。这些禁忌的应用主要是避免使人气滞、生风、生疮、发病等。

2）四季饮食宜忌。

四时调食，即顺应自然界四时之变化，适当调节自己的饮食。这种四时调食的观点是建立在中医养生学整体观念基础上的。饮食是人体与外界联系的一个方面，所以在饮食方面也应该适应自然界四时气候的变化，而做相应的调整。

春三月，人体肝气当令，所以饮食宜减酸益甘，以免肝气生发太过，特别是素体肝阳偏亢者，春季最宜复发，因此除了注意饮食调节外，最好以药物预防，可用甘味食物养脾气。

夏三月，气候暑热，人体消化机能下降，故宜吃清淡、宜消化的食物，特别要注意多吃些营养丰富的蔬菜、水果等。

夏天出汗较多，津液相对亏乏，故适量饮用"绿豆汤"等冷饮，补充水分、清热解暑。但冷饮不宜过量，否则有害无益。我国人民自古就有饮茶解暑的习惯。现代研究证明，茶叶除含有粗纤维、胶质、叶绿素外，还含有生物碱、黄酮类、鞣质、维生素、麦角田醇、挥发油，以及少量的烟酸、硫胺、叶酸、蛋白质、矿物质等。饮茶能提神醒脑，解除疲劳，增强记忆力。因此，夏季饮茶解暑要比冷饮效果更好。秋三月，是肠胃道疾病的好发季节，此时尤应注意饮食卫生，以防"病从口入"。此外，立秋之后，不可贪吃冷饮凉食，以免损伤脾胃。

冬三月，阴盛阳衰，是身体虚弱者进补的较好时机。冬季进补的关键是食补，补益之品甚多，可因人而宜。

气虚者，表现乏力、气短、头晕、出虚汗等症时，可用人参炖鸡汤；血虚者，表现面色萎黄、头晕眼花、手足麻木时，可以多吃红枣、桂圆、动物的血和肝脏；阴虚者可吃团鱼、乌龟和淡菜等；阳虚者可进补牛、羊肉及狗肉等温中补虚、和血暖身的食品。

3）虚症小知识。

中医所论述的虚症，可分阳虚、阴虚、血虚、气虚。那么该如何分辨这些虚症呢？什么是阴虚？什么是阳虚？什么是血虚？什么是气虚？这对中医专业人士来说不是很难辨别的问题，但对多数患者来说却很茫然。著名学者聂文涛先生总结四句科普："阴虚发热；阳虚怕冷；血虚发躁；气虚无力。"这四句话虽然不能涵盖辩证的全部，却使很多人理解了不同的虚症。具体地说：

（1）阳虚症。

症状表现：怕冷，口不易渴或喜热饮，咳清稀的泡沫样痰，常吐清水，大便稀或常腹泻，常腹痛不适，但用手按压腹部痛可减轻，或热敷腹部腹痛可好转，小便清长，手足不温或很凉，面色苍白，精神萎靡不振等。舌苔白厚，舌质淡嫩，脉象沉、迟钝、无力、虚弱。白天不热也容易出虚汗，口唇清淡，口中常淡而无味等。

（2）阴虚症。

自觉内部有热，手心、足心、心口都觉热，咽干口燥，饮水多，有时午后带热，晚上醒后觉出汗（盗汗），大便干结，尿黄短，面部颧红，精神烦躁不安，坐卧不宁，常失眠，唇红干裂。舌红少苔，舌干裂，舌质嫩红，脉细数无力等。

（3）血虚症。

由于心脾功能差，易失血、缺血、贫血而出现血虚。表现为头晕，无力，心悸，心烦，视物模糊，面色苍白，口唇淡白，少言懒语，精神差，舌淡白，脉弱。

4）食疗三字经。

作者：李保坤。

食生梨，化痰好。葱姜汤，治感冒。

富含碘，海带妙。熬绿豆，解毒巧。

乳汁少，猪蹄要。吃菌菇，肿瘤消。
食番茄，容颜俏。美葡萄，人不老。
生乌发，食核桃。想减肥，黄瓜好。
肠胃炎，大蒜妙。食冬瓜，能利尿。
通脉络，紫茄好。排毒素，白菜俏。
吃菜花，癌症少。食桔皮，粘痰消。
胆固醇，啤酒妙。食禽蛋，记事牢。
口生津，乌梅巧。抑癌症，猕猴桃。
润肺药，蜂蜜好。食银耳，防衰老。

第四节　国际银发城名人宴

名人宴——完全传统人工宴会手法烹饪。

南海花拼

一、直隶官府菜特征

（一）直隶——直接隶属京都管辖之意

河北大部

北京

天津

河南 ⎫

山东 ⎪

山西 ⎬部分地区

辽宁 ⎪

内蒙古 ⎭

知名直隶总督 { 方观承 / 刘墉 / 曾国藩 / 李鸿章 / 袁世凯 / 荣禄

（二）直隶官府菜源泉

{ 明清官府秘藏文献 / 萃取中华饮食文化 / 收集直隶官府菜秘传菜谱 / 史料记载 / 官家器皿珍玩 / 总督一品服饰 / 萃取历代名师口传身授

始于1854年保定张家作坊的开办（清代最大的膳业经营与厨师培训合一的饮食作坊）。

（三）直隶官府菜特点

概括为："海纳九州美味，雄踞一品官风"；"盛典花样翻番，名吃荟萃一堂"；彰显盛世华章

{ 选料严谨 / 精于制汤 / 酱香浓郁 / 五味调和 / 口味绵长 / 原汁原味 / 咸淡适宜 / 烹调技法丰富、独特 / 明油亮黄 / 汪油抱汁 / 兑汁配汤 } 工艺堪称绝技

（四）直隶官府菜文化

{ 直隶盛世历史为基础 / 菜品文化 / 历史典故 / 器皿文化 / 老照片 / 营养分析 / 菜品专利证书 / 服饰文化、装修文化、服务文化 } 融入

（五）直隶官府菜

历史故事
经典百余道
- 康熙皇帝与鸡里蹦
- 慈禧与阳春面雪、槐茂太平菜
- 曾国藩与炒代蟹、相先生豆腐、曾蹦鱼
- 李鸿章烩菜、官府抓炒鱼
- 袁世凯与清蒸炉鸭、南煎丸子
- 直隶总督方观承与鹿筋台蘑折鸡、直隶海参、黄袍豆腐

（六）直隶官府菜承载了厚重的历史内涵

- 来自民间
- 形成于官府
- 升华在宫廷
- 荟萃于直隶会馆
- 服务于河北
- 声名远播于华夏

（七）冀菜三大流派

- 直隶官府菜
- 塞外宫廷菜
- 京东沿海菜

（八）直隶官府菜代表作

1. 乾隆赐宴直隶总督

1）乾隆三十年正月十八日在汤洲行宫对直隶总督大臣赏赐。

- 红煨鱼翅
- 海参肘子
青花八碗菜品

据《乾隆三十年节次膳底档》记载。

2）乾隆在乾隆三十年四月十四日在第四次南巡回程驻跸红杏园行宫（献县），时任直隶总督方观承进献"棉花图"。乾隆大悦，欣然地在十六幅图上分别题写七绝诗一首，并数次赐宴于方观承。

清代著名的《御题棉花图》刻石是直隶文化的代表，乾隆在乾隆三十年四月十四日在直隶红杏园行宫进晚膳。

- 鹿筋台蘑折鸡
- 素烩（献国、御题、赐宴）

2. 奥运选定精品菜

从 1600 道菜中 —选出→ 68 道菜（奥运菜）

保定
- 黄焖鸡脯
- 锅包肘子（金奖）

3. 中国美食节

名菜 { 烧腌鱼（直隶官府）
      春不老酱蒸鱼
      锅包肘子（金奖）

4. 李鸿章烩菜（李鸿章杂碎）直隶府版本配方

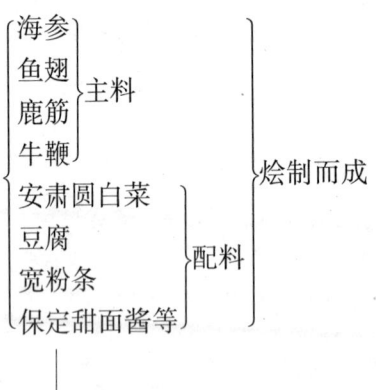

（加入保定府三宝之一槐茂甜面酱）

5. 袁世凯的南煎丸子（扁形，保定府南奇）

扁形丸子（忌讳袁字） { 荸荠（南奇）} 主料
                    { 玉兰片（南方）
                      肉馅
                      海参 } 配料

《清宫御膳》

（九）套汤文化"厨师的汤，唱戏的腔"

套汤 { 鲜香
      醇美 } 是直隶官厨的秘密武器。

古籍资料：《烹饪实习目录》（愈祖鑫华记）；《美味求真》（清）；《食谱秘典》（清末民初）（琉璃厂中国书店）；

中国烹饪史：最名贵的菜品出自于宫廷菜，其侧重于"形"。最味美的菜出自于官府菜，其侧重于"味"，而"味"自汤出，"汤乃菜之魂"。

（十）直隶官府宴席（形成于清中期）

1. 直隶官府宴席 { 1）菜品的精烹细制
                2）美酒
                3）环境布置
                4）器皿应用
                5）伴宴歌舞
                6）宴席礼仪
                7）宴席程序

2. 直隶官府宴席代表作
1) 康熙、乾隆皇帝御赐宴
2) 慈禧太后莲叶托桃保定行宫御宴
3) 直隶官府一品团拜宴
4) 总督福寿宴
5) 直隶官府新年年夜宴
6) 总督署中秋花厅团圆宴
7) 官员接岗送别会
8) 直隶官家堂会宴
9) 保定莲池揽胜宴
10) 燕赵文人诗会宴
11) 李鸿章淮军公所同乡宴
12) 直隶官家药膳养生宴
13) 直隶官府门生谢师宴
14) 直隶官家小姐公子结婚宴
15) 京门将帅同乐宴
16) 民国政要（保定府光园）庆功宴
17) 保府会馆群英宴

（十一）盛器为青花瓷（景德镇官窑制作）——直隶官府菜的一个典型特点

原料上乘
工艺考究
绘画触细腻生动   更显稳重、内敛的官府气派
洁白的胎质
稳重的淡蓝色调

温盘（温盅、温酒壶）、温碗（孔明碗）、温盏——景德镇官窑制作。

温盘的整体为盘型，是盛放菜品的扁而稍深的专用餐具；器形一般是下置平底高座，体双层，内中空，上承浅腹盘的器皿，体内中空有夹层，均在座壁穿一个或两个圆孔。此孔是特为注热水用的注水孔，热水由孔注入盘腹内，以使盛入浅盘的食物得以保温，故定名为温盘或暖盘、温盅、温酒壶。

（十二）直隶官府菜——服饰文化

一品文官补服（仙鹤补子，女服务员宫服）

一品武官补服（麒麟补子，女服务员宫服）

二、李鸿章直隶总督官宴

（一）产品定位

1. 徽（菜）、津（菜）、冀（菜）合璧
1) 徽（菜）占40%
2) 津（菜）占40%   以津菜为基础（形、味、典故）
3) 冀（菜）占20%

以徽菜为特点（配方、典故）

以冀菜为补充（特点菜作辅）

2. 时间：1871—1901年晚清时期直隶总督迁入天津

李鸿章与德璀琳外交主政时期——开放、变革、创新的近代天津与近代中国的历史典故。

3. 传统不离宗

传统融时尚。

创新出特色。

4. 李府官宴——御道健康餐饮设计管理原则

1）21世纪，威胁人类的第一位疾病是"生活方式病"。

2000年，世界卫生组织宣布：全世界因营养过剩死亡的人数首次超过因营养不良死亡人数。

2）何谓御道？

御道者，御用也。

御用者，即21世纪新兴"皇帝"时尚的健康生活方式。

国际银发城将客人当做"皇帝"，为他们提供御道产品——最佳、最具有欢娱感的健康生活方式。

御道产品具有五个特征：

· "皇帝"也——尊贵享受、至高无上；

· 养生也——呵护健康，幸福长寿；

· 人性也——以人为本，个性定制；

· 极致也——完美无瑕，体贴入微；

· 有机也——拒绝污染，自然回归。

3）李府官宴——御道健康餐饮设计管理原则：

(1) 有机——自然、生态、拒绝污染；

(2) 平衡——营养素之间比例适当；

(3) 多样——营养素种类齐全；

(4) 适量——七八分饱；

(5) 定制化——因人而异，处方管理；

(6) 多元性——国际性、民族性、文化性；

(7) 主题性——色、香、味、形、养、器、史、文、娱、美十种元素相互融为一体，不同元素的组合具有不同的主题。其中"养"（即营养、养生）是核心，"味"（即味道）是重中之重，前四种元素（色、香、味、形）是基础，后四种元素［器（器皿）、史（历史典故）、文（文化艺术）、娱（娱乐）］是主题与特点，最后一位元素"美"是对前九种元素的高度要求和制约。

(8) 菜名采纳虚实相结合的命名法，即历史典故寓意与主料相结合之命名法。

（二）徽菜特点

徽菜是中国传统的八大菜系之一。

1. 徽菜风格

清雅纯朴；

原汁原味；

酥嫩香鲜；

浓淡相宜；

医食同源；

药食并重；

生态有机；

养生健康。

2. 徽州产山珍，是徽菜之主要原料

1）三石：石鸡、石鱼、石耳；

2）三山：山鸡、山牛、山龟；

3）三冬：冬菇、冬笋、冬瓜。

3.（操作）烹制以烧、炖、熏、蒸而闻名

4. 徽菜代表菜及经典

1）代表菜
- （1）清炖马蹄鳖
- （2）腌鲜鱼鳜鱼
- （3）一品锅
- （4）歙味笋丝

2）经典菜
- （1）葛粉元子（葛粉、豆干丁等）
- （2）虾仁南瓜饼
- （3）徽式卤香干
- （4）黄山素味园（茶树菌、干豆角、茶笋、山药、南瓜、金针菇、干蕨菜、石耳）
- （5）黄山双石（石耳、石鸡）——国宴
- （6）清炖全鸡（土鸡）
- （7）石耳炖土鸡（宋街）
- （8）绩溪炒米粉（火腿、香菇、茶笋）
- （9）糯米仔排（排骨）
- （10）海鲜酱排（排骨）
- （11）红烧毛豆腐（毛豆腐）
- （12）鸡油石耳（石耳、茶笋）
- （13）酸辣鸭血煲（鸭血、酸菜）
- （14）金松椒盐石斑鱼（小石、斑鱼、土豆丝）

3）黄山创新菜 { (1) 竹竿童子鸡 / (2) 红汤肉圆锅 }

4）黄山风味菜（受客人赞赏）
{
(1) 全球五花肉
(2) 馒香回锅肉
(3) 蛋煎南瓜花
(4) 黄山一蕨（蕨菜、火腿）
(5) 农家五丝（粉丝、笋丝、肉丝、豆干丝）
(6) 双味蚕蛹（蚕蛹、小脆皮、葛粉、腊肉）
}

5）黄山风味小吃
{
(1) 毛豆腐
(2) 宏谭豆腐乳
(3) 五城豆腐干
(4) 腊八豆腐
(5) 蟹壳黄
(6) 烧饼
}

（三）津菜特点

"喜尝鲜，好美食"是天津的民俗民风。

津菜起源于民间，得势于地利，借助于津门富饶的物产。

随着天津漕运、盐业、文化业及其城市化之发展，津菜在明末清初逐渐形成，而津菜形成的标志便是为庆祝康熙登基（1662年）而开设的津菜发祥地估衣街的聚庆成饭庄。经过二百余年的兼收并蓄、发展完善，到清末同治、光绪年间达到鼎盛阶段，这时饭馆已"五百有奇"。晚清之际，津菜"远胜京师"。

津菜口味以咸鲜清淡为主，酸甜甘口为辅，兼有小辣微麻。

津菜厨师利用天津临海跨河盛产的咸淡两水的鱼、虾、蟹烹制出季节时令很强、河海两鲜的佳肴。

1. 津菜含
{
(1) 汉民菜
(2) 清真菜
(3) 素菜
(4) 民间风味小吃
}

2. 津菜五个特点
{
(1) 擅烹两鲜
(2) 讲究时令
(3) 精于调味
(4) 技法独特
(5) 适应面广
}

吃鱼讲究 { 春吃花鱼 / 夏吃目鱼 / 秋吃鲤鱼 / 冬吃银鱼 } 代表作 { 软溜鱼扇 / 官烧目鱼条 / 晋蹦鲤鱼 / 高丽银鱼 }

吃虾讲究 { 春吃晃虾 / 夏吃大虾 } 代表作 { 炸晃虾 / 煎烹大虾 / 炒青虾仁 }

吃蟹讲究 { 春吃海蟹 / 秋吃河蟹 / 冬吃紫蟹 } 代表作 { 熘河蟹黄 / 芙蓉蟹黄 / 酸沙紫蟹 }

这些美味佳肴为津菜所独有，而且软熘、官烧、罾蹦、酸沙等烹调技法为津菜厨师所独创。

3. 津菜名宴
   - （1）满汉全席
   - （2）全羊席
   - （3）燕翅席
   - （4）鸭翅席
   - （5）目鱼席
   - （6）四大扒、八大碗
   - （7）素席
   - （8）面席

4. 家乡地方特色菜
   - （1）北塘菜（八大馇、海蹦楞汤）
   - （2）油炸蚂蚱
   - （3）汗萝卜拿糕
   - （4）冷盘、沙窝青萝卜
   - （5）龙须面

5. 津门小吃
   - （1）天津包子（狗不理）
   - （2）天津麻花（桂发祥）
   - （3）天津炸糕（耳朵眼）
   - （4）天津馃子
   - （5）锅巴菜
   - （6）天津烧饼
   - （7）天津黏食
   - （8）天津稀食

（四）李府官宴菜单

李府官宴招牌菜
- 1）李鸿章大杂烩
- 2）李府大鱼头
- 3）李府毛血旺
- 4）李府啤酒鸭
- 5）浇汁茄排
- 6）盐焗虾
- 7）黄山臭鳜鱼
- 8）浇汁鱼头王
- 9）土鸡蛋烧狗肉

李鸿章烩菜（洋徽烩、徽烩、杂碎、杂烩、李鸿章杂烩）

公元1896年，李鸿章奉旨到俄国参加皇尼古拉二世的加冕典礼，顺道访问欧美。他一路上吃了两个多月的西餐，胃口都吃倒了，所以一到美国就叫使馆的厨师用中国徽宴请美国宾客。他曾宴请美国宾客，因中国菜可口美味，深受欢迎。席间，李命厨师加菜，但正菜已上完，厨师只好将所剩海鲜等余料混合下锅，烧好上桌。外宾尝后赞不绝口，并询问菜名。李用合肥话说："杂碎"（即"杂烩"谐音）。此后，"大杂烩"便在美国传开，合肥城乡也仿而效之，遂成名菜。

选料：鸡肉少许，海参少许，熟白鸡肉少许，鱼肉少许，熟火腿少许，油发鱼肚少许，鱿鱼少许，水发腐竹少许，干贝少许，冬菇少许，玉兰片少许。

制法：

(1) 海参、鱼肚、鱿鱼、玉兰片、腐竹、熟火腿切片。

(2) 猪肚、鸡肉、干贝加葱结、姜片、绍酒蒸透入味、切片。

(3) 熟白鸡肉、熟火腿切丝。

(4) 鱼肉制茸上味，粘上干贝丝蒸熟。

(5) 将干贝球、各种原料和调料下入鸡汤烧烩入味，装碗蒸五分钟，滗出原汤勾芡，浇在杂烩上即成。

(五) 冀菜为主

1. 直隶官府宴席代表作
   1) 康熙、乾隆皇帝御赐宴
   2) 慈禧太后莲叶托桃保定行宫御宴
   3) 直隶官府一品团拜宴
   4) 总督福寿宴
   5) 直隶官府新年年夜宴
   6) 总督署中秋花厅团圆宴
   7) 官员接岗送别会
   8) 直隶官家堂会宴

1. 直隶官府宴席代表作
   - （9）保定莲池揽胜宴
   - （10）燕赵文人诗会宴
   - （11）李鸿章淮军公所同乡宴
   - （12）直隶官家药膳养生宴
   - （13）直隶官府门生谢师宴
   - （14）直隶官家小姐公子结婚宴
   - （15）京门将帅同乐宴
   - （16）民国政要（保定府光园）庆功宴
   - （17）保府会馆群英宴

2. 乾隆赐宴直隶总督

1）乾隆三十年正月十八日在汤洲行宫对直隶总督大臣赏赐。

{红煨鱼翅, 海参肘子} 青花八碗菜品

2）据《乾隆三十年节次膳底档》记载，乾隆在乾隆三十年四月十四日在第四次南巡回程驻跸红杏园行宫（献县），时任直隶总督方观承进献"棉花图"。乾隆大悦，欣然地在十六幅图上分别题写七绝诗一首，并数次赐宴于方观承。

清代著名的《御题棉花图》刻石是直隶文化的代表。乾隆在乾隆三十年四月十四日在直隶红杏园行宫进晚膳。

{鹿筋台蘑折鸡, 素烩（献国、御题、赐宴）}

3. 李鸿章烩菜（李鸿章杂碎），直隶府版本配方

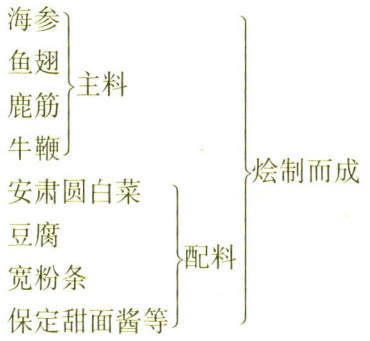

（加入保定府三宝之一槐茂甜面酱）

4. 袁世凯的南煎丸子（扁形，保定府南奇）

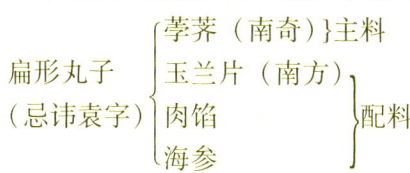

《清宫御膳》

（六）塞外宫廷菜

（七）奥运菜

从1600道菜中 $\xrightarrow{选出}$ 68道菜（奥运菜）

保定 $\begin{cases} 黄焖鸡脯 \\ 锅包肘子（金奖） \end{cases}$

三、古董菜、名人菜（康熙、乾隆、慈禧、民国总统、宋庆龄）

（一）宋庆龄菜单

1. 宋庆龄宴客菜单

（1979年1月26日下午6时，15人两桌）

朱肉茶（加柠檬片）

酱生菜拉

糖醋鳜鱼

油炸大明虾

红烧大虾

猪肉二香

牛白腩

通心粉

大蛋糕（上面裱玫瑰花）

水果：桔子、苹果、生梨

桔子水、红葡萄酒、可口可乐

主食：面包

2. 宋庆龄宴请金日成菜单

四对冷盘

鱼香鸡丝

油炸虾

烩鸭掌

鸡茸鱼翅

盐焗鸭

广东烧鸭

卷筒津白

豆瓣草鱼

炖花胶汤

八宝饭

油糕

炒面

杏仁茶

3. 宋庆龄宴客菜单（1979年年初一）

鸭子汤

糖醋大黄鱼

红烧大明虾

小笋红烧肉

什锦冷盆

糖醋银丝茄

点心：芝麻汤、米团

4. 宋庆龄宴客菜单（1979年年初二）

肉丸粉丝汤

咖喱鲳鱼

小笋百叶

金杏红烧肉

白斩鸡

炒塔菜

点心：芝麻汤、米团

（二）孙中山菜单

（三）慈禧太后菜单

白凤卧雪莲、红娘自配

（四）周总理菜单

（五）黎元洪菜单

（六）徐世昌菜单

（七）汉纳根菜单

四、德式菜单（德皇威廉二世、德王子、首相俾斯麦）

德式菜单——金

德王子菜单——银

俾斯麦首相菜单——红

（西餐为主，1907—1925）

A

Goose liver pate with truffle

鹅肝配松露

Linsen suppe

扁豆汤

Caesar Salad dried pork neck

凯撒沙拉配风干猪脖肉

Forelle Mullerin

炸河鳟

Schweinehaxen

咸猪手

Black forest cake

黑森林蛋糕

Ice cream with Sen – Gana

冰激凌配德国草莓

B

Pork galantine with blue berry sauce

蓝莓猪肉卷

Kartoffel suppe

马铃薯汤

Black carp salad

小青鱼沙拉

Rinderroulade

牛肉卷

Zigeunerschnitzel

德国式炸肉排配辣椒肠

Apfelstrudel

苹果馅饼

Fresh Fruit With Chocolate

新鲜水果配巧克力

五、俄式菜单（小白楼、义顺和、普列西）

1940年义顺和扩建改名维格多利（由普列西与中国人合资，规模宏大，富丽堂皇，天津唯一大型西餐厅）

A

Smoked salmon with horseradish sauce

烟熏鲑鱼配山葵酱

Beef consommé Russian style

俄式牛肉清汤

Crab meat salad Russian style

俄式蟹肉沙拉

Pen – fried sea bass with saffron sauce

煎海鲈鱼配藏红花汁

Pot roast beef

罐焖牛肉

Massey KaBoNi cheese cake

马斯卡波尼芝士蛋糕

Fresh fruit with ricotta cheese

新鲜水果盘配意大利乳酪

B

Caspian sea caviar

里海黑鱼子酱

Borsch

罗宋汤

Russian salad

俄罗斯沙拉

Grilled kin prawn with caper butter sauce

炙烤对虾配马槟榔汁

Backed pork loin with apple sauce

脆烤猪柳配苹果汁

Pudding of fruit

水果布丁

Strawberry milk shake

草莓奶昔

（一）德式银器

（二）古典德式（特制）瓷器——景德镇或唐山制品（独版）

印有康科迪亚俱乐部标识及字样（可按进价的 3~5 倍价格售卖给会员），可兼作珍藏礼品（要有精美、怀旧外包装），售卖给会员或赠送给国宾。

六、宴会软片之要求

（一）金色（德皇风格宴会）

（二）银色（德王子风格宴会）

（三）红色（大红——欧美色版）（德首相俾斯麦风格宴会）

七、灯光之要求

宴会厅在现有基础上再增加辉煌色彩，利用德式仿古（1895—1907）水晶灯、壁灯（广州产，出口德国）。

八、宴会配乐及堂会

（一）皇家小乐队——中西乐曲（德国怀旧歌曲为主，中国及各国经典曲目）

（二）定制伴宴歌舞

（三）国宴——请武警军乐队演奏

九、国宴厅对服务员之要求

（一）均为男性，大学毕业，八种语言（英、德、法、意、日、西、粤、普通话），每位起码会一种外语（应聘者可以是中国人、德国人、意大利人、英国人、美国人、西班牙人）。

（二）身高1.80米，潇洒、爱微笑、面善、心细、善良、体贴入微，不吸烟，无不良嗜好，不能留平头、光头、怪发型；正常体重。最好为苦孩子出身。

（三）不怕苦，喜欢宴会服务工作，头脑灵活、机敏，年龄在22~40岁（经理可扩至45岁），30~40岁的要具有3年西餐宴会服务经验或管家服务经验。

（四）国宴厅外服务员可用女性1.68米——大学生（大专），22~28岁，相貌端庄，擅长言谈，爱微笑，会英语、粤语、普通话，中等水平。

（五）门童可用岁数大些的，如45~50岁，男性，慈祥、礼貌，可为印度人、中国人。身高1.75米，英语中等水准，喜爱此项工作。

十、对国宴厅服务人员之管理及待遇

（一）按照准主管级——主管级之素质要求和管理（参考国宴宴会主管和金钥匙素质要求）

（二）待遇按照准主管级（试用期为三个月）——主管级待遇（考核合格，按照外资五星级酒店工资水准）

（三）可收小费（客人点名给谁就给谁或全额由经理当日分配）

（四）德式国宴服饰、白手套

十一、菜单设计

（一）古典德式（1895~1907）

（二）突出主题（国事、庆贺、婚宴、生日宴、晋升宴、洗三宴、古董宴、名人宴）

（三）具有珍藏品味及价值

（四）古董菜、名人菜、处方管理、因人而异、定制化管理

德皇宴、王子宴、首相（俾斯麦）宴、慈禧宴、乾隆宴、李鸿章宴、袁世凯宴、黎元洪宴、施罗德宴及汉纳根宴。

十二、环境设计

（一）古典德式风情（1895—1907），莱茵河畔，德国古典小镇—古城堡内景

（二）怀旧——老照片（康科迪娅俱乐部及德租界小白楼百年历史陈列，国家重点文物保护单位——历史博物馆）

（三）摆设——优雅、皇式贵族风范

（四）德国名人：爱因斯坦、马克思、巴赫、歌德、海涅、苏菲·斯考、古滕贝格、贝多芬、勃兰特、康德、黑格尔、恩格斯、威廉一世、威廉二世、俾斯麦、开普勒、赫兹、欧姆、海森堡……

十三、德式礼仪

（一）德国的交际礼仪

初次相识：

德国人之间初次见面，如果需要第三者的介绍，作为介绍人要注意：不能不论男女长幼、地位高低而随便把一人介绍给另一人，一般的习惯是从老者和女士开始，向老年人引见年轻人，向女士引见男士，向地位高的人引见地位低的人。双方握手时，要友好地注视对方，以表示尊重对方，如果这时把眼光移向别处，东张西望，是很不礼貌的行为。初相识的双方在自报姓名时，要注意听清和记住对方的姓名，以免发生忘记和叫错名字的尴尬局面。在许多人相互介绍时，要做到尽量简洁，避免拖泥带水。由于德语语言自身的特点，在与德国人交往中还会遇到一个是用尊称还是用友称的问题。一般与陌生人、长者以及关系一般的人交往，通常用尊称"您"；而对私交较深、关系密切者，如同窗好友、共事多年而关系不错的同事，往往用友称"你"来称呼对方。交换称谓的主动权通常在女士和长者手中。称谓的变换，标志着两者之间关系的远近亲疏。对此必须熟练掌握和运用，这样才能得心应手地与德国人交往。

遵约守时：

西方人一般都讲究遵守时间，德语中有一句话"准时就是帝王的礼貌"。德国人邀请客人，往往提前一周发邀请信或打电话通知被邀请者。如果是打电话，被邀请者可以马上口头作出答复；如果是书面邀请，也可通过电话口头答复。但不管接受与否，回复应尽可能早一点儿，以便主人作准备，迟迟不回复会使主人不知所措。如果不能赴约，应客气地说明理由。既不赴约，又不说明理由是很不礼貌的。在德国，官方或半官方的邀请信，注往还注明衣着要求，这并非多此一举，因为谁也不想在穿戴庄重的场合，由于穿戴不符而出自己的洋相。接受邀请之后如中途有变不能如约前往，应早日通知主人，以便主人另作安排。如由于临时的原因，迟到10分钟以上，也应提前打电话通知一声，因为在德国私人宴请的场合，等候迟到客人的时间一般不超过15分钟。客人迟到，要向主人和其他客人表示歉意。对电影院中的迟到，人们可能习以为常，但对于音乐会的迟到，则是令人讨厌的。这时迟到者最好等到一幕或一个乐章结束后再入座。如等不及，需慢慢走到座位上，千万别走错排数，并且要对站起来让路的人轻说"谢谢"。赴约赴宴，如遇交通高峰期，一定要提早出门，以免迟到。迟到固不礼貌，但早到，也欠考虑。德国人如遇正式邀请，往往提前出门，如果到达时间早，便开车转一圈或在附近散散步，到时间再进主人家。

付小费：

在西方国家，给服务行业的工作人员付小费已成为习惯，小费已成为服务员的重要收入来源。给小费不但是对其服务的一种酬劳，同时也是对别人劳动的尊重。因此，它也属于礼貌范围之内的事。那么，对哪些人应付小费呢？饭店招待、门房、女服务员、房间清洁工、旅馆中的行李搬运员、火车站和机场上的行李搬运员、轮船招待、卧铺车厢乘务员、酒吧调酒师、理发师、出租汽车司机、加油站工人、厕所服务生、擦皮鞋者、导游、旅游车司机、摩托游艇司机、领座小姐和停车场看守等。经验证明，付适当的小费可提高你在度假场所、餐馆中的舒适程度。同时，通过付小费也表达了你对服务员热情周到服务的感谢。小费不等同于服务费，服务费是顾客所付的附加费，一般为消费的10%~15%，它列在账单的末尾。一般如果账单上已列出了15%的服务费，那就不用再付小费，如果服务费只收10%，顾客要另加5%的小费。当然，如果你对这里的服务十分满意，可以把钱凑个整数，或单独把硬币放在桌上或侍者的盘中。谁帮了我的忙，我就给他2~5马克的小费，这已成为一种规矩。提早把几马克的小费塞到宾馆房间清洁女工的手里，可保证你房间的整洁舒适。早一点儿把小费塞给出租太阳伞和躺椅的人，可保证你及时租到这两种东西。多付几马克的小费，可使你得到热情周到的服务，其实这是很实惠的。千万不可小看小费，这也是你礼貌是否周全的标志。

如何送礼：

朋友之间交往，遇有婚丧喜庆、做客赴宴、送往迎来、逢年过节、慰问病人等等，自要送些礼品，这是人之常情。德国人不习惯送重礼，所送礼物多为价钱不贵但有纪念意义的物品，以此来表示慰问、致贺或感谢之情。去友人家赴宴，客人带上点儿小礼物，俗话说礼轻情意重，一束鲜花、一盒巧克力糖果或一瓶酒足矣。当然，去德国朋友家做客的中国人如能送给女主人一件富有民族风格的小纪念品，那定会受到主人由衷的赞赏。如果只是顺便看望，那就不必带什么礼物了，最多给小孩子带点儿小玩意儿。如果是业务上的聚会，双方往来都是公事，只要按时应邀出席，不必另有表示。在德国，如遇朋友乔迁或新婚，你可以事先同受礼者开诚布公地谈谈送些什么礼物好。有的德国新婚夫妇会把自己所需的日常用品列一份清单，送礼的朋友可在此单上划上自己送的东西，这样既可使新婚夫妇得到实惠，又令馈赠者高兴。对送报员、清洁工、看门人或照顾病人的护士，德国人一般也会送些礼品，感谢他们的辛勤劳动，不过对他们送钱更为实惠。你可把一张钞票装在信封里或直接塞到他们手中，同时口头对他们的劳动表示感谢。

（二）社交礼仪

德国人在待人接物中所表现出来的独特风格，往往会给人以深刻的印象。

第一，纪律严明，法制观念极强。
第二，讲究信誉，重视时间观念。
第三，极端自尊，非常尊重传统。
第四，待人热情，十分注重感情。

必须指出的是，德国人在人际交往中对礼节非常重视。与德国人握手时，有必要特别注意下述两点：一是握手时务必坦然地注视对方；二是握手的时间宜稍长一些，晃动的次数宜稍多一些，握手时所用的力量宜稍大一些。

重视称呼，是德国人在人际交往中的一个鲜明特点。对德国人称呼不当，通常会令对方大为不快。

一般情况下，切勿直呼德国人的名字。称其全称，或仅称其姓，则大都可行。

与德国人交谈时，切勿疏忽对"您"与"你"这两种人称代词的使用。对于熟人、朋友、同龄者，方可以"您"相称。在德国，称"您"表示尊重，称"你"则表示地位平等、关系密切。

（三）服饰礼仪

德国人在穿着打扮上的总体风格，是庄重、朴素、整洁。

在一般情况之下，德国人的衣着较为简朴。男士大多爱穿西装、夹克，并喜欢戴呢帽。妇女们则大多爱穿翻领长衫和色彩、图案淡雅的长裙。

德国人在正式场合露面时，必须要穿戴得整整齐齐，衣着一般多为深色。

在商务交往中，他们讲究男士穿三件套西装，女士穿裙式服装。

德国人对发型较为重视。在德国，男士不宜剃光头，免得被人当作"新纳粹"分子。德国少女的发式多为短发或披肩发，烫发的妇女大半都是已婚者。

（四）餐饮礼仪

德国人是十分讲究饮食的。

在肉类方面，德国人最爱吃猪肉，其次才轮到牛肉。以猪肉制成的各种香肠，令德国人百吃不厌。德国人一般胃口较大，喜食油腻之物，所以德国的胖人极多。在饮料方面，德国人最欣赏的是啤酒。德国人在用餐时，有以下几条特殊的规矩：其一，吃鱼用的刀叉不得用来吃肉或奶酪；其二，若同时饮用啤酒与葡萄酒，宜先饮啤酒，后饮葡萄酒，否则被视为有损健康；其三，食盘中不宜堆积过多的食物；其四，不得用餐巾扇风；其五，忌吃核桃。

（五）习俗禁忌

在所有花卉之中，德国人对矢车菊最为推崇，并且选定其为国花。在德国，不宜随意以玫瑰或蔷薇送人，前者表示求爱，后者则专用于悼亡。

白鹳是德国的国鸟。

德国人对黑色、灰色比较喜欢。

对于"13"与"星期五"，德国人极度厌恶。他们对于四个人交叉握手，或在交际场合进行交叉谈话，也比较反感。因为这两种做法，都被他们看作是不礼貌的。

德国人认定，在路上碰到了烟囱清扫工，便预示着一天要交好运。

在德国，星期天商店一律停业休息。在这一天逛街，自然难有收获。

向德国人赠送礼品时，不宜选择刀、剑、剪、餐刀和餐叉。以褐色、白色、黑色的包装纸和彩带包装、捆扎礼品，也是不允许的。

与德国人交谈时，不宜涉及纳粹、宗教与党派之争。在公共场合窃窃私语，在德国人看来是十分无礼的。

第五节　国际健康银发城极致的会议设施

国际健康银发城多功能厅——金色大厅

国际健康银发城多功能厅（1700平方米）功能布局

会议厅名称	面积	宴会(1.6)	酒会(站立式)(1.4)	课堂式(1.75)	剧院式(1.2)	U型会议厅(4)	VIP会见厅(6-10)	董事会(4)	备注
大多功能厅	1700m²	1062人	1214人	971人	1416人	425人			
大多功能厅一分为四①厅	1700m²	1号厅 425m²	265人	303人	242人	354人	106人	70~42人		均可同时举行 1.500人宴会+500人课桌式会议 2.600人宴会+600人剧场会议 3.800人婚宴(1300m²)+300人婚典(399m²)
		2号厅 425m²	265人	303人	242人	354人	106人	70~42人		
		3号厅 425m²	265人	303人	242人	354人	106人	70~42人		
		4号厅 425m²	265人	303人	242人	354人	106人	70~42人		

续表

会议厅名称		面积	宴会(1.6)	酒会(站立式)(1.4)	课堂式(1.75)	剧院式(1.2)	U型会议(4)	VIP会见厅(6–10)	董事会(4)	备注
小会议室	②厅	181m²	80人	110人	80人	120人	40人	30~18人	40人	
	③厅	240m²	108人	150人	100人	140人	40人	40~24人	40人	
	④厅	223m²	80人	130人	90人	120人	40人	37~22人	48人	
	⑤厅	212m²	80人	130人	90人	120人	40人	35~21人	48人	
	⑥厅	107m²	60人	60人	45人	60人	25人	17~10人	25人	
	⑦厅	107m²				20人		17~10人	20人	
	⑧厅	67m²						11~6人	14人	
	⑨厅	37m²	20人	40人	25人	30人	12人		12人	
	⑩厅	37m²	20人	40人	25人	30人	12人		12人	
	⑪厅	80m²	40人	60人	45人	60人	25人	13~8人	25人	
	⑫厅	60m²	30人	50人	33人	48人	20人	10~6人	20人	
客用总面积	各厅总面积（A）	3051m²								
	环廊面积（B）	645m²								
后方面积（C）（厨房—中西式，设德国RATIONAL万能烤箱和爱可烹饪机器人，同时可供1500人用餐；另设储物间、音响、视频、工作间、员工洗手间、客人卫生间、衣帽间），客用总面积×0.8			(3051 + 645) × 0.8 = 3696 × 0.8 = 2956.8m²								
会议层总面积			(A) + (B) + (C) = 6652.8m²								

第六节　国际银发城对餐饮部经营上的设计要求

1. 定位

国宴级水准——色、香、味、形、器、养、文、娱、史、美十要素融合：以营养为核心，以色、香、味、形、器为重点，以文、娱、史为特色，以美涵盖前九项元素。

鲁菜中之精华及创新精品。

川、粤、淮扬菜及法、德、意、俄菜中西合璧。

营养配餐——增强人体免疫力，为生态、有机、绿色食品基地。

舌尖上的历史博物馆。

毛利率65%。四美两不误［人美、服装美、食品美、环境美（音乐……），不耽误客人餐饮、不耽误客人谈话］

智慧化机器人及高级厨师手工操作并举。

2. 菏泽温泉国际花园酒店之天道生态养生餐饮管理原则

1）有机——拒绝污染

2）平衡——营养素之间比例适当

3）多样——营养素种类齐全

4）适量——七八分饱

5）定制化——以人为本，因人而异，处方管理

6）多元性——国际化、民族性、文化性

7）选择性——色、香、味、形、器、营养、历史、文化、娱乐与美学十种元素相互融为一体，不同元素的综合具有不同的主题，这是天颐宴—天道健康餐饮管理的基本模式。

健康科学配餐——增强人体免疫力，为生态、有机、绿色食品，每日用餐不少于30个品种。

第七节　国际银发城餐厅经营

（1）酒店自己经营管理的餐厅：

a. 裙楼的一个大多功能厅及11个小型多功能厅，主要经营牡丹宴、国宴等）——鲁、川、粤、淮、法、德、意菜，中西宴会、自助餐及会议宴、婚宴（婚典）；另设800平方米多功能厅（可一分为四），以会议为主、自助餐为辅。

b. 在1楼大堂附近设全日餐厅（经营法、德、意及亚洲菜），可供400人使用。另设60平方米的高级西餐宴会厅——扒房）。单设饼屋20平方米。设披萨饼打印机，供客人欣赏、品尝。

c. 在1楼设大堂酒吧，可供100人使用。

d. 在温泉Spa养生会所休闲中心设自助餐540平方米。

（2）酒店虚拟经营的餐厅（通过招标分包给国内各牌连锁店）：设在2楼。

a. 鲁菜馆［含100人散台及10个包间（7个标间、3个大包间）；按0.8比例设厨房等］。

b. 韩国料理餐厅（400平方米）。

c. 港式料理餐厅（早、午、晚茶，以粤式为主）：可供100人同时用餐。

d. 上海（扬州）菜馆：面积同鲁菜馆。

e. 茶馆：200平方米。

f. 在2楼设红酒坊（60平方米）。

第八章　国际健康银发城休闲养生中心

北京温都水城水空间

一、休闲养生经济

（一）休闲经济的特征

1999年联合国权威专家指出，随着经济时代的来临，未来社会将以史无前例的速度变化着。2015年左右发达国家将进入"休闲时代"，休闲将成为人类生活的重要组成部分。并预测：休闲、娱乐活动和旅游活动将成为下一个经济大潮，并席卷世界各地。专门提供休闲的产业在2015年将会主导劳务市场，新技术和其他一些趋势可以让人把生命中的50%时间用于休闲。

闲，就是指闲暇时间。对闲暇时间的利用，有积极和消极之分。以积极的目的、态度、方式来利用闲暇时间，就是休闲。围绕着休闲活动所形成的对物质和精神的需求以及供给，就是休闲经济。在这里特别要强调的是休闲的"积极"特征，正是因为它具有这个特征，现代学术研究才提出了"工作是为了休闲"的理论，提出了用"休闲指数"来衡量一个国家的社会经济发达程度，休闲指数越高说明社会经济越发达。

中国经济的飞速发展，使中国已经进入休闲时代。中国休假制度不断改革，目前每年法定节假日也已经由原来的10天增加到11天。中国已融入整个国际休闲文化的背景中。

（二）养生经济的特征

健康是全人类的共同追求，随着人们生活水平的提高，温饱问题已经不再是关注的焦点，而健康问题则越来越受到重视。科学的休闲养生概念被提到空前高度，休闲养生正在成为当今社会的一种时尚。

现在流行的一种说法，就是把身体健康当作整数"1"，把名誉、职务、金钱、房子、汽车等每一项都作为"0"，只有这个"1"存在，后面的"0"才越多越好，否则这个"1"不存在了，后面的"0"再多也是0。这就叫健商法则。

影响健康的要素主要有三个，即饮食科学、心态平衡、运动适量。

在养生方面所形成的投入、需求和供给，就是养生经济。显然，休闲属于养生经济的一部分。

健康消费和健康投资，是两个不同的概念。

1. 健康消费指的是平时不注意养生休闲，导致身体处于亚健康或身体不适时，用于医疗的开支。

2. 健康投资指的是人们在身体还较健康时的一种保健养生的开支，目的是为身体更健康、体魄更强壮，增加抵抗力和防疫能力，是人身自我完善的生产性投资和体能资本再造。

二、太极拳运动养生

研究人员说，导致老年人跌倒的危险因素包括平衡感不好、肌肉无力、缺乏灵活性等，而这些因素都是可以改善的。老年人如果跌倒而且受伤严重的话，就需要很长的时间才能康复，同时，他们可能会偏离正常的生活，导致身体衰弱与忧郁。

研究人员指出，太极拳运动是一项不太剧烈的运动，是适合老年人预防跌倒的长期、安全而容易的运动。它对老年人的益处有：膝盖与脚踝更强壮，平衡感与灵活性更好，改善走路以及更有信心不会跌倒。

太极拳起源于中国，是一种动作柔和缓慢，既可技击防身，又能增强体质、防治疾病的传统拳术。太极拳历史悠久，流派众多，传播广泛，深受人们的喜爱。

太极拳是一种柔性武术，在锻炼时通过各种柔和动作，以一定的呼吸运动能促进心、肺、肠、胃等内脏的机能活动。同时，太极拳的每一个动作都用意识加以引导，起到调节中枢神经的功能，既有一般拳术活动肌肉筋骨的好处，又有调息养神的功效，所以特别受到老年人的喜爱。但在练时，应注意以下几个问题：

1. 练拳前要做好必要的准备活动。一般来说，练拳以清晨为宜。最好能排空大小便，喝一点豆浆、麦乳精之类的饮料，或吃几片饼干，但千万不要吃饱。接着可结合散步做一些随意的准备活动，然后静立片刻，调匀呼吸，排除杂念，准备操拳。

2. 练拳时要用意而不用力。太极拳的每一个动作都是由意识来支配的，从而使精神和肌肉两方面得到锻炼。老年人在练拳时，最好能选择一个清静避风的环境，以保持良好的心理状态，不要边练拳边与人交谈，以致失去锻炼的功效。

同时，要根据各人不同的体质和健康状况，选择一定的姿势，做到量力而行。如年高体弱的，可采取姿势较高的小架子。尤其患有高血压、心脏病者，在做"分腿"、"踢腿"、"下势"等动作时，千万不要用力抬腿或下蹲，只要意识上想到了，同样可以得到锻炼效果。

3. 练拳时尽可能做到柔、缓、松、轻相结合。由于老年人受到体力上的限制，练拳时应尽量柔和、放松、自然、缓慢，避免产生呼吸急促、心跳增快等副作用。即使初学者，也要做到这一点，尤其身体较弱或患慢性病的老年人，更要掌握好这个要领（正在咯血、出血的患者则暂时不宜练拳）。

三、工娱治疗

工娱治疗是工作和文娱治疗的简称，也就是组织老人进行适当的生产劳动和文娱体育活动，以促进疾病恢复，是临床上一种辅助治疗手段，尤其是在慢性精神病人、人格障碍、智能低下老人中，工娱治疗常是一种重要的治疗方法。

（一）工疗

工疗即让老人参加一些工作和劳动。根据老人的身体状况，结合老人的特长，可安排不同的劳动。常见的劳动有室内清洁卫生，如整理床铺、拖地板、扫地、照顾其他老人等；也有技术性劳动，如编织竹器、编草包、织毛衣、缝纫、绣花、绘画、写字、制玩具、糊信封、装订书籍等；还有一种劳动，如庭园精耕细作，或协助园艺工人种草养花、养家畜家禽等。

（二）娱疗

娱疗即让老人参加一些文娱、体育活动，可有计划地安排，如欣赏音乐、听唱片、跳舞、下棋、打牌、打球、打太极拳、练气功等，还可组织老人集体游戏，参加各种比赛，阅读报纸、杂志，或散步，使老人每日的生活丰富多彩。

（三）工娱治疗对老人的益处

1. 劳动成果可使老人产生价值感、责任感。文娱体育活动可锻炼体魄，陶冶情操。

2. 文娱活动可使老人思想集中、情绪松弛，避免老人整日沉浸于病态之中，解除恐惧、忧伤、焦虑、紧张等消极情绪。

3. 参加集体活动能使老年人接触现实生活，改善人际关系，促进社会适应能力的恢复。

4. 发挥正常的身心机能，防止智力、体力废用性衰退，保存或学习一部分生产技能，减少并发症的发生。

四、休闲娱乐养生

休闲娱乐养生是指通过各种娱乐活动（如听音乐、学歌咏、看电影、看电视、看戏剧表演、跳舞、游戏、下棋、游园等），来陶冶性情、增进身心健康的一种心理治疗方法。

(一) 休闲娱乐养生的历史

娱乐治疗由来已久。古希腊思想家亚里士多德以及古代中国的《乐记》里，都曾论述过音乐等娱乐活动的治疗作用。中国古代医案中也有不少娱乐治疗的记载。例如清代有一县令，终日愁眉不展，郁郁寡欢，食不知味，寝不安枕，一天天消瘦下去，虽多方求医，仍无效果。后来听说有一位名医，医道高明，便前往求治。老郎中问明了病情并号过脉象之后，一本正经对他说：你乃"月经不调"。县令听罢，啼笑皆非，拂袖而去。他之后逢人便讲这件怪事，每说一回，便捧腹大笑一回。没想到过了不久，病竟痊愈了。此时县令才恍然大悟，上门拜谢郎中。郎中告诉他："你患的是郁结的心病，要治好你的心病，还有什么比笑更好的心'药'呢？"

国外也有这方面的报道。如英国著名化学家法拉第，由于长期紧张的研究工作，被头痛失眠的恶魔缠得痛苦不堪。他不得不前去求医，医生给他开了这样一张药方："一个小丑进城，胜过一打医生。"法拉第对此心领神会，从此经常出入剧院，观看喜剧、滑稽剧和马戏等表演，健康状况很快得到了改善。

一些医疗和研究机构纷纷成立了娱乐治疗的组织，对娱乐疗法进行系统研究，如日本东京艺术大学成立了"音乐疗法研究会"，用优美动听的古典乐曲为求治者治病。英国剑桥大学口腔治疗室曾用音乐取代麻醉剂，为200个牙病求治者成功地进行了手术。还有人研究了不同乐曲所产生的情绪变化，并且以此确定不同乐曲的治疗作用。

音乐之所以能够起到治疗身心疾病的作用，是因为它不但能反映和振奋人的精神，而且它的不同节奏、旋律、音调、音色等，可对人的身心产生不同的影响。

(二) 休闲娱乐养生的分类

近年来，随着心理学在临床中的广泛应用，以神奇的娱乐方式来治疗疾病，越来越受到医学家的倡导，并得到进一步推广。

1. 喜剧疗法。喜剧疗法适合于患抑郁症的老年人。人们认为笑声可以使人得到精神上的松弛、心理上的平衡。开怀大笑能驱散忧郁情绪的乌云。目前，美国已有数百家喜剧俱乐部，它们是调节身心的好场所。

2. 音乐疗法。音乐对于各种身心疾病和精神性疾病，如高血压、缺血性心脏病、糖尿病、神经性头痛，以及各种神经官能症的治疗，均有独到之处。音乐疗法目前在欧美、日本、澳大利亚以及中国等许多国家和地区广泛开展。

3. 观鱼疗法。医学家研究发现，让高血压患者观赏金鱼能降低血压。因为观赏鱼在水中怡然自乐时，能使人的神经也慢慢地松弛下来，心情显得轻松愉快，血压也随之降低。

4. 书法养生。自古以来，书法延年。书法家多长寿。书法讲执笔和运笔，因人的拇指与肺经相通，通过手指的活动能活气血、活经络关节、平衡阴阳，有益于健身。如能长期练、时时写，可达到心理平衡、心情舒畅、心旷神怡之功效。

5. 吟诗养生。吟诗可使人的肺脏得到运动和锻炼，也可以使人的精神在美妙的诗词意境中得到协调。优秀的诗词还能陶冶人的情操。国外也有诗疗。更为有趣的是，意大利还有以诗治病的"药方"出售。经常吟诗咏词，对健康是有些益处的。

6. 呼喊养生，即每天清晨到山上、海边、江边向高山和大海、江河大声呼叫，每早一次，每次呼喊20～30分钟。其法可将老人内心的积郁发泄出来，从而取得精神与心理上的平衡。

7. 笔耕养生。有句古词写道："闲愁最苦，休去倚危栏；斜阳正在，烟柳断肠处。"实践表明，笔耕不辍能填满无所事事的时间。笔杆一握，万念俱消，思想专一，心胸开阔，愉悦精神，保持心理平衡。一分耕耘，一分收获，十分快乐，无疑丰富了个人的内心世界，自然寿从笔端来。

8. 风筝养生疗法。放风筝活动是一项简单易行、娱乐性极强的锻炼方法。古代不少长寿老人都喜欢放风筝。古人认为迎天顺气、拉线凝神、随风送病，百病皆祛。

9. 抚琴养生疗法。学会拉二胡或弹琴，可以抒发个人的感情，增强意志，还可作为一种情绪转移的方法，来解除人们心中可能存在的郁闷和烦恼。

10. 舞蹈养生疗法。每天坚持跳一两个小时交谊舞，能有效地防治动脉硬化、神经衰弱、高血压以及肥胖等疾病。德国的一家医院专门开办舞蹈疗养所，大多数老人在接受舞蹈治疗后，精神状态明显好转，身体也在不知不觉中得到康复。

11. 笑话养生疗法。医学专家证明，笑能调节神经，消除疲乏，愉悦身心，加快血液循环，有益于身体健康。中国有"一笑解百愁"、"笑一笑，十年少"之说。在紧张的工作、学习之余，不妨让生活充满笑声，在笑声中解除疲乏，怡情益智，增强健康。

12. 赏花养生疗法。治疗心理紊乱病症的最简单方法是赏花。每天有意识地带领老人去花圃赏花，使老人在不知不觉中克服急躁情绪，消除心理紊乱。中国有"乐花者长寿"、"常在花间走，活到九十九"等谚语，可见赏花能益寿。

13. 动物疗法。医学家发现，经常抚摸小动物能使人血压下降，心脏病发作的危险性减少。常到大自然中欣赏鹰击长空、鱼游浅底的自然景观，可以松弛紧张的情绪、启迪想象力，达到养生的目的。

14. 幽默疗法。美国医生在给病人开药方时，常常把"幽默"和"笑"开进去，原因是笑是项好运动。每次笑时，胸腹、心脏、肺、肝脏都能得到放松；还能从呼吸系统把外界侵入的物质排除出去，加速血液循环。幽默能排除忧烦，缓解紧张、沮丧、头疼、背疼。

15. 美学疗法。美学疗法是当代科学技术和文学艺术的巧妙结合。它运用声学、光学、电子学、美学、心理学等原理，使各种色彩和音乐节奏、意境和谐地结合起来。这种"彩色音乐"除可丰富人们的文娱生活外，还可以用来治疗疾病。据试验，美学疗法对失眠症、狂躁症、抑郁症等有一定的疗效。

16. 赏画养生疗法。赏画治病的例子颇多。例如巴比伦王妃因赏乡情风景画而治愈了思乡病；隋炀帝欣赏《梅熟季节满园春》使烦躁症不药而愈；南北朝鄱阳王后妃见到《鄱阳王调情图》而消除了丧夫忧郁症等等。据医学心理学研究表明，观画是欣赏艺术，也是审美活动，它必然引起病人的想象，而想象则能调节交感神经系统，直接促进一些有益健康的激素、酶和乙酰胆碱等物质多分泌，起到调节血液流量、增强免疫机能的作用，进而促进病体痊愈。

17. 钓鱼养生疗法。水边河畔，空气中负离子多，可使人心旷神怡。垂钓得端然静坐，使人心平气和，思想集中，对健康大有裨益。垂钓何以能疗疾呢？首先在垂钓之处，草木葱茏，可散发出氧气、负离子、杀菌素和芳香物质，有益大脑健康，增强记忆力，对哮喘、肺气肿、高血压、失眠等有很好的治疗作用。此外，静心等候，类似于气功中的静坐，可使气血阴阳归于平衡。而当鱼儿欲上钩时，全神贯注，凝神静气，严阵以待，一旦鱼儿上钩，欢快轻松之情溢于言表，从而达到内无思虑之患、外无形疲之忧的最佳养生境界。

什么人适合钓鱼？

有人说："我急脾气，不适合钓鱼。"有人说："慢性子适合钓鱼。"到底什么人适合钓鱼？不分脾气急与慢，关键是不是能在水边一坐，一拿起渔竿，其他一切事全抛在脑后，眼里只是漂，心里只有鱼。只有这样的人，才适合钓鱼。只有这样的人，才是真正喜欢钓鱼的人。也只有这样的人，才有可能为钓鱼起五更，爬半夜，不知渴，不顾饿，不怕蚊虫叮咬。他们一出去就是找个坑边，一坐就是一天。

执着的钓鱼迷真是这样，心中总有一根钓鱼的弦紧绷着。周末、节假日起早贪黑去钓鱼自不必说，平日里工作中、生活中那根弦也是时时颤动。阅读钓鱼的文章、杂志，上钓鱼网站，与渔友聊天吃饭，更有甚者晚上不看电视不散步，在家绑钩子，和食开饵，上班时间偷偷逛渔具店，跑跑鱼坑踩踩点，心里才觉得舒服。若是几天不钓鱼、不聊鱼，就如同犯了毒瘾一般，心里百爪挠心，坐立不宁。要是与他人聊天间说起都喜欢钓鱼，那更是相见恨晚。

对钓鱼人而言，黑大坑也好，竞技钓也好，他是快乐的、充实的。这点爱好就是他的追求，他的生活目标。人在生活中没有追求目标必然是闲散无聊的，可钓鱼人永远不会，看着他们一个个快乐的样子，真是忧愁烦恼都靠边站了。生活中可以不去钓鱼，但必须要有点爱好，这样的生活就有了目标和寄托。这恐怕就是众多吸烟人戒烟多次也不能成功的根本所在吧。

钓鱼人总能听到家属这样的评价：钓鱼总比吸烟、喝酒、打牌强。多么朴实的评价，可这在平凡的生活中已算难得吧。

18. 弈棋疗法。弈棋有益于身心健康，这是古今好棋者信奉的长寿之道：一者对弈时全神贯注，意守棋局，杂念尽消，脑细胞利用率高，不易衰老；二者多弈善弈，可防止大脑动脉硬化，具有预防老年性痴呆症和防止智力衰退的作用。

19. 旅游疗法。旅游是一种人们乐于接受，又有益身心健康的综合性娱乐活动。人在旅游活动中可以饱览大自然的奇异风光和历史、文化、习俗等人文景象，获得精神上的享受。旅游能延长人的寿命，可能是因为暂时避开了压力，也可能是因为旅游给外出的人带来了有助于恢复元气的滋补剂。

20. 生态疗法。

大自然是生态疗法取之不尽、用之不绝的源泉

（1）加入野游。

北京温都水城温榆河游艇上浏览大自然——放松，忘掉一切烦恼

（2）散步欧式花园（10000平方米）。

（3）参观生态植物园。

（4）采摘有机果蔬园（合作型，10000平方米）。

墨尔本公园

参观生态植物园

(三) 休闲娱乐养生的作用

1. 增强肺的呼吸功能；
2. 清洁呼吸道；
3. 使肌肉放松；
4. 有助于发散多余的精力；
5. 有益于抒发健康的情感；
6. 消除神经紧张；
7. 帮助驱散愁闷；
8. 减轻"社会束缚感"；

北京昌平有机果蔬采摘园（合作型）

9. 有助于克服羞怯的情绪；

10. 有助于乐观地对待现实。

前四项属于生理功能，后六项属于心理功能，这表明娱乐疗法具有较明显的治疗价值。

五、日本养老机构乐养活动日历

月娱乐活动日历

星期一	星期二	星期三	星期四	星期五	星期六	星期日
1	2	3	4	5	6	7
10：00 广播体操	10：00 广播体操	10：00 广播体操	10：00 广播体操	10：00 广播体操	10：00 广播体操	10：00 运动会彩排
5层	5层	5层	5层	5层	5层	餐厅
11：30 怀念的歌	11：30 喝茶、毛巾操	11：30 喝茶、毛巾操	14：00 卡拉OK	11：00 喝茶、毛巾操		
4层			剧场室		14：00 回忆剧场	16：00 农场园艺
14：00keep up	阳台	阳台	14：00keep up	阳台	剧场室	农场
体操Ⅰ	14：00 回忆剧场	14：00 卡拉OK	体操Ⅰ		下午修剪指甲	
餐厅	剧场室	剧场室	餐厅	4层		
15：15keep up	15：15 折纸	下午	季节绘画	15：15keep up	书法	
体操Ⅱ	4层	4层	体操Ⅱ	4层		
餐厅	下午散步	下午散步	餐厅	散步		
下午	围棋、象棋	室外	下午	围棋、象棋	室外	
1层			1层			

续表

8	9	10	11	12	13	14
10：00 广播体操	10：00 广播体操	10：00 广播体操	10：00 广播体操	10：00 广播体操	10：00 广播体操	10：00 兴趣运动会
5层	5层	5层	5层	5层	5层	餐厅
12：00 生日会	11：30 喝茶、毛巾操	11：30 喝茶、毛巾操	14：00 卡拉OK	11：00 喝茶、毛巾操		
餐厅			剧场室		14：00 回忆剧场	
14：00keep up	阳台	阳台	14：00keep up	阳台	剧场室	农场
体操Ⅰ	14：00 回忆剧场	14：00 卡拉OK	体操Ⅰ	下午修剪指甲		
餐厅	剧场室	剧场室	餐厅	4层		
15：15keep up	15：15折纸	下午	季节绘画	15：15keep up	书法	
体操Ⅱ	4层	4层	体操Ⅱ	4层		
餐厅	下午散步	下午散步	餐厅	散步		
下午	围棋、象棋	室外	下午	围棋、象棋	室外	
1层			1层			

15	16	17	18	19	20	21
10：00 广播体操	10：00 广播体操	10：00 广播体操	10：00 广播体操	10：00 广播体操	10：00 制作点心	10：00 广播体操
5层	5层	5层	5层	5层	餐厅	5层
11：00keep up	11：30 喝茶、毛巾操	11：30 喝茶、毛巾操	14：00 卡拉OK	11：00 喝茶、毛巾操	10：00 广播体操	
体操Ⅰ			剧场室		5层	16：00 农场园艺
餐厅	阳台	阳台	14：00keep up	阳台		农场
15：15keep up	14：00 回忆剧场	14：00 卡拉OK	体操Ⅰ	下午修剪指甲	14：00 回忆剧场	
体操Ⅱ	剧场室	剧场室	餐厅	4层	剧场室	
餐厅	16：15折纸	下午	季节绘画	15：15keep up	书法	
下午	围棋、象棋	4层	4层	体操Ⅱ	4层	
	晌午季节之沐浴	晌午季节之沐浴	餐厅	晌午季节之沐浴		
1层		各浴室	晌午	季节之沐浴	各浴室	
晌午	季节之沐浴			晌午	季节之沐浴	

续表

22	23	24	25	26	27	28
10：00 广播体操	10：00 广播体操	10：00 广播体操	10：00 广播体操	10：00 广播体操	10：00 广播体操	10：00 广播体操
5层	5层	5层	5层	5层	5层	5层
11：30 怀旧的歌	11：30 喝茶、毛巾操	11：30 喝茶、毛巾操	14：00 卡拉OK	11：00 喝茶、毛巾操		
4层			剧场室		14：00 回忆剧场	16：00 农场园艺
14：00keep up	阳台	阳台	14：00keep up	阳台	剧场室	农场
体操Ⅰ	14：00 回忆剧场	14：00 卡拉OK	体操Ⅰ	下午修剪指甲		
餐厅	剧场室	剧场室	餐厅	4层		
15：15keep up	15：15 折纸	下午	季节绘画	15：15keep up	钢笔字	
体操Ⅱ	4层	4层	体操Ⅱ	4层		
餐厅	下午	散步	下午	散步	餐厅	
下午	围棋、象棋	室外	下午	围棋、象棋	室外	
1层			1层			
29	30	31 万圣节前夜				
10：00 广播体操	10：00 广播体操	10：00 广播体操				
5层	5层	5层				
11：30 怀旧的歌	11：30 喝茶、毛巾操	11：30 喝茶、毛巾操				
4层						
14：00keep up	阳台	阳台				
体操Ⅰ	14：00 回忆剧场	14：00 卡拉OK				
餐厅	剧场室	剧场室				
15：15keep up	15：15 折纸	下午季节绘画				
体操Ⅱ	4层	4层				
餐厅	下午散步	下午散步				
下午围棋、象棋	室外	室外				
1层						

平成__年__月__日预订菜单

日期	1日	2日	3日	4日	5日	6日	7日	8日	9日	10日	11日	12日	13日	14日	15日	16日
星期	星期一	星期二	星期三	星期四	星期五	星期六	星期日	星期一	星期二	星期三	星期四	星期五	星期六	星期日	星期一	星期二
早餐	素面包 芋头 炒腊肉 有机乳酪 沙拉蘑菇酱鱼	米饭酱汤 生菌炒鸡蛋 扁豆柚子 酱汤 成煮鳌鱼	奶油卷鲷肉 大豆玉米 沙拉番茄汤	米饭酱汤 咸煎秋刀鱼 蜂叶菜土煮 小菜	素面包 菠菜煎嫩肉 意大利沙拉 裙带汤	米饭酱汤 有机萝卜 蘑菇杂煮 纳豆咸煮 海苔	素面包 炒鸡蛋 土豆沙拉 葱头汤	米饭酱汤 烧赤鱼 凉拌芝麻 扁豆迦秋风 叶菜	面包杂拼盘 德国土豆 罗马沙拉 玉米汤	米饭酱汤 煮沙丁鱼 丸子煮秋菜 咸煮海苔	素面包 酱烤鸡肉 红薯南瓜 沙拉蘑菇带	米饭酱汤 炒鸡蛋秋葵 咸烹樱虾	素面包 菠菜煎嫩肉 通心粉沙拉 葱头汤	煮炸豆腐 扁豆酱汤 红鲑鱼	奶油卷 腊肉炒芋头 罗马沙拉 裙带菜汤	米饭酱汤 小沙丁鱼 鸡蛋炒蔬 牛柳鲟鱼
午餐	龙须菜肉卷 海藻沙拉 水煮茄子 清汤水果	煮鸡蛋 火腿沙拉 炒黑豆芽 芝麻凉拌 菠菜酸奶	柚子烧鲷鱼 炒煮牛柳 醋拌海带 黄瓜清汤 水果	法国吐司 油煎蘑芋奶 鸡蛋面包 杂烩汤 番茄沙拉 水果	酱烧鲑鱼 蘑菇凉拌 蓼子秋葵 藕鸡肉陷 小菜 水果	穴子压寿司 洋葱烧鸡蛋 南瓜清汤 煮茶菜 水果	糖醋里脊 豆芽 沙拉豆腐 烧卖鸡蛋 水果	丰收的季节 特别的菜单	炒韭菜豆芽 虾仁沙拉 豌豆清汤 甜蛋 水果	青椒猪肉 有机大豆拌 豆腐大松松 洋葱汤 拌红萝卜 黄瓜水果	五炒面 粉丝沙拉 鸡蛋红萝卜	咖喱煮蔬菜 绿豆沙拉小菜 清汤水果	梅煮沙丁鱼蔬菜拉面 龙须菜烧肉 豆腐烧烫 腌海粉火腿 迦罗蝉叶菜 水果	青花鱼 吉野菜陷 烧茄子 煮南瓜 小菜	亲子饭 （鸡蛋 鸡肉饭） 醋拌凉菜 迦罗蝉叶菜 清汤水果	鸡肉饭 番茄沙拉 白萝卜 红萝卜汤 水果
晚餐	红鲑西京烧 有机大豆 萝卜丝 山芋丝 有机大豆 山菜饭	煮金眼 有机大豆 拌豆腐 墨鱼丸子 蒸萝卜	炒五蔬 福袋煮 粉丝沙拉 小菜	金枪鱼 煮有机蔬菜 鸡蛋煎菜 芝麻酱汤 小菜	奶油烧鸡 煮芋头 虎豆酱汤	蔬菜烧丸子 煮茄子 牛柳小菜	酱煮青花鱼 拌菜小菜 酱汤 水果	鸡肉豆腐 豆腐小菜 清汤	虾仁青柏松 炸里脊 山芋煮蘑菇 西红柿酱汤	芙蓉蟹酱肉 沙拉土豆 炒鲔子豆腐 小菜	烧鲑鱼 煮有机大豆 丰栖菜 白芝麻凉拌须菜 小菜	烤肉饼 煮土豆 鱼红酱 凉拌沙须菜 生菌	干烧菜 拌红萝卜 黄瓜腌子 豆腐秋炊饭	青花鱼 吉野菜陷 烧茄子 煮南瓜 小菜	凉拌芝麻 金枪鱼 煮蟹鱼肉 山芋土豆饼 沙拉小菜	青椒肉丝 白菜虾米 凉青菜 白煮红薯 酱汤

续表

	17日 星期三	18日 星期四	19日 星期五	20日 星期六	21日 星期日	22日 星期一	23日 星期二	24日 星期三	25日 星期四	26日 星期五	27日 星期六	28日 星期日	29日 星期一	30日 星期二	31日 星期三
	素面包 炒鸡蛋 意大利沙拉 葱头汤	米饭酱汤 烤萝卜鸡肉 秋葵沙拉 咸煮海带	米饭酱汤 火腿鸡蛋 虾米沙拉 南瓜汤	米饭酱汤 干烧竹鱼 煮蜂叶菜 小菜	面包拼盘 土豆香肠 蘑菇沙拉 水果	米饭酱汤 烧汁山芋 扁豆柚子 酱汤咸煮 蝎贝	素面包 猪肉大豆 通心粉沙拉 葱头汤	米饭酱汤 咸烧红鲑鱼 凉拌芝麻 扁豆迪罗 叶菜	素面包 德国土豆 菜花沙拉 鸡汤	米饭酱汤 烧汁肉丸子 蔬菜煮两菜 紫菜海带	奶油卷 菠菜煎火腿 肉白菜沙拉 鸡汤	米饭酱汤 烧赤鱼 炒牛柳 咸煮赤鱼	素面包 炒香肠野菜 红薯沙拉 清汤	米饭酱汤 烝沙丁鱼丸子 凉拌菠菜 金叶豆	米饭酱汤 豆腐鸡蛋 煮萝卜丝 咸煮蝎贝
	炸虾和米肉饼 煮高野豆腐蜂叶菜 小米清汤	寿司三拼 海藻沙拉 猪肉汤 水果	油炸鸡 蘑菇 有机乳酪 沙拉清汤 水果	清汤面 腌大头鱼 饭闲 水果	炒鸡肝蔬菜 玉米沙拉 烧海带鸡蛋 蔬菜酸汤 水果	短牛鱼 松煮金枪鱼 沙拉小米 清汤酸奶	烧五蔬拌 萝卜黄瓜 鸡蛋豆腐 酱粥水果	肉沙司 绿沙拉 红萝卜 白萝卜 汤多油脂 面包水果	磨菇天妇罗 炒鸡蛋 凉拌青菜 核仁清汤 水果	酱油面 虾仁沙拉 饭闲水果	酱煮青花鱼 凉拌土豆 秋葵萝卜 沙拉酱汤 水果	有机蔬菜 乳酪沙拉 酿种菹 鹌带装汤 水果	烧汁蘑菇面 汤温泉鸡蛋 海藻沙拉 紫米饭	土豆炸肉饼 凉拌虾仁 黄瓜菜花 沙拉清汤 水果	铁火汤面 煮白菜蚬仔 小菜 清汤 水果
	梅煮沙丁鱼 凉拌海带 黄瓜凉拌 菠菜 小菜	磨菇豆腐饼 油拌红薯 凉拌芝麻 扁豆 小米	红鲑西京烧 煮大豆蘑菇 雅椒 小米	生姜烧脂肉 煮有机蔬菜 山芋羹 小米	干烧赤鱼 炒有机萝卜 炒豆腐 小米	鲫萝卜 鸡肝炒韭菜 有机大豆 拌豆腐小米	鸡肉煮 香油炒丁鱼 小沙丁鱼 小米	金枪鱼 煮南瓜 秋葵 小米	干烧菜 煮萝卜 温蔬菜 酱汤	柚腌烧赤鱼 煮翠鱼肉 山芋饼 凉拌龙须菜 清汤	涮猪肉牛肉 烧汁山 芋羹羹 鲔鱼海带卷 清汤	金枪鱼 煮翠鱼根茎 炸茄子 小米	鸡肉奶 油菜汤 意大利沙拉 水果 红鲑鱼	鲽鱼西京烧 煮高野豆腐 秋葵清汤 酱汤	土豆肉饼 蘑菇 牛柳沙拉 小菜

10月的特殊饮食:
10月平均营养值:
秋季节的啤酒菇:

能量1609Kcal;蛋白质64.0g。

一般啤酒菇水分很多,约90%是水,但是含有丰富的维生素D的母体麦角醇维生素 B_2、各种无机质和食物纤维,所以具有充分的营养价值。

第九章 国际健康银发城健身运动中心

北京温都水城"金手杖"乒乓球室

健身运动,是改善心肺血管机能、增强健康素质、克制亚健康状态的重要法宝。

"流水不腐,户枢不蠹",这既是有氧运动者不衰之道,又是终生健身运动之健康生活方式。

第一节 国际健康银发城健身管理准则

有氧运动是指锻炼者仅通过呼吸就能够满足身体运动对氧气的需求。有氧运动的特点是运动强度适中,运动时间较长(30分钟左右)。通过有氧锻炼可以有效地提高心血管机能和呼吸机能,减少脂肪积累,增进健康。

有氧运动可以改善心肺血管机能、增强健康素质,因此,专家们认为用有氧运动对付亚健康状态是极好的方法。

有氧运动原则是千百万人从事现代健身运动的经验和总结,是客观规律的反映。人们要达到理想的锻炼效果,必须遵守有氧运动准则。

(一)常规性准则

常规性原则是指有氧运动者必须有计划、持之以恒地进行有氧运动。为此必须懂得"生命在于运动"的深刻含义,明确有氧运动目标,强化动机,培养兴趣,养成习惯,并且及时检评有氧运动效果,提高每一位客人的积极性和自

网球运动是很好的有氧健身运动

觉性。

(二) 适量性准则

凡事都有个"度"。在有氧运动中,这个"度"就是身体活动时所能承受的最大生理负担和心理负荷。在有氧运动中,运动负荷过小,也就是说对机体的"刺激"剂量过小,达不到有氧运动的目的;如果负荷量过大,则会"事与愿违",甚至有可能损害健康。决定运动负荷大小的主要因素是"量"和"度"。量指完成运动动作的时间、数量、次数、组数、距离、重量等。度指完成动作所用力的大小和机体的紧张程度,包括动作的速度、练习密度、练习间歇、时间长短、跳跃高度、投掷远近度等。量和度要处理得当:强度大,量就要相应减少;强度适中,则量可以相对加大。要做到适度则以有氧运动者承受得了并且有点疲劳为宜,疲劳程度和负荷量是否适宜。

(三) 健身性准则

有氧运动必须同保健养生相结合:讲究运动卫生,注意安全,注意运动场地、器材和用具的检查,严防运动伤害。

身体素质包括健康素质和运动素质,反映着内脏器官的机能水平,因此锻炼中应特别注重发展健康素质,以便为终身有氧运动奠定基础。

(四) 个性化原则

从事有氧运动应根据每位客人的条件,诸如年龄、性别、职业、健康状况、体质水平、生活条件等,合理选择内容、方法和运动负荷。不同年龄段的人参加有氧运动的兴趣、爱好以及承受运动负荷的能力都有很大差异,所以应量力而行、因人而异,切不可机械模仿和盲目照搬。

人到老年时,常常是肢体活动不便,行动迟缓,不爱活动,结果导致身体的新陈代谢减弱,血液循环变慢,肌肉松弛,胃肠蠕动与吸收减弱,呼吸表浅。长期不活动则会加剧各器官系统的退行性变化,从而加速衰老的到来。因此,对老年人来说，坚持经常性的体育锻炼就显得格外重要。

生命在于运动，运动能增加生命的活力。没有运动就没有生命，因为在运动中，人身上的各器官、各部位、各系统都得到了锻炼，从而提高了人体对各种疾病的抵抗力，也就为长寿打下了坚实的基础。

第三节　国际健康银发城健身运动中心的运动处方制定

（一）运动处方的概述

1. 运动处方的概念

运动处方是针对每个人的具体身体状况，以开处方的形式而制定的一种科学的定量化的体育锻炼方案，也就是说，人们在开始从事体育锻炼时，经过医生严格的身体检查，再根据锻炼者的需求，运用科学健身原理，选择参加的运动项目、运动的强度和锻炼的次数，保证预期锻炼目标的实现，达到锻炼的时间和要求等，列出具体合理而有效的运动处方，然后按照运动处方进行科学而系统的锻炼。

2. 健身运动处方的内容和要求

健身运动处方的内容包括运动方式（即运动项目的选择）、应达到和不宜超过的运动强度、每次运动的持续时间、每周运动的次数以及注意事项。

运动项目的选择应根据运动的目的而定。

（1）为了一般健身或改善心脏及代谢功能者，可选择耐力性项目，如走步、慢跑、骑自行车、爬山、游泳、上下楼梯等运动。

（2）为了放松精神和躯体，以消除疲劳，或防治高血压、神经衰弱等疾病者，可选择放松性运动，如打太极拳、散步、做放松性体操、练气功、保健按摩等。

（3）为了针对某些疾病进行专门治疗的，则可进行各种医疗体操。例如，患哮喘、肺气肿的人做专门的呼吸运动；胃下垂者可做腹肌锻炼；肢体骨折后，可做恢复关节活动度和肌力的锻炼。

（4）为了强身健体，促进身体形态、机能、素质的全面发展，可选择有氧锻炼的项目进行锻炼，再配合单杠、双杠、八段锦、太极拳和身体素质练习等锻炼，使整个机体各部均按"用进废退"的规律发展，促进机体的新陈代谢。

老年人则应参加一些运动强度较小的运动，如打太极拳、步行、走跑交替、打门球等。

运动处方中规定应达到的和不宜超过的心率，运动时可采用计数脉搏的方法来掌握。

以健身为目的的耐力性运动，通常应采用中等强度。放松性运动一般为小强度。各种医疗体操的运动强度，应当依照疾病的性质来确定。

（二）健身运动中心运动处方的制定

老年人在运动医学的应用中应注意三个环节：第一要了解老年人的生理特

点；第二要建立个体化的运动健身方案；第三要坚持经常锻炼。

1. 医学筛选和监测

从60岁到80岁的老年人机体内，各组织器官的功能状态有很大差异。老年人体内常潜在许多慢性病变。据调查研究，60岁以上的老年人中，有较多的人患高血压病，不恰当的运动可以加重病情。老年人在制定健身运动方案前应做医学筛选，以决定是否能参加运动，参加哪种运动合适。应监测老年参加运动者的心率、血压、体重、血糖、症状和体征。老年参加者应定期做医学检查和随访。

2. 老年人合理的运动处方

（1）推荐老年人适宜的运动方式，包括心肺耐力运动、肌肉耐力、肌力、灵活性和协调性运动，如步行、快走或慢跑间歇进行。

①有氧耐力运动：步行、慢跑、跳舞、骑车和游泳等运动均为有氧运动。参加这些运动有利于提高心肺功能，预防心血管代谢综合征，适于健康老年人和有心肺疾病的老年病人。

②肌肉耐力和肌力运动：适于健康老年人的肌力训练，有通过对抗人力或器械的运动，如哑铃、沙袋和拉力器等，可通过肌肉收缩，提高肌肉耐力和肌力。

③灵活性运动：以静坐生活方式为主的老年人，由于久坐，腰背和大腿后部活动少，容易发生腰背痛；上肢活动减少易发生肩周炎。

④体操、舞蹈和游戏：为了提高协调能力和保持健康匀称的体形，可以参加适于老年人的体操和舞蹈活动。体操动作可设计不同体位，如卧位、坐位和立位等，以适于不同健康状态的老年人。

⑤中国传统的运动疗法：如太极拳，动作舒展、柔和有节律，动作与呼吸相配合，思想集中，是调节老年人神经系统功能和肢体灵活性较理想的运动方式。

（2）运动强度和时间。老年人健身运动不是要追求运动强度，而是靠运动的积累作用；也就是说，老年人健身运动要求长期坚持才能产生综合效应。一般推荐的老年人的运动强度，以心率计算时应小于70%最大心率。对于保持心脏代谢健康的运动强度，可低于50%最大心率，以低到35%~50%最大心率为宜。

老年人应根据个人情况，每周运动3~7天，每天运动的时间以10~60分钟不等；采用间歇运动，即分几次完成，每天积累活动的时间从20分钟至60分钟。每周可做两次肌力训练，将肌力训练的动作分成几组进行，每组的动作少、阻力低，中间休息时间长。要将灵活性和协调性运动作为准备运动的一部分，如运动前做下肢牵伸运动，可防止运动中引起腰及腿部肌肉拉伤。也可以在步行中配合几节四肢协调运动的体操动作。

3. 坚持经常性运动训练

（1）老年人的运动方式应多样化，如有氧耐力运动、肌力训练、灵活性和协调性运动，并将这些运动有机地结合起来。

（2）老年人感觉和记忆力下降，应反复实践掌握动作的要领，适宜参加个人熟悉且有兴趣的运动项目。

(3) 老年人应学会识别过度运动的症状。运动指导者应保证老年人在健身运动中的安全,避免伤害的发生。

(4) 老年人体能低,适应能力较慢,故运动进展速度要缓慢,还要延长准备和整理活动的时间。

4. 注意事项

(1) 老年人在健身运动前做一全面的身体检查,以了解自己的健康状况及各脏器的功能水平,做到心中有数,为合理选择运动项目和确定适宜的运动量提供依据。

(2) 每次健身运动都要注意做好充分的准备活动和及时的整理活动。通过充分的准备活动,调动神经兴奋性,降低肌肉黏滞性,克服内脏惰性,增加协调性,防止骨折和肌肉拉伤等运动性损伤现象。通过及时充分的整理活动,加速机体疲劳的恢复。

(3) 宜选择全身性的体育活动,避免某一肢体或器官负荷过重,尽量避免过分用力动作,尤其对有动脉硬化的老龄人,应避免造成血压骤然升高的动作,如头朝下、突然前倾、低头弯腰动作过猛等。

(4) 经常了解健身活动后的脉搏、血压反应,记录健身运动前后及晨起的脉搏和血压变化,食欲和睡眠情况等,便于进行自我监督。有条件者应当进行定期体检。

(5) 健身运动要认真、持之以恒,只有持久规律的锻炼才可使身体结构和功能发生有利的变化,增强体质。

(6) 要劳逸结合,运动和休息要安排适当,根据身体反应、外界环境和条件的变化不断进行调整。

(7) 健身运动期间要遵守正常的生活制度,保证充足的睡眠,注意饮食和营养。饮食以易消化、含充足的蛋白质和维生素、低脂肪为主。要控制热量、糖和盐的摄入量,禁烟、酒。

(8) 老年人健身运动中注意五戒,即一戒负重练习,二戒憋气动作,三戒急于求成,四戒争强好胜,五戒过分激动。

5. 有疾病的老年人的运动处方的制定

(1) 糖尿病的运动处方。

①运动项目的选择。糖尿病患者应根据自己的病情、年龄及爱好,选择诸如散步、中速步行、慢跑、做健身操、跳舞、打太极拳、爬坡踏级、蹬楼梯、骑自行车及游泳等非剧烈或对抗性的运动。

②合理的运动强度。糖尿病患者毕竟有别于健康人,参加运动锻炼时必须注意掌握分寸。患者必须每日或每周有数天定时进行锻炼,每次要持续 20~40 分钟,这样才能使运动治疗达到最佳效果。运动时间的掌握极为重要,运动时间既不能过长,也不能过短,否则达不到降低血糖的目的,还有可能造成病情的加重。生理学研究已证实,糖尿病人在运动开始的前 5~10 分钟达不到降血糖的目

的；运动 20~30 分钟时，降血糖的效果最佳；运动时间超过 40 分钟，虽然血糖可以降低，但血中脂肪酸增加，会加重糖尿病病情。运动时要以不出现心悸、气促为度。

③掌握好运动的节奏。糖尿病患者要注意调整好运动节奏。在运动前要做简单的热身活动，逐渐加大运动量，以使心、肺功能有一个适应的过程。运动快结束时，至少要有 5 分钟的减速调整。

④运动中的禁忌。必须要提醒的是，Ⅱ型糖尿病患者在血糖没有得到很好的控制之前，不要参加运动锻炼；"脆性糖尿病"患者虽然不禁忌运动锻炼，但也应以散步、一般的步行锻炼为宜；有视网膜病变的患者，运动量不能太大，以免诱发眼底出血；若有心、肝、肾、肺功能不全或急性感染等严重并发症的患者，运动当属禁忌之列。

（2）高血脂的运动处方。

选择运动强度为运动心率在 130 次/分左右的运动，每次 20 分钟，每周 6 次，或每次 60 分钟，一周 3 次。运动方式可以是跑步或骑功率自行车等。上述运动加速内外源性中性脂肪的代谢，加速 HDL 对胆固醇到肝脏的运输，加大对胆固醇的氧化和清除，所以能降低血脂水平。该处方的要点是运动时间一定要保证，运动次数则最好是每天能坚持 1 次。

（3）高血压的运动处方。

选择运动强度为运动心率在 120 次/分左右的运动，每次 60 分钟，每周 3 次。最好选择有节奏的较轻松的运动方式，如快步走和跳交际舞、打太极拳等，上述运动增强迷走神经的作用，降低血管肾上腺素，增大血管扩张能力，减少外周阻力，达到降压作用。该处方的要点是运动时一定要轻松，避免对抗竞争型的运动。实施运动处方前最好做心血管功能方面的检查。

（4）高尿酸血症的运动处方。

选择运动强度为运动心率在 110 次/分的运动，每次运动 30 分钟，每周 3 次，隔日 1 次。该处方的要点是运动强度一定要保持在心率 110 次/分左右。运动方式以全身有节奏放松的运动为好。此运动处方可使血清酸值减少，尿酸清除率增加，达到辅助治疗高尿酸血症的目的。

在实施上述四种运动处方前，最好做运动负荷实验，以确切了解个体的运动能力，相应修正运动中的强度和负荷量。另外，相应的膳食调节也十分重要，较合理的膳食结构比例是碳水化合物 55%、蛋白质 15%、脂肪 10%、水果蔬菜 20%。

第四节 国际健康银发城健身中心应具备的条件

（一）森林小道

21 世纪的国际健康银发城的健身中心应首先布置老人们最为喜爱的运动方

式——散步所需要的环境设施要求。在国际健康银发城社区内建立 2~3 个人工小森林，面积无需太大，但需要古木参天，行走其间，颇有回归大自然的感觉。在这些小森林里，森林入口处应立有标牌，需分别用中文和英文注明注意事项。

（二）田园中心

1. 耕种。对于居住在国际健康银发城里的老人们，根据其身体状况，可以分得几十平方米面积的土地的使用权，去耕种果实、蔬菜、花草等。国际健康银发城的管理人员可以定期做一次评定和嘉奖。

2. 垂钓是一种修身养性的健身活动，在投入这一运动方式的过程中，若能做到心细将获益匪浅。通过对"突发事件"用心细致的捕捉，再经用心细致的分析，才有机会使自己从偶然的狭窄领域进入必然的开阔天地。

第五节　国际健康银发城内的其他运动方式

（一）爬山

爬山活动对人体有很大的好处，从医学角度来说，它对人的视力、心肺功能、四肢协调能力、体内多余脂肪的消耗、延缓人体衰老等五个方面有直接的益处。

1. 治疗近视有一个最简捷的办法，就是极力眺望远处，放松眼部肌肉。然而城市中由于工业污染及热岛效应等因素，空气中颗粒悬浮物较多，能见度较差。山野之中，尤其是在山巅之上，可以使目光放至无限远，解除眼部肌肉的疲劳。

2. 山中原始森林和草地的面积是远非城市中的绿地花草所能比拟的。在山间行走，对于改善肺通气量、增加肺活量、提高肺的功能很有益处，同时还能增强心脏的收缩能力。

3. 山间道路坎坷不平，穿行此间有益于改善人体的平衡功能，增强四肢的协调能力，尤其是行走在没有经过人为修饰的非台阶路段，可使人体肌纤维增粗、肌肉发达，增强肢体灵活度。

4. 人们日常体内的糖代谢属于有氧代谢，爬山活动尤其是爬高山，由于空气稀薄，人体内大部分代谢转为无氧代谢，加之爬山野营活动的运动量较大，山中野餐往往难以满足体内热量需求，因此，它能大量消耗人体内聚集的脂肪组织，尤其是腰腹部的脂肪组织。

5. 人体的正常代谢中会产生出一种叫自由基的有害物质，它能破坏人体细胞膜，溶解人体正常细胞，引起人体组织的衰老甚至变异。而氧气负离子可以有效结合自由基，使之排出体外。据有关数据表明，城市街道上氧气负离子的单位含量仅有 100 个/cm^3 至 300 个/cm^3，而山区森林中可达数万。因此，在大山中行走野营完全可以有效排出有害自由基，有益于延缓衰老。

另外，爬山对于塑造形体也有很大的作用。爬山属于有氧运动，能够在促进新陈代谢的同时，加快脂肪消耗。坚持下肢承受力的运动，有助于改善关节功能，保持肌肉和运动器官的协调，还可以增加骨中矿物质的含量，减少骨质疏松，刺激骨细胞的增长。

（二）走步

1. 走步法的有氧运动

最好的运动是走步。走步可以使伸肌力量大5~7kg。步行时由于下肢肌肉和机体许多肌肉得到活动，可防止肌肉萎缩。科学研究表明：坚持走步的人比一般人腿部肌肉群收缩增多，步行速度越快，时间越长，路面坡度越大，则负担越重，表现为心肌加强收缩、心跳加快、心输出量增大，对心脏是个有效的锻炼。医学家认为，一般人一天之内行走不应少于60分钟的路程，相当于5km。每天步行少于1小时的男子，心脏局部贫血率比每天步行1小时以上的男子高出4倍。

饭前饭后走步，不仅能增加食欲、促进消化，而且还能有效地防止糖尿病。现代医学证实，步行能提高机体新陈代谢率。糖尿病患者徒步旅行一天，血糖可下降。轻快散步还可以缓解神经肌肉紧张，改善大脑的血液循环，因而可有效地发挥脑细胞功能。

"饭后百步走，活到九十九"，这是流传在中国民间的谚语，也是古今长寿的妙法之一。

走路是一种安全而又简单可行的延年益寿运动。日本长寿研究学者古守丰甫医师，在考查了日本长寿村后发表文章写道：运动脚力是获得长寿的途径。因为美国人比日本人步行少，所以日本人的平均寿命比美国人的平均寿命长两岁。走步确有健身、健心、健美的作用，同时还增加了无限的活力。

2. 走步的方式

走步有多种方式，各有不同特点，但有其最基本的姿势。走路是运动力学中的最稳定姿势，从能量消耗方面来说，也是效率最高的。走路时一脚迈出，膝关节弯曲，并能用腰部带动身体前进，这样就会走得有精神。为了提高走路的效率，能够走得长久而不累，要养成最佳姿势，即脊梁笔直、挺胸、抬头、腹部微收，双肩放松，心里不慌，脚步不乱，步伐坚定有力，步距相当，速度均匀，从容和缓，呼吸自如，目视远方，两臂有节奏地前后摆动，愉快轻松地阔步前行。

以下介绍走步的几种方式：

（1）自然走步的姿势方法如同平日走路几乎无异，最好采用上述的最佳姿势。避免走时俯视地面、端肩碎步或上下左右不停摇晃。自然步法分缓慢走（每分钟70~90步）、普通走（每分钟90~120步）和快速走（每分钟120~140步）。

（2）摩腹散步法。摩腹散布步法即在散步时，两手柔和地从左至右顺时针地按摩腹部，这是一种将散步和按摩结合的走步。中国传统保健将之列为腹功，认为"两手摩腹移行百步除食滞"。此法可促进胃液分泌和胃排空，用于防治消化不良和胃肠道慢性炎症。散步时摩腹，每天坚持如此，对保持优美形体和消除腹部脂肪效果良好。

（3）倒行法。预备姿势立正，挺胸，抬头，平视，双手叉腰，拇指向后，按腰部的"肾俞"穴位，其余四指向前。倒行时，左脚开始，左大腿尽量向后抬，然后向后迈出，全身重心后移，前脚掌着地，重心移至左脚，再换右脚交替进行。为了安全，应选择场地平坦、周围无障碍物的地方进行。由于日常生活中躯体向前活动量超过向后的活动量，加上躯体俯仰活动不平衡、背伸活动较少，因此人体易形成姿势性驼背、四肢关节功能障碍以及腰肌劳损。而倒行法运动能使腰部肌肉有规律地收缩或放松，有利于腹部的血液循环改善。

（4）竞走法。躯干保持直立或稍向前倾，两腿弯90度左右，配合两腿前后摆动，先脚跟着地，然后滚动全脚掌落地，膝关节要伸直。脚落地后，身体顺惯性前移，弯曲向前摆动。当支撑腿垂直地面时，摆动腿大腿向前摆，小腿随大腿向前摆出，此时摆动腿带动同侧关节向前送出。此法适用于中青年人，可增强人的耐力和关节灵活性，也可用于散步之间，进行短暂调剂。以减少因长期用一种姿势走路而造成的疲劳，增加健身走的乐趣。

（5）逍遥步法（气功法）。两眼平视前方目标，凝神片刻，保持舒畅，大口吐气3次后，用鼻深吸气，吸第一口气后咽到胸部，吸第二口气后用意念送到丹田处，吸第三口气时，用意念送到脚部，沉下去，然后静下来，站直。下颏内收，松肩，连续吸气，每吸一口气，腹部内收一下，同时挺胸，然后用力呼出。全身放松，开始迈步前进。每走一步鼻吸气一次，走时轻松、逍遥自在，如此天天坚持。此法适用于男女老少体弱者，对老年人尤为适宜。

3. 走步的运动方法

（1）速度。对每个人来说，走的速度取决于自己的健康状况，可慢可快，或者不快不慢的中速。刚开始运动，以慢速为宜，即每分钟70~90步，每小时3.4公里。运动两周后可采用中速，即每分钟90~120步，每小时4~5公里。第四周后就可采用快速，即每分钟120~140步，每小时5~7公里。

（2）时间。为了达到健身目的，步行时间以每天60分钟为宜。同时要天天坚持，持之以恒，使60分钟制度化。然而，毕竟不是所有人每天都能抽出一个小时去专门进行运动，那么就要在日常生活、工作和学习中寻求不同途径多走多动。例如上学上班以步代车，步行购物选较远的商店，或者越过电梯不乘，选择登楼梯来代替等。由此可见，一日60分钟步行不必一次走完，可分成2次或3次。一日之中走步的最好时间是早晨，因为早晨空气新鲜，机体阳气升发，精神饱满，利于运动，收效较大。

（3）距离。步行的距离应该多少，需根据年龄或健康状况决定。开始时可进行短距离散步，然后每周增加一些距离，注意要缓慢增加，方是最理想的锻炼方法，切不可急于求成。这样，如果坚持下去，身体状况很容易适应。

4. "走"的分类

"走"是受中老年人欢迎的运动，也是最好、最简单的锻炼方式。中国早就有"饭后百步走，活到九十九"的养生健身经验。人们常常将各种"走"统称为"散步"，因为各种走之间都有密切的联系。可是由于在实践中走步锻炼的目标、性质、方式、方法不同，其效能也有一定差异。为了更好地研究和提高步行锻炼的效果，主张将各种"走"大体上划分为散步、健身走、竞走三类。我们就其之间的差异有所了解，对提高锻炼效果大有裨益。

（1）散步——理想的放松镇静剂。

当把"遛弯"、"漫步"、"闲走"这样的字眼输入网络引擎中时，它们殊途同归地"拽"出这样一个词语：散步。散步是一种休闲运动。它以闲适的心情，去轻松地漫步。严格地说它是一种健心益智活动。它不要求运动强度和速度，有较强的随意性。美国科学家做过这样的实验：将同属亚健康的30位60岁老年人分成三组，第一组服用镇静药，第二组服用健脑营养品，第三组每天散步30分钟。结果证明：散步组在缓解疲劳、镇静安眠方面，效果最好。现代社会更流行"郊游散步"、"雨中散步"、"雪中散步"，这些更能增添悠闲自得的情趣。俄罗斯大诗人普希金，将散步称之为"点燃智慧的火花"，他的作品大都是在散步中构思成的。大量实践证明，散步确有健心益智功能。散步越多，身体消除应激激素的能力越强，所以每运动一次，就如同为自己的身体搞一次大扫除。

现代科学实验证明：散步能增加使人睡得香甜的镇静激素——内啡肽的数量，抵抗病毒感染和预防疾病产生。

散步要先用2~3分钟做深呼吸和慢速伸展运动，然后再开始散步，把注意力集中在消除心理紧张上，听一听轻松音乐，反复对自己说"我愉快，我有力量，我一定成功"之类鼓舞自己的话。也可以同家人、朋友们一起谈笑风生地走。散步时头、肩、臀部、膝盖和脚成一条直线，应在整个散步过程中保持这种被称为"脊柱不偏不倚"的姿势，并看前方10米处。散步要选择在清静、清洁的地方进行。

（2）健身走——最简单有效的有氧运动。

散步不等于健身走。健身走是一种有氧运动，它是心血管健康的保证，是在肌肉不存在氧债的情况下，进行的长时间身体活动。这种活动可以提高氧的利用率，降低安静心律，降低血压和改变血液成分，还可以发展侧支循环和增大冠状动脉面积，防止冠心病发生。但作为有氧运动的健身走必须要有一定的运动强度、运动时间和运动速度。当前有众多的中老年人酷爱步行锻炼，有许多人天天走，但在增进健康素质和发展体能方面效果不大，虽然天天进行走的锻炼，但却没能有效地提高心血管机能，原因何在？

这就要从因人而异这个根本原理说起。有些老年人，虽然年迈，但身体状况尚好，并非体弱多病，他们进行体育锻炼的目标主要是保持、提高健康素质。健康素质是人的素质的重要组成部分，它反映了人的身体机能能力，更能代表人的综合健康水平。它包括心肺功能、肌肉力量和耐力以及柔韧性等。发展健康素质是中老年人锻炼的目标（体弱多病和高龄老人除外）。然而有的人却自以为年老体衰,只做闲适的散步,不讲究运动量,一味地强调不搞激烈运动,实际上(健身走并非激烈运动)这种想法和做法,是一种因人而异原则的违背,并不可取。

(三)跑步

1. 跑步的效果

目前跑步运动正在世界范围内蓬勃发展,跑步被人们视为"最完美运动"而风行全球。

运动效果证实,要获得良好的身体素质和最理想的身体功能,就要进行具有足够强度的心脏功能、血液循环、肌肉、骨骼及神经系统的运动活动。健身跑是一项有氧运动。现代人经过长期实践证实,跑步具有以下功效:可以增强心肺功能、发达肌肉、健美身材;可以提高肌体的耐受力,防治高血脂、高血压病;可以激发斗志,提高抗癌能力。

2. 跑步的方式

(1)慢速放松跑:其特点是速度慢,慢的程度可以根据自己体质而定,老年人或体弱者可以比走步稍快一点,以求全身代谢功能保持有氧代谢。

(2)变速跑:变速跑就是在跑的过程中,快跑一阵子,再慢跑一阵子,快跑和慢跑交替进行的一种跑法。它适合体质较好的运动者。当慢跑时肌肉活动不激烈,吸入的氧气就可以满足肌肉活动的需要,这时肌肉活动所需能量是靠新陈代谢来保证的。

(3)跑走交替:跑走交替是采用跑一阵子后再走一阵子的锻炼方式。此方式适合初学初练者或体弱者采用,通过十几周走跑交替的运动,就可以连续跑15分钟,几个月后就可以连续跑几公里了。

3. 跑步的要求

不同对象在进行健身跑锻炼时应有不同要求。为确保安全,中老年人参加健身跑时最好征求健康指导师同意,并做一些必要的身体检查。开始健身跑时可先快速步行3公里,然后自我感觉有无不舒服。确实没有不舒服的感觉后再进行跑走交替的练习。跑的速度、距离要适当,切忌操之过急。

(1)心率衡量法:要真正达到有氧运动的效果,跑步必须使心率达到一个训练水平,使之在此水平上保持至少20分钟,每周至少练3次。

(2)呼吸衡量法:久经运动的人跑步时呼吸次数与安静时相同,而仅增加呼吸深度。跑后的呼吸次数不应超过27~30次/分。如呼吸超过27~30次/分(跑时呼吸困难呼吸急促、上气不接下气)应减少负荷,降低速度;如跑时呼吸困难、胸闷难忍,就应停止跑步,请医生检查。

呼吸恢复速度也是重要指标。初练者,一般在5~7分钟内恢复正常。

(3)健康测定法:经过一段时间的健身运动后,体质或健康状况如何?可以通过12分钟慢跑测定法来确定。

(四)游泳

游泳是一项很好的增进健康的运动项目。人在水中,由于水的刺激,机体代谢率大大提高。人体浸在水中，胸部可受到水的压力，从而增加呼吸的难度。经过长期的游泳锻炼，呼吸肌可逐渐变得强而有力，呼吸功能提高。

  国际健康银发城应根据老人们的需求，组织他们参加体育旅游的某些项目活动，但一定要注意老人们的身体承载能力，在出游过程中，应安排保健医生和急救医生等专业的医疗组织队伍相陪，以防出现突发的紧急情况。由于老年人身体机能逐渐衰退，动作比较迟缓，在游览时自己首先要小心谨慎，选择入住舒适安静的宾馆，保证每天 6 到 8 小时的睡眠时间，在每晚临睡觉前用热水泡脚，并将小腿和脚垫高，以防下肢水肿。另外，夏秋季外出时，老人还应带上乘晕宁、藿香正气水及治疗腹泻、感冒、发烧、头痛、胃痛的常用药物以及跌打损伤类外用药物。国际健康银发城应根据某些老人的身体情况，适当安排他们参加体育旅游活动项目。例如高血压患者外出之前一定要到专科门诊体检，坚持服药，血压控制良好才能出游。

北京温都水城"金手杖"养生公寓

第十章 国际健康银发城老年大学

北京温都水城"金手杖"老年大学

第一节 老年教育发展主要模式

(一)政府投资的老年教育

特征是老年教育中大部分由国家投资开办,老年大学的开支列入政府财政预算；与正规教育有着密切的联系；老年人可以自行选择参加老年闲暇教育或老年正规教育。代表国家为法国、瑞典、日本、西班牙等。

（二）自治自助的老年教育

特征是老年大学由老年人自发组织成立，属于非赢利性志愿者组织；所有具有专长的老年人都可以执教，学员一般为老年人和退休政府官员、医生、律师等；教学与活动根据成员意愿来安排。代表国家为英国和澳大利亚等。

（三）小区的老年教育

特征是各个老年大学连成网络，依托小区成员进行自我管理；此类老年大学属于非营利性的社会福利组织，与普通大学及学院有密切的联系；除对学员收取少量资料费用外，大部分经费依靠私立、公立大学及个人慈善捐款。主要代表国家为美国和加拿大。

第二节 老年教育发展的趋势

孙连越、张鸣在借鉴世界各国老年教育的发展情况的基础上，提出老年教育的发展呈现出四种趋势：

一是政府的作用日益加强，并得到教育机构、工会、教会、慈善团体、社会福利机构及个人的支持；

二是教育手段不断发展，利用光纤电缆、闭路电视和网络等现代化设备满足不同居住地和不同文化层次老年人对学习的要求；

三是课程和教学内容不断更新，把现代语言、信息技术、营养保健、艺术欣赏等作为教学内容，使老年人的知识结构与信息的获取不落后于社会的发展；

四是符合老年人特点和兴趣的学习形式日趋多样化，不仅包括课堂教学，还有文化参观旅游、小区公益活动、组织多种形式的科技服务学习小组和组织专家演讲等，以满足不同兴趣爱好的老年人的需求。

国际第三年龄大学协会主席路易·波吉瓦（Louis Bourgeois）也指出，老年教育有广阔的未来，老年人的教学内容是无限制的，各方面的内容都可以。老年人教育的前途是无限的，要以新的知识、技术来充实我们的生活。

目前绝大多数老年大学仍沿袭创学初期的模式，仅仅是针对离退休人员离开工作岗位后由于生活环境的变化而产生的寂寞感、孤独感、失落感等因素而开办的一种休闲教育，其目的只是给离退休人员提供一个休闲、学习、活动、交流、娱乐的场所，让老年人精神生活有所依托，感受到社会的关爱。这种"消遣性"、"娱乐性"的教育在过去一段时间里，对贯彻党的老龄工作方针、稳定老年群体、稳定社会，确实起到过积极作用。但是21世纪国际健康银发城的老年大学应该体现"增长知识，丰富生活，陶冶情操，促进健康，余热生辉，服务社会"的办学宗旨，扫除人们认识上的误区。

第三节　国际健康银发城老年大学的功能

（一）老年大学基本要求 21 世纪国际健康银发城所设办的老年大学应做到以下几个方面：

1. 从思想上和行动上，重视老年教育。老年教育是提高老年人素质、促进社会进步的有效途径，不能抱着"退休退休，万事皆休"的态度，只求坐享清福，不想学习，不思进取，不求再做贡献。

2. 抓紧老年教育的教师队伍和老年教育教材建设。教材是办学的基础，是教学思想的反映，它不仅是教师教学的依据，也是学员学习知识的工具，对于推动教学改革、提高教学质量，有着不可替代的作用。老年大学的教师除了应具备较高的专业文化素质外，还必须具备较高的政治素质、道德素质和教育能力。

3. 采用灵活多样的教学方式，寓教于乐，学乐相融。兴趣是学习的动机，有了内在动机，学习就成为自觉行动。要采取直观、生动、形象的教学方法，采用肯定成绩、示范性演示等手段，以提高学习效果。

4. 注重课堂教育和社会实践相结合，突出精讲多练，学以致用，讲求实效。挑选一些好的作品来展示学员老有所学、学有所成的成果。通过展示学习成果，一来激发、调动学员的学习积极性；二来扩大老年大学的影响，以引起各级领导和社会各方面的重视和支持；三来突出老有所学、更有所为，将他们在课堂上所学的知识应用于社会，更是老年大学的主要任务。

5. 合理设置专业课程。要适应时代的发展和老年人的特点、需要，坚持按需设课，既要考虑老年人普遍存在的求健、求乐的心理，还要根据老年人在市场经济的发展中求上进、求贡献的要求，设置一些知识性、实用性较强的课程。要做到多学科、多层次、多学制并举，坚持学时宜短、讲授宜精，让学员听得懂、记得住、学得会、用得上。

（二）老年大学功能构成

老年大学的功能空间组织是对老年人学习、娱乐、休憩方式的总体安排。相关的调查发现，老年大学的老年人由于身心条件、活动能力及设施水平等原因，其大部分时间是在室内度过的，户外活动很有限。因而，在完善老年人室内空间的组织和室内设施的前提下，为老年人提供一个更好的户外活动空间也是设计老年大学的一个重要方面。

老年大学作为老年设施的一个组成部分，是专门为老年人提供的陶冶心境、交流逸趣的学习园地，是一种特殊类型的学校建筑。它包括了教学、文娱、休憩、餐饮、医护及管理等几个功能部分，其中学习和文娱部分又是老年大学的核心部分。

学员每天根据自己的课程安排去学校上课，课后回自己的公寓或者在集体自习室、阅览室里完成作业和温习。

1. 教学部分

老年大学是老年人学习文娱的一个特殊的学校,所以提供日常教学场所的教室是老年大学的主体部分。但国际健康银发城内还应包括各类教室、图书数据室及特殊教学教室。

由于老年人是一个特殊的群体,他们有特殊的生理和心理特征,所以老年大学的教室设置在满足相关的教学建筑规范的基础上,还要考虑老年人的特点和要求,教室不仅应有良好的采光和通风,而且教室内的设施布置也需特殊处理,以适应老年人的人体尺度。

(1) 各类普通教室。

老年大学的普通教室一般可分为大、中、小三种,分别满足不同规模的课程设置。小型教室主要是针对小型的课程教学,人数为30~40人,教师和学员之间有很好的互动过程,特别是对那些年龄偏大的高龄老年人授课以这种规模为宜。中型教室是所占数量较多的,人数为70~80人,能满足普通的教学上课需要。而大型教室一般可以容纳120人左右,可开设公共大课,并能满足一定规模的学术报告、演讲、讲座的要求。

各类普通教室在满足相应的设计规范的同时,还应该注意老年人的特殊心理和活动需求,考虑老年人的人体尺寸特征和生理要求。如教室的课桌布置,应该比正常的稍稍加大,特别是前后排的间距;前排与黑板的距离不能太近,以保证老年人正常的视线视角需要;课桌椅的高度也需认真设计,不宜过低或过高;黑板板书的字体不应太小,应该照顾到有视力障碍的老年人的要求;教室里应配置投影设备,满足上课时的多媒体教学需要,等等。

(2) 图书阅览室。

老年大学应设一定规模的图书阅览及图书数据场所,特别是需要设置期刊报纸阅览室,以便让老年人有一个了解时事、认识世界的地方。

图书阅览室宜分设报纸期刊阅览和书籍借阅部分,并且应有良好的光线及通风,同时阅览室的环境也需安静,与教室有方便的联系。

(3) 特殊教学教室包括美术教室、舞蹈教室、戏曲教室、计算机教室、手工教室、摄影教室等。

(a) 美术教室宜北向采光或设顶部采光,一般可设在建筑的顶层。教具储存室也应临近美术教室或直接与之相通。此外,美术课桌也与普通课桌不同,需要定制。

(b) 舞蹈教室宜设器材储藏室、更衣室、盥洗室等附属用房。教室内在与采光窗相垂直的一面墙上,应设一面高度不小于2100mm的通长照身镜,其余三面内墙设置高度不低于900mm。有可升降的把杆,把杆距离墙面不宜小于400mm。考虑到老年人的生理要求,以上可作适当调整。

(c) 戏曲教室的要求应同于音乐教室的规范要求。教室内应设置五线谱黑板和教室示琴位置;室内地面可以设2~3排台阶,亦可做成阶梯教室。条件允许的，应考虑室内的声学设计及相应的隔声措施。

（d）计算机教室宜设专门的控制机房及教师办公空间，并应该有较为独立的教学单元。教室内有专业的线路布控，分设电源插座和上网接入口。

2. 文娱部分

老年大学是老年人学习休憩的场所，也是他们活动交流的中心。据相关调研资料和笔者采访老年人可知，在老年大学里学习的老年人大都有很强的自我表现欲望，特别喜欢参加各种文娱表演。老年大学里的文娱部分主要是由表演剧场、交流大厅、多功能中心等组成。

（a）表演剧场。有条件的老年大学应设一定规模的表演剧场，以满足老年人进行大型文娱活动的需要，特别是那些组建老年艺术团的老年大学。

（b）交流大厅。交流大厅可位于入口门厅附近，也可设在人员通流较集中的区域。它提供给老年人一个相互交流聊天的空间，又是老年人课前课后的活动场所。

（c）多功能中心。提供老年人开展小型的、自排自演的文娱表演的场所，如老年人组织排演的话剧、小品、歌舞等节目；同时，也可以进行一定规模的学术报告、教学讲座、作品展示等活动，是老年大学里公共活动最丰富的地方。

3. 休憩部分

老年大学的休憩部分主要由两部分构成：室内休憩部分和室外休憩部分。室内部分可以是在各种教室用房的外部连廊、过道、阳台、平台等处，也可以是各个交流空间、电梯厅、楼梯口、门厅等交通流线的停留场所。老年人由于年老体弱等因素，活动能力有限，故设置分散的、便利的休憩空间是很必要的，特别是在各个交通汇聚中心。室外部分主要是户外环境部分，也是老年大学里最主要的老年人休憩活动的场所，另外还有屋顶花园等。

4. 管理部分

老年大学的管理部分用房可以分为行政办公和后勤服务两个部分，具体可分为：领导办公室、教师办公室、教研室、财务室、文印室等。它们应与老年人用房适当隔离，并有一个相对独立的出入口，也可以独立设置办公管理区或建于建筑的顶层。

（三）老年大学的"老有所为"

老年人是一座"图书馆"，这句话套用了高尔基的名言："每一个老年人的死亡，等于倾倒了一座知识库。"

第十一章 国际健康银发城托幼服务中心

北京温都水城"金手杖"幼儿园幼师在和孩子一起玩耍

国际健康银发城的老人们渴望与孩子们在一起,这样使他们显得年轻。

家庭度假的特点是让每一个成员都能享受度假的乐趣。国际健康银发城既考虑了成年人的活动,也为孩子准备了假日生活。孩子是家中的小皇帝,在度假时尽量少让孩子们打搅自己的活动时间。留一点时间给自己,还是以孩子为主?在国际健康银发城,这由游客自己决定!替客人看护幼儿同时寓教于乐,使孩子有所收获是国际健康银发城的一大特色。

国际健康银发城的宗旨是:让孩子与老人共同得到健康、知识和快乐!

国际健康银发城有幼儿师范学院毕业的高等教师负责看管孩子。国际健康银发城里有专为孩子准备的活动项目和活动设施。

一、婴儿俱乐部(4~23个月的婴儿)

从早晨到傍晚,俱乐部为孩子们安排游戏、饭食和睡觉。到此度假的客人可以完全信任国际健康银发城的阿姨和经过严格训练的看护人员。游客也不必要为孩子换尿布和喂奶而担心,国际健康银发城已为孩子准备了各类所需物品。以下为《婴儿作息时间表》。

时间表	互动目的	活动安排	时间
8:30~8:45	有针对性地照顾孩子	交接婴儿。负责托幼服务的工作人员主动向家长询问孩子的具体情况，如身体状况、情绪、进餐情况、生病用药情况如何	15分钟
8:45~9:00	集中精力、提高注意力	游戏前准备，如上厕所、换尿布、摆放游戏材料	15分钟
9:00~9:20	游戏	室内游戏，如娃娃家、玩水、沙盘游戏等	20分钟
9:20~9:30	照顾婴儿	喝水、上厕所、换尿布	10分钟
9:30~9:50	照顾婴儿	吃水果、喂奶	20分钟
9:50~10:30	协调运动	户外锻炼、户外游戏，如： ——婴儿体操 ——练习钻、爬、走等四肢协调运动 ——辅助游戏和日光浴	40分钟
10:30~10:40	照顾婴儿	上厕所、换尿布	10分钟
10:40~10:50	照顾婴儿	安静的室内活动，如听故事、欣赏乐曲	10分钟
10:50~11:00	准备用餐	午餐前准备：洗手、发碗筷	10分钟
11:00~11:30	健康营养	午餐——婴儿绿色健康食谱或家长指定食品	30分钟
11:30~11:55	利于消化	饭后运动	25分钟
11:55~12:00	照顾婴儿	午睡前准备：上厕所、换尿布、脱衣服	5分钟
12:00~14:30	休息	午睡	150分钟
14:30~14:40	照顾婴儿	起床、穿衣服、上厕所、换尿布	10分钟
14:40~15:10	照顾婴儿	吃水果、喂奶、喝水	30分钟
15:10~16:10	游戏	户外活动、日光浴	60分钟
16:10~16:20	照顾婴儿	上厕所、换尿布	10分钟
16:20~16:50	游戏	室内游戏	30分钟
16:50~17:00	照顾婴儿	晚饭前准备：洗手、上厕所	10分钟
17:00~17:30	健康营养	晚餐——婴儿绿色健康食谱或家长指定食品	30分钟
17:30~18:00	完成服务	饭后安静活动并与家长交接婴儿	30分钟

二、幼儿俱乐部（2~6岁的孩子）

俱乐部设置了游乐园；有全套的娱乐组合设施、玩具、特殊的水池、海滩、运动和手工艺课；同时针对幼儿特点做出了详尽的托幼计划，见《婴儿作息时间表》。专业的幼教老师不但与孩子一起做娱乐性的游戏，如娃娃家、沙盘游戏等，更注重开发孩子的创造性思维，如俱乐部的名牌节目——树叶拼图画。

游戏名称：树叶拼图画

游戏目的：训练思维的流畅性和创造想象能力，启发儿童的挑战性游戏方法：

1. 到指定的地点采集树叶，并启发幼儿采集有特点、形状各异的叶子；
2. 制作前老师展示已做好的树叶拼图画，如葡萄、樱桃、青蛙、蜻蜓等；
3. 启发孩子想象力和创造力，自己动手制作；在叶子的基础上，用画笔进行创作；
4. 展览幼儿作品，让孩子自己讲述制作的情节和创意；
5. 最后进行评价——谁的创意、构思新颖，并对全体孩子进行鼓励。

幼儿作息时间表

时间表	互动目的	活动安排	时间
8：30～8：45	接受委托	交接幼儿	15分钟
8：45～9：00	游戏前准备	上厕所	15分钟
9：00～9：20	提高动手能力，开发智力	游戏，如： ——美劳游戏，如树叶拼图画 ——桌面建筑游戏，如"小设计师" ——简单的泥胶画、剪纸、粘贴、泥工、打击乐等	20分钟
9：20～9：30	休息	喝水、上厕所	10分钟
9：30～10：30	运动协调	户外体育锻炼及游戏，如： ——玩沙 ——训练钻、爬、攀登、跑、跳等协调运动	60分钟
10：30～10：50	增长知识，寓教于乐	安静的室内运动，如： ——听音乐 ——讲故事、看图书、欣赏游戏作品	20分钟
10：00～11：00	休息	午饭前准备：上厕所、洗手	60分钟
11：00～11：30	新鲜、营养、无污染食品	午饭——幼儿绿色健康食谱*	30分钟
11：30～11：50	利于消化	饭后活动，散步听音乐	20分钟
11：50～12：00	睡前准备	上厕所、脱衣服	10分钟
12：00～14：30	休息	午睡	150分钟
14：30～14：40	动手能力	起床整理，上厕所，穿衣服	10分钟
14：40～15：00	营养需要	喝水、吃水果	20分钟
15：00～16：00	游戏运动	户外体育锻炼，如： ——跳舞 ——戏水	60分钟
16：00～16：10	休息	上厕所	10分钟
16：10～16：50	趣味	室内趣味游戏	40分钟
16：50～17：30	准备用餐	晚饭前准备：洗手、上厕所	40分钟
17：00～17：30	新鲜、营养、无污染食品	晚饭——幼儿绿色健康食谱*	30分钟
17：30～18：00	服务结束	安静活动并与家长交接幼儿	30分钟

"*"为国际健康银发城对幼儿准备的名牌项目。

三、儿童俱乐部（7~12 岁的孩子）

学前儿童和小学生会在专业人员看护下参加体育运动和其他活动，甚至可以安排他们学习潜水、滑水、游泳及网球。国际健康银发城的托幼服务部不仅要照顾好孩子，更重要的是让孩子学到一些知识，培养孩子某种良好习惯和意识。例如：国际健康银发城给城里来的孩子安排了"绿色植物的生长"这一名牌节目。

活动名称：绿色植物的生长

活动目的：获取科普知识，建立环保理念

活动内容：

1. 到植物园参观各种绿色植物；国际健康银发城将为孩子们讲解 3~4 种植物的生长历程，孩子将看到从种子——幼苗——成熟——果实四个阶段的各种植物，例如麦子、玉米、苹果、桃树等。这对于从大城市里来的孩子来说非常有意义。

2. 实际参与：种一棵树或种一粒种子；在树上或花盆上挂一个小牌，注明小朋友的名字、种植日期，今后由国际健康银发城负责养护。半年或一年后，小朋友再次光临，可来看看自己亲手培育的植物生长成什么样子了。也可利用植物的光合作用，在叶子或果实上贴上一些图案或字迹，几天后叶子或果实上就会留下图案的印记。

时间表	互动目的	活动安排	时间
8：20~8：30	接受委托	与家长交接儿童	10 分钟
8：30~10：00	提高动手操作能力，增长科普知识，提高对艺术的审美情趣和爱好	室内游戏、兴趣小组活动，如： ——美劳课包括泥胶画、板画、泥工、剪纸、绘画* ——小科普实习如"镜片取火"、"树叶的光合作用"* ——参观并讲解绿色植物的生长过程	150 分钟
10：00~10：10	休息	喝水、上厕所	10 分钟
10：10~11：10	运动启蒙教育	户外体育锻炼，如：（任选一项） ——学打羽毛球* ——学打乒乓球* ——学游泳*	60 分钟
11：10~11：50	劳逸结合，户外运动后的休息	室内活动，如： ——做游戏 ——看书 ——欣赏音乐	40 分钟
11：50~12：00	参与意识	午饭前准备，洗手，协助老师作准备	10 分钟
12：00~12：30	新鲜、营养、无污染食品	午餐——儿童绿色健康食谱*	30 分钟

续表

时间表	互动目的	活动安排	时间
12:30~13:00	互相交流	饭后自由活动	30分钟
13:00~14:30	休息	午睡	90分钟
14:30~14:45	动手能力	起床整理	15分钟
14:45~15:00	补充营养	喝水、吃水果	15分钟
15:00~16:30	运动启蒙教育	继续上午的户外训练并做考核	90分钟
16:30~17:00	劳逸结合，户外运动后的休息	安静的室内活动	30分钟
17:00~17:30	新鲜、营养、无污染食品	晚餐——儿童绿色健康食谱*	30分钟
17:30~18:00	完成服务	室内活动并与家长交接儿童	30分钟

* 为国际健康银发城对儿童准备的名牌项目。

四、少年俱乐部（13~17岁的孩子）

大一些的孩子可让他们根据所提供的项目表自己选择他们的活动。他们可以在俱乐部提供的足够大的场所里与新结识的小朋友享受充分的自由和发挥自我。这一年龄段的孩子基本可以参加成人的健康娱乐方式，如很多国际健康银发城设计的名牌节目：电脑讲座、插花艺术、陶艺制作、球类活动等。

时间表	互动目的	活动安排	时间
8:20~8:30	提高团队精神，提供结交新朋友的机会	报到集合，互相自我介绍，安排当日活动	10分钟
8:30~10:00	寓教于乐，激发学习新知识的兴趣以及对艺术的审美情趣	室内学习包括：（任选一项） ——电脑讲座（初、中、高级班）* ——绿色植物欣赏* ——插花艺术* ——陶艺制作*	90分钟
10:00~10:10	休息	休息	10分钟
10:10~11:40	初步掌握一门运动技巧	户外活动包括：（任选一项） ——学打保龄球* ——学打网球* ——学射箭* ——健美操学习*	90分钟
11:40~12:00	休息以便进餐	饭前安静活动	20分钟
12:00~12:30	新鲜、营养、无污染食品	午餐——绿色健康食谱*	30分钟
12:30~14:30	休息恢复体力	自由活动并午休	120分钟

续表

时间表	互动目的	活动安排	时间
14：30~15：30	检验学习效果	户外体育锻炼——继续上午的科目并考核	60分钟
15：30~15：50	准备上室内课	休息，换衣服	20分钟
15：50~16：50	检验学习效果	室内学习——继续上午的科目并考核	60分钟
16：50~17：00	鼓励学员继续学习	总结当日情况，合影留念	10分钟
17：00~17：30	新鲜、营养、无污染食品	晚餐——绿色健康食谱*	30分钟
17：30~17：35	礼貌教育	道别	5分钟

"*"为国际健康银发城为少年准备的名牌项目。

第十二章　国际健康银发城网络微世界

北京温都水城举办 DINER SHOWER 晚会（网络联播）

第一节　国际健康银发城微营销

一、微营销简介

微营销是现代一种低成本、高性价比的营销手段。与传统营销方式相比，微营销主张通过"虚拟"与"现实"的互动，建立一个涉及研发、产品、渠道、市场、品牌传播、促销、客户关系等更高效的营销链条，整合各类营销资源，达到以小博大、以轻博重的营销效果。

微营销实际就是一个移动的网络微系统。微营销＝微博＋微视频（微电影）＋个人微信＋二维码＋公众平台＋微商城。微营销就是将线上线下营销进行整合，线下引流到线上支付，线上引流到线下（实体店面）浏览。

作为现代一种低成本、高性价比的营销手段，微营销包括微博营销、微电影营销、微信营销等各类具体形式。

二、微营销起源背景

在如今以市场需求为主导的微营销时代，消费者的需求呈现出精细化和多样化的特点，细分市场日渐成熟，同时在互联网技术快速进步和应用的刺激下，整体市场的发展节奏也在不断加快。因此，企业需要建立一套灵活的管理思维，不断优化企业结构和相关服务，以自如应对不可预知的市场变化。

在这种大环境中，微营销的概念应运而生。市场营销作为企业实现盈利的重要辅助环节，被众多企业经营者当做制胜的法宝，然而传统粗放式推广方法已不能满足精细化市场的营销需求，企业投资回报率也在不断下降，因而市场出现一种更为快捷高效的营销途径。

随着整个互联网经济的快速发展，以网络为传播平台的营销行业如雨后春笋般迅速壮大，其整体服务水平也呈现出阶梯式的增长，并诞生了以网络技术为基础的精准营销模式。

三、微营销类型

1. 微电影

微电影（Micro Movie），即微型电影，时长从三五分钟到十分钟不等。它兴起于草根，崇尚个人自拍的随性表达，具有故事性和可观赏性。作为一种新的艺术传播形式，微电影之"微"不仅在于微时长、微制作、微投资，更是同传统的"大电影"相对应，以其短小、精练、灵活的形式风靡于中国互联网。

2. 微视频

微视频的"微"主要在其"短"、"精"。微视频的出现及其"普众化"，意味着我们真正进入了"超视像"的媒体时代。微视频的传播突出显示视像的奇异和另类。微视频的制作、上传和浏览的主体主要是年轻人。互联网在年轻人的使用中，促生了如黑客现象、粉丝社群、网络恶搞、动漫游戏等等。微视频的内容、形式的制作和传播成了视频文化的主流。

3. 微博

微博，即微博客（Micro Blog）的简称，是一个基于用户关系的信息分享、传播以及获取平台，用户可以通过电脑、手机以140字左右的文字更新信息，并实现即时分享。微博与传统博客相比，以"短、灵、快"为特点。

4. 微话题

微话题（以下简称为话题），就是根据微博热点、个人兴趣、网友讨论等多种渠道的内容，经过话题主持人补充修饰和加以编辑的，与某个话题词有关的专题页面。微博用户可以进入该页面发表微博进行讨论，同时话题页面也会自动收录含有该话题词的相关微博。在发布微博时，输入双井号##，##号内的关键词即为话题词。

5. 微信

微信营销是网络经济时代企业营销模式的一种创新，是伴随着微信的火热而兴起的一种网络营销方式。微信不存在距离的限制，用户注册微信后，可与周围同样注册了的"朋友"形成一种联系。用户订阅自己所需的信息，商家通过提供用户需要的信息，推广自己的产品，从而实现点对点的营销。优拓互动的微信营销，包括微信平台基础内容搭建、微官网开发、营销功能扩展；另外还有微信会员卡以及针对不同行业的微餐饮、微外卖、微房产、微汽车、微电商、微婚庆、微酒店、微服务等个性化功能开发。

第二节　国际健康银发城微电影

一、微电影简介

微电影（Micro Movie），即微型电影，时长从三五分钟到十分钟不等，兴起于草根，崇尚个人自拍的随性表达，具有故事性和趣味性。作为一种新的艺术传播形式，微电影之"微"不仅在于微时长、微制作、微投资，更是同传统的"大电影"相对应，以其短小精悍、生动活泼的形式风靡于互联网。

二、微电影起源背景

一方面，随着网络视频业务的发展壮大，各大门户和视频网站在视频领域的竞争异常激烈，高昂的版权购买费导致了巨大的运营成本。在这种竞争环境下，自制微电影则是一个很好的选择。自制微电影不但成本低，而且能保证网站在运营中享有更多主动权。同时，微电影的灵活性和投资决策的风险都更加容易控制。

另一方面，随着网民自我意识的提高，广大网民对广告的容忍度越来越低，尤其是那些生硬、直白、单调的叫卖式的硬广告。因此，采用更软性、更灵活、更易接受的营销方式，定制专属于品牌自身的微电影成为新的行业趋势。

微电影比传统广告更有针对性，观看它的人群主要是具有较强购买力、思想新潮、易于接受新鲜事物的年轻人。

同时，通过微电影，可以把产品功能和品牌理念与微电影的故事情节巧妙地结合，用精彩的视听效果达到与观众的情感交流，使观众形成对品牌文化的认同感。

三、微电影类型

1. 草根恶搞型

主要是以叙事形式植入产品，然后加入幽默搞笑等大量效果元素，以恶搞无厘头为创作风格，进行夸张的演绎，使原本无奇的故事增添了生趣。另外，该类型的微电影在场景选择和人物形象选择上都偏向草根型，符合一般小众的生活特点。

2. 青春爱情型

一般系列的微电影都是表现爱情、青春美好的一面，然后在故事情节的基础上，将品牌加入。

当然，也有展现悲怆感情的。但是无论哪一种，一般都是作为微电影中的道具，或者是某个重要场景。

3. 励志奋斗型

以奋斗励志为话题，人物选择上会偏向奋发向上的年轻人，抓住奋斗的特点来加入情节。

其表现手法也是以叙事为主，但是影片风格上面更为自然真实，以真实、感人的故事引起观众的共鸣。

4. 感人亲情型

这一类型的微电影，讲述的是父母与子女之间，或者是配偶之间的感情故事，而品牌在这些感情中具有重要的意义。亲情类型的微电影是最具有感染力的微电影类型，因为每个受众都有自己的亲情故事，而在观看微电影的时候容易产生共鸣，而达到影片的最佳效果。

5. 行业微电影

内容具有很强的实用性和针对性，创作手法和表现形式灵活多样。行业微电影既推动了微电影的发展，也提升了行业的形象，加深了人们对某个行业的了解，实现了微电影发展和行业传播的双赢。

四、微电影营销案例

新媒体的继续发展促使了"微"时代的降临，自从2010年年底首部微电影广告发布以来，微电影的新营销方式为商家和受众所接受并得到快速发展。

微电影广告，是为宣传某个特定的产品或故事而拍摄的有情节的，以电影为表现与拍摄手法的广告。它的本质仍是广告，却增加了广告信息的故事性。下面以两个典型案例加以说明。

案例一：《老男孩》

《老男孩》由2007年5月推出音乐电影《男艺妓回忆录》的筷子兄弟自编自导自演，片长42分钟。该片以"80后的青春是否还记得当初的梦想"为主题，通过选秀节目切入，追忆两位参赛者为梦想追逐的青春经历。

在影片风格上，导演"筷子兄弟"借鉴了更多互联网元素，夸张、无厘头甚至略带荒诞的叙事，让短片充满笑料和包袱。

据统计，从2010年10月28日上午上线，截至11月2日凌晨，《老男孩》视频点击量已超过300万，而网友的跟帖则达到了13000多条；与此同时，与《老男孩》、"筷子兄弟"相关的贴吧、论坛也纷纷出炉。

网友普遍表示，看完该片难免笑着流泪。那种平凡人的超凡梦想、心酸的浪漫在搞笑的情节中体现。属于70后、80后的集体回忆，让影片在网络上集中了大批的支持者。

案例二：《66号公路》

这是2011年莫文蔚给凯迪拉克SRX拍摄的广告微电影：莫文蔚与男搭档穿

越驰骋在象征着自由、梦想和开拓的美国66号公路上，在纵情徜徉和感受66号公路的人文风土之余，忠于内心的渴求，释放自己，最终实现自我价值。

作为一种新型的品牌营销模式，微电影营销通过引发互动扩散传播，在品牌娱乐化传播和视频类媒体之间搭起桥梁，达到预期甚至超过预期的品牌传播效果。

（一）传播内容

微电影广告坚持以完整、富有创意的内容为主导，在抓住受众眼球的基础上进行宣传，不仅有完整的情节，更重要的是它引起受众的共鸣。《66号公路》讲述一位明星逃离娱乐圈寻找自我，在象征自由与开拓精神的66号公路上邂逅年轻摄影师，二人驾驶着凯迪拉克SRX经历了一段自由之旅。片中女主角一句"做最好的自己"，喊出了广大受众的心声，也展现出了凯迪拉克的品牌精神与内在魅力。文艺唯美的画面、充满内涵的情节，改变了以往影视作品硬性植入广告的痕迹感，让受众以看电影的态度去接收广告中凯迪拉克的品牌诉求。

（二）传播渠道

微电影广告以新媒体为传播平台，大大扩展了受众选择的灵活性和传播的群体针对性。

《66号公路》发布的预热阶段，凯迪拉克利用名人微博及官方微博等资源，拉长了整个宣传周期，有效地提升了市场热度和受众的热情。影片上映后，其网络点击量破2亿，整体视频播放次数近1.5亿次，微博转发数26万多次，在观影后受众仍意犹未尽地自发撰写关于微电影的影评，形成了持续的品牌传播。

（三）传播技巧

微电影广告擅长在"趁人不备"的情况下利用隐性宣传使受众接受产品，达到更高层次的传播效果。它用讲故事代替了说产品，让产品与明星来共同演绎一小段传奇。微电影营销有了"说服"受众的隐蔽平台。

第三节　国际健康银发城微视频

一、概况

微视频时长较短，内容广泛，视频形态多样，是涵盖微电影、纪录短片、广告片等，可通过PC、手机、摄像头、DV、DC、MP4等多种视频终端摄录或播放的视频短片的统称。其最大的特点是"短、快、精"，大众参与性，随时随地随意性。

2010年年底，微视频进入企业商用，赢道顾问率先在陶瓷、卫浴、家电、涂料、家具、地板、照明、日用化妆品等行业里推行微视频，以金牌卫浴的亚运微视频、欧神诺陶瓷的原创微视频等流传甚广。随着数字营销和网络视频的成熟，微视频逐渐变得热销起来，越来越被大家重视。

二、主要特征

1. 互动性

视频媒介可以进行单向、双向甚至多向的互动交流，观看者的回复也为该节目起到了传播推广的作用，比如有较高争议率的节目的点击率往往都是直线飙升的。

2. 娱乐性

微视频内容的娱乐性与草根性紧密黏合，符合目标群体的胃口，成为当下微视频短片日益深入人心的一个重要原因。其提供展示的也多是轻松有趣的内容，如关于音乐、明星、旅游、动物等分享类的视频。

3. "快餐性"文化

微视频的"短、快、精、随时随地随意性"的特点，正好迎合现代大众群体的生活节奏。

4. 非权威、低门槛

网络视频节目制作者分散，水平参差不齐，大部分节目的上传仅仅代表个人行为，并不与发布网站的舆论形象挂钩，因而不具有权威性。因此，它显得更加大众化。

三、经典案例

根据北京七星迪曼文化传媒有限公司多年以来的经验总结，在移动互联网时代，视频因为宽带和设备等的问题，在用户的心目中一直姗姗来迟，直到微视频的出现及其"普众化"，尤其是微信，在更新了6.0版本新增了"小视频"功能后，我们真正进入了"超视像"的媒体时代。

《一个馒头引发的血案》

《一个馒头引发的血案》是由自由职业者胡戈于2005年创作的一部网络短片，其内容重新剪辑了电影《无极》和中国中央电视台社会与法治频道栏目的《中国法治报道》。对白经过重新改编，只有20分钟长，内有无厘头的对白、滑稽的视频片段拼接、搞笑另类的穿插广告。在网络上，《一个馒头引发的血案》的下载率甚至远远高于《无极》本身。

而此部片子能以病毒式营销进行推广，有以下几个原因：

A. 具备一定的话题性、新闻性。

这部影片如果不是恶搞当时正在热映的陈凯歌的《无极》，很难想象会红遍国内。有了话题就会有人关注，之后便会有媒体的跟进报道，经过媒体放大后，就会有更多的人来关注，从而形成宣传效果不断扩大的良性循环。

B. 能够勾起公众的好奇心，引起他们的兴趣。

这部影片以年轻人中很受欢迎的恶搞方式，对《无极》进行了无情的调侃。没看过的人会觉得好奇，为什么会叫这样一个奇怪的名字？《无极》会被恶搞成什么样？而看过的网友则会觉得很好玩，顺便也就推荐给朋友。在这两股力量的共同作用下，《一个馒头引发的血案》风靡网络也就不足为奇了。

C. 成本低。

病毒营销的低成本和高效率，使其天然地成为低成本影片宣传的得力帮手和利器。

D. 影片本身质量过硬。

病毒营销最基本的形式就是口口相传，也就是我们常说的口碑效应，这就要求影片本身的质量过硬，否则什么样的营销手段都只能忽悠观众一时。

第四节　国际健康银发城微博营销

一、微博营销简介

微博营销是指通过微博平台为商家、个人等创造价值而执行的一种营销方式，也是指商家或个人通过微博平台发现并满足用户的各类需求的商业行为方式。

二、微博营销起源背景

中国互联网已经全面进入微博时代！新浪微博、腾讯微博、网易微博及搜狐微博的注册用户总数已经突破 6 亿，日登陆数超过了 4000 万。虽然这只占中国互联网用户群的 10%，但他们是城市中对新鲜事物最敏感的人群，也是中国互联网上购买力最高的人群。

三、特点

a. 立体化：微博会借助多种多媒体技术手段，以文字、图片、视频等展现形式对产品进行描述，从而使潜在消费者更形象直接地接受信息。

b. 高速度：这是微博最显著的特征。一条热度高的微博在互联网平台上发出后短时间内转发就可以抵达微博世界的每一个角落。

c. 便捷性：微博营销优于传统推广，一般无需严格审批，节约时间，节约成本。

d. 广泛性：借助粉丝进行病毒式传播，而名人效应能使事件传播呈几何级放大。

e. 效率高：针对企业产品提高效率，能快速地帮助客户建立了解产品的通道。

四、目的（效果）

a. 能够有效实现建立品牌和传播的效果。

b. 能够有助于产品曝光和市场推广。
　　c. 在微博上能够树立行业影响力和号召力，引导行业良性发展，传播企业价值观。
　　d. 实现企业的口碑实时监测，确保危机公关的成功完成。
　　e. 帮助发现目标客户，进行精准的互动营销，完成客户转化和订单销售，全面分析营销效果。
　　f. 通过这种自媒体宣传，推动产品的广告营销活动宣传。

五、误区

　　有网络营销行业知名人士认为，要避免微博营销陷入误区，准确认识微博活动营销这一新兴网络营销模式，真正有目的、有针对、有规划地将企业和产品信息传递给消费者，让企业拥有真实庞大的忠诚粉丝团，如此才能真正将营销活动的利益落到实处，从而更好地利用微博活动营销的优势为企业的发展推波助澜。整合营销"八大法则"中倡导的"公关聚焦"法则，就可以在微博活动营销中，通过系统战略性的微博活动公关获得受众的视线聚焦，使公关聚焦真正成为自身的优势所在。
　　a. 目标不明确，使活动效果不明显。
　　任何活动策划和实施之前都要确定一个明确的活动目标，来指导后续的活动计划，包括目标人群的锁定、活动细则的确定、活动海报的设计、活动文案的撰写以及前期和后期的活动宣传及总结等。如果目标不明确，又想提高产品关注度、增加产品销售，反而会使活动没有明显的效果，做了也白做。
　　b. 企业和产品的信息不要在活动中过多陈述。
　　企业往往在营销的过程中，希望向消费者传播的企业和产品信息越多越好，所以在微博活动文案的撰写中，会不受控制地将很多广告信息添加进去，使得文案内容过长、不便于阅读，从而使微博活动失去了参与热度，减弱了活动的影响力。如果是为了促销，也一定要掌握一定的技巧。如果不是为了促销，就一定要避免这种错误的发生。
　　c. 盲目设置大量奖励以拉动粉丝增长。
　　企业设置大奖吸引消费者参与，换来的可能只是为了奖品而来的"无效粉丝"，并不是对企业形象传播和销售促进有作用的"活粉"。三个有影响力的活粉要比三十万个僵尸粉强上好几倍，更何况内行人一眼就可以看穿你的粉丝是否是企业的真实拥护者。所以盲目的靠大奖增长粉丝是企业得不偿失的一种做法。

六、平台的定义

　　微博是一种通过关注机制分享简短实时信息的广播式的社交网络平台。这其中有五方面的含义：
　　1. 关注机制：分为单向关注和双向关注两种；

2. 简短内容：通常为 140 字以内；
3. 实时信息：一般都是最新的实时信息；
4. 广播式：信息公开，谁都可以浏览；
5. 社交网络平台：把微博归为社交网络。

七、社交网络平台

1. 抓住流行元素

流行就是热点，就是焦点。流行的不一定是好的，但一定是最利于传播的。但是，微博上的流行是有时效性的，最好是在流行刚刚成势的时机进入，如果在尾巴的时候进入，那就比较悲催了。

2. 包含适应广大网友认知水平的题材和元素

这是非常大的一个挑战，也是非常容易理解的道理。流行音乐谁都会唱，但是不持久；经典音乐虽然小众，但是能够永恒。在微博上，如果你的产品是大众消费品，那就不要搞什么小清新，不要搞什么白富美，最俗的才是最好的。

3. 要给予有力的推广

微博 4 亿用户，每天的信息量实在太大，再好的内容也会被淹没，必须通过有效的推广渠道来发布。微博上最有力的渠道就是相关行业的 KOL（Key Opinion Leader，关键意见领袖）。无论通过什么方式，最好通过 KOL 发布信息。

4. 要有重点

最后一个关于段子的特点，那就是有重点。这个包袱可以一眼就看出来，也可以稍微隐晦一下，通过 KOL 的转发抖出来。

八、行业观点

1. 名词之争

有人一开始还挺排斥在渠道平台名后面直接加营销，因为这样仿佛什么后边都能加上营销俩字，真怕有天会出现电线杆营销、马路边营销。虽然暂时在沟通方面没有出现大障碍，但规范的名称依然很有必要，严谨地命名有助于这个领域更科学地发展。

2. 创意的重要性

对一般品牌来说，做内容的难度较大，加之企业社会化媒体为了保持活跃度，对日常内容的量要求较多，因此更需要创意来整合内容，使常规内容尽可能做到有趣、有关、有价值。话题的引爆、文案撰写、视觉呈现等诸多板块都是以创意为核心驱动的工作。

3. 媒介引爆点

社会化媒体自身的特点之一就是削弱了"点对面"的传播模式，以"点对点"、"点对片"取而代之。这就给营销人员造成了一个困扰：在自身账号资源不够强势的情况下，如何把内容大量传播出去？因为即便是非常优质的内容，或拥有 BIG IDEA 的病毒内容，如果一级传播无法到达一个临界值，也无法引爆受众的自主传播。

九、平台特点

1. 成本上——发布门槛低，成本小于广告，效果却很好

140 个字发布信息，远比博客发布容易，对比有同样效果的广告则更加经济。与传统的大众媒体（报纸，流媒体，电视等）相比受众广泛，前期一次投入，后期维护成本低廉。

2. 覆盖上——传播效果好，速度快，覆盖广

微博信息支持各种平台，包括手机、电脑与其他传统媒体。传播的方式也很多样，转发非常方便。利用名人效应能够使事件的传播量呈几何级放大。

3. 效果上——针对性强，利用后期维护及反馈

微博营销是投资少、见效快的一种新型的网络营销模式，其营销方式和模式可以在短期内获得更大的收益。

4. 手段使用上——多样化，人性化

从技术上，微博营销可以同时方便地利用文字、图片、视频等多种展现形式。从人性化角度上，企业品牌的微博本身就可以将自己拟人化，更具亲和力。

5. 开放性

微博几乎是什么话题都可以进行探讨，而且没有什么拘束。微博就是要最大化地开放给客户。

6. 拉近距离

在微博上，美国总统可以和平民点对点交谈，政府可以和民众一起探讨，明星可以和粉丝们互动，微博其实就是在拉近距离。

7. 传播速度快

微博最显著的特征之一就是其传播迅速。一条微博在触发微博引爆点后短时间内互动性转发就可以抵达微博世界的每一个角落，在短时间内聚集最多的目击人数。

8. 便捷性

微博只需要编写好 140 字以内的文案，微博小秘书会审查的即可发布，从而节约了大量的时间和成本。

9. 高技术性，浏览页面佳

微博营销可以借助许多先进多媒体技术手段，从多维角度等展现形式对产品进行描述，从而使潜在消费者更形象直接地接受信息。

10. 操作简单

信息发布便捷。一条微博，最多 140 个字，只需要简单地构思，就可以完成一条信息的发布，这点就要比博客要方便得多。

11. 互动性强

能与粉丝即时沟通，及时获得用户反馈。

十、分类

1. 个人微博营销——个人做好自己微博营销的方法和经验技巧

很多个人的微博营销是由个人本身的知名度来得到别人的关注和了解的，以明星、成功商人或者是社会中比较成功的人士为主。他们运用微博往往是通过这样一个媒介来让自己的粉丝更进一步地去了解和喜欢自己。微博在他们手中也就是平时抒发感情，功利性并不是很明显。他们的宣传工作一般是由粉丝们跟踪转帖来达到营销效果的。

2. 企业微博营销——企业做好企业微博营销的方法和经验技巧

企业一般是以盈利为目的性的。例如七星酒店网这样的企业微博，往往是想通过微博来增加自己的知名度，最后达到能够将自己的产品卖出去的目的。企业微博营销往往要难上许多，因为知名度有限，短短的微博信息不能让消费者对商品有直观的理解。而且微博更新速度快、信息量大，企业微博营销时，应当建立起自己固定的消费群体，与粉丝多交流、互动，多做企业宣传工作。

十一、技巧

1. 你想塑造什么形象

我们在判断一个人的时候，除了依靠第一印象外，更多地还是从一个人的言行举止判断这个人，时间久了，我们甚至会对这个人形成固有的己见。

那么，企业做微博营销同样如此，问问自己：你想让别人怎么看你的企业？你想让自己的官方微博给别人留下什么样的印象？或者说你想塑造的品牌形象是什么？轻松活泼的还是严肃的，教育性的还是娱乐性的……

例如七星酒店网官方微博，是北京各大星级酒店集合的一个平台，这些都会在它的微博中，在它跟网友互动的内容、语调中体现出来。

2. 你做好内容规划了么

相信很多企业在做微博内容的时候，还是比较迷茫、随大流的，比如看到星座受欢迎了，就发星座；看到口袋英语如此成功，也时不时来点英语，结果搞得不伦不类。

也有人会问，那么内容是不是应该专一点呢？比如一家旅游企业的官方微博是不是就只能发旅游方面的东西呢？其实这也取决于前面提到的，你想塑造一个什么样的微博形象。在明白了自己想呈现的微博形象后，你的内容风格才能初步定下来。比如如果旅游企业想塑造的微博形象是为爱旅游的人提供心得和帮助，让他们可以享受旅游的过程，那么内容大可以宽松点，可以是旅游路线推荐，也可以推荐伴随他们旅程的音乐，有时候发点感言、聊点家常，更显人性化。

影响微博内容规划的另外一个重要因素就是目标用户。在做内容之前，你有没有分析过现有客户和潜在客户，有没有仔细地看看他们的微博内容呢？要做目标用户喜欢的内容！好好利用微博搜索工具吧，拿新浪微博搜索为例，可以根据性别、年龄段、标签、名称等等搜索目标用户。

3. 不要得了粉丝眩晕症

看到新增多少粉丝，多少@到你了，是不是感觉很爽呢？小心，别得了粉丝眩晕症！目前还是有很多企业将粉丝量作为一个很重要的衡量指标，清醒一点的企业还会将转发数和评论数作为指标。

得了粉丝眩晕症的病状：

1）微博营销追求短期效果，无长期规划；

2）无心做内容，缺少互动；

3）对粉丝状况不明白，不清楚有多少是有效粉丝，有多少是僵尸粉，有多少是潜在用户；

4）不舍得你的关注。关注也是门学问，各位难道不觉得关注是个很好的推广方式么？去关注你的潜在用户，你就会在他们的首页跳出提示。虽然这对粉丝上万的用户效果不是很好，但是对于粉丝1000名以下的微博用户，却很有效果。

4. 还在送 ipad？鬼才信！

这个活动要送 iPad，那个活动要送 iPad，可是我们几乎很少见到哪个活动最后公布中奖名单，直播奖品发送过程的活动更是少得可怜。

微博活动正在失去可信度，这对一个新媒体来说，是件可怕的事情。因为它的营销价值正在失去。"等我的微博上都是广告的时候，我不会再去用微博了，因为它怎么看都像贴满小广告的电线杆！"（用户语）

那么目前的活动问题在哪？

一是失去信任；

二是活动无创意；

三是活动目的不明确；

四是与其他平台没有结合。

第一个和第二个问题就不多说了，说说第三个和第四个问题。

活动目的决定活动规则和活动内容：如果仅是为了增加粉丝，活动规则和内容尽量简单明了，这样参与成本低，活动的传播效果能够达到最佳；但如果是为了增加与用户的互动，是否考虑过与其他平台结合，活动内容是否具有话题性，话题又是否是用户所感兴趣的呢？是否与产品本身有很好的结合？

5. 内容制作技巧

A. 图文并茂，相得益彰！

B. 用##设置固定性栏目！

C. 多用疑问句，引起用户讨论！

D. @的精准性！@需要这条微博内容的用户！如何知道他需要这条内容？用微博搜索吧！

E. 原创内容为王！最好有个内容团队，制作原创内容！像那种一个人负责整个微博营销的，只能复制内容了！

F. 多主动转发和评论目标用户的微博，不要频繁@他们。
G. 多点人性化，每天起床的时候，可以唠叨两句！

当然，企业不要把微博营销当成万能的，微博营销有不足之处。微博等社会化媒体营销仅是营销方式的一种，别忽略其他渠道！

十二、原则

1. 真诚原则

真诚不仅是微博营销的基本原则，其实也是做任何事、做任何互动交流的基本原则。微博营销绝对是一个以年计算的长期行为。微博上的交朋友和现实中交朋友一样，好的声誉就是财富。积累良好的声誉需要时间，而没有真诚的互动就不可能获得良好的声誉。

2. 乐观开朗原则

在现实中，我们可以发现，人们更愿意和乐观开朗的人交朋友，微博上的互动交往也不例外。除了"嫉妒"你的乐观开朗外，没有人会讨厌你的幽默感，没有人会讨厌你与他分享快乐。

3. 个性魅力原则

在微博上做推广的企业和个人很多，微博营销因此也竞争激烈，千篇一律的营销手段将使得受众产生审美疲劳，只有那些具有个性魅力的微博账号（其实是账号后面的微博营销者）才能脱颖而出。微博营销者这个角色至关重要，因为他就是你的企业的网络形象大使，他的个性魅力代表了企业的个性魅力。

4. 利益原则

能满足粉丝内心需求的事物都是需要我们去创造的。比如七星酒店网经常通过微博发布一些打折信息和秒杀信息，这在满足了部分粉丝需求的同时，也很好地塑造了自己的企业形象。

5. 宽容原则

宽容意味着大气和绅士风度，而苛刻意味着小气和"独裁"，没有多少人会喜欢苛刻性格的人。当然，宽容不意味着没有价值观，不意味着凡事做"和事佬"、"和稀泥"；相反，你应该有鲜明的价值观，并且坚持这种价值观，不随波逐流，左右摇摆。一个好的例子是，谷歌在"不作恶"价值观上的坚持为其赢得了巨大的声誉。摇摆、随波逐流与真诚原则相抵触，势必给品牌形象带来严重的损害。

6. 趣味原则

实际上，我们发现，无论是在国外的 Twitter 上，还是在国内的新浪微博、腾讯微博上，幽默的段子、恶搞的图片、滑稽的视频总是大受青睐——男女老少皆宜。适度地与你的朋友分享这些好玩的东西有百利而无一害。一般情况下，包含有广告内容的营销消息，更需要以有趣的方法引起围观、号召大家参与。

7. 互动原则

微博有奖转发活动一直都是微博互动的主要方式，但实质上，更多的人是在关注奖品，对企业的实际宣传内容并不关心。相较赠送奖品，微博经营者认真回复留言，用心感受粉丝的思想，更能唤起粉丝的情感认同。这就像是朋友之间的交流一样，时间久了会产生一种微妙的情感连接，而非利益连接，这种联系持久而坚固。当然，适时结合一些利益作为回馈，粉丝会更加忠诚。

8. 创新原则

微博这一新生事物在全球范围内都是刚刚商业化应用不久，加之自身非常高的扩展性，使得微博营销的模式具有很大的探索空间。抓住机会，有效创新，就可以从中轻松获益。

9. 保持热度的原则

为了让微博信息保持一定的热度，你可以有意设置一些问题让别人来答疑，甚至可以掀起一些辩论、争吵，让你的消息及其回复不断地引起波澜，产生震动。

十三、中国微博营销经典案例

据权威机构预测，2010 年底，中国互联网微博累计活跃注册账户数将突破 6500 万个，2011 年年中将突破 1 亿，2013 年国内微博市场将进入成熟期。无疑，微博会成为未来商战的又一重要战场。在此特意给大家整理出目前微博营销的几大经典案例，共同探讨如何促进微博营销的发展。

1. 新浪微博快跑：随时随地分享

2010 年 8 月 28 日，新浪微博一周年。这一天，一场"微博快跑"活动绕城举行：十辆造型各异的 Mini 微博车队，载着特色礼物和 8 名网上征集的微博用户，从中关村出发，穿越北京的大街小巷，途经五道口、鸟巢、朝阳公园、天坛、西单、南锣鼓巷等北京地标性场所，将微博"随时随地分享"的精神传递给每一个路人。

"微博快跑"是新浪为庆祝微博开通一周年而组织的活动，是国内微博产品第一次大规模从线上延伸到线下，充分利用微博创新的特点，大胆突破常规的活动模式，以活动造事件，让博友自己创造内容并帮助传播。

从 8 月 20 日开始，"微博快跑"官方微博 ID 成立，通过话题讨论、悬念设置、投票 PK、礼品激励等为活动预热。活动当天，车队每到一站都会组织车内、现场和线上的网友进行互动，共产生 30000 多条微博内容，引发各大媒体高度关注和报道。活动结束后第三天，百度搜索"微博快跑"获得 71 万条相关结果。通过裂变式的传播，"微博快跑"的信息瞬间传递给了更多的网民，用户品牌好感度、忠诚度大幅提升。因此，从某种意义上来说，这不只是一场成功的庆生秀，更是新浪微博发展的新起点。

回望过去，距 2006 年 Twitter 现身美国已有 4 年，但在中国，微博真正进入人们的生活才不过 1 年。许多中国微博先驱者先后进行了不懈探索，但大多以倒下告终，直到 2009 年 8 月新浪微博正式开通。新浪微博沿用博客推广的成功经验，短时间内迅速掀起国内微博风潮，"你围脖（微博）了吗？"成为很多人寒暄的第一句话。

作为国内最早由门户网站推出的微博，新浪微博已成为国内微博领域的领先者。《中国微博元年市场白皮书》数据显示，随着用户数的不断增长，新浪微博上每天都会产生海量信息。2010年7月，新浪微博产生的总微博数超过9000万，每天产生的微博数超过300万，平均每秒会有近40条微博产生。

2. 诺基亚 N8 发布会微博直播

诺基亚首款搭载 Symbian3 系统的手机——诺基亚 N8 在 8 月 25 日上午采用全新微博直播的方式线上发布。8 月 25 日上午 10 点 30 分，诺基亚联合新浪微博、人人网、开心网和优酷网的全社交网络发布会开幕。直播会当天，新浪微博首页推出诺基亚 N8 手机"微博发布会"，7 小时内即收到微博评论、转发 89034 条，诺基亚新浪微博首页关心人数到达 49277，被业内称作品牌营销的又一成功案例。

微博营销也是个双刃剑。诺基亚 N8 微博直播门在网上疯传，原来是新浪微博直播伊始，页面出现短暂停顿。一个小时后，硅谷动力发文称当时播放出了不良视频。诺基亚发布会直播的这个小瑕疵或许是"上帝"给诺基亚的一个黑色幽默吧。某新闻稿件里这样描述："一边是中国最权威的新闻门户的视频直播，一边是全球最顶尖的手机商重量级发布会，在这样重要的发布会中竟然被插入色情内容，瞬间引爆了整个网络。eNet 在自家网站上刊登的这篇报道尽管配上了截图，但人们还并不完全信任，在微博上、论坛里、甚至 MSN 好友间互相求证着。"

这件事的真伪众说纷纭，相当多的专家以及诺基亚的利益方义愤填膺，其实大可不必。我们在享受互联网带来的便捷的同时，必然要面对互联网带来的各种烦恼，在微博的表态如下：求证没太大意义，是否真的发生没有已经不重要了。《锵锵三人行》里就常说，发生过的事情多数是没有真相的，娱乐时代嘛。如果说一万人看了那个图片，之后想要告诉这一万人这个图片是假的并没必要，大家其实也不关心真假，热闹罢了。选择新媒体，除了享受便捷、高效、互动外，还要接受它的不可控和鱼龙混杂。

当然，也有部分围观群众怀疑这是否是诺基亚方面的三俗营销，难辨真伪。网络里的事情历来如此，不过我们应该思考的并不是这个事情，而是诺基亚这样的手机巨头在营销和产品侧重点方面的一些悖论。

3. 元洲装饰盖家装微博史上第一高楼

微博的突然流行使公司与消费者的沟通真正变得"个性化"、"7×24 小时"、"全透明"，这看起来极度接近服务的最终追求，却实实在在地对公司的营销能力构成了挑战。相比传统的 SNS、BBS 和个人博客，微博的传播速度快得多，范围要大得多。我们知道社交网络是建立关系的场所，互动和服务是关键词。因此，在微博上寻找话题和目标人群，锁定关键字，找到潜在粉丝主动沟通，这都是公司在微博上可以轻易完成的事情。元洲装饰公司就巧妙使用了这一策略。

金九银十，国庆长假一向是商家掘金的最佳时机。2010 年 9 月 28 日，新浪微博上一则主题为《元洲寻找国庆、网友抢沙发、盖微博第一高楼》的博文大受追捧，该博客粉丝不到一天就突破千人。原来，该博客是一家五百强的装饰公司——元洲装饰公司。公司在国庆长假推出抢沙发活动，寻找61名叫"国庆"的人享受特惠家装。凡转发并回复#元洲寻找国庆#并发评论的第5000、8000、10000名网友获赠"波适"沙发，另有6000元沙发抵用券。"与元洲一起盖微博史上第一高楼，演绎国庆七日传奇"，一来巧妙假借沙发的双重含义，二来借助大家的国庆情节，希望大家通过这个活动参与到元洲装饰分享快乐的企业文化中来，共同成长。

传统媒体的价值链大致由几部分构成：信息——内容——广告——商品——消费。在微博的价值链中，这个链条被大幅缩短或替代。公司发出的内容有时候同时就是广告，甚至信息本身可以直接引导消费。截至2010年10月10日，元洲北京分公司的粉丝数已达17000余人，#元洲寻找国庆#话题参与转发、评论、抢沙发的互动综合次数远远超过3万人，共计影响近100万名用户。

4. VANCL：品牌、活动信息传播多管齐下

微博是一个可供网友们自由选择和交流信息的平台，基于这一特性，如果广告主们试图通过单一地发布品牌硬性广告进行微博营销，不仅对于品牌内涵的深化和宣传毫无作用，还会打扰到用户的浏览体验，从而使他们从品牌的粉丝圈中流失。显然，这对于微博营销的最终目标与聚拢最大多数的品牌消费者是一种背离。

那么，如何创新地发布产品、品牌信息，VANCL的经验也许可以作为案例拿出供借鉴。作为最早"安家"新浪微博的广告主之一，VANCL多年来培育出来的成熟的电子商务实战技巧成就了其作为广告主"围脖"明星的天然优势。在VANCL的微博页面上，你可以清晰看到这家迅速崛起的企业对待互联网营销的老练：一会儿联合新浪向相关用户赠送VANCL牌围脖，一会儿推出1元秒杀原价888元衣服的抢购活动来刺激粉丝脆弱的神经，一会儿又通过赠送礼品的方式，拉来姚晨和徐静蕾等名人就VANCL的产品进行互动。除此以外，你还能看到VANCL畅销服装设计师讲述产品设计的背后故事，看到入职三个月的小员工抒发的感性情怀。对于关注话题中检索到的网民对于VANCL的疑问，VANCL幕后团队也会在第一时间予以解答。VANCL品牌管理部负责人李剑雄告诉记者，虽然从目前来看，微博的营销效果很难评估，但是相应的投入也很少，只要细心经营，微博对企业形象的构建、品牌内涵的宣扬的意义不言而喻。

5. 后宫优雅

后宫优雅是在社会化网络环境下进行微博事件营销的一个经典案例。事件营销就是通过制造具有新闻价值的事件，并让这一新闻事件得以传播，来转弯抹角地做广告，达到广告的效果。

"优雅女"属于微博营销的典型案例。策划人一开始是从传统的论坛、博客等营销策略入手的，就像曾经风靡博客界的"视频舞女木木的身体日记"一样，

写一个段子再发张照片,通过炫富和晒明星两大法宝,并自创"后宫体"的写作方法,在新浪微博中获得普遍关注。"后宫优雅"从2009年12月1日注册账号,到2010年2月1日营销结束,通过两个月的时间,获得了五万个新浪微博粉丝,每篇微博的评论数都过千,成为新浪草根博客第二名和网络红人,并获得了黄健翔、潘石屹、宁财神等诸多名人的关注,可算颇有收获。

在营销效果看,经过两个月时间的炒作,"优雅女"的人气急升,在Google搜索"后宫优雅"有21万条记录,搜索"优雅女"有14万条记录,拥有5.5万多名粉丝,平均每篇文章留言数1千多,从留言数字上看,大约为拥有数十万粉丝的赵薇、周笔畅的1/3,也有足够的知名度,可见其活跃粉丝众多。从关注度分析数据上看,其关注人群也大部分属于网游群体的目标区域。但是需要注意的是,从粉丝的留言评论上可以看出,大多数评论都是较为负面的评论。而针对"降龙之剑"的关键字进行分析,发现该网游的关注度并没有因为"优雅女"的火爆而急升,其关注度一直较为平稳,用户关注度甚至还低于"后宫优雅"的关注度,营销效果并不明显。

因此,"后宫优雅"的事件营销虽然火了"优雅女",在短短两个月时间打造了一个"网络红人",但对于该网络游戏的推广是否有效还有待商榷。该事件营销选择的平台是社会化网络新浪微博,虽然更新较为方便,转发和评论也容易,但由于"优雅女"的定位与网络游戏很难找到契合点,同时新浪微博中存在大量高端用户和社会名人,也包括月光博客这样的深度微博用户,导致营销事件的后期漏洞百出,影响了传播的效果。如果选择较为纯粹的草根社区,例如QQ空间或者天涯社区等,则可能不至于像现在这样过早谢幕。

第五节 国际健康银发城微信

一、微信简介

微信是腾讯公司于2011年1月21日推出的一个为智能终端提供即时通讯服务的免费应用程序。微信通过网络快速发送免费的语音短信、视频、图片和文字,同时,也可以使用社交插件"摇一摇"、"漂流瓶"、"朋友圈"、"公众平台"、"语音记事本"等服务插件。

微信提供公众平台、朋友圈、消息推送等功能,用户可以通过"摇一摇"、"搜索号码"、"附近的人"、扫二维码方式添加好友和关注公众平台。同时,微信将内容分享给好友以及将用户看到的精彩内容分享到微信朋友圈。

截至2013年11月,微信注册用户量已经突破6亿,是亚洲地区最大用户群体的移动即时通讯软件。

另一注解:

微信是腾讯公司于2011年初推出的一款快速发送文字和照片、支持多人语音对讲的手机聊天软件。用户通过微信与好友进行比短信、彩信更加丰富的联系。微信软件本身完全免费，也因为更灵活、方便、智能，受到大家喜欢。2012年3月底，微信用户破1亿。2012年9月17日，微信用户破2亿。截至2013年1月15日，微信用户达3亿，而且仍在加速普及中。截至2013年11月，注册用户量已经突破6亿，是亚洲地区最大用户群体的移动即时通讯软件。

二、微信营销

微信营销是网络经济时代企业营销模式的一种创新，是伴随微信的火热而兴起的一种网络营销的方式。微信没有距离的限制，用户注册微信后，可与周围同样注册了的"朋友"形成一种联系。商家也可以通过微信提供用户需要的信息，从而推广自己的产品。

浙江卫视在2013年10月的资本相亲会栏目中，一位选手凭借微信营销获得300万元的意向合作合同。

三、模式分析

1. 草根广告式——查看附近的人。产品描述：微信中的功能插件"查看附近的人"可以使更多陌生人看到这种强制性广告。

2. 品牌活动式——漂流瓶。产品描述：移植到微信上后，漂流瓶的功能基本保留了原始、简单、易上手的风格。

3. O2O折扣式——扫一扫。产品描述：二维码发展至今，其商业用途越来越多，所以微信也就顺应潮流结合O2O展开商业活动

4. 互动营销式——微信公众平台。产品描述：对于大众化媒体以及企业而言，微信开放平台+朋友圈的社交分享功能的开放，使微信成为一种移动互联网上不可忽视的营销渠道，微信公众平台的上线，则使这种营销渠道更加便捷和细化。

5. 微信开店。这里的微信开店并非微信"精选商品"频道升级后的腾讯自营平台，而是由商户申请获得微信支付权限并开设微信店铺的平台。截至2013年年底，公众号要申请微信支付权限需要具备两个条件：第一，必须是服务号；第二，需要申请微信认证。商户申请了微信支付后，才可以利用微信进行搭建店铺。

四、营销策略

1. "意见领袖型"营销策略

企业家、企业的高层管理人员大都是意见领袖，他们的观点具有相当强的辐射力和渗透力，对大众言辞有很大的影响力，潜移默化地改变人们的消费观念。微信营销可以很好地运用意见领袖的影响力和微信自身强大的影响力刺激用户需求，激发购买欲望。

2. "病毒式"营销策略。

微信即时性和互动性强,可见度、影响力大以及无边界传播等特质特别适合"病毒式"营销策略的应用。微信平台的群发功能可以有效地将企业拍的视频、制作的图片或是宣传的文字群发给微信好友。企业更可以通过微信平台发送优惠信息,这是一个既经济又实惠,更有效、更直接的促销好模式,使顾客主动为企业做宣传,激发口碑效应,将产品信息传播到生活中的每个角落。

3. "视频、图片"营销策略

运用"视频、图片"营销策略开展微信营销,首先要在与微友的互动和对话中寻找市场,发现可利用市场,为潜在客户提供个性化、差异化服务。其次,善于供助各种技术,将企业产品、服务的信息传送到潜在客户的大脑中,为企业赢得竞争的优势,打造出优质的品牌服务,让我们的微信营销更加"可口化、可乐化、软性化",更加吸引消费者的眼球。

五、优势

1. 高到达率

营销效果很大程度上取决于信息的到达率。与手机短信群发和邮件群发被大量过滤不同,微信公众账号所群发的每一条信息都能完整无误地发送到终端手机上,到达率高达100%。

2. 高曝光率

曝光率是衡量信息发布效果的另外一个指标,信息曝光率和到达率完全是两码事。与微博相比,微信信息拥有更高的曝光率。

3. 高接收率

不到4年时间,根据官方数据,微信用户已达8亿之众,其中月活跃账号达3.96亿。微信已经成为手机短信和电子邮件的主流信息接收工具,其广泛和普及性成为营销的基础。君不见那些微信大号动辄数万甚至十数万粉丝?除此之外,由于公众账号的粉丝都是主动订阅而来,信息也是主动获取,完全不存在垃圾信息招致抵触的情况。

4. 高精准度

事实上,那些拥有数量庞大的粉丝且用户群体高度集中的垂直行业微信账号,才是真正炙手可热的营销资源和推广渠道。比如旅游行业知名门户七星酒店网拥有酒店行业的最低价格和五百多家四、五星级高端酒店资源,并为集团、会议公司等量身打造会议解决方案。酒类行业知名媒体佳酿网旗下的酒水招商公众账号,拥有近万名由酒厂、酒类营销机构和酒类经销商构成的粉丝。这些精准粉丝每一个都是潜在客户。

5. 高便利性

移动终端的便利性再次增加了微信营销的高效性。相对于PC电脑而言,未来的智能手机不仅能够拥有PC电脑所能拥有的任何功能,而且携带方便,用户可以随时随地获取信息，而这会给商家的营销带来极大的方便。

六、微信成功案例

2013年可以说是微信迸发的一年。

就当前状况而言，微信推广仍处于探究状态，虽然有媒体时不时报导某某微信赚了多少钱，但微信推广至今仍没有固定的方式，我们只能通过一些成功的微信账号来总结一下它们的运营方式。

事例一：杜蕾斯微信

活动推广

关于杜蕾斯咱们都不生疏，提及微博推广事例，总能看到杜杜的身影，好像它已经是微博推广中一块不可逾越的丰碑。这个在微博上别出心裁的"杜杜"也在微信上敲开了杜杜小讲堂、一周疑问集锦。

广阔订阅者所熟知的仍是杜杜那免费的福利。2012年12月11日，杜蕾斯微信推送了这样一条微信活动音讯：

"杜杜现已在后台随机抽中了十位幸运儿，每人将获得新上市的魔法装一份。今晚十点之前，还会送出十份魔法装！如果你是杜杜的老兄弟，请回复'我要福利'，杜杜将会持续选出十位幸运儿，敬请等待明日的中奖名单！悄然通知你一声，假设世界末日没有到来，在接近圣诞和新年的时分，还会有更多的礼物等你来拿哦。"

活动一出，短短两个小时，杜杜就收到几万条"我要福利"，10盒套装换来几万粉丝，如何算如何合算。微信活动推广的魅力在杜杜这里被演绎得酣畅淋漓，终究免费的福利谁都会不由得看两眼。

事例二：微媒体微信

关键字查找+陪聊式推广

据了解，微媒体微信大众账号是最早一批注册并完成官方认证的大众账号，从开始到现在，一向专注于新媒体推广思维、计划、事例，传达微博推广常识，共享微博推广成功事例。作为该账号的杀手锏，微媒体关键字查找功用不得不提。

用户通过订阅该账号来获取信息常识。微信大众账号每天只能推送一条信息，但一条微信不能满足所有人的口味。有的订阅者期望看推广事例，而有些或许仅仅想要知道新媒体现状，面临需求多样的订阅者，微媒体给出的答案是关键字查找，即订阅者可以通过发送自己关注的论题的关键字，例如"推广事例"、"微博"等，就可以接收到推送的关联信息。

当然，如果你发送个"美女你好"，小微或许认为你仅仅要聊聊天。如果你真是不吐不快，或许这样的陪聊也是一个不错的选择。

事例三：星巴克

音乐推送微信

把微信做得有构思，微信就会有生命力！微信的功用现已强壮到咱们目不忍视，除了回复关键字还有回复表情的。

这便是星巴克音乐推广，直觉影响你的听觉！通过查找星巴克微信账号或者扫描二维码，用户可以发送表情图像来表达此刻的心境。星巴克微信则依据不一样的表情图像挑选《天然醒》专辑中的关联音乐给予回答。

这种用表情说话正是星巴克的卖点地点。

事例四：头条新闻

实时推送

当然，作为新媒体，微信也有其媒体传达的特性，虽然马化腾一向在弱化其媒体特点。作为微信推广的有一个事例的头条新闻，最大的卖点是信息的即时推送。头条新闻在每天下午六点左右，按时推送一天最重大的新闻。订阅用户可以通过微信直接知道近来发生的大事新鲜事，不需要在海量的信息中"淘宝"。

守时推送的时辰挑选在下班时辰，完成一天的作业和工作后，在回家的路上看看当天的新闻也不失为一种调剂，既可以知道当下的大事又可以排解路上的无聊。

事例五：小米

客服推广9：100万

新媒体推广如何会少了小米的身影？据了解，小米手机的微信账号后台客服人员有9名，这9名职工最大的工作任务是每天回复100万粉丝的留言。每天早上，当9名小米微信运营作业人员在电脑上翻开小米手机的微信账号后台，看到头天用户的留言，他们一天的作业也就开始了。

其实小米自己开发的微信后台可以主动抓取关键字回复，但小米微信的客服人员仍然会进行一对一的回复。小米也正是通过这样的办法大大提升了用户的品牌忠诚度。相较于在微信上开个淘宝店，对于类似于小米这样的品牌微信用户来说，做客服明显比卖掉一两部手机更让人期待。

当然，除了提升用户的忠诚度，微信做客服也给小米带来了真实的好处。黎万强表明，微信一样使得小米的推广成本下降，之前小米做活动一般会群发短信，100万条短信发出去，便是4万块钱的本钱。微信做客服的效果可见一斑。

事例六：招商银行

爱心漂流瓶

微信官方对漂流瓶的设置，也让许多商家看到了漂流瓶的商机，微信商家开始通过扔瓶子做活动推广。这使得商家推广活动在某一时辰段内抛出的"漂流瓶"数量大增，普通用户"捞"到的频率也会增加。招商银行便是其间一个。

日前，招商银行发起了一个微信"爱心漂流瓶的活动"：微信用户用"漂流瓶"功用捡到招商银行的漂流瓶，回复之后招商银行便会通过"小积分，微慈悲"途径为自闭症孩童提供协助。在此活动时间，有媒体计算，用户每捡十次漂流瓶，有一次会捡到招行的爱心漂流瓶。

事例七：凯迪拉克

聚集推广

播报路况现已不新鲜，交通广播现已强占这个领域许多年，但凯迪拉克在其微信中推出"66号公路"的活动，对路况信息实时播报，及时更新，为当地出行的人提供便利。虽然是在交通广播的眼皮下抢生意，但好在凯迪拉克的路况播报仅限66号公路，这也是其长处，只提供一条公路的路况信息，防止规模大而呈现信息不及时的状况。

事例八：1号店

游戏式推广

1号店在微信中推出了"你画我猜"活动。活动办法是，用户通过关注1号店的微信账号，每天1号店就会推送一张图像给订阅用户，然后，用户可以发答案来参与到这个游戏中来。如果猜中图像答案而且在所规定的名额规模内的就可以获得奖品。

其实"你画我猜"的概念是来自于火爆的App游戏draw something，并非1号店自主研制，但是1号店初次把游戏结合到微信活动推广中来。

事例九：南航

效劳式推广

中国南方航空公司总信息师胡臣杰曾表明："对今日的南航而言，微信的重要程度，等同于15年前南航做网站！"也正是因为对微信的注重，如今微信现已跟网站、短信、手机App一起，变成南航的沟通渠道。

关于微信的观点，胡臣杰表明："在南航看来，微信承载着交流的任务，而非推广。"早在2013年1月30日，南航微信就在国内首创推出微信值机服务。随着功能的不断开发完善，机票预定、处理登机牌、航班动态查询、路程查询与兑换、出行攻略、城市气候查询、机票验真等等这些，通过其他途径可以享受到的服务，用户都可通过与南航微信互动来完成。

事例十：天猫

非主流

你认为红包是那么好拿的？你认为自己真的是猫星人？微信注册大众账号指出，天猫的微信让人各种匪夷所思，虽然咱们不是猫，也要对猫星人说一声"高"，实在是"高"。

来到外星球，你最想要的是什么？这恶搞版奥秘之旅，你最等待看到的当然是"红包"。可是想要得到它，你就得经过这个星球上的层层检测。比方看图答出品牌称号，这可有一定难度。

天猫通知咱们，非主流有时也是推广的法宝。

笔者期望通过对这10个微信账号的盘点整理，得出微信运营的一些办法论，期望对自媒体、公司等期望做微信的有帮助！

作为一个过来人，相信看了这篇文章，一到二年后，如果您还在做淘宝客，您的感受和收获是不是又和我一样呢？

后记

鉴于21世纪中国养老趋势的紧迫性和巨大压力，本书写了七年，用两篇17章70名万字，重点讲述了四个方面的内容：

（一）本书以一家三代在世界各地温泉养老养生为背景，重点介绍了世界各国（主要是发达国家）养老、养生的科学知识和先进经验，以供中国借鉴，促进中国温泉养老、养生健康产业的更大发展。

（二）本书的中心与核心内容是以营养免疫学、健康管理等坚实的科学理论为基础，论证、创新、推荐并讲述了21世纪世界养老的总趋势——Wellness ∑ & Home（简称 W∑），即融合世界各种资源，以"八养"（乐养、文养、信养、休养、疗养、护养、医养、宁养）为主体内容的幸福健康复合型、全程型、时尚型的养老模式。

"W∑"是现代老人最具幸福感的养老模式。

"W∑"不仅是一种使老人融入和谐家庭、融入现代社会而享受时尚生活，又不增加子女负担、老人能独立的养老模式。

"W∑"也是80后、90后年轻一代（从现在到2050年，即21世纪中叶）崇尚的一种幸福的养老、养生模式，他们的平均寿命将达到90岁以上。他们将是"W∑"的主要消费人群，他们是一代新人类，他们将在5~10年内进入"全智能时代"——将淘汰现在最具时尚性的手机，他们会抛弃60年代、70年代的世界商业模式，他们崇尚的是"新四化"：

1. 一切商业化模型都将网络化、智能化；
2. 一切品牌都将人格化；
3. 一切消费都将娱乐化；
4. 一切时尚都将城乡一体化。

因此，现在关心银发产业不仅是老年人的事情，更是促进"新人类"大发展的事业；新人类关心老人就是关心他们自己；新人类爱护老人就是爱护他们自己，故"Wellness ∑ & Home"模式老中少皆宜、三代收益。

（三）本书为适应中国当前的旅游、银发产业形势（2014年，相当一部分旅游企业亏损），故向社会呼吁并推荐中国温泉、度假村、酒店、医院、景区、社区向"Wellness ∑ & Home"转型的必要性及五个转型途径：

1. 由奢华产品向大众产品转型；
2. 由官方市场向百姓市场转型；

3. 由单一功能产品向复合功能产品转型；

4. 由温泉戏水功能为主体，向温泉理疗功能为主体转型；

5. 由闲置地产、医院、旅游、休闲产业功能向银发养生产业功能转型。

（四）本书也是温泉、旅游、酒店、度假村、地产、医疗、新城镇建设的有关人士——公务员、策划者、规划者、设计者、决策者、管理者、操作者及享受者可以参考的一本难得的健康管理手册。

本书出版，若能为百姓健康幸福地养老有所借鉴，作者将会感到由衷的欣慰！

衷心感谢北京宏福集团、中国社会福利协会、中国旅游协会温泉分会、匈牙利驻华使馆、华夏出版社、北京颐佳养老、北京酒店七星网、苏州清易云康医疗设备有限公司对《国际健康银发城》一书的出版给予的大力支持！

我们向一切支持本书写作和出版的朋友们一并表示衷心的感谢！祝他们健康一生！好运一生！幸福一生！

总编　黄福水
主编　田玉堂
2014年11月20日于京

参考文献

《21世纪瑞海姆国际旅游度假村经营模式》，主编田玉堂（84万字），中国旅游出版社，2000年

《度假村的理念与操作实务》，主编田玉堂（40万字），中国旅游出版社，2002年

《温泉文化主题酒店操作实务》，主编田玉堂（40万字），中国旅游出版社，2005年

《温泉文化与管理实务》，主编田玉堂（38万字），中国旅游出版社，2006年

《清郑各庄行宫、王府、城池与兵营考》，闫崇年

李志炜翻译：

Global Spa & Wellness Summit, Spa Management, Workforce and Education：Addressing Market Gaps, prepared by SRI International, June 2012.

Diagonal Reports 2011, Diagonal Reports "USA Day Spa Market 2010," for 2011 GSS Delegates

《体育》，主编裴海泓，人民卫生出版社，2004年第3版

《福利中国》2013年第4~5期；2014年第2~3期《世界各国养老经验》分文作者、翻译者：瑞迪安·休斯；约翰·侯登博士；宋寒凌；杨添福；洪立；安莉；沈玉洁。

《高新技术给养老带来福音》，樊建平。

图书在版编目(CIP)数据

国际健康银发城：记北京温都水城"金手杖"/黄福水，田玉堂主编.
—北京：华夏出版社，2015.2
ISBN 978-7-5080-7135-0

Ⅰ.①国… Ⅱ.①黄… ②田… Ⅲ.①养老—社会服务—研究—北京市 Ⅳ.①D669.6

中国版本图书馆 CIP 数据核字（2015）第 026147 号

国际健康银发城：记北京温都水城"金手杖"

作　　者	黄福水　田玉堂
责任编辑	罗　云
出版发行	华夏出版社
经　　销	新华书店
印　　刷	三河市少明印务有限公司
装　　订	三河市少明印务有限公司
版　　次	2015年2月北京第1版　2015年3月北京第1次印刷
开　　本	720×1030　1/16
印　　张	37.25
插　　页	20
字　　数	600千字
定　　价	98.00元

华夏出版社　网址：www.hxph.com.cn　地址：北京市东直门外香河园北里4号　邮编：100028
若发现本版图书有印装质量问题，请与我社营销中心联系调换。电话：(010) 64663331（转）